AUTORIA LUCANA DE HEBREUS

DAVID ALLEN

Dados Internacionais de Catalogação na Publicação (CIP)

Ficha Catalográfica elaborada por Simone da Rocha Bittencourt – 10/1171

A425a Allen, David.
  Autoria lucana de hebreus / David Allen ; [tradução de] Maurício Bezerra ; [revisado por] Jéssica Gasparini. – Natal, RN: Editora Carisma, 2022.

  480 p. ; 15,5 x 23 cm.
  ISBN 978-85-92734-30-5

  1. Teologia. 2. Novo Testamento. 3. Teologia lucana. 4. Carta aos Hebreus. 5. Crítica da Redação. I. Bezerra, Maurício. II. Gasparini, Jéssica. III. Título.

  CDU: 226.4

Direitos de Publicação

© David Allen, *Lukan Authorship of Hebrews*, 2010.

Esta edição em português foi licenciada com todos os direitos reservados para Editora Carisma, mediante permissão especial de B&H Publishing Group. De acordo com a Lei 9.610/98 fica expressa e terminantemente proibida a reprodução total ou parcial desta obra, por quaisquer meios (eletrônicos, mecânicos, fotográficos, gravação e outros), sem a prévia e expressa autorização, por escrito, de Editora Carisma LTDA, a não ser em citações breves com indicação da fonte.

carisma
EDITORA

Caixa Postal 3412 | Natal-RN | 59082-971
editoracarisma.com.br
sac@editoracarisma.com.br

Dedicatória
À Suzanne Allen.
Minha esposa temente a Deus, que me ensinou a amar a Jesus, à sua Palavra e à sua Igreja.
Ela é a mulher de Provérbios 31.

In memoriam
Lewis Allen.

Meu pai, que foi para casa para estar com o Senhor. Ele serviu como porteiro na minha igreja local por 45 anos. "Preferiria estar à porta da casa do meu Deus, a habitar nas tendas da perversidade." (Salmo 84.10)

SUMÁRIO

Lista de abreviaturas **9**

Prefácio **13**

Introdução **15**

CAPÍTULO 1 Análise histórica da questão da autoria:
o desenvolvimento da teoria lucana **25**

CAPÍTULO 2 Barnabé, Apolo e Paulo **61**
   O argumento a favor de Barnabé **61**
   O argumento a favor de Apolo **64**
   O argumento a favor de Paulo **67**

CAPÍTULO 3 O argumento linguístico: as provas lexicais,
estilísticas e a evidência linguístico-textual **105**
   Hebreus e o Novo Testamento **105**
   A semelhança lexicográfica entre Lucas-Atos, Paulo e Hebreus .. **111**
   O argumento a favor das considerações da linguística textual .. **173**
   Conclusão **218**

CAPÍTULO 4 A comparação entre o propósito de Lucas-Atos
e o propósito de Hebreus **223**
   O Propósito de Lucas-Atos **223**
   O propósito de Hebreus **233**
   Conclusão **246**

CAPÍTULO 5 A comparação entre Lucas-Atos e Hebreus___249

    Cristologia em Lucas-Atos e Hebreus___252
    A escatologia em Lucas-Atos e Hebreus___273
    Argumentos adicionais___287
    Estudos recentes sobre a teologia de Hebreus___320
    Conclusão___323

CAPÍTULO 6 A identidade de Lucas e o cenário judaico de Lucas-Atos___327

    A identidade de Lucas___327
    Aspectos judaicos de Lucas-Atos___345
    O uso das Escrituras em Lucas-Atos___371
    Evidências adicionais___386
    Lucas e seu leitor___397
    Conclusão___398
    Uma digressão: o judaísmo e o helenismo na igreja primitiva___399

CAPÍTULO 7 Reconstituição histórica: a autoria lucana de Hebreus___403

    O Destinatário de Lucas-Atos: Teófilo___404
    A data de Lucas-Atos___418
    Lucas, o autor de Hebreus___423
    Os destinatários de Hebreus___438
    A Data de Hebreus___452
    Digressão sobre a data de composição de Hebreus e sobre o uso do tempo verbal do presente___460
    Conclusão___462

CONCLUSÃO___465

BIBLIOGRAFIA SELECIONADA___469

LISTA
de abreviaturas

AB	Anchor Bible
ABRL	Anchor Bible Reference Library
ACNT	Augsburg Commentaries on the New Testament
AGJU	Arbeiten zur Geschichte des antiken Judentums und des Urchristentums
AJT	*Asia Journal of Theology*
AnBib	Analecta biblica
ANQ	*Andover Newton Quarterly*
ANRW	*Aufstieg und Niedergang der römischen Welt: Geschichte und Kultur Roma im Spiegel der neueren Forschung.* Editado por H. Temporini and W. Haase
ASNU	Acta seminarii neotestamentici upsaliensis
AThR	*Anglican Theological Review*
BBB	Bonner biblische Beiträge
BDAG	*Léxico do N.T. Grego Português,* de W. Bauer, F. Danker, W. F. Arndt e F. W. Gingrich, São Paulo: Vida Nova, 1984.
BECNT	Baker Exegetical Commentary on the New Testament
BETL	Bibliotheca ephemeridum theologicarum lovaniensium
BFCT	Beiträge zur Förderung christlicher Theologie *Bib Biblica*
BJRL	*Bulletin of the John Rylands University Library of Manchester*
BNTC	Black's New Testament Commentary
BR	*Biblical Research*

BRev	*Bible Review*
BSac	*Bibliotheca Sacra*
BTB	*Biblical Theology Bulletin*
BWA(N)T	Beiträge zur Wissenschaft vom Alten (und Neuen) Testament *BZ Biblische Zeitschrift*
BZNW	Beihefte zur Zeitschrift für die neutestamentliche Wissenschaft und die Kunde der älteren Kirche
CBQ	*Catholic Biblical Quarterly*
CGTSC	Cambridge Greek Testament for Schools and Colleges
ConBNT	Coniectanea biblica: New Testament Series
CQR	*Church Quarterly Review*
CR	*Currents in Research*
CurBS	*Currents in Research: Biblical Studies*
DTNT	*Dicionário Teológico do Novo Testamento.* São Paulo, 2001
EBib	*Etudes bibliques*
EKKNT	Evangelisch-Katholischer Kommentar zum Neuen Testament
EvQ	*Evangelical Quarterly*
ExpTim	*Expository Times*
FBBS	Facet Books, Biblical Series
GNS	Good News Studies
GOTR	*Greek Orthodox Theological Review*
GTA	Göttinger Theologische Arbeiten
Her	Hermeneia
HeyJ	*Heythrop Journal*
HTKNT	Herders theologischer Kommentar zum Neuen Testament
HNT	Handbuch zum Neuen Testament
HTA	Historisch Theologische Auslegungsreihe
HTR	*Harvard Theological Review*
HTS	Harvard Theological Studies
HUCA	*Hebrew Union College Annual*
IBS	*Irish Biblical Studies*
ICC	International Critical Commentary

IEJ	*Israel Exploration Journal*
Int	*Interpretation*
JBL	*Journal of Biblical Literature*
JETS	*Journal of the Evangelical Theological Society*
JOTT	*Journal of Translation and Textlinguistics*
JQR	*Jewish Quarterly Review*
JSJSup	Journal for the Study of Judaism Supplement Series
JSNT	*Journal for the Study of the New Testament*
JSNTSup	Journal for the Study of the New Testament: Supplement Series
JTS	*Journal of Theological Studies*
KEK	Kritisch-exegetischer Kommentar über das Neue Testament
KNT	Kommentar zum Neuen Testament
LQ	*The Lutheran Quarterly*
LXX	Septuaginta
NA27	*Novum Testamentum Graece*, Nestle-Aland, 27ª ed.
NAC	New American Commentary
NACSBT	New American Commentary Studies in Bible and Theology
NCBC	New Century Bible Commentary *Neot Neotestamentica*
NICNT	New International Commentary on the New Testament x Lukan Authorship of Hebrews
NIDNTT	New International Dictionary of New Testament Theology
NIGTC	New International Greek Testament Commentary
NKZ	*Neue kirchliche Zeitschrift*
NOT	*Notes on Translation*
NovT	*Novum Testamentum*
NovTSup	Novum Testamentum Supplement Series
NSBT	New Studies in Biblical Theology
NTC	New Testament Commentary
NTS	*New Testament Studies*
OBT	Overtures to Biblical Theology

OPTAT	*Occasional Papers in Translation and Textlinguistics*
ÖTK	*Ökumenischer Taschenbuch-kommentar*
RevQ	*Revue de Qumran*
RevThom	*Revue Thomiste*
SANT	*Studien zum Alten und Neuen Testaments*
SBLDS	*Society of Biblical Literature Dissertation Series*
SBLMS	*Society of Biblical Literature Monograph Series*
SBLSBS	*Society of Biblical Literature Sources for Biblical Study*
SBLSCS	*Society of Biblical Literature Septuagint and Cognate Studies*
SBLSP	*Society of Biblical Literature Seminar Papers*
SBT	*Studies in Biblical Theology*
SE	*Studia evangelica*
SJT	*Scottish Journal of Theology*
SNTSMS	*Society for New Testament Studies Monograph Series*
SNTSU	*Studien zum Neuen Testament und seiner Umwelt* Str-B Strack, H. L., and P. Billerbeck, *Kommentar zum Neuen Testament aus Talmud und Midrasch,* 6 vols. StPatr *Studia patristica* Su *Studia theologica varsaviensia*
SVTQ	*St. Vladimir's Theological Quarterly*
SwJT	*Southwestern Journal of Theology*
TBT	*The Bible Today*
THKNT	*Theologischer Handkommentar zum Neuen Testament*
TM	*Texto Massorético*
TNTC	*Tyndale New Testament Commentaries*
TRu	*Theologische Rundschau*
TynBul	*Tyndale Bulletin*
WBC	*Word Biblical Commentary*
WTJ	*Westminster Theological Journal*
WUNT	*Wissenschaftliche Untersuchungen zum Neuen Testament*
ZNW	*Zeitschrift für die neutestamentliche Wissenschaft und die Kunde der älteren Kirche*
ZTK	*Zeitschrift für Theologie und Kirche*

PREFÁCIO

No segundo ano da faculdade teológica, em 1976, fiz um curso de escrita criativa. Uma das tarefas consistia em escrever uma dissertação de 10 páginas que supostamente espelharia criatividade na hora de escrever. O professor deu uma lista de temas para que pudéssemos escolher um deles. Escolhi "a autoria de Hebreus". Nunca estudara esse assunto antes, mas ele me intrigava. Depois da aula, o professor me parou na porta da classe e disse: "Notei que você escolheu o tema da autoria de Hebreus. Sempre pensei com meus botões que Lucas poderia ter alguma participação nela, já que percebi várias semelhanças, no Novo Testamento grego, entre essa carta e os escritos lucanos. Por que você não trabalha mais nessa opção no seu trabalho?" Acabei aceitando a sugestão e nos sete anos seguintes continuei a pesquisar a respeito disso.

Quando comecei a trabalhar na minha tese de doutorado na Universidade do Texas em, Arlington, no ano de 1983, essa pesquisa passou a ter a orientação do linguista Robert Longacre. Quando o consultei para ver se ele me aceitaria como aluno, fiz questão em informá-lo que decidira escrever sobre a autoria de Hebreus e queria saber se ele estaria disposto a orientar essa tese. Direta e perspicazmente, ele respondeu com um sorriso amarelo: "De onde você tirou a ideia de escrever sobre isso? Eu posso te dizer quem o escreveu!" Pensei comigo mesmo: "Que beleza! Ele deve julgar que foi Paulo, Apolo ou Barnabé que escreveu, e depois, quando eu lhe disser que estarei defendendo a autoria de Lucas, ele repetirá o velho bordão de que é impossível que Lucas tenha escrito esse livro". O meu queixo caiu quando ele disse: "Foi Lucas!" Fiquei admirado com sua resposta. O professor Longacre percebeu, em meio a toda a sua carreira na linguística, algumas semelhanças entre a carta aos Hebreus e os escritos de Lucas, levando-o a suspeitar que Lucas tivesse uma parcela de contribuição na sua autoria. Quando lhe declarei que minha teoria também seguiria essa direção, ele ficou surpreso e contente. Quatro anos depois, defendi minha tese com sucesso tendo o dr. Longacre como meu supervisor principal e com J. Harold Greenlee (crítico textual famoso do Novo Testamento e secretário do comitê que produziu o Novo Testamento grego das Sociedades Bíblicas Unidas) fazendo parte da banca examinadora que a aprovou.

A tese evoluiu gradativamente para este livro depois de ter passado por mais de vinte anos de pesquisas adicionais, enquanto pastoreei duas igrejas e assumi duas cátedras universitárias. Além disso, esse meu trabalho com o livro de Hebreus me deu a oportunidade, franqueada graciosamente pela Broadman & Holman, de escrever o *New American Commentary on Hebrews* (Novo comentário norte-americano de Hebreus). A minha esperança e a minha oração é de que essa obra trará um novo fôlego sobre a questão da autoria de Hebreus nos estudos do Novo Testamento.

Lemos em Zacarias 4.10: "Quem despreza o dia das coisas pequenas?" Uma dessas coisas pequenas foi aquele dia na aula de escrita criativa em que escolhi escrever sobre a autoria de Hebreus. Não fazia ideia de que esse assunto seria, como dizia minha esposa, uma espécie de "obsessão". Tenho uma dívida de gratidão eterna ao meu professor daquele dia, que por coincidência também era o presidente da faculdade, que me deu um empurrão rumo à possibilidade da autoria lucana. Ele se chama Paige Patterson, que atualmente preside o Seminário Teológico Batista do Sudoeste dos EUA.

Eu também tive o privilégio de frequentar a mesma universidade de um colega que, em seu espírito e em sua atitude, sempre me fazia lembrar do nosso Salvador. Tínhamos o mesmo amor pela linguística e nós dois fomos alunos de Robert Longacre, com a diferença de que ele estudava mais o Antigo Testamento, enquanto eu estudava mais o Novo. Nos últimos anos, foi ele quem abriu o caminho para que essa obra pudesse ser publicada pela Broadman & Holman. Além disso, atribuo o aperfeiçoamento visível desse projeto à sua clareza de pensamento, à sua grande capacidade de revisão e aos seus conselhos criteriosos. Muito obrigado de verdade pelo seu olhar atento e pelas suas horas incontáveis de trabalho, Ray Clenenden!

David L. Allen

INTRODUÇÃO

Já faz 35 anos que a questão sobre a autoria de Hebreus tem sido objeto da minha fascinação. Quanto mais estudo sobre, mais me convenço sobre a viabilidade da teoria da autoria lucana.[1] As questões de autoria dificilmente podem ser definidas com certeza, e não é essa a proposta para este projeto. Com certeza receberia uma ajuda enorme se encontrasse um manuscrito primitivo de Hebreus com as palavras "O médico Lucas... à igreja que está em...", mas não é esse o caso. Meu propósito consiste em sugerir que existem provas suficientes para avaliar uma nova apresentação de uma teoria antiga, que equivale a dizer que Lucas, o companheiro do apóstolo Paulo e autor de Lucas-Atos, é o autor independente de Hebreus.[2]

A sugestão de que Lucas teve algo a ver com a autoria de Hebreus encontra apoio entre os Pais da Igreja. Eusébio citou Orígenes dizendo que algumas pessoas acreditavam que a epístola poderia ter sido obra de Lucas. Por toda a história da Igreja, alguns estudiosos sugeriram, embora

---

[1] Essa obra se constitui em uma revisão substancial e em uma ampliação da minha dissertação de 1987 sobre a autoria lucana de Hebreus. Declarei na ocasião que Lucas era judeu, que ele escreveu seu Evangelho e Atos dos Apóstolos para um ex-judeu sumo sacerdote chamado Teófilo, que serviu no templo de 37 a 41 d. C., e que Lucas escreveu Hebreus a um núcleo de sacerdotes convertidos, mencionados em Atos 6.7, que tinham fugido de Jerusalém depois da perseguição motivada pela morte de Estêvão (At 8.1) e que tinham se mudado para Antioquia da Síria.

[2] Os argumentos a favor da visão tradicional de que Lucas era contemporâneo de Paulo são bem conhecidos e não serão expostos nessa obra. De modo parecido, os argumentos relacionados à defesa da datação de Lucas-Atos como anterior ao ano 70 d.C. também são notórios e só serão analisados na medida em que influenciam a teoria da autoria lucana de Hebreus.

nenhum deles tenha feito isso amplamente, que Lucas foi (ou poderia ter sido) o escritor de Hebreus. Fazem parte dessa lista nomes proeminentes como João Calvino e Franz Delitzsch. Entretanto, os estudos modernos do Novo Testamento se contentam em deixar a questão sem resposta; desde 1976 não se levantou nenhuma hipótese concernente à procedência de Hebreus que define a sua autoria, os seus destinatários e a sua data. Hughes está simplesmente resumindo a atitude da maioria quando diz que "na situação atual, é impossível resolver o enigma da autoria de Hebreus".[3]

Antes que eu faça um resumo da teoria que estou para apresentar, gostaria de avisar o leitor para levar várias coisas em consideração durante toda essa análise. Em primeiro lugar, suspeite imediatamente de toda teoria que tenha a pretensão de responder a todas as perguntas e de classificar todos os dados de forma organizada demais para que tudo caiba em uma caixinha perfeita. Do mesmo modo que na esfera da investigação científica, as hipóteses apresentadas não precisam responder a todas as perguntas para serem consideradas como viáveis. Uma boa teoria é aquela que explica a maior parte das informações disponíveis, mas, de modo semelhante ao da tabela periódica dos elementos, não encaixa perfeitamente todos eles no sistema, nem precisa fazer isso. É fundamental saber conviver com o que foge à normalidade.

O segundo aspecto a salientar é que, devido aos fatos de o texto não mencionar o autor, de o testemunho histórico não levar a uma conclusão tácita, e de as provas internas não trazerem informações suficientes para que se bata o martelo com relação à autoria, a abordagem mais frutífera consiste em levar em conta as teorias que fornecem outros dados textuais com os quais se pode comparar a carta aos Hebreus com relação à escolha das palavras, o estilo e a estrutura conceitual. Esse é um argumento que impede que consideremos Barnabé ou Apolo como autores, porque até onde temos conhecimento, não existe literatura exterior de autoria deles para comparar com Hebreus.[4] É claro que isso não descarta a possibilidade de que um deles tenha escrito essa carta. (Mateus, Marcos, Tiago e Judas

---

[3] P. E. Hughes, *A Commentary on the Epistle to the Hebrews* (Grand Rapids: Eerdmans, 1977), p. 19.
[4] A suposta Epístola de Barnabé provavelmente se trata de uma obra alexandrina do século XX atribuída a Barnabé de forma equivocada. Eusébio a incluiu entre os livros espúrios (*História Eclesiástica*, 3.25).

só escreveram um livro do Novo Testamento). Isso simplesmente indica que não dá para se fazer um estudo comparativo.

Em terceiro lugar, em um estudo dessa natureza, deve-se tomar cuidado para não apresentar provas de similaridade entre dois escritores e textos passando por cima das diferenças. As pessoas que defendem a autoria paulina parecem ter caído nessa armadilha. Temos de buscar um equilíbrio na abordagem dessa questão. É imprescindível evitar a miopia da análise superficial das provas e o monstro do dogmatismo. Um comentário atribuído a James Swetnam diz que "só devemos receber investigações inovadoras se realmente se trouxerem informações novas originarem-se de um processo criterioso".

O quarto detalhe se encontra no aumento inevitável da incerteza que assola a tentativa de identificar o autor de Hebreus, diante da quantidade enorme de detalhes do século I aos quais não temos acesso. Embora a tentativa de identificar o autor valha a pena, não se deve imaginar que nós caminhemos sobre terra firme na maior parte da jornada. Enquanto nos aventuramos além das informações no próprio livro a respeito do autor, temos o risco de entrar "na esfera inexplorada da conjectura e da reconstrução idiossincrática",[5] vale a pena embarcar nessa viagem, guardando-se as devidas precauções. Afinal de contas, a história está repleta de descobertas que surgem desse tipo de ousadia.

Em quinto lugar, embora seja impossível que a carta aos Hebreus tenha sido escrita por um autor desconhecido do século I, o lugar mais útil para se começar a nossa pesquisa deve ser com os próprios escritores do Novo Testamento, passando para os personagens principais do Novo Testamento (como Apolo e Barnabé). Essa era a abordagem dos Pais da Igreja. Como Michael Goulder colocou de forma bem-humorada ao afirmar que Lucas empregou Marcos e Mateus como fontes (mesmo rejeitando Q e outras fontes desconhecidas): "É claro que devemos considerar os males necessários antes de considerar os desnecessários".[6]

---

[5] I. Salevao, *Legitimation in the Letter to the Hebrews: The Construction and Maintenance of a Symbolic Universe*, JSNTSup 219 (London: Sheffield Academic Press, 2002), p. 104.

[6] M. Goulder, Luke: A New Paradigm, JSNTSup 20 (Sheffield, England: Sheffield Academic Press, 1989), p. 88.

Chegou o momento de falar sobre o resumo da teoria holística da autoria de Lucas que será defendida neste estudo. Quero dar a entender com a palavra "holística" que pretendo apresentar uma teoria referente à autoria e o cenário histórico, incluindo os destinatários e a data de Lucas-Atos e de Hebreus. Quem escreveu Lucas-Atos foi o médico Lucas, que viajou com o apóstolo Paulo e escreveu o Evangelho de Lucas aproximadamente em 60-61 d.C. e o livro de Atos em 62-63 d.C. Atos foi escrito em Roma durante a primeira prisão de Paulo nessa cidade. O destinatário proposital dessa obra em dois volumes foi o ex-sumo sacerdote judeu Teófilo, que exerceu seu ofício em Jerusalém do ano 37 ao ano 41 da nossa era e foi deposto por Herodes Agripa. Não se sabe por que ele foi afastado do cargo. É possível que Herodes tenha desejado garantir que o sumo sacerdote tivesse um compromisso profundo com sua liderança emergente, e quem sabe ele tenha achado que Teófilo era condescendente demais com os cristãos para o seu gosto, ou que ele tinha se convertido ao cristianismo.

Lucas era o autor independente de Hebreus, que foi escrito em Roma, aproximadamente em 67-69 d.C., provavelmente depois da morte de Paulo. A carta foi escrita para ex-sacerdotes do templo de Jerusalém, o primeiro grupo que tinha se convertido ao cristianismo durante os primeiros anos da igreja de Jerusalém antes da perseguição que se seguiu ao martírio de Estêvão (At 6.7). Esses ex-sacerdotes constituíam um segmento da igreja de Antioquia da Síria, a cidade para a qual eles fugiram por causa da perseguição. Depois da mudança de cidade, eles viveram de forma relativamente segura e passaram a fazer parte da igreja antioquina. É possível que Lucas tenha frequentado essa igreja ou, pelo menos (já que tanto as Escrituras quanto a tradição associam Lucas com Antioquia), teve contato várias vezes com esses ex-sacerdotes.

O capítulo 1 analisa a questão geral da autoria com destaque na história da teoria da autoria de Lucas, enquanto o capítulo 2 avalia as provas de Barnabé, Apolo e Paulo como candidatos a essa autoria. O capítulo 3 considera o argumento linguístico e avalia as semelhanças entre Lucas-Atos e Hebreus, incluindo os fatores estilísticos e textuais, e o capítulo 4 compara o propósito de Lucas-Atos com o de Hebreus. Vemos no capítulo 5 a análise das perspectivas teológicas de Lucas-Atos e das que estão presentes em Hebreus. A essa altura, a estrutura conceitual teológica subjacente às três obras ficará bem clara. O capítulo 6 apresenta provas para o cenário ou o ambiente judaico de Lucas-Atos. Minha sugestão é de que Lucas era judeu e, mesmo que não fosse, tinha toda a capacidade para escrever uma obra como Hebreus. Temos no capítulo 5 uma reconstituição histórica das circunstâncias que envolvem a escrita da carta aos Hebreus. Nesse contexto, resumirei a questão da autoria, dos destinatários, da localização deles, da data e de outros materiais importantes para a identificação do cenário dentro de uma estrutura holística.

Esses capítulos reúnem vários níveis de importância em suas provas. Em uma analogia ao campo da arquitetura, os capítulos 3 a 5 trazem as "paredes de sustentação" da estrutura (argumento), reunindo de forma conjunta as provas mais claras que vêm das comparações do vocabulário e do estilo, dos temas e dos propósitos, e da teologia, que servem para identificar Lucas como autor de Hebreus. Os dois capítulos que propõem a identidade judaica de Lucas e apresentam uma reconstrução do cenário e da procedência não são tão fundamentais para a teoria geral. Lucas pode muito bem ter sido o autor sem ser de fato judeu, sem ter escrito em Roma, sem ter escrito para ex-sacerdotes que moravam em Antioquia, ou mesmo sem ter escrito antes de 70 d.C. Espero que o leitor chegue a suas próprias conclusões com base nas provas linguísticas, textuais e teológicas, e não somente em algumas conjecturas que fiz sobre os outros aspectos.

Usando outra comparação para explicar outro aspecto importante dessa obra, estou tentando fazer, com poucas exceções, uma fotografia aérea em vez de uma pulverização das culturas. Nessa época de informações especializadas, ainda persiste uma necessidade e um espaço para a visão global das coisas para que não se perca a capacidade de ver a floresta por causa de árvores em particular. Essa obra equivale a um esforço de se chegar a um retrato abrangente. Em muitos lugares, as provas foram apresentadas de forma genérica, simplesmente porque se nos ativéssemos a detalhes, isso tomaria tempo, espaço e habilidades que não possuo. Lucas-Atos abrange 28% de todo o Novo Testamento, e Hebreus mais 4%; por isso, esses três livros juntos chegam a quase 33% desta parte da Bíblia. Várias monografias foram dedicadas a aspectos especiais da teologia de Lucas, bem como à teologia de Hebreus, mas a abordagem neste livro se restringe a poucas páginas e parágrafos. Os últimos quarenta anos testemunharam um turbilhão infindável de livros, comentários, artigos e teses que tratam dos estudos de Lucas e de Hebreus a nível superior. A pilha chegou a um tamanho tão grande que possibilitaria somente uma leitura breve para se ter uma noção bem superficial do conteúdo. O aprofundamento nos detalhes comparativos em cada área importante do capítulo relativo à teologia se constituiria em uma tarefa digna de Hércules! Estamos certos de que apresentamos provas suficientes para demonstrar que as semelhanças entre Lucas-Atos e Hebreus são bem maiores do que se observava anteriormente, e que a autoria lucana de Hebreus se constitui em uma teoria viável e até mesmo preferível.

Entretanto, em alguns momentos, deixaremos nossa visão geral de como tudo funciona e percorreremos alguns aspectos para examinar a defesa da autoria lucana a fim de apresentar uma linha de provas importantes, trazendo um efeito cumulativo inegável. Quando se avalia as provas físicas da "cena do crime", ou quando se limita o número de "suspeitos" para duas ou três pessoas, ou quando se faz o interrogatório das testemunhas históricas, textuais e de outras áreas, chegamos à pergunta principal: "Qual é o suspeito mais apontado pelas provas?" Quando se reúne todas as provas e se deduz de forma adequada, pode-se fazer uma defesa convincente da autoria de Lucas.

A teoria que apresentamos neste livro é tão importante e especial devido ao fato de que ninguém reuniu tantas provas, principalmente na área da linguística, nem as apresentou de forma tão sistemática quanto esse projeto tem a intenção de fazer. As comparações anteriores entre o vocabulário de Lucas-Atos e o de Hebreus geralmente ignoram as palavras que só aparecem em um desses três livros. Além disso, preparei uma apresentação inédita das várias informações estilísticas que são exclusivas ao texto de Lucas-Atos e ao texto de Hebreus. Em segundo lugar, ninguém teve a ideia de demonstrar a identidade judaica de Lucas como prova que confirma a autoria de Hebreus. Além disso, ninguém expôs de forma resumida as provas que reuni como base dessa teoria sobre a autoria e o cenário em particular a partir da reconstrução histórica que se encontra no capítulo 7.[7]

---

[7] A teoria mais próxima da minha de que tenho conhecimento foi sugerida por J. V. Brown em um artigo que teve bem pouca divulgação em 1923, mas a proposta foi de dividir a autoria entre Lucas e Paulo ("The

Conforme Hughes comenta sobre a autoria de Hebreus: "Se ignorarmos a descoberta de provas inovadoras e positivas [...] teremos de nos contentar com a nossa ignorância. Dizer isso não indica que a apresentação de conjecturas seja inadequada".[8] Não é somente o resumo das provas que fundamentam a autoria lucana que pode ser reunida de outros especialistas, mas também "as provas inovadoras e positivas" que apresento neste livro merecem uma reflexão renovada sobre a teoria da autoria de Lucas.

Calculo que a razão principal pela qual Lucas não é considerado como grande candidato é o pressuposto de que ele era gentio, enquanto o autor de Hebreus se tratava aparentemente de um judeu. Por séculos, o paradigma dos estudos do Novo Testamento de que Lucas era gentio tem se mantido axiomático, como se pode perceber por qualquer exame superficial dos comentários de Lucas-Atos.[9] No entanto, nos estudos atuais, não existe um consenso a respeito da formação de Lucas.[10] Conforme demonstrarei mais adiante, existem muitas provas de que Lucas era um judeu helenista cujos escritos apresentam traços judeus e gregos.

Às vezes, as comunidades interpretativas se acomodam em uma visão de mundo que se encaixa em um molde predeterminado, de modo que as novas maneiras de se ver as coisas geralmente são descartadas ou simplesmente nem são levadas em consideração. O axioma que diz que um ponto de vista também pode ser caracterizado pelos seus pontos cegos é bem verdadeiro. Muitos especialistas do Novo Testamento situam Lucas dentro do ponto de vista de que sua identidade é gentia e de que seus livros foram escritos depois da morte de Paulo. Esse último destaque sempre me

---

Authorship and Circumstances of 'Hebrews'-Again!" *BSac 80* [1923]: p. 505-538). Brown foi o primeiro a sugerir que os destinatários eram ex-sacedotes judeus e não Bornhäuser (como geralmente os especialistas dizem). Outros que defenderam que os destinatários de Hebreus eram ex-sacerdotes judeus foram K. Bornhäuser, *Empfänger und Verfasser des Briefes an die Hebräer*, BFCT 35/3 (Gütersloh, Alemanha: Bertelsmann, 1932); C. Spicq, *L'Épître aux Hébreux*, 2 vols. EBib (Paris: Gabalda, 1952-1953); e C. Sandegren, "The Addressees of the Epistle to the Hebrews," *EvQ* 27 (1955): p. 221-224.

[8] P. E. Hughes, *Hebrews*, 19.

[9] Depois de observar que a maioria dos comentaristas ainda partem da ideia da identidade gentia de Lucas, Bock comenta: "Concluo que era bem provável que Lucas fosse gentio, embora não seja claro se sua formação cultural foi semita". D. L. Bock, *Luke 1.1-9.50*, BECNT (Grand Rapids: Baker, 1994), p. 6-7. O paradigma da origem gentia continua a ser predominante.

[10] Na sua obra sobre a teologia de Atos, J. Jervell declara categoricamente a respeito de Lucas: "Ele era um judeu cristão". J. Jervell, *The Theology of the Acts of the Apostles* (Cambridge: University Press, 1996), p. 5.

incomodou, visto que o testemunho claro das Escrituras e da igreja primitiva situam Lucas dentro do círculo de companheiros do apóstolo Paulo. As evidências internas e externas para essa perspectiva são bem fortes.

A prática de buscar ver as coisas de modo novo geralmente faz com que cheguemos a novas soluções para problemas antigos, isto é, possibilita a construção de um novo paradigma, usando as palavras de Kuhn.[11] A minha teoria sobre a autoria de Hebreus é fruto dessa abordagem. Se Lucas fosse judeu, a autoria de Hebreus torna-se plausivelmente possível e é apoiada por outros fatores corroborantes. Além disso, quanto à data de Lucas-Atos, adoto a perspectiva anterior ao ano 70 d.C. Essa tradição bem conhecida por um bom tempo não foi divulgada, mas presenciamos recentemente um verdadeiro renascimento dela entre alguns especialistas.

Espero exercer várias contribuições por meio desse estudo. Em primeiro lugar, a questão da autoria de Hebreus precisa ser reformulada. Prova disso são uma série de artigos e um colóquio sobre esse assunto nos últimos anos. Com o advento de ferramentas linguísticas mais sofisticadas e da tecnologia da informação, é possível comparar o vocabulário e o estilo dos outros livros do Novo Testamento com Hebreus de modo mais detalhado e preciso.

Em segundo lugar, abordando a questão da autoria lucana de Hebreus e da formação de Lucas de uma perspectiva bem diferente (trazendo uma teoria holística baseada nas provas linguísticas, teológicas, literárias e históricas), espero estar propondo um modelo explicativo novo e viável.[12] De modo diferente de uma simples hipótese, um paradigma parece mais com uma rede ou um conjunto de hipóteses. Sugiro mais do que simplesmente a autoria lucana de hebreus, ainda que esse seja, de fato, o meu argumento principal. Estou abordando todo o assunto partindo de um paradigma composto por várias hipóteses: a de que Lucas escreveu Lucas-Atos, a de que ele é companheiro de Paulo em suas viagens, a de que ele escreveu Lucas-Atos antes do ano 70, a de que sua origem étnica

---

[11] Thomas Kuhn, *A estrutura das revoluções científicas* (São Paulo: Ed. Perspectiva, 2017).
[12] William Lane faz algo parecido com isso em uma escala menor ao interpretar Hebreus a partir do paradigma do cenário de uma igreja domiciliar localizada em Roma. *Hebrews 1-8*, WBC 47A (Dallas: Word, 1991), pp. lx-lxii.

é judaica, a de que o destinatário de Lucas-Atos era Teófilo, um ex-sumo sacerdote judeu que exerceu esse ofício em Jerusalém de 37 a 41 d.C., tendo sido deposto por Herodes Agripa, e a de que os destinatários de Hebreus eram ex-sacerdotes judeus que se converteram ao cristianismo e que fugiram para Antioquia da Síria depois do martírio de Estêvão. Mesmo com a refutação de todas essas hipóteses, com exceção da primeira, Lucas ainda poderia ser reconhecido como autor de Hebreus. Os méritos da defesa da autoria lucana devem ser julgados principalmente diante das provas linguísticas e teológicas mais concretas apresentadas do capítulo 3 ao capítulo 5.

Em terceiro lugar, já que existe mérito nessa teoria, então se abre o acesso a novas ideias que aprofundarão o nosso entendimento de Hebreus. Com o autor sendo um dos escritores do Novo Testamento, então, partindo de uma perspectiva hermenêutica, Hebreus poderia ser interpretado de acordo com seus outros livros, e possivelmente podem ser dadas maiores explicações sobre algumas questões exegéticas. Por exemplo, a tradução de *machairan* como "espada" em Hebreus 4.12 passaria a ser reformulada para "bisturi", um sentido secundário, porém legítimo da palavra grega. Tanto o contexto quanto a sugestão da autoria lucana poderiam fazer essa interpretação e essa tradução da palavra bem mais provável do que "espada". Com os destinatários se tratando de sacerdotes judeus, então talvez a palavra se refira à faca de dois gumes usada por eles para preparar os sacrifícios. Esse significado se situa dentro do domínio semântico deles e possui muita base de recomendação no contexto até mesmo no caso de os destinatários não terem sido ex-sacerdotes.

A quarta contribuição é teológica. Reitero que, se o autor for um dos escritores do Novo Testamento, esse fato nos permitiria interpretar Hebreus à luz de seus outros escritos. Em contrapartida, Hebreus poderia trazer um novo ângulo para esclarecer temas teológicos na obra de um determinado autor. Por exemplo, os estudos de Lucas desde Conzelmann geralmente declaram que Lucas não atribui uma importância soteriológica ao sofrimento e à morte de Jesus na cruz.[13] Recentemente, vários espe-

---

[13] Sugerimos a leitura de *Fundamentos da narrativa teológica de São Lucas*. Natal: Editora Carisma, 2019, de I. Howard Marshall [N.E.]

cialistas em Lucas propõem essa interpretação. Sendo confirmado que Hebreus é obra lucana, então a tese de Conzelmann não deveria apenas ser reformulada como se tem sido proposto recentemente, mas deveria ser totalmente descartada.

O quinto aspecto é que essa obra traz detalhes adicionais ao conjunto crescente de provas de que a etnia de Lucas é judaica. Os capítulos 5 e 6 apresentam essas provas, que, de outra forma, seriam difíceis de serem encontradas em uma única obra. Isso traz bastante subsídio para todos os interessados neste aspecto dos estudos lucanos.

Em sexto lugar, o capítulo 1 é a única fonte que conheço onde se pode acompanhar a história da teoria sobre a autoria lucana de Hebreus desde Orígenes até os dias de hoje. Creio que esse material será útil para todos que se interessam sobre esse assunto e pelo menos trará algum fundamento para a análise dos últimos mil anos da história da igreja.

Se o paradigma sugerido nessas linhas suscitar novas ideias e levar a um novo entendimento do problema da autoria de Hebreus, ou mesmo a um entendimento novo ou mais amplo dos escritos de Lucas, então esse livro terá cumprido seu propósito. Nesse sentido, possivelmente os estudos do Novo Testamento de nível superior se beneficiarão com essa contribuição modesta.

CAPÍTULO 1
Análise histórica da questão da autoria: o desenvolvimento da teoria lucana

A questão da autoria de Hebreus tem sido alvo de muita especulação por toda a história da Igreja.[14] A maior parte dos Comentários recentes de Hebreus não investe um bom espaço para analisar as questões da autoria e dos destinatários. Isso é compreensível diante da ampla variedade de teorias disponíveis. O título "aos Hebreus" equivale a um acréscimo de um escriba que tem a maior probabilidade de ter sido deduzido a partir do conteúdo da carta; por si só, o título não ajuda muito para identificar os destinatários dela.[15] De modo diferente das epístolas paulinas, nela não

---

[14] Quanto à situação atual das pesquisas sobre Hebreus como um todo, especialmente com relação aos aspectos do seu cenário e da sua origem, nada se compara às pesquisas abrangentes de H. Feld até 1985. (*Der Hebräerbrief, Erträge der Forschung* [Darmstadt: Wissenschaftliche Buchgesellschaft, 1985], e "Der Hebräerbrief: Literarische Form, religionsgeschichtlicher Hintergrund, theologische Fragen," *ANRW* 2.25.4 [1987]: pp. 3522-3601). O comentário em dois volumes de C. Spicq em francês continua tendo seu valor por acompanhar essa área de estudos no início da década de 1950. As melhores análises em inglês incluem o material introdutório em W. L. Lane, *Hebrews 1-8*, WBC 47a (Dallas: Word, 1991), p. xlvii-clvii; P. Ellingworth, *The Epistle to the Hebrews*, NIGTC (Grand Rapids: Eerdmans, 1993), p. 3-80; e C. R. Koester, *Hebrews*, AB 36 (New York: Doubleday, 2001), p. 19-131, com Koester abrangendo o material do final do século XX.

[15] Veja a análise no título com relação à canonicidade da epístola em B. Childs, *The New Testament as Canon: An Introduction* (Philadelphia: Fortress, 1985), p. 413-415. F. S. Marsh, "Hebrews, Epistle to the," *Dictionary of the Apostolic Church*, ed. J. Hastings (New York: Charles Scribner's Sons, 1919), 1.539, que apresenta uma conjectura interessante: "É fácil imaginar como a Epístola passou a ser associada ao nome de Paulo. Na medida em que uma carta anônima portando o título προς Εβραιους foi acrescentada a uma coleção de epístolas reconhecidamente paulinas, não levaria muito tempo para se acrescentar ao título das palavras του Παυλου".

existe nenhuma saudação formal identificando o autor ou os seus leitores. Entretanto, o final da carta lembra o estilo de Paulo, e tem levado muitas pessoas a defender a autoria paulina. Alguns sugerem que o autor omitiu a introdução de forma deliberada, mas isso é questionável. Aqueles que sugerem que Paulo deixou de escrever seu nome porque era apóstolo dos gentios (e estava escrevendo uma carta para os judeus cristãos) ignoram que a própria carta deixa bem claro que os leitores sabiam quem era o seu autor.[16] Além disso, se alguém quisesse transmitir a carta como de autoria paulina por razões canônicas, uma alteração na introdução por meio do acréscimo do nome de Paulo seria mais provável do que uma remoção total. O consenso acadêmico atual é de que nunca houve nenhuma saudação ou introdução. O período literário equilibrado que dá início a Hebreus com tanta beleza tem todas as indicações de ser a introdução original da obra.

As teorias de pseudônimo propostas por Overbeck, Wrede, Godspeed e mais recentemente por Rotschild também são muito insuficientes. O esquema sofisticado de Overbeck de ver a conclusão da carta como parte do esforço da igreja para garantir sua canonização por meio da atribuição dela à autoria de Paulo é completamente desnecessário.[17] Wrede afirmava que o autor acrescentou um posfácio no estilo paulino para que Hebreus ficasse parecida com uma epístola da prisão escrita por Paulo.[18] Atualmente, não existe mais margem para que essas teorias ressurjam. Goodspeed sugeriu que Hebreus pode ter sido originalmente uma carta pseudônima em vez de anônima[19] e Gräßer defendeu que a carta aos Hebreus foi redigida como carta anônima desde o princípio.[20] Entretanto, se a carta continha qualquer referência a Paulo, Guthrie afirma: "é impossível contemplar qualquer situação na qual ela perderia sua inscrição e continuasse a ser

---

[16] Ao contrário do ponto de vista de E. Gräßer que afirmou que o autor preferia se manter anônimo porque era um cristão de segunda geração, conforme deduziu de Hebreus 2.3 (*An die Hebräer*, EKKNT 17/1 [Zürich: Benziger, 1990], 1.22).

[17] F. Overbeck, *Zur Geschichte des Kanons: Zwei Abhandlungen* (Chemnitz: E. Schmeitzner, 1880; reimpr., Wissenschaft: Buchgesellschaft, 1965), p. 30-70.

[18] W. Wrede, *Die literarische Rätsel des Hebräerbriefs* (Göttingen: Vandenhoeck & Ruprecht, 1906), p. 3-5.

[19] E. J. Goodspeed, *An Introduction to the New Testament* (Chicago: University of Chicago Press, 1937), p. 257.

[20] Gräßer, *Hebräer 1-6*, p. 22.

vista com bons olhos. Não existem precedentes desse tipo entre os pseudoepígrafos".[21] Outra visão minoritária é que esse posfácio não foi escrito pelo autor, mas se tratava de uma interpolação posterior para trazer uma autoridade (apostólica) maior ao texto. Rotschild afirmou mais recentemente que o posfácio (Hb 13.20-25, na sua visão) "não somente apresenta uma base no *corpus* inquestionável de Paulo, mas também, como um aspecto dessa base, *apropria a identidade de Paulo como o autor da própria carta*".[22] Rotschild afirmou que o autor de Hebreus redigiu o posfácio como uma alusão ao estilo de Paulo para que Hebreus fosse vista como paulina e "divulgada como fazendo parte do *corpus* paulino existente".[23] De modo surpreendente, Rotschild afirmou que esse esforço "não combina com a personalidade subjacente ao livro, mas se trata de uma linha correlativa necessária e que a história da receptividade de Hebreus atesta o sucesso retumbante desse esquema até a Reforma".[24] A hipótese da pseudonímia de Hebreus é improvável por causa dos vários vínculos linguísticos, estilísticos e conceituais entre o capítulo 13 e o restante da carta e esses vínculos acabam espelhando a autenticidade da conclusão da carta.[25]

A teoria de uma tradução grega de Hebreus a partir de um original hebraico ou aramaico (como foi sugerido por Clemente de Alexandria) não tem como se sustentar à luz das evidências. Os vários exemplos de paronomásias gregas e de outras figuras de linguagem deixam claro que Hebreus não se trata de uma tradução de um original hebraico. O uso exclusivo da LXX para as citações também depõe contra essa teoria, especialmente quando se reconhece, por exemplo, que a palavra grega *hupotassō* que é utilizada em Hebreus 2.8 não aparece no hebraico original da citação dos Salmos (embora o argumento do autor se baseie exatamente sobre essa palavra grega).

---

[21] D. Guthrie, *New Testament Introduction*, 4ª ed. rev. (Downers Grove: InterVarsity, 1990), p. 682.
[22] C. Rothschild, *Hebrews as Pseudepigraphon: The History and Significance of the Pauline Attribution of Hebrews*, WUNT 235, ed. J. Frey (Tübingen: Mohr Siebeck, 2009), p. 4.
[23] Ibid.
[24] Ibid., p. 5.
[25] Isso é demonstrado por F. Filson ('Yesterday'. *A Study of Hebrews in the Light of Chapter 13*, SBT 4, ed. C. F. B. Moule, P. Ackroyd, F. V. Filson, e G. E. Wright [London: SCM, 1967], e Attridge, *Hebrews*, p. 384-410.

A natureza imprecisa das provas internas e externas de autoria, conjugada com a obscuridade histórica relacionada à sua procedência, trouxe aos especialistas um campo fértil para uma teorização maior. Muitos conjecturam, alguns usam de esquemas, mas bem poucos creem ter tido bons resultados na busca do autor de Hebreus.

É preciso que se faça uma apresentação sucinta das teorias principais relativas à autoria de Hebreus antes que se promova a defesa da autoria de Lucas. Preparei uma tabela com essas teorias de autoria em ordem cronológica. Não é meu intuito analisar cada uma delas, já que é possível encontrar essas informações em outras obras.[26] Na coluna da esquerda se encontra o nome do especialista, seguido da coluna "autor proposto" à direita. Isto mostrará as variadas teorias de autoria.

Erudito	**Autor proposto**
Panteno	Paulo (mas não se notou nenhuma saudação, como era do costume de Paulo)
Clemente de Alexandria	Paulo (traduzido por Lucas)
Orígenes[a]	Desconhecido (mas alguns dizem que Clemente de Roma escreveu, e outros dizem que foi Lucas)
Tertuliano[b]	Barnabé
Agostinho	Paulo (com cautela)

---

[26] O leitor deve consultar as notas de rodapé e a bibliografia para conhecer as obras dos autores relacionados nesta tabela. As pesquisas e as resenhas úteis das várias teorias podem ser encontradas nos trabalhos seguintes: F. F. Bruce, "Recent Contributions to the Understanding of Hebrews" *ExpTim* 80 (1969): p. 260-264; e seu livro *Hebrews*, ed. rev., NICNT (Grand Rapids: Eerdmans, 1990), p. 14-20; G. W. Buchanan, "The Present State of Scholarship on Hebrews," em *Judaism, Christianity and Other Greco-Roman Cults*, ed. M. Smith e J. Neusner, vol. 1 (Leiden: Brill, 1975), p. 299-330; J. C. McCullough, "Some Recent Developments in Research in the Epistle to the Hebrews," *IBS* 2 (1980-81): p. 141-165; J. C. McCullough, "Hebrews in Recent Scholarship," *IBS* 16 no. 2 (1994): pp. 66-86; 108-120); D. Guthrie, *New Testament Introduction*, ed. rev. (Downers Grove: InterVarsity, 1990), p. 668-682; H. Weiss, *Der Brief an die Hebräer*, KEK 13 (Göttingen: Vandenhoeck & Ruprecht, 1991), p. 61-66, Ellingworth, *Hebrews*, p. 3-21; and Koester, *Hebrews*, p. 42-54, cujo resumo da autoria, destinatários e data podem ser úteis, especialmente para os pastores.

Jerônimo	Paulo (com cautela)
Tomás de Aquino	Paulo (original hebraico traduzido por Lucas)
Lutero[c]	Apolo
Calvino[d]	Lucas (ou Clemente de Roma)
Grócio	Lucas (independentemente)
Böhme[e]	Silas
Welch	Pedro
A. Harnack	Priscila e Áquila
J. Chapman	Aristion (mártir)
William Ramsay	Filipe
W. Leonard[f]	Paulo
A. M. Dubarie	Judas
C. P. Anderson	Epafras
L. Hermann	O apóstolo João
Legg	Timóteo
Ruth Hoppin[g]	Priscila
J. M. Ford	Maria (mãe de Jesus), ajudada por Lucas e João

a Citado por Eusébio. Orígenes destacava que os pensamentos eram paulinos, mas não se podia dizer o mesmo do estilo. b Tertuliano pode ter confundido Hebreus com a epístola espúria de Barnabé. Riggenbach, Windisch e W. Manson defenderam Barnabé no século XX. c Lutero foi o primeiro a sugerir Apolo como autor. Ele foi seguido por muitos posteriormente. Veja T. W. Manson, W. F. Howard, C. Spicq, F. Lo Bue, H. W. Montefiore e G. Guthrie. d Calvino observou as semelhanças estilísticas entre os escritos de Lucas e Hebreus, mas não partiu em defesa de forma mais profunda. No entanto, ele parece sugerir a autoria lucana independente da influência paulina. e Böhme (na introdução do seu comentário de Hebreus em 1825) e Mynster (nos *Studien und Kritiken*, p. 2, 344). Böhme parte da semelhança de Hebreus com 1 Pedro e teoriza que Silas escreveu as duas obras. Mynster propôs destinatários da Galácia e especulou que Hebreus foi escrito por Silas juntamente com Paulo e que foi enviado para essa região. (Veja Moses Stuart, *Hebrews*, p. 259). T. Hewitt defendeu Silas posteriormente em seu comentário de Hebreus de 1960. f A obra de Leonard se constitui na melhor apresentação da teoria paulina do século XX. g Hoppin, seguindo Harnack, traz o melhor e mais elaborado argumento a favor da autoria de Priscila. Veja a crítica de Zahn (Introduction, 2.365-366); também D. A. DeSilva, *Perseverance in Gratitude: A Socio-Rhetorical Commentary on the Epistle to the Hebrews* (Grand Rapids: Eerdmans, 2000), p. 25.

Podemos observar três coisas a partir dessa tabela. A primeira é que desde os Pais da Igreja até os dias atuais, foram sugeridos pelo menos dezesseis autores possíveis. Em alguns casos, foi sugerida uma autoria conjunta como, por exemplo, Priscila e Áquila. A segunda é que as opiniões que os especialistas da patrística, da Idade Média e da Reforma deram eram associadas aos apóstolos com certa proximidade. Por exemplo, Paulo poderia ser proposto como autor devido ao fato de que sua autoridade apostólica era necessária para fazer com que Hebreus participasse do cânon.[27] A canonicidade pode ter sido importante no contexto das teorias sobre a autoria entre os Pais da Igreja, mas ainda é importante que as sugestões de possível autoria incluam membros que possuam alguma relação com o grupo apostólico. Já a terceira, embora não tenha sido discriminada na tabela acima, é que as questões de procedência, dos destinatários e da data possuem uma diversidade parecida com as propostas de autoria. É claro que isso se deve ao fato de que o livro de Hebreus não se situa nem especifica seus destinatários em nenhuma de suas passagens.

O testemunho histórico[28] sobre a autoria de Hebreus começa na Igreja Ocidental com o uso claro de Clemente de Roma dessa epístola em sua carta aos coríntios. Na verdade, Clemente cita ou se refere a Hebreus com uma frequência maior do que a qualquer outro livro canônico. Se a Epístola de Clemente aos Coríntios puder ser situada em uma data próxima do final do século I (como tem sido a visão tradicional), então o testemunho histórico sobre a autoria de Hebreus antecede ao século II.[29]

---

[27] Quanto à questão da canonicidade de Hebreus, especialmente no que diz respeito à autoria, veja J. Thayer, "Authorship and Canonicity of the Epistle to the Hebrews," *BSac* 24 (1867): p. 681-722; e C. Spicq, *L'Épitre aux Hébreux* (Paris: Librairie Lecoffre, 1952-1953), 1.169-196; C. P. Anderson,"The Epistle to the Hebrews and the Pauline Letter Collection," *HTR* 59 (1966): p. 429-438; C. P. Anderson, "Hebrews among the Letters of Paul," *SR* 5 (1975-1976): p. 258-266; W. H. P. Hatch, "The Position of Hebrews in the Canon of the New Testament," *HTR* 29 (1936): p. 133-151, apresenta uma das melhores análises sobre a posição de Hebreus no cânon do Novo Testamento. N. Lardner, *The Works of Nathaniel Lardner* (London: William Bell, 1838), 4.88-91, cita testemunhos greco-latinos do ano 107 a 1070 d.C., e se constitui no estudo mais abrangente sobre essa questão.

[28] As análises úteis incluem A. Lincoln, *Hebrews: A Guide* (Edinburgh: T&T Clark, 2006), p. 2-8; P. E. Hughes, *A Commentary on the Epistle to the Hebrews* (Grand Rapids: Eerdmans, 1977), p. 19-30; e Koester, *Hebrews*, p. 19-63, que, além de abordar as questões da autoria, apresentou a análise mais abrangente da história da interpretação dessa carta.

[29] A Epístola de Clemente aos Coríntios também é datada do ano 70 que, em caso de isso se verificar, indicaria uma data anterior a isso para Hebreus.

Não se pode dizer o mesmo da proposta de Clemente, já que as considerações cronológicas e estilísticas a refutariam.[30] O silêncio de Clemente a respeito da autoria pode indicar que ele não achava que Paulo era o autor. Além disso, já que a alusão que Clemente faz de Hebreus prova que a carta era conhecida em Roma no final do século I, como alguém pode explicar o silêncio da igreja romana se Clemente de fato foi ou poderia ter sido considerado o autor? Essas são questões válidas, mas não se deve deduzir muita coisa a partir do silêncio.

Hebreus não é citada por nenhum dos pais latinos, com exceção de Tertuliano, que atribuiu sua autoria a Barnabé. Eusébio observou que Irineu cita Hebreus em uma obra que não estava disponível. Ele também indicou que Irineu não aceitava a autoria paulina.[31] Caio, de acordo com Eusébio, afirmou que havia treze epístolas paulinas, portanto não considerava que Hebreus tivesse sido escrita por Paulo.[32] De modo parecido, Hipólito negou a autoria paulina. O testemunho geral da igreja ocidental no século III é que Hebreus não tinha surgido da pena de Paulo.[33]

Na verdade, o testemunho histórico escrito sobre a autoria de Hebreus começa com frases atribuídas a Panteno, líder da escola alexandrina. Ele atribuiu Hebreus ao apóstolo Paulo, mas observou que, de modo que foge ao costume paulino em outras epístolas, não existe uma saudação que o identifique como autor. No final do século II, Eusébio citou Clemente de Alexandria (aluno de Panteno), que disse que Paulo escreveu Hebreus originalmente na língua hebraica e que Lucas a traduziu para o grego para os destinatários judeus helenísticos. Clemente afirmou que esse fato (a tradução de Lucas) explicava as semelhanças estilísticas entre Hebreus e Lucas-Atos:

> A epístola aos Hebreus é obra de Paulo, de modo que ela foi escrita aos hebreus em hebraico, mas Lucas a traduziu de

---

[30] J. Conder, *A Literary History of the New Testament* (London: Seeley, Burnside & Seeley, 1845), p. 443, afirmou que a diferença entre as epístolas canônicas e os primeiros Pais da Igreja garante a conclusão de que Hebreus não poderia ter sido escrita nem por Clemente, nem por Barnabé (supondo que ele tenha escrito a Epístola de Barnabé), nem por Policarpo.

[31] Eusébio, *História Eclesiástica*, 5.26

[32] Ibid., 6.26.

[33] Ibid., 6.20.

modo cuidadoso e a transmitiu para os gregos, e é por isso que se encontra o mesmo estilo de expressão nessa epístola e em Atos. No entanto, ele diz que as palavras "Paulo, apóstolo" provavelmente não foram colocadas em sua introdução porque, ao enviá-la aos hebreus, que nutriam um preconceito e uma suspeita contra ele, usando de sabedoria, não quis afastá-los logo de início revelando seu nome.[34]

Em meados do século III, Orígenes detectou a influência paulina sobre os pensamentos da carta, mas ele atribuiu o estilo e a escrita prática a outra pessoa:

> Qualquer pessoa que tem capacidade de discernir as diferenças no fraseado pode reconhecer que o estilo das palavras da epístola intitulada "aos hebreus" não é rude como as palavras do apóstolo, que admitia ser duro de palavras, isto é, na expressão; mas seu vocabulário possui um grego mais refinado. Além disso, quem examina com cuidado o texto apostólico reconhece que os pensamentos da epístola são admiráveis, e nada têm de inferiores aos escritos apostólicos conhecidos... Se tivesse que dar uma opinião, diria que os pensamentos equivalem aos do apóstolo, mas o tom e o palavreado são de alguém que se lembrava dos ensinos apostólicos, e escreveu à sua maneira o que tinha sido dito pelo seu mestre. Sendo assim, se alguma igreja afirma que essa epístola é de Paulo, receba os meus cumprimentos... Mas só Deus sabe quem escreveu a epístola. A declaração de algumas pessoas que vieram antes de nós é que Clemente, bispo de Roma, escreveu a epístola, e outros diziam que Lucas, o autor do evangelho e de Atos, é quem a escreveu.[35]

---

[34] Clemente de Alexandria, citado por Eusébio, da obra Hypotyposes, em *História Eclesiástica* 6.14.

[35] Orígenes, citado por Eusébio em *História Eclesiástica* 6.25. O texto mais antigo disponível de Hebreus se encontra no manuscrito p46 (de cerca do ano 200) onde aparece logo depois de Romanos (mais provavelmente por causa do seu tamanho) em uma coleção de catorze cartas de Paulo.

Podemos traçar várias deduções partindo da declaração de Orígenes. A primeira é que ele julgou que o estilo não se parecia com o de Paulo, e considerou isso como indiscutível. A segunda é que ele atribuiu os "pensamentos" a Paulo, mas não a escrita prática. Orígenes supôs que um discípulo de Paulo anotou suas ideias e depois as explicou, e que esse era o vínculo entre Hebreus e Paulo. Já a terceira é que Orígenes não propôs nenhuma teoria sobre essa autoria, e a quarta é que ele citou que algumas tradições especificaram o nome de Clemente de Roma, e outras o de Lucas.

Precisamos nos aprofundar em várias questões a respeito da declaração de Orígenes. Existem três sentidos possíveis para a palavra "escreveu" dentro dessa declaração. A primeira opção se refere a alguém que escreveu como amanuense de Paulo. A segunda é "quem escreveu o que Paulo disse e preparou o texto final". A terceira opção é "quem escreveu como autor independente". Orígenes negou categoricamente que a composição real da carta era de Paulo. Ao atribuir os pensamentos a Paulo, Orígenes rejeitou todas as formas de tradução ou de ditado, já que afirmou que o autor escreveu "à sua maneira" o que "lembrava" ter ouvido Paulo dizer. Não há como determinar quanto tempo se passou entre o momento que se ouviu as palavras de Paulo e a escrita do texto. Além disso, ele não especificou que um discípulo discorreu sobre as ideias de Paulo com o seu conhecimento ou sob sua supervisão. No entanto, Orígenes comenta que, às vezes, se interpretou a autoria desta maneira. Bleek interpretou os comentários de Orígenes como que se dissessem que "nessa questão não é inferior aos escritos apostólicos conhecidos, pois, em sua opinião, o argumento era baseado nos ensinos de Paulo, mas o seu estilo e formato final veio de algum discípulo que anotou as ideias de seu mestre, e depois as explicou ainda mais e as integrou em uma espécie de comentário.[36]

Na verdade, a teoria de Orígenes em vez de solucionar, cria problemas ainda maiores. Por exemplo, como estabeleceremos a relação de Paulo com o suposto discípulo que escreveu seus pensamentos? O autor de Hebreus não era um tradutor, nem recebeu a carta por ditado (pelo menos da maneira que Paulo se utilizava de um amanuense em suas outras cartas).

---

[36] J. F. Bleek, *Introduction to the New Testament*, 2ª ed., trad. W. Urwick (Edinburgh: T&T Clark, 1869), 2.105.

Se Lucas ou Clemente reuniram os pensamentos de Paulo e os registraram de próprio punho, eles não seriam considerados o autor real da carta? O fato de que Paulo usou um amanuense para escrever praticamente todas as suas cartas, além do fato de que usar essa pessoa não alterou seu estilo de forma significativa (com a exceção das pastorais, se forem consideradas paulinas)[37] depõe contra a hipótese de Orígenes e contra aqueles que propõem hipóteses parecidas.

Aqueles que defendem como J. Hug, S. Davidson, e, mais recentemente, David Black,[38] que a declaração de Orígenes "sobre quem escreveu a epístola" queria dizer quem a escreveu para Paulo (isto é, quem trabalhou como amanuense ou tradutor) precisa confrontar o contexto e o uso do particípio grego *ho grapsas*. Tanto Hug quanto Black traduzem esse particípio como "quem escreveu" em um esforço para manter a autoria paulina e afirmam que o contexto justifica essa tradução. Na verdade, o que acontece é o contrário. Na frase que vem logo depois, Orígenes se refere a "Lucas, que escreveu [*ho grapsas*] o Evangelho", com o significado claro de autoria e não "que escreveu" o Evangelho como amanuense ou tradutor. A crítica dessa interpretação de Bleek e Thayer é, a meu ver, difícil de refutar, ou até mesmo impossível.[39] Mitchell observou muitos exemplos na *História Eclesiástica* de Eusébio onde o verbo grego "escrever" "se refere tanto à autoria quanto ao ato real de escrever", concluindo que "a diferenciação de Black entre autor e amanuense não se sustém à luz dessas provas".[40]

Orígenes foi o primeiro a sugerir a teoria de que os pensamentos eram de Paulo, mas a redação foi de outra pessoa. Desse modo, ele quis reconciliar as duas visões discrepantes que tinham chegado a ele de que alguns diziam que Paulo era o autor e outros que um outro mestre

---

[37] Considero todas as 13 cartas como genuinamente paulinas.

[38] Veja J. L. Hug, *Introduction to the New Testament*, tradução da terceira edição alemã de D. Fosdick (Andover: Gould & Newman, 1836), p. 590; S. Davidson também apoia essa visão em *An Introduction to the Study of the New Testament*, 2ª ed. rev. (London: Longmans, Green, & Co., 1882), 1.190. Veja também D. A. Black, "On the Pauline Authorship of Hebrews (Part 2): The External Evidence Reconsidered," *Faith and Mission* 16 (1999): p. 80-81.

[39] Veja Bleek, *Introduction*, 2.106; J. H. Thayer, "Authorship and Canonicity of the Epistle to the Hebrews," *BSac* 24 (1867): p. 707-708. B. Weiss afirmou com destaque: "O próprio Orígenes não tem dúvida nenhuma de que a epístola não pode ter vindo de Paulo por causa do seu fraseado (*A Manual of Introduction to the New Testament*, trad. A. J. K. Davidson [New York: Funk & Wagnalls, 1889], p. 2).

[40] A. C. Mitchell, *Hebrews*, SP 13 (Collegeville, MN: Liturgical, 2007), p. 3-4.

cristão tinha feito isso. Portanto, quando Orígenes diz que a tradição que lhe foi transmitida incluía a possibilidade da autoria lucana e que não havia como Lucas ser um tradutor, um amanuense, ou alguém que reúne os pensamentos de Paulo, já que o próprio Orígenes foi o primeiro a sugerir essa teoria. Hug, Black e outros que tentam traduzir *ho grapsas* como "que escreveu" não conseguem enxergar isso.[41] Quando Orígenes diz: "só Deus sabe quem escreveu", ele quis indicar incerteza com relação a qual dos discípulos de Paulo explicou suas ideias, e que assim foi realmente o autor.

W. H. Goold, o editor do comentário de Hebreus de sete volumes que John Owen escreveu, levantou objeções sérias à visão de Orígenes. Em primeiro lugar, ele deixa de definir a relação entre Paulo e o seu assistente. Nem um amanuense, nem um tradutor, nem um editor pode explicar as diferenças que levaram à sugestão dessa teoria. Em segundo lugar, ela traz uma abundância de provas. Se Lucas fez tudo o que se afirma de acordo com a sua teoria, ele merece ser classificado como autor. Esse ponto não é reconhecido de forma adequada ou abordado por aqueles que querem provar a autoria paulina, mas acaba dando mérito a Lucas pela sua "composição". A terceira objeção é que a separação do pensamento da linguagem que essa visão propõe cria uma dificuldade maior do que aquela com a qual a teoria quis lidar a princípio. Já o quarto questionamento consiste no fato de que é bem mais fácil supor que Paulo tenha refinado suas próprias frases para escrever aos cristãos hebreus do que supor que outra pessoa tenha sido chamada para fazer isso.[42] Esses questionamentos de Goold são legítimos. Considerando-se o fato de que Lucas apresentou, de forma editada, muitas pregações de Paulo em Atos, com que base é possível negar pelo menos a possibilidade de que Lucas possa ter tido um papel mais importante na escrita de Hebreus?

A tradição alexandrina referente a essa autoria continuou a crescer, de modo que no século IV Paulo foi considerado o autor da carta (de forma

---

[41] A tradução de P. Maier de Eusébio apoia o entendimento tradicional de ὁ γραψας (*Eusebius: The Church History, A New Translation with Commentary* [Grand Rapids: Kregel, 1999], p. 227).

[42] J. Owen, *An Exposition of the Epistle to the Hebrews*, ed. W. H. Goold (Edinburgh: Ritchie, 1812), 1.95.

direta ou indireta). Entretanto, desde o início dessa tradição, Hebreus já tinha sido atribuída a Paulo de modo indireto e provisório.[43]

Na antiga igreja síria, Efraém (378 d.C.) parece indicar que as passagens Romanos 2.16; Ef 5.15 e Hebreus 10.31 foram escritas por Paulo. Na Síria ocidental, o sínodo de Antioquia (264 d.C.) escreveu uma carta a Paulo de Samósata que citou declarações de Paulo em suas cartas aos Coríntios e Hebreus 11.26, dando a entender que todas essas passagens tinham sido escritas pelo mesmo apóstolo. Na Peshitta, Hebreus aparece como a última carta das epístolas paulinas antes das epístolas gerais. Delitzsch afirma que foi colocada nessa posição por causa da sua anonimidade, não por ter procedido de outra pessoa que não tenha sido Paulo.[44] Em meados do século IV, a autoria de Paulo era bem confirmada pela igreja oriental, ainda que a supervisão imediata de Paulo tenha sido afirmada a princípio no final do século anterior e no início desse século.

Quanto à Igreja Ocidental, não existiu aparentemente nenhuma tradição com relação à autoria paulina. Em vez disso, no final do século II e no início do terceiro século, Tertuliano acreditava que a carta tinha sido escrita por Barnabé.[45] Na Igreja Romana, também não havia nenhuma tradição quanto à autoria de Paulo até bem posteriormente. Clemente de Roma fez a primeira referência à epístola em suas cartas aos coríntios, mas não propôs a autoria paulina. O Cânon Muratoriano (170-210 d.C.) se referiu às treze cartas de Paulo, mas não relacionou Hebreus, indicando que não considerava que Paulo era o seu autor. O Pastor de Hermas, Justino Mártir, Irineu, Gaio de Roma e Hipólito se referem a Hebreus, mas nenhum deles atribui a autoria a Paulo. Somente por volta do final do século IV que

---

[43] Davidson, em *Introduction*, 1.216, observou: "Se for dito que as dificuldades de estilo, etc. aumentam a força das evidências externas a favor de Paulo, já que nada além de uma tradição autêntica poderia ter sobrevivido a essas dificuldades, respondemos que as dificuldades alteraram a tradição constrangendo os que a seguiam a recorrer a uma autoria paulina indireta. Sugerir que os pensamentos eram de Paulo, enquanto a composição e a linguagem eram de outra pessoa acaba enfraquecendo o testemunho externo em vez de ampliar sua força."

[44] F. Delitzsch, "Über Verfasser und Leser des Hebräerbriefs mit besonderer Beruckschtigung der neuesten Untersuchungen Wieseler's und Thiersch's," em *Zeitschrift für die gesammte lutherische Theologie und Kirche* (Leipzig: Dorffling und Franke, 1849), p. 510.

[45] Tertuliano, *Sobre a modéstia*, p. 20. B. Pixner, *"The Jerusalem Essenes, Barnabas and the Letter to the Hebrews"* em *Qumranica Mogilanensia*, ed. Z. J. Kapera (Cracóvia, Polônia: Enigma Press, 1992), 6.167-178, é um autor recente que defende a autoria de Barnabé.

a autoria paulina começou a ser aceita pela Igreja Ocidental. Não se sabe a razão disso. Davidson sugere quatro causas. A primeira é que o diálogo eclesiástico que começou a haver entre o Oriente e o Ocidente pode ter incentivado a autoria paulina no Ocidente. A segunda razão se refere à proeminência de Jerônimo e Agostinho como formadores de opinião. O uso de Hebreus para defender a posição ortodoxa na controvérsia ariana pode ter ajudado a definir sua apostolicidade e se constitui na terceira causa. Já a quarta é que o estudo dos escritos de Orígenes deve ter sido persuasivo. Com certeza Hilário e Ambrósio conheciam esses escritos.[46]

No século IV, Eusébio nos informou que havia catorze epístolas paulinas bem conhecidas e indiscutíveis (inclusive Hebreus), mas ele também indicou que algumas pessoas rejeitavam a presença de Hebreus no cânon com base em que a igreja romana questionava a sua autoria paulina.[47] De modo parecido, Atanásio incluiu Hebreus entre as cartas de Paulo, colocando em primeiro lugar as cartas destinadas a igrejas e depois as cartas destinadas a indivíduos. Hebreus se encontra nessa posição no Códice Sinaítico, no Códice Alexandrino e no Códice Vaticano, que surgiram nos séculos IV e V d.C. A igreja grega no século IV colocou a carta aos Hebreus no décimo lugar entre as Epístolas Paulinas, enquanto a Igreja Síria e a Igreja Ocidental a colocaram no décimo-quarto lugar.[48]

Ao se aproximar o final do século IV, Jerônimo reuniu várias vertentes de informação que tinha recebido. Em primeiro lugar, a autoria paulina de Hebreus foi disputada com relação ao aspecto estilístico. A segunda vertente vinha de Tertuliano, que considerava que o autor era Barnabé. A terceira vinha de várias pessoas que sugeriram que ou Lucas ou Clemente de Roma eram autores, quem sabe como organizadores das ideias de Paulo, ou mesmo como tradutores do original hebraico de Paulo para a versão refinada para o grego. Em quarto lugar, Paulo pode

---

[46] Davidson, *Introduction*, 1.194. Weiss, *A Manual of Introduction*, 2.2, concorda com isso.

[47] Eusébio, *História Eclesiástica*, 3.3.5; 6.20.3. Para uma apresentação completa das provas patrísticas da autoria, veja F. Bleek, *Der Brief an die Hebräer* (Berlin: Dümmler, 1828), 1.81-90.

[48] See D. Trobisch, *Paul's Letter Collection: Tracing the Origins* (Philadelphia: Fortress, 1994), p. 10-21; e Gamble, "The New Testament Canon: Recent Research and the Status Quaestionis", em *The Canon Debate: On the Origins and Formation of the Bible*, ed. L. McDonald e J. Sanders (Peabody, MA: Hendrickson, 2002), p. 282-286.

ter omitido seu nome, já que ele não era bem visto pelos destinatários.[49] Jerônimo identificou Hebreus como sendo de Paulo na Vulgata latina, do mesmo modo que Agostinho, embora somente de forma provisória pelos dois escritores.[50] Hebreus foi incluída de forma categórica na lista de livros canônicos na época do Sínodo de Hipona (393 d.C.) e de Cartago (397 e 419 d.C.), onde foi locada no final das 13 epístolas, um fato que só confirma a incerteza sobre a autoria paulina. A recepção gradativa da tradição alexandrina no final do século IV pode ter levado a essa "transferência silenciosa" de Hebreus do décimo lugar no cânon grego das epístolas de Paulo para o décimo quarto.

Essa tradição prevaleceu por toda a Idade Média. Por exemplo, no prólogo do seu comentário de Hebreus, Tomás de Aquino claramente aceitou a autoria paulina junto com a história do original hebraico, que posteriormente foi traduzido para o grego por Lucas.[51] A autoria de Paulo se manteve durante o período medieval; no entanto, quando ela era questionada, Lucas geralmente era sugerido como o tradutor provável de Paulo ou mesmo como autor independente.[52]

Com o alvorecer da Reforma veio um retorno ao ceticismo da era patrística a respeito da autoria paulina. No século XVI, Lutero defendeu a autoria de Apolo, enquanto Calvino preferiu Lucas ou Clemente de Roma. No século XVI, Hugo Grócio foi o primeiro a levantar provas linguísticas para a autoria lucana de Hebreus. Suas provas só consistiam em semelhanças entre dez palavras ou expressões.[53] Os séculos XVII, XVIII e XIX testemunharam um cabo de guerra sobre a autoria paulina, mas o século XX (mesmo depois da obra prima de Leonard de 1939 a favor de Paulo) cada vez mais se tornou cético a respeito da teoria paulina e trouxe um turbilhão de teorias a respeito de outros possíveis autores. Por

---

[49] Jerônimo, *Dos homens ilustres*, p. 5.
[50] Jerônimo, *Epist.* 53.8; 129.3; Agostinho, *A doutrina cristã*, 2.8; *Cidade de Deus* 16.22. Veja as provas apresentadas disso em Davidson, *Introduction*, 1.223-226.
[51] Tomás de Aquino, *Commentary on the Epistle to the Hebrews*, trad. C. Baer (South Bend, IN: St. Augustine's Press, 2006), p. 7. Veja também a edição latina, *Super Epistolas Sancti Pauli Lectura: ad Hebraeos lectura*, 8ª ed. rev., ed. P. Raphael Cai (Rome: Marietti, 1953), 2.356.
[52] Como faz Spicq, *L'Épître aux Hébreux*, 1.197-219.
[53] H. Grócio, *Annotationes in Epistolam ad Hebraeos*, em *Opera Omnia Theologica* (Amstelodamum: Apud Heredes Joannis Blaev, 1732), 2.1010.

incrível que pareça, esse século começou com a sugestão de Harnack[54] de que Priscila era a autora. A última teoria inovadora a ser proposta foi a de J. Ford em 1976, que afirmou que Maria, a mãe de Jesus, foi a autora, auxiliada por Lucas e João.[55] Essas são as duas únicas mulheres que foram propostas como autoras em potencial.

Com essa breve análise sobre o testemunho histórico a respeito da autoria geral, agora temos como analisar a história dos estudos acadêmicos a respeito da autoria lucana em particular.[56] Por algum tempo foi moda descartar a possibilidade de autoria lucana de Hebreus papagaiando comentaristas anteriores sem fazer um segundo exame nas provas históricas ou linguísticas.[57] Esse é o caso tanto dos comentaristas alemães quanto dos ingleses, salvo raras exceções. Por exemplo, observe o comentário de Iutisone Salevao sobre a autoria lucana: "diferenças de estilo — superam os pontos de afinidade entre Hebreus e Lucas-Atos". No entanto, em menos de dez páginas ele cita F. F. Bruce de modo favorável que disse que Hebreus possui um estilo mais próximo de Lucas-Atos do que de qualquer outro escrito do Novo Testamento.[58] Reconheço que existem outros fatores para se levar em conta além do estilo, e que Salevao tenha considerado esse aspecto.

A sugestão de que Lucas foi responsável de algum modo pelo formato atual de Hebreus (tanto como tradutor, amanuense ou autor independente), remonta à época dos Pais da Igreja. Clemente de Alexandria (cerca de 155-220 d.C.), citado por Eusébio, fez a sugestão de que Paulo era o autor, mas Lucas tinha traduzido Hebreus para o grego.[59] Orígenes (185-254), citado por Eusébio, disse que os pensamentos eram paulinos, mas o fraseado e

---

[54] A. Harnack, "Probabilia über die Addresse und den Verfasser des Hebräerbriefs," *ZNW* 1 (1900): p. 16-41.

[55] J. M. Ford, "The Mother of Jesus and the Authorship of the Epistle to the Hebrews," *TBT* 82 (1976): p. 683-694. Na verdade, ela sugeriu uma autoria tripla dividida entre Maria, João e Lucas. Ela tinha sugerido anteriormente que o autor de Hebreus era um "paulinista" que reagiu à atividade de Apolo em Corinto (J. M. Ford, "The First Epistle to the Corinthians or the First Epistle to the Hebrews?" *CBQ* 28 [1966]: p. 402-416).

[56] A análise cronológica da história da pesquisa sobre essa questão é útil, já que não se pode achar essa informação em nenhum comentário ou em nenhuma obra de Introdução ao Novo Testamento.

[57] O'Brien, p. XXX.

[58] I. Salevao, *Legitimation in the Letter to the Hebrews: The Construction and Maintenance of a Symbolic Universe*, em JSNTSup 219, ed. S. Porter (New York: Sheffield Academic Press, 2002), p. 98, 107.

[59] *História Eclesiástica* 6.14.

a composição tinham sido realizados por alguém que lembrava o ensino de Paulo de cor.[60] Orígenes relatou que algumas pessoas acreditavam que Clemente de Roma tinha escrito Hebreus, enquanto outros atribuíam o livro a Lucas. As declarações de Orígenes dão a entender mais do que a simples possibilidade de que Lucas traduziu o texto. Eusébio (265-339) adotou uma posição semelhante à de Clemente de Alexandria, sugerindo que Hebreus foi escrita por Paulo em hebraico e traduzida por Clemente de Roma ou Lucas.[61] No final do século V, Hebreus foi reconhecida como fazendo parte do cânon das Escrituras e a autoria paulina foi aceita de modo geral, embora a possibilidade da contribuição de Lucas também se constituísse em uma posição aceita.

Como foi observado anteriormente, por toda a Idade Média, aqueles que escreveram sobre o assunto geralmente continuaram a acreditar que Paulo era o autor. Se Hebreus fosse considerada uma tradução, preferia-se Lucas em vez de Clemente de Roma. Pode-se perceber isso no prefácio dos comentários de Tomás de Aquino sobre a carta. Ele aceita a autoria paulina, mas sugere que Hebreus foi traduzida por Lucas.[62] Outros durante esse período que acreditavam que a carta foi escrita por Lucas sob a supervisão de Paulo eram Luculêncio (século VI), Primásio (século VI) e Haimo e Mauro (século IX).[63]

A época da Reforma trouxe novos desafios para a teoria da autoria paulina. Calvino sugeriu que o autor independente de Hebreus poderia ser ou Lucas ou Clemente de Roma.[64] Mais de cem anos depois, Grócio propôs a autoria independente de Lucas.[65]

---

[60] Ibid., 6.25.

[61] Ibid., 3.38.

[62] T. Aquinas, *Commentary on the Epistle to the Hebrews*, trad. C. Baer (South Bend, IN: St. Augustine's Press, 2006), p. 336.

[63] Citados por F. Delitzsch, *Hebrews Commentary on the Epistle to the Hebrews*, trad. T. L. Kingsbury (Edinburgh: T&T Clark, 1872; reimpr., Grand Rapids: Eerdmans, 1952), 1.24 e H. Alford, "Prolegomena and Hebrews," *Alford's Greek Testament: An Exegetical and Critical Commentary*, vol. 4, parte 1, 5ª ed. (Boston: Lee & Shepard, 1878; reimpr., Grand Rapids: Guardian, 1976), p. 53. Veja também as referências bibliográficas em Spicq, *L'Épître aux Hébreux*, 2.381.

[64] João Calvino, *Comentário aos Hebreus* (São José dos Campos, SP: Ed. Fiel, 2012).

[65] Grócio, *Annotationes in Epistolam ad Hebraeos*, 2.1010.

Por volta do século XIX, alguns começaram a observar a posição de Grócio com um cuidado maior e a sua defesa da autoria lucana. Alguns adotaram a posição de que Lucas era o autor independente com ou sem a influência de Paulo; outros sugeriram que Lucas escreveu sob o comando dele, com visões diferentes quanto ao grau de liberdade que lhe foi dado. Em 1830, Köhler sugeriu que Lucas tinha participação na escrita de Hebreus,[66] enquanto, ao mesmo tempo, Stein observou em seu comentário de Lucas que o estilo de Hebreus era mais próximo aos dois volumes de Lucas do que a qualquer outro escritor do Novo Testamento.[67] Escrevendo oito anos depois em seu comentário de Hebreus, Stein aceitou a possibilidade de que Lucas era o autor independente baseado nas semelhanças estilísticas que tinham sido observadas por Grócio, Köhler e outros.[68] De modo parecido, o especialista católico Hug defendeu a autoria paulina, mas sugeriu que Lucas teve uma participação no fraseado.[69] Em 1842, Siter sugeriu que Lucas tinha escrito Hebreus sob a influência de Paulo, e, em 1845, Conder afirmou a autoria lucana.[70] Lutherbeck sugeriu que Paulo escreveu os últimos nove versículos de Hebreus 13, enquanto o restante da carta tinha sido redigido por Apolo com a ajuda de Lucas, Clemente e de outros companheiros de Paulo.[71] Ebrard (1853) sugeriu que os pensamentos eram paulinos, mas que Lucas tinha sido o autor independente.[72]

---

[66] J. F. Köhler, *Versuch über die Abfassungszeit: der epistolischen Schriften im Neuen Testament und der Apokalypse* (Leipzig: J. A. Barth, 1830), p. 206-209.

[67] K. Stein, *Kommentar zu dem Evangelium des Lucas: nebst einem Anhänge über den Brief an die Laodiceer* (Halle: Schwetschke & Sohn, 1830), p. 293-295.

[68] K. Stein, *Der Brief an die Hebräer: theoretisch-practisch erklärt und in seinem grossartigen Zusammenhange dargestellt* (Leipzig: Carl Heinrich Reclam, 1838), p. 5.

[69] Hug, *Introduction to the New Testament*, 601.

[70] J. Conder especulava que Silas e Lucas são a mesma pessoa. "A conexão próxima entre Paulo e Lucas tem sido considerada como a transmissão de uma sanção apostólica para a escrita do evangelista; e essa opinião antiga tem demonstrado estar baseada de forma bem mais firme, desde que a identidade desse evangelista com Silas, o colega escolhido de Paulo, seja entendida. De modo parecido, a tradição de que a Epístola aos Hebreus foi redigida por Lucas, passaria a ter um maior grau de probabilidade, se o nome Silvano tivesse sido substituído por Lucas, ou mesmo o caráter verdadeiro de Lucas tivesse sido reconhecido". *A Literary History of the New Testament* (London: Seeley, Burnside & Seeley, 1845), p. 466.

[71] A. Lutterbeck, *Die neutestamentlichen Lehrbegriffe: oder, Untersuchungen über das Zeitalter der Religionswende, die Vorstufen des Christenthums und die erste Gestaltung desselben: ein Handbuch fur alteste Dogmengeschichte und systematische Exegese des neuen Testamentes.* (Mainz: Florian Kupfberg, 1852), p. 103e

[72] J. H. A. Ebrard, *Exposition of the Epistle to the Hebrews*, trad. e rev. A. C. Kendrick, *Biblical Commentary on the New Testament*, ed. H. Olshausen (New York: Sheldon, Blakeman & Co., 1858), 6.428-429.

Em 1857, foi lançado o comentário clássico de Franz Delitzsch[73] de dois volumes, que se constitui em um avanço importante na teoria da autoria lucana independente.[74] Sugerindo que Lucas escreveu em nome de Paulo, mas ainda assim de forma independente, Delitzsch trouxe novas provas linguísticas para vincular as três obras. Ele acreditava que Lucas tinha adotado os pensamentos de Paulo e os reformulou. Suas provas consistiam em grande parte de informações lexicais e estilísticas às quais ele se referia frequentemente em seu comentário. Também foi importante a linguagem médica que Delitzsch observou em Hebreus, especialmente em três passagens: 4.12-13; 5.12-14 e 12.11-13. Suas afirmações referentes à autoria lucana de Hebreus aparecem no final do seu segundo volume:

> Levando-se em conta as observações feitas durante a exposição do início ao fim, consideramos um altíssimo grau de probabilidade de que Lucas compôs a epístola a partir de declarações feitas a ele pelo apóstolo [Paulo] de quem foi comissionado a escrever. Acreditamos ser possível que Lucas foi o autor independente dela."[75]

Com certeza a defesa que Delitzsch fez da autoria independente de Lucas fez com que muitos repensassem essa teoria em particular.

Delitzsch aceitou o paradigma tradicional da identidade gentílica de Lucas, mas estava aberto à possibilidade de Lucas ser judeu. Somente poucos especialistas no século XIX (como Tiele,1858, e Hoffman, 1873) fizeram essa sugestão. Não é claro que efeito isso teve sobre a maneira pela qual os especialistas influentes como Godet e Delitzsch viram a

---

[73] Franz Delitzsch foi um teólogo e hebraísta alemão de tradição luterana. Escreveu muitos comentários bíblicos, obras sobre antiguidades judaicas, sobre psicologia bíblica, uma história da poesia judaica e obras de apologética cristã.

[74] F. Delitzsch tinha escrito um artigo anterior sobre a autoria e os destinatários de Hebreus ("Über Verfasser und Leser des Hebräerbriefs mit besonderer Berucksichtigung der neuesten Untersuchungen Wieseler's und Thiersch's". *Zeitschrift für die gesammte lutherische Theologie und Kirch* [Leipzig: Dorffling und Franke, 1849], p. 250-285) na qual ele defendeu rapidamente a possibilidade da autoridade lucana. Veja também seu livro *Hebrews*, 2.409-417.

[75] Delitzsch, Hebrews, 2.416-417.

probabilidade da autoria lucana, mas isso certamente não prejudicou essa tese. É mais provável que tenha dado à teoria uma credibilidade maior.

Algumas das semelhanças entre Lucas e Hebreus observadas por Delitzsch, além de outras, foram evidenciadas por Carl Weizsacker em um artigo bem extenso de 1862.[76] Kurtz se posicionou contra a autoria lucana em seu comentário de Hebreus alguns anos depois observando que os líderes das igrejas eram chamados *presbuteroi* em Lucas, mas eram chamados *hēgoumenoi* em Hebreus. (Ele também observou o emprego da palavra *baptisma* em Lucas, enquanto Hebreus usa *baptismos*.[77]). A tese de Kurtz sobre o uso lucano de *hēgoumenoi* é imprecisa, porque Lucas usa de forma substancial no sentido de "governante" em Lucas 22.26; Atos 7.10; 14.12 e 15.22 (na verdade, *hēgoumenoi* se refere a líderes da igreja em Atos 14.12 e 15.22, e *presbuteroi* também é usado em 15.22). Além disso, *hēgoumenoi* é usado no sentido de líderes da igreja *somente* por Lucas e Hebreus.

Em 1869 foi lançada a primeira edição de um comentário de Lucas da autoria do especialista francês F. Godet que hoje é considerado um clássico. Desde aquela época, tem sido traduzido e reimpresso várias vezes. No final do seu segundo volume, Godet faz um comentário sobre a relação dos escritos de Lucas com Hebreus, observando suas "características de concordância que são extraordinárias".[78] Em uma nota de rodapé dessa frase, Godet comentou que acreditava que Lucas era o autor de Hebreus. Ele passou a comparar quatro passagens no Evangelho de Lucas que são análogas a passagens em Hebreus. Ele também observou uma transformação parecida acontecendo no Evangelho de Lucas e em Hebreus: em Lucas, o sistema mosaico é transformado em obediência espiritual; em Hebreus o culto levítico e transformado em um culto espiritual. Por fim, Godet observou que tanto no Evangelho de Lucas quanto em Hebreus o desenvolvimento humano de Jesus compõe a base da cristologia.[79] Godet aceitava o paradigma tradicional da origem gentia de Lucas, portanto a

---

[76] C. Weizsacker, "Die Johanneische Logoslehre," *Jahrbucher fur Deutsche Theologie* 7 (1862): p. 619-708.
[77] J. H. Kurtz, *Der Brief an die Hebräer* (Mitau: Neumann, 1869), p.18.
[78] F. Godet, *A Commentary on the Gospel of Luke*, 4ª ed., trad. E. W. Shalders e M. D. Cusin (New York: Funk & Wagnalls, 1887), 2.421.
[79] Ibid., p. 422.

sua promoção da autoria lucana de Hebreus se reveste de um interesse e uma importância bem grande.

G. Lünemann reuniu as provas de Delitzsch que estavam distribuídas em seu comentário de dois volumes e apresentou em seis páginas de seu próprio comentário de Hebreus.[80] A única crítica válida que Lünemann faz de Delitzsch é o seu ponto periférico de que algumas provas de Delitzsch não são exclusivas aos escritos lucanos e Hebreus, mas podem aparecer em outras passagens do Novo Testamento. No entanto, quando se faz esse reparo, até Lünemann admite que ainda exista um conjunto de provas linguísticas e estilísticas considerável que vincula Lucas com Hebreus.

Lünemann desafiou os argumentos de Tiele e Hoffman que Lucas era judeu e afirmou com a condição gentílica de Lucas era "completamente decisiva" contra ele ter escrito Hebreus.[81] A crítica um tanto mordaz[82] das provas que Delitzsch apresenta da autoria lucana repercutiu bastante para que muitos desistissem dessa hipótese. Pode-se perceber isso em uma leitura superficial de vários comentários de Hebreus e volumes de introdução ao Novo Testamento desde aquela época.

---

[80] G. Lünemann, *The Epistle to the Hebrews*, trad. da quarta edição alemã de M. Evans, *Meyer's Critical and Exegetical Handbook to the New Testament*, ed. H. A. W. Meyer, 11 vols. (New York: Funk & Wagnalls, 1885), p. 356-363. A primeira edição do comentário de Hebreus de Lünemann's foi lançada em 1855, dois anos antes do comentário de Delitzsch. Nas edições posteriores aparece a crítica que Lünemann fez de Delitzsch.

[81] Ibid., p. 363.

[82] Os comentários ácidos de Lünemann com relação com a falta de perspicácia crítica de Delitzsch quanto às provas que ele apresenta a favor de Lucas incluem comentários como que a tentativa de Delitzsch de vincular Lucas com Hebreus estava "fadada ao fracasso". As provas de sua declaração tinham sido espalhadas por Delitzsch por todo o seu comentário, e quase parecia como se esse método, para o leitor e para o crítico um modo de agir altamente inconveniente, tinha sido adotado com um sentimento inconsciente de que as provas não estavam em posição de admitir uma classificação sinótica, sem que nesse caso demonstrasse toda a sua fraqueza. É isso que percebemos ao examinar de forma crítica o que foi reunido de forma acrítica por Delitzsch.". (*Hebrews*, p. 356). Outro exemplo aparece na página 363: "todos eles se constituem em argumentos que não deviam ter sido propostos em uma obra que pretende possuir um caráter científico". Esses comentários, que em sua natureza crítica e intensa passam dos limites da discordância acadêmica, podem ser fruto de um comentário feito por Delitzsch no prefácio do seu comentário: "Existe então um departamento - o teológico - na interpretação desta epístola, que ainda tem muito a evoluir, já que muitos que tem se empenhado nesse projeto (como Bleek e Tholuck) não teriam a mínima disposição de questioná-lo. Acho que nem mesmo Lünemann gostaria de fazer isso, já que suas próprias tentativas nesse sentido poderiam ter sido mais consideráveis, se ele não tivesse ignorado tanto as contribuições valiosas à exegese teológica trazida pelo Prof. V. Hofman em seu livro Schriftbeweis (1871: p. viii). Entretanto, em sua introdução, Delitzsch elogiou de forma modesta seu comentário classificando-o como "digno de fazer parte do comentário completo de Meyer do Novo Testamento. É baseado na maior parte em Bleek, embora tenha sido elaborado com uma independência total" (Ibid., p. 33). O comentário de Delitzsch foi lançado somente dois anos depois da obra de Lünemann, e os comentários ácidos incluídos nas edições posteriores de sua obra pode ser um exemplo de uma demonstração de ego ferido.

Apesar de Alford não defender a autoria lucana de Hebreus, seus comentários sobre o assunto são suficientemente importantes para serem citados. O quarto volume de sua obra *Greek New Testament: An Exegetical and Critical Commentary* (Comentário crítico e exegético do Novo Testamento grego) foi lançado no mesmo ano do comentário de Delitzsch (1857), e foi revisado pelo autor antes de sua morte, em 1871. A quinta edição foi lançada em 1875 e incluiu todas as suas revisões. Sua bibliografia citou somente a primeira edição de Lünemann e pode explicar por que Alford não faz nenhuma menção à crítica que ele faz das provas de autoria lucana de Delitzsch.

Alford relacionou oito companheiros de Paulo que ele considerou capazes de escrever Hebreus, dedicando a maior parte da análise a Lucas, Barnabé e Apolo. Ele afirmou que, se Colossenses 4.10-14 se constituir em uma prova de que Lucas era gentio, então "seria impossível atribuir-lhe mais do que uma parcela de ajuda na composição".[83] Isso dá lugar a um reconhecimento interessante:

> Se pudermos descartar a dedução aparentemente inevitável de Colossenses 4.14, essa suposição [da autoria lucana de Hebreus] pareceria ter algum apoio da própria epístola. Os estudantes do comentário a seguir por várias vezes se impressionarão com as coincidências verbais e idiomáticas com o estilo de São Lucas. O argumento, que se baseia nelas, tem sido continuamente adotado e defendido por Delitzsch, e ocorre ao leitor frequentemente com uma força que é difícil de resistir.[84]

Nesse parágrafo, Alford reconheceu as provas que Delitzch reuniu para a autoria lucana, mas no parágrafo seguinte nega essa possibilidade, observando que o "tom" de Lucas-Atos tem "uma essência diferente" do espírito do escritor aos Hebreus. Os estudos de Lucas dentro dos últimos cinquenta anos demonstram que a avaliação negativa de Alford sobre uma ausência de "equilíbrio retórico" de Lucas era imprecisa. O

---

[83] Alford, "Hebrews", p. 53
[84] Ibid.

que Alford quer dizer quando afirma que Lucas é o "cidadão educado cristão" enquanto o autor aos Hebreus era um "orador profético e fervoroso"? Existem momentos "proféticos e fervorosos" de Lucas até mesmo na escrita narrativa. À luz das várias comparações que podem ser feitas entre os prólogos de Lucas e Hebreus, é digna de observação a afirmação de que "nenhum estilo pode ser tão diferente, do que esse prefácio e de qualquer passagem elaborada na carta aos Hebreus". Alford concluiu esse parágrafo bem longo de uma maneira que, segundo os estudos lucanos modernos (isso sem mencionar os psicológicos), seria um exagero evidente: "[...] abalaria a nossa confiança na consistência das capacidades humanas... se acreditássemos que Lucas [...] teria mudado tanto, no seu fundamento e no essencial de sua identidade pessoal para escrever esta Epístola aos Hebreus".[85]

Alford atribuiu as semelhanças entre Lucas e Hebreus a um treinamento alexandrino comum (que na atualidade é bem questionável para o autor de Hebreus, isso sem mencionar Lucas) e uma fonte em comum, que é Paulo. Como Lünemann, Alford acreditava que se Lucas fosse um gentio, ele não poderia ser o autor independente de Hebreus, mas essa suposição, além de seu outro raciocínio contra Lucas, não me parece ser capaz de refutar o peso das provas a favor de sua autoria.

Na introdução ao seu comentário de Hebreus (1878), Cowles apresentou a defesa da autoria de Lucas com algum envolvimento paulino. Destacamos em especial seu argumento a favor de Cesareia[86] como o local dos destinatários e a datação da carta como não passando de 64 d.C. Cowles sugeriu que Lucas era "o autor principal responsável dessa epístola no sentido que o estilo é dele, e, até certo ponto, o desenvolvimento do argumento e a proeminência concedida aos pontos doutrinários, bem como as referências pessoais, embora possa ter escrito sob o olhar de Paulo, com toda a sua maior cooperação e endosso, e, quem sabe, recorrendo a uma

---

[85] Ibid., p. 54
[86] Entre os comentários antigos e atuais de Hebreus, H. Cowles (na minha opinião) produz o argumento mais persuasivo em favor de Cesareia. Os argumentos de Spicq nesse sentido também são dignos de nota (*Hébreux*, 1.247-250).

ajuda ampla das sugestões paulinas".[87] Essencialmente, Cowles propôs uma autoria lucana independente.

As provas apresentadas por Cowles a favor de Lucas incluíam as seguintes: (1) referências pessoais em Hebreus, (2) estilo, incluindo modalidades de pensamento, estilo discursivo, e escolha de palavras e expressões, (3) uso da LXX, (4) referência frequente ao ministério dos anjos, (5) proeminência concedida à encarnação e à humanidade de Jesus Cristo, e (6) o Espírito Santo como corporificando o poder da era do evangelho.[88] Cowles possui um dos melhores argumentos a favor da autoria lucana de Hebreus, porém ele raramente é mencionado em algum comentário ou introdução à carta publicada no século XX, tanto pelos que apoiam essa teoria quanto por aqueles que são contra ela.[89]

A participação de Lucas em Hebreus também é sugerida por Zenas. Ele acreditava que Paulo estava por trás da carta, mas que a autoria deveria ser atribuída a uma colaboração entre Lucas e Timóteo.[90] Timóteo foi sugerido como um autor possível por Legg em 1968, mas a inclusão do seu nome dentro do próprio texto de Hebreus (isso sem mencionar outros fatores) o exclui de uma consideração séria.

Gardiner (1887) escreveu um artigo bem influente que teve implicações importantes tanto para a teoria lucana quanto para a paulina. Ele investigou as provas lexicais em Hebreus para ver se poderia descobrir algo novo sobre a questão da autoria. Gardiner catalogou o tamanho dos livros do Novo Testamento (isto é, o número de linhas do texto grego) e combinou isso com uma lista de palavras baseada na sua frequência de uso por cada escritor. Sua abordagem foi baseada na estatística, mas ele reconheceu que havia alguma "falácia nesse processo", já que o vocabulário varia com o assunto que o autor aborda.[91]

---

[87] H. Cowles, *The Epistle to the Hebrews; with Notes, Critical, Explanatory and Practical, Designed for both Pastors and People* (New York: Appleton & Co., 1878), p. 11.

[88] Ibid., p. 11-17.

[89] H. Attridge, *The Epistle to the Hebrews*, Her (Philadelphia: Fortress, 1989); W. Lane, *Hebrews 1-8*; e Ellingworth, *Hebrews*, não o mencionam.

[90] Zenas, *Apologia ad Hebraeos: The Epistle (and Gospel) to the Hebrews* (Edinburgh: T&T Clark, 1887), p. 239.

[91] F. Gardiner, "The Language of the Epistle to the Hebrews as Bearing upon its Authorship", *JBL* 7 (1887): p. 1-27.

No entanto, o erro mais grave de Gardiner era no seu total no número de palavras exclusivas aos escritos de Lucas e de Hebreus. Ele estimou esse número como trinta e quatro. Conforme demonstrarei, existem na verdade cinquenta e cinco palavras que só estão presentes em Lucas-Atos e Hebreus. O erro de cálculo de Gardiner o levou a dizer: "Esse fato tende, com certeza, a vincular esta epístola tanto com Lucas quanto com Paulo, mais especialmente com Paulo". Já que existem cinquenta e três palavras exclusivas a Lucas e Hebreus e cinquenta e seis exclusivas a Paulo e Hebreus, a relação entre os três é praticamente idêntica em termos de vocabulário exclusivo.

A conclusão de Gardiner é esclarecedora. Ele achava que sua investigação confirmaria a hipótese de que Hebreus refletia os pensamentos e o raciocínio de Paulo em um palavreado de Lucas, e, portanto, que Hebreus foi escrita por Lucas para expressar ideias e argumentos recebidos de Paulo. O resultado de sua investigação fez com que ele mudasse seu modo de pensar. Ele rejeitou a autoria de Paulo e de Lucas e optou por Barnabé como seu candidato mais provável. Deve-se dar uma explicação final sobre o artigo de Gardiner. Se seus números referentes a palavras que não transmitem conteúdo como conjunções, preposições e palavras semelhantes forem comparadas por todo esse artigo, os resultados mostrarão que Lucas se encontra bem mais perto estatisticamente de Hebreus do que Paulo. Já que o uso que o autor faz de palavras estruturais tende a demonstrar mais o estilo de escrita pessoal, essas provas apoiam ainda mais disputa observada na época dos Pais da Igreja de que Hebreus é mais próxima aos escritos de Lucas do que os de Paulo – um fato que é muito importante na questão da autoria.

O erro crasso de Gardiner ao não contar certo o número de palavras exclusivo a Lucas e Hebreus deve impedir as pessoas de fazer tais afirmações como Marcus Dods, que elaborou uma nota de rodapé sobre a "insuficiência" da hipótese da autoria lucana: "As semelhanças ao uso de Lucas no vocabulário da Epístola foram examinadas com uma *amplitude definitiva* [destaque nosso] pelo Prof. Frederic Gardiner no *Journal of Soc. Of Bibl. Lit. and Exegesis* de junho de 1887".[92] Existem muito poucas

---

[92] Dods, "Hebrews", p. 227.

questões nos estudos do Novo Testamento que seja possível afirmar terem sido examinadas com uma amplitude definitiva.

Somente dois anos depois do artigo de Gardiner foi lançado o comentário de Hebreus de B. F. Westcott. A erudição de Westcott é conhecida de todos e, embora ele não tenha apoiado a autoria lucana de Hebreus, ele não descartou essa hipótese. Seus comentários relativos a Lucas são importantes, por isso apresentamos essa citação:

> Já se observou que os especialistas primitivos que falam sobre a Epístola observam a semelhança de estilo aos escritos de Lucas; e, mesmo com todas as concessões feitas que consistam nas formas das expressões que também se encontram na LXX, ou em outros escritores do NT, ou mesmo no grego tardio em geral, a semelhança de fato se destaca. Não há quem a estude a epístola de modo independente sem observá-la. Entretanto, não é possível definir nenhuma conclusão a respeito dessa semelhança. O autor da Epístola poderia conhecer os próprios escritos de São Lucas, ou pode ter mantido contato com o evangelista ou com aqueles que sua linguagem era moldada por sua influência. De qualquer modo, o vocabulário e as expressões parecidas não são mais frequentes do que as que existem entre 1 Pedro e as epístolas de São Paulo. Se realmente fosse possível acreditar que a Epístola foi originalmente escrita em 'hebraico', então as provas externas e internas combinadas justificariam a crença de que o texto grego se deve a São Lucas. Se essa opinião for descartada, as provas históricas a favor do vínculo entre São Lucas com essa epístola não produzem nenhum resultado... Ficamos, então, com uma conclusão negativa. A Epístola não pode ser obra de São Paulo, muito menos de Clemente. Pode ter sido escrita por São Lucas, pode ter sido escrita por Barnabé, no caso de a "Epístola de Barnabé ser apócrifa. As provas escassas que chegam a nós não apoiam nenhuma avaliação mais definitiva.[93]

---

[93] B. F. Westcott, *The Epistle to the Hebrews* (London: Macmillan, 1892; reimpr., Grand Rapids: Eerdmans, 1955), pp. lxxvi-lxxvii.

Existem vários comentários que precisam ser feitos à luz da pesquisa apresentada por este livro. A afirmação de Westcott de que as semelhanças entre Lucas e Hebreus não são maiores do que as de 1 Pedro e Paulo com Hebreus não se sustentam com base nas provas. Embora existam semelhanças entre 1 Pedro e Hebreus, é óbvio que as similaridades entre os escritos lucanos e Hebreus são muito maiores. Além disso, o único quesito onde as semelhanças entre Paulo e Hebreus são maiores é o vocabulário, e a diferença somente é de três palavras (53 para Lucas e 56 para Paulo). Nas áreas do estilo e da doutrina, Hebreus com certeza é mais próxima a Lucas do que Paulo.

Westcott comentou que o autor de Hebreus pode ter conhecido os escritos de Lucas, pode ter tido um vínculo próximo com Lucas, ou pode ter tido relações próximas com pessoas cujo pensamento e cuja linguagem foi influenciada por Lucas. Será que as várias semelhanças, especialmente no estilo, poderiam ser explicadas partindo do pressuposto que o autor conhecia os textos de Lucas ou passou algum tempo na companhia de Lucas? Ninguém passou mais tempo com Paulo do que Lucas, mas, mesmo assim, os estilos são claramente diferenciados. É muito menos provável que um autor de Hebreus "separado duas vezes" de Lucas refletiria um estilo tão parecido com ele. A menos que o autor estivesse imitando Lucas de propósito (e deve-se perguntar a razão de alguém fazer isso), essas similaridades existentes não podem ser explicadas sem um envolvimento de Lucas em sua composição.

Westcott considerava provável que, se Hebreus foi originalmente escrito em hebraico, então as provas externas e internas apontam para Lucas como tradutor. O que não faz sentido é a afirmação seguinte de Westcott: se essa possibilidade fosse descartada, as provas históricas vinculadas a Hebreus são "destruídas ou extremamente enfraquecidas". Com certeza elas não caem por terra (embora o testemunho dos Pais da Igreja a favor de Paulo seja um pouco mais forte que o de Lucas). As provas históricas para os candidatos mais fortes - Paulo, Barnabé e Lucas - são, em geral, bem fracas.

Westcott concluiu que Hebreus "não pode ser obra de Paulo". Para mim são palavras fortes, que considero que não devam ser usadas com relação a Paulo e Hebreus. Hebreus poderia ser obra de Paulo se pudéssemos explicar a mudança radical no estilo. Entretanto, a maioria dos especialistas modernos concorda que é pouco provável que Hebreus tenha sido escrita por Paulo. Por fim, Westcott diz que Hebreus "pode ter sido escrita por Lucas". Esse é um reconhecimento bem surpreendente tendo em vista suas afirmações anteriores! Obviamente, Westcott considerava a autoria lucana uma possibilidade viável.

Em 1898, dois outros especialistas manifestaram o seu apoio a Lucas como autor de Hebreus (opondo-se à visão de ele ser um tradutor ou amanuense). W. Lewis teorizou que Hebreus era uma produção conjunta de Paulo e Lucas, com Lucas agindo não como amanuense, mas como redator (ou comentarista) dos pensamentos de Paulo. Ele afirmou que Hebreus foi escrita por Lucas em Cesareia enquanto Paulo estava preso lá cerca de 60 d.C. Lewis não apresentou nenhuma prova linguística adicional para a autoria lucana; em vez disso, ele sugeriu que a defesa de Paulo diante de Festo e Herodes Agripa (At 26) deu subsídio a Lucas para a carta aos Hebreus. Lewis baseou essa proposta em algumas semelhanças entre a defesa de Paulo e os temas de Hebreus. Em especial, Lewis acreditava que na prisão Paulo estudou e refletiu sobre a relação entre a adoração no templo e a fé cristã. Esse estudo formou a base da defesa de Paulo e produziu, por meio de Lucas, a carta aos Hebreus.[94]

A reconstrução de Lewis tem chance de ser verdadeira e, se Lucas for de fato o autor independente de Hebreus, ele poderia tê-la escrito nessa época. Essa data, com certeza, colocaria a escrita de Hebreus antes de Lucas-Atos em uma tabela de datação convencional. Uma reconstrução semelhante foi feita posteriormente por G. Campbell Morgan em 1924.[95]

William Alexander foi outro especialista que, em 1898, apoiou a autoria lucana de Hebreus. A terceira edição revisada de seu livro *Leading Ideas of the Gospels* (Ideias principais dos evangelhos) que foi lançado originalmente em 1872, continha uma quantidade de informações consideravelmente maior sobre o Evangelho de Lucas, bem como um apêndice

---

[94] W. Lewis, "Bringing the First-Begotten Into the World". *Biblical World* 12 (1898): p. 109-110; W. Lewis, "St. Paul's Defense Before King Agrippa, in Relation to the Epistle to the Hebrews," *Biblical World* 13 (1899): p. 244-248.

[95] G. C. Morgan, *The Acts of the Apostles* (New York: F. H. Revell Co., 1924), p. 506.

que destacava as semelhanças linguísticas lucanas com Hebreus. Alexander considerava a declaração de Hebreus 5.2 ("Ele é capaz de se compadecer dos que não têm conhecimento") como um "resumo amável do Evangelho de São Lucas [...] escrito por ele mesmo".[96] As semelhanças linguísticas entre Lucas e Hebreus que tinham sido apresentadas por Delitzsch e analisadas por Lünemann foram compiladas por Alexandre em um apêndice. Enquanto Delitzsch destacou essas semelhanças no seu comentário e Lünemann as reuniu (apresentando-as ainda em forma de parágrafo, procedimento que dificultava ao leitor realmente ver as comparações), Alexander apresentou as compilações linguísticas lado a lado para um estudo mais fácil.

Além disso, ele apresentou novas provas para a autoria de Lucas que não foram citadas por Delitzsch, e algumas delas foram reunidas para ele por W. K. Hobart. Algumas dessas provas consistiam no vocabulário exclusivo dos escritos lucanos e de Hebreus; outras provas equivaliam ao vocabulário que aparece mais frequentemente em Lucas-Atos e Hebreus, mas somente raramente em outros livros do Novo Testamento. Hobart também forneceu para Alexander uma lista de palavras médicas que se encontram em Hebreus. Esse estudo das provas que Alexander fez o levou a concluir que o autor de Hebreus tinha um conhecimento acima da média dos termos médicos (o que não seria de se admirar no caso de o autor ser Lucas).[97] O resumo de suas provas e da sua conclusão é o seguinte:

> (i) Existe um grupo considerável de palavras, expressões e construções na Epístola aos Hebreus, que são usadas de forma comum (em boa parte exclusiva) por São Lucas. Mesmo considerando todas as deduções a respeito do emprego da LXX como fonte comum, ou do grego comum da igreja e da sociedade naquela época, a coincidência é, no mínimo, extraordinária. (ii) Existem na Epístola aos Hebreus vários traços do resultado de um treinamento médico, e de força psicológica, seja na análise de modalidades de pensamento

---

[96] W. Alexander, *The Leading Ideas of the Gospels*, 3ª ed. rev. (London: Macmillan, 1892), p. 8.
[97] Ibid., p. 313-319.

e sentimento, ou na descrição do caráter. Essas indicações também apontam na direção de São Lucas. (iii) A isso podemos acrescentar: (A) conceitos cristãos comuns, notavelmente do Cristo que ascendeu ao céu. (B) notas comuns de vida eclesiástica e espiritual. (1) Uma vida cristã de contínua santificação. (2) Uma vida caracterizada pela Confirmação como complemento do Batismo, e pela participação na Santa Eucaristia. (3) Uma vida na qual os anjos fazem parte, e a qual (em completa submissão do finito ao infinito, do criado ao Incriado) conferem brilhos de auxílio e beleza. Parece a nós que, embora não haja acesso a nenhuma demonstração, os avanços dos estudos críticos apontam alguma modificação da visão defendida por Clemente de Alexandria e Orígenes.[98]

Só não foi especificado qual era a "modificação" que Alexander tinha em mente. Ele acreditava claramente que Lucas foi para Paulo mais do que somente um amanuense ou tradutor. Ele insistiu que a carta foi escrita por Lucas, possivelmente com alguma influência ou contribuição paulina.

Os especialistas católicos do século 19 que se aliaram a Hug ao sugerir que Lucas, sob a influência paulina, teve sua parcela de contribuição na autoria de Hebreus foram Dollinger,[99] Zill e Huyghe.[100] Suas visões eram baseadas em grande parte nas informações linguísticas e estilísticas que vinculam essas obras. A defesa de Lucas foi especial porque a Igreja Católica tinha adotado a autoria paulina, dando um peso maior ao testemunho dos Pais da Igreja.

O século 19 terminou com a obra de Milligan sobre a teologia de Hebreus. Milligan gastou várias páginas no início do seu livro analisando as teorias de autoria e outras questões de procedência. Com relação ao

---

[98] Ibid., p. 324.
[99] J. J. Dollinger, *The First Age of Christianity*, 4ª ed., trad. H. Oxenham (London: Wm. H. Allen & Co., 1866; reimpr., London: Gibbings & Co., 1906), p. 85. Ele observou que a visão mais provável foi "que São Lucas escreveu a Epístola debaixo da inspiração de São Paulo".
[100] L. Zill, *Der Brief an die Hebräer übersetz und erklärt* (Mayence: Franz Kirchheim, 1879); C. Huyghe, *Commentarius in epistolam ad Hebraeos* (Gandavi: Excudebant A. Huyshauwer et. L. Scheerder succ. C. Poelman, 1901).

envolvimento de Lucas, ele foi bem claro sobre as opções do modo que ele as encarava: se Hebreus tiver sido uma tradução grega de um original hebraico, então Lucas seria o autor mais provável; se não foi o caso, Lucas não poderia ter sido o autor, já que era um gentio.[101] A primeira metade do argumento de Milligan se baseia nas provas da patrística e de muitos que a seguiram por toda a história da igreja, já a seguinte metade é claramente rejeitada pelas provas disponíveis. Lucas pode não ter sido gentio, mas, mesmo que fosse, isso não impede sua autoria de Hebreus.

A avaliação de Lünemann, Alford, Milligan e muitos outros de que Lucas não poderia ser o autor de Hebreus (devido ao fato de ele não ser judeu na visão deles) se tornou a posição dominante que praticamente todos os escritores do século XX sobre o assunto passaram a afirmar. A suposição geral da formação gentia de Lucas foi a tendência geral do início do século passado. De modo irônico, foi justamente nessa época que os estudos sobre Lucas demonstraram a falta de base dessas afirmações. Na verdade, a visão de que Lucas era judeu alcançou uma aceitação importante na segunda metade do século 20, de tal maneira que Jervell podia afirmar com certeza dogmática: "Lucas era judeu",[102] e Rebeca Denova, em um dos seus estudos mais recentes em uma leitura narrativo-crítica de Lucas-Atos, concluiu que Lucas-Atos foi escrito por um judeu para destinatários judeus.[103]

No início do século 20, dois artigos de A. Eagar foram publicados dando uma importância renovada à autoria lucana.[104] Eagar sugeriu que Lucas foi o autor independente de Hebreus. Seu argumento incluía uma comparação entre os prólogos de Lucas e Hebreus que até então não tinha sido feita. Ele também descobriu que as cartas paulinas que eram mais parecidas no estilo com os escritos de Lucas eram as cartas que ele escreveu enquanto Lucas estava ao seu lado. Vários pontos que esclarecem o assunto são dignos de ser observados:

---

[101] G. Milligan, *The Theology of the Epistle to the Hebrews with a Critical Introduction* (Edinburgh: T&T Clark, 1899), p. 27-28.

[102] J. Jervell, *The Theology of the Acts of the Apostles* (Cambridge: University Press, 1996), p. 5.

[103] R. Denova, *The Things Accomplished Among Us: Prophetic Tradition in the Structural Pattern of Luke-Acts*, JSNTSup 141 (Sheffield: Sheffield Academic Press, 1997), p. 230-231.

[104] A. Eagar, "The Authorship of the Epistle to the Hebrews". *Expositor* 10 (1904): p. 74-80, 110-123.

Em primeiro lugar, vários argumentos utilizados a favor da autoria paulina depõem de modo igualmente forte a favor de São Lucas... Em segundo lugar, temos observado que existem razões especiais que tornam praticamente impossível atribuir a Epístola aos Hebreus a São Paulo. Ora, nenhuma dessas objeções se aplica a São Lucas... Partindo dessas duas considerações, percebemos que todos esses argumentos a favor da autoria paulina da epístola que também podem se aplicar a Lucas acabam se tornando argumentos a favor da autoria lucana, já que não são refutados, nesse caso, pelos questionamentos que impossibilitam que se atribua a autoria paulina... A defesa de uma comparação da nossa Epístola com o terceiro evangelho e Atos parece extremamente forte. É digno de nota que se torna ainda mais forte quando comparamos a Epístola aos Hebreus com as obras lucanas secundárias (Eagar está se referindo às epístolas paulinas que foram escritas enquanto Lucas o acompanhava: 2 Coríntios, Colossenses e as epístolas pastorais).[105]

Esse último ponto exige uma investigação mais precisa para definir qual a proporção da similaridade entre essas obras e Hebreus quando se compara com, por exemplo, Romanos e Hebreus. A maior semelhança entre as pastorais e Hebreus é inquestionável porque ela tem sido verificada com certa frequência nos últimos dois séculos. Também se notou que existem semelhanças com Colossenses, mas outras pesquisas comparando Colossenses com 2Corínitos em comparação com Lucas-Atos e Hebreus foram de grande ajuda.

Em 1922, Clarke observou a semelhança entre Lucas-Atos, Hebreus e os escritos Macabeus. Ele concluiu:

> Quando se reconhece por um lado o tamanho menor da carta aos Hebreus, e por outro lado o número de palavras em

---

[105] Ibid., p. 77, 120.

comum que seriam encontrados de modo inevitável em todos os livros, o grau de afinidade demonstrado entre Lucas-Atos e Hebreus com relação a 2Macabeus e 3Macabeus parece substancialmente o mesmo... Esses números sugerem que Lucas pode ter lido 2 e 3Macabeus antes de escrever Atos... Sem dúvida o autor de Hebreus conhecia esses livros que pertencia ao mesmo círculo literário de Lucas.[106]

Em 1923, J. V. Brown defendeu a autoria conjunta de Lucas e Paulo, com Lucas editando a obra e concedendo sua forma final. Sendo assim, se explicam as várias correlações entre o estilo e o vocabulário. Por exemplo, Brown observou vários paralelos importantes entre Hebreus e o discurso de Estêvão em Atos 7. Esse ramo de pesquisa continuaria a crescer no decorrer do século XX, já que muitos especialistas destacaram esses paralelos.[107] Além disso, Brown foi o primeiro a sugerir que o grupo de ex-sacerdotes judeus mencionado em Atos 6.7 são os destinatários prováveis de Hebreus.

No ano seguinte, G. Campbell Morgan defendeu de modo sucinto a autoria lucana de Hebreus, seguindo essencialmente teoria de W. Lewis que acabamos de descrever. Ele afirmava que Lucas escreveu "o que Paulo tinha ensinado".[108] Morgan foi mais conhecido como pregador do que como teólogo, o que possivelmente explica o fato de ele nunca ser citado em comentários ou em outras obras como uma pessoa que promoveu a autoria lucana de Hebreus.

Em 1930, Narborough fez uma análise a respeito das analogias entre Hebreus e Lucas-Atos. Ele concluiu que a maior parte do que pode ser dito sobre a autoria lucana de Hebreus reside na comparação entre o discurso de Estêvão em Atos 7 com Hebreus: "Esses paralelismos são dignos de consideração, mas a autoria lucana de Hebreus seria uma inferência ousada e precária demais para se fazer a partir deles".[109] É claro que Narborough não levou em consideração todas as outras provas a favor de Lucas, mas o

---

[106] A. C. Clarke, *Acts of the Apostles* (Oxford: Clarendon Press, 1933), p. 74-75.
[107] Brown, "Authorship," p. 135.
[108] Morgan, *Hebrews*, p. 506.
[109] F. D. V. Narborough, *The Epistle to the Hebrews* (Oxford: Clarendon Press, 1930), p. 10-11.

seu princípio de associação de Atos 7 com algumas passagens de Hebreus foi desenvolvido posteriormente por outros especialistas.

Badcock promoveu uma virada interessante na hipótese lucana quando sugeriu que a voz de Hebreus era de Barnabé, mas a redação era de Lucas.[110] A base dessa teoria, segundo Badcock, é a seguinte: (1) as afirmações de Lucas sobre Barnabé em Atos; (2) a formação levítica de Barnabé; e (3) o vínculo de Lucas com Paulo e Barnabé.

Em 1955, a autoria de Lucas foi reforçada, de forma um tanto acidental, pelo artigo importante "The Epistle to the Hebrews and the Lukan Writings" ("A Epístola aos Hebreus e os escritos lucanos" de C. P. M. Jones. Esse novo ângulo era teológico. Jones conseguiu definir uma proximidade clara entre Lucas-Atos e Hebreus em três áreas importantes: (1) semelhança na linguagem; (2) semelhança nos fatos ou no interesse; (3) semelhança teológica, especialmente nas áreas da cristologia e da escatologia. Ele deu destaque em boa parte da sua análise ao terceiro ponto, particularmente os vínculos escatológicos entre Lucas-Atos e Hebreus.[111]

Outro mérito de Jones era desafiar o paradigma dominante de que Lucas-Atos era obra de um gentio antissemita, enquanto Hebreus foi claramente obra de alguém de formação judaica. Um dos propósitos desse artigo era o de demonstrar que a não observância dessas atitudes não correspondem aos fatos e, ainda que fosse verdade (se fosse descoberto que Lucas era gentio, por exemplo), mesmo assim essa tese não seria derrubada. Esse é um argumento muito importante, que possui implicações significativas para a hipótese lucana. Mesmo se Lucas fosse gentio, ele ainda poderia escrever uma carta como Hebreus.

De modo parecido, em sua teologia do Novo Testamento, L. Goppelt situou sua análise de Lucas e Hebreus no mesmo capítulo, já que constatou a afinidade teológica entre esses dois livros, especialmente na área da escatologia.[112] Um artigo breve de T. Jelonek afirmou que, com base nas

---

[110] F. J. Badcock, *The Pauline Epistles and the Epistle to the Hebrews in Their Historical Setting* (New York: Macmillan, 1937), p. 198.

[111] C. P. M. Jones, "The Epistle to the Hebrews and the Lukan Writings," in *Studies in the Gospels: Essays in Memory of R. H. Lightfoot*, ed. D. E. Nineham (Oxford: Basil Blackwell, 1955), p. 113-143.

[112] L. Goppelt, *Theology of the New Testament*, ed. J. Roloff, trad. J. Alsup (Grand Rapids: Eerdmans, 1982), 2.265-266.

semelhanças entre o discurso de Estevão (At 7) e Hebreus, Lucas escreveu Hebreus em nome de Paulo.[113] Minha tese de doutorado defendida em 1987 na Universidade do Texas na cidade de Arlington defendeu a teoria da autoria independente de Lucas principalmente com base linguística, estilística e teológica. Dois anos depois, sugeri que poderia se acrescentar mais provas a favor da autoria de Lucas comparando o propósito de Lucas-Atos com o propósito de Hebreus.[114] Foram lançados ainda dois outros artigos que resumiram alguns dos meus argumentos em 1996 e 2001.[115]

Um comentarista recente de Hebreus descarta a possibilidade da autoria lucana, afirmando que as diferenças de estilo, vocabulário e teologia "superam os pontos de afinidade entre Hebreus e Lucas-Atos. Algumas diferenças mais notáveis incluem a ausência do tema de Cristo como sumo sacerdote em Lucas-Atos e o tipo de especulação teológica que é característico de Hebreus".[116] Tentarei demonstrar nesse estudo que essas afirmações estão bem distanciadas da realidade.

Pode-se chegar a várias conclusões a partir dessa análise. A primeira é que Lucas desde o início foi um forte candidato para a autoria independente. Em segundo lugar, as semelhanças linguísticas entre Lucas-Atos e Hebreus, além do vínculo de Lucas com Paulo foram as primeiras bases para sugestão da autoria de Lucas. A terceira conclusão é que o comentário de Delitzsch em 1871 foi o primeiro argumento a favor da autoria lucana onde se apresentou provas linguísticas substanciais. Em quarto lugar, o erro em que Gardner incorreu na tabulação das palavras exclusivas a Lucas-Atos e Hebreus, que geralmente é repetido por outros, contribui para o descarte tácito da autoria lucana. A quinta conclusão é que muitos especialistas pressupõem que Lucas era gentio e, sendo assim, não poderia ser o autor de Hebreus. A sexta é que o artigo de Eagar trouxe um novo avanço na hipótese lucana ao destacar a proximidade no relacionamento entre Lucas

---

[113] T. Jelonek, "Chrystologia listu do Hebrajezykow". *Analecta Cracoviensia* 17 (1985): p. 253-257.

[114] D. Allen, "The Purposes of Luke-Acts and Hebrews Compared: an Argument for the Lukan Authorship of Hebrews", em *The Church Atos the Dawn of the 21st Century*, ed. P. Patterson, J. Pretlove, e L. Pantoja (Dallas: Criswell Publications, 1989), p. 123-135.

[115] D. Allen, "The Lukan Authorship of Hebrews: A Proposal," *JOTT* 8 (1996): p. 1-22; D. Allen, "The Authorship of Hebrews: The Lukan Proposal," *Faith and Mission* 18 (2001): p. 27-40.

[116] Salevao, *Legitimation in the Letter to the Hebrews*, p. 98.

e Paulo. Ele também analisou, debaixo de uma perspectiva estilística, o modo pelo qual a presença de Lucas (ou ausência) pode ser percebida nas Epístolas Paulinas. Em sétimo lugar, os vínculos teológicos entre Lucas e Hebreus (observados por Jones e Goppelt no século 20) trouxeram um peso adicional à teoria em favor da autoria lucana. Por fim, o estado atual dos estudos lucanos sobre a sua possível formação judaica incapacita a teoria "gentia" contra a autoria lucana. Dentre as várias teorias dos dois últimos séculos a respeito da autoria de Hebreus, a teoria em favor da autoria lucana ainda tem muito de recomendável.[117]

---

[117] Os comentários recentes do século XXI dedicam um bom espaço para rejeitar a possibilidade da autoria lucana de Hebreus. C. Koester, *Hebrews: a New Translation with Introduction and Commentary,* AB 36 (New York: Doubleday, 2001), p. 43, afirma: "O problema é que nada em Hebreus aponta para Lucas em particular, e as semelhanças gerais no estilo não passam de uma indicação de que as duas vieram de um ambiente helenístico parecido". De modo semelhante, P. O'Brien, *The Letter to the Hebrews,* Pillar New Testament Commentary (Grand Rapids: Eerdmans, 2010), p. 6, descarta a opção lucana com apenas uma frase: "A candidatura de Lucas tem sido proposta, mas os pontos de contato entre ele e Hebreus são muito pequenos para apoiar uma teoria de que ele escreveu a carta". Acredito que os capítulos seguintes demonstrarão que esse não é o caso.

CAPÍTULO 2
Barnabé, Apolo e Paulo

De todos os candidatos para a autoria de Hebreus, quem recebeu o maior apoio nos tempos modernos (embora a teoria paulina tenha se enfraquecido gradativamente a ponto de ser defendido raramente pelos especialistas no dia de hoje) foi Barnabé, Apolo e Paulo. Consideraremos as provas a favor e contra essas candidaturas.

O argumento a favor de Barnabé[118]

Barnabé recebeu apoio de especialistas antigos e modernos. Tertuliano propôs essa hipótese, escrevendo de tal modo para dar a entender que não tinha dúvidas a respeito disso:

> Porque ainda assim existe uma Epístola aos Hebreus sob o nome de Barnabé – um homem suficientemente credenciado

---

[118] Cf. G. Salmon, *Introduction to the New Testament*, 3ª ed. (London: John Murray, 1888), p. 446-448; E. Riggenbach, *Der Brief an die Hebräer*, KNT, ed. T. Zahn (Leipzig: A. Deichert, 1913); G. Edmundson, *The Church in Rome in the First Century* (London: Longmans, Green & Co., 1913); K. Bornhäuser, *Empfänger und Verfasser des Briefes an die Hebräer*, BFCT 35/3 (Gütersло: Bertelsmann, 1932); e H. Mulder, "Barnabas en de Gemeente te Jeruzalem," *Homileticaen Biblica* 24 (1965): p. 198-200; id., "De Schrijver van de Brief aan de Hebreeen," *Homileticaen Biblica* 24 (1965): p. 110-114. J. A. T. Robinson, *Redating the New Testament* (London: SCM, 1976), p. 217-220, parece acreditar que Barnabé deve receber uma consideração séria como autor. Mulder afirmou que a sugestão de Tertuliano a favor de Barnabé foi ignorada pela maioria dos escritores cristãos (porque Barnabé perdeu o favor da igreja quando passou a agir separadamente de Paulo), mas isso é praticamente improvável. Mais recentemente, veja os argumentos a favor de Barnabé propostos por P. E. Hughes, *A Commentary on the Epistle to the Hebrews* (Grand Rapids: Eerdmans, 1977), p. 28-29.

por Deus, como aquele que Paulo tinha o mesmo nível na incessante obediência com relação à abstinência: "Ou será que eu e Barnabé não temos o direito de trabalhar?" Além disso, é claro que a Epístola de Barnabé possui uma aceitação maior das igrejas do que aquele Pastor apócrifo de adúlteros.[119]

Encontramos outro apoio a Barnabé no *Tractatus Origenis* de Gregório de Elvira, que escreveu: "O santíssimo Barnabé diz: Por ele oferecemos sacrifício dos lábios que reconhecem seu nome".[120] Essa é uma referência a Hebreus 13.15, fazendo com que Gregório atribua Hebreus a Barnabé. Filástrio, bispo de Bréscia no século IV, também fala de Hebreus como uma carta de Barnabé.[121] Jerônimo (cerca de 345 a 419 d.C.) declarou que se cria que Hebreus se tratava de uma carta de Paulo, ainda que muitos considerassem como de Barnabé, Lucas ou Clemente.[122] O Códice Claromontano lista "a Epístola de Barnabé" entre os livros canônicos. Os cálculos estequiométricos[123] para esta carta são muito próximos aos de Hebreus; por causa disso, Westcott sugeriu que provavelmente se trate da mesma carta.[124]

Embora essas provas não sejam importantes ou conclusivas, existem provas entre os Pais da Igreja que sugerem que o autor foi Barnabé. Essas provas se identificam claramente com a tradição ocidental (latina), uma tradição que negou taxativamente a autoria paulina. Outras provas reunidas pelos especialistas para apoiar a autoria de Barnabé são estas: (1) Ele era um levita de Chipre (At 4.36), e, por causa disso, seria compreensível o seu interesse pelos sistemas de rituais e sacrifícios do Antigo Testamento. (2) Barnabé era membro do círculo de convívio de Paulo e provavelmente

---

[119] Tertuliano, *Sobre a modéstia*, p. 20.
[120] Citado em Hughes, *Hebrews*, p. 25.
[121] Agostinho, *Haeresibus*, p. 89.
[122] Jerônimo, *Lives of Illustrious Men*, p. 5.
[123] Estequiometria vem do grego *stoikheion* e *metriã*. O termo "estequiométrico" é usado com frequência em Termodinâmica para referir-se à "mistura perfeita" de um combustível e o ar. A estequiometria baseia-se na lei da conservação das massas, na lei das proporções definidas e na lei das proporções múltiplas. [N. do E.]
[124] B. F. Westcott, *The Epistle to the Hebrews* (London: Macmillan, 1892; repr., Grand Rapids: Eerdmans, 1955), p. xxviii-xxix.

teve contato com Timóteo (já que Timóteo veio da área evangelizada por Barnabé e Paulo; cf. Atos 16.1).[125] (3) A perspectiva helenística de Hebreus sugere a alguns especialistas que Barnabé era o autor. Quando os helenistas de Antioquia foram evangelizados, a igreja de Jerusalém enviou Barnabé para coordenar esse novo movimento (At 11.19-26). (4) Barnabé é chamado "filho da exortação" (At 4.36), e a epístola aos Hebreus é chamada pelo seu autor de uma "palavra de exortação" (Hb 13.22). (5) O tom paulino da epístola pode vir de Barnabé por ele ser companheiro de Paulo em sua primeira viagem missionária, tendo a mesma perspectiva e estrutura conceitual dele. Thiersch afirmava que Hebreus foi escrita em uma coautoria de Paulo e Barnabé. Ele acreditava que Barnabé era o autor inicial, que consentiu com a conclusão escrita por Paulo, que desse modo adotou todo o documento.[126]

O destaque de Barnabé em Atos, aliado à sua formação levítica, faz dele um forte candidato à autoria de Hebreus – especialmente se tiver sido escrita para a igreja de Jerusalém. Entretanto, a maior fraqueza dessa sugestão é que não existe nenhum escrito disponível de Barnabé para comparar com Hebreus; a denominada *Epístola de Barnabé* é considerada espúria. Bleek considera a visão de Tertuliano como "um lapso acidental da parte de Tertuliano", que surgiu de sua confusão de Hebreus com a *Epístola de Barnabé*. É claro que isso não significa que Barnabé não poderia ter sido o autor de Hebreus, só significa que não temos material adicional com o qual podemos conduzir estudos comparativos.

Guthrie,[127] seguindo McNeile Williams,[128] afastou a hipótese da autoria de Barnabé com o argumento de que se ele tivesse sido o autor reconhecido não haveria como a autoria paulina se tornar uma alterna-

---

[125] J. Owen, *An Exposition of the Epistle to the Hebrews* (Edinburgh: Ritchie, 1812), 1.70, coloca um ponto de interrogação ao lado dessas provas. Ele observou que Timóteo foi companheiro do escritor e desconhecido de Barnabé, já que Timóteo passou a ser companheiro de Paulo depois de o apóstolo ter se separado de Barnabé.

[126] H. Thiersch, *De Epistola ad Hebraeos: Commentatio historica* (Marburgi: Sumtibus Elwerti Bibliopolae Et Typographi Academici, 1848), 1-13, cited in F. Bleek, *Introduction to the New Testament*, 2ª ed., translated by W. Urwick (Edinburgh: T&T Clark, 1869), 2.112.

[127] D. Guthrie, *New Testament Introduction*, 4ª ed. rev. (Downers Grove: InterVarsity, 1990), p. 675.

[128] A. H. McNeile, *Introduction to the New Testament*, 2ª ed., rev. C. S. C. Williams (Oxford: Clarendon, 1953), p. 237.

tiva viável. De acordo com Guthrie, a sugestão de que o nome de Paulo teria sido agregado à epístola a fim de que recebesse canonicidade é "inconcebível". Outro argumento contra Barnabé pode ser o modo pelo qual o autor aborda a questão de Levi e o dízimo em Hebreus 7. Não há como analisar os debates históricos que existiram no século I entre os sacerdotes e os levitas sobre o assunto nesta obra,[129] mas é claro que um levita não teria abordado o assunto de um modo sacerdotal como parece ser o caso nesse contexto.

Bargil Pixner apoiou recentemente a autoria de Barnabé, e ele acreditava que os destinatários eram sacerdotes de Qunran que se converteram ao cristianismo em Atos 6.7 (Spicq e outros concordavam com essa visão dos destinatários). Já que Barnabé era levita, ele seria detentor tanto do conhecimento quanto da motivação para escrever Hebreus para esse grupo.[130] Dan Wallace sugere que Hebreus foi uma coautoria de Barnabé e Apolo. Barnabé era o autor principal e Apolo serviu como seu assistente.[131]

O contraste no estilo e no tom geral entre Hebreus e a suposta *Epístola de Barnabé* praticamente desqualificariam Barnabé como autor de Hebreus se houvesse como provar que Barnabé foi o autor dessa epístola. O argumento de Stuart é bem proposto: "A diferença entre esse escritor e quem escreveu a Epístola aos Hebreus é imensa". Stuart chama isso de "caso perdido".[132]

O argumento a favor de Apolo

A sugestão, que possivelmente é a mais popular nos estudos do Novo Testamento, é que Apolo escreveu Hebreus.[133] Lutero foi o primeiro a fazer

---

[129] Veja Horbury, "The Aaronic Priesthood in the Epistle to the Hebrews," *JSNT* 19 (1983): p. 43-71.
[130] B. Pixner, "The Jerusalem Essenes, Barnabas and the Letter to the Hebrews," em *Qumranica Mogilanensia*, ed. Z. J. Kapera (Krakow, Poland: Enigma Press, 1992), 6.167-178. Pixner observou que a oposição de Cunrã ao templo foi dirigida contra os sumos sacerdotes hasmoneanos, que eles consideravam ilegítimos.
[131] "Hebrews", *Biblical Studies Foundation*.
[132] M. Stuart, *A Commentary on the Epistle to the Hebrews* (Andover: Warren F. Draper, 1854), p. 237.
[133] Veja F. Bleek, *Der Brief an die Hebräer erlautert durch Einleitung, Übersetzung und fortlaufenden Kommentar* (Berlin: F. Dümmler, 1828), 1.395-430; T. W. Manson, "The Problem of the Epistle to the Hebrews," *BJRL* 32 (1949): p. 1-17; C. Spicq, *L'Épitre aux Hébreux* (Paris: Librairie Lecoffre, 1952-1953), 1.211-19; id.,

essa sugestão[134]; por isso, é importante observar que nenhum dos Pais da Igreja considerou essa hipótese – nem mesmo a escola alexandrina (que elegeu Apolo como seu líder principal). É curioso que os Pais da Igreja nunca mencionaram Apolo como autor possível, embora tenham tido várias oportunidades de fazer isso.

Quem defende Apolo faz isso com base na descrição que Lucas faz dele em Atos e na descrição de Paulo em 1 Coríntios. Aparentemente, ele era um grande orador e "poderoso nas Escrituras" (At 18.24), duas características que realmente se encaixam no autor de Hebreus. Ele era membro do círculo de convívio de Paulo, fato que poderia explicar as influências paulinas da carta. Ele também andava com Timóteo (1Co 16.10-12), como o autor de Hebreus (Hb 13.23).

O vínculo de Apolo com Alexandria parece explicar o suposto tom alexandrino do livro.[135] Entretanto, os especialistas cada vez mais questionam esse ponto. R. Williamson qualificou mais seriamente o desafio contra o suposto platonismo do autor de Hebreus, bem como à denominada

---

"L'Épître aux Hébreux, Apollos, Jean-Baptiste, les Hellénistes et Qumran," *RevQ* 1 (1958-59): 365-390; H. Montefiore, *A Commentary on the Epistle to the Hebrews* (New York: Harper; London: Black, 1964), 9-28; H. Attridge, *The Epistle to the Hebrews*, Her (Philadelphia: Fortress, 1989), p. 4 (n. 28); R. Nash, "The Notion of Mediator in Alexandrian Judaism and the Epistle to the Hebrews", *WJT* 40 (1978): p. 89-115; e G. Guthrie, "The Case for Apollos as the Author of Hebrews," *Faith and Mission* 18 (2002): p. 41-56. Guthrie possui o melhor argumento da academia moderna em favor de Apolo, que inclui uma análise histórica da proposta por todo o século XX. O argumento de Montefiore de que Hebreus foi escrito em Éfeso por Apolo à igreja coríntia em 52 d.C. foi totalmente criticado por L. D. Hurst em "Apollos, Hebrews, and Corinth: Bishop Montefiore's Theory Examined," *SJT* 38 (1985): p. 505-513. A tese de T. W. Manson (de que Apolo escreveu Hebreus em Corinto para as igrejas no vale do rio Lico para abordar a heresia colossense) foi amplamente criticada por Guthrie, "The Case for Apollos as the Author of Hebrews". *Faith and Mission* 18 (2002): p. 41-56. D. H. Appel, *Der Hebräerbrief: ein Schreiben des Apollos on Judenchristen Gemeinde* (Leipzig: A. Deichert'ssche Verlagsbuchhandlung, 1918), afirmou que Apolo escreveu Hebreus em Éfeso para a igreja de Corinto entre 64 e 70 d.C. Essa teoria também foi defendida por F. L. Bue, "The Historical Background of the Epistle to the Hebrews," *JBL* 75 (1958): p. 52-57.

[134] Veja Lutero, *WA* 10.I.1.143.13-20. Veja também C. R. Koester, *Hebrews*, AB 36 (New York: Doubleday, 2001), p. 35, n. 53 para informações detalhadas sobre a proposta de Lutero e a bibliografia correspondente. Ele observa que a proposta de Lutero apareceu na verdade em um sermão sobre Hebreus 1.1-4 que foi publicado em 1522 (*Sermons*, vol. 7, 167). Veja também o livro de Lutero de 1545 *Commentary on Genesis* (LW, 178). Ele atribuiu a autoria a Apolo com base na suposta influência alexandrina sobre Hebreus. Esse fato de que já se demonstrou que isso tem sido supervalorizado nos últimos anos enfraquece a defesa de Apolo de uma maneira bem significativa.

[135] Do mesmo modo Spicq, "L'Épître aux Hébreux," 1.211-219; W. F. Howard, "The Epistle to the Hebrews", *Int* 5 (1951): p. 82-84; e A. M. Hunter, "Apollos the Alexandrian," in *Biblical Studies*, ed. J. R. McKay and J. F. Miller (Philadelphia: Westminster, 1976), p. 147-156.

influência de Filo.¹³⁶ Ele demonstrou que o culto levítico do Antigo Testamento e o ambiente tipológico trazem uma explicação melhor para a abordagem do autor do que qualquer suposta influência alexandrina.¹³⁷ Ele prossegue enumerando várias diferenças entre o pensamento alexandrino e a epístola. O estudo de D. Runia sobre isso o levou a uma posição moderada. Ele observou que as correspondências linguísticas, hermenêuticas e temáticas são "impressionantes" e indicam que o autor de Hebreus deve ter conhecido a herança de Filo, mas permanece uma diferença demonstrável nas esferas de pensamento. "A antítese entre o dualismo ontológico e o escatológico, e entre a alegoria e a tipologia resume boa parte dessas diferenças". Ele também observou um ponto crucial de divergência na área da cristologia.¹³⁸ Por causa disso, o que tinha sido num dado momento um argumento forte a favor de Apolo acabou se enfraquecendo muito.¹³⁹

Narborough sugeriu que "se Apolo tiver sido o autor, um fenômeno surpreendente em 6.2 passa a ser imediatamente inteligível". A palavra "batismos" no plural é incluída entre os rudimentos do ensino cristão devido ao fato de Apolo conhecer o batismo de João antes de ser ensinado

---

136 Veja R. Williamson, *Philo and the Epistle to the Hebrews* (Leiden: Brill, 1970).

137 Veja também W. Horbury, "The Aaronic Priesthood in the Epistle to the Hebrews," *JSNT* (1983): p. 43-71: "A proximidade do autor com Josefo em vez de Filo quanto à questão de Levi e do dízimo podem sugerir uma 'consideração marginal' em favor de uma autoria palestina ao invés de uma autoria alexandrina". O mesmo também poderia ser dito a respeito dos destinatários.

138 D. Runia, *Philo in Early Christian Literature: A Survey*, vol. 3, em *Compendia Rerum Iudaicarum ad Novum Testamentum*, Section III, *Jewish Traditions in Early Christian Literature* (Minneapolis: Fortress, 1993), p. 78. A conclusão de Runia é que os dois autores vieram do mesmo ambiente "em um sentido mais próximo do que foi descoberto na defesa de Paulo". As esferas de pensamento são "claramente diferentes", especialmente no que diz respeito à cristologia (p. 78). Veja também H. Weiss, *Der Brief an die Hebräer*, KEK 13 (Göttingen: Vandenhoeck & Ruprecht, 1991), p. 103, que também observou a divergência na cristologia entre Filo e Hebreus.

139 B. Lindars concorda: "O estudo abrangente de R. Williamson demonstrou de forma conclusiva que Hebreus não tem nenhuma associação direta com Filo" (B. Lindars, *The Theology of the Letter to the Hebrews* [Cambridge: Cambridge University Press, 1991], p. 24). G. Sterling's "Ontology Versus Eschatology: Tensions Between Author and Community in Hebrews" em *In the Spirit of Faith: Studies in Philo and Early Christianity in Honor of David Hay*, ed. D. Runia and G. Sterling, vol. 13 (Providence: Brown Judaic Studies, 2001), p. 190-211, é uma avaliação recente e excelente da correlação entre Filo e Hebreus. Ele conclui que tanto o autor quanto os destinatários de Hebreus revelam um conhecimento de tradições exegéticas platônicas que estavam na moda entre alguns judeus e algumas comunidades cristãs do século I, mas que não existe uma necessidade de se definir uma dependência direta (pp. 209-210). Seguindo essa linha de pensamento, veja também Nash, "The Notion of Mediator in Alexandrian Judaism," p. 98-115. Agora se reconhece de forma geral que Hebreus não se baseia nem tem vínculo nenhum com Filo, nem possui nenhuma tendência platônica efetiva.

no batismo de Jesus (At 18.25).[140] No entanto, esse vínculo é tão tênue que chega a ser praticamente invisível.

Duas razões principais parecem militar contra a autoria de Apolo. Em primeiro lugar, a ausência de qualquer apoio da tradição da igreja primitiva, e, em segundo lugar, o fato de que não existem obras disponíveis de Apolo com a qual se possa fazer uma comparação com Hebreus.[141] Com certeza, muitos outros têm sido sugeridos como autores, mas o espaço não permite a análise de cada uma dessas teorias. A bibliografia contém referências para uma leitura posterior mais aprofundada.

O argumento a favor de Paulo

Percebemos no século XX um consenso crescente contra a autoria paulina. No entanto, as provas patrísticas em favor de Paulo, embora sejam inconclusivas, não deveriam ser descartadas com tanta facilidade. Conforme foi demonstrado anteriormente, das três tradições principais de autoria que circularam nos quatro primeiros séculos, a tradição alexandrina considerava que Hebreus era de algum modo obra de Paulo. Panteno, mentor de Clemente, sugeriu que Paulo não usou seu nome na epístola por causa de sua reverência ao Senhor e para afastar suspeitas (já que ele era conhecido como apóstolo dos gentios). A tradição paulina continuou a crescer em Alexandria, de modo que no século IV foi aceita, mas nunca sem questionamentos.

A autoria paulina começou a ser questionada novamente durante a época do Renascimento e da Reforma, e a dúvida continua até a época

---

[140] F. D. V. Narborough, *The Epistle to the Hebrews* (Oxford: Clarendon Press, 1930), p. 14-15.

[141] A teoria de Harnack sobre a autoria de Priscila está interligada com o papel que Priscila e Aquila exerceram na instrução cristã de Apolo em Atos. Veja seu artigo: "Probabilia über die Addresse und den Verfasser des Hebräerbriefs," *ZNW* 1 (1900): p. 16-41. Veja também F. Schiele, "Harnack's 'Probabilia' Concerning the Address and the Author of the Epistle to the Hebrews," *AJT* 9, no. 1 (1905): p. 290-308. Schiele tentou promover a hipótese de Harnack's hypothesis propondo, do mesmo modo que Harnack, que a carta foi escrita para destinatários romanos. Ele concluiu: "Sendo assim, não parecerá uma conjectura sem nenhuma base que, o endereço perdido da Epístola aos Hebreus pode ter sido algo assim [*Priska kai 'Akulas, hoi adelphoi,] tois eklektois parepidemois episunagoges 'Hbraion, tois ousin en 'Roma, kletois hagiois…*" (p. 308). Veja a crítica excelente à posição de Harnack em in C. C. Torrey, "The Authorship and Character of the So-Called 'Epistle to the Hebrews'," *JBL* 30 (1911): p. 137-156.

atual. Algumas pessoas tentam manter o envolvimento de Paulo na escrita de Hebreus, mas de um modo tão reduzido e modificado que dificilmente poderia ser chamado de autor. Por exemplo, sugere-se que Paulo escreveu somente o capítulo final, ou o epílogo ou a conclusão epistolar (13.22-25).[142]

A inclusão de Hebreus no $\mathfrak{P}^{46}$, um códice egípcio datado do ano 200 d.C. que contém uma coleção dos escritos de Paulo, revela que Hebreus era considerada por algumas pessoas como fazendo parte do *corpus* paulino naquela época.[143]

William Leonard defendeu de modo habilidoso a autoria paulina de Hebreus no seu livro clássico *Autorship of the Epistle to the Hebrews* (Autoria da epístola aos Hebreus).[144] Os especialistas da Igreja Católica parecem se constituir no maior grupo que ainda apoia a hipótese paulina (embora o abandono da posição tradicional dessa igreja tenha se tornado mais frequente nos últimos anos).[145] Christos Voulgaris defendeu a autoria paulina em um artigo de 1999.[146] Um artigo em três partes de Eta Linemann foi publicado na Alemanha no ano 2000 e em inglês em 2002, onde ela demonstrou que os comentaristas geralmente exageraram no descarte de Paulo. Os três artigos de David A. Black em 1999 e 2001 se constituem no melhor argumento a favor da autoria paulina na atualidade.[147]

---

[142] Para conhecer a visão de que Paulo escreveu somente o último capítulo (Hebreus 13), veja C. R. Williams, "A Word Study of Hebrews 13", *JBL* 30 (1911): p. 128-136, e E. D. Jones, "The Authorship of Hebrews XIII," *ExpTim* 46 (1934-35): p. 562-567. Para o argumento de que Paulo era o autor somente da bênção epistolar, veja J. Héring, *The Epistle to the Hebrews*, trad. A. W. Heathcote e P. J. Allcock (London: Epworth, 1970), p. 126.

[143] B. Metzger, *The Text of the New Testament* (New York and Oxford: Oxford Univ. Press, 1968), p. 37-38, 252.

[144] W. Leonard, *Authorship of the Epistle to the Hebrews* (Roma: Vatican Polyglot Press, 1939).

[145] A melhor análise sobre a história dos estudos católicos de nível superior do início do século XIX até a década de 1960 sobre a hipótese paulina é a de J. Frankowski "Problemy autorstwa Listu do Hebrajczkow i etapy egzegezy katolickiej w dobie wspolczesnej", *Su* 6 (1968-1969): p. 201-233.

[146] Christos Sp. Voulgaris, "Hebrews: Paul's Fifth Epistle from Prison", *GOTR* (1999): p. 199-206.

[147] E. Linnemann, "Wiederaufnahme-Prozess in Sachen des Hebräerbriefes," em *Fundamentum* 2 (2000): p. 102-112 (Parte 1), p. 52-65 (Parte 2), e p. 88-110 (Parte 3), que foi lançada posteriormente como "A Call for a Retrial in the Case of the Epistle to the Hebrews," trans. D. E. Lanier, *Faith and Mission* 19/2 (2002): p. 19-59; D. A. Black, "On the Pauline Authorship of Hebrews (Part 1): Overlooked Affinities between Hebrews and Paul". *Faith and Mission* 16 (Spring 1999): p. 32-51; "On the Pauline Authorship of Hebrews (Part 2): The External Evidence Reconsidered," *Faith and Mission* 16 (Summer 1999): p. 78-86; "Who Wrote Hebrews: The Internal and External Evidence Reexamined", *Faith and Mission* 18 (2002): p. 3-26.

Voulgaris apoiava a autoria de Paulo com base em "provas novas", que é o vínculo entre Hebreus 13.23, Filipenses 2.19-24, e Filemon v. 22. A comparação das informações trazidas por essas passagens indicaria que elas são idênticas. Voulgaris acredita que a palavra *apolelumenon* em Hebreus 13.23 não tem como significar "saída da prisão". Em vez disso, segundo Voulgaris, Paulo tinha enviado Timóteo em uma missão anônima, que não mencionava sua intenção ou destino por questões de segurança. Quando Paulo escreveu para Filipos, expressou seu desejo de enviar Timóteo (2.19-24), disse também que planejava visitar essa cidade (2.24).[148] Todas as epístolas da prisão, inclusive Hebreus, foram escritas por Paulo em Roma durante a sua prisão domiciliar em 60-62 d.C.[149] Depois que Timóteo partiu para Filipos, Paulo decidiu escrever Hebreus para a igreja de Jerusalém, e o fez por duas razões: (1) para fortalecer sua fé e evitar que voltassem ao judaísmo, e (2) reconciliar-se com os cristãos em Jerusalém, que eram zelosos da lei, e aprofundar seu relacionamento com eles. Paulo os informa de que Timóteo que está a caminho em uma missão (para Filipos) e logo que ele retornasse a Roma, os dois iriam a Jerusalém.[150] O motivo pelo qual o apóstolo não se refere a sua prisão em Hebreus, como faz nas outras cartas da prisão, se deve ao fato da sua libertação iminente (que ele esperava que acontecesse antes que a epístola alcançasse seu destino).[151]

Infelizmente, segundo Voulgaris, Paulo nunca conseguiu voltar para Jerusalém. A época de sua soltura coincidiu com a morte inesperada de Pórcio Festo, governador romano da Judeia no início do ano 62 d.C. Houve em seguida um motim judaico, Tiago foi morto e a área ao redor caiu na mais profunda desordem social e política. Quando Paulo voltou da Espanha para Roma, teve que cancelar sua viagem a Jerusalém. Depois de alguns anos de liberdade, foi preso novamente em Roma e, em seguida, foi executado.[152]

---

[148] Voulgaris, "Hebrews: Paul's Fifth Epistle from Prison", p. 200-203.
[149] Ibid., p. 204.
[150] Ibid., p. 205.
[151] Ibid.
[152] Ibid, p. 206.

Todo esse resumo é bem especulativo. Entretanto, é plausível que Hebreus tenha sido escrita para a igreja de Jerusalém depois da morte de Tiago para exortar os cristãos diante da perseguição prolongada. Com essa datação, Hebreus anteciparia a Guerra Judaica por bem poucos anos. Embora prefira situar sua composição depois do ano 66, a sugestão de Voulgaris relativa à data (e até com relação aos seus destinatários) está dentro da esfera da possibilidade.

David Black promoveu a defesa da autoria de Paulo reconfigurando as provas dos Pais da Igreja e demonstrando que muitos durante essa época consideravam que a autoria paulina seria possível. Ele interpretou a expressão *ho grapsas* de Orígenes como indicando "que serviu como amanuense de Paulo" e assim concluiu que Orígenes afirmou a autoria paulina. Black também apresentou uma leitura acessível das provas linguísticas e teológicas que foram oferecidas por William Leonard há mais de 60 anos.[153]

Eta Linemann buscou fortalecer a defesa de Paulo por meio da comparação lexical, estilística e literária. Reabilitando a obra excelente de C. Forster, ela não forneceu provas exclusivas até onde pude observar, mas seu artigo serviu para destacar o fato de que não era algo tão fora do costume para Paulo usar figuras literárias e semelhanças lexicais, que eram comuns tanto para as cartas paulinas quanto para Hebreus. O artigo de Linnemann surpreende de várias maneiras. Em primeiro lugar, depois de reconhecer sua anonimidade, ela concluiu de forma equivocada que os "teólogos críticos", com sua especulação sobre a questão da autoria, "prejudicaram" a autoridade da epístola.[154] Mas como pode ser feito isso? Os teólogos críticos podem prejudicar a autoridade bíblica quando questionam o que é claramente declarado pelas Escrituras, mas como pode esse ser o caso quando especulam sobre a autoridade de um livro que é claramente anônimo?

Em segundo lugar, a afirmação que ela fez de que "até o ano 200 d.C., a Epístola aos Hebreus era considerada da autoria de Paulo", se constituiria em uma surpresa completa para alguns especialistas. Quem

---

[153] Black, "Who Wrote Hebrews?", p. 3-26.
[154] Linnemann, "Call for a Retrial", p. 19.

no século II considerava que essa carta era de Paulo? O único nome que pode ser apresentado é o de Panteno, que Clemente de Alexandria (citado por Eusébio) relatou que tinha afirmado que Hebreus foi escrita por Paulo. Isso não chega nem perto de justificar que Hebreus geralmente é "considerada uma epístola paulina".

A terceira surpresa é que sua referência à declaração de Orígenes ("quanto a quem escreveu a epístola, só Deus sabe") e de que hoje se concorda que isso é "pseudo-piedoso" e "prejudicial se os argumentos contra a autoria de Paulo de Hebreus não forem percebidos como inadequados e descartados de forma decisiva",[155] simplesmente seria motivo de riso entre os especialistas nos dias de hoje. Esses comentários radicais ignoram propositalmente cerca de 1.800 anos de estudo que chegam a uma conclusão quase unânime de que existem provas consideráveis contra a autoria paulina. Embora alguns argumentos contra Paulo sejam fracos e inconclusivos, trata-se de uma estreiteza de visão afirmar que o conjunto de provas contra a autoria paulina é inadequado e que deve ser rejeitado de forma decisiva.

Entretanto, apesar dessas ressalvas, Linnemann reiterou os argumentos de C. Forster, Moses Stuart e William Leonard e fez uma boa defesa da autoria paulina. Seu artigo se divide em seis partes: as provas dos manuscritos, o testemunho da igreja primitiva, o estilo, o vocabulário, as características de Hebreus que são usadas contra Paulo e a linha de pensamento de Hebreus. Passaremos a avaliar de forma sucinta cada uma delas.

Linnemann examinou as provas dos manuscritos, concluindo que Hebreus tem a mesma fundamentação de Romanos. Então ela dá um salto na lógica perguntando se é concebível que uma obra anônima como Hebreus pudesse ser canonizada.[156] Acaba-se concluindo que Paulo foi o autor, e que isto é o que as provas dos manuscritos e a sua aceitação no cânon explicam ao avaliar o testemunho dos Pais, ela ofereceu a surpreendente sugestão de que a ausência de Hebreus do Cânon Muratoriano (c. 200 d.C.) apoia de fato a autoria paulina. Ela citou do cânon que Paulo "[...] só

---

[155] Ibid.
[156] Ibid., p. 20.

escreve para sete congregações com atestado autoral", e concluiu que isto "levanta a possibilidade de Paulo ter escrito aos hebreus *sem confirmação de autoria*" – se não houvesse carta sem atestado, não teria sido necessário salientar que a epístola nomeada subsequentemente tinha sido escrita *com* atestado de autoria.[157] Esse raciocínio parece ser bem superficial.

A avaliação de Linnemann sobre o ponto de vista de Orígenes é um tanto negativa. Ela se perguntou como, com a pressuposição de Paulo como o autor, outras possibilidades (tais como Clemente de Roma ou Lucas) tinham sido consideradas naquela época. Como poderia o testemunho de Panteno permanecer escondido deles ou de Orígenes? Diante disso, ela concluiu que o que Orígenes considerava ser a tradição transmitida foi na verdade "uma coleção anterior de especulações" que os seus contemporâneos haviam divulgado. É claro que isto, por si só, é pura especulação. Para Linnemann, a crença da autoria paulina "não foi tão condenada" já que foi definida com base no fato de que os pensamentos eram de Paulo, não a sua escrita de fato.[158]

Entretanto, a sua avaliação da declaração de Tertuliano de que Barnabé escreveu Hebreus foi mais feliz. Sua crítica ao apoio de Zahn a Barnabé como o possível autor é válida no sentido de que Tertuliano provavelmente identificou Hebreus de forma equivocada como a *Epístola de Barnabé*.[159]

Linnemann dedicou dois breves parágrafos à possibilidade de autoria de Lucas. Ela observa que não mais do que vinte palavras são exclusivas de Atos e Hebreus e outras nove são exclusivas de Lucas e Hebreus. Mencionou "algumas" palavras exclusivas de Lucas, Atos e Hebreus. Também observou então que 37 palavras são exclusivas de Hebreus e Romanos, e mais 11 palavras são exclusivas de Hebreus, Romanos e 1 Coríntios, produzindo um total de 48 em comparação com 27 para Lucas e Hebreus.[160] Como tantos antes dela, os cálculos de Linnemann estão incompletos. Como se demonstra no capítulo 3, há 56 palavras

---

[157] Ibid., p. 21 (destaque do autor).
[158] Ibid., p. 23
[159] Ibid., p. 24 (veja minha análise anterior sobre Barnabé).
[160] Ibid., p. 26.

exclusivas das Epístolas Paulinas (incluindo as pastorais) e Hebreus, e 53 palavras exclusivas de Lucas-Atos e Hebreus. Somente com base nisso, seria impossível de argumentar contra a autoria de Lucas. Poderia ser pelo menos capaz de defender a autoria colaborativa.

Ela concluiu que não há motivos suficientes para negar a autoria paulina a partir das provas patrísticas. Isto parece ser uma visão um tanto truncada das provas. No entanto, ela deve ser aplaudida por apontar que existem algumas evidências patrísticas para a autoria paulina, embora não sejam tão fortes quanto ela afirma. Deve-se também levar em conta seu comentário de que o anonimato "faz com que seja necessário exercer um cuidado cada vez maior em consideração a todos os fatos disponíveis".[161] Ao avaliar o estilo de Hebreus, Linnemann criticou aqueles que fazem "afirmações genéricas" sobre o estilo inferior de Paulo. Na verdade, ela intitulou uma das subseções como intitulado "Difamação", e criticou severamente Donald Guthrie que "se propõem a subestimar o apóstolo Paulo - como se fosse um aluno ignorante da escola primária".[162] Neste ponto, apesar de sua linguagem veemente, eu concordo em parte com ela. Em alguns momentos, autores modernos exageram as diferenças estilísticas entre Paulo e Hebreus a ponto de concluir a "impossibilidade" da autoria paulina. Enquanto o argumento estilístico contra Paulo é formidável - talvez até mesmo devastador - não torna a visão "impossível". Como observam os estudiosos criteriosos, ela nada mais é que "altamente improvável".

A seção de Linnemann sobre estilo faz uma defesa mais substancial. Ela examinou as afirmações de Harold Attridge em sua seção de comentários, "Características literárias de Hebreus". Linguagem e Estilo".[163] Linnemann conseguiu refutar praticamente todos os exemplos de Attridge do chamado "melhor grego" de Hebreus com exemplos semelhantes das Epístolas Paulinas, especialmente de Romanos. Considerou 14 figuras de linguagem em hebraico, desde aliteração até paronomásia, e encontrou exemplos paulinos para cada uma. Admitiu que há um vocabulário mais amplo em hebraico do que nas Epístolas Paulinas de tamanho comparável.

---

[161] Ibid.
[162] Ibid., p. 27.
[163] Ibid. p. 28-35. Attridge, *Hebrews*, p. 13-21.

E concluiu que nenhuma das características do grego elevado em hebraico está ausente nas Epístolas Paulinas e, portanto, a alegação de Attridge é desmentida. No entanto, a simples demonstração de que tais características literárias não estão ausentes em Paulo não deve ser transformada em evidência da autoria paulina à luz de outras diferenças estilísticas que Linnemann não aborda.

Com relação ao vocabulário de Hebreus, Linnemann observou que 69,1% do vocabulário ocorrem nas Epístolas Paulinas. Ela também indicou que 58 palavras ocorrem apenas em hebraico e nas cartas paulinas.[164] Listou oito pronomes e partículas que ocorrem apenas em hebraico e em Paulo. Embora esta seja talvez a evidência mais forte para a autoria paulina, Linnemann não apresentou o quadro total. Como eu demonstrarei no capítulo 3, não há nada menos que 53 palavras exclusivas para Lucas-Atos e Hebreus, apenas três menos do que o número de palavras exclusivas para Paulo e Hebreus. No entanto, o trabalho de Linnemann neste campo mostra que Hebreus têm mais em comum com os escritos de Paulo do que muitos comentaristas se importam em admitir.

A seguir Linnemann analisou os estudiosos que debatem a autoria de Paulo com base no anonimato de Hebreus, já que este não era o hábito do apóstolo. Ela pergunta se o anonimato é sempre uma questão de estilo. Ao invés disso, é uma questão de necessidade. "Quem escreve anonimamente tem motivos para fazer isso,"[165] Linnemann aceitou a tese de Clemente de Alexandria de que Paulo escreveu anonimamente para os leitores judeus por causa de seu forte preconceito contra ele. A falta de autoridade apostólica em Hebreus é outra consequência da autoria anônima. Por fim, ela observou que Barnabé, Apolo, Lucas ou Clemente de Roma não tinham motivos para escrever de forma anônima, portanto a anonimidade da carta depõe contra a autoria deles, e favorece a autoria de Paulo.

Entretanto, essa linha de raciocínio enfrenta um problema imenso. As provas internas mostram que os destinatários sabiam quem era o autor. Além disso, como judeus cristãos, eles teriam recebido com bons olhos

---

[164] Ibid., p. 35. Na verdade, a contagem é de 56.
[165] Ibid., p. 37.

uma carta de Paulo (de modo diferente de um público de judeus não cristãos). Esses dois fatos, especialmente o primeiro, enfraquecem bastante o argumento de Linnemann.

Sua posição é mais forte quando lida com os argumentos padrão contra Paulo, como a ausência de uma "experiência espiritual" de Paulo, ou a ausência de vários temas paulinos (inclusive do tema do sumo sacerdote), o uso que o autor faz da Septuaginta, a inclusão de nomes que se referem a Jesus, e outras diferenças teológicas.[166] No geral, ela vai bem quando mostra que as provas geralmente são exageradas ou supervalorizadas. Ela também apresenta um argumento persuasivo que Hebreus 2.3 não se constitui em uma prova da autoria paulina da carta de forma automática.

Linnemann tem dificuldade de lidar com a ausência da expressão *en Christō* em Hebreus ao mesmo tempo em que ela é tão frequente nas Epístolas Paulinas. Sua hipótese é que Paulo a evita para preservar seu anonimato, já que essa expressão pode sinalizar a seus destinatários de que ele é o autor.[167] Isso é bem arriscado.

Sua seção final acompanha a linha de pensamento de Hebreus para demonstrar que Paulo poderia ser o autor. Ela faz comparações periódicas com Romanos (a epístola paulina mais próxima de Hebreus no vocabulário, no estilo e na teologia) para demonstrar a semelhança de Hebreus com o pensamento de Paulo.[168]

Linnemann concluiu que não há provas sérias que desabonem a autoria paulina. Afirmações sem base (começando com Orígenes e transmitidas por toda a história) criaram uma indisposição contra Paulo que a maioria dos especialistas vê com uma certeza praticamente total nos dias de hoje. Como seu título indica, ela apela para um reexame no caso da autoria paulina de Hebreus.

Agora consideraremos os argumentos a favor da autoria paulina. Eles são baseados principalmente sobre três fatores: (1) semelhança no vocabulário, (2) alguma similaridade teológica, e (3) o testemunho histórico dos Pais da Igreja. É impressionante que nenhum dos comentaristas do

---

[166] Ibid., p. 38-45.
[167] Ibid., p. 44.
[168] Ibid., p. 50-52.

livro de Hebreus realmente adote os argumentos de Leonard a favor da autoria de Paulo. Antes que qualquer outra teoria possa ser considerada, a obra de Leonard precisa ser abordada diretamente. Com mais de 400 páginas (incluindo apêndices), ele não somente apresenta provas detalhadas defendendo a autoria paulina, mas também oferece uma análise da epístola.

O espaço não permite uma avaliação de cada página dos argumentos de Leonard, nem isso se faz necessário, já que boa parte do seu trabalho analisa a epístola sem uma comparação específica com as cartas paulinas. A maior concentração das provas se encontra na similaridade com as cartas de Paulo que se encontra no final do capítulo 1 (p. 23-42), onde Leonard analisa Hebreus com cuidado e observa os paralelos paulinos. Destacarei sua investigação interna e avaliarei a força de suas provas, passando a trazer uma análise de cada capítulo.

Leonard começa observando que o entrelaçamento hábil da exposição e da parênese nessa epístola é diferente de tudo que temos nas cartas paulinas:

> Não se pode imaginar algo mais diferente de Romanos e Gálatas e até mesmo de outras cartas paulinas. Possivelmente, é nessa questão de alinhavar os argumentos de forma lógica e artística em vez de usar o vocabulário ou a estrutura das frases que se encontra um sentimento tão diferente das cartas paulinas em Hebreus.[169]

Leonard contradiz Black, um defensor contemporâneo da hipótese paulina, nessa questão. Black disse que o plano parenético-dogmático de Hebreus não pode ser declarado como não sendo de Paulo já que, por exemplo, o apóstolo inclui Romanos 6.12-14 e Gálatas 4.12-20 nas seções doutrinárias desses dois livros. Mas um estudo cuidadoso de Romanos revela como ela é diferente de Hebreus nos seus primeiros 11 capítulos. É preciso ler tudo até o versículo 12 do capítulo 6 para encontrar o primeiro imperativo do livro! Black identificou corretamente Gálatas 4.12-20 como

---

[169] Leonard, *Authorship*, p. 23.

um parágrafo, mas somente aparece nele um imperativo (v. 12): "Rogo-vos que vos torneis como eu". Esse parágrafo não funciona muito como uma seção parenética como os avisos ou às outras passagens de exortação de Hebreus. Não existe "paralelo" entre os escritos paulinos e Hebreus na alternância de uso entre a exposição e a exortação.[170]

No entanto, Leonard nos recorda que isso não deve fazer com que descartemos a autoria paulina, já que podem se observar às vezes muitos contrastes dentro da produção literária de um determinado autor. Embora possamos concordar com essa explicação até certo ponto, a questão é que as cartas paulinas em conjunto ainda exibem uma diferença de fluxo de pensamento quando são comparadas a Hebreus, e o peso dessas provas certamente torna menos provável que Hebreus tenha vindo da pena de Paulo.

Leonard admite que a "simetria requintada" encontrada no prólogo de Hebreus não encontra paralelo nas Cartas Paulinas.[171] Novamente Leonard e Black estão em contradição: Black disse: "Ele (o prólogo) se compara bem com o louvor de Paulo ao amor em 1 Coríntios 13, uma passagem que a maioria dos estudiosos considera ser uma obra-prima literária"[172]. Ele não menciona o prólogo de Lucas, que é normalmente citado pelos gramáticos e comentaristas como "paralelos" em beleza literária. Na verdade, o prólogo de Lucas é uma comparação muito mais apropriada do que o de 1 Coríntios 13.

Leonard observa que Paulo, como o autor de Hebreus, gosta de citar os Salmos. Ele cita nada menos que duas dúzias deles (mas algumas de suas citações são de seus discursos de Atos e, portanto, a escolha lucana do material deve ser considerada). Três dos dez Salmos citados em Hebreus também ocorrem nas Cartas Paulinas ou em seus discursos em Atos.

A passagem de Hebreus 2.1-4 é introduzida pela expressão tipicamente paulina *dia touto*, "por causa disso", ou "portanto". No entanto, nenhum *status* especial pode ser concedido a este argumento à luz do fato de que a mesma conjunção é encontrada em Mateus, Marcos, Lucas, João, Atos e as Epístolas Joaninas. Na verdade, Leonard observa que as conjunções em

---

[170] Black, "Who Wrote Hebrews?", p.4.
[171] Leonard, *Authorship*, p. 25.
[172] Black, "Who Wrote Hebrews?", p.4-5.

Hebreus são "bastante diferentes das de São Paulo"[173]. Black observou que o advérbio *perissoteros* aparece 2 vezes em Hebreus (6.17; 7.15) e 10 vezes em Paulo, mas em nenhum outro lugar no Novo Testamento, e *endikos* também ocorre apenas em Hebreus 2.2 e Romanos 3.8. Estes exemplos fornecem provas genuínas em favor de Paulo.[174]

A referência em 2.1-4 de que os anjos são mediadores da lei e de que os sinais carismáticos são apontados como paralelos marcantes no capítulo 3 de Gálatas e no capítulo 12 de 1 Coríntios.[175] O mesmo poderia ser dito do discurso de Estevão em Atos 7 (onde anjos como mediadores da lei são mencionados), e em Atos 2 e outras referências (onde ocorrem os sinais carismáticos). De fato, Atos 2 é um paralelo muito mais próximo a Hebreus 2.1-4 do que a passagem de Corinto. Mais uma vez, nenhum *status* especial pode ser reivindicado para Paulo aqui.

O versículo 3 do capítulo 2 de Hebreus (a primeira palavra pronunciada pelo Senhor e depois "confirmada por aqueles que a ouviram") geralmente é usado como argumento contra a autoria paulina, já que Paulo não se classifica como alguém que ouviu o evangelho de outra pessoa. Leonard, seguido por Black, contrariou este argumento ao apontar que o escritor está se referindo à pregação pública de Cristo durante seu ministério terreno que Paulo não tinha ouvido.[176] Embora esta possa ser uma solução plausível para o problema, não é a atitude que encontramos nas Epístolas Paulinas onde Paulo amplia seu apostolado. A maioria dos estudiosos não aceitou essa solução e Hebreus 2.3 continua a ser um grande obstáculo para a hipótese da autoria paulina.

No mesmo parágrafo, Leonard observa que a palavra *sōtēria* (salvação) é característica de Paulo e de Hebreus, embora não seja exclusivamente paulina (já que ocorre 14 vezes em Lucas-Atos e sete em Hebreus). Também ocorre uma vez em Marcos, uma vez em João, duas vezes em Judas, e três vezes em Apocalipse. É tanto uma palavra característica de Lucas-Atos como é de Paulo e Hebreus.

---

[173] Leonard, *Authorship*, p. 25.
[174] Black, "Who Wrote Hebrews?", p.5.
[175] Leonard, *Authorship*, p. 25.
[176] Ibid., p. 26.

Em Hebreus 2.5-18, Leonard argumenta que a encarnação e a paixão de Cristo provam a superioridade de Jesus sobre os anjos de uma forma eminentemente paulina.[177] A citação do Salmo 8 nessa passagem (e em 1Co 15.27) apoia esta visão, assim como o uso da expressão "carne e sangue", que ocorre apenas em Mateus, nas Cartas Paulinas, e em Hebreus.

A expressão *theou zōntos* (Deus vivo) em Hebreus 3.12, lembra a uma das Cartas Paulinas onde ela ocorre seis vezes. A frase ocorre quatro vezes em Hebreus, uma vez em Atos, uma vez em 1 Pedro, e duas vezes em Apocalipse.[178] Embora essa expressão seja a mais característica de Paulo e Hebreus, ela não é exclusiva a esses livros.

O substantivo *epaggelias* (promessa) está associado com o evangelho em 4.1 e tem como paralelo Atos 13.32, no discurso de Paulo em Pisídia. Em ambos os lugares está associado com o verbo *euaggelizō* (declarar as boas-novas). Leonard observa que a palavra ocorre com frequência nas cartas paulinas e ocorre nada menos que treze vezes em Hebreus.[179] Ela também ocorre nove vezes em Lucas-Atos e cinco vezes nas cartas de Pedro. Assim, não é de forma alguma uma palavra puramente paulina. Além disso, o paralelo entre Hebreus 4.1 e Atos 13.32 no uso desta palavra na verdade liga mais Hebreus com Lucas do que com Paulo.

Em Hebreus 4.14-16, Leonard vê quatro paralelos com as Cartas Paulinas da seguinte maneira: em primeiro lugar, a palavra grega *homologia* (confissão) é uma palavra puramente paulina que ocorre três vezes em Hebreus. Em segundo lugar, o substantivo *astenia* (fraqueza) é em grande parte, mas não exclusivamente, uma palavra paulina. Em terceiro lugar, diz-se que o retrato do filho de Deus que possui a natureza humana sem pecado faz lembrar 2 Coríntios 5.20 (nessa passagem Cristo é mencionado como tendo uma natureza sem pecado, embora sua humanidade não esteja em pauta). A semelhança aqui é conceitual, não verbal. Quarto, "embora a expressão verbal seja consideravelmente diferente e totalmente mais litúrgica", a expressão "aproximar-se com confiança do trono de graça" faz

---

[177] Ibid.
[178] Ibid., p. 28.
[179] Ibid.

lembrar Romanos 5.2; Efésios 2.18; 3.12.[180] Novamente, a similaridade é conceitual. Estes quatro exemplos servem como prova de que os hebreus não são tão diferentes das cartas paulinas em algumas passagens, como temos sido muitas vezes levados a acreditar.

Hebreus 5.12–10.18 é o que Leonard chama de "núcleo sacerdotal" da epístola e contém menos paralelos paulinos já que o seu tema não é tão tratado em nenhum outro lugar nas Escrituras. No entanto, 5.12-14 fornece um paralelo forte com 1 Coríntios 3.1-3 tanto em vocabulário (com a repetição das palavras "bebê", "leite" e "perfeito"), quanto no conceito de imaturidade espiritual.[181] Além disso, o uso da expressão "tendo seus sentidos exercitados" (4.14) é paulino na medida em que só ele fala se exercitar na piedade (1Tm 4.7). Esses são os paralelos verdadeiros com Paulo. Entretanto, o uso de *trophē* "alimento" não é encontrado nas cartas paulinas, mas é usado oito vezes em Lucas-Atos, duas vezes em Hebreus (Hb 5.12, 14), e quatro vezes em Mateus.

Leonard observa que o substantivo *teleiotēs* (perfeição) (Hb 6.1) ocorre em outro lugar somente em Colossenses 3.14. A expressão *eanper epitrepē ho theos* (se Deus permitir) encontra um paralelo verbal muito próximo em 1 Coríntios 16.7 com a frase "se o Senhor permitir "[182] Este último exemplo conta como uma verdadeira comparação paulina. Entretanto, o verbo *epitrepō* (autorizar, permitir) ocorre seis vezes em Lucas-Atos e apenas três vezes nas cartas de Paulo.

No mesmo parágrafo, Leonard assinala que enquanto o substantivo *metochos* está ausente das Cartas Paulinas (ocorre apenas em Lucas e Hebreus 1.9; 3.1, 14; 6.4; 12.8), a forma verbal é única para Hebreus e as Cartas Paulinas. Ele observa ainda que enquanto o verbo *anakainizō* é exclusivo de Hebreus, as palavras similares *anakainoō, anakainōsis,* e *ananeoomai* são exclusivamente paulinas. O verbo *geōrgeō* (cultivar) e o substantivo *geōrgion* (campo) são usados respectivamente em Hebreus 6.7 e 1 Coríntios 3.9 mas não se encontram em nenhum outro lugar do Novo Testamento.[183]

---

[180] Ibid., p. 29.
[181] Ibid., p. 30.
[182] Ibid., p. 31.
[183] Ibid.

Leonard também observa que em 6.9-12 a forma particular de *peithō* (pepismetha) ocorre apenas aqui e quatro vezes nas Cartas Paulinas.[184] No entanto, ele não observa que esta forma particular também ocorre em Lucas 20.6. O uso da tríade fé, esperança e amor é um conceito paulino que ocorre duas vezes em hebraico: aqui e em 10.19-25, e este é um verdadeiro paralelo paulino. Além disso, a palavra *mimētēs* "imitar" também é principalmente paulina no Novo Testamento (1Co 6.16; 11.1; Ef 5.1; 1Ts 1.6; 2:14). Entretanto, a palavra cognata *mimeomai* usada em Hebreus 13.7 também ocorre em 3 João (v.11), bem como em 2 Tessalonicenses 3.7, 9.

Em Hebreus 6.16-20, a observação de que "Deus não pode mentir" é paralela com Tito 1.2 e é semanticamente equivalente à afirmação positiva em Romanos 3.2, "que Deus seja verdadeiro, mas todo homem mentiroso". Leonard argumenta que o uso de *bebaiōsis* ("confirmação") e *bebaios* ("certo, seguro") em 6.16,19 embora não seja exclusivamente paulino (ocorrendo em Marcos e Pedro), tem um tom paulino (ou seja, Paulo usa-o oito vezes).[185]

Leonard nota que o assunto em Hebreus 7.1-10.18 é tão exclusivo que os paralelos com as cartas paulinas são "necessariamente poucos". No entanto, é possível, de acordo com Leonard, mostrar que as visões do autor não estão "afastadas do banco de ideias contido nas Epístolas Paulinas".[186] Conceitos como a fraqueza da lei e a distinção dos dois concertos são de natureza paulina, mas certamente não são tão exclusivos assim no Novo Testamento. Finalmente, Leonard argumenta que apenas Hebreus (cinco vezes) e Paulo (duas vezes, Rm 15.16; Ef 5.2) referem-se à morte voluntária de Cristo como *thusia* ("sacrifício") e *prosphora* ("oferta"). Mas a palavra *prosphora* também ocorre duas vezes em Atos, e a cognata *prospherō* é usada vinte vezes em Hebreus, mas nenhuma vez por Paulo.

Em Hebreus 10.19-25, Leonard observa, a segunda ocorrência da tríade "fé, esperança e amor", que de outra forma seria uma trilogia paulina. Ele igualmente aponta que o uso de *sineidēsis* (consciência) também ocorre cinco vezes em Hebreus e é caracteristicamente uma palavra paulina.

---

[184] Ibid., p. 32.
[185] Ibid.
[186] Ibid.

Mas ela também ocorre três vezes em 1 Pedro e duas vezes em Atos (as duas vezes em discursos paulinos).[187] De acordo com Leonard, Hebreus 10.26-31 é outra passagem com fortes semelhanças com o material paulino. Por exemplo, Deuteronômio 32.35 é citado no v. 30 e em Romanos 12.19, mas a redação (que é a mesma nos dois versículos) não corresponde ao texto hebraico ou à LXX.[188] A passagem de Hebreus 10.32-39 compartilha dois paralelos com o material paulino. O termo *theatrizomenoi* "para fazer um espetáculo" lembra o substantivo correspondente *theatron* "um espetáculo" em 1 Coríntios 4.9. O único outro escritor que usa este substantivo é Lucas em Atos 19.29, 31, mas lá tem o significado de "um lugar para shows públicos".

A citação de Habacuque 2.4, "o justo viverá pela fé", no v. 38, é paralelo de Paulo em Romanos 1.17 e Gálatas 3.11. Estes dois exemplos constituem provas válidas da semelhança paulina.

O capítulo 11 de Hebreus também exibe vários paralelos lexicais paulinos. Leonard observa:

> O conhecimento da origem do mundo, que repousa sobre a fé na palavra criadora de Deus (11.3), se firma na mesma terminologia intelectual que o conhecimento racional da existência e natureza de Deus em Romanos 1.20 (νοοῦμεν e νοοῦμεν κατηρτίσθαι, enquanto o uso de βλεπόμενον [*blepomenon*] no versículo 3 lembra Romanos 8.24, 1 Coríntios 13.12, e especialmente 2 Coríntios 4.18.[189]

A descrição da fé de Abraão em Hebreus 11 é ecoada em Romanos 4.19 com o uso de *nenekrōmenon*. Na mesma linha, a citação de Gênesis 21.12 em Hebreus 11.18 também é encontrada em Romanos 9.7. Finalmente, duas vezes em Hebreus lemos sobre a "reprovação de Cristo" e

---

[187] Ibid., p. 33.
[188] Ibid., p. 34.
[189] Ibid.

isto é semanticamente semelhante à citação de Paulo de Salmo 69.9 em Romanos 15.3.[190]

Leonard também apresentou nessa seção provas válidas para mostrar similaridade com a literatura paulina. A maioria das passagens que ele cita para mostrar um vínculo entre Hebreus e Paulo é de Romanos. Se a tese de autoria lucana é correta, então poderia ser argumentado que Lucas era bastante familiarizados com uma série de temas paulinos em romanos e mais tarde incorporados ao escrever Hebreus. Lucas estava com Paulo em Corinto quando Romanos foi escrito (ver At 20.4,5).

A passagem de Hebreus 12.1-13 emprega o imaginário atlético que é comum ao vocabulário paulino. O uso de *agōn* (carreira) para o conceito da vida cristã é único para Paulo e Hebreus 12.1.[191] Em 12.22 Leonard observa a referência à "Jerusalém celestial", uma frase que corresponde à "Jerusalém que é de cima" de Gálatas 4.26.[192] Leonard aponta que o capítulo conclui (12.29) com uma frase curta ou ditames característicos do estilo de Paulo.[193] No entanto, é difícil dar muito peso a este argumento porque tais ditames podem ser encontrados em outros escritos do Novo Testamento, como Tiago ou as cartas joaninas. Ela até pode ser uma característica paulina, mas não se trata de uma característica exclusiva.

Leonard encontrou uma série de paralelos paulinos em forma e conteúdo em Hebreus 13, este parecendo ter uma semelhança maior com as cartas paulinas. Embora o documento não comece como uma epístola, certamente termina como uma. O capítulo 13 contém uma série de exortações curtas que lembram Romanos 12.9-21. O epílogo (com sua doxologia convidativa de 13.20,21) e a saudação final dupla em 13.24 (*aspasasthe... aspazontai*) possuem um estilo paulino (embora tanto 1 Pedro quanto 3 João também possuam esta saudação dupla de encerramento). Finalmente, a benção final "Graça seja convosco" é igualmente paulina.

Há semelhanças no conteúdo também. A palavra *philadélphia* (amor fraternal) é usada por Pedro, Paulo e Hebreus, mas apenas Paulo e

---

[190] Ibid.
[191] Ibid., p. 35
[192] Ibid.
[193] Ibid.

o escritor de Hebreus a vinculam com a "hospitalidade" da *filoxenia* (Rm 12.13; Hb 13.2).[194] Leonard acredita que a frase "deixe o amor fraternal permanecer" ecoa o estilo de Paulo, mas esta frase pode ser muito genérica para ser restrita a Paulo e Hebreus. Os adjetivos *philarguros* (sem amor ao dinheiro) ocorrem apenas em 1 Timóteo 3.3 e Hebreus 13.5. Além disso, o verbo *tharreō* (falar corajosamente) ocorre apenas em 2 Coríntios (cinco vezes) e Hebreus 13.6.[195] O uso da expressão sem o artigo definitivo *en sōmati* (na carne) ocorre apenas em Hebreus 13.3 e 2 Coríntios 12.2, 3.[196] A expressão *phagein ouk echousin* (eles não têm autoridade para comer) em Hebreus 13.10 tem uma estrutura linguística parecida com 1 Coríntios 9.4-6, mas não se constitui em uma referência de assunto.[197]

O apelo com o verbo *mnēmoneuō* (lembrai-vos) em 13.7 tem notoriamente um estilo paulino, mas não de forma exclusiva, uma vez que também é encontrado em Atos 20.31, 35 (mesmo sendo em um discurso paulino). Além disso, apelos para "lembrar" são feitos por Jesus nos Evangelhos, bem como em Apocalipse. O substantivo "lembrança", que é usado por Paulo seis vezes, nunca ocorre em Hebreus. Leonard vê outro paralelo paulino no uso de *peripateō* (andar) em Hebreus.[198] Este argumento, no entanto, carece de credibilidade, uma vez que a metáfora é encontrada em outros lugares do Novo Testamento (especialmente nas cartas joaninas).

Leonard resume todas essas evidências e conclui que há "uma série cumulativa de indicações internas que apoiam a tradição de sua paulinidade".[199] Embora Leonard tenha acumulado uma quantidade considerável de provas linguísticas para apoiar sua posição, muitos de seus exemplos não são exclusivos de Paulo e Hebreus; portanto, eles têm valor limitado na determinação da autoria de Hebreus. Além disso, uma leitura crítica do livro de Leonard (especialmente as pp. 23-43) poderia levar à conclusão de que sua evidência de semelhança aponta para outros escritores do Novo

---

[194] Ibid., p. 36.
[195] Ibid.
[196] Ibid, p. 37.
[197] Ibid.
[198] Ibid., p. 39.
[199] Ibid.

Testamento como possíveis autores de Hebreus — especialmente Lucas. Mas a defesa dele não termina aqui. Na próxima seção de seu trabalho, ele passa para uma análise da teologia de Hebreus.

Leonard defende a semelhança das cartas paulinas com Hebreus nas seguintes nove áreas: Deus e os anjos, doutrina do homem, a preparação da salvação, a pessoa de Cristo, a obra salvífica de Cristo, a salvação subjetiva, a fé, o Espírito Santo e a Igreja, e a escatologia.[200]

Deus e os Anjos: A doutrina de Deus em Hebreus não mostra nenhuma divergência real de Paulo de acordo com Leonard, mas ele também não nota nenhum paralelo linguístico ou semântico específico. Na verdade, Leonard observa que a descrição de Deus em Hebreus como o "Pai dos espíritos" é "distante do uso paulino".[201]

Da mesma forma, a angelologia de Hebreus não parece estar em desacordo com as cartas de Paulo, mas Leonard também deixa de apresentar qualquer especificação léxica nem nenhuma comparação semântica. Em vez de apresentar evidências que ligariam Hebreus às cartas de Paulo (mais do que aos outros escritos do Novo Testamento), Leonard parece concluir que a falta de grandes diferenças teológicas entre os dois é suficiente para provar seu ponto de vista. Na verdade, pode-se mostrar que Hebreus está muito mais próxima de Lucas-Atos em seu estudo dos anjos do que qualquer outro escrito do Novo Testamento (ver capítulo 5).

Doutrina do homem: Um levantamento da antropologia de Hebreus igualmente não revela nenhum paralelo doutrinário único às Epístolas Paulinas; na verdade, como Leonard observa (citando Westcott) o sentido moral de carne (*sarx*), que é proeminente nas Cartas Paulinas, mas não ocorre em Hebreus. Hebreus também não descreve o homem como um "espírito" (assim como corpo e alma), enquanto todos os três termos são usados na antropologia de Paulo. O único paralelo léxico que Leonard descobre está

---

[200] Ibid., p. 46-106.
[201] Ibid., p. 47.

em Hebreus 13.17 e 2 Coríntios 12.5, onde encontramos a frase[202] *huper tōn psuchopn humōn,* "para suas almas".[203]

Preparação da salvação: O conceito da história da salvação encontrado em Hebreus "não discorda com a doutrina paulina", de acordo com Leonard".[204] Ele cita Romanos 15.9, que se refere às promessas feitas aos patriarcas. Mais uma vez, pode-se fazer a mesma associação com outros escritores do Novo Testamento, especialmente Lucas. Na verdade, Hebreus possui uma estrutura conceitual e um destaque na continuidade/descontinuidade da história da salvação bem mais parecida com Lucas do que com Paulo ou com qualquer outro escritor do Novo Testamento (ver o capítulo 5).

A pessoa de Cristo: Alguns aspectos da cristologia de Hebreus são bem parecidos com o pensamento de Paulo. Os dois apresentam a Cristo como sendo a imagem de Deus (Hb 1.3; Cl 1.15), e os dois o apresentam como o agente e o sustentador da criação (Hb 1.2,3; Cl 1.16-17).[205] Ainda assim, existem também diferenças consideráveis entre Hebreus e Paulo.

Após uma pesquisa sobre os títulos cristológicos encontrados em Hebreus, Leonard admite:

> Uma comparação entre a nomenclatura messiânica em Hebreus e a das epístolas paulinas certamente revela algumas diferenças notáveis. Nosso autor nunca usa a fórmula "Cristo Jesus" que é tão frequente com São Paulo, tendo mais de uma dúzia de exemplos que podem ser citados apenas de Romanos. Destaca-se também a relativa raridade da aparição do nome Jesus Cristo (três exemplos contra dezessete [*sic!*] em Romanos).[206]

---

[202] Ibid., p. 49.
[203] Ibid.
[204] Ibid., p. 52.
[205] Além disso, E. Ellis observa: "Existe, entre Hebreus e Paulo, um entendimento cristológico coerente das passagens importantes do Antigo Testamento" (*The Making of the New Testament Documents,* em Biblical Interpretation Series, ed. R. A. Culpepper e R. Rendtorff, vol. 39 [Leiden: Brill, 1999], p. 287).
[206] Leonard, *Authorship, p.* 55.

Diferenças adicionais são citadas nesta seção. Hebreus emprega as palavras paulinas *eikōn* (embora o termo seja usado em Hb 10.1) e *morphē* na descrição da essência substancial compartilhada pelo Filho e pelo Pai.[207] É impressionante que a ênfase paulina na ressurreição de Cristo, uma doutrina que ocorre em quase todas as suas epístolas, não seja mencionada (embora seja certamente assumida) em Hebreus (exceto em 13.20).

Obra salvífica de Cristo: Leonard observa que a obra redentora por meio do corpo físico de Cristo é comum às cartas de Paulo e Hebreus (cf. Rm 7.4 e Hb 10.10).[208] Entretanto, este também é um tema comum nos escritos de Pedro. A cristologia de Hebreus é de fato muito mais próxima de Lucas-Atos do que de Paulo, na qual se destaca uma entronização da cristologia em vez da cristologia de dois focos das cartas de Paulo (ver cap. 5).

A partir de uma perspectiva soteriológica, Leonard observa: "A obra redentora essencialmente sacrificial se encontra nessa obra (em Hebreus) cercada por uma riqueza de detalhes sacerdotais que não encontra tantos vínculos com as Epístolas Paulinas".[209] Ele tenta encobrir essas provas contrárias por um apelo ao fato de que as duas soteriologias não são mutuamente exclusivas. Mais uma vez, o simples fato de não serem mutuamente exclusivas não fornece um bom argumento a favor da autoria paulina. Hauck ressalta que Paulo nunca usou o verbo *hupomeno* (perseverar) para os sofrimentos de Jesus.[210] Os destaques conceituais diferentes em Hebreus e nas cartas paulinas certamente tornam diminuem a probabilidade de que o apóstolo tenha sido o seu autor.

Redenção Subjetiva: Sob o título de "redenção subjetiva", Leonard analisa o modo pelo qual os crentes se apropriam da morte sacrificial de Cristo. O conceito de justificação que é tão proeminente nas Epístolas Paulinas

---

[207] Ibid, p. 62.
[208] Ibid, p. 63.
[209] Ibid, p. 66.
[210] TDNT, 4.588;

"é utilizado com uma frequência mínima pelo autor de Hebreus".[211] Além disso, podemos acrescentar que a expressão paulina *en Christō* (em Cristo), que ocorre quase 170 vezes em suas cartas não é usada em Hebreus. Mais uma vez, podemos concordar com Leonard que não há contradição entre Paulo e Hebreus sobre este aspecto da teologia, mas somos forçados a discordar de que isso prove a autoria paulina.

Fé: O conceito de fé em Hebreus é abordado de uma forma bem diferente das cartas paulinas. Embora Paulo utilize muito o verbo *pisteuo* (acreditar), a carta aos Hebreus o usa apenas duas vezes. Além disso, expressões paulinas como *pistis, Iēsou, eis Iēsoun, en Iēsou, pistis christou* e *eis christon* não aparecem na carta. Leonard afirma que o substantivo "fé" é tão comum em Hebreus quanto nas Cartas Paulinas; mas as ênfases são diferentes, tornando a autoria paulina menos provável. Otto Betz observou uma "mudança de ênfase" em Hebreus com relação à fé quando se compara com as Epístolas Paulinas. Em Paulo, a fé olha principalmente para trás, enquanto em Hebreus ela olha principalmente para a frente. No entanto, Betz nota com razão semelhanças entre Paulo e Hebreus sobre o tema da fé. Paulo realmente tem um conceito de fé olhando para o futuro como em 2 Coríntios 5.7 e Gálatas 3.22. Betz observa que Paulo descreve uma queda na fé "de uma forma semelhante à de Hebreus 10.37-39" quando ele se refere ao lapso de Pedro em Antioquia em Gálatas 2.12,16.[212] Assim, não se pode argumentar que o conceito de fé em Hebreus é tão diferente de Paulo a ponto de excluí-lo da autoria, mas deve-se notar que o foco em Hebreus é claramente diferente do foco de Paulo.[213]

Espírito Santo: A doutrina da pneumatologia em Hebreus é mencionada apenas brevemente. Em duas passagens de Hebreus encontramos a fórmula de citação "diz o Espírito Santo", uma expressão que não é encontrada nas cartas de Paulo. Leonard observa que o conceito de Cristo agindo sob o

---

[211] Leonard, *Authorship*, p. 78.
[212] Ibid.
[213] O. Betz, "Firmness in Faith: Hebrews 11.1 and Isaiah 28.16," em *Scripture: Meaning and Method, Essays Presented to A. T. Hanson for His Seventieth Birthday*, ed. B. Thompson (North Yorkshire: Hull University Press, 1987), p. 109.

impulso do Espírito Santo "não pode ter sido desconhecido para São Paulo, uma vez que é tão proeminente no Evangelho de Lucas e em Atos".[214] Repito que esta análise não traz nenhum apoio adicional à autoria de Paulo.

Igreja: Com relação à eclesiologia, em Hebreus não é tão desenvolvida quanto as cartas paulinas. Em Paulo, a imagem dominante para a igreja é o corpo de Cristo; em Hebreus, ela é vista como uma casa (Hb 3.1-6).

Escatologia: Por fim, a escatologia também não é tão desenvolvida em Hebreus como nas Cartas Paulinas. No entanto, há algumas semelhanças a serem encontradas. Por exemplo, "o dia" refere-se ao julgamento escatológico em Hebreus 10.25 e nas cartas de Paulo.[215] Mas, em geral, a escatologia de Hebreus está mais próxima da escatologia de Lucas-Atos do que de qualquer outro escrito do Novo Testamento (veja mais adiante).

A análise de Leonard com respeito a teologia de Hebreus consegue demonstrar que existe uma série de paralelos com as Epístolas Paulinas e, assim, fornece evidências válidas para a hipótese de Paulo. No entanto, argumentar a favor de Paulo, sob a alegação de que não podem ser encontradas diferenças *significativas* entre as cartas paulinas e Hebreus, não dá o devido peso às diferenças que existem, bem como ao fato de que os escritores do Novo Testamento apresentam ênfases teológicas diferentes.

Por exemplo, a excelente discussão de Anderson sobre o significado teológico de Abraão em Paulo e hebreus é instrutiva para a questão da autoria.[216] Abraão desempenha um papel significativo na teologia de ambos os autores. Ele é introduzido em Hebreus 2.16 ("os descendentes de Abraão"), e ele aparece em 6.13-20 como um exemplo daqueles que herdam as promessas por meio da perseverança. Duas promessas abraâmicas são de especial interesse para o autor de Hebreus: a sua descendência (Gn 15.4-5) e a sua herança da terra (Gn 15.7). Em Hebreus, a promessa da terra, interpretada escatologicamente (Hb 11.9-16) ainda não foi cumprida. Outra

---

[214] Leonard, *Authorship*, p. 92.
[215] Ibid., p. 100.
[216] C. P. Anderson, "Who are the Heirs of the New Age in the Epistle to the Hebrews?" em *Apocalyptic and the New Testament: Essays in Honor of J. Louis Martyn*, ed. J. Marcus and M. Soards, JSNTSup 24 (Sheffield: Sheffield Academic Press, 1989), p. 255-277.

passagem em Hebreus que tem vínculos com as promessas abraâmicas em Gênesis é Hebreus 6.13-20. Aqui o foco está no juramento que Deus faz a Abraão pelo seu nome; é uma clara referência à Gênesis 22.16-17 (que é a única passagem em Gênesis onde Deus faz um juramento). O juramento é particularmente significativo em Hebreus; ocorre outras duas vezes: em 4.3 (citando Sl 95) e em 7.21 (citando Sl 110). Como Anderson conclui com razão: "O juramento divino está associado a três dos principais ensinamentos da epístola: a bênção de Abraão em relação à descendência, ao sacerdócio e à atividade litúrgica de Jesus, e à disponibilidade de entrada no 'descanso'".[217]

A segunda e terceira passagem abraâmica são Hebreus 11.8-12 e 11.17-19 (vv. 17-19 claramente se referem a Gênesis 22 também). O que é interessante e indicativo para Anderson é "que apesar da importância dada a história do sacrifício de Isaque, em nenhum lugar em Hebreus há qualquer interesse mostrado naquela parte de Gênesis 22 que se refere a gentios... (22.18). Se Paulo tivesse citado esta passagem (o que ele não faz), certamente essa é uma parte que ele teria citado — com ênfase redobrada!"[218] O texto abraâmico favorito de Paulo é Gênesis 15.6 que forneceu a base para sua doutrina de justificação pela fé (ver Rm 4.3). A fé de Abraão precedeu a circuncisão; portanto, Abraão foi justificado pela fé diante de Deus enquanto ele ainda era um gentio. Ao contrário de partes de Gênesis 15 e 17, que Paulo cita em Romanos 4 e Gálatas 3, Gênesis 22 é a única passagem das três a mencionar os gentios. No entanto, o apóstolo criteriosamente evita toda a passagem por ser prejudicial para a posição dele. Poderia ser interpretado erroneamente pelos leitores de Paulo que Abraão foi justificado com base em seu ato obediente em Gênesis 22 (e, portanto, com base em uma "obra", não fé). Anderson, portanto, observa: "Ao contrário dos hebreus... Paulo olha para Gênesis 15 em vez de Gênesis 22 para a promessa de descendentes a Abraão".[219] O resultado de tudo

---

[217] Ibid., 260.
[218] Ibid.
[219] Ibid., p. 263. Veja também J. Swetnam, *Jesus and Isaac: A Study of the Epistle to the Hebrews in the Light of the Aqedah*, AnBib 94 (Rome: Biblical Institute, 1981), p. 32-33, que traz a mesma argumentação. Anderson, "Who are the Heirs", p. 263-66, sugere que o elemento da justificação não se encontra em Hebreus (o verbo δικαιόω não é encontrado) e que o autor dos hebreus não vê a justiça como um dom de Deus. Isso

isso ilustra o diferente foco de Paulo e do autor de Hebreus e, portanto, fornece um exemplo da razão pela qual é teologicamente improvável que tenha escrito Hebreus.[220]

Como Anderson, Marie Isaacs lamenta uma leitura de Hebreus que a interpreta em um fundo paulino e uma abordagem paulina para a relação de judeus e gentios na igreja. Hebreus não procura responder ao problema de um cristianismo gentílico emergente dentro de uma igreja predominantemente judaico-cristã. Tal abordagem é "totalmente enganosa". Ela também vê que Abraão é retratado em Hebreus de forma diferente de Paulo.[221]

A maioria dos estudiosos do Novo Testamento ainda aceita que há mais diferenças teológicas do que semelhanças entre Hebreus e as cartas paulinas, e isso torna a hipótese paulina menos provável.

Leonard dedica mais de 110 páginas a um estudo do vocabulário e estilo de Hebreus em comparação com as cartas de Paulo. Ironicamente, temos o melhor argumento para a hipótese paulina neste estudo, bem como o argumento mais devastador contra ele. Leonard observa que Hebreus possui um vocabulário mais amplo do que todas as epístolas paulinas, e que mostra "uma sensação de gentileza que é muito rara em outros livros do Novo Testamento fora dos escritos lucanos".[222] Mesmo assim, Leonard identifica 56 palavras que são exclusivas de Paulo e Hebreus.[223] Este é o maior número de palavras exclusivas de Paulo e Hebreus, fato que em minha opinião fornece a maior evidência para a autoria paulina.

---

leva Anderson a concluir de forma equivocada que o autor de Hebreus e Paulo "têm opiniões diferentes" sobre esta questão. Na verdade, não é isso que acontece; é simplesmente uma questão de foco diferente.

[220] É claro que se pode argumentar que Paulo estava escrevendo para gentios em Romanos e Gálatas, e para cristãos judeus ou judeus em Hebreus; portanto, a mudança de foco poderia ser explicada. Mas, em Romanos, Paulo não aborda apenas gentios; no mínimo, ele fala para uma plateia mista de judeus e gentios. O mesmo poderia ser dito de Gálatas. Além disso, a forma como o autor de Hebreus deixa de usar a passagem da "promessa aos gentios" de Gênesis 22 levanta dúvidas sobre sua suposta orientação gentia, como Anderson observou ("Who are the Heirs", p. 262).

[221] J. Barclay e J. Sweet, eds., "*Hebrews*", em Early Christian Thought in its Jewish *Context* (Cambridge: Cambridge University Press, 1996), p. 157.

[222] Leonard, *Authorship*, p. 111.

[223] Ibid., p. 119.

O restante da discussão de Leonard sobre a forma literária de Hebreus oferece evidências de que as cartas de Paulo compartilham algumas características estilísticas com esta epístola. Ele observa, por exemplo, que

> τε [te] se junta com γὰρ [gar] no início de uma frase apenas em Hebreus, Romanos e 2 Coríntios; que uma partícula tripla tão incomum como τοιγαροῦν [toigaroun] só aparece em Hebreus e 1 Tessalonicenses; que a expressão exclusivamente paulina νυνί δέ [nuni de] (que ocorre 18 vezes em seis epístolas) aparece duas vezes [sic] em Hebreus como uma introdução conclusão tipicamente paulina.[224]

Ele ressalta que o uso imaginário e metafórico de Hebreus também possui uma certa semelhança com Paulo (embora essa correlação nem sempre esteja limitada a Paulo e Hebreus no Novo Testamento).[225]

No entanto, Leonard também apresenta um argumento esmagador contra a autoria paulina: a divergência estilística. Tão contundente é a evidência (o uso de partículas, o artigo definido, o uso de *pará* como preposição comparativa, a ausência da preposição *sun,* o uso do tempo perfeito com sentido de aoristo, o uso do *hipérbato,* a elegância retórica, a tranquilidade de expressão, as frases fluentes, e as características rítmicas), que ele é forçado a admitir que este material provavelmente não se originou com Paulo.[226] Ele opta pela probabilidade da escrita de um amanuense que, com maior liberdade do que normalmente é concedido, deu à epístola o tom do seu estilo. Curiosamente, Leonard considera Lucas a escolha mais provável.[227]

Ao longo dos próximos três capítulos de seu livro, Leonard examina a gama de citações bíblicas e a forma como são citadas em Hebreus em comparação com as cartas de Paulo (abordarei isso no cap. 3). Black observa que o autor de Hebreus cita o Antigo Testamento com alguma forma do

---

[224] Ibid., p. 122.
[225] Ibid., p. 138-145.
[226] Ibid., p. 107, 216.
[227] Ibid., p. 218.

verbo "dizer" (cf. 1 Co 6.16; 15.27; 2 Co 6.2; Gl 3.16; Ef 4.8; 5.14). No entanto, Black deixa de mencionar que o método preferido de citação de Paulo, "está escrito", nunca aparece em Hebreus. Ele sugere que Paulo usa o verbo "dizer" em Hebreus, já que ele está escrevendo para cristãos judeus e, portanto, usa a fórmula mais rabínica. Assim, ainda que Hebreus seja um pouco diferente na maneira como cita outros textos bíblicos, ela mostra alguma semelhança tanto com Lucas quanto Paulo, e parece ser mais com Lucas do que com Paulo (ver capítulo 3).[228]

O capítulo final de Leonard pesquisa os métodos exegéticos de Hebreus em seu uso de material bíblico em comparação com as Epístolas Paulinas. Sua conclusão em geral está correta: não há nada em Hebreus (no que diz respeito a citar e interpretar passagens do Antigo Testamento) que impeça a autoria paulina. Mas como todos os escritores do Novo Testamento trataram o Antigo Testamento com certa homogeneidade, esta evidência não pode receber nenhum destaque em favor da autoria de Paulo.

Leonard fornece muitos exemplos do pensamento paulino e da sua influência em Hebreus. A referência ao "nosso irmão Timóteo" em Hebreus 13.23 evoca Paulo, já que Timóteo estava bem presente no círculo íntimo de Paulo. Além disso, como Westcott observou, Paulo sempre coloca o nome "Timóteo" primeiro quando usa seu nome com a palavra *adelphon* (em um total de dez vezes nas cartas paulinas), mas o escritor de Hebreus coloca o adjetivo antes do nome em 13.23.[229] A benção de 13.24-25 lembra as Cartas Paulinas: "Saudai todos os vossos guias, bem como todos os santos. Os da Itália vos saúdam. A graça seja com todos vós".

Uma avaliação geral dos argumentos de Leonard para a autoria paulina de Hebreus leva às seguintes conclusões: em primeiro lugar, sem dúvida, esta é a mais abrangente compilação de evidências para a visão. Quando se casa com o trabalho de Leonard de com o de Stuart e Forster um século antes (que dedicou quase 800 páginas entre eles para a defesa da autoria paulina)[230], torna-se claro que a hipótese paulina não pode ser tão

---

[228] Black, "Who wrote Hebrews?" p. 5.
[229] Westcott, *Hebrews*, p. 451.
[230] M. Stuart, *A Commentary on the Epistle to the Hebrews*, 4ª ed., ed. e rev. R. D. C. Robbins (Andover: Warren F. Draper, 1876), esp. p. 117-156; e C. Forster, *The Apostolical Authority of the Epistle to the Hebrews*

facilmente descartada como os estudiosos modernos supõem. O nome de Paulo deve permanecer no topo da lista de possíveis candidatos à autoria.

Em segundo lugar, Leonard dá muito peso ao testemunho dos Pais da Igreja ao defender a autoria de Paulo.[231] Em terceiro lugar, algumas de suas evidências sofrem de ausência de exclusividade (ou seja, provas linguísticas, estilísticas ou conceituais que não são exclusivas das cartas de Paulo e de Hebreus, mas são encontradas em outros escritores do Novo Testamento). Não estou sugerindo que esta evidência seja inadmissível, só que não se dar a ele tanto peso quanto a que Leonard lhe confia.

Em quarto lugar, Leonard inclui os discursos de Paulo em Atos em sua análise comparativa de Hebreus. Embora considere esses discursos genuinamente paulinos, acredito que Leonard subestima (ou ignora) o papel de Lucas na montagem e na edição deste material. Pode-se argumentar (ao comparar os discursos de Paulo com Hebreus) que ele confirma Lucas, em vez de Paulo, como autor de Hebreus. Os estudiosos do Novo Testamento considerariam a metodologia de Leonard um pouco deficiente nesse aspecto.[232]

Em quinto lugar, o argumento frequente de Leonard em favor de Paulo é que não há contradição essencial entre este e Hebreus, em vez de apresentar um argumento positivo baseado em evidências. Este é geralmente o seu *modus operandi* quando há pouca ou nenhuma evidência com a qual se pode fazer uma comparação positiva. Embora às vezes seja necessário mostrar que duas obras não se contradizem em vocabulário, estilo ou conteúdo, isso dificilmente se constitui em evidência positiva para

---

(Londres: James Duncan, 1838). O trabalho de Stuart foi o principal argumento do século XIX para a autoria de Paulo. No entanto, como J. Conder observou, no zelo de Stuart, que ele trabalha para provar, "em oposição a todos os críticos antigos e modernos, de que Hebreus está repleta de hebraísmos" (*The Literary History of the New Testament* [Londres: Seeley, Burnside & Seeley, 1845], p. 448). No entanto, Stuart observa que o estilo de Lucas é mais próximo de Hebreus do que o estilo de Barnabé (na pseudo-epístola) ao qual Tertuliano atribui a autoria. O trabalho de F Orsters se constitui na tabulação mais completa das semelhanças de vocabulário entre Paulo e Hebreus e inclui uma harmonia das passagens paralelas comparando vocabulário, estilo e conteúdo. Linnemann se baseou fortemente no trabalho de Forster para seus artigos recentes citados acima.

[231] Este também é um problema com o argumento de Black a favor de Paulo em "Who wrote Hebrews?" p. 3-26.

[232] Forster, *The Apostolical Authority*, p. 61-63, comete o mesmo erro quando nota o uso de τιμωρέω por Paulo nos Atos 22.5 e 26.11 em comparação com Hebreus 10.29. Ele vê isso como evidência da autoria de Paulo, mas poderia ser facilmente uma evidência para a autoria de Lucas.

um determinado autor. Leonard tende a minimizar as diferenças entre as cartas paulinas e Hebreus.

Em resumo, os problemas que trazem as maiores evidências contra a hipótese paulina são os seguintes: Em primeiro lugar, o nome de Paulo não aparece no prólogo como faz em seus outros escritos. Há 13 cartas de Paulo no cânon do Novo Testamento, e cada uma contém uma saudação que identifica o escritor como o grande apóstolo. Na verdade, a primeira palavra no texto em cada carta é o nome de Paulo. Em Hebreus, no entanto, o nome de Paulo não ocorre, já que os leitores sabiam claramente quem era o autor.

Em segundo lugar, a carta aos Hebreus não apresenta a saudação característica que começa cada uma das cartas de Paulo. Depois de se identificar, Paulo tinha o costume de declarar a localização dos destinatários de sua carta, como por exemplo Romanos 1.7: "a todos que estão em Roma...". Então, uma saudação típica de Paulo seria: "Graça e paz a vós da parte de Deus nosso Pai e do Senhor Jesus Cristo". De modo importante, Hebreus deixa de apresentar todas essas três características da saudação que marcam as Epístolas Paulinas. Este fato fez com que muitos estudiosos negassem a autoria paulina de Hebreus.

Em terceiro lugar, a partir de uma perspectiva estilística, Hebreus com certeza diverge em muitos aspectos das outras cartas de Paulo. Este fato foi observado desde os primeiros tempos na história da igreja. Como foi observado anteriormente, Clemente de Alexandria, Orígenes e Eusébio mencionaram a diferença de estilo entre os escritos conhecidos de Paulo e a epístola para os Hebreus. Godet escreve:

> É estranho, de fato, que [Paulo] tivesse escrito em grego polido para os hebreus, enquanto por toda a sua vida ele escreveu para os gregos em um estilo repleto de hebraísmos ásperos e bárbaros.[233]

---

[233] F.L. Godet, *A Commentary on the Gospel of Luke*, 4ª ed., trad. E. W. Shalders e M. D. Cusin, (Nova York: Funk & Wagnalls, 1887), p. 320.

Há certa semelhança entre o capítulo 13 e os escritos de Paulo. Isso levou alguns estudiosos a fazer a improvável sugestão de que Paulo pode ter adicionado este capítulo à carta.[234] Outros sugeriram que é um fragmento de uma epístola paulina desconhecida. No entanto, o capítulo 13 não dá nenhum indício de ter sido adicionado a Hebreus por Paulo ou qualquer outra pessoa. Floyd Filson mostrou conclusivamente que é parte integrante do texto.[235]

Deve-se afirmar neste ponto que comparações estilísticas não podem provar ou refutar a autoria paulina de Hebreus de forma conclusiva. A palavra-chave aqui é "conclusiva". Pode-se demonstrar que um autor pode mudar seu estilo deliberadamente para acomodar seu assunto. Além disso, ao longo do período de vida autoral, seu estilo pode mudar a tal ponto que se pode falar dos escritos "precoces" de um autor e seus escritos "posteriores" não apenas em termos de padrões de pensamento e conteúdo, mas também em termos de estilo. Portanto, seria exagerar o caso sugerir com base em comparações estilísticas que Paulo *não poderia* ter escrito Hebreus.

No entanto, estudos literários têm mostrado que as comparações estilísticas podem apresentar evidências bastante fortes a favor ou contra um determinado autor se lembrarmos de que estamos lidando dentro da esfera da probabilidade. As Cartas Paulinas exibem certas características estilísticas que, por um lado, tendem a corroborar a suposição de que Paulo é o autor de Hebreus; mas que, por outro lado, a epístola é estilisticamente

---

[234] Conder, *Literary History*, p. 466, especula que Silas e Lucas são o mesmo indivíduo, que escreveu Hebreus, mas talvez ele tenha morrido e Paulo tenha anexado as exortações ao cap. 13. Ele afirma que, se Hebreus não tivesse sido escrita por Paulo, "tanto evidências internas quanto externas nos levariam a atribuir sua composição a Silas ou Lucas".

[235] F. Filson," *Yesterday: A Study of Hebrews in the Light of Chapter 13*", SBT, vol. 4 (Lonons: SCM, 1967), p. 15-16. F. Overbeck fez uma defesa por ver o final de Hebreus como parte do esforço da igreja para canonizar a carta, atribuindo-a a Paulo (ver B. Childs, *The New Testament as Canon: An Introduction* [London: SCM, 1984], p. 405). Todos esses esforços, à luz da unidade do texto em si, são desnecessários e inúteis. Existe alguma possibilidade para a tese de Schnelle de que talvez o autor de Hebreus tenha se limitado a abordar um discurso que originalmente não tinha sido destinado a uma divulgação posterior e que acabou sendo acrescentado como uma conclusão epistolar para enviá-lo como uma epístola propriamente dita. Assim, Hebreus 13.22-25 pode ser entendido como um complemento ou como uma carta de apresentação (ver U. Schnelle, The *History and Theology of the New Testament Writings*, trad. E. Boring [Minneapolis: Fortress, 1998], 374). No entanto, à luz da unidade da epístola, conforme é evidenciado pelo seu argumento e pelo seu fluxo de pensamento, e observado por W. G. Übelacker, *Der Hebräerbrief als Appell, Untersuchungen zu exordium, narratio und postscriptum (Hebr 1-2 und 13,22-25)*, ConBNT 21 (Lund: Almzvist & Wiksell International, 1989), p. 197-201; e W. L. Lane, *Hebrews 9-13*,WBC (Dallas: Word, 1991), p. 405, a conclusão parece fazer parte da composição literária do autor original e não parece ter sido anexada posteriormente.

tão diferente das Cartas Paulinas que podemos dizer que Paulo provavelmente não a escreveu.²³⁶ Narborough declarou: "1 Pedro é mais paulina do que Hebreus, e ainda assim ninguém sonharia em atribuir 1 Pedro a São Paulo".²³⁷ DeSilva apontou: "Sugerir que Paulo estava simplesmente escrevendo em um estilo diferente, como se pregando em uma sinagoga, é uma tentativa desesperada de se agarrar à autoria de Paulo".²³⁸

Trabalhos recentes de Malherbe, Betz e Kennedy sobre o Novo Testamento e retórica demonstram que Paulo estava ciente e fez uso de métodos retóricos em seus escritos.²³⁹ Esses estudos podem ser usados para argumentar que Paulo era capaz de escrever Hebreus e que ela reflete seu estilo retórico. No entanto, o livro *Antiga Teoria Retórica e Paulo* de Dean Anderson é um duro golpe para muitas das conclusões deste triunvirato, especialmente de Kennedy. ²⁴⁰ Além disso, Stanley Porter fez uma série de advertências sobre o uso da teoria retórica na interpretação da literatura paulina.²⁴¹

Em quarto lugar, o foco teológico de Hebreus é diferente dos escritos de Paulo.²⁴² Como tem sido observado por muitos, há uma ausência marcante de pensamentos, temas e motivações característicos paulinos.

---

²³⁶ R. Brown observou que o estilo grego de Hebreus é "muito diferente do de Paulo" e que, quando os paralelos nas frases e na teologia são citados, existem diferenças na maioria deles" (*New Testament Introduction* [New York: Doubleday, 1997], p. 694).

²³⁷ Narborough, *Hebrews*, p. 9.

²³⁸ DeSilva, *Perseverance in Gratitude*, p. 24.

²³⁹ A. Malherbe, *Paul and the Popular Philosophers* (Minneapolis: Fortress, 1989); H. Betz, *Galatians: A Commentary on Paul's Letter to the Churches in Galatia*, Her (Philadelphia: Fortress, 1979); G.A. Kennedy, *New Testament Interpretation Through Rhetorical Criticism* (Chapel Hill: The University of North Carolina Press, 1984).

²⁴⁰ Veja especialmente R.D. Anderson Jr., *Ancient Rhetorical Theory and Paul* (Louvain: Kok Pharos, 1996), p. 26-27, 249-257, onde ele resume sua crítica. Sobre o uso da retórica grega como ferramenta de interpretação do Novo Testamento, veja as informações bibliográficas em Daniel Buck, "The Rhetorical Arrangement and Function of OT Citations in the Book of Hebrews: Uncovering Their Role in the Paraenetic Discourse of Access, (tese de Ph.D., Seminário Teológico de Dallas, 2002), p. 81. R.D. Anderson, "The Theoretical Justification for Application of Rhetorical Categories to Pauline Epistolary Literature", em *Rhetoric and the New Testament*, ed. S. Porter e T. Olbricht, (Sheffield: Sheffield Academic Press, 1993), p. 100-122.

²⁴¹ Anderson, *Theoretical Justification*, p. 100-122.

²⁴² Para diferenças teológicas ver Guthrie, *New Testament Introduction*, p. 672-673; Westcott, *Hebrews*, lxxvii-lxxviii; J. Moulton e G. Milligan, *The Vocabulary of the Greek New Testament* (Grand Rapids: Eerdmans, 1952), p. 24-26; e Lindars, *The Theology of the Letter to the Hebrews*. Isso não deve ser interpretado de modo a significar que Hebreus e Paulo não possuem uma harmonia doutrinária. Na verdade, eles são semelhantes em muitos de seus conceitos subjacentes.

Delitzsch observou: "É, e deve permanecer surpreendente que, à medida que dissecamos a Epístola, não nos encontramos com essas ideias que são, por assim dizer, as próprias artérias do sistema espiritual de Paulo".[243]

Hebreus possui um enfoque teológico diferente de Paulo. Os dois autores não se contradizem, mas existe claramente um "sentimento" diferente em Hebreus quando se compara com as cartas de Paulo. Por exemplo, ele nunca se refere a Jesus como sacerdote, embora tenha de fato usado elementos pertencentes ao culto como a Páscoa, o propiciatório, e Jesus como uma oferta para Deus. Paulo dá um destaque maior no método do sacrifício de Cristo; o autor de Hebreus destaca mais o resultado.[244] Alguns possuem certa dificuldade em conceber que Paulo tenha escrito Hebreus 2.17, já que sua teologia da cruz eliminou a necessidade de um sumo sacerdote, de um templo ou do dia da expiação.[245] Existe uma diferença bem clara entre o modo que Paulo fala da "semente de Abraão" em suas cartas e a abordagem usada pela carta aos Hebreus e por Lucas em Lucas-Atos.[246] Isso não deve ser usado para afirmar que Paulo não poderia ter escrito Hebreus, somente que faz com que isso seja menos provável.

Em quinto lugar, o escritor de Hebreus parece se situar na segunda geração de cristãos em Hebreus 2.3, algo que Paulo provavelmente não faria nunca: "Como escaparemos nós, se descuidarmos de tão grande salvação? A qual, tendo sido anunciada inicialmente pelo Senhor, foi-nos depois confirmada pelos que a ouviram?" Em outra passagem de suas epístolas, Paulo se identificou como "apóstolo", como alguém que tinha sido testemunha do Cristo ressuscitado. No capítulo 9 de Atos, Lucas relata a história de Paulo a caminho de Damasco, quando ele encontrou Jesus

---

[243] Delitzsch, *Hebrews*, 2.412.

[244] J. E. Reynolds, "A Comparative Study of the Exodus Motif in the Epistle to the Hebrews" (tese de doutorado de teologia, Southwestern Baptist Theological Seminary, 1976), p. 207-208.

[245] Como, por exemplo, R. Anderson, "The Cross and Atonement from Luke to Hebrews," *EvQ* 71, no. 2 (1999): p. 141.

[246] Veja a discussão em J. B. Chance, "The Seed of Abraham and the People of God: A Study of Two Pauls" SBLSP, no. 32, ed. E. Lovering (Atlanta: Scholars Press, 1993), 384-411. Chance observa que em Lucas-Atos, ao contrário de Paulo em Gálatas e Romanos, nenhum personagem, incluindo o narrador, se refere aos gentios como "filhos, descendentes, descendentes, filhos, filhas ou qualquer outro termo semelhante de Abraão ou qualquer um dos outros ancestrais de Israel. A semente de Abraão é o povo judeu. Os gentios simplesmente não estão à vista" (p. 46). Mais tarde, ele observa que Lucas-Atos opera dentro de um contexto social judaico tradicional. Claro, Hebreus tem uma abordagem semelhante a Lucas-Atos aqui.

Cristo e se tornou cristão. Paulo se referiu posteriormente a essa experiência no contexto de seu apostolado quando ele disse que tinha "nascido fora do tempo" (KJV). Em nenhuma passagem de suas 13 epístolas Paulo se refere a si mesmo do mesmo modo que o escritor de Hebreus faz em 2.3. Portanto, não é provável que Paulo tenha escrito essa afirmação.

Em sexto lugar, a afirmação incomum de Hebreus 13.22 ("Rogo-vos, porém, irmãos, que suporteis estas palavras de exortação, pois vos escrevi em poucas palavras") não se encaixa muito com a extensão conhecida das outras cartas de Paulo. Na verdade, Hebreus é maior do que 11 das 13 epístolas paulinas e possui mais do que o dobro do tamanho médio delas. A menos que Paulo tenha endereçado outras epístolas com um tamanho consideravelmente maior para esses mesmos destinatários, não parece provável que ele tenha escrito essa declaração.

Entretanto, se a interpretação que Trudinger faz dessa afirmação estiver certa, então não há como esse versículo ser usado contra a autoria paulina. Ele sugeriu que o capítulo 13 de Hebreus contém afirmações de "conselhos autoritativos" e de "prescrições formais" que pertence ao domínio semântico da *paraklēsis* (exortação), e para a qual o escritor teria pedido que se ouvisse com paciência.[247] Se *epistellō* puder ter o significado de "ordenar" ou "instruir" como Moulton e Milligan sugerem nessa passagem,[248] então a tradução adequada seria algo como "suporteis estas palavras de instrução e admoestação, porque minhas instruções foram bem breves!"[249]

Quatro problemas atrapalham essa interpretação inédita. Em primeiro lugar, é bem estranho que nenhum tradutor ou comentarista siga essa linha de interpretação. O segundo problema é que *paraklēsis* terá seu sentido extremamente limitado nesse contexto. Isso pode explicar a razão pela qual nenhum tradutor ou comentarista a tenha seguido. O terceiro é que também é questionável que *epesteila* possa ter o sentido restritivo de "instruir" neste contexto. Em quarto lugar, a tradução de Trudinger,

---

[247] P. Trudinger, "καὶ γὰρ διὰ βραχέων ἐπέστειλα ὑμῖν: A Note on Hebrews 13.22", *JTS*, New Series 23 (1972): p.128-130.
[248] Moulton e Milligan, *The Vocabulary of the Greek Testament*, p. 245-246.
[249] Trudinger, "A Note on Hebrews 13.22," p. 130.

"palavras de instrução", não consegue traduzir com precisão o substantivo singular *logos* (palavra), enfraquecendo dessa forma essa sugestão. Logo, isso parece sugerir que essa passagem se opõe à hipótese paulina.[250]

Vários autores desde Spanheim até John Owen sugerem o vínculo possível entre a declaração de Pedro em 2 Pedro 3.15-16 e Hebreus como prova da autoria paulina:[251] "Como também o nosso amado irmão Paulo vos escreveu, segundo a sabedoria que lhe foi dada; como faz também em todas as suas epístolas, nelas falando acerca destas coisas, mas quais há pontos difíceis de entender..." Já que Pedro estava escrevendo para judeus cristãos da Diáspora, surge a pergunta sobre qual epístola paulina é abordada nessa passagem. Muitos sugerem que se trata de Hebreus. A declaração de Pedro de que alguns escritos de Paulo são "difíceis de entender" soa parecido com o que o autor de Hebreus diz a seus leitores em 5.11: "Sobre isso temos muito que dizer, mas de difícil interpretação, porquanto vos tornastes tardios em ouvir".

Forster achava que 2 Pedro 3.15-16 se referia a Hebreus 5.11, 6: 12, 9: 26, 28 e 10.39. Ele concluiu que Pedro "imitou" Paulo de forma consciente ou inconsciente e isso prova que Pedro estudou todas as Epístolas Paulinas, inclusive Hebreus.[252] F. F. Bruce se opôs a essa sugestão destacando que 2 Pedro não foi escrita de forma específica para judeus cristãos e que a referência em 2 Pedro 3.15 é, em suas palavras, "certamente feita a Romanos 2.4".[253] É no mínimo duvidoso dizer que 2 Pedro 3.15-16 se aplica a Hebreus. Como Mclintock e Strong observaram com acerto, se o "vos" a quem Pedro se dirige se refere a todos os cristãos (2 Pe 1.1), a referência não pode se limitar a Hebreus. Se incluir somente os judeus mencionados em 1 Pedro 1.1, o autor pode

---

[250] R. Hoppin, *Priscilla's Letter: Finding the Author of the Epistle to the Hebrews* (Fort Bragg, CA: Lost Coast Press, 1997), p. 20, utiliza a interpretação de Trudinger para defender Priscila como a autora de Hebreus. "... quem terminaria a epístola com uma apologia tão clara? Quem pediria desculpas por dar ordens—só uma pequena exortação? Será que quem escreveu era uma mulher?"

[251] Owen, *Hebreus*, 1.83-87, inclui a melhor análise sobre essa sugestão, mas sua conclusão é risível: "Insisti nesse testemunho de modo mais prolongado, porque, a meu ver, por si só é suficiente para resolver essa controvérsia"

[252] Forster, *Apostolical Authority*, p. 38-39. Veja também sua análise complete nas pp. 625-644.

[253] F. F. Bruce, *The Epistle to the Hebrews*, NICNT, ed. rev. (Grand Rapids: Eerdmans, 1990), p. 20.

estar fazendo alguma referência especial a Gálatas (6.7-9) e Efésios (Ef 2.3-5), mas não a Hebreus.[254]

Embora existam algumas provas internas e históricas de que Paulo poderia ter escrito Hebreus, os vários exemplos de divergências, combinado com o testemunho histórico que não apoia com firmeza a autoria paulina nos leva a concluir que Paulo provavelmente não escreveu Hebreus.[255] Os estudos do Novo Testamento de nível qualificado têm sido relutantes em divorciar a epístola de Hebreus da influência paulina,[256] mas também evitam identificar a epístola como sendo de Paulo. O que transparece é que a melhor solução é concluir que as provas da própria epístola levam a negar a autoria paulina, mas que se deve reconhecer que o escritor tinha sido influenciado de forma considerável por Paulo e que a epístola deve ser associada a ele. Todos os nomes sugeridos pelos Pais da Igreja para a autoria tinham a distinção de ter feito parte do círculo de convívio paulino em um momento ou outro.[257]

---

[254] J. Mclintock and J. Strong, "Epistle to the Hebrews", *Cyclopedia of Biblical, Theological and Ecclesiastical Literature* (Grand Rapids: Baker, 1969), 4.146.

[255] R. Brown, *An Introduction to the New Testament* (New York: Doubleday, 1997), p. 694, afirma que as provas contra Paulo escrever Hebreus são "irrefutáveis".

[256] Windisch considera que o autor de Hebreus está mais próximo do pensamento e da temática paulina do que qualquer outro escritor do Novo Testamento, mas ele rejeitou a autoria paulina (*Der Hebräerbrief*, 2ª ed., *HNT* 14 [Tübingen: Mohr, 1931], p. 128-129).

[257] Nos últimos anos, a análise continuou a destacar se o autor pertencia ou não ao círculo do convívio paulino. A tradição cristã primitiva proporcionou ao artigo de Schröger "Der Hebräerbrief paulinisch?" em *Kontinuität und Einheit*, ed. F. S. F. Mussner, P. G. Müller e W. Stenger (Freiburg/ Basel/Vienna: Herder, 1981), p. 211-222 a base das semelhanças entre Paulo e Hebreus. A. Strobel, *Der Brief an die Hebräer*, 13ª ed. (Göttingen: Vandenhoeck & Ruprecht, 1991), p. 13-15, sugeriu que o autor pode ter pertencido ao círculo de pessoas envolvidas na obra missionária paulina posterior. Alguns sugerem que a conclusão da epístola (Hb 13.22-25), embora tenha uma forma parecida com a de Paulo, poderia ter sido acrescentada a carta por alguém que não tenha sido o autor, possivelmente pelo editor da coleção das cartas de Paulo, como está escrito, por exemplo, em Schnelle, *The History and Theology of the New Testament Writings*, p. 376-381. Schnelle também destacou que, se a conclusão for original, "a única indicação positiva de que poderia ser baseada nela é que o autor de Hebreus quer que seu escrito seja entendido dentro do contexto da teologia paulina". Uma comparação mais positiva de Hebreus com a escola de pensamento paulina foi sugerida por Rueger, *Hebräerbrief, Bibelkoommentar*, Band 22 (Neuhausen -Stuttgart: Hanssler, 1987), que sugere que o autor trabalhou com Timóteo e era membro do círculo do convívio paulino, e por K. Backhaus, Der Hebräerbrief und die Paulus-Schule, *BZ* 37 (1993): p. 183-208, que afirmou que o final de Hebreus indica contatos entre o autor e a escola paulina em Roma. (Veja a p. 187 para uma lista sucinta de paralelos cristológicos e soteriológicos entre as Epístolas Paulinas e Hebreus.) A conclusão oposta foi deduzida por James Thompson, que concluiu que os destinatários de Hebreus estavam provavelmente situados em Roma e que conheciam Timóteo, mas "a correlação entre Hebreus e a tradição paulina é mínima" (J. Thompson, "The Epistle to the Hebrews and the Pauline Legacy," *ResQ* 47, no.4 [2005]: p. 206).

Collins comparou Hebreus com as epístolas paulinas e concluiu de modo semelhante que Paulo não foi o autor.[258] Hurst, depois de avaliar brevemente a história da análise referente a influência de Paulo sobre o autor de Hebreus, chegou as três conclusões seguintes: (1) As diferenças descartam a classificação de Hebreus como "deuteropaulina" no sentido de um empréstimo literário por um discípulo de Paulo. (2) As semelhanças indicam uma interação com as mesmas ideias normalmente identificadas com o próprio Paulo, e excluem a visão de Menegoz e de outros que o autor não poderia em nenhum momento ter sido um discípulo de Paulo. (3) Se for reconhecido que existe um sentido dentro do qual a tradição apostólica se desenvolveu de um modo pelo qual Paulo e seus companheiros tenham tido uma parte importante, pode haver base para a afirmação da influência paulina na epístola sem recorrer à solução literária (que Paulo a escreveu).[259]

De modo parecido, Windisch relacionou várias semelhanças entre Paulo e Hebreus, concluindo que um discípulo de Paulo ou outra pessoa com a mesma abordagem teológica reproduziu elementos semelhantes na tradição.[260] Com base em sua comparação entre Gálatas e Hebreus, Witherington nega a autoria de Paulo, mas sugere que é "provável" que o autor de Hebreus revela uma influência paulina (especialmente de Gálatas) em pontos vitais do argumento. Ele também considera provável que o autor de Hebreus fazia parte do círculo mais amplo do convívio paulino.[261]

Brevard Childs destacou que existe um vínculo indireto importante entre Paulo e Hebreus que a igreja primitiva reconheceu, mas não interpretou corretamente quando buscou resolver a questão historicamente. Já que o escritor trabalhou junto com Timóteo, Hebreus não pode ser situada em um estágio posterior no desenvolvimento da igreja pós-apostólica. Ela funciona canonicamente de forma distinta, ainda

---

[258] R. F. Collins *Letters Paul Did Not Write: The Epistle to the Hebrews and the Pauline Pseudepigrapha*, GNS 28 (Wilmington: Glazier, 1988), p. 39-55.

[259] B. Witherington III, "The Influence of Galatians on Hebrews," *NTS* 37 (1991): p. 146-152.

[260] L. D. Hurst, *The Epistle to the Hebrews: Its Background and Thought* (Cambridge: Cambridge University Press, 1990), p. 124.

[261] Windisch, *Der Hebräerbrief*, p. 128-129.

que complementar ao *corpus* paulino. Childs prossegue observando que, historicamente, Manson pode estar certo ao vincular a carta com Estevão, mas, canonicamente, a relação mais importante da carta é com o *corpus* paulino.[262] Esse vínculo com Paulo na verdade ajuda no argumento a favor de Lucas, Barnabé e Apolo, já que todos eles faziam parte do círculo paulino. Entretanto, é claro que ninguém tinha um relacionamento mais próximo de Paulo do que Lucas. Além disso, o vínculo com Estevão seria uma prova mais evidente a favor de Lucas, como se demonstrará posteriormente. Para Schnelle, toda essa questão se resume à relação de Hebreus com a escola paulina, com duas possibilidades. Ou o autor pertencia ao círculo paulino, ou Hebreus foi redigida desde o princípio como um escrito anônimo sem a intenção de ser associada com Paulo.[263]

Logo, concluímos que a melhor avaliação das provas sugere que Paulo não é o autor de Hebreus. Conclusões dogmáticas como a de Spicq de que a autoria paulina é "impossível" não devem ser levadas em consideração.[264] O comentário de Forster a respeito do argumento de Michaelis de que o estilo do grego de Hebreus é diferente de Paulo de modo substancial (excluindo-o assim da autoria) é especialmente sugestivo: O estudo de Michaelis "é convenientemente superficial, já que a conclusão que tira a partir dele é pretensiosamente dogmática".[265] É melhor chegar a uma conclusão mais criteriosa como a de Davidson: "É a diversidade dentro da semelhança (com os escritos de Paulo) que favorece a autoria de outra pessoa".[266] As atitudes sobre a autoria paulina no momento podem ser resumidas da melhor maneira por MacNeill e Guthrie, um escrevendo no início do século XX, e o outro na segunda metade do século passado. MacNeill escreveu:

---

[262] B. Childs, *The New Testament as Canon: An Introduction* (London: SCM, 1984), p. 416.

[263] Schnelle, *The History and Theology of the New Testament Writings*, p. 380-381. Schnelle opta pela última opção: "... o autor não pode ser visto como membro da escola paulina. É bem mais o caso que Hebreus representa uma teologia independente" (p. 376).

[264] Spicq, *Hébreux*, 1.154.

[265] Forster, *Apostolical Authority*, p. 24.

[266] S. Davidson, *Introduction to the Study of the New Testament*, 2ª ed. (London: Longmans, Green & Co., 1882), 1.215. Davidson apresenta de modo bem mais excelente as provas externas (patrísticas) a favor e contra a autoria paulina nas páginas 220-235.

No decorrer deste estudo, vários exemplos de contato com o pensamento paulino surgiram, mas, em todos os casos, a semelhança tem sido superficial. O ponto de vista e o método de apresentação demonstram ser bem diferentes. Seria um exagero dizer que o escritor desta epístola não foi influenciado por Paulo e por suas cartas, mas é claro que essa influência tem sido extremamente exagerada.[267]

Guthrie disse:

> Deve-se observar que as diferenças com relação a Paulo não se trata de divergências com Paulo... Nem se deve supor que essas diferenças doutrinárias necessariamente excluem a autoria paulina. Entretanto, ainda que não exijam sua rejeição, deve-se admitir que a sugestão maior é essa.[268]

---

[267] H. L. MacNeill, *The Christology of the Epistle to the Hebrews: Including Its Relation to the Developing Christology of the Primitive Church* (Chicago: Chicago University Press, 1914), p. 143.
[268] Guthrie, *New Testament Introduction,* p. 673.

CAPÍTULO 3
O argumento linguístico: as provas lexicais, estilísticas e a evidência linguístico-textual

A obra do teólogo sempre é precedida e baseada na obra do filólogo. O ponto de partida óbvio, em todo estudo de autoria, consiste na linguagem do próprio texto. As comparações entre uma obra cuja autoria não se conhece e outra de suposto autor têm que começar em nível linguístico, com o propósito de fundamentar com os testemunhos externos e históricos. Não há como prosseguir na discussão de alguma autoria sem observar os fenômenos linguísticos. Começa-se estudando os dados lexicográficos e estilísticos em um nível discursivo mais básico das palavras, das expressões, das frases e das orações, e por fim do próprio discurso como um todo. Os dados linguísticos apresentam as provas mais fortes para apoiar ou negar as teorias de autoria.

Hebreus e o Novo Testamento

Antes de começarmos uma comparação linguística específica entre Hebreus, Lucas-Atos e as cartas de Paulo, precisamos fazer uma comparação com outros documentos do Novo Testamento. Fora das cartas de Paulo e de Lucas-Atos, Hebreus tem sido comparada com Marcos, o Evangelho de João e as cartas petrinas.

Hebreus e Marcos

Graham compara três pontos entre Marcos e Hebreus: (1) o vocabulário reverente empregado para descrever Deus e a sua obra, (2) o retrato de Jesus como líder e pioneiro, e (3) o destaque do envolvimento completo de Jesus no sofrimento humano. Partindo desses pontos, Graham chegou a duas conclusões: a primeira é que existem provas nesse contexto de uma reação à perseguição um tanto diferente dos outros escritos do Novo Testamento. Já a segunda é que essa reação não vem da Igreja como um todo, mas da Igreja de Roma. O auge de Marcos é o rompimento do véu a que Hebreus 10.19-21 se refere. Logo, quem sabe, Marcos e Hebreus tenham vindo da mesma igreja.[269]

Hebreus e o Evangelho de João

O comentário de Spicq cita 16 referências paralelas entre Hebreus e as cartas joaninas, semelhanças, principalmente, conceituais ou teológicas como uma alta cristologia (Jesus como Filho e Palavra, revelação de Deus), soteriologia, os prólogos (Hb 1.1-3; Jo 1.1-18), e a de Cristo servindo como sacerdote (Hb 4.14-16) e nosso advogado (1Jo 2.1-2). Ele conclui que o autor de Hebreus mui provavelmente dependia de uma catequese primitiva por trás dos escritos joaninos, a qual posteriormente se tornou as cartas e o Evangelho de João, e além disso, que o autor de Hebreus teve algum contato direto com João quando ele escreveu seu Evangelho.[270] Do mesmo modo, Hickling percebe um paralelo entre João e Hebreus 2.10-18, sugerindo que uma tradição e um modo de ver e ensinar o cristianismo em comum era subjacente a essas duas passagens.[271] Raymond Brown coloca Hebreus e João na quarta de suas quatro categorias de vários grupos no cristianismo primitivo baseadas em sua

---

[269] A. A. K. Graham, "Mark and Hebrews," *SE* 4 (1968): p. 411-416.
[270] C. Spicq, *L'Épître aux Hébreux* (Paris: Librairie Lecoffre, 1952-1953), 1.109-138.
[271] C. J. A. Hickling, "John and Hebrews: The Background of Hebrews 2.10-18," *NTS* 29 (1983): p. 112-116. "É coerente conjecturar que um cristianismo um tanto erudito desse tipo devia existir entre aqueles que tinham contato com o judaísmo de fala grega...". (p. 115).

posição comum no que diz respeito à lei.[272] Entretanto, nenhum desses autores supõem alguma dependência direta ou literária.

Hebreus e as cartas petrinas

As semelhanças entre essas cartas são reconhecidas pelos especialistas de longa data.[273] Lester Reddin conjectura que Pedro foi o escritor de Hebreus com base nas suas comparações.[274] Esse escritor faz parte de um grupo cuja obra era mais voltada para judeus ou para judeus cristãos. Partindo dos discursos de Pedro em Atos, é óbvio que ele era "instruído" e "poderoso" nas Escrituras. Segundo a tradição, Pedro foi martirizado em Roma no ano 64 d.C. A definição da data de Hebreus deve vir a partir de 10.32, uma referência aos "dias anteriores" quando o leitor enfrentou muito sofrimento. Pode-se identificar esse sofrimento tanto com a perseguição no governo de Cláudio, em cerca de 52 d.C., ou de Nero no ano 64 d.C. Reddin opta pela perseguição de Cláudio.[275]

Reddin identifica quatro linhas de provas para basear sua teoria. A primeira reside em uma semelhança nas citações do Novo Testamento, que são extraídas de maneira uniforme da LXX (Paulo usa tanto a LXX quanto o original hebraico). A segunda consiste em que as duas foram escritas para os cristãos judeus na diáspora, e durante épocas de perseguição.

A terceira é que se nota afinidades vocabulares. Estas são as palavras comuns a 1 Pedro e Hebreus:

1. *parepidēmos* – (Hb 11.13; 1Pe 1.1; 2.11). Não é usada em mais nenhum livro do Novo Testamento.

---

[272] R. Brown, "Not Jewish Christianity and Gentile Christianity but Types of Jewish/Gentile Christianity", *CBQ* 45 (1983): p. 74-79. Cf. R. Brown e J. Meier, *Antioch and Rome* (New York: Paulist, 1983), p. 1-9.

[273] Veja, por exemplo, T. E. S. Ferris, "A Comparison of I Peter & Hebrews," *CQR* 111 (1930): p. 123-127, que afirmaram que Hebreus se baseia em 1 Pedro; H. Attridge, *The Epistle to the Hebrews*, Her (Philadelphia: Fortress, 1989), p. 30-31; W. L. Lane, *Hebrews 1-8*, WBC 47a (Dallas: Word, 1991), cx-cxii. L. D. Hurst apresenta uma boa análise das diferenças em *The Epistle to the Hebrews: Its Background and Thought*, SNTSMS 65 (Cambridge: Cambridge University, 1990), p. 125-130.

[274] L. Reddin, "Hebrews a Petrine Document," *BSac* 68 (1911): p. 684-692.

[275] Ibid., 685-687.

2. *rhantismos* – (Hb 12.24; 1Pe 1.2). Essa palavra não se encontra em nenhum outro livro do NT. Nas duas passagens, elas são utilizadas falando a respeito do sangue.
3. *antitupos* – (Hb 9.24; 1Pe 3.21). É usada somente nesses livros neotestamentários, e nas duas ocorrências se trata de uma referência clara ao AT.
4. *ennoia* – (Hb 4.12; 1Pe 4.1). Só aparece nessas passagens do NT.
5. *poimēn* – com referência a Cristo (Hb 13.20; 1Pe 2.25). Essas são as únicas ocorrências no Novo Testamento fora do ensino de Jesus.
6. *episkopeō* – (Hb 12.15; 1Pe 5.2). Esse verbo não é encontrado em nenhuma outra passagem neotestamentária.
7. *geuomai* – (Hb 6.4-5; 1Pe 2.3). Só aparece nessas passagens do NT.

A quarta é que existem paralelos conceituais:

1. Jesus é exaltado acima dos anjos (Hb 1.3-4; 1Pe 3.22).
2. O sacrifício de Cristo é definitivo. (Hb 9.26; 1Pe 3.18).
3. Os cristãos são descritos como um edifício (Hb 3.6; 1Pe 2.5).
4. O serviço cristão é comparado às ofertas de sacrifícios (Hb 13.15; 1Pe 2.5). A linguagem de Paulo em Romanos 12.1-2 não é análoga neste ponto. Embora Paulo empregue *thusia* de modo parecido, ele usa o verbo *paristemi*, que nunca é usado para descrever o serviço sacerdotal.[276]

Reddin observa que a estrutura retórica e o estilo de Hebreus são diferentes de Pedro, mas a sua resposta é sem força. Ele admite a diferença, mas diz que isso é "inevitável" porque Hebreus tem um caráter argumentativo, enquanto 1 Pedro é "exortativa".[277] Contudo, não fica claro o que

---

[276] Ibid., p. 688-689.
[277] Ibid., p. 691.

ele quer dizer com isso. Igualmente, a afirmação em Hebreus 2.3 parece excluir Pedro. Reddin diz que a resposta se encontra no modo pelo qual o pronome pessoal da primeira pessoa do plural é usado. Em 2.3, o autor está simplesmente se identificando com seus leitores e não está negando que tenha visto ou ouvido o Senhor.[278]

Mesmo assim, existe alguma semelhança entre Hebreus e as cartas petrinas, especialmente 1 Pedro.[279] Earle Ellis data 1 Pedro em 63-64 d.C. Ele diz que há referências prováveis dela em 1Clemente, que foi escrita em Roma em 69-70 d.C. (segundo Edmundson). Possivelmente, as semelhanças podem ser explicadas parcialmente pelo fato de que as duas cartas foram escritas em Roma mais ou menos na mesma época. L. D. Hurst observa que Hebreus e 1 Pedro combinam entre si porque as duas foram escritas para incentivar a fé dos cristãos que enfrentavam a perseguição.[280] Creio que uma explicação melhor é que Pedro tinha algum contato com Lucas, e isso teve alguma influência sobre seu modo de escrever. Foi sugerido em alguns momentos no passado que Silas (Silvano) e Lucas eram a mesma pessoa,[281] e que Silvano, pelo menos, foi aquele que entregou a carta, e que ele não foi amanuense de Pedro. O. D. Foster observa semelhanças entre Hebreus e 1 Pedro e, com respeito a última carta, sugere a possibilidade de que Lucas se baseou em 1 Pedro.[282]

A minha lista de semelhanças entre 1 e 2 Pedro e Hebreus é a seguinte:

---

[278] Ibid., p. 691-692.

[279] Veja os vários exemplos citados em E. C. Selwyn, *The Christian Prophets and the Prophetic Apocalypse* (London: Macmillan & Co., 1900), p. 160-163. Selwyn acha que Lucas era amanuense de Pedro (veja o capítulo 6). Narborough também observou as semelhanças entre Hebreus e 1 Pedro, sugerindo que eles possuem uma profundidade suficiente para sugerir um vínculo literário. F. D. V. Narborough, *The Epistle to the Hebrews* (Oxford: Clarendon Press, 1930), p. 12-15. Ele aceita a autoria petrina de 1 Pedro e acredita que Pedro morreu debaixo da perseguição de Nero. Logo, ele acredita que 1 Pedro influenciou Hebreus, não vice-versa.

[280] Hurst, *Epistle to the Hebrews*, p. 130.

[281] Afirmação de E. C. Selwyn, em *Saint Luke the Prophet* (London: Macmillan & Co., 1901), seguindo Schwanbeck. Veja especialmente as páginas 75 a 178. Veja também J. Conder, *A Literary History of the New Testament* (London: Seeley, Burnside & Seeley, 1845), p. 466. Veja a análise sobre essa questão mais adiante no cap. 6.

[282] O. D. Foster, "The Literary Relations of the 'First Epistle of Peter' with Their Bearing on the Date and Place of Authorship," *Transactions of the Connecticut Academy of the Arts and Sciences* 17 (New Haven: Yale University Press, 1913), p. 491, 508.

1Pedro		Hebreus
3.15	Relato.	13.17
3.16	Boa consciência.	10.22
3.18	Cristo morreu pelos pecados uma vez para conduzir-nos a Deus.	9.1-28
3.20	Noé	11.7
3.21	Boa consciência.	10.22
3.22	Jesus foi para o céu, está à direita de Deus, com os anjos subordinados a ele.	1.4; 2.8
4.1	Cristo sofreu na carne.	2.9-10, 17-18; 5. 7-8
4.5	Eles prestarão contas a ele, já que ele julgará os vivos e os mortos.	4.13
4.8	Amar uns aos outros.	10.14; 13.1
4.9	Hospitalidade.	13.2
4.13	Participar dos sofrimentos de Cristo.	2.10-18; 13.12-13
4.17	O juízo que começa pela casa de Deus.	2.1-4; 6.4-6; 10.26-31; 12.25-29
5.2	Rebanho de Deus.	13.7, 17
5.4	Supremo pastor.	13.20
5.5	Sujeito aos presbíteros.	13.7, 17
5.9	Sofrimentos iguais aos vossos estão se cumprindo na vossa irmandade.	2.10-18
5.12	Escrevo resumidamente.	13.22
5.13	Aquela que se encontra em Babilônia, vos saúda.	13.24
2Pedro		Hebreus
1.3	Santificação.	12.28
1.4	Grandes promessas.	6.13-20

1.7	Santificação, amor fraternal, amor.	12.28; 13.1
1.8-9	Fazer com que não sejais nem inativos nem infrutíferos, pois aquele a quem estas coisas não estão presentes é cego, vendo só o que está perto, esquecido da purificação de seus pecados de outrora.	5.11-6.6
1.11	Entrada	10.19
1.16	Testemunhas oculares.	2.1-4
1.19	Temos mais confirmada a palavra profética.	2.1-4
2.21	Caminho da justiça, dar as costas ao mandamento santo.	6.6; 10.26
3.2	Recordeis das previsões dos profetas e do mandamento do Senhor por meio de seus apóstolos.	2.1-4
3.4	Os pais.	1.1
3.5	Pela palavra de Deus os céus vieram a existir de longo tempo.	1.2-3
3.7	Pela mesma palavra, os céus e a terra.	1.2-3
3.9	O Senhor não retarda em sua promessa.	10.37
3.15	Nosso amado irmão Paulo.	13.23

A semelhança lexicográfica entre Lucas-Atos, Paulo e Hebreus

O grande número de palavras que só pertencem a Lucas-Atos e Hebreus é surpreendente. Com certeza, a semelhança lexicográfica não é condição *sine qua non* de autoria e tem que ser considerada sob uma perspectiva adequada. Mesmo assim, como Westcott indicou: "Nenhum estudante imparcial deixa de ficar impressionado com o uso frequente (em Hebreus) de palavras características de São Lucas, mais do que todos os outros escritores do Novo Testamento".²⁸³ C.P.M. Jones examinou a semelhança lexicográfica entre Lucas-Atos e Hebreus, e com um pensamento equilibrado observa o seguinte:

> Lucas-Atos e Hebreus são ambos escritos de tamanho considerável, nos quais haveria muita margem para coincidências, como com certeza é o caso de muitas palavras [...] que são usadas com sentidos e contextos diferentes nos dois escritos, algumas palavras só aparecem em citações da Septuaginta, e muitas palavras consistem em verbos compostos cuja origem parece ser comum entre os escritores tardios do Novo Testamento. Além disso, pode-se compilar listas de palavras que só aparecem em Hebreus e nas epístolas pastorais, ou só aparecem em Hebreus e 1 Pedro e Tiago, até mesmo palavras que só aparecem em Hebreus e nas cartas de Paulo, bem como as que só aparecem em Lucas-Atos e nas cartas que não foram escritas por Paulo de forma geral, que devem ser levadas em consideração. Entretanto, quando se chega a todas as conclusões, as correspondências verbais são tantas (entre Lucas-Atos e Hebreus) que uma parcela bem significativa de frases comuns permanece [...] que pode ser um bom indicador de uma proximidade maior diante dos outros fatores comprobatórios.²⁸⁴

Há muito tempo, Frederick Gardiner contou 34 palavras que pertencem somente a Lucas-Atos e Hebreus.²⁸⁵ Hawkins em *Horae Synopticae* contou 38 palavras que só aparecem nessas duas obras.²⁸⁶ Plummer encon-

---

²⁸³ B. F. Westcott, *The Epistle to the Hebrews* (London: Macmillan, 1892; reimpr., Grand Rapids: Eerdmans, 1955), xlviii.

²⁸⁴ C. P. M. Jones, "The Epistle to the Hebrews and the Lucan Writings," in *Studies in the Gospels: Essays in Memory of R. H. Lightfoot*, ed. D. E. Nineham (Oxford: Basil Blackwell, 1955), p. 117-118.

²⁸⁵ F. Gardiner, "The Language of the Epistle to the Hebrews as Bearing upon its Authorship," *JBL* 7 (1887): p. 1-27.

²⁸⁶ J. C. Hawkins, *Horae Synopticae: Contributions to the Study of the Synoptic Problem*, 2ª ed. (Oxford: Clarendon, 1909), p. 192.

trou 40 palavras.[287] Entretanto, existem mais de 53 palavras em Hebreus que não aparecem em nenhum outro livro, senão na obra Lucas-Atos.

Cheguei a esse número trabalhando com a *Concordance to the Greek New Testament* de Moulton e Geden e com as listas lexicográficas que estão no livro *Des Neutestamentlichen Wortschatze*s. A Tabela 1 a seguir cataloga alguns itens lexicográficos que só pertencem a Lucas-Atos e Hebreus. Cada palavra grega é listada, seguida de sua tradução e da sua referência bíblica, com "H" significando Hebreus e "L" e "A" significando Lucas e Atos, respectivamente.

A importância dessas palavras comuns pode ser avaliada de uma maneira melhor quando se compara essa descoberta com as várias palavras que só aparecem em Lucas-Atos no Novo Testamento. Esse total, quando se exclui os nomes próprios, é de 58.[288] Em outras palavras, Lucas e Atos compartilham 58 palavras que não ocorrem em nenhum outro lugar no Novo Testamento, e isso só passa um pouco das 53 palavras compartilhadas por Lucas-Atos e Hebreus. Já que Hebreus é consideravelmente menor que Lucas-Atos, esta evidência lexicográfica apoia amplamente uma autoria comum.

Tabela 1. Vocabulário exclusivo dos escritos de Lucas e Hebreus no Novo Testamento.

Palavra Grega	Tradução	Referência
metochos	"participantes"	Hb 1.9; 3.1, 14.6: 4; 12.8; Lc 5.7
palaioō	"envelhecer"	Hb 1.11; 8.13; Lc 12.33
eklepō	"cessar, falhar"	Hb 1.12; Lc 16.9; 22.32; 23.45
archēgos	"autor"	Hb 2.10; 12.2; At 3.15; 5.31

---

[287] A. Plummer, *Luke, A Critical and Exegetical Commentary on the Gospel According to Saint Luke*, ICC, 5ª ed. (New York: Scribner, 1922), lix.
[288] Hawkins, *Horae Synopticae, p.* 175. A minha lista na verdade inclui quatro nomes próprios, portanto, quando os excluímos da lista, o número total de palavras em Lucas-Atos e Hebreus somaria 49.

apallassoō	"libertar"	Hb 2.15; Lc 12.58; At 19.12
hilaskomai	"propiciar"	Hb 2.17; Lc 18.13.
katapausis	"descanso"	Hb 3.11, 18; 4.1, 3, 5, 10, 11
kaitoi	"e ainda"	Hb 4.3; At 14.17
katapauō	"cessar"	Hb 4.4, 8, 10; At 14.18
boētheia	"ajuda"	Hb 4.16; At 27.17
Aarōn	"Arão"	Hb 5.4; 7.11; 9.4; Lc 1.5; At 7.40
eulab(eia/ēs/eomai) (palavras com raiz *eulab*	"piedade, piedoso, agir piedosamente"	Hb 5.7; 11.7, 12.28; Lc 2.25; At 2.5; 8.2; 22.12
aitios	"causa"	Hb 5.9; Lc 23.4, 14, 22; At 19.40
euthetos	"apto"	Hb 6.7; Lc 9.62; 14.35
katapheugō	"fugir"	Hb 6.18; At 14.6
agkura	"âncora"	Hb 6.19; At 27.29, 30, 40
esōteros	"interior"	Hb 6.19; At 16.24
sunantaō	"encontrar"	Hb 7.1, 10; Lc 9.18, 37; 22.10; At 10.25; 20.22
patriarchēs	"patriarca"	Hb 7.4; At 2.29; 7.8 ,9
hierateia	"ofício sacerdotal"	Hb 7.5; Lc 1.9
teleiōsis	"perfeição"	Hb 7.11; Lc 1.45
pantote	"completo, perfeito"	Hb 7.25; Lc 13.11
kephalaion	"coisa principal"	Hb 8.1; At 22.28
diatithēmi	"fazer aliança"	Hb 8.10; 9.16,17; 10.16; Lc 22.29; At 3 .25

politēs	"cidadão"	Hb 8.11; Lc 15.15; 19.14; At. 21.39
eiseimi	"entrar"	Hb 9.6; At 3. 3; 21.18,26
lutrōsis	"redenção"	Hb 9.12; Lc 1.68; 2.38
schedon	"quase"	Hb 9.22; At 13.44; 19.26
anōteron	"acima, mais alto"	Hb 10.8; Lc 14.10
paroxusmos	"provocar"	Hb 10.24; At 15.39
huparxis	"possessão"	Hb 10.34; At 2.45
paroikeō	"peregrinar"	Hb 11.9; Lc 24.18
astron	"estrela"	Hb 11.12; Lc 21.25; At 7.43; 27. 20
porrōthen	"de longe"	Hb 11 .13; Lc 17 .12
anadechomai	"receber"	Hb 11 .17; At 28.7
asteios	"formoso"	Hb 11 .23; At 7. 20
diabainō	"atravessar"	Hb 11.29; Lc 16.26; At 16 .9
eruthros	"vermelho"	Hb 11.29; At 7.36
Aiguptoi	"Egito"	Hb 11.29; At 7.22, 24, 28; 21.38
Samouēl	"Samuel"	Hb 1.32; At 3.24; 13.20
paraluō	"ficar vacilante"	Hb 12.12; Lc 5.18, 24; At 8.7; 9.33
anorthoō	"restaurar"	Hb 12 .12; Lc 13.13; At 15.16
orthos	"direito"	Hb 12.13; At 14 .10
phuō	"crescer"	Hb 12.15; Lc 8.6, 8
enochleō	"perturbar"	Hb 12.15; Lc 16 .18

ēchos	"relato, som"	Hb 12.19; Lc 4.37; 21.25; At 2.2
entromos	"trêmulo"	Hb 12.21; At 7.32; 16.29
apographō	"inscrever"	Hb 12.23; Lc 2.1,3,5
asaleutos	"que não pode ser abalado"	Hb 12.28; At 27.41
anatheōreō	"prestar atenção"	Hb 13.7; At 17.23
lusiteleō/ alusitelēs	"útil"/"inútil"	Hb 13.17; Lc 17.2, 17
Epistellō	"escrever"	Hb 13.22; At 15.20; 21.25

Hebreus contém 169 *hapax legomena* e 168 outras palavras não encontradas em Lucas ou Atos. É interessante o fato de que Hebreus e Lucas-Atos possuem a maior proporção de *hapax legomena* com relação ao vocabulário total em todo o Novo Testamento. As duas obras são conhecidas por seu vocabulário rico. Hebreus tem uma contagem total de palavras de 4.942, compreendendo um vocabulário total de 1.038 palavras, distribuídas da seguinte forma:

354 substantivos	34,1% do vocabulário
361 verbos	34,8%
36 nomes	3,5%
133 adjetivos	12,8%
66 advérbios	6,4%
88 outros	8,4% [289]

---

[289] R. Morgenthaler, *Statistik des neutestamentlichen Wortschatzes* (Zurique: Gotthelf, 1958), p. 162-164, e D. Young, "A Grammatical Approach to Hebrews", (tese de doutorado, Dallas Theological Seminary, 1973), p. 10-12.

Há 337 palavras encontradas em Hebreus, mas não em Lucas ou Atos. Destas, 16,2% são *hapax legomena,* enquanto outros 16,2% do vocabulário não ocorre em Atos nem em Lucas. Assim, dois terços do vocabulário de Hebreus (67,6%) aparecem em Lucas-Atos. Isso representa um nível de recorrência e apresenta vínculos profundos entre Hebreus e Lucas-Atos.

A Relação entre Lucas-Atos, Paulo e Hebreus

Entre os escritores do Novo Testamento, existe uma grande semelhança de vocabulário entre Paulo, Lucas e Hebreus. Essa semelhança é tão pronunciada que em um trabalho pouco conhecido há mais de um século, H. H. Evans defendeu com vigor a autoria paulina de Atos.[290] Embora seu argumento seja questionável, suas provas são contundentes e devem ter alguma importância. Ele observa que há 1.000 palavras em Atos que também são encontradas nas (13) Cartas Paulinas. Há 250 palavras (incluindo mais de 30 nomes próprios) que são exclusivas de Atos e Paulo. Há também 200 partículas que as três compartilham, sendo 50 delas exclusivas de Paulo e Atos. Cerca de 500 expressões em Atos também são usadas por Paulo, e a maioria delas são exclusivas de Atos e Paulo. São 35 figuras de linguagem comuns a Paulo e Atos, e 50 exemplos de identidade absoluta de linguagem entre Atos e as cartas que tratam sobre a história pessoal de Paulo. Evans conclui que o autor de Atos "não só concorda com o pensamento de São Paulo, mas vê tudo *com os olhos de* São Paulo".[291] Muitas coisas foram descobertas nos estudos de Paulo e Lucas desde que Evans fez essa afirmação, de modo que não se diria algo assim na atualidade. No entanto, o fato permanece, com a comprovação de paralelos linguísticos claros, de que existe uma afinidade linguística bem próxima entre Paulo e Lucas em comparação com os outros escritores do Novo Testamento. Os estudiosos reconhecem que essa semelhança pode ser demonstrada a partir

---

[290] H.H. Evans, *Saint Paul, the Author of the Acts of the Apostles and of the Third Gospel*, 2 vols. (Londres: Wyman, 1884-1886 [1904]). As diferenças linguísticas entre Lucas e Atos foram observadas por S. Levinsohn, *Textual Connections in Acts*, SBLMS 31 (Atlanta: Scholars Press, 1987). Há, é claro, uma tradição muito antiga que defende a autoria lucana tanto de Lucas quanto de Atos. Eusébio escreveu em História Eclesiástica 3.4: "...e os Atos dos Apóstolos, que ele [Lucas] compôs, recebendo suas informações com seus próprios olhos, sem recorrer a boatos" (19).

[291] Ibid., p. 209.

das palavras utilizadas, e, até certo ponto, a partir do estilo. Luke Johnson observa: "É importante reconhecer que Lucas não se limita a expor uma série de temas distintamente paulinos, mas faz isso em uma linguagem que é paulina de modo específico e de fácil comprovação".[292] Essa semelhança fica bem clara, especialmente quando se compara as Cartas Pastorais com Lucas e Hebreus. Hawkins traça as seguintes comparações com relação à comparação entre o vocabulário dos evangelhos e o do *corpus* paulino:

- 32 palavras se encontram somente em Mateus (ou Mateus e Atos) e em Paulo.
- 22 palavras se encontram somente em Marcos (ou Marcos e Atos) e em Paulo.
- 103 palavras se encontram somente em Lucas (ou Lucas e Atos) e em Paulo.
- 21 palavras se encontram somente em Marcos (ou João e Atos) e em Paulo.

Ele acentua que existem aproximadamente 78 palavras que estão somente em Atos e nas cartas de Paulo, além de 44 das 103 que também se encontram em Lucas. A comparação entre as palavras e as frases características dos Evangelhos Sinóticos revela que pouco mais da metade das que se encontram em Mateus se acham também nas cartas de Paulo, enquanto dois terços das que se encontram em Lucas também aparecem nas cartas paulinas.[293]

A conclusão comum a partir desses dados é que Lucas foi influenciado por Paulo. É claro que isso explica alguns (quem sabe a maioria) dos dados linguísticos. No entanto, gostaria de sugerir que, dada a explosão da pesquisa sobre Lucas nos últimos 50 anos, e a posição de Lucas como escritor e teólogo, não se deve descartar a possibilidade da influência de Lucas sobre o estilo de Paulo, especialmente nas cartas pastorais.

Hawkins também destacou a afinidade clara no vocabulário entre Lucas-Atos, as cartas de Paulo e Hebreus quando se compara com os outros

---

[292] L. T. Johnson, *The Acts of the Apostles*, SP 5 (Collegeville, MN: Liturgical, 1992), p. 367.
[293] Hawkins, *Horae Synopticae*, p. 189-190.

evangelistas.[294] De fato, o mesmo acontece quando se inclui os outros escritores do Novo Testamento na análise. As provas vocabulares revelam claramente que Lucas-Atos, as cartas de Paulo e Hebreus são mais próximas uns dos outros do que o restante dos escritores do Novo Testamento.

Stuart[295] e Leonard[296] enumeram 56 palavras que só aparecem nas cartas paulinas e em Hebreus. As pessoas que defendem a autoria paulina recorrem a essa semelhança linguística como se constituísse em uma prova.[297] A meu ver, esse ponto em particular consiste no argumento mais eficaz para a autoria paulina de Hebreus. Se Paulo não for o autor, qual seria a explicação para esse alto nível de semelhança? Nas questões relativas ao ponto de vista teológico, reconhece-se claramente uma diferença entre as cartas de Paulo e Hebreus em vários assuntos. Não acho que isso se trate de um argumento intransponível contra a autoria paulina, pelo simples fato de que um autor pode variar seu vocabulário teológico ao abordar temas e leitores diferentes. Esse deve ter sido o caso com relação a Paulo, caso ele tenha escrito a carta aos Hebreus. Entretanto, passarei a demonstrar que Hebreus se acha bem mais próxima a Lucas-Atos na perspectiva teológica do que às cartas de Paulo.

Além disso, o argumento mais forte contra a teoria da autoria de Paulo (segundo muitos especialistas) é o estilo completamente diferente de Hebreus com relação ao *corpus* paulino. Pretendo demonstrar que Hebreus possui uma afinidade bem maior com Lucas-Atos do que com o corpus paulino, um fato que é confirmado tanto pelos especialistas antigos quanto pelos atuais.

---

[294] Ibid., p. 192-193.
[295] M. Stuart, *A Commentary on the Epistle to the Hebrews*, 4ª ed., ed. e rev. R. D. C. Robbins (Andover: Warren F. Draper, 1860), p. 149-152.
[296] W. Leonard, *Authorship of the Epistle to the Hebrews* (Rome: Vatican Polyglot Press, 1939), p. 119.
[297] Tanto Stuart quanto Leonard se baseiam na pesquisa impressionante sobre a relação entre as cartas de Paulo e Hebreus realizada por C. Foster em *The Apostolical Authority of the Epistle to the Hebrews: an inquiry, in which the received title of the Greek epistle is vindicated, against the cavils of objectors, ancient and modern, from Origen to Sir J. D. Michaelis, chiefly upon grounds of internal evidence hitherto unnoticed: comprising a comparative analysis of the style and structure of this epistle, and of the undisputed epistles of St. Paul, tending to throw light upon their interpretation* (London: J. Duncan, 1838). Mesmo sem a ajuda de um computador ou das várias ferramentas disponíveis na atualidade, Foster conseguiu fazer a tabulação de semelhanças entre palavras e de expressões entre Hebreus e as cartas de Paulo em particular e entre Hebreus, as cartas de Paulo e as outras ocorrências no Novo Testamento, e outros materiais paralelos e semi-paralelos que aparecem tanto nas cartas de Paulo quanto em Hebreus, fazendo uma análise que chega a ocupar 600 páginas. As provas que Forster apresentou e depois as que Stuart e Leonard demonstraram, deixam bastante claro que não existe base para descartar, a princípio, a hipótese paulina.

Diante desses argumentos contra a autoria paulina, além de grande afinidade entre as palavras de Lucas e de Paulo com Hebreus (em comparação com os outros escritores do Novo Testamento), acrescentando-se ainda o fato de que existem 32 palavras que só aparecem nos livros de Lucas, Paulo e na carta aos Hebreus (além das 53 palavras que só aparecem em Lucas-Atos e em Hebreus), a teoria que faz mais sentido é a que propõe a autoria lucana de Hebreus.

As evidências linguísticas e históricas apontam para a afirmação de que Lucas era contemporâneo de Paulo e fazia parte do seu convívio.[298] Por ser um companheiro de viagem e uma pessoa, por tantos anos, bem próxima de Paulo, a semelhança entre as palavras dos dois não se constituem em nenhuma surpresa. Na verdade, seria surpreendente se o vocabulário não fosse semelhante, considerando que eles tiveram as mesmas experiências de viagem, prisões, dificuldades e triunfo durante vários anos. Caso Lucas tenha escrito Hebreus, o vínculo entre as palavras de Lucas, Paulo e Hebreus se explica facilmente.

Sendo assim, devido ao fato de Lucas ter andado com Paulo bem de perto, especialmente durante os últimos anos da vida do apóstolo, e também por causa das várias semelhanças que podem ser explicadas seguramente com base nisso, não parece precipitado sugerir que existe uma probabilidade maior de Lucas ter escrito a carta aos Hebreus do que Paulo.[299] Essa sugestão recebe mais força com o fato de que as cartas de Paulo são diferentes de Hebreus no estilo e na teologia, enquanto Lucas-Atos guarda muitas semelhanças nesses aspectos. Os vocabulários de Paulo e de Lucas têm certa convergência, ao passo que os estilos divergem. Alguns argumentos a favor da autoria paulina

---

[298] D. Buckwalter observa que as "declarações conclusivas indefinidas de Paulo" que se encontra em seu discurso aos anciões de Éfeso no capítulo 20 de Atos indicam a possibilidade de que os destinatários de Lucas tinham algum tipo de contato ou eram conhecidos de Paulo. D. Buckwalter, *The Character and Purpose of Luke's Christology* (Cambridge: Cambridge University Press, 1996), p. 73.

[299] Por exemplo, a alta correspondência entre o vocabulário comum das cartas de Paulo e de Lucas-Atos levou S. Wilson, *Luke and the Pastoral Epistles* (London: SPCK, 1979), a afirmar de modo equivocado a autoria lucana das cartas pastorais. Entretanto, mesmo nas observações finais de Hebreus 13.17-19 (que são bem parecidas no estilo com as cartas de Paulo) existem três palavras ou expressões que nunca foram usadas por Paulo - ἀλυσιτελές (Hb 13.7; cf. λυσιτελεῖ em Lc 17.2), λόγον ἀποδώσοντες (Hb 13.17; cf. Lucas 16.2), ἀποκατασταθῶ (Hb 13.19; cf. At 1.6; três vezes em Marcos) - enquanto todas essas três palavras e expressões aparecem em Lucas, e duas só aparecem nos seus escritos e em Hebreus.

também podem ser aplicados a favor de Lucas. Entretanto, a maioria dos argumentos contra a autoria de Paulo geralmente não se aplicam a Lucas.

Lucas-Atos, Hebreus e os livros apócrifos

Outra informação linguística interessante surge da comparação entre o vocabulário de Lucas, Atos e Hebreus com alguns livros apócrifos, especialmente os livros de Macabeus. Clarke elaborou as seguintes estatísticas:

- 37% do vocabulário de 2Macabeus aparece em Atos.
- 35% do vocabulário de 2Macabeus aparece em Lucas.
- 30% do vocabulário de 2Macabeus aparece em Mateus.
- 22% do vocabulário de 2Macabeus aparece em Hebreus.
- 44% do vocabulário de 3Macabeus aparece em Atos.
- 43% do vocabulário de 3Macabeus aparece em Lucas.
- 34% do vocabulário de 3Macabeus aparece em Mateus.
- 28% do vocabulário de 3Macabeus aparece em Hebreus.
- 2 palavras aparecem somente em 2 e 3Macabeus e em Mateus.
- 0 palavras aparecem somente em 2 e 3Macabeus e em Marcos.
- 9 palavras aparecem somente em 2 e 3Macabeus e em Lucas.
- 27 palavras aparecem somente em 2 e 3Macabeus e em Atos.

Suas conclusões são esclarecedoras:

> Quando se permite por um lado o tamanho menor da carta aos Hebreus, e, por outro, o número de palavras comuns que pode ser encontrado inevitavelmente entre um livro e outro, o grau de afinidade demonstrado entre Lucas-Atos e Hebreus com relação a 2 e 3 Macabeus parece geralmente o mesmo [...] Esses números sugerem que Lucas deve ter lido 2 e 3 Macabeus antes de escrever Atos [...] Com certeza o autor de Hebreus, que pertencia ao mesmo círculo literário de Lucas, também conhecia esses livros.[300]

---

[300] W. K. L. Clarke, "The Use of the Septuagint in Acts," *The Beginnings of Christianity, Part I: The Acts of the Apostles*, ed. F. J. Foakes-Jackson e K. Lake (London: Macmillan, 1920; reimpr., Grand Rapids:

Gregory Sterling afirma que Lucas-Atos, além de Josefo, se constituem em exemplos de historiografia apologética helenista.[301] Ele destaca que Robert Doran (em seu livro *Temple Propaganda: The Purpose and Character of 2 Maccabees [A propaganda do Templo: o propósito e o caráter de 2Macabeus]*) enfatizou o aspecto apologético em 2Macabeus, embora Sterling não enquadre 2Macabeus na categoria da historiografia apologética por causa do seu foco limitado. Ele sugere que 2Macabeus "pode ser uma obra bem adequada para se comparar com Lucas-Atos".[302] De modo parecido, Martin Hengel confirma essa comparação com 2Macabeus.[303]

As provas antigas parecem apontar para Antioquia como o centro do interesse religioso nos livros macabeus.[304] Sabemos tanto a partir das Escrituras quanto a partir da tradição que Lucas possuía vínculos com a igreja de Antioquia. Se os destinatários de Hebreus se encontravam em Antioquia, conforme afirmarei mais adiante, e se eles se tratavam de ex-sacerdotes judeus que tinham algum interesse nos escritos macabeus, então essa correlação entre Lucas-Atos e Hebreus pode ser vista como uma evidência adicional a favor da autoria lucana.

Os termos médicos e a linguagem de Hebreus

A tradição da igreja primitiva identificava Lucas como médico,[305] e essa tradição continua a ser aceita por muitas pessoas nos dias de hoje.[306] Cerca

---

Baker, 1979), 2.74-75. Veja J. Fitzmyer, *The Gospel According to Luke X-XXIV: Introduction, Translation, and Notes*, AB 28a (Garden City: Doubleday, 1985), p. 1307, que encontra uma citação de 4 Macabeus 7.19 em Lucas 20.37-38.

[301] G. Sterling, *Historiography and Self-Definition: Josephus, Luke-Acts and Apologetic Historiography*, NovTSup 64 (Leiden: Brill, 1992), p. 387.

[302] Ibid.

[303] M. Hengel, "The Geography of Palestine in Acts", em *The Book of Acts in its Palestinian Setting,* The Book of Acts in its First Century Setting, ed. R. Bauckham (Grand Rapids: Eerdmans, 1995), 4.44.

[304] V. Burch, *The Epistle to the Hebrews, its Sources and Message* (London: Williams & Norgate, 1936), p. 130.

[305] Veja, por exemplo, Irineu, *Haer.* III.1.1.

[306] L. Alexander, *Preface to Luke's Gospel: Literary Convention and Social Context in Luke 1.1-4*, SNTSMS 78 (Cambridge: Cambridge University Press, 1993), tentou apresentar paralelos claros entre os prefácios de Lucas e de Atos com os prefácios de outros tratados técnicos, especialmente os trabalhos médicos. M. Hengel and A. M Schwemer, *Paulus zwischen Damaskus und Antiochien: Die unbekannten Jahre des Apostels,* WUNT 108 (Tübingen: Mohr-Siebeck, 1998), p. 18-22, também afirmou a tradição de que Lucas era médico. Veja também A. Weissenrieder, *Images of Illness in the Gospel of Luke: Insights of Ancient Medical*

de vinte e cinco anos antes do livro *Medical Language of Saint Luke* (*A linguagem médica de São Lucas*) de 1882,[307] Delitzsch sugeriu (em um apêndice ao seu comentário de Hebreus) que os termos médicos encontrados nessa carta se constituíam em prova da autoria lucana. Acreditar que Lucas era o autor independente (embora tenha escrito a pedido de Paulo e redigido Hebreus a partir de afirmações deste apóstolo), Delitzsch afirmou que a vocação de Lucas como médico combinava bem com o conteúdo de Hebreus com suas passagens que usam termos anatômicos (4.12-13), nutricionais (5.12-14) e terapêuticos (12.12-13).[308] Logo depois foi lançada a obra de Hobart. Nessa obra, ele cita provas de que os escritos de Lucas apresentam certa influência da medicina como as obras de Galeno, Hipócrates e outros, levando a concluir que Lucas-Atos foi escrito por um médico (Cl 4.14). Na terceira edição de *Leading Ideas of the Gospels* (*Ideias principais dos evangelhos*), Alexander apresentou uma lista bem completa das palavras médicas que aparecem em Hebreus que lhe foram fornecidas por Hobart.[309] Ele via isso como prova da autoria lucana de Hebreus. Em 1909, foi lançado o livro *Luke the Physician* (*Lucas, o médico*) de Harnack no qual ele aceitou as provas de Hobart para apoiar a ideia bíblica de que Lucas era médico.[310]

Entretanto, em 1912, o livro *The Style and Literary Method of Luke* (*O estilo e o método literário de Lucas*) de Cadbury questionou as provas e a conclusão de Hobart. Por meio de uma comparação da linguagem médica de Lucas com a LXX e com outros escritores helenistas que não

---

Texts, WUNT 164, 2 Reihe (Tübingen: Mohr-Siebeck, 2003), p. 365-366, que concluiu sobre o modo que Lucas retrata as doenças em seu Evangelho: "O autor de Lucas-Atos tinha um interesse particular na linguagem que refere a doenças e curas, que eram plausíveis dentro do contexto médico antigo, e que superam as analogias entre as palavras de longe" (p. 365). Weissenrieder confirmou o uso que Lucas faz dos termos médicos, além de sua tendência de falar a respeito das enfermidades dentro do contexto das teorias médicas que se encontravam em voga na sua época. Ele concluiu de modo parecido que "não fica muito claro" se Lucas era um médico" (p. 366).

[307] W. K. Hobart, *The Medical Language of St. Luke: A Proof from Internal Evidence that "The Gospel According to St. Luke" and "The Acts of the Apostles" Were Written by the Same Person, and that the Writer Was a Medical Man* (Dublin: Hodges, Figgis, 1882 reimpr., Grand Rapids: Baker, 1954).

[308] F. Delitzsch, *Commentary on the Epistle to the Hebrews,* trans. T. L. Kingsbury (Edinburgh: T&T Clark, 1871-72), 2.415.

[309] W. Alexander, *Leading Ideas of the Gospels*, 3ª ed. (London: Macmillan, 1892), 317-319.

[310] A. von Harnack, *Luke the Physician: The Author of the Third Gospel and the Acts of the Apostles,* ed. W. D. Morrison, trad. J. R. Wilkinson (New York: J. P. Putnam's Sons, 1907), p. 175-198.

eram médicos, Cadbury concluiu que o estilo de Lucas não trazia nenhuma prova especial de treinamento médico em comparação com os outros escritores.[311] Ele afirmou que a autoria unitária de Lucas-Atos não poderia se basear na suposta linguagem médica de Lucas. No entanto, isso leva a uma dedução secundária de que a formação médica de Lucas não pode se basear somente no uso de terminologia médica.

Atualmente, a maioria dos especialistas em Novo Testamento aceitam a crítica e a conclusão de Cadbury. Por exemplo, tanto Fitzmyer quanto Ellis acham que Cadbury teve uma argumentação melhor.[312] Porém, A. T. Robertson utiliza outra abordagem. Ele admite que Hobart exagerou em sua obra e fez declarações que não tinham apoio nas evidências. No entanto, depois de um estudo cuidadoso de Hobart e Cadbury, ele afirma que a suficiência das provas favorecia Hobart:

> O que é mais impressionante em tudo isso é ler os relatos de Marcos a respeito dos milagres e depois as mudanças de Lucas. Assim, a leitura do Evangelho e de Atos de forma contínua transmite a mesma convicção de que seguimos a orientação de um médico culto cujos hábitos profissionais de pensamento influenciaram a totalidade da obra de várias formas sutis. Essa impressão positiva resiste a qualquer dissimulação...[313]

Robertson criticou a avaliação de Cadbury e de Harnack, mas essa crítica em grande parte não recebe a resposta devida. Ele destacou que as questões de interesse médico aparecem de forma incidental nos escritos de Lucas-Atos.[314] Com o uso que ele fazia da linguagem e das expressões médicas, Lucas ia além de simplesmente revelar as capacidades linguísticas de uma pessoa culta; ele também estava externando seu interesse

---

[311] H. J. Cadbury, "The Style and Literary Method of Luke," HTS 6 (Cambridge: Harvard University Press, 1920), p. 50-51.
[312] J. Fitzmyer, *Luke I-IX*, p. 51-53; E. E. Ellis, *The Gospel of Luke*, NCBC (Grand Rapids: Eerdmans, 1974; reimpr., London: Oliphants, 1977), p. 43.
[313] A. T. Robertson, *Luke the Historian in Light of Research* (Edinburgh: T&T Clark, 1920), p. 12.
[314] Ibid., p. 91.

profissional como médico.³¹⁵ Creed, Geldenhuys e Hendriksen escreveram comentários sobre o Evangelho de Lucas que concordam com a avaliação de Robertson.³¹⁶

Já que existem razões amplas para aceitar o testemunho das Escrituras e as evidências internas dos escritos de Lucas a respeito da sua vocação médica,³¹⁷ é possível deduzir que todas as referências importantes a termos médicos em Hebreus podem ser usadas como evidências da autoria lucana. Percebemos que Delitzsch, um especialista cuidadoso, chegou a essa conclusão antes do lançamento da obra de Hobart. Quando um especialista em grego como A.T. Robertson afirma que a linguagem de Lucas dá a entender que ele era médico, isso me leva a crer que a linguagem médica em Hebreus apoia a autoria de Lucas.

O aspecto importante a respeito dessa terminologia em Hebreus é que ela aparece em três passagens fundamentais: 4.12-14; 5.12-14 e 12.12-13. A primeira coisa que nos impressiona em 4.12-14 é que somente em Lucas e nessa passagem de Hebreus que encontramos exatamente a expressão "espada de dois gumes". Em segundo lugar, a expressão "mais cortante", em que a preposição utilizada é *huper*, é comparada por Westcott a Lucas 16.8.³¹⁸ Em terceiro lugar, a expressão "juntas e medulas" usa termos fisiológicos que não aparecem em nenhuma outra passagem do Novo Testamento. O quarto aspecto é que Eagar observa que a preposição

---

³¹⁵ Ibid., p. 95. Para alcançar a análise completa de Robertson, leia as páginas 90 a 102.

³¹⁶ J. M. Creed, *The Gospel According to St. Luke* (London: Macmillan, 1942), pp. xix-xxi; N. Geldenhuys, *Commentary on the Gospel of Luke*, NICNT (Grand Rapids: Baker, 1951); W. Hendriksen, *Exposition of the Gospel According to Luke*, NTC (Grand Rapids: Baker, 1978), p. 4-5. C. Hemer, *The Book of Acts in the Setting of Hellenistic History*, ed. C. Gempf (Tübingen: J. C. B. Mohr [Paul Siebeck], 1989), 310-312, afirmou que a crítica que Cadbury faz de Hobart "não leva a desacreditar a proposta inicial".

³¹⁷ G. H. R. Horsley, *New Documents Illustrating Early Christianity: A Review of the Greek Inscriptions and Papyri Published in 1977* (Sydney, Australia: Macquarie University Ancient History Documentary Research Center, 1982), p. 19-21, e Hengel e Schwemer, *Paulus zwischen Damaskus und Antiochien*, p. 18-22, demonstram que os médicos da antiguidade geralmente desenvolviam uma carreira itinerante. Veja também W. Marx, "Luke, the Physician, Re-examined," *ExpTim* 91 (1980): p. 168-172, e B. Witherington III, *Conflict and Community in Corinth* (Grand Rapids: Eerdmans, 1995), p. 459-464, que se alinha com a posição tradicional de que Lucas era o médico pessoal de Paulo. Fitzmyer traz uma defesa excelente da tradição de que Lucas era médico, além de ser um semita que não foi circuncidado e um companheiro ocasional de Paulo. *Luke I-IX*, p. 35-59, e *Luke the Theologian: Aspects of His Teaching* (New York: Paulist Press, 1989), p. 1-26).

³¹⁸ Westcott, *Hebrews*, p. 102.

enōpion (diante, à vista de) seguida de *autou* "ele" na palavra "dele" como sinônimo de Cristo é "tipicamente lucana".³¹⁹

Por fim, a palavra traduzida como "espada" (*machaira*) às vezes possui o significado técnico de faca de cirurgião. Michaelis afirma que o contexto não aceita a tradução para "espada", e que, em vez disso, admite que se traduz como uma faca usada por um sacerdote ou açougueiro, ou mesmo um cirurgião. Ele destaca que as facas de cirurgião às vezes tinham dois gumes, enquanto as facas normais não tinham.³²⁰ Seria bem adequado que essa linguagem tivesse vindo da pena do médico Lucas.³²¹

Quando se mantém a tradução "comum", a comparação fica no mínimo confusa, mas, já que a referência é feita à faca do cirurgião, o pensamento passa a ter uma coerência maior. A possibilidade de que essa palavra se refere à faca do cirurgião, juntamente com outras evidências da influência lucana nesses versículos, apresenta um argumento a favor da autoria de Lucas.

Eagar observa que 5.12-14 exibe certa influência médica que pode indicar a autoria lucana. Essa passagem está cheia de termos médicos e fisiológicos: *nēpios, sterea, trophē, exis, aisthetērion, diakrisis*, todos recebem essa classificação e *teleiōtes* possui um duplo sentido médico. *Astheneia* (uma palavra que Lucas gosta de usar) e o termo derivado *asthenēs* se constituem na forma médica comum de identificar "doença" e "doente"; e *teleios*, com os seus derivados, é usada por Hipócrates para expressar o adjetivo "saudável".³²²

A terceira passagem, Hebreus 12.12-13, possui seis palavras que são basicamente lucanas: *paralelumena, gonata, anorthōsate, orthos, chōlon,* e *iathē*. Três delas (*paralelumena, anorthōsate,* e *orthos*) só aparecem em Lucas e Hebreus no Novo Testamento. O uso de *anorthoō* (restabelecer) em Hebreus 12.12 se encontra em uma citação de Isaías 35.3, embora *anorthoō* não esteja presente na LXX, mas tenha sido acrescentada pelo

---

319 A. Eagar, "The Authorship of the Epistle to the Hebrews", p. 120.
320 W. Michaelis, "μάχαιρα" *TDNT*, 4.524-527.
321 Veja A. Eagar, "The Authorship of the Epistle to the Hebrews," p. 119-120.
322 Ibid., p. 119.

escritor. De modo parecido, quando Lucas cita Amós 9.11 em Atos 15.16, ele usa o mesmo verbo, que também não aparece nessa passagem na LXX.

No que essa evidência pode ser útil? Se dissermos que essas passagens não poderiam ter sido escritas por Paulo, estaremos indo além das evidências. Com certeza Paulo (ou outra pessoa) poderiam ter escrito essas frases. Entretanto, com base na descrição que temos de Lucas como médico, as provas de que seu vocabulário reflete interesses médicos e o fato de que parte do vocabulário nessas três passagens só aparecem em Lucas-Atos e em Hebreus parecem nos dar base para interpretar que essas provas favorecem a autoria lucana de Hebreus.

Outras semelhanças linguísticas entre Lucas-Atos e Hebreus

Gardiner concluiu a partir de sua comparação de vocabulário que a carta aos Hebreus se assemelha muito mais no aspecto linguístico aos escritos de Lucas e de Paulo.[323] Passarei a associar algumas de suas descobertas àquelas de outras fontes[324] e a algumas que eu mesmo constatei para exemplificar a semelhança entre o *corpus* lucano e Hebreus.[325]

Existem duas palavras gregas traduzidas como "estrela" no Novo Testamento, que são *astron* e *astēr,* que também são comuns na LXX. Entretanto, a primeira forma é usada somente em Lucas e Hebreus, enquanto a outra é usada por todos os outros escritores do Novo Testamento (três vezes nas cartas de Paulo e vinte e uma vezes nos outros livros).

O verbo *erchomai* (vir), que (junto com suas várias formas compostas) é mais comum na narrativa do que em outros tipos de discurso, é encontrado com uma frequência maior nos escritos de Lucas e em Hebreus, mas são comparativamente raras nas cartas de Paulo. Isso se reveste de importância,

---

[323] Gardiner, "The Language of the Epistle to the Hebrews as Bearing upon its Authorship", p. 1-27.
[324] Delitzsch, *Hebrews*; A. Eagar, "The Authorship of the Epistle to the Hebrews," *Expositor* 10 (1904): p. 74-80, 110-123.
[325] Não fiz notas de rodapé em todas as vezes que recorri ao material de Gardiner, Delitzsch, Lünemann ou Alexander nesta seção ou na seção que aborda as semelhanças de estilo. O leitor deve consultar suas obras relacionadas na bibliografia.

já que Lucas e Atos possuem um caráter basicamente narrativo, que não é o caso de Hebreus.

A ocorrência de conjugações da primeira pessoa do singular e o pronome pessoal egō (eu) é bem limitada tanto no corpus lucano quanto em Hebreus, refletindo uma relutância em personalizar a mensagem. Enquanto isso, Paulo gosta de usar esse pronome. O uso dos pronomes da terceira pessoa do singular *autos*, do pronome demonstrativo *ekeinos* e do pronome reflexivo *eautou* em Hebreus possuem, igualmente, a mesma frequência alta, enquanto Paulo e os outros escritores do Novo Testamento usam muito menos vezes.

Os advérbios de espaço como *ekei*, *hopou*, *pou* e *hode* são usados com frequência em Lucas e Hebreus, enquanto nas cartas de Paulo eles não são comuns. O advérbio *hōsei* e a conjunção *hoste* são usados quase na mesma proporção em Lucas e Hebreus. Essas duas palavras são bem mais raras nas obras paulinas e no restante do Novo Testamento. Lucas prefere a palavra *heteros* a *allos* em seus escritos. O uso de Paulo é quase o mesmo para essas duas palavras, enquanto Hebreus usa *heteros* quatro vezes e *allos* duas vezes.

O campo lexical *agapaō* (amar) e *agapētos* é bem comum nos escritos de Paulo, mas é raro tanto no *corpus* lucano quanto em Hebreus. O campo lexical que é composto de *alētheia*, *alēthēs*, etc, é menos frequente em Lucas e Hebreus do que no restante do Novo Testamento, e a proporção nesses dois escritos é praticamente a mesma.

O substantivo *hiereus* (templo) aparece 14 vezes em Hebreus, nove vezes no corpus lucano, mas nunca aparece nas cartas de Paulo, aparecendo nove vezes no restante do Novo Testamento. O substantivo *archiereus* (sumo sacerdote) aparece 70 vezes em Hebreus, 37 vezes em Lucas, e não aparece nenhuma vez nas cartas de Paulo. Além disso, será demonstrado mais adiante que os sacerdotes, os sumos sacerdotes e o templo possuem grande importância nos escritos lucanos, e Hebreus apresenta a maior explicação sobre o sumo sacerdócio de Cristo no Novo Testamento. Comparado com os outros evangelistas e com o restante do Novo Testamento, Lucas e Hebreus possuem o mesmo interesse no sacerdócio, como as contagens de palavras revelam.

Hebreus usa dez vezes a palavra *skēnē* (tabernáculo). Ela aparece cinco vezes em Lucas, não aparece em Paulo, e aparece somente cinco vezes no restante do Novo Testamento. Outra semelhança linguística está em Lucas 2.26 e em Hebreus 11.5, onde se encontra a expressão exata *me idein thanaton* (para não ver a morte). A única outra passagem no Novo Testamento onde aparece uma expressão semelhante é João 8.51, onde João emprega uma palavra grega diferente para o verbo "ver" e uma palavra negativa mais enfática.

Outros vínculos linguísticos nos três livros incluem o uso da palavra *oikoumenē* (o mundo habitado), e da palavra *polis* (cidade). A expressão "mundo habitado" aparece uma vez em Mateus, uma vez nas cartas de Paulo, três vezes no Apocalipse, três vezes em Lucas, cinco vezes em Atos e duas vezes em Hebreus.

As palavras *metanoia* (arrependimento) e *aphesis* (perdão), raramente aparecem fora dos escritos de Lucas e de Hebreus. O termo *metanoia* aparece uma vez em Marcos, duas vezes em Mateus, quatro vezes em Paulo, e uma vez em 2 Pedro. Ele é utilizado cinco vezes em Lucas, seis vezes em Atos e três vezes em Hebreus. Já a palavra *aphesis* é utilizada duas vezes em Marcos, uma vez em Mateus, duas vezes nas cartas de Paulo, mas aparece cinco vezes em Lucas, cinco vezes em Atos e duas vezes em Hebreus.[326] Normalmente, o genitivo *hamartiōn* (ou, como em Ef 1.7, o genitivo *paraptōmatōn*) segue o substantivo *aphesis* no Novo Testamento, ou *hamartiōn* se acha presente no contexto (como em Marcos 3.28, onde essa palavra precede *aphesis* no v. 29). Das 18 ocorrências desse substantivo no Novo Testamento, ele aparece sozinho somente em Hebreus 9.22 e em Lucas 4.18 (duas vezes). O conceito de arrependimento consiste em um tema entre os mais importantes de Lucas e Hebreus.

O verbo para "purificação" (*katharizō*) é usado seis vezes em Mateus, quatro vezes em Marcos, três vezes em Paulo, uma vez em Tiago, e duas vezes em 1João. Ocorre sete vezes em Lucas, três vezes em Atos, e quatro vezes em Hebreus. É usado para denotar a purificação do coração

---

[326] Cf. Jones, "The Epistle to the Hebrews and the Lucan Writings", p. 119-120, e veja a análise sobre perdão na teologia do jubileu de Lucas no capítulo 6. O Evangelho de Lucas traz um destaque no perdão dos pecados como um elemento fundamental da salvação.

e da consciência somente em Atos 15.9 e Hebreus 9.14; 10.2. A palavra *hēgoumenoi* (líderes ou líderes-chefes) ocorre 10 vezes no Novo Testamento: uma vez em Mateus, uma vez em Paulo, e uma vez em 2 Pedro, mas quatro vezes em Lucas-Atos e três vezes em Hebreus. Essa palavra só é usada para se referir aos líderes da igreja em Atos e Hebreus.

Uma expressão semelhante em Lucas 10.20 e Hebreus 12.23 se constitui numa forma composta do *verbo graphō* (escrever) e da palavra *ouranois* (no céu). Na passagem de Lucas, Jesus diz aos discípulos para se alegrarem porque "seus nomes estão escritos no céu", enquanto a passagem de Hebreus se refere-se à igreja dos primogênitos, que estão "inscritos" ou "matriculados no céu". Um conceito semelhante é encontrado tanto nos escritos paulinos quanto nos joaninos: os nomes dos crentes inscritos no "livro da vida". Mas a expressão exata "escritos no céu" só aparece em Lucas e Hebreus.

Quando se compara Lucas 16.2 com Hebreus 13.17, recebemos a revelação de outro paralelo que não aparece em nenhum outro lugar no Novo Testamento. Na parábola do mordomo injusto no capítulo 16 de Lucas, o senhor instrui o mordomo para uma "prestação de contas" (*apodos ton logon*). Em Hebreus 13.17, os leitores são exortados a obedecer a seus líderes, já que os líderes devem um dia *logon apodōsontes* (prestar contas). Esse conceito de prestação de contas também ocorre em Romanos 14.12, mas se utiliza um verbo diferente para "prestar", que é combinado com a palavra *logon* (conta).

Zacarias louva a Deus em Lucas 1.68-69 porque Ele "visitou" seu *povo*. Encontramos duas vezes neste hino referências a essa "visitação" divina. O verbo *episkeptomai* é comum na LXX, onde ele retrata o cuidado de Deus com seu povo. É usado neste sentido hebreu no Novo Testamento apenas em Lucas-Atos (Lc 1.68, 78; 7.16; At 15.14) e em Hebreus 2.6, onde aparece em uma citação do Salmo 8. A nuance cristológica do uso deste verbo de Lucas se encaixa bem com a perspectiva cristológica de Hebreus na escolha de uma citação do Antigo Testamento[327] que usa este verbo.

Nas próximas páginas, farei uma lista de outros exemplos de semelhança linguística que podem ajudar a identificar o autor de Hebreus. Já

---

[327] Veja a análise excelente em G. Hotze, *Jesus als Gast: Studien zu einem christologischen Leitmotiv im Lukasevangelium, em Forschung zur Bibel 111* (Würzburg: Echter Verlag, 2007), p. 301-307.

que esses exemplos possuem vários níveis de importância, vou dividi-los em dois grupos. A parte dois consiste em exemplos que carregam um peso mais forte porque ilustram a semelhança linguística entre Lucas-Atos e Hebreus, contrastando essas duas obras com todo o restante do Novo Testamento. A segunda divisão consiste em exemplos que carregam menor peso porque ilustram as semelhanças linguísticas principais para a maior parte de Lucas-Atos e Hebreus, mas que também ocorrem em outros lugares no Novo Testamento. As 53 palavras exclusivas para Lucas, Atos e Hebreus listados na Tabela 1 não são repetidas aqui, a menos que apareçam com outras palavras exclusivas de Lucas-Atos e Hebreus.

Divisão 1

Peipastheis (sofrimento [Hb 2.18]) é usado para descrever o sofrimento de Cristo como em Lucas 22.28.

O uso de *schedon* (quase) com *pas* (todos) ocorre apenas em Hebreus 9.22; Atos 13.34; 19 .26. Este advérbio não aparece em nenhum outro lugar no Novo Testamento.

O uso da palavra *pan* (todos) com a expressão *ex henos* (de um) ocorre apenas em Atos 17.26 e Hebreus 2.11. A expressão "de um" ocorre apenas cinco vezes no Novo Testamento.

A expressão *eis ton kairon* (no tempo) ocorre apenas em Lucas 1.20 e Hebreus 9.9.

A expressão *houtoi pantes* (todas estas) ocorre duas vezes em Atos e duas vezes em Hebreus, mas não aparece em nenhum outro lugar no Novo Testamento.

O advérbio *eti* (ainda) ocorre 93 vezes no Novo Testamento, mas apenas três vezes com o infinitivo (duas vezes em Lucas e uma vez em Hebreus). Além disso, o advérbio *eti* seguido pela conjunção *de* ocorre três vezes em Lucas, uma em Atos, e duas vezes em Hebreus, mas não aparece em nenhum outro lugar no Novo Testamento.

O substantivo *dakroun* (lágrimas) ocorre 10 vezes no Novo Testamento (duas em Lucas, duas em Atos, duas nas cartas de Paulo, duas nas obras joaninas, e duas em Hebreus). A palavra *dakroun* no genitivo precedida pela preposição *meta* (com lágrimas), ocorre em Atos 20.19, 31 e em Hebreus 5.7; 12.17. A conjunção *kai* (e) só precede o genitivo *dakroun* em Atos 20.19 e Hebreus 5.7.

Atos 15.33 e Hebreus 11.31 são as únicas passagens no Novo Testamento onde aparece a expressão *met eirēnēs* (com paz).

A expressão *eis to panteles* (de modo algum) aparece em Lucas 13.11 e Hebreus 7.25. Estas são as únicas ocorrências do substantivo *panteles* no Novo Testamento. Nos dois casos, o substantivo é precedido pelas palavras *eis to*. Observe que nas duas orações se usa o verbo *dunamai* (ser capaz de). Além de ser uma semelhança bem notável de vocabulário, trata-se também de uma semelhança de estilo.

O infinitivo passivo *legesthai* (foi dito) só aparece quatro vezes no Novo Testamento: três vezes em Hebreus e uma vez em Lucas.

O aoristo passivo *elalēthē* (tinha sido dito) só aparece em Lucas 2.20 e em Hebreus 11.18.

O particípio presente passivo nominativo feminino singular *legomena* aparece duas vezes no Novo Testamento: em Lucas e em Hebreus. Da mesma forma, a forma passiva presente dativa neutra plural *legomenois* só aparece quatro vezes no Novo Testamento: três em Atos e uma vez em Hebreus.

A expressão *ton kurion hēmōn Iēsoun* (nosso Senhor Jesus) ocorre somente em Atos 20.21 e Hebreus 13.20.

A expressão *apo mikrou heōs megalou* (do menor ao maior) só aparece duas vezes no Novo Testamento: em Atos 8.10 e em Hebreus 8.11.

A expressão *meta tas hēmeras* (depois dos dias) ocorre apenas três vezes no Novo Testamento: duas vezes em Atos e uma vez em Hebreus.

No Novo Testamento, a expressão *stomata machairēs* (borda da espada) aparece duas vezes: em Lucas 21.24 e em Hebreus 11.34. Além disso, a expressão *distomon machairan* (espada de dois gumes) está presente em Hebreus 4.12.

A preposição *kata* só aparece seguida de *ton tupon* (segundo o modelo) em Atos 7.44 e Hebreus 8.5. Nos dois casos, se refere a Deus transmitindo o modelo do tabernáculo a Moisés.

O verbo *heuren* (achar) com o acusativo *charin* (graça) só aparece três vezes no Novo Testamento: Lucas 1.30, Atos 7.46 e Hebreus 4.16. Em todos os três casos, ele é utilizado com relação a Deus.

A palavra *pragmatōn* só aparece no Novo Testamento indicando "fatos" ou "ações" em Hebreus 6.18, Lucas 1.1 e Atos 5.4.

O uso de *osphuos* com o significado de "o aspecto ideal da geração humana" aparece somente em Hebreus 7.5, 10 e Atos 2.20.

O substantivo *ergazomai* seguido pelo acusativo *dikaiosinēn* só aparece em Hebreus 11.35 e Lucas 20.35.

O uso do verbo *tuchōsin* com o substantivo *anastaseōs* só ocorre em Hebreus 11.35 e Lucas 20.35.

A palavra *metriopathein*, que é um *hapax legomenon*, aparece em Hebreus 5.2 e se assemelha com a outra ocorrência de *metrios* no Novo Testamento em Atos 20.12. A palavra *metrios* não aparece na Septuaginta.

O uso de *pleiones* em Hebreus 7.23 se parece com o seu uso em Atos sem genitivo nem marcações comparativas, no sentido de "um grande número". Esse uso é exclusivamente lucano.

O substantivo *timōrias* e o verbo *timōreō* aparecem no Novo Testamento somente em Hebreus 10.29 (o substantivo) e Atos 22.5 e 26.11 (o verbo). Observe que em Atos 22.5 e em Hebreus 10.29, eles aparecem precedidos de *axon* e *axiothēsetai*, respectivamente.

O uso de *apodidomi* na voz média com o significado de "vender" só aparece em Hebreus 12.16; Atos 5.8 e 7.9.

O uso da terceira declinação (caso dativo) *panti* (todo) seguido por *ton laon* (todas as pessoas), é exclusivo de Lucas-Atos e Hebreus no Novo Testamento. A palavra aparece seis vezes: cinco em Lucas-Atos e uma em Hebreus, já a expressão aparece duas vezes, uma em Lucas e outra em Hebreus.

A palavra *ekdochē* (somente em Hebreus 10.27) e *prosdokia* (duas vezes no Novo Testamento: Lucas 21.26 e Atos 12.11) possuem a mesma raiz e indicam expectação reverente e atenciosa somente em Hebreus 10.27 e Lucas 21.26.

Segunda divisão

Tanto Lucas quanto o escritor de Hebreus evitam o uso da palavra *euaggelion* para indicar o evangelho e empregam uma variedade de paráfrases. Lucas a usa só duas vezes, e ela nem aparece em Hebreus, no entanto ela é frequente nas cartas de Paulo.

A expressão *zōn gar ho logos tou theou* em Hebreus 4.12 só pode ser comparada a seus únicos equivalentes, 1 Pedro 1.23 e Atos 7.38, onde se encontra a expressão *logia zōnta* (palavras de vida).

O verbo *emphanizō* (aparecer, manifestar) aparece 10 vezes no Novo Testamento, uma vez em Mateus, duas em João, cinco em Atos e duas em Hebreus. Em Hebreus 11.14 e nas cinco passagens de Atos, ela possui o significado de "manifestar".

Por sua vez, o verbo *diamarturomai* (testificar) aparece somente cinco vezes no Novo Testamento: Atos 2.40; 23.11; 1 Tessalonicenses 4.6; e Hebreus 2.6.

O verbo *eispherō* (que quer dizer "entrar, trazer") aparece oito vezes no Novo Testamento, uma vez em Mateus, uma nas cartas de Paulo, uma em Hebreus e cinco vezes em Lucas-Atos.

O adjetivo pronominal *brachus* (pequeno) só aparece uma vez em João, quatro vezes em Lucas-Atos, três vezes em Hebreus, mas não aparece nas outras partes do Novo Testamento.

O verbo *dialegomai* (conversar, discutir) aparece 13 vezes no Novo Testamento: uma vez em Marcos, outra em Judas, dez vezes em Atos e uma vez em Hebreus.

Já o verbo *diegeomai* (narrar) aparece duas vezes em Marcos, sete vezes em Lucas-Atos, e uma vez em Hebreus. É seguido pela preposição *peri* (a respeito de, acerca de) somente em Lucas 1.1 e Hebreus 11.32.

O substantivo *ethos* (costume) aparece uma vez nas obras de João, uma vez em Hebreus e dez vezes em Lucas-Atos.

O advérbio *pantothen* (de todos os lados) só aparece três vezes no Novo Testamento: Marcos 1.45; Lucas 19.43 e Hebreus 9.4.

O substantivo próprio *Aiguptos* (Egito) aparece quatro vezes em Mateus, uma vez em Judas, uma vez no Apocalipse, 19 vezes em Atos (16 vezes no capítulo 5), e cinco vezes em Hebreus (três somente no capítulo 11).

O substantivo *parembolē* (acampamento) aparece uma vez no Apocalipse, seis vezes em Atos e três vezes em Hebreus.

O substantivo *plēthos* aparece duas vezes em Marcos, duas vezes em João, uma vez em Tiago e nas cartas de Pedro, oito vezes em Lucas, 17 vezes em Atos, e uma vez em Hebreus.

O substantivo *akron* aparece seis vezes no Novo Testamento: duas vezes em Mateus, duas vezes em Marcos, uma vez em Lucas, e outras em Hebreus. Os usos de Mateus e Marcos aparecem em referências sinóticas. Lucas usa o substantivo no caso acusativo no singular como em Hebreus, enquanto Mateus e Marcos utilizam a segunda forma da conjugação com uma expressão sem artigo.

O verbo *hupostrephō* é uma palavra lucana que aparece somente uma vez em Marcos, nas cartas de Paulo e em 2 Pedro, mas ocorre 21 vezes em Lucas, 12 em Atos e uma vez em Hebreus.

O substantivo *chronos* aparece três vezes em Mateus, duas vezes em Marcos, nove vezes nas cartas de Paulo, sete vezes em Lucas, 17 vezes em Atos e três vezes em Hebreus.

O substantivo *boulē* acontece duas vezes em Lucas, oito vezes em Atos, duas vezes nas cartas de Paulo e uma vez em Hebreus.

A expressão *apo katabolēs kosmou* (desde a fundação do mundo) aparece uma vez em Mateus, duas vezes no Apocalipse, uma vez em Lucas e duas vezes em Hebreus.

O uso da palavra *kai* com o pronome pessoal feminino *autē*, traduzido como "e ela", aparece uma vez em Paulo, uma vez no Apocalipse, cinco vezes em Lucas e uma vez em Hebreus.

A palavra *rhēma*, que tem o significado de "palavra", aparece 33 vezes em Lucas-Atos, cinco vezes em Mateus, 12 vezes nas obras de João, oito vezes nas cartas de Paulo, três vezes nas cartas de Pedro, uma vez em Judas, e cinco vezes em Hebreus. É usada com o genitivo *theou* sete vezes e é traduzida como "Palavra de Deus" duas vezes em Lucas, duas em João, duas em Hebreus e uma vez nas cartas de Paulo. Somente em duas das sete ocorrências dessa expressão é que o substantivo declinado no genitivo *theou* aparece antes da palavra *rhēma*: Lucas 1.37 e Hebreus 6.5.

A expressão *oikos Israel* ou *oikos Iakōb*, fora das duas ocorrências em Mateus, é encontrada uma vez em Lucas, três vezes em Atos e duas vezes em Hebreus (veja a análise mais adiante no cap. 5).

A expressão *kata panta* aparece três vezes em Paulo, duas vezes em Atos, e três vezes em Hebreus.

O uso de *kaloumenos* com nomes ou designações faz parte do estilo lucano e aparece fora de Lucas-Atos somente em Hebreus e em Apocalipse.

A expressão *tis ex humōn* (qual de vós) aparece três vezes em Mateus, uma vez em João, uma vez em Tiago, cinco vezes em Lucas, e duas vezes em Hebreus. Em oito das doze ocorrências, o pronome indefinido *tis* é separado da preposição por um substantivo, um verbo, um pronome ou uma conjunção. Somente Lucas 11.5, João 8.46, Hebreus 3.13 e 4.1 usa a expressão sem nenhuma palavra entre elas.

O uso da expressão *kath hēmeran* (diariamente) aparece uma vez em Mateus, uma vez em Marcos, cinco vezes em Lucas, seis vezes em Atos, duas vezes nas cartas de Paulo, e duas vezes em Hebreus. Ela não é comum em Mateus, Marcos e Paulo, mas não em Lucas-Atos. Isso é bem importante para a nossa análise porque a comparação entre os evangelhos sinóticos apoia a sugestão que essa expressão é característica do estilo lucano. O fato de que ela ocorre duas vezes em Hebreus é relevante na medida em que Hebreus possui somente um quarto do tamanho de Lucas-Atos ou das cartas de Paulo. A expressão aparece também em Hebreus 3.8 e 3.13 (com uma palavra entre a preposição e o substantivo).

O uso do infinitivo presente *legein* (dizer ou falar) aparece cinco vezes em Mateus, oito vezes em Marcos, uma vez nas obras de João, 18 vezes em Lucas-Atos, quatro vezes em Paulo, quatro vezes em Hebreus e uma vez em Tiago. Reitero que, considerando o tamanho relativo desses livros, existe uma correlação entre Lucas-Atos e Hebreus. Além disso, somente em Lucas 11.27 e Hebreus 8.13 o infinitivo é precedido tanto da preposição *en* quanto do artigo *tō*. Esse exemplo, além dos dois que o precedem, envolvem o uso do autor do Novo Testamento do verbo *legō*. O fato de que em todos os três casos Lucas e Hebreus podem ser correlacionados em contraste com o restante dos escritores do Novo Testamento apoiam o argumento da autoria lucana de Hebreus.

O item lexical *laos* (povo) aparece duas vezes em Marcos, quatro vezes em Pedro, 12 vezes nas epístolas joaninas, 12 vezes em Paulo, 84 vezes em Lucas-Atos, e 13 vezes em Hebreus. Repito que Lucas-Atos e Hebreus exibem uma proporção análoga em termos de uso. Observe além disso que o uso desse substantivo com o adjetivo *pas* (todo) ocorre uma vez em Mateus, uma vez em Paulo, duas vezes em Hebreus, e 16 vezes em Lucas-Atos.

O adjetivo "altíssimo" (*hupsistos*) aparece uma vez em Mateus, duas vezes em Marcos, nove vezes em Lucas-Atos, e uma vez em Hebreus, perfazendo um total de 13 ocorrências no Novo Testamento. Em quatro delas (Mc 5.7; Lc 8.28; At 16.17 e Hb 7.1), o adjetivo qualifica o substantivo *theou* no caso genitivo, e a expressão é traduzida como "do Altíssimo".

Um exemplo lexical bem contundente da harmonia entre Lucas-Atos e Hebreus (em contraste com o estilo de Paulo) é visto no verbo *eiserchomai* (entrar). Aparece 36 vezes em Mateus, 30 vezes em Marcos, 20 vezes nas epístolas joaninas, três vezes em Tiago, mas somente quatro vezes em todo o corpus paulino. É usado também 82 vezes em Lucas-Atos e 17 vezes em Hebreus. O contraste com o estilo de Paulo é óbvio. Além disso, trata-se de um verbo composto formado pela preposição *eis* e pelo verbo básico *erchomai*. Esses verbos compostos são encontrados mais frequentemente em Lucas-Atos, nas cartas de Paulo e em Hebreus, mas especialmente em Lucas-Atos e Hebreus. Veja também esses quatro exemplos de verbos compostos e suas frequências:

O verbo *ekpherō* (sair) aparece uma vez em Marcos, uma vez em Paulo, mas cinco vezes em Lucas-Atos e uma vez em Hebreus.

Já o verbo *eisakouō*, uma forma enfática de akouō (ouvir), aparece uma vez em Mateus, uma vez em Paulo, duas vezes em Lucas-Atos e duas vezes em Hebreus (11.6; 12.17).

O item lexical *ekzēteō* (buscar) aparece uma vez em 1 Pedro, duas vezes em Paulo, três vezes em Lucas-Atos, e duas vezes em Hebreus (11.6; 12.17).

O verbo *eisagō* (introduzir) aparece somente nove vezes no Novo Testamento: uma vez em João, sete vezes em Lucas-Atos e uma vez em Hebreus 1.6.

O verbo *metalambanō* (participar) aparece sete vezes no Novo Testamento: quatro em Atos, e duas em Hebreus (6.7; 12.10).

O verbo *epilambanomai* (tomar) aparece 19 vezes no Novo Testamento: uma vez em Mateus, uma vez em Marcos, 12 vezes em Lucas-Atos, duas vezes em Paulo, e três vezes em Hebreus. Além disso, a expressão *tēs cheiros autou (autōn)* segue esse verbo somente em Atos 23.19 e Hebreus 8.9.

O uso da forma nominativa *heteroi* (outros) aparece só uma vez em Mateus, quatro vezes em Lucas-Atos, e uma vez em Hebreus. Em Lucas

11.16, Atos 2.13 e Hebreus 11.36, ela é seguida pela palavra grega *de* e por um particípio.

A combinação de *megas... micros* não aparece nas cartas de Paulo nem nos Evangelhos, mas aparece três vezes em Atos, uma vez em Hebreus (Hb 8.11), uma vez em Tiago, e cinco vezes no Apocalipse. A frequência no Apocalipse se deve provavelmente ao assunto ou ao tema.

O uso da forma singular na terceira pessoa do aoristo ativo indicativo de *laleō* (dizer ou falar), aparece fora dos cinco livros narrativos do Novo Testamento (de Mateus a Atos) somente em Hebreus e no Apocalipse. A terceira pessoa do plural do aoristo ativo do indicativo desse verbo aparece três vezes no Apocalipse, uma vez em Judas, uma vez em Pedro, uma vez em Tiago, quatro vezes em Lucas-Atos e uma vez em Hebreus. Existe um paralelo entre Atos 16.32 e Hebreus 13.7 no fato de que a terceira pessoa do plural do aoristo ativo do modo indicativo é seguido por um pronome pessoal no dativo, o acusativo acompanhado de artigo *ton logon*, e o genitivo *theou* (*kuriou* na passagem de Atos): "E lhes (nos) pregaram a palavra do Senhor (Deus)". Nenhuma dessas duas formas aparece nas cartas de Paulo.

Simcox observou que, por três vezes em Hebreus, a revelação divina é descrita pelo uso do verbo *laleō* tendo como sujeito *theos*, e que essa mesma combinação de palavras aparece duas vezes em Lucas, quatro vezes em Atos, uma vez em João, e nenhuma vez nas outras partes do Novo Testamento.[328]

A terceira pessoa do singular do presente do indicativo ativo *marturei* (dá testemunho) acontece seis vezes em João, uma vez em Atos, e uma vez em Hebreus. A estrutura das frases em Atos e Hebreus são bem parecidas no aspecto de que cada verbo é seguido do pronome pessoal dativo, da conjunção *kai* (e) e o substantivo próprio acompanhado de artigo. A frase em Atos 22.5 diz que "todos os presbíteros testificam de mim" enquanto a frase em Hebreus 10.15 diz que "disto nos dá testemunho o Espírito Santo". O item lexical *martus* e os seus derivados se acham com uma frequência maior nos escritos de Lucas-Atos e Hebreus, e aparece relativamente pouco nas cartas de Paulo. O particípio do presente passivo nominativo masculino

---

[328] W. H. Simcox, *The Writers of the New Testament* (London: Hodder & Stoughton, 1902), p. 50.

singular *marturoumenos*, por exemplo, é encontrado apenas três vezes no Novo Testamento; duas vezes em Atos e uma vez em Hebreus (7.8).

O substantivo *anamnesis* (memória) só aparece três vezes no Novo Testamento: Lucas 22.19 (a perícope da Ceia do Senhor), 1 Coríntios 11.24-25 (uma passagem paralela de Lucas 22.19), e Hebreus 10.3. Essa comparação recebe um peso maior no fato de que nem Mateus nem Marcos (em seus relatos da Ceia do Senhor) incluem essa palavra, mas Lucas e Paulo o fazem. Esse é outro exemplo da grande afinidade entre os escritos de Lucas e de Paulo, e entre Lucas, as cartas de Paulo e Hebreus.

As formas plurais no caso nominativo, genitivo, acusativo e vocativo da palavra *patēr* (pai) aparecem 53 vezes no Novo Testamento: 31 em Lucas-Atos, sete em Paulo, cinco em Hebreus, sete nos escritos joaninos, e três no restante do Novo Testamento. Além disso, o uso de *patris*, "pátria", aparece oito vezes no Novo Testamento: sete nos evangelhos (duas em Lucas) e uma vez em Hebreus 11.14. Isso indica que Lucas e Hebreus demonstram um interesse considerável nos patriarcas.

A conjunção subordinativa *mēpote* aparece 25 vezes no Novo Testamento: oito em Mateus, duas vezes em Marcos, nove em Lucas-Atos, uma em João, uma em Paulo, e quatro em Hebreus (2.1; 3.12; 4.1; 9.17).

O verbo *saleuō* (ser abalado) aparece 15 vezes no Novo Testamento: duas vezes em Mateus, uma em Marcos, oito vezes em Lucas-Atos, uma vez em Paulo, e três vezes em Hebreus (Hb 12.26-27 [duas vezes nessa passagem]).

O verbo *mellō* (estar a ponto de fazer algo) aparece nove vezes em Mateus, duas vezes em Marcos, 20 vezes no corpus joanino, uma vez em Tiago, três vezes no corpus petrino, 39 vezes em Lucas-Atos, 14 vezes em Paulo, e oito vezes em Hebreus.

A expressão *toutōn tōn hēmerōn* aparece duas vezes em Atos e uma vez em Hebreus. A preposição seguida pelo dativo *tais hēmerais* (nos dias) aparece duas vezes em Mateus, três vezes no corpus joanino (todas no Apocalipse), 18 vezes em Lucas-Atos e uma vez em Hebreus.

Já a expressão *en tō orei* (no monte) aparece duas vezes em João, duas vezes em Lucas-Atos e uma vez em Hebreus 8.5, mas não aparece em nenhuma outra parte do Novo Testamento.

A expressão *dia pantos* (sempre) aparece só uma vez em Mateus 18.10, uma vez em Marcos 5.5, quatro vezes em Lucas-Atos, duas vezes em Paulo, e três vezes em Hebreus (2.15; 9.6; 13.15).

A expressão *eis peripoiēsin psuchēs*, que aparece três vezes em Lucas (7.12; 8.42; 9.43), quatro vezes em João (1.14, 18; 3.16, 18), uma vez em 1 João 4.9, e uma vez em Hebreus 11.17. João a usa somente para se referir ao Filho eterno, enquanto Lucas e Hebreus a usa somente para se referir a homens.

A construção *tou pneumatos tou hagiou* (que se refere ao Espírito Santo) aparece duas vezes em Marcos, uma vez em Lucas, uma vez em João, 13 vezes em Atos, uma vez em Paulo, e uma vez em Hebreus. Essa é predominantemente uma construção lucana, e, com uma pequena exceção em Efésios, nunca é usada por Paulo.

O substantivo *technitēs* aparece quatro vezes no Novo Testamento: Lucas 24.39; Atos 17.27; Hebreus 12.18 e 1João 1.1.

O verbo *anakampto* aparece quatro vezes no Novo Testamento: Mateus 2.12; Lucas 10.6; Atos 18.21; Hebreus 11.15.

O uso de *agiazomenoi* para se referir aos cristãos se acha principalmente nos escritos de Lucas e em Hebreus.

Existem 43 palavras (além das 53 que são exclusivas a Lucas-Atos e Hebreus) em Hebreus, das quais metade delas ou a maior parte das suas outras ocorrências se encontram em Lucas-Atos.[329]

Conclusão sobre a semelhança lexical

Não tentei analisar as diferenças vocabulares entre o *corpus* lucano e Hebreus. Devemos nos recordar de duas coisas a respeito disso. Em primeiro lugar, o tema ou o assunto até certo ponto determina a escolha das palavras. Com certeza, algumas diferenças vocabulares podem ser explicadas dessa forma. Em segundo lugar, existem algumas diferenças nesse aspecto entre Lucas e Atos, mas as semelhanças compensam as

---

[329] A. Eagar, "The Authorship of the Epistle to the Hebrews", p. 122.

diferenças.[330] O meu propósito foi de exemplificar as semelhanças incríveis que caracterizam as três obras e sugerir que a melhor explicação para elas é uma autoria comum.

Simcox, depois de vasculhar com cuidado as provas, conclui que o palavreado de Lucas, tanto lexicalmente quanto estilisticamente, tem mais afinidade com Hebreus do que com qualquer outro escritor do Novo Testamento.[331] Há um consenso a respeito dessa avaliação que se mantém até hoje.

Semelhanças estilísticas

Os especialistas em grego têm destacado que, embora haja um substrato comum e ideias, expressões e uma terminologia religiosa por trás de todos os escritores do Novo Testamento, ainda é possível analisar as características linguísticas que distinguem a obra de um autor da obra dos demais.[332] Os estudos estilísticos têm como objetivo trazer provas que, ao serem comparadas com outras questões de evidências internas e externas, podem ser usadas como um fator discriminador nas questões de autoria.

Dentro da estilística literária, existem dois tipos e propósitos básicos de análise literária: (1) a análise descritiva, onde o propósito se limita a descrever o estilo em uma escrita determinada, e (2) a estilística explicativa, onde o propósito consiste em usar os dados estilísticos para explicar alguma coisa. Pode-se estabelecer duas subcategorias dentro da estilística explicativa: (1) a extrínseca: onde o objetivo é a identificação do autor ou a definição da cronologia para um conjunto de escritos, e (2) a intrínseca, onde o alvo hermenêutico consiste em se definir o significado.[333]

---

[330] Hawkins, *Horae Synopticae*, p. 182.
[331] W. H. Simcox, *The Writers of the New Testament*, p. 52-53.
[332] Robertson, *Luke the Historian*, p. 116-137; N. Turner, *Syntax*, em J. H. Moulton, *A Grammar of the Greek New Testament*, 4 vols.; 3º e 4º vols. de N. Turner (Edinburgh: T&T Clark, 1906), 3.1-4.
[333] G. Leech, "Stylistics," in *Discourse and Literature*, ed. T. A. van Dijk (Amsterdam: John Benjamins, 1985), p. 39.

A importância do estilo nas questões da identificação da autoria

Conforme Botha indicou, o "estilo" é particularmente difícil de ser definido.[334] Podemos geralmente definir o estilo de escrita do autor de acordo com uma linha aristotélica, como algo que se refira mais a um modo de escrever do que uma questão de conteúdo. "O estilo se relaciona com a escolha disponível para aqueles que se utilizam da linguagem, e, já que essas escolhas são determinadas por necessidades e circunstâncias especiais, o estilo passa a ser um fenômeno *determinado pelo contexto*.[335] Mesmo assim, temos que deixar claro desde o princípio que não se pode manter uma distinção rígida entre a forma e o conteúdo. Os vários gêneros literários exigem estilos diferentes; isto é, formas adequadas.[336]

Em alguns momentos, as diferenças de estilo entre os textos escritos por autores diferentes são vistas como triviais, já que elas já são mais ou menos esperadas por causa dos seus temas diferentes.[337] Podemos citar os exemplos dos usos de tempos verbais, dos pronomes pessoais e a proporção dos verbos com relação aos substantivos. As frases nos textos científicos são bem maiores do que as dos escritos populares, principalmente em virtude do seu gênero literário.

Até mesmo as diferenças textuais de foro mais abstrato (como a frequência dos artigos e o uso das preposições) não se configuram necessariamente como indicadores de um estilo linguístico individual; às vezes eles se baseiam no caráter do texto que está em pauta. Ainda assim, todo estudo que procura avaliar o estilo da escrita de um autor possui uma noção consensual de que a variabilidade de algumas características estilísticas dentro dos escritos de um autor em particular é pequena quando se compara com a variabilidade entre vários autores, especialmente quando se trata do mesmo gênero literário.[338]

---

[334] E. Botha, "Style in the New Testament: The Need for Serious Reconsideration," *JSNT* 43 (1991): p. 71.
[335] Ibid., p. 78-79.
[336] A. Ellegard, "Genre Styles, Individual Styles, and Authorship Identification," em *Text Processing, Proceedings of Nobel Symposium* 51, ed. S. Allen (Stockholm: Almqvist & Wiksell International, 1982), p. 519.
[337] Ibid., p. 521.
[338] Ibid., p. 528.

Meu trabalho segue a premissa de que o uso que o autor faz das palavras que não exprimem conteúdo é menos variável do que o modo que ele utiliza as palavras que o exprimem, e é por isso que elas consistem em indicadores mais úteis nas questões de identificação do autor. No entanto, o uso das palavras que exprimem conteúdo nunca deve ser descartado nas tentativas rumo a essa identificação. É muito bom levar em conta a explicação de Ellegard a esse respeito:

> Mesmo quando o assunto define de forma bem ampla o vocabulário que é utilizado no texto, não podemos esquecer que a escolha do assunto vem do autor e, por causa disso, se deve em grande parte ao seu interesse maior ou menor quanto a ele, ou mesmo ao seu temperamento. A maioria dos escritores possuem seus assuntos prediletos. Além disso, até mesmo quando eles escrevem sobre algum outro assunto, o interesse principal do autor pode surgir por meio de metáforas e narrativas de exemplos.[339]

Os estudos estilísticos são importantes nas questões de autoria por pelo menos dois motivos. O primeiro é que por meio dos estudos comparativos são feitas tentativas de encontrar um autor que poderia ter escrito o texto com base no seu estilo conhecido em outras obras, e o segundo é que, por meio dos estudos comparativos, são realizadas tentativas de excluir a maioria dos outros dentro do círculo de possíveis autores.[340]

Essas considerações são importantes para a teoria da autoria lucana de Hebreus. Se limitarmos o rol dos candidatos a aqueles que escreveram outros livros do Novo Testamento (um procedimento que não pode ser feito com certeza), Lucas e Paulo são os candidatos mais óbvios por causa das semelhanças vocabulares, estilísticas e conceituais. Demonstra-se com

---

[339] A. Ellegard, *Who was Junius?* (Stockholm: Almqvist & Wiksell, 1962), p. 101-102.

[340] Muitos linguistas acreditam que são necessárias 100.000 linhas de um autor para demonstrar uma autoria determinada, e que a obra em questão deve conter 10.000 palavras. Já que todo o Novo Testamento contém aproximadamente 180.000 palavras, as questões de autoria não podem ser decididas somente com base em considerações sobre o estilo. Veja F. Andersen, "Style and Authorship," *The Tyndale Lecture*, vol. 21, no. 2. (Parkland, Australia: Tyndale Fellowship for Biblical Studies, 1976), e N. Enkvist, *Linguistic Stylistics* (The Hague: Mouton, 1973).

base somente na comparação lexical que Lucas tem a maior probabilidade de ser o autor do que o apóstolo Paulo. Nesta seção sobre a comparação estilística, será demonstrado novamente que este é o caso.

Em 1986, foi publicado o livro de Anthony Kenny intitulado *A Stylometric Study of the New Testament* (Estudo estilométrico do Novo Testamento). Ele foi a primeira tentativa de se utilizar um banco de dados gramatical completo (fornecido por Timothy e Barbara Friber) como base de um estudo estilométrico do Novo Testamento. Entende-se por estilometria o estudo das características quantificáveis do estilo que aparecem em um texto determinado (sejam faladas ou escritas). A palavra importante nessa definição é o adjetivo "quantificável". A obra de Kenny proporciona dados estatísticos que podem ser usados para comparar e contrastar os escritos de um autor com o de outro.[341] Embora a estilometria possa ser usada para propostas diferentes, o interesse de Kenny é o problema da atribuição de autoria do Novo Testamento. Ele recorre à 99 características textuais (como o número de ocorrências de *kai* e o número de artigos neutros) como uma base de comparação para as partes principais do Novo Testamento.

Kenny aplica os dados estatísticos para as seguintes perguntas: será que Atos foi escrito por Lucas? Será que o Apocalipse foi escrito por João? Será que as 13 cartas atribuídas geralmente a Paulo podem ser atribuídas a ele de forma estilística? Será que Hebreus pode ser atribuída a Paulo? A obra de Kenny é abrangente, e as suas conclusões são respondidas de forma meticulosa. Ele deixa bem claro que os estudos estatísticos somente, sem que se utilize outros métodos de análise, não podem resolver as questões de autoria de forma definitiva. No entanto, ele afirma que "é possível examinar quais são as partes do Novo Testamento que se parecem com as outras de uma forma relativamente precisa, e com base nisso podemos formular conjecturas razoáveis sobre a autoria".[342]

Baseado nas suas informações, Kenny conclui que Atos foi escrito por Lucas, o evangelista. De forma interessante, ele não apresenta nenhuma opinião sobre se Hebreus foi escrita por Paulo, mas afirma que ele

---

[341] As provas estatísticas possuem um uso bem limitado na estilística. Veja a análise em S. Ullmann, *Language and Style* (Oxford: Basil Blackwell, 1964), p. 118-119.
[342] Ibid., p. 1.

ficou bem interessado em notar "o número imenso de características que se assemelham ao corpus paulino".[343] Ele não tece nenhum comentário a respeito de uma eventual semelhança ou disparidade entre Lucas-Atos e Hebreus. No entanto, quando se compara as informações encontradas ao se analisar as 99 características estilísticas, fica claro que Hebreus possui muito mais afinidade com Lucas-Atos (especialmente com Atos e as cartas paulinas) do que com outros escritores do Novo Testamento.

Em 2002, George Barr publicou um artigo impressionante sobre o impacto dos estudos escalométricos das cartas do Novo Testamento. A escalometria consiste na "medição de padrões relacionados à escala nos textos".[344] Os estudos estatísticos sobre as diferenças textuais que ignoram a avaliação de escala em um texto geralmente atribuem equivocadamente essas variações a diferenças na autoria. Por exemplo, Barr observa que todas as epístolas paulinas "apresentam um contraste entre uma introdução com frases comparativamente longas, e uma sessão seguinte com frases comparativamente menores (uma seção de alta escala seguida por uma de baixa escala)".[345] Às vezes, isso se relaciona ao gênero, como no caso onde uma seção doutrinária vem antes de uma seção prática. Em outros casos, não existe uma mudança clara no gênero, mas existe uma mudança de escala. Essa mudança não indica necessariamente uma diferença na autoria. As cartas de Paulo exibem certos "padrões básicos" que "aparecem invariavelmente no início de uma epístola". Esse padrão é "mais complexo do que um contraste simples entre frases breves e longas". Pode-se perceber ainda outro padrão: um uso cíclico de frases longas e breves no início de cada epístola. Quando esses padrões são processados por um computador, gera-se um modelo matemático "que mostra a 'forma' da estrutura típica

---

[343] Ibid., p. 121.

[344] G. Barr, "The Impact of Scalometry on New Testament Letters," *ExpTim* 114 (2002): p. 3. A tese de doutorado de Barr na Universidade de Edimburgo tinha como título "Scale in Literature—with reference to the New Testament and other texts in English and Greek". Foram publicados outros seis artigo lidando com esse assunto no periódico *IBS*: "Scale and the Pauline Epistles", *IBS* 17 (1995): p. 22-41; "Contrasts in Scale and Genre in the Letters of Paul and Seneca," *IBS* 18 (1996): p. 16-25; "The Structure of Hebrews and of 1st and 2nd Peter," *IBS* 19 (1997): p. 17-31; "The Preaching of Paul and Silvanus," *IBS* 21 (1999): p. 102-118; "Scalometry and the Dating of New Testament Epistles," *IBS* 22 (2000): p. 71-90; e "The Written and the Spoken Word," *IBS* 23 (2001): p. 167-181. As provas de Barr apoiam as diferenças estilísticas conhecidas entre Hebreus e as Epístolas Paulinas, e trazem mais provas contra a autoria de Paulo.

[345] Ibid.

desses textos".³⁴⁶ Temos como resultado a identificação das características comuns encontradas no corpus paulino (de Romanos a Filemom). Cada carta de Paulo possui um padrão essencial, mas a questão passa a ser o modo pelo qual se avaliará essas informações. A avaliação das provas exige uma comparação com um estudo amplo de outros textos, tanto antigos quanto modernos. Além de todos os textos do Novo Testamento, Barr estuda uma série de outros textos, inclusive as obras completas de Isócrates, o livro *Contra Verres* de Cícero, a maioria das obras dos Pais da Igreja, os livros de John Ruskin e Thomas Carlyle, o livro "O federalista" e os sermões de James Stewart. Barr conclui: "Nessa pesquisa abrangente, não se descobriu nenhum padrão associado com unidades de discurso e que possam ser confundidos com padrões paulinos".³⁴⁷ Gálatas e 1 e 2 Coríntios apresentam as mesmas características estruturais de Efésios, Colossenses e Filipenses. Além disso, Barr descobriu que as epístolas pastorais exibem o mesmo padrão estrutural. Isso traz consequências óbvias para a questão da autoria paulina das epístolas e de outras cartas cuja autoria é questionada. É possível deduzir claramente a partir do estudo de Barr que Hebreus possui um estilo bem diferente delas. Já que Lucas e Atos não são epístolas, Barr não tentou comparar Hebreus com esses livros.

Embora haja outras características de estilo no Novo Testamento que poderiam ser estudadas usando a metodologia estilométrica, não me propus a estudá-las nesta obra. Kenny avisa que não existem "impressões digitais estilísticas" absolutamente seguras, já que elas podem ser alteradas por um autor de modo intencional, ou mesmo plagiadas de um modo impressionante por outras pessoas.³⁴⁸

As informações que Kenny apresenta revelam que não é possível confirmar ou negar *estatisticamente* a autoria de Lucas. Não há como confirmar isso, porque Hebreus não é tão semelhante a Lucas-Atos (e se destaca bastante de todo o Novo Testamento) a ponto de que se possa fazer alguma declaração dogmática de autoria comum. Nem se pode negar porque existe uma semelhança razoável que pode ser interpretada em favor

---

³⁴⁶ Ibid, p. 4.
³⁴⁷ Ibid., p. 5.
³⁴⁸ Kenny, *Stylometric Study*, p. 120-121.

de uma autoria comum (considerando o fato de que Hebreus possui um gênero diferente de Lucas-Atos, e levando-se em conta os outros fatores comprobatórios – não somente no aspecto estilístico, mas também lexical, teológico ou histórico – que são apresentados nesse estudo). Mesmo assim, as considerações estilísticas, além dos dados estatísticos, são importantes para nós para o tema em questão.

Evidências da semelhança estilística entre Lucas-Atos e Hebreus

Desde a igreja primitiva, os especialistas que estudaram a Carta aos Hebreus comentam sobre os seus paralelos estilísticos impressionantes com Lucas-Atos. Os Pais da Igreja definiram uma tradição primitiva que favorecia a participação de Lucas na autoria de Hebreus. Por exemplo, Eusébio cita Clemente de Alexandria:

> [...] a Epístola aos Hebreus é obra de Paulo... Ela foi escrita aos Hebreus na língua hebraica; mas [...] Lucas a traduziu com cuidado e a difundiu entre os gregos, e, por causa disso, encontramos o mesmo estilo de expressão nesta epístola e em Atos.[349]

Um exame da literatura do Novo Testamento, que foi toda escrita em grego koinê, revela que somente os escritos de Lucas e Hebreus se aproximam do padrão do grego clássico. Wallace situa Hebreus e Lucas-Atos no topo da lista dos livros bíblicos por causa de sua gama ampla de níveis do grego koinê literário.[350] Os exemplos de um estilo próximo do clássico observável tanto em Lucas quanto em Hebreus – uso frequente do genitivo absoluto, inserção frequente de material entre adjetivo, substantivo e artigo, o uso de frases longas e equilibradas, e relativamente poucos

---

[349] Eusébio, *História Eclesiástica*, 6.14.
[350] D. Wallace, *Gramática Grega*, São Paulo: Ed. Batista Regular, 2016.

hebraísmos - são mais típicos de Lucas e Hebreus do que qualquer outro escritor do Novo Testamento.[351]

Ainda assim, apesar das evidências claras de um estilo próximo do clássico, tanto de Lucas quanto de Hebreus, ele também apresenta provas de um estilo semita, do mesmo modo que vários outros livros do Novo Testamento. Isso é particularmente confuso com relação a Lucas, porque ele tem sido considerado de longa data como grego, uma suposição que vou desafiar mais adiante. Lucas, quando é comparado a Mateus, às vezes é ainda mais semita. Por exemplo, Lucas gosta muito de iniciar parágrafos e episódios com o hebraísmo *kai egeneto* e *en tais hēmerais ekeinais*, uma figura de linguagem bem alheia para um autor que esteja supostamente escrevendo para destinatários de fala grega.

Franz Delitzsch observa as semelhanças estilísticas entre o corpus lucano e Hebreus, e, embora ele não chegue a catalogá-las, ele as observa com frequência.[352] Por outro lado, Lünemann fez um levantamento das semelhanças estilísticas observada por Delitzsch. Sua lista preenche oito páginas de texto.[353] Ele critica a interpretação de Delitzsch dos dados estilísticos por não ter o devido rigor. Em primeiro lugar, Lünemann acerta em que algumas informações observadas por Delitzsch não são exclusivas de Lucas-Atos e Hebreus, mas podem ter aparecido em outras partes do Novo Testamento. Em segundo lugar, quando são achadas em outras passagens, geralmente isso acontece nas cartas de Paulo, que confirma mais ainda o parentesco singular entre os escritos de Lucas, as cartas de Paulo e Hebreus. Em terceiro lugar, mesmo considerando as informações estilísticas que aparecem em outras partes do Novo Testamento, não há como desprezar o grande volume de semelhanças entre Lucas-Atos e Hebreus. Em quarto lugar, Lünemann admite que existe um grau muito grande de semelhança

---

[351] Cf. N. Turner, *Style*, em J. H. Moulton, *A Grammar of New Testament Greek* (Edinburgh: T&T Clark, 1976), 4.106-113. Davidson observou: "Não afirmamos que a linguagem de Hebreus não contém hebraísmos, mas sua fluência é maior do que a de Paulo. No que se refere à pureza, ela se situa no mesmo nível que a segunda metade de Atos, onde também se encontram muitas expressões de Hebreus citadas por Stuart". S. Davidson, *An Introduction to the Study of the New Testament*, 2ª ed. rev. (London: Longmans, Green & Co., 1882), 1.209.

[352] Veja Delitzsch, Hebrews, 2 vols., passim.

[353] G. Lünemann, *The Epistle to the Hebrews,* trad. M. Evans, *Critical and Exegetical Handbook to the New Testament*, ed. H. A. W. Meyer (New York: Funk & Wagnalls, 1885), 356-362.

entre Lucas-Atos e Hebreus, mas ele rejeita a autoria de Lucas com base no pressuposto de que Lucas era gentio e que o autor aos Hebreus era judeu.

Passarei a relacionar, e, em alguns casos, analisar as semelhanças estilísticas entre o corpus lucano e Hebreus. Alguns desses exemplos foram notados por Delitzsch e catalogados por Lünemann (nesses casos, o leitor deve consultar as fontes). Outros eu descobri mediante pesquisa comparativa dos textos bíblicos usando ferramentas linguísticas.[354] Da mesma forma que na análise sobre a semelhança lexical, dividirei esses exemplos em duas seções. A Divisão 1 inclui exemplos que são exclusivos de Lucas-Atos e Hebreus no Novo Testamento, e a Divisão 2 relaciona exemplos que, embora não se apresentem em Lucas-Atos e Hebreus exclusivamente, servem para exemplificar a semelhança entre os três livros.

Divisão 1

O uso da partícula *kaitoi* (Hb 4.3) só é encontrada em Atos 14.17.

A preposição *dia* com o genitivo é utilizada com o sentido de tempo que alguém atravessou, em Lucas 5.5, Hebreus 2.15 e Atos 1.3.

A preposição *para* com o comparativo (Hb 1.4) corresponde a Lucas 3.13.

O infinitivo prosechein seguido do dativo só se encontra em Hebreus 2.1 e Atos 16.14.

A palavra *hōs* com o infinitivo só se encontra Lucas 9.52, Atos 20.24 e Hebreus 7.9.

O infinitivo futuro só aparece em Atos e Hebreus.

O uso do particípio acusativo com o pronome dativo é um exemplo do grego clássico, e aparece em Hebreus 2.10; Lucas 1.74; Atos 11.12; 15.22 e 25.29.

O uso do particípio futuro para expressar um propósito se encontra somente em Atos 8.27 e Hebreus 13.17.

---

[354] Além de recursos padrão como Hawkins, *Horae Synopticae*; R. Morgenthaler, *Statistik des Neutestamentlichen Wortschatzes* (Frankfurt am Main/Zurich: Gotthelf-Verlag, 1958); e W. F. Moulton e A. S. Geden, *A Concordance to the Greek New Testament* (Edinburgh: T&T Clark, 1897). Usei a dissertação ainda não publicada de Collison "Linguistic Usages in the Gospel of Luke" (tese de doutorado, Southern Methodist University, 1977); *The Computer Bible* (1988); a classificação gramatical desenvolvida por T. e B. Friberg; e os aplicativos LOGOS e BibleWorks.

O particípio do presente passivo *euēggelismenoi* (evangelizar [Hb 4.2]) é usado a respeito de pessoas a quem o evangelho é proclamado em Lucas 7.22.

A palavra homoiōthēnai (ser feito como [Hb 2.17]) é usado da mesma maneira em Atos 14.11.

O adjetivo comparativo seguido por *huper* (mais aguda [Hb 4.12]) possui um equivalente em Lucas 16.8 (onde se usa a expressão "mais sábio").

O infinitivo *perikeitai* só aparece em Hebreus 5.2 e Atos 28.20.

A preposição *apo* em Hebreus 5.7 aparece com a mesma construção incomum em Lucas 19.3; 24.41; Atos 12.14; 20.9; 22.11.

O uso de *echein* (ter) com um infinitivo logo em seguida (Hb 6.13) se aproxima do estilo clássico e aparece quatro vezes em Lucas-Atos.

A expressão *tou idiou haimatos* (seu próprio sangue) aparece somente em Hebreus 9.12; 13.12; Atos 20.28. Existem muitas ocorrências da expressão haima autou "seu sangue" por todo o Novo Testamento, mas somente em Atos e Hebreus se usa a outra construção.

O uso da preposição *dia* com *pneumatos* só aparece em Hebreus 9.14; Atos 1.2; 11.28; 21.4.

O uso de *kai autos* (e este) com um substantivo próprio ocorre em Hebreus 11.11 e só se encontra em três outras passagens do Novo Testamento, todas elas em Lucas-Atos (Lc 20.42 [variante]; 24.15; At 8.13).

O uso da preposição *dia* (porque) seguida de *to mēdemian* (nenhum), só aparece em Atos 28.18 e Hebreus 10.2.

A justaposição do relativo indefinido *ti* (algum, algo) com a preposição para só aparece em Atos 3.5, Hebreus 2.7, 9.

O uso do artigo *ho* seguido pela partícula *te* que não é traduzida e um substantivo ou um particípio substantivado só aparece uma vez em Lucas, sete vezes em Atos, uma vez em Hebreus e não aparece em nenhum outro lugar do Novo Testamento.

O uso do particípio presente do verbo "ser, estar" (*ōn*) seguido do negativo *ouk*, só aparece duas vezes em Lucas, duas vezes em Atos e duas vezes em Hebreus.

A conjunção *kai* seguida pela preposição *pros* e de um verbo de fala só aparece em Lucas e Hebreus.

Simcox observou que existe uma "semelhança real" com Lucas no modo pelo qual Hebreus usa o verbo *paschein* (sofrer) de forma intransitiva para a paixão de Cristo (cf. Lc 22.15; 24.46; At 1.3; 17.3; Hb 2.18. 9.26; 13.12).[355] Isso difere do uso que Paulo faz de *paschō*, onde aparece em sentido absoluto três vezes, mas nunca com referência a Cristo.

O uso da preposição *meta* (com) antes de *parrēsias* (ousadia), só aparece em Lucas-Atos e Hebreus.

O uso do pronome pessoal dativo plural *hemin* (a nós), logo depois de *ho logos* só aparece três vezes no Novo Testamento: uma em Atos e duas vezes em Hebreus.

O uso do infinitivo presente *pathein* (sofrer) seguindo o verbo imperfeito edei (ser necessário), só aparece quatro vezes no Novo Testamento: duas vezes em Lucas, uma vez em Atos, e uma vez em Hebreus. Em dois desses quatro exemplos (Lc 17.25; Hb 9.26), o adjetivo pronominal *polus*, "muitos", aparece entre o verbo e o infinitivo.

O uso de *kai touto* (e isto) antes de poie (fazer) aparece somente em Lucas 5.6 e Hebreus 6.3. Existem 23 ocorrências totais de *kai touto* no Novo Testamento.

O pronome relativo *hos* seguido da preposição *en* e um substantivo plural articular só aparece em Atos 14.16 e Hebreus 5.7.

A partícula *ei* seguida por *men oun* só aparece quatro vezes no Novo Testamento: duas vezes em Atos (19.38; 25.11) e duas vezes em Hebreus (7.11; 8.4).

A conjunção subordinativa *hoti* seguida pelo pronome relativo nominativo masculino plural *autoi* aparece seis vezes em Mateus, duas vezes em Lucas, e uma vez em Hebreus. As seis ocorrências em Mateus se encontram todas no Sermão do Monte, onde a expressão padrão: "Bem-aventurados... porque" acontece. É importante que encontremos essa expressão somente em Lucas e Hebreus fora do seu uso em Mateus.

O particípio nominativo plural *ōn* (sendo) seguido por *huios* (filho) só aparece em Lucas 3.23 e Hebreus 5.8.

---

[355] W. H. Simcox, *The Writers of the New Testament*, p. 49-50.

A preposição *kata* seguida do acusativo *nomon* (de acordo com a lei) só aparece duas vezes em João, duas vezes em Lucas, três vezes em Atos, e duas vezes em Hebreus. Em Lucas 2.22 e Hebreus 9.22, o conceito de "purificação" é incorporado a essa expressão preposicional. Essa expressão está vinculada ao substantivo próprio "Moisés", onde se afirma a agência ("lei de Moisés" ou "dado por Moisés") somente em Lucas 2.22 e Hebreus 9.19.

A conjunção *kai* seguida do advérbio *hōde* (e aqui) aparece quatro vezes no Novo Testamento: Lucas 4.23; Atos 9.14, 21; Hebreus 7.8.

A conjunção *kai* seguido pelo artigo nominativo plural *hoi* e a palavra intraduzível *men* é exclusiva de Atos e Hebreus no Novo Testamento (duas vezes em cada um desses livros).

A expressão *epi ton oikon* aparece duas vezes em Lucas, quatro vezes em Hebreus (3.6; 8.8 [duas vezes]; 10.21), mas não aparece em nenhuma outra passagem do Novo Testamento.

A expressão *tou patros* seguida pelo relativo *hēn* só aparece duas vezes no Novo Testamento: Atos 1.4 e Hebreus 7.10.

A expressão *ho laos* seguida por *gar* aparece duas vezes no Novo Testamento: Lucas 19.48 e Hebreus 7.11.

O uso da palavra *eti* seguida de *de* em um sentido de clímax só aparece em Hebreus 11.36, Lucas 14.26 e Atos 2.26.

O verbo *sunantaō* aparece somente em Lucas, Atos e Hebreus. É seguida por *autō* em Lucas 9.37 e Hebreus 7.10.

Divisão 2

A conjunção *te* (Hb 1.3) raramente é encontrada no Novo Testamento, exceto em Lucas, nas cartas de Paulo e em Hebreus, mas é usada com maior frequência em Lucas e Hebreus (três vezes em João, 25 vezes em Paulo, 159 vezes em Lucas-Atos, e 20 vezes em Hebreus). As proporções são especialmente impressionantes quando lembramos que tanto o corpus lucano quanto o paulino são quatro vezes maiores do que Hebreus.

A justaposição da partícula intraduzível *te* com a conjunção *kai* aparece uma vez em Mateus, uma vez no corpus joanino, duas vezes em Tiago, 31 vezes em Lucas-Atos, nove vezes em Paulo, e 10 vezes em Hebreus.

A conjunção de se encontra na terceira posição somente em Hebreus 1.13; Lucas 15.17; Atos 27.14; Gálatas 3.23.

A palavra *hothen* aparece seis vezes em Hebreus, não aparece nas cartas de Paulo, aparece quatro vezes em Mateus, uma vez em 1 João, e quatro vezes em Lucas-Atos. É usado no sentido lógico em Atos e Hebreus, mas nunca em Paulo.

O advérbio *exō* com o caso genitivo não ocorre em Paulo ou em João, mas, além dos sinóticos, aparece 10 vezes em Lucas-Atos e três vezes em Hebreus.

O uso de *dunatai* com o aoristo infinitivo é mais frequente em Lucas e Hebreus.

A expressão *posō mallon* (quanto mais) é comum a Lucas e Hebreus.

A expressão *touto to haima* (Este é o sangue...) aparece quatro vezes no Novo Testamento, todas no contexto da Última Ceia e todas com o substantivo *diathēkē* (aliança):

Mt 26.28	*touto gar estin to haima mou tēs diathēkēs*
Mc 14.24	*touto estin to haima mou tēs diathēkēs*
Lc 22.20	*touto to potērion hē kainē diathēkē en tō haimati mou*
1Co 11.25	*touto to potērion hē kainē diathēkē estin en tō emō haimati*
Hb 9.20	*touto to haima tēs diathēkēs*

Nos exemplos acima, somente Lucas e Hebreus omitem o verbo enquanto os outros o empregam.

Em Hebreus 9.22, o uso de *haimatekchusia* (derramamento de sangue) tem a mesma raiz (*ekcheō*) como *ekchunnomai* (derramado), que é usado nos Sinóticos no relato da Última Ceia (Mt 26.28; Mc 14.24; Lc 22.20; e em mais nenhuma parte do Novo Testamento).

No Novo Testamento, o uso da preposição *meta* seguido por um artigo infinitivo aparece duas vezes em Marcos, uma vez em Paulo, uma vez em Hebreus, e sete vezes em Lucas-Atos.

O uso da preposição *apō* (de) com o pronome relativo *hēs* (o qual) aparece uma vez em Pedro, duas vezes em Paulo, cinco vezes em Lucas-Atos, e duas vezes em Hebreus (7.13; 11.15).

O uso da conjunção *oun* (portanto) seguido pela palavra *men* que não se traduz, aparece uma vez em Marcos, duas vezes em João, quatro vezes em Paulo, mas 28 vezes em Lucas-Atos e três vezes em Hebreus.

A preposição *pros* seguida do pronome relativo acusativo *hon*, traduzido por "a quem", acontece uma vez em Pedro, duas vezes em Lucas, e duas vezes em Hebreus (4.13; 11.18), sem nenhuma ocorrência em outras partes do Novo Testamento.

O uso da preposição *meta* seguido imediatamente da palavra de aparece três vezes em Mateus, três vezes em Marcos, duas vezes em João, três vezes em Lucas, oito vezes em Atos, e duas vezes em Hebreus (9.3,27), mas em nenhum outro lugar no Novo Testamento.

O uso do advérbio *heōs* (até) seguido pela palavra não traduzida *an*, aparece uma vez em Mateus, uma vez em Marcos, duas vezes em Lucas-Atos, e uma vez em Hebreus 1.13, sem nenhuma outra ocorrência no Novo Testamento.

A preposição *peri* seguida pelo pronome relativo genitivo *hou* (a respeito de quem) aparece 11 vezes no Novo Testamento: uma vez em Mateus, João e Paulo, duas vezes em Lucas, cinco vezes em Atos, e uma vez em Hebreus 5.11.

A conjunção *kai* seguida pelo advérbio *hos* (e como), e o pronome *hou* (a respeito de quem) aparece 11 vezes no Novo Testamento: uma vez em Mateus, João e Paulo, duas vezes em Lucas, cinco vezes em Atos, e uma vez em Hebreus.

A preposição *epi* (com a forma contraída *ep'* antes de uma palavra começando com uma vogal), seguido do pronome relativo acusativo *hon* (sobre quem) acontece somente em Hebreus fora dos livros narrativos do Novo Testamento: uma vez em Mateus, uma vez em Marcos, duas vezes em Lucas, uma vez em João, uma vez em Atos, e uma vez em Hebreus.

O uso de *dia to* + infinitivo é uma construção caracteristicamente lucana: aparece três vezes em Mateus, três vezes em Marcos, uma vez em João, uma vez em Paulo, mas 13 vezes em Lucas-Atos, e cinco vezes em Hebreus.

O verbo *prostithēmi* aparece 19 vezes no Novo Testamento: duas vezes em Mateus, uma vez em Marcos, oito vezes em Lucas, seis vezes em

Atos, uma vez em Paulo, e uma vez em Hebreus 12.19. A forma infinitiva só aparece em Mateus, Lucas e Hebreus.

O verbo *huparchō* e um verbo favorito de Lucas que ocorre em Lucas-Atos em 40 das suas 60 ocorrências. Ela se encontra em Hebreus uma vez, mas o uso em Hebreus é exclusivo no que se refere a ser seguida pelo pronome *humōn* (como em Lucas 12.33) e que a forma do particípio *huparchontōn* só aparece em Lucas, Atos e Hebreus 10.34.

O uso do artigo infinitivo com a preposição *en* também consiste em um uso linguístico de Lucas. Ela aparece três vezes em Mateus, duas vezes em Marcos, quatro vezes em Paulo, mas 40 vezes em Lucas-Atos, e quatro vezes em Hebreus.

O uso do artigo *tou* antes de infinitivos é predominante lucano, mas também acontece em Hebreus.

A expressão *hē genea haute* (esta geração) aparece cinco vezes em Mateus, três vezes em Marcos, oito vezes em Lucas, uma vez em Atos e uma vez em Hebreus.

O genitivo *heautou* seguido de *kai* aparece cinco vezes no Novo Testamento: uma vez em Mateus, três vezes em Lucas, e uma vez em Hebreus 9.7.

O efeito cumulativo dessas semelhanças estilísticas traz um argumento poderoso em favor da autoria lucana de Hebreus. Quando consideramos que Lucas-Atos é primariamente um discurso narrativo, enquanto Hebreus consiste em um discurso exortativo, esses paralelos são mais convincentes, porque a diferença nos gêneros no discurso (até certo ponto) governaria o estilo expresso na escrita. Além disso, alguns paralelos mostrados anteriormente, aparecem somente nos Evangelhos e em Atos. Já que os Evangelhos consistem em um discurso narrativo (e os Evangelhos Sinóticos partilham de uma quantidade importante de material entre eles), o fato de que um item léxico ou estilístico determinado aparece apenas neles e em Hebreus apoiaria ainda mais o argumento em favor da autoria lucana.

Além das características estilísticas relacionadas, outros exemplos vinculam Lucas-Atos e Hebreus. Tanto Lucas quanto Hebreus exibem uma semelhança estilística marcante no seu uso frequente do particípio. A razão dos particípios com relação ao total de verbos e conjugações é praticamente idêntico em Hebreus e na última metade de Atos. O *Parsing Guide* (Guia de Análise Sintática) de Han identifica mais de 16 páginas de verbos e adjuntos verbais de Hebreus. Existem 297 particípios em Hebreus, uma média de 18 por página no guia de Han. As últimas 16 páginas e meia no guia de Atos (um tamanho de texto equivalente ao tamanho de Hebreus) apresentam 308 particípios, uma média de 18,5 por página.[356] Essa é uma média maior do que a do corpus paulino ou a do restante do Novo Testamento.

Outro paralelo estilístico interessante entre os três escritos envolve a posição das expressões de particípios e adjetivos que qualificam um substantivo acompanhado de artigo. No grego não bíblico, as expressões de particípios e artigos geralmente acontecem entre um artigo e o seu substantivo. No grego judaico (isto é, no grego altamente influenciado pelo hebraico ou pelo aramaico) tem a tendência de colocar a expressão adjetiva depois do substantivo como é praxe das línguas semitas, com a repetição do artigo. Turner observa o paralelo imediato entre Hebreus e as passagens de Atos onde se utiliza o pronome "nós" (veja a Tabela 3).[357]

Tabela 3: Posições das expressões de particípio e de adjetivo que qualificam um substantivo com artigo em Hebreus e nas seções de Atos que utilizam "nós".

	Posição intermediária	**Posição posterior**
Hebreus	6. 4, 7; 7.27; 9.6, 11, 12, 15; 10.1; 11.10, 29: 12 .1, 2; 13.12	2.5 ; 6: 4,7 ; 8.2; 9.2, 4,8, 9 ; 10. 15; 13.20
Seções de Atos com o pronome "nós"	16.13; 27 .34; 28 .2, 16	16.17; 21.11; 28.2, 9

---

[356] N. Han, *Parsing Guide to the Greek New Testament* (Scottsdale: Herald Press, 1971), p. 282-297.
[357] N. Turner, *Style*, p. 110.

Um paralelo estilístico final entre o corpus lucano e Hebreus se encontra no uso dos pronomes pessoais da primeira pessoa do plural "nós" e "nos". Nas seções que são classificadas como as seções "nós" de Atos, Lucas emprega a palavra "nós" para mostrar que ele estava presente com Paulo na época dos acontecimentos que foram relatados.[358] Sugere-se que o "nós" de Lucas pode ter sido uma forma literária empregada para funcionar também de modo a sugerir o envolvimento pessoal do autor nos acontecimentos que foram narrados.[359] Ao estudar o livro de Hebreus, imediatamente se fica impressionado pelo uso frequente de "nós" e "nos". Na verdade, o pronome pessoal da primeira pessoa do plural ou o sufixo correspondente do verbo aparece 61 vezes em Hebreus e 50 vezes em Atos 16-28. Quando nós consideramos que Paulo usa o pronome pessoal da primeira pessoa "eu" de modo característico, e que, dentre todos os escritores do Novo Testamento, somente Lucas e o autor

---

[358] Irineu apresentou evidências primitivas a favor da visão tradicional de que Lucas era um companheiro de viagens de Paulo em *Contra os Hereges* 3.14.1: "esse Lucas não se separava de Paulo". Fitzmyer modificou a visão de Irineu identificando Lucas como o companheiro "ocasional" de Paulo, já que ele acreditava que Lucas não estava na companhia de Paulo durante o período de 50 a 58 d.C. J. Fitzmyer, *Luke the Theologian*, p. 4-5.

[359] Para uma análise abrangente das passagens que possuem a palavra "nós", inclusive a história da pesquisa, veja J. Wehnert, *Die Wir-Passagen der Apostelgeschichte, Ein lukanisches Stilmittel aus jüdischer Tradition*, GTA 40 (Göttingen: Vandenhoeck & Ruprecht, 1989). Wehnert avalia o cenário histórico das passagens com a palavra "nós", comparando-as de forma específica com Esdras e Daniel. Ele sugere que essas passagens funcionam como uma figura de linguagem extraída da tradição judaica. Se esse for o caso, então temos mais provas da formação judaica do próprio Lucas. Se alguém aceita a visão de que as passagens com "nós" não indicam a presença do autor com Paulo em Atos e são puramente estilísticas, a comparação favorável com Hebreus continua válida. W. S. Kurz, *Reading Luke-Acts: Dynamics of Biblical Narrative* (Louisville: WJK, 1993), p. 111-124, parece aceitar a precisão histórica do narrador nas seções com a palavra "nós" (em vez de suas implicações históricas) já que reflete a presença do narrador na época daqueles acontecimentos. H. Riley, *Preface to Luke* (Macon: Mercer University Press, 1993), p. 111-116, possui uma excelente análise sobre a historicidade dessas passagens a partir da perspectiva de uma pessoa que trabalhou de forma importante na questão sinótica. Veja também P. Walker, *Jesus and the Holy City: New Testament Perspectives on Jerusalem* (Grand Rapids: Eerdmans, 1996), p. 107n195. Porter afirma que as seções com a palavra "nós" consistiam em um documento-fonte que o autor de Atos utilizou, preservando sua forma de primeira pessoa. S. Porter, "The 'We' Passages," em *The Book of Acts in its Greco-Roman Setting*, ed. D. W. J. Gill e C. H. Gemph (Grand Rapids: Eerdmans, 1994), 545-574. Apesar de o argumento de Porter ser certamente possível, não é suficiente na minha opinião para superar a visão tradicional de que o autor das passagens que têm a palavra "nós" tenha sido o próprio Lucas. Schmidt conclui a partir de seu estudo do estilo dessas passagens que não há base para isolar esse material do restante de Atos. Ele não encontrou provas suficientes para sugerir que elas tenham sido acrescentadas ou conservadas a partir de alguma fonte, mesmo que se tratasse de uma fonte do mesmo autor. D. Schmidt, "Syntactical Style in the 'We'-Sections of Acts: How Lukan is it?" *SBLSP*, ed. D. Lull (Atlanta: Scholars Press, 1989), p. 300-308. A proposta de Edmundson é bem formulada: "Existem poucas passagens na literatura histórica antiga que possuam uma clareza maior a respeito de a obra não se tratar somente de um escritor contemporâneo, mas de uma testemunha ocular presente do que a narrativa contida nos últimos sete capítulos de Atos" (*The Church in Rome in the First Century* [London: Longmans, 1913], p. 87).

de Hebreus fazem esse uso amplo do pronome "nós", o paralelo se torna ainda mais marcante.

Sem sombra de dúvida, existe uma gama impressionante de evidências que associam Lucas com Hebreus. O fato de que esta associação tem sido reconhecida desde os dias dos Pais da Igreja apoia ainda mais a proposta de que Lucas era o autor independente.

Köhler sugeriu que Lucas tinha uma participação na escrita de Hebreus,[360] enquanto ao mesmo tempo K. Stein observou que o estilo de Hebreus era mais próximo dos dois volumes de Lucas do que qualquer outro escritor do Novo Testamento.[361] Oito anos depois, em seu comentário de Hebreus, Stein aceitou a possibilidade de que Lucas era o autor independente com base nas semelhanças estilísticas observadas por Grócio, Köhler, e outros.[362]

Henry Alford fez este reconhecimento interessante com respeito a autoria lucana de Hebreus e a hipótese da formação gentílica de Lucas:

> Será que poderíamos explicar a conclusão aparentemente inevitável de Colossenses iv. 14, essa suposição (da autoria lucana de Hebreus) pareceria ter algum apoio da própria epístola. Os estudantes do comentário seguinte serão bem frequentemente impactados pelas coincidências verbais e idiomáticas com o estilo de São Lucas. O argumento, já que se baseia nelas, tem sido continuamente adotado e desenvolvido por Delitzsch, e vem sobre o seu leitor frequentemente com uma força que na época não era fácil de resistir.[363]

---

[360] J. F. Köhler, *Versuch über die Abfassungszeit: der epistolischen Schriften im Neuen Testament und der Apokalypse* (Leipzig: J. A. Barth, 1830), p. 206-209.

[361] K. Stein, *Kommentar zu dem Evangelium des Lucas: nebst einem Anhange über den Brief an die Laodiceer* (Halle: Schwetschke & Sohn, 1830), p. 293-295.

[362] K. Stein, *Der Brief an die Hebräer: theoretisch-practish erklärt und in seinem grossartigen Zusammenhange dargestellt* (Leipzig: Carl Heinrich Reclam, 1838), p. 5.

[363] H. Alford, *Alford's Greek Testament: An Exegetical and Critical Commentary*, vol. 4, parte 1, *Prolegomena and Hebrews*, 5ª ed. (Cambridge: Deighton, Bell, & Co., 1875; reimpr., Grand Rapids: Guardian Press, 1976), p. 53.

Uma autoridade do peso de B. F. Westcott tinha isto a dizer a respeito da semelhança estilística entre o corpus lucano e Hebreus:

> Já tem sido visto que os mais antigos especialistas que falam da Epístola observam sua semelhança no estilo com os escritos de São Lucas; e quando todas as concessões se fazem para coincidências que consistem em formas de expressão que se encontram também na LXX ou em outros escritores do N.T., ou no grego tardio em geral, a semelhança é inquestionavelmente impressionante.[364]

A respeito da autoria de Hebreus, Nigel Turner comentou:

> Se ele (o autor) fosse Lucas, e se Lucas fosse um prosélito gentio, os secularismos em Hebreus e no "diário" (as seções com a palavra "nós"), teriam motivados pelo fato de terem sido escritos nos primeiros dias da vida cristã de Lucas, antes que ele tivesse aprendido muito do grego judaico. Kümmel é dogmático nas raias da repreensão. "Hebreus [...] diverge de forma tão marcante de Atos no seu estilo [...] que o autor de Atos não deve ser considerado como autor de Hebreus".[365]

Turner considerava Lucas um bom candidato para a autoria de Hebreus. Mas o seu comentário sobre o dogmatismo de Kümmel é especialmente pertinente. Basta uma leitura superficial de comentários de Hebreus para revelar que Lucas geralmente é descartado com base na declaração de Kümmel. As evidências provam que Lucas não diverge "de forma marcante" de Atos quanto ao estilo. F. F. Bruce não deixou margem para dúvida sobre essa questão: "Estilisticamente, Hebreus se aproxima mais dos escritos de Lucas do que qualquer outra coisa no Novo Testamento".[366]

---

[364] Westcott, *Hebrews*, lxxvi.
[365] N. Turner, *Style*, p. 112. W. Kümmel, *Introduction to the New Testament* (Nashville: Abingdon, 1975), p. 281.
[366] F. F. Bruce, *The Epistle to the Hebrews*, NICNT, ed. rev. (Grand Rapids: Eerdmans, 1990), p. 19.

Com um raciocínio semelhante, Samuel Davidson comentou:

> Nós não afirmamos que a linguagem de Hebreus é livre de hebraísmos, mas que a forma de falar é mais pura do que a de Paulo. Com relação à pureza, ela se coloca no mesmo nível da segunda metade de Atos, onde muitas expressões de Hebreus citadas por Stuart como hebraísmos também são encontradas.[367]

Iutisone Salevao afirmou contra a autoria lucana que "as diferenças de estilo ... superam os pontos de afinidade entre Hebreus e Lucas-Atos", e então, algumas páginas depois, cita de modo favorável F. F. Bruce, que disse que Hebreus se aproxima mais estilisticamente de Lucas-Atos do que qualquer escritor do Novo Testamento.[368] Salevao não apresenta evidências a respeito dessas diferenças mas, como tantos antes dele, aparece simplesmente para considerar a posição Kümmel como a última palavra sobre o assunto. Neste ponto é possível que nós nos baseemos nas evidências mais firmes para a autoria lucana: as evidências de vocabulário e de estilo.

O uso de fórmulas de citação do Antigo Testamento em Lucas-Atos, Hebreus e Paulo[369]

Antes de comparar as fórmulas de citação em Lucas-Atos com Hebreus e Paulo, pode ser útil ouvir a avaliação de Fitzmyer a respeito do uso de citações bíblicas da parte de Lucas:

> As fórmulas de Lucas não são em nenhum momento um equivalente exato, mas elas lembram as fórmulas judaicas palestinas o suficiente para revelar o quanto a maneira de citação realmente se aproxima delas. Logo, ao usar essas fórmulas, Lucas mostra sua dependência de um costume

---

[367] S. Davidson, *An Introduction to the Study of the New Testament, Critical, Exegetical, and Theological* (London: Longmans, Green, 1868), p. 209.

[368] I. Salevao, *Legitimation in the Letter to the Hebrews: The Construction and Maintenance of a Symbolic Universe*, JSNTSup 219, ed. S. Porter (New York: Sheffield Academic Press, 2002), p. 98, 107.

[369] A análise mais completa do uso que Lucas faz do Antigo Testamento é apresentada no cap. 6.

judaico palestino de citar as Escrituras em outros livros. Isto deve ser observado, porque Lucas é o evangelista que foi mais influenciado pelo seu ambiente helenístico. Apesar disso, sua interpretação das passagens de Atos revela sua dependência dessa tradição exegética judaica palestina.[370]

Essa citação define que Lucas se encaixava muito bem no mundo judaico quanto ao uso das Escrituras. Esse ponto será importante posteriormente quando avaliarmos as evidências a favor da formação judaica de Lucas.

Possivelmente as demonstrações mais claras da semelhança estilística possam se encontrar no emprego que um autor faz das fórmulas de citação. Tanto Lucas quanto o escritor de Hebreus possuem uma preferência marcante pelo uso de *legei* ("diz") nas citações das Escrituras. Isso pode ser contrastado com os escritos de Paulo, onde Paulo usa tanto *legei* quanto *gegraptai* ("está escrito"). As tabelas seguintes exemplificam as fórmulas de citação empregadas em Lucas, Atos e Hebreus.

Tabela 4 - Fórmulas de citação do Antigo Testamento em Lucas-Atos.

Fórmulas de citação	Referência
gegraptai	L. 2.23
gegraptai... prophētou	L. 3.4
gegraptai	L. 4.4, 8, 10, 17
gegraptai	L. 7.27
eipen	L. 10.27
gegraptai	L. 20.17
legei	L. 20.37

---

[370] J. Fitzmyer, "The Use of the Old Testament in Luke-Acts," *SBLSP*, ed. E. Lovering (Atlanta: Scholars Press, 1992), p. 529.

gar Dauid legei en biblō psalmōn	L. 20.42
gegraptai	A. 1.20
legei ho theos	A. 2.17
Dauid gar legei	A. 2.25
Dauid... legei de autos	A. 2.34
Mōusēs men eipen	A. 3.22
ho theos... legōn pros Abraam	A. 3: 25
ho tou patros hēmōn dia pneumatos hagiou stomatos Dauid paidos sou eipōn	A. 4.25
eipen pros auton	A. 7.3
elalēsen de houtōs ho theos	A. 7.6
ho theos eipen	A. 7.7
eipōn	A. 7.27
eipen de autō ho kurios	A. 7.33
eipontes	A. 7.35
ho Mōusēs ho eipas	A. 7.37
eipontes tō Aarōn	A. 7.40
gegraptai en biblō tōn prophētōn	A. 7.42
ho prophētēs legei	A. 7.48
eipen marturēsas	A. 13.22
en tō psalmō gegraptai tō deuterō	A. 13.33
eirēken	A. 13.34
en heterō legei	A. 13.35
to eirēmenon en tois prophētais	A. 13.40
entetaltai hēmin ho kurios	A. 13.47

sumphlonousin hoi logoi tōn prophētōn kathōs gegraptai	A. 15.15
gegraptai	A. 23.5
to pneuma to hagion elalēsen dia Esaiou tou prophētou pros tous pateras humoμn legōn	A. 28.25,26

Tabela 5 — Fórmulas de citação do Antigo Testamento em Hebreus.

Fórmulas de citação	Referência
eipen	1.5
kai palin	1.5
legei	1.6
legei	1.7
pros de ton theoni	1.8
kai	1.10
eirēken	1.13
diemarturato de pou tis legōn	2.6
legōn	2.12
kai palin	2.13
legei to pneuma to hagion	3.7
en tō legesthai	3.15
eirēken	4.3
eirēken gar pou	4.4
kai en toutō palin	4.5
en Dauid legōn... proeireμtai	4.7
ho lalēsas pros Auton... en heterō legei	5.5-6
ho theos... legōn	6.13-14

martureitai	7.17
dia tou legontos pros auton	7.21
legei	8.8
legōn	9.20
legei	10.5
anōteron legōn	10.8
marturei de ēmin kai to pneuma to hagion	10.15
ton eiponta	10.30
pros hon elalēthē	11.18
Mōusēs eipen	12.21
legōn	12.26
eirēken	13.5
legein	13.6

Para propósitos comparativos, relacionei na tabela seguinte todas as fórmulas de citação que aparecem na carta de Paulo aos Romanos. Na análise abaixo, as fórmulas de citação de todo o corpus paulino serão analisadas.[371]

Tabela 6 — Fórmulas de citação do Antigo Testamento em Romanos.

Fórmulas de citação	**Referência**
gegraptai	1.17
gegraptai	2.24
gegraptai	3.4

---

[371] Veja R. Longenecker, *Studies in Paul, Exegetical and Theological* (Sheffield: Phoenix Press, 2006), p. 67-93, para uma análise excelente do uso que Paulo faz das Escrituras em Romanos.

gegraptai	3.10
ti gar hē graphē legei	4.3
Dauid legei	4.6
legomen gar	4.9
gegraptai	4.17
kata to eirēmenon	4.18
ho nomos elegen	7.7
gegraptai	8.36

Citation formaulae	**Referência**
[]*	9.7
epaggelias gar ho logos houtos	9.9
errethē autē	9.12
gegraptai	9.13
tō Mōusei gar legei	9.15
legei gar hē graphē	9.17
hōs kai en tō Hōseē legei	9.25
Ēsaias de krazei	9.27
kai kathōs proeirēken Ēsaias	9.29
gegraptai	9.33
alla ti legei	10.8
legei gar hē graphē	10.11
[]*	10.13
gegraptai	10.15
Ēsaias gar legei	10.16

[]*	10.18
Mōusēs legei	10.19
Ēsaias... legei	10.20
pros de ton Israēl legei	10.21
en ēlia ti legei hē graphē	11.2
gegraptai	11.8
kai Dauid legei	11.9
gegraptai	11.26
[]*	11.34
gegraptai	12.19
[]*	13.9
gegraptai	14.11
gegraptai	15.3
gegraptai	15.9
kai palin legei	15.10
kai palin	15.11
kai palin Ēsaias legei	15.12
gegraptai	15.21

*Os colchetes indicam as citações do Antigo Testamento que não se enquadram em fórmulas de citação.

Um exame preliminar das fórmulas de citação em Lucas-Atos, Romanos e Hebreus dá base para algumas conclusões provisórias. Em primeiro lugar, Lucas parece modificar seu uso de *gegraptai* (está escrito) em seu Evangelho para uma forma de *legei* (ele/ela diz) em Atos. Em segundo lugar, o escritor de Hebreus nunca usa *gegraptai*, mas gosta muito de usar *legei*.

Em terceiro lugar, a forma incomum *en heterō legei* (alguém diz em algum lugar" ou "em outro lugar ele diz) é encontrada somente em

Atos 13.35 e Hebreus 5.6. Em quarto lugar, Lucas raramente emprega o Texto Massorético e o autor de Hebreus nunca o usa. Os dois citam a partir da Septuaginta ou de um texto diferente, tanto do TM quanto da Septuaginta.[372] Paulo, por outro lado, cita às vezes a partir do TM e às vezes a partir da Septuaginta.

Lucas usa *gegraptai* 14 vezes, nove vezes no Evangelho e cinco vezes em Atos. Ele usa *legei, eipen,* ou alguma outra forma do verbo "dizer" ou "falar" 27 vezes. Existem 41 citações do Antigo Testamento em Lucas-Atos, sem incluir alusões ou paráfrases. Além disso, 14 das citações do Antigo Testamento aparecem no Evangelho, enquanto 27 aparecem em Atos. Isso significa que quase dois terços do uso de *gegraptai* aparecem no Evangelho, que contém somente um terço de todas as citações. Logo, com dois terços das citações aparecendo em Atos (de um total de 27), o verbo *gegraptai* é usado somente cinco vezes (menos que 20%). Portanto, parece que Lucas decidiu usar *gegraptai* com uma frequência menor em Atos.

Sem incluir alusões ou paráfrases, Hebreus contém pelo menos 28 citações do Antigo Testamento.[373] O fato mais marcante sobre as fórmulas de citação em Hebreus reside na ausência de *gegraptai*. Uma segunda característica que é notável em Hebreus é a preferência do tempo presente nas fórmulas de citação (18 entre 25 exemplos), geralmente alguma forma do verbo *legō*. Em terceiro lugar, a maioria das citações em Hebreus são do Pentateuco e dos Salmos.

Em Romanos, existem 44 citações do Antigo Testamento sem incluir alusões ou paráfrases. O verbo *gegraptai* aparece 16 vezes, enquanto algumas formas de *legei* (ou de qualquer verbo de fala) aparecem 20. Em cinco ocasiões, parece que se fazem citações sem nenhuma fórmula específica. Utilizo os colchetes [ ] na Tabela 6 para marcar essas ocorrências.

---

[372] Tem sido difícil explicar o *Vorlage* usado em Hebreus. O consenso é que o autor usava alguma forma de Antigo Testamento grego.

[373] É difícil contar as citações exatamente porque a citação clara de uma pessoa pode equivaler a uma citação ou alusão implícita da outra. A contagem de citações reais geralmente varia de 28 a 42. Veja D. Buck, "The Rhetorical Arrangement and Function of OT Citations in the Book of Hebrews: Uncovering Their Role in the Paraenetic Discourse of Access" (tese de doutorado, Dallas Theological Seminary, 2002), p. 15, para consultar uma lista representativa.

A que conclusões poderemos chegar a partir dessas informações referentes à autoria? Em primeiro lugar, de alguma maneira, Hebreus é diferente tanto de Paulo quanto de Lucas em sua escolha das fórmulas de citação. Por exemplo, a ausência de *gegraptai* em Hebreus é inexplicável. Ela não pode ser explicada com base em alguma suposição de que os destinatários incluíam somente judeus (o Evangelho de Mateus, considerado de longa data como tendo sido escrito para destinatários judeus, geralmente usa *gegraptai* como fórmula de citação). Independentemente de qual foi a razão, o autor de Hebreus não escolheu usar *gegraptai*. Será que a explicação reside no próprio entendimento teológico do autor a respeito do Antigo Testamento, aliado com o seu desejo de se concentrar na antiga e na nova aliança? Quem sabe ele desejou destacar que o cristianismo era a consequência lógica do judaísmo, e que qualquer retorno ao judaísmo se constituía em uma falta de entendimento da natureza radicalmente nova do cristianismo. Entretanto, ao mesmo tempo, o autor de modo nenhum desejou sugerir que as escrituras do Antigo Testamento não se aplicassem ao povo de Deus. Na verdade, a ideia do prólogo de Hebreus é que o mesmo Deus que falou no passado por meio de profetas continua a falar na atualidade em seu Filho Jesus Cristo. Além disso, as Escrituras ainda estão falando com o povo de Deus. Para destacar este ponto ele evita o verbo *gegraptai* (está escrito) e utiliza uma forma do verbo "falar", geralmente no tempo presente. Se Lucas for o autor de Hebreus, e se todas as suas três obras foram escritas na década de 60, é improvável que a ausência de *gegraptai* possa ser explicada como mudança estilística.

Uma segunda característica de Hebreus que é notadamente diferente de Lucas ou de Paulo consiste na ausência do nome do autor humano das Escrituras. Tanto Lucas quanto Paulo empregam "Davi diz" e "Moisés diz" em suas fórmulas de citação, mas isso nunca acontece em Hebreus.

Ainda por causa de tudo isso, existem semelhanças impressionantes entre Lucas e Hebreus e diferenças com Paulo na escolha das fórmulas de citação. Em primeiro lugar, tanto Lucas quanto Hebreus empregam o substantivo *theos* com alguma forma do verbo "dizer", embora essa construção nunca apareça em Romanos ou no restante do corpus paulino.[374]

---

[374] Lane observa que, nas 35 citações do Antigo Testamento em Hebreus, Deus é o sujeito gramatical de 20 delas (Hb 1–8, cxvii).

Em segundo lugar, tanto Lucas quanto Hebreus empregam o particípio *eipontes* nas fórmulas de citação, e essa construção nunca aparece no corpus paulino. Em terceiro lugar, a forma eirēken aparece três vezes em Hebreus e uma vez em Lucas-Atos (At 13.34), mas nunca é usada por Paulo. Em quarto lugar, em Hebreus 2.6, a forma *diemarturato* (testemunhar) e usada como fórmula de citação; apesar de ela não aparecer como fórmula de citação do Antigo Testamento em Lucas-Atos, ela está presente em Atos 2.40. Essa é a única outra ocorrência dessa forma no Novo Testamento. Em quinto lugar, o particípio legōn (dizendo) nunca aparece no corpus paulino como fórmula de citação, mas aparece tanto em Hebreus quanto em Atos. Em sexto lugar, a expressão "o Espírito Santo diz" como fórmula de citação aparece tanto em Hebreus quanto em Atos, mas nunca ocorre no corpus paulino.

As evidências dão a entender a partir de Atos que Lucas considera as Escrituras mais como uma palavra falada do que uma palavra escrita. A diferença entre o uso de *gegraptai* no seu evangelho e em Atos, de acordo com Jervell, decorre de sua base que vem da tradição.[375] Esse destaque no aspecto "falado" das Escrituras só possui paralelo com um livro do Novo Testamento: Hebreus. É decisivo que Deus fala nas Escrituras para o autor de Hebreus, e este conceito é "determinante para Lucas em Atos".[376]

Seguem-se três conclusões a partir dessas evidências. Em primeiro lugar, Hebreus é exclusivo em sua escolha de fórmulas de citação nos modos que acabamos de citar. Em segundo lugar, Hebreus possui algumas semelhanças com Lucas e Paulo na escolha dessas fórmulas. Em terceiro lugar, em pelo menos seis maneiras relacionadas anteriormente, Hebreus e Lucas concordam em sua escolha de fórmulas de citação. Podemos concluir que Hebreus, embora não seja idêntica a Lucas ou Paulo na escolha das fórmulas de citação, é bem mais próxima de Lucas-Atos do que do corpus paulino.[377] Com base nessas provas, a hipótese paulina se enfraquece e as

---

[375] J. Jervell, *The Unknown Paul: Essays on Luke-Acts and Early Christian History* (Minneapolis: Augsburg, 1984), p. 124.

[376] Ibid.

[377] As evidências mencionadas tornam difícil perceber por que Hanson não compararia Hebreus com Lucas-Atos como faz com João e Paulo, e, além disso, por que ele afirmaria que, no uso das Escrituras, o escritor mais próximo do autor desta epístola é Paulo". A. Hanson, "Hebrews," em *It is Written: Scripture*

semelhanças entre Lucas-Atos e Hebreus trazem um vínculo a mais para as três obras.[378]

Arnold destaca: "Além da visão de Lucas sobre o passado em geral, suas citações definem uma continuidade e uma coesão entre o passado e o presente. Como uma técnica hermenêutica, ele encontra testemunho no Antigo Testamento para a importância e o significado dos acontecimentos que ele descreve".[379] Essa "continuidade e coesão" entre o passado e o presente é exatamente o que encontramos no uso que o autor faz do Antigo Testamento.

Lucas, Hebreus e a Septuaginta

Muitas obras excelentes estão disponíveis que lidam com o uso do Antigo Testamento em Hebreus,[380] portanto somente uma palavra breve é necessária neste contexto. Onze citações em Hebreus são do Pentateuco, uma é dos livros históricos, sete dos profetas, uma de Provérbios, e 18 dos Salmos. Das 38 citações, 29 são extraídas do Pentateuco e dos Salmos. Vinte e uma das 38 são exclusivas de Hebreus.

A maioria dessas citações são extraídas da LXX. O autor nunca utiliza o TM. O modo pelo qual o autor de Hebreus costurou as citações

---

Citing Scripture. Essays in Honour of Barnabas Lindars S. S. F., ed. D. A. Carson e H. G. M. Williamson (Cambridge: Cambridge University Press, 1988), p. 299.

[378] O livro de W. Leonard, Autorship, dedica uma quantidade considerável de espaço para examinar como Hebreus usa o Antigo Testamento, em um esforço para demonstrar a possibilidade da autoria de Paulo. Veja especialmente as páginas 265 a 287, onde ele lidou com as fórmulas de citação. Ele defende Paulo com base que Hebreus não é totalmente diferente das Cartas de Paulo em seu método de citação das Escrituras. Tentei demonstrar que é Lucas, em vez de Paulo, que se aproxima mais de Hebreus nesse particular, e que ele é o autor mais provável.

[379] B. Arnold, "Luke's Use of the Old Testament in Acts," in *History, Literature and Society in the Book of Acts*, ed. B. Witherington III (Cambridge: Cambridge University Press, 1996), p. 321.

[380] Veja, por exemplo, M. Karrer, "The Epistle to the Hebrews and the Septuagint", em *Septuagint Research: Issues and Challenges in the Study of the Greek Jewish Scriptures*, ed. W. Kraus e R. G. Wooden, SBLSCS 53 (Atlanta: Society of Biblical Literature, 2006), p. 335-353; R.Gheorghita, *The Role of the Septuagint in Hebrews*, WUNT 2, Reihe 160 (Tübingen: Mohr Siebeck, 2003); Westcott, *Hebrews*, p. 469-495; Clarke, "The Use of the Septuagint in Acts", 2.66-105; H. F. D. Sparks, "The Semitisms of St. Luke's Gospel", *JTS* 44 (1943): p. 129-38; S. J. Kistemaker, *The Psalm Citations in the Epistle to the Hebrews* (Amsterdam: Wed. G. Van Soest, 1961); G. Howard, "Hebrews and the Old Testament Quotations", *NovT* 10 (1968): p. 208-216; F. L. Horton, "Reflections on the Semitisms of Luke-Acts", em *Perspectives on Luke-Acts*, ed. C. Talbert (Danville, Va.: Association of Baptist Professors of Religion, 1978), p. 1-23; e J. Fitzmyer, "The Use of the Old Testament in Luke-Acts," 524-538.

do Antigo Testamento no seu argumento mostra o quanto ele respeitava o Antigo Testamento e recorria a ele para reforçar sua proposta.

O ponto principal é que, enquanto Paulo faz uso tanto do TM (hebraico) quanto da Septuaginta para suas citações, Lucas raramente cita o TM, e o autor de Hebreus nunca o cita. Os dois citam a partir da Septuaginta ou de algum texto que não chegou até nós que nem é equivalente ao TM nem à Septuaginta.[381] Outros escritores do Novo Testamento usam a Septuaginta, mas ninguém o faz com tanta exclusividade quanto Lucas e o autor de Hebreus. Logo, Lucas e Hebreus despontam juntos em seu uso da LXX para as citações do Antigo Testamento, à medida que eles a usam "com o mesmo rigor culto e calmo".[382]

O uso que Lucas faz do grego da Septuaginta levou F. L. Horton a propor uma formação possível na sinagoga para Lucas, para seus destinatários ou para os dois.[383] As referências bíblicas aparecem 26 vezes em Lucas: 16 delas quando Jesus fala, e três vezes da parte do narrador.[384] De modo parecido, Esler propõe uma formação na sinagoga para Lucas-Atos com base em que os leitores de Lucas conheciam seu grego da LXX por causa de seu vínculo anterior com a sinagoga.[385]

Dawsey observa que todas as fórmulas narrativas usadas por Lucas são comuns à Septuaginta e que muitas delas não se constituem em traduções confirmadas da fala semítica da sua época. Trata-se de expressões hebraicas arcaicas que só sobreviveram na linguagem da Septuaginta.[386] A quantidade dessas fórmulas que Lucas deve ter se apropriado de suas fontes é questão de debate. Dawsey acha três coisas que são dignas de observação a respeito de Lucas como narrador. A primeira é que o estilo do narrador em terceira pessoa é diferente da primeira pessoa vista no

---

[381] A. Hanson, *The Living Utterances of God: the New Testament Exegesis of the Old Testament* (London: Darton, Longman & Todd, 1983), p. 105.

[382] J. Drury, *Tradition and Design in Luke's Gospel: A Study in Early Christian Historiography* (Atlanta: John Knox, 1976), p. 21.

[383] Horton, "Reflections on the Semitisms of Luke-Acts", p. 1-23.

[384] Veja J. Dawsey, *The Lukan Voice: Confusion and Irony in the Gospel of Luke* (Macon, Ga.: Mercer University Press, 1986), p. 29, para consultar a lista completa.

[385] P. Esler, *Community and Gospel in Luke-Acts: The Social and Political Motivations of Lucan Theology*, SNTSMS 57 (Cambridge: Cambridge University Press, 1987), p. 36-45.

[386] J. Dawsey, *The Lukan Voice*, p. 25.

prólogo e de outros personagens que falam em seu evangelho. Essa é uma elaboração de Lucas, de acordo com Dawsey. A segunda é que "o som, a harmonia e o ritmo adequados eram considerados pelo autor como aspectos importantes da narrativa". Lucas escreveu sua obra para que fosse ouvida, em vez de ser lida silenciosamente. A terceira é que o narrador supõe na história que a comunidade cristã é "o contexto adequado para se ouvir o evangelho".[387] Permanece a ideia de que Lucas, tradicionalmente visto como um gentio escrevendo para destinatários gentios, usou um estilo narrativo que não era grego.

No que diz respeito ao uso que Lucas faz da LXX, Nigel Turner sugeriu que os hebraísmos que geralmente são encontrados nos escritos de Lucas[388] são mediados pela LXX. "É de suma importância que o escritor mais grego e mais literário seja o escritor que demonstra de forma mais forte a influência da LXX hebraísta".[389] W. F. Albright destaca o fato surpreendente de que "o grego de Lucas é relativamente literário, embora a influência aramaica e hebraica seja mais clara de alguma maneira em seu evangelho do que em outros livros.[390] Robert Lindsey descobriu, enquanto traduzia os evangelhos para o hebraico moderno, que Lucas era "um pouco mais fácil de traduzir para o hebraico idiomático do que Marcos".[391]

Por fim, em um estudo sociolinguístico de Lucas-Atos, Jonathan Watt produziu evidências indicando a "capacidade bilíngue de Lucas para escolhas linguísticas diante dos vários determinantes sociais, e para destacar a viabilidade de um escritor antigo fazendo exatamente o que se sabe que muitos falantes modernos fazem: variar seu registro para refletir as circunstâncias sociais".[392] A expressão que identifica esse processo é "mudança de código linguístico", e Watt sugere que a "modulação das

---

[387] Ibid., p. 32.
[388] See the list in J. M. Creed, *Gospel According to Luke*, lxxix-lxxxiv.
[389] N. Turner, "The Quality of the Greek of Luke-Acts," em *Studies in New Testament Language and Text*, ed. J. K. Elliott (Leiden: Brill, 1976), p. 400.
[390] W. F. Albright, *History, Archeology and Christian Humanism* (London: Black, 1965), p. 37.
[391] R. Lindsey, *Hebrew Translation of the Gospel of Mark* (Jerusalem: Dugith, 1970), p. 12.
[392] J. Watt, *Code-Switching in Luke-Acts,* Berkeley Insights in Linguistics and Semiotics 31, ed. ger. I. Rauch (New York: Peter Lang, 1997), p. 94-95.

características semíticas" é um exemplo disso. O propósito de Lucas seria melhorar literariamente a sua narrativa.[393]

O que devemos fazer com tudo isso? Os comentários de John Wenham resumem as opções:

> É coerente que Lucas seja gentio e que o material no qual ele se baseou veio a ele no grego hebraizado e que, apesar de seu domínio do grego literário, ele tenha resistido à tentação de poli-lo, exercendo assim a função de editor em vez de autor. Entretanto, seria mais fácil acreditar que o autor dessa obra-prima tinha uma intimidade total com esse material e que o evangelho fosse verdadeiramente de sua autoria. Em outras palavras, ele conhecia as Escrituras em hebraico e grego desde a sua infância.[394]

O argumento a favor das considerações da linguística textual

A linguística textual, que também é conhecida como análise do discurso, estuda o sentido em unidades maiores de discurso do que o nível das sentenças.[395] Nesta seção, avaliaremos (1) os prólogos de Lucas, Atos e Hebreus, (2) a semelhança entre Atos 7 e Hebreus 11, e (3) a macroestrutura e a superestrutura em Lucas-Atos e Hebreus.[396]

---

[393] Ibid.

[394] J. Wenham, "The Identification of Luke," *EvQ* 63 (1991): p. 9-10. Esse artigo, juntamente com o artigo de Wenham *Redating Matthew, Mark and Luke* (Downers Grove: InterVarsity, 1992), afirma que todos os três Evangelhos Sinóticos existiam por volta do ano 55 d.C., também faz uma grande defesa da formação judaica de Lucas. Veja mais adiante no cap. 6.

[395] Veja D. Allen, "The Discourse Structure of Philemon: A Study in Textlinguistics," em *Scribes and Scriptures: New Testament Essays in Honor of J. Harold Greenlee*, ed. D. A. Black (Winona Lake, Ind.: Eisenbrauns, 1992), p. 77-78.

[396] Veja especialmente os comentários de Lane e Ellingworth; também W. G. Übelacker, *Der Hebräerbrief als Appell: Untersuchungen zu exordium, narratio und postscriptum (Hebr 1-2 und 13, 22-25)*, ConBNT 21 (Lund: Almqvist & Wiksell International, 1989); G. Guthrie, *The Structure of Hebrews: A Text-Linguistic Analysis* (Leiden: Brill, 1994); e C. Westfall, *A Discourse Analysis of the Letter to the Hebrews: The Relationship Between Form and Meaning*, Library of New Testament Studies 297, ed. M. Goodacre (London: T&T Clark, 2006), p. 1-87, 297-301.

Os prólogos de Lucas, Atos e Hebreus[397]

O estudo dos prólogos de Lucas-Atos e Hebreus é importante por várias razões. Em primeiro lugar, como Schuyler Brown nos lembra, "qualquer hipótese a respeito do propósito sobre o que o autor de Lucas-Atos pode ter tido ao escrever tem que, se é que se quer obter alguma aceitação séria, se basear na obra como um todo".[398] O ponto de partida textual para a pesquisa do propósito de um autor deve ser o prólogo, quando ele estiver presente no texto. Em segundo lugar, o prólogo apresenta pistas ao leitor quanto à inclinação, à direção, ao interesse, ou ao ponto de vista do autor. Em terceiro lugar, o prólogo tem mais chance de ilustrar o estilo do autor, já que nenhuma fonte está envolvida.

Tabela 7 - Os Prólogos de Lucas, Atos, e Hebreus

Lucas 1.1-4

Visto que muitos houve que empreenderam uma narração coordenada dos fatos que entre nós se realizaram, conforme nos transmitiram os que desde o princípio foram deles testemunhas oculares e ministros da palavra, igualmente a mim me pareceu bem, depois de acurada investigação de tudo desde sua origem, dar-te por escrito, excelentíssimo Teófilo, uma exposição em ordem, para que tenhas plena certeza das verdades em que foste instruído.

---

[397] Alexander, no livro *The Preface to Luke's Gospel*, examinou prefácios na literatura grega antiga e concluiu que a escrita científica grega do período helenístico e do período romano apresentava o paralelo mais próximo com o prólogo de Lucas. Portanto, ela rejeitou as tentativas de ser Lucas-Atos como um texto histórico grego. Enquanto os especialistas em Lucas geralmente não tinham dado atenção suficiente para o prefácio na busca do gênero e do propósito, Alexander vai para o extremo oposto e não consegue observar que, quando se passa pelo prefácio, não há nada no texto de Lucas-Atos que se pareça com os tratados científicos que seguem esses prefácios. Mount apresentou uma crítica saliente de Alexander, observando que ela encarou de forma bem rasa as similaridades e as diferenças entre os escritos científicos gregos e os escritos históricos gregos com relação à questão da possibilidade de Lucas-Atos utilizar as convenções da historiografia helenística em sua obra. Christopher Mount, *Pauline Christianity: Luke-Acts and the Legacy of Paul*, NovTSup 104 (Leiden: Brill, 2002), p. 64-65, 73, 77. Veja também a crítica de David Aune da obra de Alexander sobre o prólogo de Lucas em "Luke 1.1-4: Historical or Scientific *Prooimion*?" em *Paul, Luke and the Graeco-Roman World: Essays in Honour of Alexander J. M. Wedderburn*, ed. A. Christophersen, C. Claussen, J. Frey, and B. Longenecker, JSNTSup 217 (London: Sheffield Academic Press, 2002), p. 138-148; e J. Green, *The Theology of the Gospel of Luke*, New Testament Theology Series, ed. ger. J. Dunn (Cambridge: Cambridge University Press, 1995), p. 16-21.

[398] S. Brown, *Perspectives on Luke-Acts, Talbert Perspectives in Religious Studies*, ed. C. H. Talbert (Danville, VA: Association of Baptist Professors of Religion, 1978), p. 99.

Atos 1.1-5

Escrevi o primeiro livro, ó Teófilo, relatando todas as coisas que Jesus começou a fazer e a ensinar até ao dia em que, depois de haver dado mandamentos por intermédio do Espírito Santo aos apóstolos que escolhera, foi elevado às alturas. A estes também, depois de ter padecido, se apresentou vivo, com muitas provas incontestáveis, aparecendo-lhes durante quarenta dias e falando das coisas concernentes ao reino de Deus. E, comendo com eles, determinou-lhes que não se ausentassem de Jerusalém, mas que esperassem a promessa do Pai, a qual, disse ele, de mim ouvistes. Porque João, na verdade, batizou com água, mas vós sereis batizados com o Espírito Santo, não muito depois destes dias.

Hebreus 1.1-4

Havendo Deus, outrora, falado, muitas vezes e de muitas maneiras, aos pais, pelos profetas, nestes últimos dias, nos falou pelo Filho, a quem constituiu herdeiro de todas as coisas, pelo qual também fez o universo. Ele, que é o resplendor da glória e a expressão exata do seu Ser, sustentando todas as coisas pela palavra do seu poder, depois de ter feito a purificação dos pecados, assentou-se à direita da Majestade, nas alturas, tendo-se tornado tão superior aos anjos quanto herdou mais excelente nome do que eles.

Pode-se observar as características comparativas seguintes entre os prólogos: em primeiro lugar, elas possuem em comum uma extensão relativamente semelhante. Em segundo lugar, elas representam uma habilidade literária que não possui paralelo no restante do Novo Testamento. Blass descreve o prólogo do Evangelho de Lucas como "um exemplo impressionante de uma estrutura boa e bem equilibrada, e ao mesmo tempo de vocabulário bem-escolhido".[399] O prólogo de Lucas se constitui em um único parágrafo de seis frases equilibradas e simétricas. Tanto a prótase quanto a apódose são bem equilibradas. Sem sombra de dúvida, o prólogo de Lucas pertence à tradição do grego clássico. O mesmo poderia ser dito a respeito do prólogo de Hebreus. Tanto Lucas quanto o autor de Hebreus

---

[399] F. Blass, *Philology of the Gospels* (London: Macmillan, 1898), p. 7.

são descritos pela maioria dos especialistas em Novo Testamento como os escritores mais literários do Novo Testamento.[400]

Em terceiro lugar, todos os três prólogos apontam para o passado e para o presente. Em Lucas 1.1-4, Lucas nos informa que muitos já tinham escrito e que ele também pretendia escrever esse relato naquele momento. Em Atos 1.1-5, ele se referiu a um tratado anterior (o Evangelho de Lucas) e as coisas que Jesus começou a fazer e a ensinar. Passa a se fazer uma referência aos acontecimentos futuros (por exemplo, se diz aos discípulos para esperar em Jerusalém a promessa do Espírito Santo). O livro de Atos equivale a uma reconstituição dos acontecimentos sobre a vinda do Espírito Santo em Jerusalém em Pentecostes até a prisão de Paulo em Roma, por um período de aproximadamente 30 anos. O prólogo de Hebreus recorda o fato de que Deus "falou" várias vezes no passado, e olha para o futuro no fato de que Deus continua a falar em seu Filho. A declaração de que Deus falou "há muito tempo", "aos pais", e "pelos profetas" em Hebreus 1.1 possui um paralelo semântico em Atos 3.21 (onde Deus falou "por boca dos seus santos profetas desde a antiguidade") e em Atos 7.3, 37 (onde nós aprendemos que Deus falou "aos filhos de Israel"). Em todos os três prólogos existe uma característica retrospectiva e prospectiva a nível semântico.

Em quarto lugar, parece haver uma tendência de aliterar com a letra grega "p" em todos os três prólogos. Aparecem cinco palavras que começam com a letra "p" tanto em Lucas quanto em Hebreus; nos dois casos, todas vêm antes do verbo principal da frase. Essa aliteração parece ser usada como uma figura de linguagem.[401]

Em quinto lugar, há uma ausência de *de* ou mesmo de *kai* nos prólogos de Lucas e de Hebreus, fato que ilustra o estilo altamente clássico do grego que é característico dessas frases expressivas. O sexto aspecto é que uma extensão bem considerável do texto faz parte do recheio de um sanduíche entre o sujeito e o verbo de cada prólogo, e cada núcleo de

---

[400] W. H. Simcox, *The Writers of the New Testament*, p. 16.
[401] A. Eagar, "Authorship", p. 114. Depois de listar outras passagens onde a aliteração com π aparece, em comparação com o prólogo de Lucas, Alexander não consegue observar a sua ocorrência no prólogo de Hebreus. De uma forma bem inexplicável (com a exceção de um comentário sobre o uso de πολὺς no prólogo), ela não mencionou nenhuma das sete comparações que eu fiz entre os prólogos de Lucas e de Hebreus. Alexander, *The Preface to Luke's Gospel*.

frase contém um sujeito oculto, um verbo e um objeto indireto, mas não possui nenhum objeto direto.

Em sétimo lugar, várias palavras e frases no prólogo de Hebreus ou são totalmente exclusivas ou são características dos escritos de Lucas. Por exemplo, o uso de *polus* como prefixo (*polumeros*, "muitas vezes", *polutropōs*, "em muitas maneiras") para ampliar o efeito retórico é uma evidência de uma figura de linguagem. O uso da terceira declinação *tois patrasin* (aos pais) só se encontra em Hebreus 1.1; 8.9; e Atos 7.44. A expressão "pelos profetas" (*en tois profetais*) só aparece em João 6.45; Atos 13.40; 24.14 e Hebreus 1.1. O verbo no aoristo ativo *elalēsen* (havendo falado) aparece 31 vezes no Novo Testamento: 13 em Lucas-Ato, duas vezes em Hebreus, 14 vezes em outros evangelhos, duas vezes em Apocalipse, mas nenhuma vez nas cartas de Paulo. Este verbo, que é característico do discurso narrativo do Novo Testamento, só aparece quatro vezes fora dos Evangelhos e de Atos. O verbo no indicativo do aoristo ativo singular *ethēken* (no infinitivo *tithēmi*) aparece 11 vezes no Novo Testamento com exemplos em Lucas, Atos e Hebreus 1.2, sem aparecer em Paulo. O particípio do aoristo médio *poiēsamenos* aparece somente em Hebreus 1.3 e Atos 25.17 em todo o texto do Novo Testamento. A expressão *tōn hēmerōn toutōn* (Hb 1.2) aparece somente em Atos 5.36 e 21.38.

Esses sete fatores sugerem um alto grau de semelhança entre os três prólogos. É improvável que todos esses fatores sejam considerados mera coincidência. Eles poderiam ser interpretados como evidência de uma autoria comum.

O estilo do prólogo de Lucas pode ser comparado a Josefo em seu livro *Contra Ápion*, uma obra de dois volumes semelhante a Lucas-Atos.[402] Josefo escreveu nos últimos 25 anos do século I (aproximadamente 25 anos depois de Lucas-Atos), e assim ele é praticamente contemporâneo de Lucas. A primeira frase de cada volume é colocada a seguir para ser comparada com o estilo dos prólogos de Lucas-Atos:[403]

---

[402] Veja a análise de G. Sterling, *Historiography and Self-Definition*, p. 365-369, que também comparou os prólogos de Lucas-Atos ao prólogo do livro *Contra Apião* de Josefo.

[403] Josefo, *Contra Ápion*, 163-165, 293-295.

> Em minha história de nossas antiguidades, excelentíssimo Epafrodito, eu deixei, penso, suficientemente clara a todos que possam ler essa obra a extrema antiguidade de nossa raça judaica.
>
> No primeiro volume desta obra, meu estimado Epafrodito, demonstrei a antiguidade de nossa raça [...] agora, procedo a refutar o resto dos autores que nos atacaram.

A importância de se comparar o prólogo de Lucas com o de Josefo exemplifica que o uso de um estilo que se aproxima do clássico não se constitui necessariamente em um argumento contra Lucas ser judeu. Josefo era judeu de descendência sacerdotal que empregava um estilo parecido com o prólogo de Lucas. Já que o judeu Josefo podia escrever dessa forma, então Lucas (alguém possivelmente judeu) também poderia. Quando Lucas termina seu prólogo helenista, ele muda imediatamente e escreve mais no estilo da história bíblica do Antigo Testamento (veja depois no cap. 5). Conforme observou Alexander:

> Existe uma semelhança familiar entre Lucas e os escritores judeus helenistas, e isso deve nos alertar para tomar cuidado com certos pressupostos bem articulados a respeito da formação de Lucas, como aquele de que um escritor que adota algum estilo de prefácio grego necessariamente faz um apelo direto ao mundo cultural mais amplo dos gregos, seja de forma apologética, seja de forma polêmica.[404]

Em segundo lugar, essa comparação revela que Lucas fez a introdução de sua obra de dois volumes da mesma forma que os outros autores da sua época. Em terceiro lugar, o prólogo identifica Teófilo como o destinatário ou o leitor intencional. A linguagem do prólogo provavelmente indica que Teófilo é mais do que simplesmente a pessoa à qual Lucas está dedicando sua obra. Trata-se de uma pessoa histórica a quem Lucas envia a obra

---

[404] Alexander, *The Preface to Luke's Gospel*, p. 167.

do mesmo modo que Epafrodito era o leitor intencional da obra *Contra Apião* de Josefo.[405] Em quarto lugar, o prólogo de Lucas nos informa que ele queria que a sua obra fosse considerada como um relato histórico do mesmo modo que Josefo escreveu sobre a história do povo judeu. Conforme diz Sterling: "O ápice da historiografia judaica helenística alcançado nas Antiguidades Judaicas de Josefo é complementado por Lucas-Atos".[406]

Geralmente se observa a semelhança entre o prólogo de Lucas e Hebreus 2.1-4. Por exemplo, Conder disse que Hebreus 2.1-4 "corresponde de modo marcante" ao prólogo de Lucas. "Seria rigorosamente adequado como procedente do companheiro de São Paulo. Na verdade, é impressionante, como tudo parece favorecer a ideia de que o evangelista tinha alguma participação em sua redação".[407] A avaliação dos estudos acadêmicos antigos e modernos é unânime em afirmar que o estilo de Hebreus é claramente diferente de Paulo.

A importância do prólogo de Lucas para a teoria de autoria lucana de Hebreus não reside somente em como ele pode ser comparado de perto com o prólogo de Hebreus, mas também naquilo que ele nos conta sobre a mentalidade de Lucas. Lucas colocou os acontecimentos históricos do evangelho no contexto da LXX, qual ele vê como tendo sido cumprida no evangelho (Lc 24.44-47). Assim ele afirma a certeza do *logōn* de Lucas 1.4. Portanto, como Joel Green afirma de modo adequado: "Para Lucas, a

---

[405] Mount comentou sobre as obras de Josefo: "Em nenhuma das obras que chegaram até nós existe alguma evidência de que ele escreve como representante de uma comunidade judaica específica, buscando um entendimento de si mesma depois da derrota romana da rebelião judaica. Josefo escreve como indivíduo a outros indivíduos educados e deseja que sua obra seja levada a sério no contexto da literatura helenística". C. Mount, *Pauline Christianity*, p. 74-75. A aplicação disso para o autor de Lucas-Atos é importante. Geralmente se afirma que Lucas está escrevendo como representante da comunidade paulina, ou a uma comunidade maior, seja ela judaica, gentia ou mista. Teófilo é mais do que o patrono de Lucas; ele é o leitor intencional. Veja a análise completa sobre isso em C. Mount, *Pauline Christianity*, p. 60-83, e mais adiante no cap. 7.

[406] G. Sterling, *Historiography and Self-definition*, 393. See also C. Mount, *Pauline Christianity*, p. 70-71; e S. Mason, "Chief Priests, Sadducees, Pharisees and Sanhedrin in Acts", em *The Book of Acts in its Palestinian Setting*, vol. 4, em The Book of Acts in its First Century Setting, ed. R. Bauckham (Grand Rapids: Eerdmans, 1995), p. 175: "A divergência básica da perspectiva religiosa entre Lucas e Josefo faz com que o seu acordo quanto aos pressupostos básicos seja impressionante". Veja também Mason, "Chief Priests, Sadducees, Pharisees and Sanhedrin in Acts", p. 158-177; e H. Schreckenberg e K. Schubert, *Jewish Historiography and Iconography in Early and Medieval Christianity* (Minneapolis: Fortress, 1992), p. 42-49, para uma comparação das semelhanças e das diferenças entre Lucas-Atos e Josefo. Schreckenberg possui um sumário bibliográfico excelente da história da pesquisa sobre a relação entre Lucas-Atos e Josefo, 51n117.

[407] J. Conder, *Literary History of the New Testament*, p. 454.

narrativa é uma proclamação. Lucas leva em consideração o uso da história para pregar".[408] A sua abordagem combina com a do autor de Hebreus.

Uma comparação entre Atos 7 e Hebreus 11

Os dois maiores resumos da História do Antigo Testamento aparecem em Atos 7 e Hebreus 11. Apesar de Hebreus 11 ser uma lista de exemplos, ele é formulado dentro de uma estrutura histórica. O número de paralelos entre os dois tem levado muitos especialistas a supor uma tradição comum por trás deles.[409] Um estudo cuidadoso desses paralelos tanto em vocabulário quanto em pensamento me leva a prosseguir nessa ideia da "tradição comum" ainda mais um passo e defender que o mesmo autor poderia ser responsável pelos dois. Em primeiro lugar, eu farei uma comparação entre Atos 7 e o livro de Hebreus e depois compararei Atos 7 com Hebreus 11 de modo específico.

A defesa de Estêvão em Atos 7 totaliza 1.022 palavras em Grego de acordo com o texto de Westcott e Hort. Quase 90 por cento do vocabulário contido nela reaparece em Hebreus. Atos 7 tem 301 palavras de vocabulário, e quase 70 por cento delas estão em Hebreus. Brown comentou:

> Essas proporções parecem mais impressionantes se considerarmos o capítulo sete de Atos como uma transcrição a

---

[408] J. Green, *The Theology of the Gospel of Luke*, p. 19.

[409] Muitos veem o autor de Hebreus como o sucessor teológico de Estêvão. Veja F. D. V. Narborough, *The Epistle to the Hebrews*; C. Spicq, "Alexandrismes dans L'Épître aux Hébreux", *RB* 58 (1951): p. 481-502; W. Manson, *The Epistle to the Hebrews: an Historical and Theological Reconsideration* (London: Hodder & Stoughton, 1951); N. Dahl, "The Purpose of Luke-Acts", em *Jesus in the Memory of the Early Church: Essays* (Minneapolis: Augsburg, 1976), p. 87-98; R. W. Thurston, "Midrash and 'Magnet' Words in the New Testament," *EvQ* 51 (1979): p. 22-39; e Hurst, *Epistle to the Hebrews*. Cada um deles defende alguma correlação entre Atos 7 e Hebreus 11. Thurstón defendeu que um conjunto de Midrashim dá base a essas seções (p. 24). Seu artigo contém a lista mais completa de paralelos. Veja mais recentemente P. E. Hughes, "The Epistle to the Hebrews", *The New Testament and its Modern Interpreters*, ed. E. Epp e G. MacRae (Philadelphia: Fortress, 1989), p. 356. Para visões divergentes, veja H. Montefiore, *A Commentary on the Epistle to the Hebrews*, BNTC (London: Adam and Charles Black, 1964), p. 137; M. H. Scharlemann, *Stephen:A Singular Saint*, AnBib 34 (Rome: Pontifical Biblical Institute,1968), p. 165-175; M. Isaacs, *Sacred Space: An Approach to the Theology of the Epistle to the Hebrews*, JSNTSup 73 (Sheffield: Sheffield Academic Press, 1992), p. 65-66; e Koester, que diz: "O discurso de Estêvão... destaca a qualidade permanente da lei judaica de um modo tão diferente de Hebreus que não parece provável que os dois escritos venham de um mesmo setor cristão". C. R. Koester, "The Epistle to the Hebrews in Recent Study", *CR* 2 (1994): p. 130.

partir do aramaico, e Hebreus como o melhor do grego do Novo Testamento; se observarmos que, das cem (103) que faltam em Hebreus, cerca de cinquenta (54) estão presentes nas citações que Estevão faz do Antigo Testamento; que de suas trezentas palavras, vinte e seis só são usadas por ele no Novo Testamento: que catorze são encontradas em outras passagens neotestamentárias somente com Lucas, seu repórter; e vinte e oito das trezentas palavras se constituem também em substantivos próprios; e que possivelmente uma dúzia das palavras antigas podem ter sido deliberadamente evitadas por um escritor posterior por razões de tato ao abordar os cristãos de Hebreus.[410]

Tanto Atos 7 quanto Hebreus citam o Antigo Testamento com fórmulas de citação bem parecidas. As duas passagens empregam a expressão "Deus disse", e 39 das 50 fórmulas utilizam alguma forma do verbo "dizer".

Abraão aparece com destaque tanto em Atos 7 quanto em Hebreus. A expressão "congregação no deserto" aparece em Atos 7 e pode ser comparada diretamente com Hebreus 13.11-13. Atos 7.38 fala sobre "oráculos vivos", do mesmo modo que Hebreus 4.12. Só se cita Êxodo 25.40 no Novo Testamento em Atos 7.44 e Hebreus 8.5. Tanto em Atos 7.53 quanto em Hebreus 2.2, descreve-se a lei como mediada pelos anjos.

Nils Dahl observa que Atos 7.44-50 e Hebreus 4.1-11 possuem um pensamento e uma forma de argumento paralelos. Hebreus 4.8-9 diz: "Ora, se Josué lhes houvesse dado descanso, não falaria, posteriormente, a respeito de outro dia. Portanto, resta um repouso para o povo de Deus". Dahl faz uma paráfrase de Atos 7.47-50:

> Salomão construiu uma casa para ele. Entretanto, se o templo de Salomão tivesse sido a resposta da oração de Davi por um lugar de habitação, e o seu culto a adoração que Deus falou com Abraão, o profeta não teria dito: O céu é o meu trono, e

---

[410] J. V. Brown, "The Authorship and Circumstances of Hebrews", *BSac* 80 (1923): p. 514.

a terra, o estrado dos meus pés; que casa me edificareis, diz o Senhor, ou qual é o lugar do meu repouso? Não foi a minha mão que fez todas estas coisas? [411]

Os judeus rejeitaram Jesus por causa de suas esperanças que estavam centralizadas no templo, lhe imputando assim um caráter permanente. Estevão atacou a ideia da permanência do templo em Atos 7.48, quando ele usou o termo "feito com mãos humanas". Usando a mesma palavra, o mesmo conceito teológico é expressado em Hebreus (9.11,24). A imutabilidade de Cristo e a natureza transitória do templo consistem em assuntos de interesse tanto para Lucas quanto para o autor de Hebreus.

Estevão defende em Atos 7.53 que permanecer debaixo de um legalismo rígido equivale a deixar de interpretar de forma adequada a própria intenção da lei. Isso é exatamente o que o escritor de Hebreus defende.[412] W. Manson tem buscado encontrar a chave de Hebreus examinando a história da missão mundial do cristianismo desde o seu início na obra de Estevão. Ele encontrou várias semelhanças entre a apologia de Estevão e Hebreus:[413]

a) a atitude de Estevão com relação ao culto e a lei do judaísmo;
b) sua declaração de que Jesus deseja mudar e superar essas coisas;
c) seu senso do chamado de Deus ao seu povo como um chamado para as nações;
d) seu destaque na natureza inconstante da vida de Israel e na contínua peregrinação do fiel;
e) seu pensamento sobre a Palavra de Deus como algo vivo;
f) sua alusão incidental a Josué com relação à promessa divina de "descanso";

---

[411] N. Dahl, "The Story of Abraham in Luke-Acts", em *Studies in Luke-Acts*, ed. L. E. Keck e J. Louis Martyn (New York: Abingdon Press, 1976), p. 75. Veja também a análise sobre Atos 7.46-47 logo mais no cap. 5, na seção a respeito do uso que Lucas faz das Escrituras.
[412] C. F. B. Moule, "Sanctuary and Sacrifice in the Church of the New Testament," *JTS* 1 NS (1950): p. 30.
[413] W. Manson, *The Epistle to the Hebrews*, p. 23-37.

g) sua ideia sobre os anjos como aqueles que ordenaram a lei de Deus;

h) seu olhar para o céu e para Jesus.

A tese de Manson consiste em que o autor de Hebreus era um helenista como Estêvão. Schenck sugere que "mais provável que o autor de Atos tinha o autor de Hebreus em mente *enquanto retratava* Estêvão".[414] Para Schenck, o paralelo mais interessante entre Hebreus e Estêvão é a atitude deste último com relação ao Templo de Jerusalém no contraste com o tabernáculo no deserto. Estêvão se mostra favorável com relação ao tabernáculo, mas seu "tom muda consideravelmente" com relação ao templo em Atos 7.47-48. De acordo com Schenck, a liderança judaica devia ter sabido que "o céu é o meu trono [...] que é meu [lugar de] *katapausis* ["descanso"] (7.49)".[415] Schenck continua sugerindo "que o autor de Atos pode ter conhecido o livro de Hebreus e o refletiu de modo intencional a sua retórica em Atos 7".[416] Schenck ainda menciona como o autor de Atos registra a oferta de Paulo no templo em Atos 21.23-26, "um ato que o autor de Hebreus indica ser definitivamente desnecessário à luz do sacrifício de Cristo".[417] Entretanto, a diferença sugerida por Schenck entre o autor de Atos e o autor de Hebreus não se confirma quando se considera o fato de que a oferta de Paulo nada tinha a ver com um sacrifício pelo pecado (nem Lucas dá a entender isso) mas, em vez disso, se tratava do pagamento do voto de Paulo, algo que se esperava que qualquer judeu cristão fizesse. Do mesmo modo que Lucas, o autor de Hebreus não tece tantas críticas ao templo quando se refere a questões que não se relacionam com a expiação.

J. Bowman traz outras semelhanças entre Atos 7 e Hebreus.[418] Em Atos 7, existe um destaque na noção de que a revelação de Deus transcende as fronteiras das nações (At 7.2, 9, 30, 31, 36, 38). Em Hebreus 2.5-18, Jesus

---

[414] K. Schenck, *Cosmology and Eschatology in Hebrews: the Settings of the Sacrifice*, SNTSMS 143, gen. ed. J. Court (Cambridge: Cambridge University Press, 2007), p. 192. Destaque do autor.

[415] Ibid.

[416] Ibid.

[417] Ibid., p. 193.

[418] J. Bowman, *Hebrews, James, I and II Peter*, Layman's Bible Commentary 24 (Atlanta: John Knox, 1962), p. 11.

é o salvador universal que veio para que pudesse experimentar a morte em favor de todos. Em Atos 7.17-29, a revelação de Deus independe da cultura, enquanto em Hebreus 7.4-10 o não judeu Melquisedeque abençoa Abraão e seus descendentes. Em Atos 7.44-50, a revelação de Deus não se restringe ao tempo, ao culto realizado dentro dele, ou mesmo ao tabernáculo. Em Hebreus, se diz que a fé é independente da cidade de Jerusalém e do templo que, ao que parece, nunca é mencionado (Hb 11.10, 14-16, 23-31; 13.12-14). A rejeição dos profetas de Deus é proeminente em Atos 7.25, 26, 35, 36, 51-53; em Hebreus 3.17-19, e em partes do capítulo 11, onde Israel como nação perseguia os profetas de Deus e rejeitava sua mensagem.

O comentário de Nixon sobre o tema de Êxodo em Atos e Hebreus une as duas obras: "A parte mais impressionante da tipologia de Êxodo em todo o livro [de Atos] é o modo pelo qual a palavra *ekklēsia* foi apropriada a partir da "congregação judaica no deserto".[419]

Uma comparação específica entre Atos 7 e Hebreus 11 dá lugar a mais paralelos entre as duas perícopes. Lucas vê a história de Israel de forma interligada com indivíduos como Abraão, Moisés e Davi, que constituem a base da história da nação. Atos 7.2-8 e Hebreus 11.8-10 falam sobre Abraão, destacando a sua fé em Deus, que o capacitou a sair de sua terra natal rumo a um destino desconhecido. Estêvão e o autor de Hebreus definiram, mais do que quaisquer outros escritores do Novo Testamento, a natureza verdadeira de Israel e da igreja como o povo peregrino de Deus. Para Lucas, Abraão permanece sendo o "pai dos judeus" e nunca se diz que ele também é pai dos cristãos. Somente quando os judeus são abordados em Lucas-Atos é que Abraão e seus descendentes são chamados de "nossos pais".[420]

Embora a promessa de Deus a Abraão seja analisada em Lucas, nas cartas de Paulo e Hebreus, Lucas e Hebreus possuem uma posição mais parecida em suas perspectivas. Tanto Lucas quanto Hebreus destacam o juramento de Deus e a promessa a Abraão, e os dois destacam a jornada de Abraão como forasteiro na terra da promessa (cf. Hebreus 11.11-12;

---

[419] R. E. Nixon, *The Exodus in the New Testament* (London: Tyndale, 1963), p. 23.
[420] Dahl, *The Purpose of Luke-Acts*, p. 48.

Atos 7.5-8). Os dois destacam o fato de que Abraão não possuía terra nem filhos quando Deus fez sua aliança com ele para lhe dar essas duas bênçãos (Hb 11.9-13; Atos 7.5). Em Hebreus 10.19-23, a seção exortativa central da carta, a exortação a "guardar firme a confissão da nossa esperança" se refere à promessa feita a Abraão. Se a frase "aquele que prometeu é fiel" for interpretada como uma referência ao argumento de 6.13, então os leitores tinham o perigo de descartar a promessa de Abraão por não conseguirem reconhecer o ofício sacerdotal de Cristo. A noção dos cristãos como herdeiros da promessa abraâmica consistia em um destaque do cristianismo judaico nos primeiros anos da igreja (cf. Atos 3.25-26).

Atos 7 fala sobre os 120 anos da vida de Moisés e três fases de 40 anos cada, algo que também se tratava de um interesse do autor de Hebreus, como se pode deduzir de sua citação do Salmo 95 em Hebreus 3.7-4.13. Tanto Atos 7 quanto Hebreus 11 falam de Abraão, Isaque, Jacó e José sucessivamente. Os dois capítulos falam sobre Moisés sendo escondido por três meses pelos seus pais e descrevem sua vida com detalhes parecidos. Esses dois capítulos evitam a palavra "templo", fazendo a substituição rara pela palavra "casa". Eles possuem em comum o mesmo conceito de tabernáculo.

A análise mais recente sobre esse assunto pode ser encontrada na obra de L. D. Hurst que, depois de examinar a tese de Manson e a reação a ela, conclui que "os paralelos são impressionantes e numerosos o suficiente para sugerir que alguma forma da tese de defesa de Manson é plausível".[421] Entretanto, Hurst nunca propõe que Hebreus depende diretamente no aspecto literário de Atos 7. De modo parecido, Edvin Larsson concluiu: "todo o padrão de promessa e cumprimento em Hebreus compõe uma ilustração poderosa dessa linha de pensamento no discurso de Estevão".[422]

---

[421] L. D. Hurst, *The Epistle to the Hebrews: Its Background and Thought* (New York: Cambridge University Press, 1990), p. 106. B. Childs comenta: "Na minha avaliação, a habilidade dele [Manson] de tirar Hebreus de sua posição de isolamento com relação ao NT e demonstrar linhas importantes de vínculo teológico com Atos é mais importante do que sua reconstituição histórica detalhada que permanece bem hipotética". B. Childs, *New Testament as Canon: An Introduction* (London: SCM, 1984), p. 412

[422] E. Larsson, "Temple Criticism and the Jewish Heritage," *NTS* 39 (1993): p. 394.

Tabela 8 - Comparação linguística entre Atos 7 e Hebreus 11.

Atos 7	Hebreus 11
paroikon (v. 6)	*parōkepsen* (v. 9)
en gē allotria (v. 6)	*eis gēn tēs epaggelias hōs allotrian* (v. 9)
exelthe (v. 3)	*exelthein, exelthein* (v. 8)
kai deuro eis tēn tēn hēn an soi deixō (v. 3)	*kai exēlthen mē epistamenos pou erchetai* (v. 8)
(equivalentes semânticos)	
klēronomian (v. 5)	*sugklēronomōn* (v. 9)
epleggeilato (v. 5)	*epaggelias* (v. 9)
Isaak ton Iakōb (v. 8)	*Isaak kai Iakōb* (v. 9)
spermati (v. 5)	*spermatos* (v. 11)
to sperma auto (v. 6)	*soi sperma* (v. 18)
elalēsen de houtōs ho theos (v. 6)	*pros hon elalēthē* (v. 18)
Iōsēph (v. 9)	*Iōsēph* (vv. 21, 23)
Morte de Jacó e José, sepultamento na terra prometido depois da saída do Egito	Morte de José, menção da saída do Egito e instruções sobre sepultar seus ossos na terra prometida
(equivalentes semânticos)	
kai ouch hēuriskon (v. 11)	*kai ouch hērisketo* (v. 5)
eteleutēsen (v. 15)	*teleutōn* (v. 22)
eplēthunthē (v. 17)	*plēthei* (v. 12)
Aiguptō (v. 17)	*Aigupto, Aigupton, Aiguptioi* (vv. 26, 27, 29)
laos (v. 17)	*laō* (v. 25)

basileus (v. 18)	*basileōs* (v. 23, 27)
Este outro rei tratou com astúcia a nossa raça e torturou os nossos pais, a ponto de forçá-los a enjeitar seus filhos, para que não sobrevivessem. (v. 19)	Pela fé, Moisés, apenas nascido, foi ocultado por seus pais, durante três meses, porque viram que a criança era formosa; também não ficaram amedrontados pelo decreto do rei. (v. 23)
(equivalentes de paráfrase semântica)	
egennēthē Mōuseμs (v. 20)	*Mōusēs gennētheis* (v. 23)
asteios (v. 20)	*asteion* (v. 23)
thugatēr Pharaō (v. 21)	*thugatros Pharaō* (v. 24)
eis huion (v. 21)	*huios* (v. 24)
Moisés, poderoso em palavras e obras (v. 22) (paralelo semântico)	Moisés, [engrandecendo-se] (v.24) (paralelo semântico)
ephugen (v. 29)	*ephugon* (v. 34)
eruthra thalassē (v. 36)	*eruthran thalassan* (v. 29)
prophētōn (vv. 3 7, 42)	*prophētōn* (v. 32)
proskunein (v. 43)	*prosekunēsen* (v. 21)

O escritor de Hebreus pode ter usado Atos 7 como fonte para o capítulo 11. Entretanto, os vários paralelos semânticos e linguísticos em Atos 7 e em Hebreus, especialmente no capítulo 11, sugerem que essas duas seções podem ter sido escritas pela mesma pessoa.[423] As evidências podem ser interpretadas a favor de Lucas como autor de Hebreus.

---

[423] Filson afirmou que os paralelos com Hebreus 11 encontrados em Atos 7 não podem ser atribuídos ao fato do estilo próprio de Lucas, já que ele só aparece nesse discurso de Atos em particular. F. V. Filson, *"Yesterday". A Study of Hebrews in the Light of Chapter 13*, SBT 4, ed. C. F. D. Moule, P. Ackroyd, F. V. Filson, et. al. (London: SCM, 1954), p. 24. Ele sugere que eles devem vir do uso de Lucas como fonte. Esteja alguma fonte envolvida ou não, Lucas escolheu usar o discurso de Estêvão em um momento decisivo da sua narrativa, e sua teologia foi bastante influenciada por ele. Dados os outros paralelos léxicos e estilísticos entre Lucas-Atos e Hebreus, parece seguro explicar as semelhanças por meio de uma autoria comum. Jelonek, "Chrystologia listu do Hebrajezykow," *Analecta Cracoviensia* 17 (1985): p. 253-257, afirmou que Lucas escreveu Hebreus como a continuação do discurso de Estêvão. Veja também Thurston, "Midrash and 'Magnet' Words", p. 22-39.

O retrato que Lucas faz de Paulo em Atos como alguém fiel ao Senhor, um "herói" na cultura judaica helenística, é semelhante à apresentação dos "heróis da fé" em Hebreus 11. Na verdade, existem muitos "heróis" na narrativa de Atos, alguns deles recebem somente uma atenção pequena, mas, como na lista de Hebreus 11, são todos destacados pela sua fé e fidelidade.

Aproveitando a deixa do comentário de Estevão sobre Salomão em Atos 7.47, Peter Doble examina a possibilidade que o uso que Lucas faz da "subestrutura" das Escrituras nas narrativas de infância e discurso de Estevão podem explicar a questão sobre se o discurso consiste em uma polêmica contra o templo. Doble aceita a visão (junto com Dodd e outros) que o que geralmente parecem ser citações bíblicas ou alusões no texto são de fato marcadores que "colocam em ação" um contexto maior das Escrituras e convidam o leitor para considerar o todo sem necessariamente citá-lo.[424] Modulando a "harmonia" bíblica da cena do menino Jesus no templo (aparecendo no final da narrativa de infância) com a genealogia apresentada em Lucas 3 (onde Salomão não aparece, de forma diferente da genealogia de Mateus que o inclui), Doble conclui que Lucas retrata Jesus como o descendente adequado de Davi, como o jovem Salomão.[425] Com respeito ao uso que Lucas faz das Escrituras, Doble observa que duas vezes em Lucas 24, Jesus transmite seu "autoentendimento bíblico" aos apóstolos, e este é preparatório para as pregações e os discursos em Atos. Com a exceção da pregação de Paulo no Areópago, todos os discursos de Atos usam bastante as Escrituras. Diz-se a nós várias vezes que as Escrituras eram mencionadas para provar que Jesus é o Messias. A partir deste destaque cristológico claro e da centralidade de Escrituras, por que se deve propor qualquer outro objetivo para o discurso de Estevão? Doble conclui que não se trata de um discurso nem de uma polêmica contra o templo, mas, em vez disso, de uma tentativa de apresentar Jesus como o Cristo entronizado na dinastia de Davi.[426]

---

[424] P. Doble, "Something Greater Than Solomon: An Approach to Stephen's Speech", em *The Old Testament in the New Testament: Essays in Honour of J. L. North*, ed. S. Moyise, JSNTSup 189 (Sheffield: Sheffield Academic Press, 2000), p. 190-191.
[425] Ibid., p. 188-189.
[426] Ibid., p. 189-206.

Nós encontramos uma abordagem exegética semelhante em Hebreus, especialmente no capítulo 1. O autor de Hebreus está interessado em bem mais do que simplesmente "provar" que Cristo é superior aos anjos. Isso não era, conforme se afirmaria, uma dificuldade para os leitores. A visão que Hebreus 1.5-14 era uma polêmica contra a adoração aos anjos falha em considerar todo o contexto do parágrafo e de todo o livro. A questão verdadeira em Hebreus 1.5-14 é o relacionamento do Filho com o Pai, não com os anjos.

Observe também o vínculo dos anjos mediando a lei de Moisés em Atos 7.53 com a mesma afirmação em Hebreus 2.1-4. Estêvão acusou os líderes judaicos de não guardarem a lei, da mesma maneira que o autor de Hebreus acusa seus leitores de deixarem de obedecer à Palavra fala "por meio dos anjos" em 2.2.

Doble concluiu a partir do uso das referências bíblicas que Teófilo entenderia a visão de Estêvão do Salvador entronizado com o significado de que Jesus agora está sentado no trono de Davi. A promessa de Deus a Davi a respeito de um reino eterno se cumpriu na exaltação de Jesus em Atos 7.55.[427]

Macroestrutura e Superestrutura em Lucas-Atos e Hebreus

Teun A. van Dijk realizou um trabalho amplo sobre macroestruturas e superestruturas no discurso,[428] e demonstrou que a noção de tópico no discurso pode ser explicada em termos semânticos.[429] Diferenciando entre tópicos sentenciais e tópicos discursivos, ele destaca que os primeiros determina a distribuição de informação entre sequências de frases (que van Dijk entende como parágrafos), enquanto os últimos reduzem, organizam e categorizam as informações semânticas das sequências como um todo.[430] De modo simples, a macroestrutura de um discurso equivale

---

[427] Ibid., p. 204.
[428] T. A. van Dijk, *Text and Context: Explorations in the Semantics and Pragmatics of Discourse,* Longman Linguistics Library 21 (London: Longman, 1977); id., *Macrostructures: An Interdisciplinary Study of Global Structures in Discourse Interaction and Cognition* (Hillsdale, NJ: Erlbaum, 1980).
[429] van Dijk, *Text and Context,* p. 131.
[430] Ibid., p. 132.

à noção semântica de sentido global como o tópico, o tema ou a essência. Consiste no *abstract* ou no resumo que capta o tópico do discurso.

Um segundo termo, "superestrutura", é usado por van Dijk para descrever estruturas que possuem uma noção global a nível "sintático".[431] Enquanto as macroestruturas são semânticas, as superestruturas são esquemáticas ou estruturais. Devido ao fato de que as macroestruturas descrevem a estrutura geral a nível conceitual (semântico), enquanto as superestruturas descrevem a organização das informações no nível superficial das estruturas. Van Dijk usa um terceiro termo, "microestruturas", para descrever a estrutura das informações a nível semântico "local", como o sentido das palavras, das expressões e das frases.[432] Van Dijk explica que sem a noção de microestrutura, não há como diferenciar as macroestruturas.

Macroestruturas são informações semânticas globais que são relativas somente às microestruturas do discurso, da cognição e da interação. Em outras palavras, para os vários discursos ou sequências interativas, o mesmo tipo de informação pode funcionar tanto como microestrutura quanto como macroestrutura, dependendo da sua função semântica dentro do todo.[433]

Esses três níveis não são independentes um do outro em um texto, mas se relacionam de forma sistemática no sentido que as macroestruturas são derivadas das microestruturas. Logo, o funcionamento principal da macroestrutura dentro do texto é duplo: consiste na organização e na redução de informações complexas.[434]

Analisar as macroestruturas e as superestruturas de Lucas-Atos e Hebreus pode trazer algumas ideias a respeito da defesa de uma autoria comum. Por fim, eu farei uma comparação entre os três textos com a intenção de testar a teoria de autoria lucana de Hebreus.

---

[431] Ibid., p. 11.
[432] Ibid., p. 13.
[433] Ibid.
[434] Ibid., p. 14.

Macroestrutura e superestrutura em Lucas-Atos

A estrutura de Lucas e Atos tem sido investigada recentemente com riqueza de detalhes. O Evangelho de Lucas é visto de modo geral atualmente como o evangelho mais literário e estruturalmente artístico no cânon do Novo Testamento. Henry Cadbury demonstrou a predileção de Lucas pelo paralelismo.[435] Praeder estuda a catalogação e a análise dos paralelos lucanos sugeridos desde o século 19 até 1984.[436] Baseando-se na obra de Craig Evans, M. Goulder demonstra que a narrativa de viagem de Lucas (Lc 9.51-19.46) é quiástica.[437] O quiasma (que vem da palavra grega *chiasmos*, "uma colocação cruzada") vem da letra grega "chi" (χ), e se refere a uma ordem invertida de palavras, frases, sentenças e parágrafos, que foram o padrão ABBA.[438]

Os elementos A e B se correspondem de forma lexical ou semântica para produzir um quiasma. A narrativa de viagem de Lucas equivale a uma seção bem grande de material embutido na estrutura geral do discurso. A superestrutura quiástica dessa seção (conforme é apresentada por Goulder) é reproduzida na Tabela 9.

---

[435] H. J. Cadbury, *The Making of Luke-Acts* (New York: Macmillan, 1927). Preservarei o costume de Cadbury de se referir aos dois volumes de Lucas como "Lucas-Atos" por toda essa análise, apesar de Parsons e Pervo! J. Verheyden, "The Unity of Luke-Acts: What Are We Up To", em *The Unity of Luke-Acts*, ed. J. Verheyden (Leuven: Leuven University Press, 1999), p. 3-56, fornece o melhor estudo recente sobre a unidade de Lucas-Atos.

[436] S. M. Praeder, "Jesus-Paul, Peter-Paul, and Jesus-Peter Parallelisms in Luke-Acts: A History of Reader Response", *SBLSP*, ed. K. H. Richards (Atlanta: Chico, 1984), p. 23-39.

[437] M. D. Goulder, "The Chiastic Structure of the Lucan Journey", em *SE* II, ed. F. L. Cross (Berlin: Akademie Verlag, 1964), p. 195-202.

[438] Pode-se observar outros padrões quiásticos. N. W. Lund, *Chiasmus in the New Testament* (Chapel Hill, N.C.: University of North Carolina Press, 1942), foi um dos primeiros a realizar um estudo profundo sobre o fenômeno do quiasma no Novo Testamento. Mais recentemente, I. Thomson, *Chiasmus in the Pauline Letters*, JSNTSup 111 (Sheffield: Sheffield Academic Press, 1995), p. 13-45; e J. Harvey, *Listening to the Text: Oral Patterning in Paul's Letters*, ETS Studies 1, ed. D. Baker (Grand Rapids: Baker, 1998), p. 97-118, apresenta boas análises a respeito do cenário, da metodologia, da função e do uso do quiasma.

Tabela 9 - A estrutura quiástica da narrativa de viagem de Lucas, de acordo com Goulder.

Lucas 10.31-13.30	Lucas 14.1-18.30
10.21-24: O reino é revelado para as crianças. Os discípulos são bem-aventurados porque eles veem.	18.15-17: O reino deve ser recebido como uma criança.
10.25-37: Jesus é confrontado com a pergunta: Que farei para herdar a vida eterna? A resposta desperta ensinos de Jesus.	18.18-30: Jesus é confrontado com a pergunta: Que farei para herdar a vida eterna? A resposta desperta mais ensinos da parte dele.
10.38-42: A história de Marta e Maria reduz a importância das boas obras.	18.9-14: A parábola do fariseu e do publicano reduz a importância das boas obras.
11.1-13: Percebe-se a disposição de Deus para responder às orações.	18.1-8: Percebe-se a disposição de Deus para responder às orações.
11.14-36: Uma cura é seguida por uma discussão sobre os sinais do reino de Deus e um aviso sobre o juízo final.	17.11-37: Uma cura é seguida por uma discussão sobre os sinais do reino de Deus e um aviso sobre o juízo final.
11.37-54: Em uma refeição, Jesus repreende os fariseus e os doutores da lei pelos seus pecados.	17.1-10: Uma exortação para repreender um irmão quando ele peca é seguida por uma parábola sobre uma refeição.
12.1-48: Três temas são abordados na seguinte ordem: (1) inferno, (2) riquezas, (3) mordomia fiel.	Lucas 16: Três temas são abordados na ordem seguinte: (1) mordomo infiel, (2) riquezas, (3) inferno.
12.49-13.9: Quatro temas são apresentados na seguinte ordem: (1) transcendência da lealdade com a família, (2) ação prudente realizada de antemão, (3) arrependimento, (4) a árvore infrutífera sendo cortada.	14.25-15.32: Quatro temas são apresentados na seguinte ordem: (1) transcendência da lealdade com a família, (2) ação prudente realizada de antemão, (3) o sal insípido sendo jogado fora (4) arrependimento.

13.10-17: Uma mulher é curada no sábado. Jesus diz que os judeus tratam melhor os bois e os burros do que as pessoas.	14.1-6: Um homem é curado no sábado. Jesus diz que os judeus tratam melhor os bois e os burros do que as pessoas.
13.18-30: As parábolas do reino de Deus se encerram com a exclusão de pessoas privilegiadas do banquete messiânico e a inclusão dos menos favorecidos.	14.7-24: As parábolas relacionadas ao reino se encerram com a exclusão de pessoas privilegiadas do banquete messiânico e a inclusão dos menos favorecidos.
13.31-33: O profeta não pode morrer fora de Jerusalém.	13.34-35: Jerusalém é a cidade que mata os profetas e que apedreja os que são enviados a ela.

Talbert sugere que a viagem de Paulo a Jerusalém em Atos 15.1-21.26 espelha a narrativa da viagem de Lucas e a figura literária de Lucas neste ponto também é revelada pela estrutura quiástica desta seção.[439] A Tabela 10 ilustra a estrutura quiástica.

Tabela 10 - A estrutura quiástica de Atos 15.1-21.26.

Atos 15.1-18.11	**Atos 18.12-21.26**
15.1-29: Paulo e outros vão para Jerusalém, e no caminho relatam sobre a missão gentia. Seu relatório é bem recebido e eles são acolhidos em sua chegada a Jerusalém. Os judeus cristãos levantam a questão da lei e da circuncisão. Acontece uma reunião envolvendo Paulo e Tiago sobre essa questão. A decisão de Tiago é enviada por carta às outras igrejas.	18.12-21.26: Paulo e outros vão para Jerusalém e são recebidos com alegria. Seu relato sobre a missão gentia é bem recebido. Surge uma preocupação dos judeus cristãos sobre a lei e a circuncisão. Acontece uma reunião envolvendo Paulo e Tiago sobre essa questão. A decisão anterior de Tiago que foi enviada por carta é mantida.

---

[439] C. Talbert, *Literary Patterns, Theological Themes and the Genre of Luke-Acts*, SBLMS 20 (Atlanta: Scholars Press, 1974), p. 56-58.

15.30-16.15: Paulo volta às cidades onde ele tinha pregado o evangelho anteriormente. Ele é proibido pelo Espírito Santo de falar na Ásia. Uma visão o chama para a Macedônia.	20.13-21.14: Os presbíteros de Éfeso ficam tristes porque não verão Paulo outra vez. O Espírito Santo avisa contra ir a Jerusalém. A prisão e o sofrimento aguardam Paulo naquele lugar.
16.16-40: Um exorcismo de Paulo é seguido de tumulto. O carcereiro se converte.	19.11-20.12: Alguns judeus tentam imitar os exorcismos de Paulo. Acontece um tumulto, e Paulo salva a vida de Êutico.
17.1-15: Debates na sinagoga.	19.8-10: Debates na sinagoga.
17.16-34: Os atenienses, que já são religiosos, recebem o ensino preciso de Paulo sobre a religião verdadeira.	18.24-19.7: Apolo e 12 discípulos que já estão no caminho de Cristo recebem o ensino preciso de Paulo e seus cooperadores sobre a religião verdadeira.
18.1-11: Paulo debate na sinagoga, e se faz referência ao líder da sinagoga. Deus promete a Paulo que nenhum mal lhe acontecerá nessa cidade.	18.12-23: Paulo debate na sinagoga, e se faz referência ao líder da sinagoga. Deus cumpre a promessa que fez a Paulo que nada de mal lhe aconteceria em Corinto.

David e Doris Blood sugerem uma estrutura quiástica para a primeira seção principal de Atos.[440] Eles analisam todo o livro de Atos da seguinte forma:

Vínculo introdutório	1.1-11
Parte 1	1.12-19.20
Divisão 1	1.12-6.7

---

[440] D. and D. Blood, "Overview of Acts," *NOT* 74 (1979): p. 2. Eles entendem Atos 1.1-11 como um "elo introdutório" para o Evangelho de Lucas.

	Divisão 2	6.8-9.31
	Divisão 3	12.25-16.5
	Divisão 4	13.25-16.5
	Divisão 5	16.6-19.20
Parte II		19.21-8.31
	Introdução	19.21-22
	Divisão 1	19.23-1.16
	Divisão 2	21.17-3.11
	Divisão 3	23.12-6.32
	Divisão 4	27.1-28.16
	Divisão 5	28.17-31

Todas essas divisões são justificadas linguisticamente pelos Blood, e não é preciso explicar os mesmos princípios novamente. O quiasma na primeira seção principal é formado pelas cinco declarações sintéticas dadas no final de cada seção embutida (veja Tabela 11).[441]

Tabela 11 - Estrutura quiástica das cinco declarações sintéticas na Parte 1 de Atos.

A *ho logos* (6.7)
   B *hē ekklēsia* (9.31)
      C *ho logos* (12.24)
   B' *hai ekklēsiai* (16.5)
A *ho logos* (19.20)

Os Blood observam que esta característica da primeira seção de Atos dá proeminência e proporciona unidade, já que os temas de cada

---

[441] Ibid., p. 11.

uma das cinco declarações sintéticas são destacados e dispostos em forma de quiasma.[442]

Eles sugerem o seguinte como uma declaração de tema ou macroestrutura para Atos: "Contra as adversidades, o testemunho empoderado pelo Espírito Santo sobre Jesus é divulgado pelos discípulos desde Jerusalém até a área do mar Egeu e depois se expande, por meio do julgamento de Paulo, até Roma".[443] O versículo de preparação para todo o livro parece ser Atos 1.8, já que descreve a expansão geográfica do testemunho dos apóstolos. Logo, Lucas começa seu Evangelho em Jerusalém e termina em Jerusalém com a ascensão. Ele começa Atos com a ascensão em Jerusalém e termina com o evangelho alcançando Roma e com a prisão de Paulo naquele lugar. Tudo isso é reunido pela superestrutura do texto pelo uso de uma estrutura quiástica.[444] Não existem somente seções grandes de Lucas-Atos que apresentam as marcações da distribuição quiástica, mas alguns especialistas veem toda a obra de dois volumes como um quiasma imenso.

Robert Morgenthaler foi um dos primeiros a estudar o paralelismo linguístico que permeia Lucas-Atos. Ele observa que esse paralelismo e esse quiasma não se restringem aos níveis mais baixos do texto lucano, mas todo o discurso segue essa estrutura. Ele analisa o Evangelho de Lucas com o seguinte quiasma:[445]

Cena 1:	Narrativas de Jerusalém	1.5-4.13
Cena 2:	Na estrada (na Galileia)	4.14-9.50
Cena 3:	Na estrada (em Samaria)	9.51-19.44 para Jerusalém
Cena 4:	Narrativas de Jerusalém	19.45-24.52

---

[442] Ibid.

[443] Ibid., p. 4.

[444] D. Wiens, *Stephen's Sermon and the Structure of Luke-Acts* (North Richland Hills, Tex.: BIBAL Press, 1995) afirma que o discurso de Estêvão na verdade equivale ao esboço básico que Lucas usa para o seu evangelho. Ele sugere que a estrutura literária do discurso possui paralelos com a estrutura geral de Lucas-Atos. Os esboços quiásticos são apresentados nas páginas 241 a 266. Algumas dessas estruturas quiásticas parecem forçadas, mas Wiens apresentou informações suficientes para confirmar que Lucas aprecia a estrutura quiástica.

[445] R. Morgenthaler, *Die lukanische Geschichts-schreibungals Zeugnis: Gestalt und Gehalt der Kunst des Lukas* (Zurich: Zwingli, 1949), 1.172.

Sua análise de Lucas-Atos revela um paralelismo do tipo A B A', A B A':[446]

I. Cenas em Jerusalém Lucas 1.5-4.13
   I. Narrativa da viagem 4.14-19.44
II. Cenas em Jerusalém 19.45-24.53
III. Cenas em Jerusalém Atos 1.4-7.60
   II. Narrativa de viagem 8.1 - 21.17
IV. Cenas em Jerusalém 21.18 - 26.33
   III. Narrativa de viagem 27,1-28.31

Seguindo um raciocínio parecido, Goulder sugere que Lucas-Atos é estruturado com um quiasma subjacente com as seções seguintes: Galileia-Samaria-Judeia-Jerusalém-Ressurreição-Jerusalém-Judeia-Samaria-confins da terra.[447] A ressurreição consiste no painel central no quiasma de Goulder.

Kenneth Wolfe afirma que a análise de Goulder é essencialmente correta, mas precisa de modificações em um ponto. Em vez de a ressurreição se tratar do painel central, Wolfe sugere que a ascensão deve ser considerado o ponto central:

> Lucas situa Jerusalém de modo claro dentro do painel de Jerusalém. A declaração no início da seção da viagem (Lc 9.51) faz da ascensão (*analempsis*) o final de sua viagem a Jerusalém. No final do Evangelho, Lucas faz com que Jesus saia da cidade e ascenda ao céu (Lc 24.50-51). No resumo do conteúdo do seu primeiro volume, Lucas indica que ele tinha escrito sobre o que Jesus tinha feito até o dia em que ele ascendeu (*analemphthe* [sic] At 1.2). O resumo termina

---

[446] Ibid., p. 163.
[447] M. D. Goulder, "The Chiastic Structure of the Lucan Journey", p. 138; Morgenthaler, *Die lukanische Geschichts-schreibungals Zeugnis: Gestalt und Gehalt der Kunst des Lukas*, p. 195-196.

com uma segunda narração da ascensão e uma promessa de retorno (At 1.9-11).[448]

Logo, Wolfe defende a estrutura de Lucas-Atos da seguinte forma:

A Galileia, Lucas 4.14-9.50
  B "Viagem a Jerusalém" (passando por Samaria e Judeia), Lucas 9.51-19.40
    C Jerusalém, Lucas 19.41-24.49
      D Ascensão, Lucas 24.50-51
      D' Ascensão, Atos 1.1-11
    C' Jerusalém, Atos 1.12-8.1a
  B' Judeia e Samaria, Atos 8.1b-11.18.
A' Aos confins da terra, Atos 11.19-28.31[449]

Ethel Walls também identifica Lucas-Atos como quiástico. De acordo com ela, a estrutura do discurso passa a seguinte declaração da "ideia embrionária" ou o resumo em três pontos:

> Jesus, o profeta judeu, foi perseguido e condenado pelo seu ensino: ele foi morto, mas ressuscitou de acordo com sua própria previsão; ele comissionou Pedro e Paulo, os profetas substitutos (apóstolos), para completar sua missão.[450]

A visão que ela tem da estrutura quiástica é retratada como uma pirâmide com Lucas e Atos formando os dois lados e a ressurreição e a ascensão servindo ao que ela chama de "macroápice" da narrativa de Lucas-Atos:[451]

---

[448] K. Wolfe, "The Chiastic Structure of Luke-Acts and Some Implications for Worship", *SwJT* 22 (1980): p. 67.
[449] Ibid.
[450] E. E. Wallis, "The First and Second Epistles of Luke to Theophilus," *JOTT* 5.3 (1992): p. 229.
[451] Ibid., p. 230-231.

Prólogo
Palco
Momento motivador em Lucas 4.28
A Ação crescente (conflito) 4.28-13.35
    B Suspense (ausência de conflito) 14.1-19.44
        C Ápice (clímax e resolução) 19.45-24.53
        C' Ápice (resolução-desenrolar) Atos 1.3-6.7
    B Desenrolar 1 (a igreja na Judeia) Atos 6.8-12.25
A' Desenrolar 2 (a igreja além da Judeia) Atos 13.1-22.2
Final
Epílogo

A análise que Wallis faz do texto traz mais confirmações linguísticas de que Lucas optou pelo uso do quiasma como uma figura estilística especial para transmitir sua mensagem.

A estrutura quiástica analisada anteriormente para o todo de Lucas-Atos sobrepõe a que constitui o Evangelho, nem sempre correspondendo-a exatamente, mas colocando-se como um princípio separado de coesão e funciona para alcançar um senso geral de unidade para a obra de dois volumes.

Como um dos maiores especialistas em Lucas, Talbert publica várias obras sobre o assunto. Ele sugere o esboço seguinte para o Evangelho de Lucas e traz provas linguísticas substanciais para apoiá-lo:[452]

Prólogo - 1.1-4
A vida de Jesus antes do seu ministério público - 1.5-4.15
O ministério de Jesus na Galileia - 4.16-9.50
Viagem a Jerusalém 9.51-19.44
Últimos dias em Jerusalém; a morte, a ressurreição e a ascensão de Jesus - 19.45-24.53

Essas unidades principais correspondem de perto à estrutura sugerida tanto por Goulder quanto por Wolfe.

---

[452] C. Talbert, *Reading Luke: A Literary and Theological Commentary on the Third Gospel* (New York: Crossroads, 1982), vii-viii.

Fearghus e Fearghail também demonstrou o paralelismo entre as estruturas de Lucas-Atos. Ele formulou uma estrutura literária correspondente para os dois volumes. Cada uma possui um *proêmio*, uma seção narrativa introdutória preparando o leitor para a narrativa completa a seguir, e uma narrativa adequada ordenada em uma estrutura tripartite de acordo com as considerações geográficas.[453]

Lucas 1.1-4	Atos 1.1-26
Lucas 1.5-4.44	Atos 1.15-26
Lucas 5.1-9.50	Atos 2.1-8.3
Lucas 9.51-19:.48	Atos 8.4-1.17
Lucas 20.1-24.53	Atos 21.18- 28.31

De acordo com Fearghail, Lucas usa essa ordem geográfica para dar a sua obra de dois volumes uma "sensação forte de movimento e continuidade em manter o programa definido no proêmio".[454] Essa continuidade da narrativa do movimento sublinha a continuidade teológica entre Israel e a igreja como povo de Deus.

Obras importantes que foram lançadas nos últimos anos que lidam com esse assunto incluem o livro de Andrew Clark, *Parallel Lives* (Vidas paralelas), e Douglas McComiskey, *Lukan Theology in the Light of the Gospel's Literary Structure* (Teologia Lucana à luz da estrutura literária do evangelho).[455] Clark observa a importância de critérios identificadores para avaliar paralelos válidos em Lucas-Atos como a semelhança não somente no conteúdo, mas também na linguagem, na forma literária, na

---

[453] F. Fearghail, "The Introduction to Luke-Acts: A Study of the Role of Luke 1.1-4.44 in the Composition of Luke's Two-Volume Work," AnBib, *Investigationes Scientificae in Res Biblicas*, vol. 126 (Rome: Edtrice Pontificio Istituto Biblico, 1991), p. 84, 181.

[454] Ibid., p. 181.

[455] A. Clark, *Parallel Lives: The Relation of Paul to the Apostles in the Lucan Perspective*, Paternoster Biblical and Theological Monographs (Carlisle, Cumbria, U.K./Waynesboro, Ga.: Paternoster, 2001); D. McComiskey, *Lukan Theology in the Light of the Gospel's Literary Structure*, Paternoster Biblical Monographs (Milton Keynes, U.K.: Paternoster, 2004).

sequência, na estrutura e no tema.[456] Clark ilustra e analisa vários paralelos em Lucas-Atos, inclusive paralelos entre João Batista e Jesus encontrados nos capítulos 1 a 4 de Lucas,[457] os paralelos de Pedro e Paulo pregando em Atos,[458] Estevão em relação a Jesus e os apóstolos,[459] e paralelos entre a comissão e os milagres de Pedro e Paulo.[460]

Embora não estejamos interessados nessa altura em permanecer nas razões teológicas para o seu uso amplo de paralelismo, a tese de Clark é que Lucas está demonstrando continuidade e unidade de, pelo menos, três formas: (1) O tratamento de Deus com seu povo no Antigo Testamento e na igreja; (2) a obra de Jesus e dos seus discípulos; e (3) a missão judaica com base em Jerusalém e a missão gentia com base em Antioquia.[461] A obra de Clark revela o amplo uso que Lucas faz da síncrese, uma figura de retórica que o autor de Hebreus também usa frequentemente.[462]

McComiskey interage primeiramente com a obra de Tannehill e Talbert sobre o assunto do paralelismo em Lucas-Atos, e prosseguiu com uma avaliação de textos do Antigo Testamento e da literatura greco-romana que possuía uma estrutura semelhante a Lucas. Então, ele propõe e defende uma narrativa cíclica quádrupla para Lucas 4.14-24.53.[463] Já que já se mostrou o suficiente nesse contexto para ilustrar o uso amplo do paralelismo por parte de Lucas, e já que essa característica do estilo de Lucas na atualidade é bem reconhecida nos estudos do Novo Testamento, não precisamos nos deter em outros exemplos detalhados.[464]

---

[456] Clark, *Parallel Lives*, p. 75-77.
[457] Ibid., p. 101-110.
[458] Ibid., p. 230-260.
[459] Ibid., p. 261-280.
[460] Ibid., p. 331-335.
[461] Ibid., p. 337.
[462] Ibid., p. 320-321. A síncrese envolve descrever duas biografias com um propósito comparativo.
[463] D. McComiskey, *Lukan Theology in the Light of the Gospel's Literary Structure*, Paternoster Biblical Monographs (Milton Keynes, U.K.: Paternoster, 2004), p. 204-284.
[464] Entre outros exemplos que poderiam ser dados, veja os paralelos em Atos 10 do episódio de Cornélio e Jonas R. Wall, "Peter, 'Son' of Jonah: The Conversion of Cornelius in the Context of Canon," em R. Wall e E. Lemcio, *The New Testament as Canon: A Reader in Canonical Criticism*, JSNTSup 76 [Sheffield: Sheffield Academic Press, 1992], p. 129-140); e os paralelos entre a narrativa de Zacarias em Lucas 1 e a narrativa de Cornélio em Atos 10 (J. Green, "Internal Repetition in Luke-Acts: Contemporary Narratology and Lucan Historiography", em *History, Literature, and Society in the Book of Acts*, ed. B. Witherington [Cambridge: Cambridge University Press, 1996], p. 294).

Os muitos paralelos entre Jesus e Pedro ou entre Jesus e Paulo que se encontram em Lucas-Atos exemplificam o esquema geral de Lucas da continuidade da história da salvação. Zwiep capta a importância do intervalo de 40 dias entre a ressurreição e a ascensão na teologia de Lucas: "A função dos quarenta dias que levam à ascensão se constitui em garantir a continuação da pregação de Jesus. Eles consistem em um "último ensaio" antes de a igreja ser lançada à missão do mundo no dia de Pentecostes, dez dias depois".[465]

Usando as provas estruturais que apresentamos, estabelece-se a base para se extrair uma macroestrutura possível para Lucas-Atos. Lucas endereçou sua obra de dois volumes para um indivíduo chamado Teófilo (Lc 1.1-4), com a intenção de confirmar sua fé no relato do evangelho que ele ouviu. Não dá para saber com certeza se Teófilo era cristão na época da escrita de Lucas. Se ele não fosse, então o propósito de Lucas teria sido de despertar a fé no seu leitor. Entretanto, parece que a leitura mais provável do prólogo sugere que o propósito de Lucas era o de confirmar a fé de Teófilo. Wallis observa que é como se Lucas estivesse dizendo: "Teófilo, considere as palavras e os atos de Jesus, o Profeta grande e definitivo... Receba a confirmação – aqui está a prova de sua autenticidade".[466]

Conforme acabamos de demonstrar, Lucas centraliza sua obra de dois volumes na ascensão de Cristo. Além disso, ele apresenta Jesus como o profeta definitivo de Deus para o povo. No desenrolar do Evangelho, em particular do episódio posterior à ressurreição no caminho de Emaús, Wallis observa que Jesus cumpre a função de profeta, e que esse fato é o ponto focal.

> Os discípulos declararam que ele [Jesus] era um profeta, poderoso em palavra e em obra (24.19). Possivelmente eles

---

[465] A. W. Zwiep, *The Ascension of the Messiah in Lukan Christology* (Leiden: Koln, 1997), p. 171. A maneira pela qual Lucas escreveu Atos indica que, para Zwiep, a pregação de Cristo, conforme foi proclamada por Paulo "retorna e tem todo o apoio da comunidade de Jerusalém" (p. 174).

[466] Wallis, "Thematic Parallelism and Prominence in Luke-Acts", p. 9.

teriam sido enganados. A eles, Jesus diz: Ó néscios e tardos de coração para crer tudo o que os profetas disseram!" (24.25).[467]

O prólogo de Atos (1.1-5) apresenta um resumo do Evangelho, especialmente nos dois primeiros versículos. Em seguida passarei a minha tradução do texto grego:

> Fiz o livro anterior, ó Teófilo, que falou a respeito de todas as coisas que Jesus começou a fazer e a ensinar, até o dia no qual, depois de ter recebido o mandamento pelo Espírito Santo aos apóstolos que ele tinha escolhido, ele ascendeu ao céu.

Coloquei de propósito as palavras "ele ascendeu ao céu" no final da frase porque Lucas colocou o verbo grego no final dela para que houvesse um destaque especial. Essa é uma prova linguística complementar de que a ascensão serve como o ponto focal do Evangelho de Lucas. Logo, de acordo com Atos 1.1-2, existem três categorias subjacentes que se encontram nesse Evangelho: (1) as coisas que Jesus fez, (2) as coisas que Jesus ensinou, e (3) a ascensão de Jesus.

Orchard e Riley sugeriram que Atos 1.1-2 apresenta um bom resumo do Evangelho de Lucas. Eles destacam que depois da introdução e das narrativas de infância em Lucas 1.1-3.38, Lucas se concentra nas coisas que Jesus começou a fazer (4.1-9.50), depois no que Jesus começou a ensinar (9.51-18.30). Por fim, Lucas destaca os acontecimentos da paixão e da ressurreição, concluindo o seu evangelho com a ascensão.[468]

A partir dessa análise que acabamos de apresentar, levando em consideração os prólogos de Lucas tanto no Evangelho quanto em Atos, as declarações temáticas trazidas por Wallis e Blood e Blood, e a análise estrutural de Talbert, Goulder, Wolfe e Wallis, a macroestrutura de Lucas-Atos poderia ser apresentada da seguinte forma:

---

[467] Ibid., p. 10.
[468] B. Orchard e H. Riley, *The Order of the Synoptics: Why Three Gospels?* (Macon, GA.: Mercer University Press, 1987).

Escrevendo para Teófilo, Lucas pretende informá-lo sobre a vida, a morte, a ressurreição e a ascensão de Jesus Cristo, o profeta definitivo de Deus. A narrativa da infância (Lc 1 e 2) e o seu ministério pré-público que tem seu auge na declaração sobre o início do seu ministério galileu (4.14-15) compõem a vida de Jesus antes do seu ministério público. Os feitos de Jesus são relatados de 4.16 a 9.50, com um destaque especial em suas curas. A viagem a Jerusalém se constitui em uma seção dedicada principalmente ao ensino de Jesus, tendo seu ápice na sua chegada em Jerusalém. A seção final (19.45-24.53) narra seu conflito com os líderes religiosos. A sua prisão, o seu julgamento, sua morte, ressurreição e ascensão. O prólogo de Atos anuncia o tema que anuncia que o que Jesus começou a fazer na terra, ele continua a fazer no céu. Começando por Jerusalém, a expansão do evangelho continua para Judeia e Samaria, e, por fim, para os recantos mais longínquos da terra, quando Paulo chega em Roma. O crescimento do evangelho é acompanhado por perseguição, mas a palavra de Deus e o número de discípulos continua a se multiplicar.

Lucas conta a história cristã com uma grande habilidade literária. Sua capacidade para interligar as narrativas em estruturas paralelas fica bem clara. O seu conhecimento e o seu uso dos métodos literários gregos também são evidentes, e ele será demonstrado com mais detalhes nos próximos capítulos.

Macroestrutura e Superestrutura em Hebreus

Passamos nesta seção a considerar a Carta aos Hebreus e a sua estrutura. O modo tradicional de observar a estrutura de Hebreus foi bem-resumido por John Brown há quase 150 anos:

> A epístola se divide em duas partes - a primeira é doutrinária, e a segunda é prática - embora a divisão não seja observada de forma tão exata a ponto de não haver apelos ou chamados

para o dever na primeira parte, nem nenhuma ausência de declarações de doutrina na segunda parte.[469]

De acordo com essa análise, Hebreus consiste em duas divisões principais: uma vai de 1.5 a 10.18 e a outra vai de 10.19 a 13.17. Uma introdução temática (1.1-4) precede a primeira parte, e uma conclusão (13.18-21) e um posfácio (13.22-25) vêm depois da segunda parte. A primeira parte é descrita como "doutrinária", "dogmática", ou "querigmática", enquanto a segunda parte é classificada como "prática", "parenética" ou "ética".[470]

Apesar de alguns especialistas ainda aceitarem essa estrutura bipartite tradicional, fica cada vez mais claro que essa tese precisa ser modificada. Por exemplo, O. Michael conclui que as partes mais salientes de Hebreus são as passagens exortativas.[471] Kümmel concorda e diz que essas passagens (2.1-4; 3.7-4.11; 5.11-6.12; 10.19-25; 12.1-2) funcionam como o objetivo e o propósito de todo o discurso.[472] F. F. Bruce concorda com essa avaliação e defende que o auge de Hebreus ocorreu em 10.19-25. "O argumento que precede leva, passo a passo, a essa exortação, e o que vem depois só o confirma".[473]

O texto apoia essa análise, porque, em 13.22, o autor fala do seu texto como "uma palavra de exortação". Logo, dentre os quatro tipos principais de discurso (narrativo, procedural, expositivo e exortativo), Hebreus se enquadra melhor na última categoria. Os imperativos e os subjuntivos exortativos na carta serão classificados no nível mais alto.

A análise detalhada da estrutura de Hebreus realizada por A. Vanhoye deu início à busca moderna pela estrutura de Hebreus.[474] Ele propõe a seguinte estrutura quiástica para Hebreus:

---

[469] J. Brown, *An Exposition of the Epistle of the Apostle Paul to the Hebrews*, ed. D. Smith, The Geneva Series of Commentaries (Edinburgh: William Oliphant & Co., 1862; reimpr., Edinburgh: Banner of Truth Trust, 1961), p. 10.

[470] Ibid.

[471] O. Michel, *Der Brief an die Hebräer*, KEK, ed. H. Meyer (Göttingen: Vandenhoeck & Ruprecht, 1975), p. 27.

[472] W. Kümmel, *Introduction to the New Testament*, ed.rev., trad. H. C. Kee (Nashville: Abingdon, 1975), p. 390.

[473] F. F. Bruce, "The Structure and Argument of Hebrews," *SwJT* 28 (1985): p. 6.

[474] A. Vanhoye, *La Structure Litteraire de l'epitre aux Hebreux*, 2ª ed. (Paris: Desclee De Brouwer, 1963); id., "Discussions sur la Structure de l'epitre aux Hebreux," *Bib* 55 (1974): 349-380; id., "Literarische Struktur

Introdução
1.5-2.18
Escatologia
3.1-5.10
Eclesiologia
5.11-10.39
Sacrifício
11.1-12.13
Eclesiologia
12.14-13.19
Escatologia
13.20-21[475]
Conclusão

Um dos estudos mais importantes sobre a estrutura de Hebreus é "A Discourse Analysis of Hebrews" (A análise do discurso de Hebreus) de Linda Lloyd Neeley.[476] Ela interage com as conclusões de Vanhoye, e ainda que ela ache que suas quebras estruturais têm que ser modificadas, ela concorda completamente que Hebreus foi estruturada em uma estrutura quiástica geral. Aceitando Hebreus como exemplo de discurso exortativo com seções grandes de explicações embutidas, ela apresenta o seguinte esboço da estrutura de seu discurso:
Introdução temática - 1.1-4

---

und theologische Botschaft des Hebräerbriefs," *SNTSU* 4 (1979): p. 119-147. Trata-se somente de uma amostra dos vários escritos de Vanhoye sobre o assunto. L. Vaganay, "Le Plan de L'Épître aux Hébreux," em *Mémorial Lagrange* (Paris: Gabalda, 1940), 269-277, afirmou que Hebreus era estruturado de forma simétrica em cinco seções principais. Partindo disso, Vanhoye, *La Structure*, analisou as figuras literárias utilizadas em Hebreus e propôs uma estrutura quiástica para a epístola. Ele também criticou Vaganay bem como outras propostas de estrutura literária. J. Bligh, "The Structure of Hebrews", *HeyJ* 5 (1964): p. 170-177, e J. Swetnam, "Form and Content in Hebrews 7-13", *Bib* 55 (1974): p. 333-348, apresentou críticas à obra de Vanhoye. Swetnam acreditava que se deveria dar uma atenção maior ao conteúdo, e não para figuras literárias. J. Bligh, *Chiastic Analysis of the Epistle to the Hebrews* (Heythrop: Athenaeum, 1966), também defendeu a estrutura quiástica de Hebreus. Dussaut, *Synopse structurelle de L'Épître aux Hébreux: Approche d'analyse structurelle* (Paris: Desclée, 1981), p. 18-151, defendeu uma estrutura simétrica de Hebreus da qual o quiasma faz parte. Veja também Guthrie, *Structure*, p. 3-41, e Westfall, *Discourse Structure*, p. 1-21, para um estudo acadêmico sobre a estrutura de Hebreus.

[475] Vanhoye não inclui 13.22-25, já que os versículos 20 e 21 consistem na bênção real.
[476] Sua tese, completada em 1976, foi publicada em OPTAT (1987): P. 1-146.

Ponto 1	— 1.1-4.13
Ponto 2	— 4.14-10.18
Clímax (Ponto 3)	—10.19-13.21
Conclusão	— 13.20-21
Posfácio	— 13.22-25

Neeley extrai as declarações dos temas dos três discursos embutidos e produz a seguinte macroestrutura para Hebreus:

DE1 Deus falou conosco em seu Filho
DE2 que, como nosso sumo sacerdote, ofereceu um sacrifício pleno pelos pecados e por meio disso nos conquistou a salvação
DE3 Sendo assim, aproximemo-nos de Deus com um coração sincero e com plena convicção de fé em Jesus e na suficiência do seu sacrifício completo; apeguemo-nos com firmeza à esperança que professamos sem vacilar, e consideremo-nos uns aos outros para incentivar-nos ao amor e às boas obras.[477]

O fato de que tanto Vanhoye e Neeley propuseram uma estrutura quiástica geral para o livro nos interessa em nossa investigação de autoria. Já demonstramos que Lucas escolheu essa abordagem literária para transmitir a superestrutura de sua obra em dois volumes.

Embora a análise quiástica de Vanhoye possua os seus méritos, a análise de Neeley da estrutura quiástica é mais abrangente e convincente no aspecto linguístico, já que ela dá atenção tanto para as características superficiais quanto para a estrutura semântica. Hebreus, do mesmo modo que Lucas-Atos, demonstra possuir tanto exemplos de quiasma de baixo nível (parágrafos, seções, etc.) quanto do quiasma no nível estrutural mais alto. Com referência a esse fenômeno do quiasma em Hebreus, ela comenta:

---

[477] Ibid., p. 41.

Uma característica especial da unidade léxico-semântica de Hebreus é a ordenação quiástica das divisões semânticas principais no discurso como um todo. Essas divisões, que não correspondem exatamente com a organização de Hebreus em discursos embutidos com vários níveis de inserção, formam outro sistema de organização que é sobreposto sobre a estrutura que a constitui e que também se distingue do eixo do livro.[478]

Isso é exatamente o que descobrimos ser o caso da obra de dois volumes de Lucas. Lucas-Atos consiste primariamente de um discurso narrativo com seções grandes de explicações embutidas, enquanto Hebreus se constitui em primeiro lugar de um discurso exortativo com seções grandes de explicações embutidas. Se Lucas é o autor de todas as três obras, ele pareceria se sentir à vontade com a figura literária coesiva do quiasma.

O quiasma de Neeley deve ser demonstrado da seguinte forma:[479]

A 1.1-4.13
   B 4.14-6.20
      C 7.1-28
      C' 8.1-10.18
   B' 10.19-10.39
A' 11.1-13.25

A tabela 12 ilustra os paralelos entre as seções A e A' do quiasma.[480] Os paralelos entre B e B' são apresentados por Neeley nas tabelas 13, 14 e 15. Essas tabelas mostram introduções paralelas, avisos paralelos e lembretes paralelos, respectivamente. Demonstrei esses paralelos nas três tabelas seguintes usando a tradução de cada seção.

---

[478] Ibid., p. 61. "DE" quer dizer "Discurso embutido"
[479] Ibid., p. 62.
[480] Ibid., p. 63.

Tabela 12 — Paralelos entre Hebreus 1.1-4.13 e
Hebreus 11.1-13.21.

caps. 1-2	cap. 11
discurso expositivo embutido	discurso expositivo embutido
3.1	12.2-3
Apóstolo e Sumo Sacerdote da nossa confissão...	...Consumador da fé, Jesus... Considerai, pois, atentamente, aquele que suportou tamanha oposição...
3.6-8	12.5
Portanto, como diz o Espírito Santo: Hoje, se ouvirdes a sua voz, não endureçais o vosso coração...	exortação que, como aos filhos, discorre convosco: Filho meu, não menosprezes a correção que vem do Senhor...
4.1	12.15
Temamos, portanto, que... algum de vós tenha falhado. (*husterēkenai*).	...atentando, diligentemente, por que ninguém seja faltoso (*husterōn*) separando-se da graça de Deus...
4.11-13	12.25,28-29
Esforcemo-nos, pois, por entrar naquele descanso, a fim de que ninguém caia, segundo o mesmo exemplo de desobediência. Porque a palavra de Deus é viva e poderosa, mas todas as coisas estão descobertas e patentes aos olhos daquele a quem temos de prestar contas.	Tende cuidado, não recuseis ao que fala... retenhamos a graça, pela qual sirvamos a Deus... porque o nosso Deus é fogo consumidor.

Tabela 13 - Introduções paralelas - 10: 19-25; 4: 14-16.[481]

10.19-25	4.14-16
Tendo, pois, irmãos, intrepidez para entrar no Santo dos Santos, pelo sangue de Jesus, pelo novo e vivo caminho que ele nos consagrou pelo véu, isto é, pela sua carne, e tendo grande sacerdote sobre a casa de Deus, aproximemo-nos, com sincero coração, em plena certeza de fé, tendo o coração purificado de má consciência e lavado o corpo com água pura. Guardemos firme a confissão da esperança, sem vacilar, pois quem fez a promessa é fiel.	Tendo, pois, a Jesus, o Filho de Deus, como grande sumo sacerdote que penetrou os céus, conservemos firmes a nossa confissão. Porque não temos sumo sacerdote que não possa compadecer-se das nossas fraquezas; antes, foi ele tentado em todas as coisas, à nossa semelhança, mas sem pecado. Acheguemo-nos, portanto, confiadamente, junto ao trono da graça, a fim de recebermos misericórdia e acharmos graça para socorro em ocasião oportuna.

[481] Ibid., p. 52-53.

Tabela 14 - Avisos paralelos - 10.26-31; 6.4-8.[482]

10.26-31	6.4-8
Porque, se vivermos deliberadamente em pecado, depois de termos recebido o pleno conhecimento da verdade, já não resta sacrifício pelos pecados; pelo contrário, certa expectativa horrível de juízo e fogo vingador prestes a consumir os adversários. Sem misericórdia morre pelo depoimento de duas ou três testemunhas quem tiver rejeitado a lei de Moisés. De quanto mais severo castigo julgais vós será considerado digno aquele que calcou aos pés o Filho de Deus, e profanou o sangue da aliança com o qual foi santificado, e ultrajou o Espírito da graça? Ora, nós conhecemos aquele que disse: A mim pertence a vingança; eu retribuirei. E outra vez: O Senhor julgará o seu povo. Horrível coisa é cair nas mãos do Deus vivo.	É impossível, pois, que aqueles que uma vez foram iluminados, e provaram o dom celestial, e se tornaram participantes do Espírito Santo, e provaram a boa palavra de Deus e os poderes do mundo vindouro, e caíram, sim, é impossível outra vez renová-los para arrependimento, visto que, de novo, estão crucificando para si mesmos o Filho de Deus e expondo-o à ignomínia. Porque a terra que absorve a chuva que frequentemente cai sobre ela e produz erva útil para aqueles por quem é também cultivada recebe bênção da parte de Deus; mas, se produz espinhos e abrolhos, é rejeitada e perto está da maldição; e o seu fim é ser queimada.

---

[482] Ibid., p. 54.

Tabela 15 — Lembranças paralelas — 6.9 -20; 10: 32-39[483]

10.32-33	6.9-10
Lembrai-vos, porém, dos dias anteriores, em que, depois de iluminados, sustentastes grande luta e sofrimentos; ora expostos como em espetáculo, tanto de opróbrio quanto de tribulações, ora tornando-vos coparticipantes com aqueles que desse modo foram tratados. Porque não somente vos compadecestes dos encarcerados, como também aceitastes com alegria o espólio dos vossos bens, tendo ciência de possuirdes vós mesmos patrimônio superior e durável.	Mas estamos persuadidos das coisas que são melhores e pertencentes à salvação, ainda que falemos desta maneira, porque Deus não é injusto para ficar esquecido do vosso trabalho e do amor que evidenciastes para com o seu nome, pois servistes e ainda servis aos santos.
10.35-39	**6.11-20**
Não abandoneis, portanto, a vossa confiança; ela tem grande galardão. Com efeito, tendes *necessidade* de perseverança, para que, havendo feito a vontade de Deus, alcanceis a promessa. Porque, ainda dentro de pouco tempo, aquele que vem virá e não tardará; todavia, o meu justo viverá pela fé; e: Se retroceder, nele não se compraz a minha alma. Nós, porém, não somos dos que retrocedem para a perdição; somos, entretanto, da fé, para a conservação da alma.	Desejamos, porém, continuar cada um de vós mostrando, até ao fim, a mesma diligência para a plena certeza da esperança; para que não vos torneis indolentes, mas imitadores daqueles que, pela fé e pela longanimidade, herdam as promessas. Pois, quando Deus fez a promessa a Abraão, visto que não tinha ninguém superior por quem jurar, jurou por si mesmo, dizendo: Certamente, te abençoarei e te multiplicarei. E assim, depois de esperar com paciência, obteve Abraão a promessa, ... essa esperança temos por âncora da alma, segura e firme ...

[483] Ibid., p. 54-55.

Os paralelos entre os Cs do quiasma são relacionados em seguida na Tabela 16. Os paralelos verbais bem como os amplos paralelos semânticos entre essas duas seções contrastam os aspectos diferentes da antiga e da nova aliança.

Tabela 16 - Paralelos entre 7.1-28; 8.1-10.18.[484]

7.11-12	8.7-8
Se, portanto, a perfeição houvera sido mediante o sacerdócio levítico (pois nele baseado o povo recebeu a lei), que necessidade haveria ainda de que se levantasse outro sacerdote, segundo a ordem de Melquisedeque, e que não fosse contado segundo a ordem de Arão? Pois, quando se muda o sacerdócio, necessariamente há também mudança de lei.	Porque, se aquela primeira aliança tivesse sido sem defeito, de maneira alguma estaria sendo buscado lugar para uma segunda... Eis aí vêm dias, diz o Senhor, e firmarei nova aliança com a casa de ... Judá
7.18-19	**8.6**
Portanto, por um lado, se revoga a anterior ordenança, por causa de sua fraqueza e inutilidade (pois a lei nunca aperfeiçoou coisa alguma), e, por outro lado, se introduz esperança superior, pela qual nos chegamos a Deus.	Agora, com efeito, obteve Jesus ministério tanto mais excelente, quanto é ele também Mediador de superior aliança instituída com base em superiores promessas.
7.20-22	**9.15**

---

[484] Ibid., p. 64-65.

E, visto que não é sem prestar juramento (porque aqueles, sem juramento, são feitos sacerdotes, mas este, com juramento, por aquele que lhe disse: O Senhor jurou e não se arrependerá: Tu és sacerdote para sempre); por isso mesmo, Jesus se tem tornado fiador de superior aliança.

Por isso mesmo, ele é o Mediador da nova aliança, a fim de que, intervindo a morte para remissão das transgressões que havia sob a primeira aliança, recebam a promessa da eterna herança aqueles que têm sido chamados.

7.25-28

9.24-28

Por isso, também pode salvar totalmente os que por ele se chegam a Deus, vivendo sempre para interceder por eles. Com efeito, nos convinha um sumo sacerdote como este, santo, inculpável, sem mácula, separado dos pecadores e feito mais alto do que os céus, que não tem *necessidade*, como os sumos sacerdotes, de oferecer todos os dias sacrifícios, primeiro, por seus próprios pecados, depois, pelos do povo; porque fez isto uma vez por todas, quando a si mesmo se ofereceu. Porque a lei constitui sumos sacerdotes a homens sujeitos à fraqueza, mas a palavra do juramento, que foi posterior à lei, constitui o Filho, perfeito para sempre.

Porque Cristo não entrou em santuário feito por mãos, figura do verdadeiro, porém no mesmo céu, para comparecer, agora, por nós, diante de Deus;
nem ainda para se oferecer a si mesmo muitas vezes, como o sumo sacerdote que cada ano entra no Santo dos Santos com sangue alheio. Ora, neste caso, seria necessário que ele tivesse sofrido muitas vezes desde a fundação do mundo; agora, porém, ao se cumprirem os tempos, se manifestou uma vez por todas, para aniquilar, pelo sacrifício de si mesmo, o pecado. E, assim como aos homens está ordenado morrerem uma só vez, vindo, depois disto, o juízo, assim também Cristo, tendo-se oferecido uma vez para sempre para tirar os pecados de muitos, aparecerá segunda vez, sem pecado, aos que o aguarda para a salvação.

10.11-14

> Ora, todo sacerdote se apresenta, dia após dia, a exercer o serviço sagrado e a oferecer muitas vezes os mesmos sacrifícios, que nunca jamais podem remover pecados; Jesus, porém, tendo oferecido, para sempre, um único sacrifício pelos pecados, assentou-se à destra de Deus, aguardando, daí em diante, até que os seus inimigos sejam postos por estrado dos seus pés. Porque, com uma única oferta, aperfeiçoou para sempre quantos estão sendo santificados.

As tabelas anteriores revelam o amplo paralelismo e a organização quiástica resultante que permeia toda a carta aos Hebreus. O autor construiu seu texto com cuidado dentro de um quiasma subjacente.

A questão que temos que fazer que se relaciona a esse estudo é: Será que o uso do paralelismo, do quiasma, e da inclusão que estamos vendo em Lucas-Atos e de que Hebreus traz evidências a favor de uma autoria comum? Em tempos recentes, os escritos do Novo Testamento têm passado por estudos amplos a partir de uma perspectiva literária e linguística. Além de Lucas-Atos e Hebreus, sugerem-se estruturas quiásticas a nível de discurso para Mateus, Marcos, Romanos, 1 e 2 Coríntios, Gálatas, Filipenses, Filemom e Apocalipse. Com relação às cartas paulinas, tanto Ian Thomson quanto John Harvey concluíram (de forma acertada, na minha opinião) que o uso que Paulo faz dos quiasmas, embora às vezes se estenda por vários parágrafos ou capítulos, geralmente se limita aos níveis mais baixos do discurso.[485]

Paulo aparentemente nunca usou o quiasma como uma figura literária subjacente em nenhuma de suas cartas. Entretanto, ele o usa frequentemente nos níveis mais baixos do discurso, mas nunca se demonstrou que

---

[485] I. Thomson, *Chiasmus in the Pauline Letters*, p. 213-232; J. Harvey, *Listening to the Text*, p. 283-286.

ele o usa no nível mais alto, que é o do discurso como um todo. Isso serve como uma prova linguística adicional contra a autoria paulina de Hebreus.

No entanto, temos que admitir que Lucas-Atos e Hebreus não são as únicas, comparadas aos outros autores do Novo Testamento, a utilizar o quiasma como uma estrutura subjacente - isto é, se as estruturas quiásticas propostas para Mateus, Marcos e Apocalipse forem consideradas válidas. Blomberg acredita que os quiasmas propostos para Mateus "inevitavelmente se mostram vagos e se quebram em partes importantes".[486] Wendland reconhece quiasmas de nível baixo em Apocalipse (7.13-14), mas diz que "possuem uma variedade bem solta e temática (que pode geralmente ser interpretada simplesmente como inclusão)". Ele não encontrou nenhuma estrutura quiástica subjacente em Apocalipse.[487] Por outro lado, M. Lee propôs uma estrutura quiástica para o Apocalipse que parece ter algum mérito linguístico.[488]

Os excessos em que alguns têm feito para encontrar uma estrutura quiástica subjacente (p. ex., em algumas cartas paulinas) têm sido criticados por Harvey.[489] Geralmente se força um esboço sobre o texto que não possui quase nenhuma justificação semântica e pouco ou nenhum paralelismo.

O que devemos fazer com tudo isso? Parece que temos que admitir que Lucas-Atos e Hebreus podem não ser exclusivos entre os escritos do Novo Testamento em termos das estruturas quiásticas, mas também parece que a base evidencial para (e para a aceitação de) uma estrutura quiástica para Lucas-Atos e Hebreus pode ser demonstrada de uma forma mais clara do que a maior parte do Novo Testamento, onde o quiasma tem sido proposto como uma estrutura mais tênue.

Logo, existe uma semelhança maior entre Lucas e Hebreus no uso do paralelismo e do quiasma, enquanto Paulo não usava essas figuras literárias a nível de discurso. As evidências favorecem uma comparação positiva entre Lucas-Atos e Hebreus, e isso apresenta mais argumentos

---

[486] C. Blomberg, *Matthew*, NAC (Nashville: B&H, 1992), p. 23.

[487] E. R. Wendland, "7 x 7 (x 7): A Structural and Thematic Outline of John's Apocalypse", *OPTAT* 4 (1990): p. 376-378.

[488] M. Lee, "A Call to Martyrdom: Function as Method and Message in Revelation," *NovT* XL (1998): p. 174-190.

[489] J. Harvey, *Listening to the Text*, p. 140, 176-179, 204, 223-224, 245-248, 282.

a favor de uma autoria lucana de Hebreus, já que tanto Lucas quanto o autor de Hebreus aplicam essa técnica literária a nível macro do discurso.

O uso de características retóricas em Lucas-Atos e Hebreus

A prova anterior confirma o que se sugeriu nos últimos anos nos estudos sobre Lucas: Lucas é um artista literário habilidoso. Já que a arte retórica de Hebreus é bem conhecida, Lucas pode ser razoavelmente comparado com o autor de Hebreus nessa área. Devemos lembrar, no entanto, que Lucas-Atos equivale a um discurso narrativo com seções de explicação embutidas. Hebreus consiste em um discurso exortativo que também possui seções de explicação embutidas. Reconhecer os seus gêneros diferentes de discurso é fundamental. O que se deve levar em conta neste contexto é que, ainda que as duas obras representem gêneros de discurso que até certo ponto governam sua estrutura, ainda existe muita semelhança.

Em primeiro lugar, muitas convenções retóricas em Hebreus também podem ser encontradas em Lucas e Paulo. Conforme foi demonstrado anteriormente, Lucas faz um uso proeminente de aliteração e assonância em seu prólogo, do mesmo modo que Hebreus. Porém, além dessas figuras retóricas baixas a nível de discurso, Lucas é bem capaz de utilizar características retóricas como o quiasma no nível mais alto do discurso.

Kota Yamada afirma que a historiografia de Atos é retórica, particularmente à moda de Cícero. Ele identifica as duas tendências principais da historiografia na antiguidade greco-romana: a política e a retórica. A última possui vários tipos de escolas (a isocrateana, a peripatética, e a mista). A retórica de Cícero se encaixa na categoria mista. Ele fez seis comparações entre Lucas-Atos e a retórica de Cícero, concluindo que o gênero literário de Atos é um tipo ciceroniano de história retórica em que Lucas usa princípios retóricos a partir da historiografia retórica greco-romana.[490]

---

[490] K. Yamada, "A Rhetorical History: the Literary Genre of the Acts of the Apostles", em *Rhetoric, Scripture and Theology: Essays from the 1994 Pretoria Conference*, JSNTSup 131, ed. S. Porter e T. Olbricht (Sheffield: Sheffield Academic Press, 1996), p. 230-250.

O discurso é uma característica importante da historiografia retórica. A função dos discursos em Lucas-Atos é bem reconhecida. Quase um terço do livro de Atos contém discursos. Yamada observa que, apesar de o conteúdo dos discursos proferidos para audiências judaicas ou cristãs serem diferentes, a estrutura continua parecida. Os discursos em Atos consistem em (1) introdução (exórdio), (2) palavras querigmáticas sobre a cruz e a ressurreição (narração), (3) citações do Antigo Testamento (*probatio*), e (4) admoestações (peroração). Os discursos de missão seguem o padrão da retórica deliberativa. Os discursos de defesa de Paulo seguem a estrutura da oratória forense: (1) introdução (exórdio), (2) acusações e descrição do réu (narração), (3) corpo da apologia (*probatio*), (4) declarações de inocência (refutação), e (5) conclusão (peroração).[491]

Conclusão

As provas lexicais, estilísticas e linguísticas-textuais anteriores apoiam a autoria lucana. Com base na comparação léxica, Hebreus tem mais em comum com Lucas-Atos do que qualquer outra obra do Novo Testamento. Lucas ou Paulo poderia ser o autor, tendo em vista o grande vocabulário exclusivo que eles têm em comum com Hebreus (Lucas possui 53 itens lexicais comuns com Hebreus, enquanto Paulo possui 56). Somente com essa base, não dá para se obter conclusões fortes em favor de Lucas sobre Paulo. Entretanto, quando se considera outras informações lexicais, os escritos de Lucas tendem a se alinhar mais com Hebreus do que as cartas de Paulo. Logo, as 53 palavras exclusivas a Lucas e Hebreus se tornam um argumento importante para a autoria lucana.

Estilísticamente, Hebreus é mais próxima de Lucas-Atos do que do corpus paulino; portanto, com essa base, Lucas é o candidato mais provável. O método de citação das Escrituras, bem como o uso da Septuaginta em Hebreus associa o livro de forma mais profunda com Lucas-Atos. A avaliação dos estudos acadêmicos antigos e modernos é unânime em

---

[491] Ibid., p. 247.

concluir que o estilo de Hebreus é claramente diferente de Paulo.[492] Esse fato apresenta as provas mais importantes contra a autoria paulina. Conforme se observou anteriormente, algumas pessoas recentemente tentaram retomar a teoria da autoria paulina. Até onde posso dizer, nenhuma evidência nova foi apresentada para essa defesa que Stuart e Leonard não tenham apresentado nos séculos 18 e 19:

> Seja em termos de gramática, vocabulário, estilo, estratégia retórica, uso de convenções literárias, ou habilidade criativa, temos uma alta classificação para a autoria de Lucas. Entre os escritores do Novo Testamento, este autor está no nível daqueles que possuem o maior domínio da língua grega e é um dos mais versáteis e mais capacitados literariamente.[493]

Lucas-Atos e Hebreus apresentam tendências parecidas em seus prólogos, apesar de Lucas e Hebreus possuírem gêneros diferentes de discurso. Essa diferença torna a comparação desses prólogos mais importante. O prólogo de Lucas tem a aparência de um prólogo narrativo, enquanto Hebreus não possui esse aspecto. Porém, as semelhanças existem e podem ser interpretadas em favor de uma autoria comum.

A comparação entre as macroestruturas e as superestruturas de Lucas-Atos e de Hebreus revela uma tendência de forçar uma estrutura quiástica sobre todo o discurso. Embora o quiasma não seja raro no Novo Testamento nos níveis mais baixos do discurso, ela é bem mais rara no nível mais alto, e, por esse motivo, se fez uma comparação positiva para a nossa tese.

Antes de terminarmos a nossa análise sobre o estilo, talvez não seria muito incômodo apresentar uma citação longa, porém abrangente, sobre

---

[492] S. Davidson, *An Introduction*, p. 212, expressou isso tão bem quanto qualquer um: "Todo leitor sente que o estilo é diferente de Paulo. Os períodos são regulares e equilibrados; o ritmo tem um caráter retórico e fluente. A estrutura das frases é mais exata que a paulina; com menos rispidez e menos vigor. São muitas as expressões cheias de conotações, que são poeticamente complexas. Em vez do método dialético do apóstolo, da sua energia inflamada e apaixonada, temos a eloquência majestosa e polida de alguém que criou períodos rítmicos".

[493] E. Richard, "Luke: Author and Thinker", em *New Views on Luke and Acts*, ed. E. Richard (Collegeville, MN: Liturgical, 1990), p. 15.

esse assunto do livro *New Testament Introduction* (Introdução ao Novo Testamento) de Samuel Davidson:

> Qual é a conclusão que podemos chegar com relação ao estilo? Quer dizer que se o tom do escritor for elevado, retórico, polido, ele não é diferente de Paulo? Vamos admitir que o estilo do apóstolo varia em suas epístolas; as diferenças que podem ser observadas nesse caso não podem ser explicadas assim, porque a diversidade que aparece nos seus escritos é compatível com a sua unidade essencial. Admitamos também que a relação de Paulo com os cristãos da Palestina fosse diferente de sua relação com os outros crentes, porque ele não era um dos seus mestres. Mesmo ele não tendo fundado a igreja de Roma, o estilo da epístola dirigida a ela é bem diferente da que estamos estudando. O objeto que ele tinha em mente e o assunto que é discutido não explica o tom elevado; eles não precisavam de uma fluência maior que os assuntos de algumas epístolas paulinas. O conteúdo da carta aos Romanos exigia um estilo igualmente retórico. Se for pensado que, devido ao fato de a epístola se parecer com um tratado sobre um grande assunto, ela deve ser digna, calma e solene, o fogo de Paulo não surge nem mesmo na parte exortativa, onde nenhum traço da sua expressão característica aparece. Além disso, não é estranho que o apóstolo venha a adotar um grego mais puro e um estilo mais alto de escrita em uma epístola dirigida aos cristãos judeus – a leitores que eram os piores críticos do grego refinado?[494]
>
> Se eles fossem gentios cultos, um tom elegante teria sido adequado; por que ter uma eloquência maior e pensar bem os

---

[494] Essa última afirmação ilustra o problema que discuto no excurso no final do cap. 6. Veja, por exemplo, o comentário de Borgen: "Os especialistas não consideram a diferença entre o judaísmo palestino e o judaísmo helenístico como uma categoria básica para o nosso entendimento geral do judaísmo". P. Borgen, *The New Testament and Hellenistic Judaism*, ed. P. Borgen e S. Giversen (Aarhus, Denmark: Aarhus University Press, 1995; reimpr. Peabody, MA: Hendrickson, 1997), p. 11.

períodos para o uso dos judeus cristãos? Portanto, chegamos à conclusão de que o apóstolo Paulo não escreveu a carta... É a diversidade em meio à semelhança [com os escritos de Paulo] que torna mais provável que tenha sido outro autor.[495]

Fica a pergunta que não quer calar: Como podemos explicar as semelhanças lexicais que existem claramente entre Lucas, Paulo e Hebreus; a semelhança estilística entre Lucas e Hebreus, e as diferenças entre Paulo e Hebreus? A melhor leitura das evidências é que esses fatores apontam para Lucas como autor de Hebreus – ou, no mínimo, que ele foi coautor juntamente com Paulo. Na verdade, as mesmas provas que distanciam Paulo de Hebreus trazem um vínculo de Lucas com essa epístola.

Depois de estudar os dados linguísticos que provas podemos encontrar com relação à teoria da autoria lucana a partir de uma comparação entre o tema e o propósito de Lucas-Atos e Hebreus? A comparação entre esses elementos revela que as obras são essencialmente as mesmas em alguns aspectos. Passaremos a realizar justamente essa análise.

---

[495] S. Davidson, *Introduction*, p. 214-215.

CAPÍTULO 4
A comparação entre o propósito de Lucas-Atos e o propósito de Hebreus[496]

O propósito deste capítulo reside em apresentar evidências para a autoria lucana de Hebreus com base em uma comparação do(s) propósito(s) de Lucas-Atos e Hebreus. Com certeza, dois autores podem escrever para destinatários diferentes (ou ainda ao mesmo destinatário) com o mesmo propósito em mente. A identidade de propósito entre as duas obras não é, por si só, uma questão de identificação de autoria. Entretanto, se existem evidências lexicais e semânticas nos prólogos de Lucas-Atos e de Hebreus e nas seções exortativas dessas obras, essas evidências aproximam ainda mais essas obras e devem ser consideradas na questão da atribuição da autoria.

O Propósito de Lucas-Atos

A definição do propósito ou dos propósitos de Lucas-Atos é um desafio para os estudiosos de Lucas. A história da pesquisa sobre esta questão

---

[496] Boa parte deste capítulo apareceu em meu artigo "The Purposes of Luke-Acts and Hebrews Compared: An Argument for the Lukan Authorship of Hebrews", em *The Church at the Dawn of the 21st Century* (Dallas: Criswell Publications, 1989), p. 223-235.

tem produzido vários resultados.[497] Morgenthaler demonstrou as várias maneiras pelas quais Lucas liga cenas paralelas em seu Evangelho com cenas e acontecimentos semelhantes em Atos. O resultado é um padrão de duplicidade, não somente na forma, como também no conteúdo, com os temas duplos da rejeição judaica e da aceitação gentia permeando a obra de dois volumes.[498]

Temos que perguntar como o propósito de Lucas é alcançado por meio dessa estrutura e desse conteúdo. Mas primeiro temos que definir se Lucas é escrito para judeus cristãos ou cristãos gentios. As descobertas de Morgenthaler referentes à possibilidade de Lucas estar abordando a questão judaica ou gentia é que a resposta depende da direção para a qual se olha (em Lucas-Atos).[499]

Levando-se em consideração o andamento dos estudos de Lucas na atualidade e o interesse óbvio de Lucas nas questões judaicas, parece que a questão não contempla um dos interesses, mas os dois. Lucas não tenta responder só à questão judaica ou só à questão gentia, mas, em vez disso, ele quer atender as duas simultaneamente. Essas duas questões apresentam

---

[497] Veja F. Bovon, *Luke the Theologian: Fifty-five Years of Research (1950-2005)*, 2ª ed. rev. (Waco: Baylor University Press, 2006), que é o estudo mais abrangente sobre a pesquisa de todas as questões lucanas, inclusive a do propósito. Veja também R. Maddox, *The Purpose of Luke-Acts* (Edinburgh: T&T Clark, 1982); E. Richard, "Luke—Writer, Theologian, Historian: Research and Orientation of the 1970's", *BTB* 13 (1983): p. 3-15; R. Brawley, "The Pharisees in Luke-Acts: Luke's Address to Jews and His Irenic Purpose," (tese de doutorado, Princeton Theological Seminary, 1978); R. Brawley, *Luke-Acts and the Jews: Conflict, Apology, and Conciliation* (Atlanta: Scholars Press, 1987); P. Esler, *Community and Gospel in Luke-Acts: The Social and Political Motivations of Lucan Theology*, SNTSMS 57 (Cambridge: Cambridge University Press, 1987); e J. Jervell, *The Theology of the Acts of the Apostles* (Cambridge: Cambridge University Press, 1996). Além do livro de Bovon, uma infinidade de artigos abordando o cenário histórico, social e literário de Lucas-Atos foi publicada. Um resumo útil de alguns deles pode ser encontrado no artigo de F. Downing: "Theophilus's First Reading of Luke-Acts", in *Luke's Literary Achievement: Collected Essays*, JSNTSup 116, ed. C. M. Tuckett (Sheffield: Sheffield Academic Press, 1995), p. 91-109. Veja também S. Spencer, "Acts and Modern Literary Approaches", em *The Book of Acts in Its Ancient Literary Setting*, ed. B. Winter e A. Clarke (Grand Rapids: Eerdmans, 1993), p. 381-414. O artigo de D. Peterson no mesmo volume: "The Motif of Fulfillment and the Purpose of Luke-Acts", também é um estudo útil (p. 83-104). Mais recentemente, veja o livro de Peterson "Luke's Theological Enterprise: Integration and Intent", p. 521-544, que se constitui em um bom resumo desses temas. D. Peterson, *Witness to the Gospel: The Theology of Acts* (Grand Rapids: Eerdmans, 1998), que ele editou juntamente com I. H. Marshall. Um resumo breve e acessível dos propósitos propostos para Lucas com uma bibliografia útil pode ser encontrado em W. Liefeld, *Interpreting the Book of Acts*, em Guides to New Testament Exegesis (Grand Rapids: Baker, 1995), p. 30-33.

[498] R. Morgenthaler, *Die lukanische Geschichts-schreibungals Zeugnis: Gestalt und Gehalt der Kunst des Lukas* (Zurich: Zwingli, 1949), 1.190. Veja também C. K. Barrett, *Luke the Historian in Recent Study* (London: Epworth, 1961), p. 37-41.

[499] Ibid.

os dois pilares sobre os quais Lucas constrói seu propósito principal para escrever: o de confirmar a fé de Teófilo e motivá-lo a permanecer na vida cristã apesar dos problemas e das tentações. O grande plano da salvação de Deus, iniciado no Antigo Testamento, agora foi consumado em Cristo e em sua igreja. O cristianismo se constitui no cumprimento da esperança de Israel do Antigo Testamento. Bock resumiu a questão: "Se existe algum movimento rumo a um consenso sobre Lucas, é que os seus dois volumes consistem em uma explicação das origens da nova comunidade agora conhecida como igreja - um exercício que na atualidade seria chamado de legitimação sociológica".[500]

Os estudos recentes de Lucas produzem muitos artigos e livros que lidam com a judaicidade de Lucas-Atos. A ideia de que Lucas foi escrito para judeus cristãos não é nova. Em 1841, Schneckenburger analisou o propósito de Atos e concluiu que ele foi escrito para judeus cristãos.[501] Em 1970, A. J. Mattill, com base em Schneckenburger, afirmou que o propósito de Lucas em Atos era defender Paulo contra as acusações dos judeus cristãos.[502] Com base em Schneckenburger, Jervell afirmou que o propósito principal de Atos era resolver o problema do relacionamento entre os cristãos e a lei judaica.[503] Com um raciocínio semelhante, tanto D. Juel como R. O'Toole sugeriram destinatários judeus para Lucas-Atos.[504]

Agora se reconhece que Lucas-Atos pode ter sido escrito para destinatários judeus cristãos, o que representa uma mudança de paradigma importante. Entretanto, eu não acredito que Schneckenburger, Mattill, e Jervell tenham descoberto o propósito principal de Lucas. Uma defesa da autoridade apostólica de Paulo ou da sua judaicidade (duas noções que

---

[500] D. Bock, "Luke," *The Face of New Testament Studies: A Survey of Recent Research*, ed. S. McKnight e G. Osborne (Grand Rapids: Baker, 2004), p. 350.

[501] M. Schneckenburger, *Über den Zweck der Apostelgeschichte* (Berne: C. Fischer, 1841), p. 127-151.

[502] A. J. Mattill, "The Purpose of Acts: Schneckenburger Reconsidered", em *Apostolic History and the Gospel: Biblical and Historical Essays Presented to F. F. Bruce on His 60th Birthday*, ed. W. W. Gasque and R. P. Martin (Grand Rapids: Eerdmans, 1970), p. 117.

[503] J. Jervell, *Luke and the People of God: A New Look Atos Luke-Acts* (Minneapolis: Augsburg, 1972).

[504] D. Juel, *Luke-Acts: The Promise of History* (Atlanta: John Knox, 1983); R. O'Toole, "Acts 2.30 and the Davidic Covenant of Pentecost," *JBL* 102 (1984): p. 245-258. Ao considerar o suposto propósito apologético romano para Lucas-Atos, parece difícil superar a crítica saliente trazida por Barrett: "Nenhum oficial romano teria filtrado tanto daquilo que para ele não passaria de lixo teológico e eclesiástico para alcançar um grão tão minúsculo de apologia relevante" (C. K. Barrett, *Luke the Historian*, p. 63).

podem ser temáticas legítimas em Atos) não refletem adequadamente o propósito de Lucas nem consideram a unidade de Lucas-Atos. Seja qual for o propósito que Lucas imaginou, ele tem que ter contemplado os dois volumes, e isto não é tratado adequadamente por Schneckenburger, Mattill e Jervell.[505]

Houlden afirmou que o propósito de Lucas era motivado pelo ressentimento dos judeus cristãos com relação ao número crescente de cristãos gentios na igreja.[506] A data tardia (final do primeiro ou início do segundo século) que ele atribui a Lucas-Atos é em parte porque ele vê o propósito desse modo. No entanto, as evidências não apoiam essa data tardia.[507]

Com certeza a data em Lucas-Atos reflete um conflito entre o Israel não regenerado e o novo povo de Deus. Houlden reconheceu este conflito e concluiu de forma correta que não se pode escolher entre ser a favor ou contra uma posição judaica em Lucas. Ele errou propondo uma data tardia para Lucas-Atos e depois sugerindo que os cristãos de Lucas não estavam diretamente envolvidos nas relações judaicas, mas estavam envolvidos em um conflito dentro da igreja.

O problema que motivou Lucas a escrever pode até ter sido interno, mas ele não se tratava de um conflito entre cristãos judeus e gentios. A tese de Houlden não leva totalmente em conta o prólogo de Lucas ao definir o propósito lucano. Conforme Bock afirmou, "Lucas afirma que o cristianismo era uma extensão natural do judaísmo".[508]

Antes de apresentarmos uma interpretação do propósito de Lucas, seria útil identificar certos pressupostos. Algumas pessoas podem questionar um ou mais deles, mas as evidências de Lucas-Atos podem ser interpretadas assim. Em primeiro lugar, Lucas-Atos deve ser tratado como uma unidade

---

[505] D. Buckwalter observou que muitos especialistas veem o propósito de Lucas como uma reação negativa a uma situação em particular. Ele sentiu que isso deveria ser acentuado como a ideia de que Lucas lidava com alguma dificuldade de entendimento do leitor, de forma bem parecida com a que Priscila e Áquila agiram com Apolo. Além disso, Buckwalter sugere que Lucas está "destacando novamente" alguns ensinos cristãos que os leitores já conheciam "para incentivá-los a perseverar em sua caminhada cristã". D. Buckwalter, *The Character and Purpose of Luke's Christology* (Cambridge: Cambridge University Press, 1996), p. 72. A abordagem de Buckwalter tem o seu devido valor.

[506] J. Houlden, "The Purpose of Luke", *JSNT* 21 (1984): p. 53-65.

[507] Veja o cap. 7.

[508] D. Bock, "Luke", p. 351.

tanto na estrutura quanto no propósito.[509] Destacar somente o propósito de Lucas ou de Atos levará a uma perspectiva distorcida e truncada do objetivo geral de Lucas.[510]

Em segundo lugar, Lucas está escrevendo para judeus cristãos, e não somente para destinatários judeus não cristãos ou um simplesmente para destinatários gentios. Ainda, qualquer descrição do propósito de Lucas tem que examinar os prólogos tanto de Lucas quanto de Atos. Nesse aspecto, Lucas quase nos confessa sua declaração secreta de propósito. Por fim, questões de continuidade ou descontinuidade têm que ser reconhecidas na escrita de Lucas. Esses são dois destaques que destacam mais a continuidade do que a descontinuidade.[511] Nesse contexto, tanto a questão judaica quanto a questão gentia são refletidas. Houlden está certo: "Se a escolha estiver limitada entre Lucas ser pró-judaico ou anti-judaico, então não se pode fugir da incongruência".[512]

A minha abordagem do propósito de Lucas envolve uma síntese das descobertas valiosas de Morgenthaler, Van Unnik, Maddox, Juel e O'Toole. O estudo cuidadoso de Morgenthaler sobre a estrutura lucana revela a necessidade de se ver Lucas-Atos como uma unidade quando se reflete sobre a questão do propósito. Sua declaração que Lucas-Atos são tanto a favor dos judeus quanto dos gentios deve receber as devidas correções para qualquer pessoa que queira se basear nas evidências que são tão difíceis a partir dos dois lados da questão.

Alguns podem desejar me questionar com minhas próprias palavras aqui à luz do Capítulo 6, no qual destacarei os aspectos judaicos de

---

[509] J. Dawsey, "The Literary Unity of Luke-Acts: Questions of Style—A Task for Literary Critics", *NTS* 35 (1989): p. 48–66.

[510] São muitos os livros que falam sobre esse assunto, mas a maioria dos especialistas ainda considera Lucas-Atos como uma unidade literária. J. Verheyden, "The Unity of Luke-Acts: What Are We Up To", em *The Unity of Luke-Acts*, ed. J. Verheyden (Leuven: Leuven University Press, 1999), p. 3–56, apresenta um dos melhores estudos sobre a unidade de Lucas-Atos. C. Rowe, "History, Hermeneutics and the Unity of Luke-Acts", *JSNT* 28 (2005): p. 131–157, também é útil e acessível. A obra mais recente que se opõe à unidade literária é a de P. Walters, *The Assumed Authorial Unity of Luke and Acts: A Reassessment of the Evidence*, SNTMS 145 (Cambridge: Cambridge University Press, 2009), esp. as pp. 190-194.

[511] Ao discutir as consequências da sua obra sobre o Novo Êxodo de Isaías para o estudo da teologia e da narrativa de Lucas e Atos, David Pao comentou que "tanto a continuidade quanto a descontinuidade com o passado devem ser reconhecidas". D. Pao, *Acts and the Isaianic New Exodus* (Tübingen: Mohr Siebeck, 2000), p. 252. Veja especialmente o cap. 2 (p. 37–69) sobre esse assunto.

[512] J. Houlden, "The Purpose of Luke", p. 60.

Lucas-Atos. (Eu não destaco esses fatores para determinar o propósito, mas para defender a probabilidade de que Lucas é judeu). Os fatores que fizeram com que os especialistas sugerissem que Lucas era gentio ou escreveu para os gentios são bem conhecidos e não são apresentados por aqui.[513]

A sugestão de R. O'Toole de que Lucas possui um tema dominante ao qual todos os outros estão subordinados parece correta. Ele afirmava que esse tema é "que o Deus que trouxe salvação ao seu povo no Antigo Testamento continua a fazer isso, especialmente mediante Jesus Cristo".[514] Esse pode ser o tema teológico dominante de Lucas, mas não consiste no propósito dominante. O tema e o propósito, embora estejam interligados em uma determinada obra, devem ser diferenciados neste contexto. O propósito geral de Lucas é exortativo, não expositivo. A sua exposição (tema) está por trás de sua tentativa de exortar seu leitor ou leitores para um curso de ação (propósito). O'Toole não nega isso; ele simplesmente não deixa claro o suficiente o propósito exortativo do tema de Lucas.

A importância do prólogo de Lucas para definir seu propósito agora é amplamente reconhecida. Juel concluiu a partir de Lucas 1.4 que Lucas tinha uma intenção exortativa de persuadir. A motivação principal de Lucas-Atos surgiu de dentro da comunidade de fé, em vez de fora dela.[515] Entretanto, sua datação de Lucas-Atos para o século 2 é exageradamente tardia. Juel não consegue explicar de forma adequada a necessidade dos leitores de Lucas de lidar com sua separação da comunidade judaica. Ele simplesmente supôs que essa separação já acontecera.

Esses judeus cristãos, de acordo com Juel, precisavam de uma explicação de sua identidade na igreja do século II. Porém, será que eles precisavam de uma explicação, ou de uma motivação para continuar como povo de Deus (em continuidade com o Antigo Testamento) apesar da perseguição judaica? A descrição que Juel faz do propósito de Lucas é essencialmente correta se entendermos "explicação" como algo que envolva a motivação,

---

[513] Para as evidências de que Lucas era gentio ou escreveu para destinatários gentios, veja J. Fitzmyer, *The Gospel According to Luke (I-IX): Introduction, Translation, and Notes*, AB 28 (Garden City: Doubleday, 1981), p. 35-62. Cf. também a compilação de provas por Esler, *Community and Gospel in Luke-Acts*, p. 30-45.
[514] R. O'Toole, *The Unity of Luke's Theology*, GNS 9 (Wilmington: Michael Glazier, 1984), p. 17.
[515] Juel, *Luke-Acts: the Promise of History*, p. 119.

mas situar os destinatários no século II é um exagero. Por que não propor uma data durante a década de 60, um pouco antes da Guerra Judaica? Os judeus cristãos desse período precisavam saber que a identidade deles como povo de Deus estava segura, e que sua confiança enfraquecida precisava de uma renovação diante da oposição e da dura perseguição.

De modo parecido, Maddox concluiu a partir de Lucas 1.4 que Lucas escreveu para "confirmar para os cristãos de sua época que a fé em Jesus não se trata de nenhuma aberração, mas do alvo autêntico para o qual os tratamentos antigos de Deus com Israel se dirigiam".[516] Lucas possui dois grandes destaques doutrinários, de acordo com Maddox. Um reside na eclesiologia, para a qual Lucas aborda a questão sobre quem é o povo de Deus. A sua segunda ênfase é a escatologia, mas não no sentido defendido por Conzelmann e Käsemann. A igreja primitiva vive em uma época de realização, onde a salvação é acessível. No entanto, ainda falta o cumprimento definitivo que a igreja espera com confiança e esperança.[517] Com essa mensagem de apoio, Lucas escreveu para motivar seus leitores a seguirem a Jesus com uma lealdade inabalável. Será que esse também não é o teor de Hebreus? O seu destaque na escatologia em um contexto pastoral de exortação e o seu encorajamento são bem conhecidos.

Bock reconheceu a influência judaica expressiva sobre o evangelho de Lucas, além do destaque na perseverança: "O destaque em temas como a perseverança parece sugerir destinatários que precisam persistir na comunidade diante da rejeição judaica em vez de destinatários a quem se dirige um apelo estritamente evangelístico para alcançarem a salvação".[518] Ele concluiu que o propósito de Lucas não é tão evangelístico já que consiste em um convite para "estar firme e perseverar na fé, para experimentar a fé ao máximo, reconhecendo que Deus definiu que tanto os judeus quanto os gentios façam parte da nova comunidade".[519] "A questão da rejeição

---

[516] Maddox, *The Purpose of Luke-Acts*, p. 187.
[517] Ibid., p. 185-186.
[518] Bock, "Luke", p. 371.
[519] Ibid. Veja também D. Bock, *Luke 1.1-9.50*, BECNT (Grand Rapids: Baker, 1994), p. 14-15.

judaica explica a preocupação pastoral de assegurar Teófilo da integridade do movimento e fazer um apelo em favor da perseverança".[520]

Van Unnik afirmou em 1960 que Atos tem que ser visto como a "confirmação" do Evangelho de Lucas.[521] O seu artigo geralmente tem sido negligenciado na discussão referente ao propósito de Lucas-Atos. Maddox foi um dos poucos que se referiu a ele, no primeiro capítulo do livro *The Purpose of Luke and Acts* (O propósito de Lucas e Atos), e ele prometeu que o mencionaria de novo. De fato, ele fez isso quando apresentou sua visão sobre o propósito de Lucas. Maddox via a tese de Van Unnik como a descrição mais válida do propósito subjacente de Lucas.

Van Unnik considera o propósito geral de Lucas-Atos como o de apresentar o plano da salvação de Deus por meio de Jesus, e demonstrar como ele foi executado para aqueles que não viram Jesus em carne e osso.[522] Ele acredita que Hebreus 2.3-4 descreve o que Lucas realizou em sua obra em dois volumes.[523] Van Unnik deu a entender que Lucas pode ter escrito para dar "certeza" para alguém que estava quase abraçando o cristianismo.[524] No entanto, sua afirmação seguinte se aproxima mais da verdade: "Pode ser que Lucas tenha compilado seu livro para pessoas como aquelas de Hebreus que estavam vacilando na fé".[525] O prólogo de Lucas se encaixa bem nessa proposta.

Aqui chegamos na explicação mais frutífera do propósito geral de Lucas, uma trilha seguida por Maddox e, até certo ponto, por O'Toole. Morgenthaler abriu esse caminho quando ele sugeriu que a estrutura de Lucas era uma chave fundamental para entender seu propósito, que era testificar pela boca de duas testemunhas (razão do paralelismo em Lucas-Atos). Após seguir todas as outras linhas, Maddox descobriu que elas sempre voltavam para o propósito pastoral que Van Unnik sugeriu no princípio: não vacile na fé, fique firme, prossiga para o alvo.

---

[520] Bock, "Luke", p. 351.
[521] W. C. van Unnik, "The 'Book of Acts,' the Confirmation of the Gospel", *NTS* 4 (1960): p. 26-59.
[522] Ibid., p. 49, 58; cf. também O'Toole, *The Unity of Luke's Theology*.
[523] Van Unnik, "The Book of Acts", p. 46-47.
[524] Ibid., p. 59.
[525] Ibid.

Van Unnik explicou vários paralelos entre os prólogos de Lucas-Atos e Hebreus 2.3-4 e concluiu que a passagem de Hebreus traz a pista para entender o propósito de Lucas (pelo menos para Atos):

> Essas palavras para a segunda parte dessa passagem da Epístola aos Hebreus podem ser usadas com propriedade como título do segundo volume de Lucas. Estou firmemente convencido de que aqui encontramos o propósito de Atos, o ângulo segundo o qual temos que olhar para encontrar a perspectiva correta, ou como podem dizer: o fio oculto que segura a corrente de pérolas.[526]

Van Unnik fez as seguintes comparações: em primeiro lugar, a expressão em Hebreus 2.3, *hētis archēn labousa laleisthai dia tou kuriou*, é paralela a Atos 1.1— *peri pantōn, ō Theophile, hōn ērxato ho Iēsous poiein te kai didaskein*. Em segundo lugar, vários elementos que se constituem em temas em Atos se encontram em Hebreus 2.3-4: a salvação, a ideia de "testificar", sinais e maravilhas, e distribuições do Espírito Santo. Em terceiro lugar, a atividade de Deus descrita em Hebreus 2.3-4 remete a Atos 14.3—Paulo e Barnabé confiaram no Senhor, *tō marturounti [epi] tō logō tēs charitos autou, didonti sēmeia kai terata ginesthai dia tōn cheirōn autōn* ("o qual confirmava a palavra da sua graça, concedendo que, por mão deles, se fizessem sinais e prodígios"). Ainda, o *sun* no verbo composto de Hebreus 2.4 chama atenção ao fato de que existem também outras testemunhas. Van Unnik refere isso ao verbo anterior *ebebaiōthē*. A expressão "pelos que a ouviram" em Hebreus 2.3 indica testemunhas, que corresponde a Atos 1.8: "e ser-me-eis testemunhas". Por fim, Jesus é o *archēgon tēs sōtērias* em Hebreus 2.10, e esse título dele somente é encontrado em Atos 3.15 e 5.31 no restante do Novo Testamento.[527]

O significado de Hebreus 2.3-4 é que existe uma ponte sólida entre a atividade salvadora de Jesus e aqueles que não tiveram contato pessoal com ele. Esta salvação é confirmada e sancionada por Deus; seus dons

---

[526] Ibid., p. 49.
[527] Ibid., p. 47-48.

milagrosos solidificaram a ponte entre Jesus e seus seguidores. Contudo, é possível rejeitar a consequência desta salvação (a maturidade cristã) por meio da incredulidade e da desobediência. O propósito de Hebreus deve exortar os leitores à firmeza na fé.[528]

A passagem de Hebreus 2.3-4 logo se torna uma excelente explicação para o vínculo entre o Evangelho de Lucas e Atos. O restante do artigo de Van Unnik resume como isso acontece por meio de uma análise do conceito de "salvação" em Atos, o conceito de "testemunha", o fato de que este testemunho é dado pelo próprio Deus, e o conceito lucano de receber esta mensagem de salvação. Van Unnik concluiu ser possível que o propósito de Lucas seja parecido com o de Hebreus: desafiar os crentes a amadurecer e não vacilar na fé.[529]

As conclusões de Van Unnik sobre a noção de "testemunho" encontrada em Lucas-Atos e Hebreus foram confirmadas por Trites, que disse: "A ideia de testemunho aparece várias vezes na epístola aos Hebreus, um fato sugerido pelo uso de palavras extraídas do vocabulário de testemunho... e a ideia de testemunha é muito parecida com aquela revelada com riqueza de detalhes no livro de Atos".[530] "Porque para o escritor de Hebreus, bem como para Lucas, a verdade de um tipo de testemunha

---

[528] Ibid., p. 48.

[529] Ibid., p. 50-58.

[530] Buckwalter observou que as circunstâncias que levaram Lucas a escrever podem ter sido os medos que seus leitores tinham diante da ameaça iminente da morte de Paulo ou a sua ocorrência recente. Ele acha a proposta de Van Unnik "intrigante", porém improvável. Ele concluiu que, já que os avisos em Hebreus não são encontrados em Lucas-Atos, os destinatários de Hebreus, de maneira oposta a Lucas-Atos, já se encontram afastados. Buckwalter, *Character and Purpose of Luke's Christology*, p. 74. Não consigo enxergar força nenhuma nessa linha de pensamento, já que Lucas-Atos consiste em um gênero narrativo, logo não possui a natureza "exortativa" subjacente de Hebreus. Além disso, por meio da escolha e da ordem do seu material, Lucas demonstrou como um autor pode ter uma intenção exortativa usando o gênero narrativo. Michael Goulder discerniu uma "diferença de motivação" no material parabólico de Mateus e Lucas; enquanto praticamente todas as parábolas de Mateus são "indicativas", as de Lucas geralmente possuem uma "intenção mais imperativa". De acordo com Goulder, a maioria das parábolas de Lucas são "claramente exortativas". M. Goulder, *Luke: A New Paradigm* (Sheffield: JSOT Press, 1994), p. 101. O tom sério de Hebreus pode também refletir os tempos turbulentos da guerra judaica que começou em 66 d.C. Ou, com uma chance bem menor, o evangelho de Lucas poderia ser datado do ano 40 d.C., como E. Selwyn sugeriu. E. Selwyn, *Saint Luke the Prophet*, (London; New York: Macmillan, 1901). Isso colocaria 25 anos ou mais entre Lucas e Hebreus. Buckwalter achava que Lucas provavelmente escreveu "debaixo de circunstâncias comuns", em vez de estar em meio a uma situação de crise. D. Buckwalter, *Character and Purpose of Luke's Christology*, p. 72. Não vejo muitas provas do que poderia ser chamado de "circunstâncias comuns" para a igreja entre 30 e 70 d.C.

exigia a confirmação de outra, neste caso, pelo testemunho das Escrituras".[531] Após destacar que Hebreus fala sobre a lei judaica das provas, com os sinais e maravilhas funcionando como testemunho confirmatório, e o testemunho do próprio Deus por meio das Escrituras, Trites observa que "de todas essas formas ela [Hebreus] merece ser comparada ao livro de Atos, onde os mesmos temas são desenvolvidos e explicados".[532] Lucas compara personagens importantes na narrativa da infância com os discípulos em Lucas 24 e em Atos. Isto sugere que o significado das "testemunhas oculares" em Lucas 1.2 deve ser explicado para incluir mais pessoas do que os discípulos de Jesus. Zacarias, Isabel, Maria, Simeão, Ana, as mulheres no sepulcro, e os personagens em Atos como Barnabé e Estevão também foram provavelmente propostos.[533]

Os paralelos entre os propósitos de Lucas-Atos e de Hebreus começam a surgir quando se considera os seguintes fatos: em primeiro lugar, o propósito declarado no prólogo de Lucas é dar a seus leitores uma "certeza". Em segundo lugar, o vínculo entre o prólogo de Atos e o livro todo com Hebreus 2.3-4, e a semelhança entre o tema de como Deus traz salvação em Lucas-Atos com o prólogo de Hebreus vincula os três livros. Em terceiro lugar, tanto Lucas quanto o autor de Hebreus dão uma atenção especial para a recepção da mensagem de salvação.[534]

O propósito de Hebreus[535]

De modo parecido, a questão sobre o propósito de Hebreus tem gerado bastante controvérsia. O. Michel, W. Kümmel e outros têm sugerido de

---

[531] A. Trites, *The New Testament Concept of Witness*, SNTSMS 31 (Cambridge: Cambridge University Press, 1977), p. 217.
[532] Ibid., p. 218.
[533] Ibid., p. 221.
[534] Veja K. Kuhn, "Beginning the Witness: The αυτοπται και ὑπηρέρται of Luke's Infancy Narrative", *NTS* 49.2 (2003): p. 237-255.
[535] Para uma visão geral, consulte D. Guthrie, *New Testament Introduction*, 4th rev. ed. (Downers Grove: InterVarsity, 1990), p. 688-695; A. Lincoln, *Hebrews: A Guide* (London: T&T Clark, 2006), p. 52-68; R. E. Glaze, *No Easy Salvation: A Careful Examination of the Question of Apostasy in Hebrews* (New Orleans:

modo acertado que o propósito de Hebreus deve ser extraído primeiramente das seções exortativas.[536] De modo diferente de Lucas-Atos, sendo um exemplo de discurso narrativo quanto à estrutura superficial, Hebreus consiste em um discurso exortativo. Por causa disso, os subjuntivos imperativos e exortativos são classificados no nível temático mais alto e exprimem melhor o propósito. As grandes seções explicativas que lidam com o sumo sacerdócio de Cristo e sobre a expiação são subordinadas estruturalmente às seções exortativas, que transmitem o propósito da escrita do autor.[537]

Os leitores de Hebreus estavam passando por um "bloqueio no desenvolvimento" em sua vida cristã. Ignorando que a redenção, o crescimento e a busca de maturidade fazem parte da salvação, esses leitores precisavam ser desafiados a cumprirem seu dever como parte do propósito redentor de Deus.[538]

A visão tradicional de que Hebreus foi escrita para judeus cristãos que tinham o risco de voltar para o judaísmo caiu no esquecimento. As evidências internas do livro indicam uma congregação passando por um conflito da perseguição crescente do lado de fora e da letargia espiritual do lado de dentro. Os leitores tinham o risco de deixar de alcançar a maturidade pela obediência e pela fidelidade a Cristo e à sua palavra.[539] Uma consequência saudável de ver Hebreus assim é que o problema das passagens classificadas como de apostasia diminui bastante. A linguagem dura de 6.1-6 e 10.26-39 não descreve a possibilidade de apostasia, mas o resultado do juízo de Deus sobre um cristão que desobedece a Palavra de Deus e não busca a maturidade cristã.[540]

Insight Press, 1966), p. 13-18; Ellingworth, *The Epistle to the Hebrews: A Commentary on the Greek Text*, NIGTC (Grand Rapids: Eerdmans, 1993), p. 78-80; e C. Koester, *Hebrews: A New Translation with Introduction and Commentary*, AB 36 (New York: Doubleday, 2001), p. 64-79. Seja qual for o propósito ou quais forem os propósitos, a carta não faz nenhuma distinção entre judeus e gentios.

[536] O. Michel, *Der Brief an die Hebräer*, KEK, ed. Heinrich Meyer (Göttingen: Vandenhoeck & Ruprecht, 1975), p. 27; W. Kümmel, *Introduction to the New Testament* (Nashville: Abingdon, 1975), p. 390; e G. Guthrie, *The Structure of Hebrews: A Text-Linguistic Analysis* (Leiden: Brill, 1994), p. 143.

[537] Veja G. Guthrie, *The Structure of Hebrews*, p. 143, e G. Hughes, *Hebrews and Hermeneutics*, SNTSMS 36 (Cambridge: Cambridge University Press, 1979), *passim*.

[538] Ibid.

[539] H. Hobbs, *Hebrews: Challenges to Bold Discipleship* (Nashville: B&H, 1971). Defendo essa posição com maiores detalhes no livro a ser lançado *Hebrews*, NAC (Nashville: B&H, 2010).

[540] Hughes, *Hebrews and Hermeneutics*, p. 5-24.

O capítulo anterior demonstrou a semelhança linguística entre os prólogos de Lucas-Atos e Hebreus. Essa semelhança era estrutural e semântica. Também acompanhamos a comparação que Van Unnik fez entre Hebreus 2.3-4 e o livro de Atos, além da sua conclusão de que Lucas-Atos e Hebreus possuem propósitos parecidos. Gostaria de ampliar um pouco essa tese examinando mais paralelos entre as passagens exortativas em Hebreus com algumas seções de Lucas-Atos.

Em Hebreus se dá um destaque expressivo no conceito do *logos* conforme foi transmitido pelos profetas e ouvido pelo povo. Hebreus nunca usa a fórmula de citação *gegraptai*, mas usa frequentemente alguma forma de *legei*. Esse uso de *logos*, interessante para a nossa tese, se encontra principalmente nas passagens exortativas. Por exemplo, o destaque em Hebreus 1.1-4 reside no fato de que o Deus que falou no passado fala nesses últimos dias em seu Filho. Essa declaração temática no prólogo serve para preparar a leitura de toda a carta.[541] Em 2.1-4, o primeiro parágrafo exortativo da carta, temos uma referência ao que os leitores tinham "ouvido", a "palavra" falada pelos anjos, a salvação que foi primeiramente "falada" pelo Senhor, e, por fim, a confirmação dela pelos leitores de Hebreus por parte daqueles que a "ouviram" primeiro. As coisas que foram faladas e o ouvir da Palavra dominam semanticamente este parágrafo.

Na segunda seção exortativa principal (3.7-4.12) encontramos mais uma vez referências à palavra falada pelo Espírito Santo na fórmula de citação *legei* e depois uma declaração sobre a importância de "ouvir" a sua voz (3.7, 15, 16; 4.7). Lemos em Hebreus 4.2 uma referência aos israelitas no deserto que tinham "ouvido" a "palavra", mas não quiseram obedecê-la. Em 4.8, Josué novamente "falou" sobre um dia no futuro. Em 4.11-12, os cristãos devem ser dedicados e não desobedecerem porque a "palavra de Deus" os julga. A palavra *logos* no sentido de "relato" aparece no final do v. 13. Na verdade, toda essa seção (3.7-4.13) é antecipada e sucedida

---

[541] Veja T. K. Oberholtzer, "The Warning Passages in Hebrews, Part 1 (de 5 partes): The Eschatological Salvation of Hebrews 1.5-2.4", *BSac* 145 (1988): p. 83-97. Veja também R. Gleason, "A Moderate Reformed View," em *Four Views of the Warning Passages in Hebrews*, ed. H. Bateman (Grand Rapids: Kregel, 2007), p. 336-377.

de referências à "palavra" que o Espírito Santo falou (3.7) e à "palavra de Deus" que traz juízo (4.12-13).[542]

Na terceira seção exortativa de Hebreus (5.11-6.12) mais uma vez o ouvir à Palavra é semanticamente dominante. O escritor tem muito a "falar" (5.11) e a sua "palavra" (isto é, "discurso") para os leitores é difícil de entender, porque eles são "tardios para ouvir". Apesar de os leitores terem o dever de serem mestres, a eles precisam ser ensinados os primeiros *logois*, os "oráculos" de Deus (5.12). Eles não são treinados na "palavra" da justiça (5.13), devem deixar os princípios elementares da "palavra" de Cristo prosseguindo para a maturidade (6.1) e provarem a boa *rhēma*, a "palavra" de Deus (6.5). O destaque neste contexto reside em ouvir a Palavra e obedecê-la, tendo como resultado o crescimento espiritual.

A sexta seção exortativa principal (12.12-29) se refere a Israel no deserto. Deus falou no monte em uma "voz de palavras", de modo que aqueles que a "ouviram" pediram licença por medo, pedindo que a "palavra" não seja dirigida a eles (12.19). Em 12.24, a nova aliança "fala" coisas melhores do que a aliança com Abel. Então, segue-se o imperativo: "cuidado" para não negar aquele que "fala" (12.25), cuja "voz" agitou a terra (12.26).

Por fim, no capítulo 13 de Hebreus, os leitores são exortados a se lembrarem de seus líderes que lhes "falaram a Palavra de Deus" (13.7). O último uso de *logos* em Hebreus ocorre em 13.22, onde toda a carta é chamada de uma "palavra de exortação" e os leitores são exortados a obedecê-la.

Esse estudo breve do uso do conceito de "palavra" em Hebreus confirma que o prólogo funciona de forma preparatória para toda a carta. O autor nunca perde de vista o fato de que Deus falou no passado, mas agora fala mediante o seu Filho aos leitores da carta.

Com referência a Lucas-Atos, descobrimos um destaque parecido na Palavra de Deus falada por meio de Jesus e dos apóstolos, e a importância do povo de Deus a recebendo. No prólogo de Lucas (1.1-4) a palavra *logos* aparece duas vezes; a segunda está na frase com *hina* de v. 4, onde se afirma

---

[542] H. Hauser, *Strukturen der Abschlusserzählung der Apostelgeschichte: Apg. 28,16-31*, AnBib 86 (Rome: Biblical Institute Press, 1979), p. 218, observou o conceito da Palavra de Deus encontrado em Hebreus 4.12 serve como uma boa definição da apresentação lucana do conceito de "palavra" em Atos.

o propósito de Lucas. No prólogo de Atos (1.1-5) existe de modo parecido um uso duplo de *logos*: no v. 1 (que se refere a um "relato" escrito anterior) e no v. 4 (a forma verbal *legōn*). O uso interessante de *akouō*, "ouvir", se encontra no v.5, onde Lucas muda do discurso indireto para o direto (com Jesus agindo como o falante) sem nenhuma fórmula de citação. Logo, também existe o destaque naquilo que é ouvido.[543]

A análise mais abrangente sobre o conceito lucano de "palavra" reside no livro *Word and Sign in the Acts of the Apostles* (Palavra e sinal em Atos dos Apóstolos) de O'Reilly.[544] Sua avaliação sobre a teologia lucana nesse ponto é confirmada pelos dados lexicais já expostos. Em Atos, usa a expressão *ho logos tou Theou* (4.31; 6.2, 7; 8.14; 11.1; 13.5, 7, 44, 46; 16.32; 17.13; 18.11). Ela também aparece em Lucas 5.1; 8.11, 21; 11.28. Em Atos, a expressão *ho logos tou kuriou* também aparece muitas vezes (8.25; 12.24; 13.48, 49; 15.35, 36; 19.10, 20). Ho logos aparece em Atos nas seguintes passagens: 4.4; 6.4; 8.4; 10.36, 44; 11.19; 14.25; 16.6; 17.11; 18.5; 20.7; e em Lucas 1.2; 8.12, 13, 15. A palavra *rhēma* pode também descrever a mensagem cristã em Atos, mas sempre no plural. Apesar de o Espírito Santo ser a fonte da Palavra em Atos, a Palavra ainda tem destaque na narrativa.[545]

O'Reilly demonstrou a estrutura literária quiástica tanto dos cinco capítulos iniciais e Atos como da história de Estêvão em 6.1-8.1.[546] Os capítulos 1 a 8 de Atos acompanha a pregação da Palavra em Jerusalém com os dois destaques do profeta pregando uma Palavra que exige obediência, e os sinais e maravilhas concomitantes que a autenticam.[547]

---

[543] O verbo ἀκούω aparece 90 vezes em Atos (60 em Lucas), cinco vezes em Atos 28.22-28. A recepção da Palavra é um conceito fundamental para Lucas. Para uma boa análise do conceito de revelação e da linguagem de ver e ouvir em Lucas-Atos, consulte D. Crump, *Jesus the Intercessor: Prayer and Christology in Luke-Acts*, Biblical Studies Library (Grand Rapids: Baker, 1992), p. 34-41.

[544] L. O'Reilly, *Word and Sign in the Acts of the Apostles: A Study in Lukan Theology*, Analecta Gregoriana 243 (Rome: Editrice Pontifi cia Universita Gregoriana, 1987). Veja também S. A. Panimolle, *Il discorso di Pietro all'assemblea apostolica* (Bologna: EDB, 1976-78), 2.75-126; Claus-Peter März, *Das Wort Gottes bei Lukas* (Leipzig: St. Benno-Verlag, 1974).

[545] O'Reilly, *Word and Sign*, p. 11. Ao situar o nascimento da igreja no dia de Pentecostes, Lucas retrata a igreja como a realização escatológica da assembleia de Israel no Sinai. A tipologia do Sinai contribui para o entendimento de Lucas sobre a Palavra. Veja também E. Haenchen, *Acts*, 14ª ed. trad. Noble and Shinn; rev. e atualizado por R. Wilson (Philadelphia: Westminster, 1971), p. 174.

[546] Veja o Apêndice I e II.

[547] O'Reilly, *Word and Sign*, p. 213.

A Palavra de Jesus traz o cumprimento definitivo das promessas de Deus. Jesus traz a Palavra escatológica da salvação divina, e a pregação dos apóstolos consiste em um "testemunho" para o cumprimento dessa Palavra, não em uma nova promessa (Palavra). A comunidade lucana não encontrara Jesus em carne. O propósito de Lucas é mostrar continuidade: "a continuidade dos pregadores atuais da Palavra com relação aos apóstolos, a continuidade da pregação dos apóstolos com relação a de Jesus e, por fim, a continuidade de Jesus com relação à revelação do Antigo Testamento por meio dos profetas".[548]

O'Reilly observou que a *logos tēs sōtērias*, "mensagem da salvação", em Atos 13.26 consiste no centro literário e teológico de Atos.[549] A expressão aparece no discurso de Paulo em Antioquia da Pisídia. Nessa passagem, o discurso de Paulo é descrito como uma "mensagem de encorajamento" na narrativa de Lucas. A única outra passagem em que encontramos essa expressão é Hebreus 13.22.

A estrutura quiástica da pregação de Pedro no dia de Pentecostes (At 2.14-40) confirma que o tema verdadeiro do discurso é a Palavra:

A statheis (v. 14)
  B epēren tēn phōnēn autou kai apephthegxato
    C ta rhēmata mou
      D epi pasan sarka (v. 17)
        E hoi hioui humōn kai hai thugateres humōn
          F ekcheō apo tou pneumatos mou (v. 18)
            G terata en tō ouranō anō kai sēmeia (v. 19)
              H aonoma kuriou (v. 21)
                I sōthēsetai... akouate tous logous toutous
                (vv. 21- 22)
              H´ Iēsoun ton Nazōraion (v. 22)
            G´ terasi kai sēmeiois

---

[548] Ibid., p. 214-215. Compare também com P. Bolt, "Mission and Witness", em *Witness to the Gospel*, p. 191-214. Veja o seu estudo sobre os usos de *logos* em Atos na p. 214.

[549] Ibid., p. 218. B. Witherington, "Salvation and Health in Christian Antiquity: the Soteriology of Luke-Acts in its First Century Setting", em *Witness to the Gospel*, p. 157.

    F´ *tou pneumatos... execheen* (v. 33)
     E´ *tous teknois humōn* (v. 39)
   D´ *kai pasin tois eis makran*
  C´ *heterois te logois* (v. 40)
 B´ *diemarturato kai parekalei*
A´ *legōn*

O'Reilly explicou:

> O elemento central de toda a simetria é claramente ἀκούσατε τοὺς λόγους τούτους [*akousate tous logous toutous*] e ele é equilibrado perfeitamente por A - A' e C - C' (falando a palavra) nas duas extremidades. De forma mais específica, é a palavra da pregação apostólica que consiste em testificar (B') e da elocução profética (B). É a palavra que deve ser ouvida (ἀκούσατε [*akousate*], v. 22; ἐνωτίσασθε [*enōtisasthe*], v.14). É uma palavra da salvação, já que a posição de *sothesetai* na estrutura indica. Isto é confirmado no final do discurso pelo quiasma. A palavra sendo pregada é a λόγος τῆς σωτηρίας [*logos tēs sōtērias*] (At 13.26) que não somente é o tema deste discurso, mas de todo o livro de Atos, e, na verdade, de todos os escritos de Lucas.[550]

O'Reilly concluiu seu último capítulo a respeito da Palavra do Senhor em Atos de uma maneira que faz lembrar muito de Hebreus:

> O cumprimento definitivo da palavra profética é a palavra pessoal. Deus falou sua palavra no passado mediante os profetas, agora ele fala pelo Filho... Como Senhor glorificado, ele é a palavra final de Deus para Israel e para o mundo. Ele é tanto o Salvador quanto a palavra dessa salvação.[551]

---

[550] O'Reilly, *Word and Sign,* p. 71.
[551] Ibid., p. 221.

Esse destaque na Palavra como Palavra de Deus se deve à redação lucana, como se pode ver na interpretação que se dá à parábola do semeador e da declaração sobre os verdadeiros parentes de Jesus (Lc 8.21).[552] O vínculo entre Atos 2.4 e Lucas 1.67 e Atos 4.31 é geralmente ignorado. Observe que em todas essas passagens que a associação entre ser cheio do Espírito Santo e o falar assume uma grande importância:

> Lucas 1.67: *kai Zacharias... eplēsthē pneumatos hagiou kai eprophēteusen*
> Atos 2.4: *kai (pantes)... eplēstheµsan pneumatos hagiou kai ērxanto lalein heterais glōssais.*
> Atos 4.31: *kai (hapantes) tou hagiou pneumatos kai elaloun ton logon tou Theou.*

Em Atos 4.31, o verbo *lalein* é usado em uma expressão que se encaixa exatamente às duas anteriores. Contudo, nessa passagem, pela primeira vez em Atos, o objeto de *lalein* claramente é a Palavra de Deus. *Lalein* se tornou um termo técnico para pregar o evangelho de Cristo, e aparece várias vezes em Atos (4.29; 8.25; 10.44; 11.19; 13.42, 46; 14.25; 16.6, 32). O verbo também é usado nesse sentido sem o objeto (At 4.1, 17, 20, 40; 6.10; 11.15, 20; 13.45; 14.1, 9; 16.13,14; 18.9, 25). Com base nisso, O'Reilly concluiu com acerto que os textos paralelos acima sugerem que a "Palavra" não perdeu suas implicações proféticas ou pneumáticas no processo (como o uso de *lalein* em outras passagens de Atos demonstra – At 3.21,22, 24; 28: 25; também em Lc 1.55, 70). "Ele ainda se refere à elocução profética debaixo da influência do Espírito Santo e agora fica mais claro do que nunca que o seu objeto é o mais adequado de toda fala profética, que é a palavra de Deus".[553]

A caracterização dos ensinamentos de Jesus como a Palavra de Deus (5.11; 8.11, 21; 11.28) apresenta uma dica para o modo que ele entendia

---

[552] Veja H. Schürmann, "Lukanische Reflexionen über die Wortverkundigung in Lk 8, 4-21", *Wahrheit und Verkundgung* 44 (1967): p. 213-228; O'Reilly, *Word and Sign*, p. 41.
[553] O'Reilly, *Word and Sign*, p. 59-60.

essa Palavra na forma em que era pregada na igreja primitiva.[554] A palavra da salvação em Atos é salvadora pelo simples fato de ser a *logos tou kuriou*. A expressão indica a palavra sobre Jesus e a Palavra de Jesus. A vinda de Jesus foi proclamada por todos os personagens proféticos da narrativa da infância (Lc 1.43, 47, 68; 2.29, 36) cuja fala é descrita pelo verbo *lalein* (1.45, 36; 2.17, 33, 38). Ele é o Salvador, sem o qual não pode haver nenhuma palavra de salvação.[555]

O'Reilly observou que a visão que Lucas tinha da pregação de Atos equivale à atividade profética:

> A palavra do pregador era verdadeiramente a palavra do Jesus, que agora fora glorificado, proclamada por meio dele. A pregação pentecostal da palavra claramente se baseia no dom do Espírito Santo que veio um pouco antes e, como uso do verbo λαλεῖν [*lalein*] em particular demonstra, é assim que acontece em todos os usos da palavra em Atos. Além disso, já que a proclamação que se denota por λαλεῖν [*lalein*] indica fala profética, concluímos que a pregação do evangelho em Atos se trata essencialmente de atividade profética. Como pregadores da palavra, os discípulos de Jesus são profetas cujo ministério se situa em uma continuidade estrita com a dos profetas do passado, mas acima de tudo, com Jesus, o profeta escatológico.[556]

---

[554] Nos Evangelhos, a expressão "Palavra de Deus" só é usada para identificar os ensinamentos de Jesus em Lucas (5.21; 8.11, 21; 11.28). Veja o verbete "Word of God" em *Dictionary of Judaism in the Biblical Period*, ed. J. Neusner e W. S. Green (Peabody, MA: Hendrickson, 1996), p. 676.

[555] O'Reilly, *Word and Sign*, p. 60-61.

[556] Ibid., p. 89-90. "A dualidade entre a palavra e o sinal que é destacada de forma tão marcante na teologia lucana da palavra agora pode ser vista como baseada no cenário teológico mais amplo de Lucas, especialmente o seu destaque na profecia e no cumprimento no desenrolar da história da salvação. Lucas entende a palavra de Deus no Novo Testamento seguindo bastante o prisma do Antigo Testamento, e a dualidade a qual temos nos referido é uma característica marcante da palavra de Deus do Antigo Testamento, especialmente da palavra profética". O'Reilly, *Word and Sign*, p. 215. Em Atos 26.23, o Cristo ressuscitado é quem fala a mensagem profética de Paulo às nações. R. F. O'Toole, "Some Observations on *Anistemi*, 'I raise,' in Acts 3.22, 26", *Science et Esprit* 31 (1979): p. 90.

A pregação de Pedro nas instalações do templo (3.19-26) possui uma estrutura quiástica:

A a ele (um profeta que Deus levantará) (v. 22)
  B a ele ouvireis (*akousesthe*)
    C Em tudo o que ele lhes disser (*lalēsē*)
  B' toda alma que não escutar (v. 23)
A a esse profeta

As palavras do profeta que pedem atenção se situam no centro (C); a instrução de ouvir e as terríveis consequências de não ouvirem fazem parte de uma *inclusão*.[557]

O formato redacional de Lucas se reflete no começo da pregação de Pedro no dia de Pentecostes (At 2.16-21) e no final do seu sermão no templo (At 3.22-26), onde uma citação do Antigo Testamento emoldura o conteúdo dos dois. Em Atos 2.18, Lucas acrescenta à citação de Joel as palavras *kai prophēteusousin*, expressando o seu destaque especial. A ideia de que a pregação dos apóstolos representa a renovação escatológica da profecia. Lucas apresenta o Jesus ressuscitado e que ascendeu aos céus como o auge da linha profética que surgiu com Moisés. Por meio do depoimento das testemunhas de Cristo, a voz do Jesus ressuscitado continua a ser ouvida. Observe as palavras acrescentadas por Lucas à citação em Atos 2.16-21: *legei ho theos* (17); *kai prophēteusousin* (18); *anō, sēmeia,* and *katō* (19). Observe também a alteração de Lucas, *en tais eschatais hēmerais* em Atos 2.17, e o seu uso pelo autor de Hebreus em 1.1-2. Em Atos 3.22-26, o Jesus ressuscitado prega pelos apóstolos a mensagem escatológica de arrependimento. Fica claro em Atos 16.24 que é o Jesus ressuscitado que fala por meio da mensagem profética de Paulo.[558] Foi dessa maneira que Lucas "encerrou" de forma retórica o livro de Atos para passar sua mensagem a Teófilo.[559]

---

[557] Ibid., p. 108.
[558] O'Toole, "Some Observations...," p. 85-92; e R. Dillon, "The Prophecy of Christ and His Witnesses According to the Discourses of Acts," *NTS* 32 (1986): p. 549.
[559] Veja Dillon, "The Prophecy of Christ and His Witnesses", p. 544-548.

O destaque de Lucas na importância de ouvir de forma exata a Palavra de Deus pode ser visto em uma comparação de seus comentários depois da parábola do semeador com Marcos, que escreve: "Atentai *no que* ouvis" (Mc 4.24); Lucas escreve: "Vede, pois, como ouvis" (Lc 8.18). Tudo isso se encaixa muito bem com o que encontramos em Hebreus. Um padrão teológico comum com relação a ouvir a Palavra começa a surgir em Lucas-Atos e Hebreus.

Além desses paralelos, aparecem outras evidências lexicais no prólogo de Lucas e em lugares estratégicos nas seções exortativas de Hebreus, e trazem um peso maior à teoria da autoria lucana. Em Lucas 1.2, aqueles que entregaram aos leitores o relato da salvação de Deus em Cristo foram testemunhas oculares do *archē*, "o princípio". Esse mesmo conceito semântico aparece no prólogo de Atos (1.1) na forma verbal *archō*. Ele aparece novamente em Hebreus 2.3 na frase "falada primeiramente [*archēn*] pelo Senhor", conforme observou Van Unnik. O que ele não afirmou é que o substantivo aparece novamente em Hebreus 3.14 na frase: "Se, de fato, guardarmos firme, até ao fim, a confiança que, desde o princípio [*archēn*], tivemos". Ele aparece mais duas vezes em Hebreus 5.12; 6.1: "os princípios básicos da revelação de Deus" e "a mensagem elementar sobre o Messias", respectivamente. Todas essas três ocorrências estão nas seções exortativas, e duas dessas três são semanticamente semelhantes aos prólogos lucanos.

Existe um grau de semelhança entre Lucas-Atos e Hebreus em palavras ou conceitos que aparecem no mesmo domínio lexical de certeza ou prova. Em Lucas 1.4, o propósito de escrever era para que Teófilo possa ter a "certeza" (*asphaleian*) das coisas sobre as quais fora instruído. Em Atos 1.3, Jesus se apresentou vivo aos apóstolos com muitas "provas convincentes" (*tekmēriois*). Em Hebreus 2.2, aquilo que foi falado pelos anjos "tinha compromisso legal" (*bebaios*). De modo parecido, em 2.3, aqueles que ouviram ao Senhor "confirmaram" (*ebebaiōthē*) a grande salvação para os leitores. Em Hebreus 3.14 temos a expressão "se mantivermos firmemente [*bebaian*] até o fim da realidade [*hupostaseōs*] que tínhamos no princípio. Temos novamente em Hebreus 6.19 uma âncora para a alma, tanto "certa" (*agkuran*) e "firme" (*bebaian*). Em Lucas 1.1, o verbo *plērophoreō* (se tem cumprido) transmite a ideia da certeza que expressa esse substantivo *plērophoria* que tem a mesma raiz. Esse substantivo aparece duas vezes em Hebreus (6.11

e 10.22), todas nas seções exortativas. Esse conceito de certeza, garantia e confirmação é proeminente em Lucas-Atos e Hebreus.

Por fim, Lucas 1.4 se refere ao propósito de Lucas que Teófilo possa "conhecer" (epignōskō) a certeza das coisas sobre as quais ele fora instruído. O substantivo cognato desse verbo, *epignōsis*, aparece em Hebreus 10.26 (novamente em uma passagem exortativa).

O que encontramos nos prólogos de Lucas lexical e semanticamente se encontra também em vários lugares por todas as seções exortativas em Hebreus. O destaque lucano na "Palavra de Deus" e a importância de "ouvir" essa palavra também aparece em Hebreus. Os paralelos entre Hebreus 2.3-4 e o propósito de Lucas-Atos, como foi observado por Van Unnik, são melhorados e reforçados pelos paralelos lexicais e semânticos adicionais extraídos do domínio lexical de "certeza" que permeia as três obras. Por fim, as seções exortativas de Hebreus transmitem as informações semânticas mais dominantes e, por causa disso, são as mais importantes para se discernir o propósito. Quando elas são comparadas com os prólogos de Lucas-Atos, cria-se a base para demonstrar que as três obras destacam um propósito parecido. Este fato, combinado com as provas adicionais de semelhança, sugere que Lucas pode ter sido o autor de Hebreus.

Algumas pessoas têm conjecturado devido o uso da palavra "primeiro" em Atos 1.1 que Lucas pretendia escrever um terceiro volume.[560] Apesar de eu acreditar que isso é improvável, se isso fosse verdade, Hebreus se encaixaria na trilogia de uma ótima forma. Lucas mostra nessa narrativa como o cristianismo cumpriu o judaísmo, a lei e os profetas. O seu grande interesse nas questões judaicas se tornou mais conhecido e apreciado pelos especialistas lucanos. Hebreus aborda esses assuntos mais a partir de um ângulo explicativo e exortativo do que propriamente o narrativo de Lucas-Atos, mas o tema e o propósito são praticamente os mesmos.

Já que Teófilo precisava de razões pelas quais o seu catecismo era verdadeiro, Lucas resolveu apresentá-las mediante a estrutura narrativa de Lucas-Atos. A grande obra da salvação de Deus por meio de Jesus é apresentada em Lucas e confirmada em Atos. Já que os destinatários de

---

[560] Como, por exemplo, E. Selwyn in *Saint Luke the Prophet*, p. 41.

Hebreus precisavam progredir das verdades fundamentais do cristianismo em direção à maturidade, então o autor cumpriu seu propósito de exortá-los a fazer isso demonstrando a superioridade teológica do cristianismo em comparação ao judaísmo. Isso é realizado alternando a exposição de questões de continuidade e de descontinuidade entre a antiga e a nova aliança, um tema que também é preponderante em Lucas-Atos. O propósito de Lucas é escrever a história de Jesus, seguida da narrativa da fundação e do crescimento da igreja primitiva. Com certeza Lucas faz isso, mas o seu propósito verdadeiro é escrever a narrativa geral da história da salvação, incluindo a continuidade e o cumprimento da grande narrativa de Deus.[561]

A visão tradicional de que os leitores de Hebreus estavam "vacilando" entre o cristianismo e o judaísmo pode encontrar apoio a partir do prólogo de Lucas onde Teófilo precisa ser esclarecido sobre a certeza do que tem sido ensinado. Entretanto, uma melhor explicação para o propósito de Hebreus seria que os leitores precisavam buscar a maturidade espiritual. O prólogo de Lucas também pode ser interpretado deste modo, sugerindo que o que Teófilo precisava era ter a garantia de que o cristianismo é verdadeiro, e que Cristo cumpriu as coisas antigas trazendo as novas.[562] Apesar de isso não ser declarado abertamente no prólogo de Lucas, podemos deduzir que quando Teófilo obtiver essa "certeza," ele será incentivado a amadurecer em seu conhecimento e na sua prática do cristianismo. De acordo com Maddox, Lucas escreve

> para garantir aos cristãos da sua época que sua fé em Jesus não se constitui em nenhuma aberração, mas no objetivo autêntico para o qual o tratamento antigo de Deus com Israel estava sendo encaminhado [...] Com essa mensagem de confirmação, Lucas convoca seus companheiros cristãos para adorar a Deus com um coração completamente alegre, para seguir a Jesus com uma lealdade inabalável, e para cumprir com zelo, pelo

---

[561] J. Green, *Theology of the Gospel of Luke*, New Testament Theology Series, ed. ger. J. Dunn (Cambridge: Cambridge University Press, 1995), p. 47.
[562] Witherington diz que o prólogo de Lucas "sugere que a pessoa a quem esse documento foi escrito já era cristã... mas precisava de confirmação e explicação sobre várias questões". B. Witherington, "Salvation and Health in Christian Antiquity," p. 165.

poder do Espírito Santo, a comissão de ser suas testemunhas até os confins da terra.[563]

Não é exatamente isso o que o autor de Hebreus destaca em 4.14-16 e 10.19-25? Esses dois parágrafos são relacionados semanticamente e ordenados quiasticamente, e os dois funcionam dentro da macroestrutura geral do discurso como a introdução para cada uma das duas últimas seções principais de Hebreus.

O último parágrafo do último capítulo do livro de Peterson intitulado *Witness to the Gospel: the Theology of Acts* [O testemunho do evangelho: a teologia de Atos] ilustra a semelhança entre Lucas-Atos e Hebreus:

> A proeminência do sofrimento no Evangelho e a participação de seus representantes nesse sofrimento em Atos cria um vínculo profundo entre os dois volumes da obra de Lucas. Os leitores são incentivados a seguir o exemplo dos cristãos primitivos, e do próprio Paulo, mantendo-se firmes no mesmo evangelho e continuando a ser ativos na sua proclamação, mesmo diante da perseguição exterior e do conflito interior nas igrejas.

Basta mudar as referências de Lucas-Atos para Hebreus para este parágrafo descrever de forma adequada o que também se expressa nessa carta.

Conclusão

A comparação entre os prólogos de Lucas com o prólogo e as seções exortativas de Hebreus revela vários paralelos lexicais e semânticos que vinculam essas três obras a um propósito comum. O fato de que Lucas-Atos difere de Hebreus em seu gênero de discurso faz com que esses paralelos lexicais e semânticos sejam ainda mais impressionantes. Quando isso se associa

---

[563] Maddox, *The Purpose of Luke-Acts*, p. 187.

com outros fatores comprobatórios, como já afirmei anteriormente, essas provas podem ser interpretadas em apoio da autoria lucana de Hebreus.

Um dos principais argumentos contra a autoria de Lucas tem sido teológico. Nos últimos anos, Lucas passou a ser visto como um teólogo com um *status* importante. Será que existem áreas de semelhança teológica entre Lucas-Atos e Hebreus? As evidências para se responder essa pergunta serão abordadas no capítulo seguinte.

CAPÍTULO 5
A comparação entre Lucas-Atos e Hebreus

Os capítulos 5 e 6 são bem próximos um do outro. Uma boa parte do material no capítulo 6 que ilustra o judaísmo de Lucas também é de natureza teológica. Neste capítulo, eu apresento provas comparativas que ilustram as grandes semelhanças teológicas entre Hebreus e Lucas-Atos.[564] A melhor maneira possível de descrever esses dois capítulos é como um fotógrafo na sala escura vendo as fotografias se revelando. À medida que a imagem vai aparecendo pouco a pouco e as características se tornam mais claras, começa-se a ver o judeu Lucas, em vez do Lucas gentio, e o autor sombrio de Hebreus se parecendo cada vez mais com o autor de Lucas-Atos.

Em 1955, C. Jones escreveu *The Epistle to the Hebrews and the Lukan Writings* (*A Epístola aos Hebreus e os escritos lucanos*), onde ele afirmou de modo convincente que existe uma "semelhança familiar" entre Hebreus e o *corpus* lucano, especialmente com relação à cristologia e a escatologia. Ele diz que essa relação não tem sido muito vista pelos especialistas modernos,

---

[564] Entre as boas análises resumidas da teologia de Lucas-Atos, cf. J. Green, *The Theology of the Gospel of Luke*, New Testament Theology Series, ed. James Dunn (Cambridge: Cambridge University Press, 1995); J. Jervell, *Luke and the People of God: A New Look Atos Luke-Acts* (Minneapolis: Augsburg, 1972); id., *The Unknown Paul: Essays on Luke-Acts and Early Christian History* (Minneapolis: Augsburg, 1984); id., *The Theology of the Acts of the Apostles* (Cambridge: Cambridge University Press, 1996); E. Franklin, *Christ the Lord: A Study in the Purpose and Theology of Luke-Acts* (London: SPCK, 1975); e D. Bock, "A Theology of Luke-Acts", em *A Biblical Theology of the New Testament*, ed. Roy Zuck e D. Bock (Chicago: Moody, 1994), p. 87-166.

mas, em vez disso, tem sido "colocada debaixo do tapete".[565] Ele sugeriu que isso acontece por duas razões. Em primeiro lugar, até bem recentemente nos estudos do Novo Testamento de nível superior, Lucas sempre foi considerado como um historiador que coletou e colocou em ordem suas fontes com pouco ou nenhum interesse ou propósito. Por outro lado, os especialistas têm considerado Hebreus como a obra de um teólogo por excelência. Entretanto, os estudos lucanos mudaram e agora Lucas é visto como um teólogo gabaritado. Um dos maiores reflexos dessa mudança está no título da obra de Marshall sobre Lucas-Atos chamada de "Fundamentos da narrativa teológica de São Lucas", lançada em 1970.[566] Jones destacou que essa mudança no pensamento traz o ímpeto para transpor a barreira que tem separado Lucas e os seus escritos de Hebreus.[567]

A segunda razão pela qual os especialistas não buscaram nenhum vínculo entre os dois é a tendência generalizada de considerar Lucas-Atos como uma obra de origem gentia, até mesmo com um possível viés antijudaico,[568] enquanto consideram Hebreus como a obra de um autor cujo conhecimento e reverência às instituições judaicas é bem clara. Entretanto, volto a dizer que a proveniência gentia de Lucas-Atos tem sido

---

[565] C. Jones, "The Epistle to the Hebrews and the Lukan Writings", em *Studies in the Gospels: Essays in Memory of R. H. Lightfoot*, ed. D. E. Nineham (Oxford: Basil Blackwell, 1955), p. 113.

[566] I. H. Marshall, *Fundamentos da narrativa teológica de São Lucas* (Editora Carisma, 2019).

[567] C. Jones, *The Epistle to the Hebrews and the Lukan Writings*, p. 114.

[568] O defensor mais eloquente da visão (minoritária) de que Lucas é antijudaico é Jack Sanders, especialmente em *The Jews in Luke-Acts* (London: SCM, 1987). Pode-se achar análises mais equilibradas em R. C. Tannehill, "Israel in Luke-Acts: A Tragic Story", *JBL* 104 (1985): p. 69-85; id., *The Narrative Unity of Luke-Acts: A Literary Interpretation*, 2 vols. (Philadelphia: Fortress, 1986, 1990); R. L. Brawley, *Luke-Acts and the Jews: Conflict, Apology, and Conciliation*, SBLMS 33 (Atlanta: Scholars Press, 1987); J. B. Tyson, *Images of Judaism in Luke-Acts* (Columbia, SC: University of South Carolina Press, 1992); C. A. Evans, "Prophecy and Polemic: Jews in Luke's Scriptural Apologetic", em *Luke and Scripture: The Function of Sacred Tradition in Luke-Acts* (Minneapolis: Fortress, 1993); e os seis artigos que aparecem na parte III de *Literary Studies in Luke-Acts: Essays in Honor of Joseph B. Tyson*, ed. R. Thompson e T. Phillips (Macon: Mercer University Press, 1998), com a exceção do artigo de Sanders. Stenschke observou perceptivamente que a descrição que Lucas faz dos gentios antes da conversão dá a entender uma posição anti-gentia. "O retrato indelicado que Lucas faz dos gentios também contém muitos elementos que elogiam os judeus indiretamente. O seu retrato dos tementes a Deus gentios consiste em uma recomendação forte do judaísmo... Lucas condena de forma igual ou possivelmente maior os gentios não cristãos". C. Stenschke, *Luke's Portrait of Gentiles Prior to Their Coming to Faith*, em WUNT, reihe 2; 108 (Tübingen: J. C. B. Mohr [Paul Siebeck], 1999), p. 392. J. Weatherly, *Jewish Responsibility for the Death of Jesus in Luke-Acts*, JSNTSup 106 (Sheffield: Sheffield Academic Press, 1994), p. 50-90, afirma que se deve diferenciar entre os líderes judeus e o povo de Israel na abordagem de Lucas, porque Lucas evita condenar toda a nação pelos pecados da sua liderança. Para uma bibliografia completa sobre esse assunto, veja G. Harvey, *The True Israel: Uses of the Names Jew, Hebrew, and Israel in Ancient Jewish and Early Christian Literature* (Leiden/New York: Brill, 1996), p. 189n12.

questionada nos últimos anos e se tem proposto hipóteses alternativas com relação a isso.[569] De fato, a minha proposta é que a proveniência judaica de Lucas-Atos se encaixa melhor nas informações (veja o capítulo 6). Jones apresenta algumas delas de tal modo que o leitor começa a sentir os interesses judaicos de Lucas:

> De fato, São Lucas retrata a salvação de Deus em Cristo como uma luz para iluminar os gentios [sic], mas igualmente como "a glória de teu povo Israel" (Lc 2.32). Lucas explica este último aspecto de várias maneiras: pela sua descrição da piedade ideal que ama a lei da qual o Senhor surgiu nos seus capítulos iniciais (1.5 até o final do cap. 2), que possuem uma influência profunda da linguagem e das associações da Septuaginta... pelo lamento repetido três vezes pelo Senhor sobre Jerusalém (13.34, 35; 19.41-44; 23.28-31); pelo seu desejo de minimizar ao máximo a culpa dos judeus pela crucificação (por ex., 23.27, 28; 23.31; Atos 3.17); por situar a ressurreição e a ascensão do Senhor na vizinhança de Jerusalém, de modo que a cidade santa não passa a ser somente a cena do final da obra do Senhor na terra, mas também o centro a partir do qual a nova igreja se espalha (At 1.4, 8); ao destacar o templo como o lugar em que os discípulos louvam no fim do evangelho (Lc 24.53) e como um dos pontos focais do culto cristão depois do Pentecostes (At 2.46; 3.1; 5.12; 6.7); e por duas passagens (Lc 24.25-27, 44-47 que ensinam de forma mais clara que em todas as outras passagens do evangelho o cumprimento total das Escrituras Judaicas na crucificação e na ressurreição de Cristo, um tema exemplificado por extensão pelos discursos de Atos.[570]

---

[569] Cf. Jervell, *Luke and the People of God*; id., "The Acts of the Apostles and the History of Early Christianity", *ST* 37 (1983): p. 17-32; id., *The Unknown Paul*; id., *Theology of the Acts of the Apostles*; e E. Franklin, *Christ the Lord*.

[570] C. Jones, "The Epistle to the Hebrews and the Lukan Writings", p. 114-115.

Cristologia em Lucas-Atos e Hebreus

No passado, boa parte da discussão sobre a cristologia lucana acontecia em meio ao cenário da escola da história das religiões. Hoje esse não é mais o caso. Além disso, boa parte da discussão no passado supunha que Lucas e seus leitores eram gentios. Apesar de algumas pessoas acreditarem que Lucas e/ou os seus leitores eram gentios, esse pressuposto não atrapalha mais a investigação da cristologia lucana.[571]

Já que as considerações cristológicas constituem a base de Hebreus, começarei fazendo uma comparação entre as cristologias de Hebreus e de Lucas-Atos. O prólogo de Hebreus (1.1-4) consiste em uma descrição magnífica de Jesus como o Filho de Deus glorificado e entronizado. Hebreus não somente indica um Cristo ressuscitado, mas também destaca a sua ascensão e exaltação. Lá é dito que Jesus se assentou à mão direita da majestade nas alturas (Hb 1.3), e o autor nunca perde isso de vista por toda a extensão da carta (Hb 8.1; 10.12; 12.2).

Essa cristologia da entronização (ou da exaltação, como ela às vezes é chamada) é exatamente o que encontramos em Lucas-Atos.[572] A narrativa de Lucas é construída de forma a não trazer somente Jesus a Jerusalém e à cruz, mas mais além, rumo à ressurreição (e especialmente à ascensão e à exaltação). No episódio longo dos dois discípulos na estrada de Emaús, o Cristo ressuscitado diz: "Porventura, não convinha que o Cristo padecesse e entrasse na sua glória?" (Lc 24.26). Depois disso, Jesus aparece a seus discípulos no cenáculo. Então Lucas conclui seu Evangelho com o relato da ascensão (Lc 24.49-53).

Novamente na introdução de Atos (1.1-10), Lucas relata a ascensão de Cristo, revisando, na verdade, a base narrativa que ele cobriu na conclusão

---

[571] A literatura sobre esse assunto tanto para Lucas-Atos quanto para Hebreus é imensa. Para uma bibliografia útil relativa a Lucas-Atos consulte C. M. Tuckett, "The Christology of Luke-Acts", em J. Verheyden, *The Unity of Luke-Acts* (Leuven, Belgium: Leuven University Press, 1999), p. 133 e *passim*, além de P. Pokorný, *Theologie der lukanischen Schriften*, Forschungen zur Religion und Literatur des Alten und Neuen Testaments 174 (Göttingen: Vandenhoeck und Ruprecht, 1998), p. 110-172. Para Hebreus, consulte as bibliografias recentes nos comentários de H. Attridge, W. Lane, P. Ellingworth, and H. Köester. Para as duas obras, veja A. Hultgren, *New Testament Christology: A Critical Assessment and Annotated Bibliography*, in *Bibliographies and Indexes in Religious Studies*, 12 (New York: Greenwood, 1988).

[572] C. Fletcher-Louis, *Luke-Acts: Angels, Christology and Soteriology*, WUNT 94 (Tübingen: Mohr Siebeck, 1997), p. 26.

do seu evangelho. Uma divisão importante na narrativa é Lucas 9.51, e é exatamente nessa conjuntura que o narrador olha para a frente para a conclusão da sua obra e fala sobre "os dias... que ele devia ser assunto ao céu", *analēmpsis*, a mesma palavra usada em Atos 1.2, 11 e 22 para falar a respeito da ascensão. Estevão, em Atos 7.55, viu Jesus de pé à destra do trono de Deus. Entre os escritores do Evangelho, Lucas é o que destaca mais a ascensão de Cristo (Mateus e João não a registram).

Jürgen Roloff observou na identificação de Jesus com Deus em Atos 2.21 um reflexo da crença de Lucas em uma cristologia parecida com Filipenses 2.5-11 e Hebreus 1.3-4.[573] De modo parecido, Buckwalter concluiu que a cristologia de Lucas via Jesus como estando "no mesmo patamar de Deus".[574]

Gerhard Lohfink afirma que enquanto Paulo e o restante dos escritores do Novo Testamento viam a ressurreição de Jesus como sua exaltação ao trono em cumprimento da promessa davídica, Lucas "alterou" esse padrão. Lucas fazia uma diferenciação entre a ressurreição e a exaltação, com a ascensão culminando em sua exaltação por meio do seu assentar no trono.[575] Ainda a partir de um ponto de vista funcional, conforme Chance ressaltou corretamente, Lucas não fez uma diferenciação tão rígida entre a ressurreição e a ascensão, como fica claro em Atos 2.30-31.[576] O destaque de Lucas estava na ascensão e na exaltação que foi resultado dela, da mesma forma que o autor de Hebreus.

R. H. Fuller afirmou que na igreja primitiva, três cristologias circulavam: a dos dois focos, a da exaltação e a da epifania.[577] Talbert descreve da cristologia de Lucas-Atos, observando que enquanto João emprega uma cristologia da epifania:

---

[573] J. Roloff, *Die Apostelgeschichte* (Göttingen and Berlin: Vandenhoeck & Ruprecht and Evangelische Verlagsanstalt, 1988), p. 54-55.

[574] H. D. Buckwalter, "The Divine Savior", in I. H. Marshall e D. Peterson, *Witness to the Gospel: The Theology of Acts* (Grand Rapids: Eerdmans, 1998), p. 107-123.

[575] G. Lohfink, *Die Himmelfahrt Jesu: Untersuchungen zu den Himmelfahrts—und Erhohungstexten bei Lukas*, SANT 26 (München: Kosel, 1971), p. 242-250.

[576] J. B. Chance, *Jerusalem, the Temple, and the New Age in Luke-Acts* (Macon: Mercer University Press, 1988), p. 64-65.

[577] R. H. Fuller, *The Foundations of New Testament Christology* (New York: Scribner's, 1965), p. 5.

Lucas-Atos emprega uma cristologia da exaltação: Jesus em sua vida terrena é o descendente de Davi e herdeiro das promessas das escrituras judaicas. Devido a sua ressurreição, ele é ressuscitado à condição exaltada de Filho de Deus com poder. No presente, ele governa do céu como Senhor sobre todos, intervindo em favor do seu povo para livrar e protegê-lo... A cristologia da exaltação funcionava para expressar a experiência da igreja de Jesus Cristo de uma maneira dupla: como o Senhor presente que governa no céu e como a figura histórica cuja história é normativa para nós.[578]

Também é interessante comparar a postura teológica do prólogo de Hebreus com os dois primeiros capítulos de Lucas. O autor de Hebreus faz um grande esforço para destacar que Jesus é a revelação final para a nação judaica. Deus falou (particípio no aoristo) no passado, mas nestes últimos dias (aoristo do indicativo) decisivamente no seu Filho. Isso é exatamente o que o Evangelho de Lucas transmite no longo prelúdio do ministério de Jesus. A vinda de Jesus cumpre as Escrituras do Antigo Testamento e as esperanças do Israel que o aguardava. Esse fato é confirmado por várias personalidades, inclusive do sacerdote Zacarias, Maria, Isabel, Simeão e Ana. Pode-se dizer que Hebreus 1.1-4 consiste em uma sinopse teológica do que é declarado em forma narrativa nos capítulos 1 e 2 de Lucas.

Hebreus traz á tona, possivelmente mais do que qualquer outro livro do Novo Testamento, o conceito da perfeição de Cristo.[579] O verbo *teleioō* (aperfeiçoar) e os que possuem a mesma raiz, aparecem com uma frequência maior em Lucas-Atos e Hebreus. Algo de maior interesse ainda é que fora de Hebreus, a única passagem no Novo Testamento onde Jesus é descrito com o verbo *teleioō* é Lucas 13.32. Nessa passagem, o sentido de "perfeição" é idêntico àquele encontrado em Hebreus, isto é, o alcance da perfeição celestial pelo sofrimento e pela morte.[580]

---

[578] C. Talbert, *Reading Luke* (New York: Crossroads, 1983), 20-21.
[579] A obra clássica sobre esse assunto é D. Peterson, *Hebrews and Perfection: An Examination of the Concept of Perfection in the Epistle to the Hebrews*, SNTSMS 47 (Cambridge: Cambridge University Press, 1982).
[580] Ibid., p. 33, 45.

Embora Peterson não pense que o verbo *teleioō,* da forma usada em Lucas e Hebreus, transmita com ele a importância litúrgica que possui em algumas passagens da LXX,[581] Ellis acredita que esse verbo em Lucas 13.32 aponta para o alvo da consagração e da entronização de Cristo no ofício messiânico baseado na atmosfera litúrgica do termo.[582] A visão de Peterson (que não podemos supor que *teleioō* tinha uma importância cúltica para o autor de Hebreus porque não podemos esperar que seus leitores tenham entendido esse vínculo[583]) essencialmente não teria validade se seus destinatários fossem ex-sacerdotes como afirmaremos mais adiante. O mesmo poderia ser dito a respeito do entendimento e do uso que Lucas faz desse verbo em Lucas 13.32, se o seu leitor fosse Teófilo, um ex-sumo sacerdote.

Peterson reconhece de que a aplicação cúltica de *teleioō* para a "iniciação" ou "consagração" de um sacerdote aparece "bem dentro da era cristã", mas ele não especificou quanto tempo depois da morte e da ressurreição de Cristo que esta expressão "bem dentro da era cristã" indica. Ele afirma que, só com base no uso da LXX de *teleioō*, não se pode sugerir que essa palavra possui o sentido de consagração sacerdotal em Hebreus.[584]

Derrett tem habilmente apontado que o uso que Lucas faz de *teleioumai* em Lucas 13.32 tem sido mal traduzido, e que por trás desta palavra está o hebraico original *'ěšālēm,* isto é, na verdade, "Eu morrerei". Essa frase do v. 32 consiste em "um epigrama com um trocadilho extremamente astuto", que surgiu num ambiente de quem fala hebraico.[585] Por trás da palavra hebraica de acordo com Derrett, nós encontramos "um traço de *'ašullam,* "Eu serei oferecido como uma oferta de paz (*šelem*)... um destino totalmente adequado para o Servo do Senhor (Is 42.19 *mešullām*), porque todos os votos têm que ser pagos em Jerusalém (Sl 65.2 *yᵉšullam neder*)".[586] Derrett acredita que Deuteronômio 16.16-17.7 está por trás de Lucas 13.31-35, mas ele sugere que "a ideia de Jesus apresentando o povo

---

[581] Ibid., p. 28-30.
[582] E. E. Ellis, *The Gospel of Luke*, NCBC (Grand Rapids: Eerdmans, 1974; reimpr., London: Oliphants, 1977), p. 189.
[583] Peterson, *Hebrews and Perfection*, p. 29.
[584] Ibid., p. 47.
[585] J. D. M. Derrett, "The Lucan Christ and Jerusalem: teleiou`mai (Luke 13.32)", *ZNW* 75 (1984): p. 36-37.
[586] Ibid., p. 39. Derrett indica a etimologia popular hebraica de "Jerusalém" como "propriedade de paz".

como uma oferta, ou de Jesus mesmo se tratando de uma oferta, que um pregador poderia certamente desenvolver com a ajuda desta passagem de Deuteronômio, foi ignorada por Lucas ao escrever essa perícope".[587] Será que essa ideia foi ignorada por Lucas? Será que Lucas (o judeu), escrevendo para um ex-sumo sacerdote judeu, fez este jogo de palavras de propósito? De modo parecido, o uso que Lucas faz de *teleioumai,* uma palavra cujo conceito desempenha um papel tão importante na cristologia e na soteriologia de Hebreus, traz outro vínculo entre as três obras?

Swetnam observou o vínculo entre o conceito teológico de Lucas da "provação" de Jesus (por exemplo, Lucas 22.28) e a postura do escritor a Hebreus a respeito do mesmo conceito.[588] Hebreus 2.18 e 4.15 destacam a provação de Jesus por meio do sofrimento e a perfeição que veio por meio disso. Lucas e Hebreus se aproximam muito no conceito de provação e de perfeição de Cristo. Lucas destaca a fidelidade de Jesus a Deus em meio às tentações e a sua aceitação da morte como a vontade de Deus.[589]

O conceito de Jesus como aquele que governa Israel nos últimos dias em cumprimento das profecias davídicas em 2 Samuel 7.14 e o título cristológico de Jesus como o Filho em Salmo 2.7, é proeminente em Hebreus 1.5-13 e 5.5; também é encontrado em muitas passagens por todos os escritos de Lucas (por exemplo, Lucas 1.32-33; Atos 2.30; 13.33).[590] Apesar de Lucas nunca citar diretamente 2 Samuel 7.14, trata-se de uma referência importante do Antigo Testamento, junto com Salmo 2.7, dando base às suas narrativas da infância (Lc 1-2), a pregação de Pedro no dia de

---

[587] Ibid., p. 43.

[588] J. Swetnam, *Jesus and Isaac* (Rome: Biblical Institute, 1981), p. 175.

[589] Veja J. Neyrey, *The Passion According to Luke: A Redaction Study of Luke's Soteriology,* Theological Inquiries: Studies in Contemporary Biblical and Theological Problems, ed. ger., L. Boadt (New York: Paulist Press, 1985), p. 179-182.

[590] R. Brawley citua a visão de Cristo como o cumprimento da aliança davídica e da aliança abraâmica em Lucas 1-4. Ele mostra como Lucas resolve a ambivalência entre as duas alianças quando Zacarias espelha a alusão do anjo Gabriel à aliança davídica a Maria falando sobre um poder de salvação na casa de Davi, servo de Deus (Lc 1.69). Então, essa salvação se baseia na fidelidade de Deus a uma promessa a Abraão em Lucas 1.72-73. "A aliança davídica consiste em um modo particular de cumprimento da promessa a Abraão". R. Brawley, "The Blessing of All the Families of the Earth: Jesus and Covenant Traditions in Luke-Acts", *SBLSP* 33, ed. E. Lovering (Atlanta: Scholars Press, 1994), p. 252-268, especificamente a página 256. Lucas não estava criando algo novo com essa correlação: as tradições relacionadas às alianças com Abraão e Davi já foram unidas em algumas tradições de Israel de acordo com R. Clements, *Abraham and David: Genesis XV and its Meaning for Israelite Tradition* (Naperville, IL: Alec Allenson, 1967), p. 47-60, 81-82.

Pentecostes (At 2), e a fala de Paulo na sinagoga em Antioquia da Pisídia (At 13).[591] Existe uma referência conceitual a 2 Samuel 7.14 por trás das discussões cristológicas de boa parte de Lucas-Atos e Hebreus; no entanto, com a exceção de uma referência não cristológica em 2 Coríntios 6.18 (onde se aplica aos cristãos em vez de Cristo), esta passagem não é citada nem referida no restante do Novo Testamento. De modo parecido, Salmo 2.7 é citado apenas por Lucas e Hebreus (At 13.33; Hb 1.5; 5.5).

Não é só o fato de que Salmo 2.7 aparece somente em Atos e Hebreus que é importante, mas que ele é usado de modo parecido nos dois livros. No contexto de Hebreus 1.5, onde a importância da entronização de Cristo é temática, o *sēmeron gegennēka* de Salmo 2.7 se refere à manifestação da filiação de Cristo quando foi colocado à direita de Deus por meio da sua ressurreição e ascensão. Há referência disso em Atos 13.33, onde o uso de Paulo de Salmo 2.7 se aplica à ressurreição de Cristo.[592] O tema de Jesus como governante davídico em cumprimento de 2 Samuel 7.14 e Salmo 2.7 possui uma importância maior para Lucas e Hebreus do que para qualquer outro escritor do Novo Testamento.

A descrição de Hebreus 5.7 de Jesus orando no jardim na véspera de sua crucificação é praticamente idêntica ao relato desse acontecimento em Lucas 22.44. Essa passagem descreve Jesus orando com "clamor e lágrimas". Todos os três sinóticos mencionam a oração no jardim do Getsêmani, mas somente Lucas descreve Jesus assim: "E, estando em agonia, orava mais intensamente. E aconteceu que o seu suor se tornou como gotas de sangue..." (Lc 22.44).[593] Somente Lucas registra a visita do anjo que o veio consolar, um exemplo do propósito dos anjos conforme está registrado

---

[591] Veja D. Bock, *Proclamation from Prophecy and Pattern*, JSNTSup 12, ed. D. Hill (Sheffield: JSOT Press, 1987), p. 60-89, 240-249; R. F. O'Toole, "Acts 2.30 and the Davidic Covenant of Pentecost," *JBL* 102 (1983): 245-258; D. Goldsmith, "Acts 13.33-37: A Pesher on II Samuel 7," *JBL* 87 (1968): p. 321-324; e F. F. Bruce, "To the Hebrews or to the Essenes?" *NTS* 9 (1962-63): p. 217-232. Tanto O'Toole quanto Goldsmith sugerem que Atos 13.32-37 pode ser um *pesher* de 2 Samuel 7.12-16.

[592] Peterson, *Hebrews and Perfection*, p. 85. Veja W. Pannenberg, *Systematic Theology*, trad. G. Bromiley (Grand Rapids: Eerdmans, 1991), 1.306, onde ele comentou que Lucas, ao citar Sl 2.7 (e não Is 42.1) em Lucas 3.22, "possivelmente ele tenha em vista a consagração de Jesus como sumo sacerdote, como Hebreus 1.5 e 5.5".

[593] Para uma análise detalhada sobre as semelhanças entre a oração no Getsêmani e Hebreus 5.7-8, consulte T. Lescow, "Jesus in Gethsemane bei Lukas und im Hebräerbrief", *ZNW* 58 (1967): p. 215-239. Veja também a bibliografia em R. Brown, *The Death of the Messiah: From Gethsemane to the Grave, A Commentary on the Passion Narratives in the Four Gospels* (New York: Doubleday, 1994), 1.111-16.

em Hebreus 1.14. Lucas é o evangelista conhecido pelo seu interesse e pela sua ênfase na humanidade de Cristo; mais do que qualquer outra carta do Novo Testamento, Hebreus destaca a humanidade de Cristo e sua capacidade como sumo sacerdote de identificar aqueles que pertencem a ele. Somente em Hebreus 5.8 e Lucas 2.52 que temos uma declaração a respeito do desenvolvimento humano interior de Jesus. Seguindo esse raciocínio, Barnabas Lindars fala sobre a teologia criativa do autor de Hebreus, observando que o uso metafórico que o autor faz do conceito do sacerdócio de Jesus vem da tradição do Getsêmani.[594]

W. R. Paton sugeriu que a palavra grega *agōnia* era frequentemente usada para descrever o tipo de agonia pela qual um corredor experiente em uma competição atlética passava antes do início da corrida, e que esse significado se encaixa melhor em Lucas 22.44.[595] Desde aquela época ele tem apoiado essa teoria de Neyrey[596] e Brown[597]. Brown indica que em 4 Macabeus, o mártir Eleazar é comparado a um atleta nobre, e, em 2 Macabeus 3.16-17, o sumo sacerdote passa por uma *agōnia* de alma que leva a um tremor físico.[598] A relação entre Lucas-Atos e os escritos macabeus já foi estabelecida.

O paralelo com Hebreus 5.7-10; 6.20 (onde se diz que Jesus é o precursor) e também com 12.1-2 (onde a mesma palavra *agōnia* aparece) é inconfundível. Em Hebreus 12.1, diz-se que a carreira é *ton prokeimenon hēmin agōna*, "a carreira que nos está proposta". Esse mesmo particípio é usado novamente no v. 2 para se referir à "alegria" que "estava diante dele". A consequência é que Deus colocou a alegria diante de Jesus e, parecidamente, colocou a carreira diante de nós. A descrição que Lucas

---

[594] B. Lindars, *The Theology of the Letter to the Hebrews* (Cambridge: Cambridge University Press, 1991), p. 126.

[595] W. Paton, "ΑΓΩΝΙΑ (Agony)," *Classical Review* 27 (1913): p. 194. Veja também as análises sobre o significado desse termo em W. Grundmann, *Das Evangelium nach Lukas* (Berlin: Evangelische Verlagsanstalt, 1971), p. 412; T. Lescow, "Jesus in Gethsemane," p. 223; J. W. Holleran, *The Synoptic Gethsemane* (Rome: Gregorian University Press, 1973), p. 97-99; E. Stauffer, "*agōn*," *TDNT* 1.135-140; e V. C. Pfitzner, *Paul and the Agon Motif* (Leiden: Brill, 1967).

[596] J. Neyrey, "The Absence of Jesus' Emotion-The Lucan Redaction of Lk 22, 39-46", *Bib* 61 (1980): p. 153-171; veja também o seu livro *The Passion According to Luke*, p. 58-62.

[597] Brown, *The Death of the Messiah*, 1.189-190.

[598] Ibid.

faz de Jesus no jardim do Getsêmani complementa essas passagens em Hebreus de uma forma marcante.

O sumo sacerdócio de Cristo está presente em Lucas-Atos?

Sem dúvida, o sumo sacerdócio de Cristo possui uma função importante na cristologia de Hebreus.[599] Entretanto, Lucas-Atos a princípio não parece descrever Jesus como sumo sacerdote.[600] Isso parece enfraquecer a possibilidade da autoria lucana de Hebreus. Se Lucas escreveu Hebreus, por que se coloca tanto destaque no sumo sacerdócio de Cristo nessa carta, enquanto existe pouca ou nenhuma referência a isso em sua narrativa de dois volumes? A escolha lexical de Lucas, que revela o seu forte interesse nos sacerdotes e nas questões referentes a eles, já foi discutida (veja anteriormente e no capítulo 6). É possível que ele tenha endereçado sua obra em dois volumes a um ex-sumo sacerdote judeu, e Hebreus pode ter sido escrita para sacerdotes convertidos; as duas visões são defendidas mais adiante. Já demonstrei as semelhanças cristológicas entre as três obras, e isso traz uma base conceitual para sugerir a autoria lucana.

No entanto, a questão a respeito do silêncio aparente de Lucas sobre o ministério sacerdotal ou sumo sacerdotal de Jesus deve ser abordada. Embora Lucas possa não descrever abertamente o ministério sacerdotal de Jesus em Lucas-Atos, ele se refere e o ilustra de uma maneira bem dramática, especialmente no início do seu evangelho e no seu final. Além disso, é Lucas (mais do que qualquer outro escritor do Novo Testamento, com a exceção de Hebreus) que na sua cristologia, no seu uso do Antigo Testamento, e nas suas referências carregadas de significado ao culto no templo, realmente retrata para nós o ministério sacerdotal de Jesus.

No Antigo Testamento, os profetas, os reis e os sacerdotes eram ungidos com azeite, que simbolizava seu chamado ordenado por Deus

---

[599] Veja a análise importante sobre esse assunto de O. Cullmann em *The Christology of the New Testament*, trad. S. Guthrie e C. Hall, ed. rev. (Philadelphia: Westminster Press, 1963), p. 83-107.

[600] G. Friedrich, "Beobachtungen zur messianischen Hohepriestererwartung in den Synoptikern", em *ZTK* 53 (1956): p. 265-311, aponta vestígios de uma cristologia de sumo sacerdócio nos Evangelhos Sinóticos.

e a sua separação para liderar e servir o povo. Dos quatro escritores dos evangelhos, só Lucas fala sobre a unção de Jesus (Lc 7.36-50). Lucas associa de forma inconfundível a descida do Espírito Santo sobre Jesus em Lucas 4.18 (quando ele citou Isaías 61.1 na sinagoga de Nazaré).[601] A unção também é importante em Atos (4.25-27; 10.36-42). O autor de Hebreus é o único outro escritor do Novo Testamento que se refere à unção de Jesus (1.9 em uma citação do Antigo Testamento).

A pregação de Jesus em Nazaré (Lc 4.16-30) agora é vista pelos especialistas em Lucas como uma preparação clara da parte dele.[602] Entretanto, existe um debate importante sobre o modo exato pelo qual Lucas retrata Jesus. Cinco propostas disputam a atenção nesse contexto: (1) Jesus é visto como profeta.[603] (2) Jesus é visto como o profeta semelhante a Moisés.[604] (3) Jesus e visto como o Messias davídico.[605] (4) Jesus é visto como o servo de Javé.[606] (5) Jesus é visto como um messias sacerdotal.[607] Esta última opção é o que precisamos explorar à luz deste estudo. Eu acho que é provável que várias, quem sabe até mesmo todas, das opções acima se aplicavam a Lucas. As duas primeiras opções são basicamente as mesmas, identificando Jesus como profeta. As seguintes também são essencialmente idênticas, apresentando Jesus como o Messias/Servo de Javé. Então só temos opções verdadeiras aqui. Não existe dúvida de que Lucas retrata Jesus como um profeta escatológico e como o Messias rei. O que não é tão facilmente aceito é que Lucas também o apresenta como o Sumo Sacerdote de Deus.

A visão que Lucas tem de Jesus como Sumo Sacerdote se demonstra pelo menos de três maneiras. Em primeiro lugar, Jesus ora por Pedro para que sua "fé não desfaleça" (Lc 22.31-32). Nesse contexto, o ministério

---

[601] M. Strauss, *The Davidic Messiah in Luke-Acts: The Promise and its Fulfillment in Lukan Christology*, JSNTSup (Sheffield: Sheffield Academic Press, 1995), p. 202-203.

[602] Cf. A. Falcetta, *The Call of Nazareth: Form and Exegesis of Luke 4.16-30*, Cahiers De La Revue Biblique 53 (Paris: J. Gabalda, 2003).

[603] Veja J. Fitzmyer, *The Gospel According to Luke (I-IX): Introduction, Translation, and Notes*, AB 28 (Garden City: Doubleday, 1981), p. 530; J. Nolland, *Luke 1.1-9.20*, WBC 35A (Dallas: Word, 1989), p. 196.

[604] I. H. Marshall, *Commentary on Luke*, NIGTC (Grand Rapids: Eerdmans, 1978), p. 178.

[605] Como, por exemplo, R. Stein, *Luke*. NAC 24 (Nashville: B&H, 1992), p. 156.

[606] Como, por exemplo, Ellis, *Luke*, p. 98.

[607] Como, por exemplo, W. H. Brownlee, "Messianic Motifs of Qumran and the New Testament", *NTS* 3 (1956-1957): p. 206.

intercessor de Jesus, que também destacado em Hebreus, é bem exemplificado na vida terrena de Jesus. No relato de Lucas sobre o retorno dos 70 (Lc 10.17-20), Jesus diz-lhes para não se alegrarem porque os demônios se sujeitam a eles, mas para se alegrar "que seus nomes estão escritos no céu" (v. 20). Trata-se provavelmente de uma alusão a Daniel 12.1. No dia da Expiação, o sumo sacerdote rezaria de que os nomes das pessoas seriam escritos no Livro de Vida.

Em segundo lugar, Lucas registra que na crucificação Jesus orou: "Pai, perdoa-lhes, porque não sabem o que fazem" (Lc 23.34). Daube afirma que esta oração possui uma inspiração completamente judaica e se dirigiu principalmente para os judeus, não para os romanos (apesar de eles poderem ter sido incluídos).[608] O que interessa no momento é o vínculo que Daube faz entre Números 15.25-26 (uma referência à liturgia do dia da Expiação, onde a ofensa involuntária é perdoada pela comunidade) e Lucas 23.24, e então com Hebreus 5.2 (onde o sumo sacerdote judeu, a quem Jesus é comparado, tem "compaixão de quem não conhece a verdade e de quem está afastado dela"). [609]Será que Hebreus 5.2 serve como comentário sobre a oração de Jesus na versão de Lucas, e que isso consiste em mais uma evidência de Lucas representando Jesus como Sumo Sacerdote intercedendo por seu povo?[610] Por todo o Evangelho de Lucas, Jesus é caracterizado pelos atributos sacerdotais da simpatia, da compaixão e da misericórdia.

Por fim, no relato da ascensão de Jesus (Lc 24.50-51), Jesus levanta suas mãos e abençoa os discípulos. Enquanto ele está faz isso, ele é "levado para o céu". As palavras de Talbert expressam o significado deste ato:

> Este ato de bênção é como o do sumo sacerdote Simão em *Eclesiástico* 50.19-20. Com um ato sacerdotal, o Jesus ressuscitado coloca seus discípulos sob a proteção de Deus antes de partir... Assim como o evangelho começou com o ministério

---

[608] D. Daube, "For They Know Not What They Do: Luke 23.24," *StPatr* 4 (TU 79) (Berlin: Akademie, 1961), p. 58-70.

[609] Ibid., p. 65-67.

[610] Cf. também J. L. Houlden, "The Purpose of Luke," *JSNT* 21 (1984): p. 56-59.

do sacerdote Zacarias, assim termina com Jesus agindo como sacerdote para seu rebanho (cf. Hb 2.17; 3.1; 6.19.20).[611]

Note especialmente as referências a Hebreus que descrevem este ato de forma teológica e a posição do Senhor que ascendeu ao céu. Dos quatro escritores dos Evangelhos, apenas Lucas conta a ascensão de Jesus. É o ponto focal de seus dois volumes, conforme já observamos.

Lucas foi frequentemente visto como tendo pouco ou nenhum interesse no sacerdócio de Jesus.[612] No entanto, como Andrews Mekkattukunnel tem demonstrado, a aparente falta de interesse de Lucas no sacerdócio de Jesus desaparece diante de uma leitura mais atenta de Lucas.[613] Muitos não se dispõem muito a ver qualquer cristologia sacerdotal em Lucas por causa da suposição de que ele não tem nenhuma teologia da cruz. Entretanto, Lucas tem sua própria maneira de destacar o aspecto sacrificial da morte de Jesus. Entretanto, Lucas tem a sua própria maneira de destacar o aspecto sacrificial da morte de Jesus. Mekkattukunnel destacou o ponto

---

[611] Talbert, *Reading Luke*, p. 233. Cf. Ellis, *Luke*, p. 279; Marshall, *Luke,* p. 908-909; e W. Hendriksen, *Exposition of the Gospel According to Luke*, NTC (Grand Rapids: Baker, 1978), p. 43. Veja D. D. Sylva, "The Temple Curtain and Jesus' Death in the Gospel of Luke", *JBL* 105 (1986): p. 239-250. Observe especialmente 247n22, que relaciona aqueles que enxergam a bênção sacerdotal em Lucas 24.50-53: Schlatter, Daube, Ellis, Tinsley, Arndt, Schmithals. Aqueles que a veem especificamente como uma bênção de um sumo sacerdote incluem Van Stempvoort, "The Interpretation of the Ascension in Luke and Acts", *NTS* 5 (1957-58): p. 30-42; Marshall, *Luke*, 908-909; N. Geldenhuys, *Commentary on the Gospel of Luke*, NICNT (Grand Rapids: Eerdmans, 1951); Grundmann, *Das Evangelium nach Lukas*, 3.453-454; G. Schneider, *Das Evangelium nach Lukas*, 2 vols, ÖTK (Gütersloh: Gutersloher Verlagshaus; Würzburg: Echter Verlag, 1977); C. Stuhlmueller, "The Gospel According to Luke", em *The Jerome Bible Commentary* (London: Chapman, 1968), p. 115-164; and R. Karris, "Luke 23.47 and the Lucan View of Jesus' Death", *JBL* 105 (1986): p. 65-74. Recentemente, isso tem sido afirmado sem sombra de dúvida por A. Mekkattukunnel, *The Priestly Blessing of the Risen Christ: An Exegetico-Theological Analysis of Luke 24*, p. 50-53, em *European University Studies*, Series 23, Theology 714 (Berna: Peter Lang, 2001). Para a visão oposta, veja C. Westermann, *Blessing in the Bible and in the Life of the Church* (Philadelphia: Fortress, 1978).

[612] Como, por exemplo, Marshall, *Luke*, 909; R. Dillon, *From Eye-Witness to Ministers of the Word: Tradition and Composition in Luke 24*, AnBib 82 (Rome: Biblical Institute Press, 1978), p. 176; J. Nolland, *Luke 18.35-24.53*, WBC 35 (Dallas: Word, 1993), p. 1227-1228; seguido por D. Bock, *Luke 9.51-24.53*, BECNT 3b (Grand Rapids: Baker, 1996), p. 1945, todos negam que Lucas possua algum interesse em uma cristologia sacerdotal, apesar de a maioria deles também terem indicado que o relato de Lucas da ascensão em 24.50-51 possui um vínculo profundo com Eclesiástico 50.20-23. Concordo com D. Farrow, *Ascension and Ecclesia* (Grand Rapids: Eerdmans, 1999), p. 25, que também vê o relato de Lucas da ascensão como "uma evidência forte" de uma cristologia sacerdotal. "Será que não somos (outra história exclusivamente lucana, sobre o menino Jesus na casa de seu Pai, merece ser mencionada aqui) convidados a ver em Jesus algo de Samuel, bem como de Davi, e algo de sacerdotal, bem como de rei?" Posso acrescentar: não observamos as mesmas funções sacerdotais e reais reunidas em Hebreus?

[613] Mekkattukunnel, *The Priestly Blessing*, p. 176-177.

que "Lucas não omite somente a fala de Jesus em Marcos 10.45, mas toda a perícope de Marcos (Mc 10.35-45) onde ela aparece; todavia, usa muito desse material de Marcos no contexto da Última Ceia (cf. 22.24-27)".[614] Ele ainda disse que Lucas situa a morte de Jesus dentro da época da Páscoa, e isso aponta para o caráter sacrificial de sua morte (Lc 22.1, 7, 8, 11, 13, 15; Ex 12.14, 25, 27).[615]

Conforme Carpinelli demonstrou, as palavras de Jesus a respeito do pão e do cálice na Última Ceia claramente expressam a natureza sacrificial de sua morte.[616] (Observe a citação de Jeremias 31.31-34, e da nova aliança somente no relato lucano da Última Ceia.[617]). Essa nova citação da aliança é "inconfundível", de acordo com Rata,[618] e tira completamente a razão de Ravens quando diz que "Lucas não falou sobre a nova aliança".[619]

Mekkattukunnel afirma que Lucas vê a morte de Jesus na cruz como o cumprimento e a superação do templo e do sacerdócio do Antigo Testamento. Para Lucas, Jesus é o sumo sacerdote supremo e o mediador perfeito entre Deus e a humanidade.[620] Carpinelli chega à mesma conclusão:

> No momento da ascensão, Lucas retrata Jesus dando a bênção araônica como sumo sacerdote depois do sacrifício no Dia da Expiação. A interpretação expiatória e sacrificial do cálice se encaixa na alusão circunstancial do capítulo 50 de Eclesiástico, onde se destaca a glória e a função do sumo sacerdote na liturgia do Dia da Expiação... Logo, em Lucas 22.14-23 e 24.50-53, Jesus e retratado com a função de sacerdote. O pão como memorial e o cálice como prova da aliança no sangue de Jesus estabelecem a base narrativa para retratar o Jesus que

---

[614] Ibid., p. 177.

[615] Ibid. "A maneira enfática pela qual Lucas apresenta Jesus como o "primogênito" (2.7, 23) nos faz lembrar do cordeiro pascal que era o resgate para a libertação dos primogênitos israelitas".

[616] F. G. Carpinelli, "'Do This as My Memorial' (Luke 22.19): Lucan Soteriology of Atonement", *CBQ* 61 (1999): p. 74-91.

[617] Mas que se constitui em uma passagem que é base para os capítulos 8 e 9 de Hebreus.

[618] T. Rata, "The Covenant Motif in Jeremiah's Book of Comfort: Textual and Intertextual Studies of Jeremiah 30-33" (tese de doutorado, Trinity Evangelical Divinity School, 2003), p. 194.

[619] D. Ravens, *Luke and the Restoration of Israel* (London: Sheffield Academic Press, 1995), p. 202.

[620] Mekkattukunnel, *The Priestly Blessing*, p. 180-181.

ascende ao céu como seguindo a liturgia do Dia da Expiação. A entrega do cálice de Jesus como nova aliança no seu sangue e a transmissão da bênção araônica revelam completamente como Lucas via a relação de Jesus com o templo.[621]

Stempvoort, junto com outros, citou a inclusão formada pela bênção sacerdotal omitida por Zacarias nas narrativas de infância com a bênção completa concedida pelo novo Sumo Sacerdote na cena final do Evangelho de Lucas. Essa bênção foi uma parte essencial na conclusão de todo culto no templo, inclusive do culto de oferta de incenso que Zacarias estava oficiando, de acordo com Lucas 1.5-25. O culto de Zacarias se constituiu em uma *leitourgia* inacabada, mas na conclusão do Evangelho de Lucas há uma *leitourgia* que foi terminada, que foi ministrada pelo sacerdote Jesus.[622] Stempvoort faz o seguinte comentário em uma nota de rodapé: "Pode ter sido possível que Lucas escolheu *anaph* [*anapherein*] por causa da sua presença na LXX como o termo técnico para oferta".[623]

Kapic observa o uso amplo da ideia de bênção (Lc1.42, 64, 68-69; 2.28-32; 9. 28-36 [o relato da transfiguração]; concluindo com Jesus abençoando os discípulos na sua ascensão em Lc 24.50-53). Lucas utiliza

---

[621] P. A. Stempvoort, "The Interpretation of the Ascension in Luke and Acts", p. 35, 39. Veja também M. Parsons, *The Departure of Jesus in Luke-Acts: The Ascension Narratives in Context* (London: Sheffield Academic Press, 1987), p. 69-111; A. W. Zwiep, *The Ascension of the Messiah in Lukan Christology* (Leiden: Koln, 1997), p. 88. Tanto R. Brown, *Birth of the Messiah*, ABRL (New York: Doubleday, 1993), p. 281-82, quanto E. Schweizer, *Das Evangelium nach Lukas*, Das Neue Testament Deutsch, Teilband 3 (Göttingen: Vandenhoeck und Ruprecht, 1982) 251, afirmam que essa bênção sacerdotal faz um contraponto com a incapacidade de Zacarias abençoar a congregação no início do evangelho (Lc 1.21-22). Essa inclusão (estrutura de sanduíche) destaca esse acontecimento e indica a atividade sacerdotal de Jesus.

[622] Ibid, p. 36.

[623] K. Kapic, "Receiving Christ's Priestly Benediction: A Biblical, Historical, and Theological Exploration of Luke 24.50-53", *WTJ* 67 (2005): p. 248. Veja também V. Kleinig, "Providence and Worship: The Aaronic Blessing: Numbers 6.22-27", *Lutheran Theological Journal* 19 (Dec. 1985): p. 120-124. E. Schürer, *A History of the Jewish People in the Time of Jesus Christ*, trad. S. Taylor e P. Christie, segunda divisão (Peabody, MA: Hendrickson, 1994 repr.), 2.82, observou que somente os sacerdotes podiam ministrar a bênção final para encerrar a liturgia da sinagoga, e se não houvesse nenhum sacerdote presente, a bênção não era pronunciada, mas era transformada em uma oração (p. 82-83, veja 82n143 a respeito do levantar das mãos somente na altura dos ombros no interior, mas sobre a cabeça no templo). Dar bênçãos e ser abençoado são temas constantes em Lucas-Atos. R. Strelan, *Luke the Priest: The Authority of the Author of the Third Gospel* (London: Ashgate, 2008), p. 137, considerou a possibilidade de que o ancião Simeão, que abençoou o bebê Jesus no templo, pode ter sido um sacerdote porque ele bendiz a Deus e pronuncia uma bênção sobre José e Maria (Lc 2.34). Ana, também no templo, não é sacerdotisa, por isso não pronuncia nenhuma bênção (Lc 2.37).

o conceito na maioria das vezes no começo e no final do seu Evangelho. Seguindo o raciocínio de Kleinig, Kapic afirma que o retrato que Lucas faz da transfiguração se parece de muitas maneiras com a bênção litúrgica de Arão no Antigo Testamento. Essa bênção era dada pelo sacerdote ao povo, e *só* poderia ser dada pelo sacerdote.[624]

O uso de *eulogein* (bênção) aparece três vezes em Lucas 24.50-53. Kapic, seguindo Nolland, observa a grande semelhança disso com Levítico 9.22-23: "Depois, Arão levantou as mãos para o povo e o abençoou; e desceu, havendo feito a oferta pelo pecado, e o holocausto, e a oferta pacífica. Então, entraram Moisés e Arão na tenda da congregação; e, saindo, abençoaram o povo; e a glória do SENHOR apareceu a todo o povo".[625]

Já que a bênção sacerdotal no Antigo Testamento (e em outros livros judaicos) comumente se dava somente após a conclusão do sacrifício (ou dos sacrifícios), Kapic conclui que a bênção sacerdotal confirmava para o povo que o sacrifício era aceito e que os seus pecados foram perdoados. A bênção não era considerada uma opção na liturgia judaica; funcionava como "uma conclusão necessária para a atividade de expiação sacerdotal".[626] Em minha visão, a leitura de Kapic sobre a intenção pastoral de Lucas neste ponto é precisa: "O povo de Deus era lembrado de forma coerente por meio desta bênção, *da presença e da fidelidade* de Deus apesar de seus pecados, e foi essa bênção que se tornaria um conforto tão grande para aqueles crentes cansados e exilados que questionavam se seu Deus tinha se esquecido deles".[627]

Kapic afirma que o tema da bênção continua em Atos e desempenha um papel vital na conclusão da segunda pregação de Pedro depois de Pentecostes: "Vós sois os filhos dos profetas *e* da aliança que Deus estabeleceu com vossos pais, dizendo a Abraão: Na tua descendência, serão abençoadas todas as nações da terra. Tendo Deus ressuscitado o seu Servo, enviou-o primeiramente a vós outros para vos abençoar, no sentido de que cada um se aparte das suas perversidades" (At 3.25-26). Além disso,

---

[624] Kapic, "Receiving Christ's Priestly Benediction", p. 251. Veja também Nolland, *Luke 18.35-24.53*, p. 1227.
[625] Nolland, *Luke 18.35-24.53*, p. 259. 67
[626] Kapic, "Receiving Christ's Priestly Benediction", p. 252.
[627] Ibid., p. 253.

a respeito do entendimento de Lucas: "A Bênção chegou ao clímax com a encarnação, e agora a pregação aponta especificamente para a benção personificada para salvação". [66]

Kapic vincula o retrato da ascensão de Jesus em Lucas com passagens em Hebreus: "Jesus parte e abençoa seus discípulos ao mesmo tempo; ele tinha realizado o sacrifício final e perfeito, garantindo o perdão dos pecados para o seu povo (Hb 7.26-27; 10.12)".[628] Lembre-se da benção do autor em Hebreus 13.20-21, associando a expiação com a bênção (exatamente o que Lucas faz em seu Evangelho e Atos).

Hamm argumentou que existem sete passagens em Lucas-Atos com alusões ao culto judeu *Tamid*: (1) Zacarias no templo, Lucas 1.5-25; (2) Pedro e João no templo na nona hora, Atos 3.1; (3) Cornélio orando na hora nona, Atos 10; (4) o fariseu e o publicano no templo, Lucas 18.9-14; (5) A morte de Jesus na hora sexta e a resposta do centurião, Lucas 23.44-47; (6) a declaração de Jesus, "Fazei isso em memória de mim", Lucas 22.19b; e (7) a benção de Jesus antes de sua ascensão, Lucas 24.50-53.[629] Hamm conclui corretamente que o culto sacerdotal de Zacarias no templo (conforme está registrado em Lucas 1.5-22) era a oferta de incenso depois do *Tamid* da tarde.[630] Para Hamm, a atividade de Zacarias no templo e a bênção de Jesus em Lucas 24 "emolduram o Terceiro Evangelho e sugerem de que o culto *Tamid* funciona como um importante cenário simbólico na teologia narrativa de Lucas".[631]

A importância de tudo isso para a autoria lucana de Hebreus é bem resumida por Mekkattukunnel, apesar de ele não estar propriamente defendendo isso:

> A bênção sacerdotal se encaixa bem no final da narrativa do Evangelho. Pois é nesse contexto que o Cristo ressuscitado, depois de seu sacrifício definitivo na cruz, aparece em glória

---

[628] Ibid., p. 252.
[629] D. Hamm, "The Tamid Service in Luke-Acts: The Cultic Background behind Luke's Theology of Worship (Luke 1.5-25; 18.9-14; Acts 3.1; 10 .3, 30) ", *CBQ* 65 (2003): p. 215-231.
[630] Ibid., p. 221.
[631] Ibid., p. 231.

aos seus discípulos. Logo, Lucas faz referência ao fato sobre o qual o autor da carta aos Hebreus afirma explicitamente nos capítulos 8 e 9. O sistema de culto existente na época era intrinsecamente incapaz de efetivar a mediação entre Deus e a humanidade. Porque o sumo sacerdote judeu alto não entrou na habitação de Deus no Dia da Expiação, mas entrou em um edifício humano material (Hb 9.1, 8, 24) em que o Altíssimo não habita (At 7.48; 17.24). O sacrifício de Cristo muda completamente a situação, superando o sistema antigo de sacrifício. A oferta sacrificial de Cristo com o seu próprio sangue por meio de "um maior e mais perfeito tabernáculo " (Hb 9.11; Lc 23.45) fez dele "mediador do novo pacto" (Hb 9.11-15; Lc 22.20; Jr 31.31-34). Então Lucas tem toda a razão em retratar Cristo depois de sua paixão e ressurreição na maneira sacerdotal.[632]

Lucas diz que Jesus foi "levado" *(analambanomai)* em Lucas 24.51. O uso deste verbo no contexto de ser "levado" para o céu carrega uma série de conotações, e todas elas são, de acordo com Zwiep, "de um ambiente judeu (helenístico) ou judeu cristão. No período relevante para a presente investigação eu não fui capaz de encontrar nenhum texto de arrebatamento com *analēmpsis* ou *analambanomai* fora da esfera judaica ou cristã. Se Lucas faz referência a alguma coisa, ou é ao judaísmo ou é à Bíblia..."[633] Zwiep compara Eclesiástico 50.20-23 com Lucas 24.50-53 e nota não menos que seis paralelos verbais e um paralelo semântico.[634] Toda a cena de ascensão que Lucas descreve não é inspirada pelo helenismo, de acordo com Zwiep, mas pelo judaísmo bíblico.[635] Zwiep nota corretamente que existe uma espécie de inclusão em Lucas 24.53 e Lucas 2.37. A imagem final de Lucas em seu Evangelho é dos discípulos adorando a

---

[632] Mekkattukunnel, *The Priestly Blessing*, 207-208.

[633] Zwiep, *Ascension of the Messiah in Lukan Christology*, p. 82. Zwiep compara o relato lucano com o Antigo Testamento e as tradições judaicas de arrebatamento do período interbíblico como a tradição de Elias, as histórias de arrebatamento de 4 Esdras, 2 Baruque e 2 Enoque.

[634] Ibid., p. 88.

[635] Ibid., p. 93-94.

Deus no templo com frequência. Compare isso com Lucas 2.37, onde Ana é apresentada da mesma forma, como uma adoradora nas dependências do templo. "O destaque de Lucas reside na continuidade da comunidade cristã recém-encontrada com relação a Israel".[636]

Green acredita que Lucas "não demonstra interesse" em retratar Jesus como um sacerdote, mas disse que, se ele estivesse fazendo isso, "consiste certamente em um interesse que Jesus agisse como um sacerdote *fora* (destaque do autor) de Jerusalém".[637] É claro que Hebreus 13 termina com este mesmo raciocínio! O que Lucas narra no final de seu Evangelho, o autor de Hebreus destaca no final de sua carta. Nos poucos capítulos finais do Evangelho de Lucas, Jesus age dentro dos limites do templo e então se retira, retornando somente no próximo episódio. Entretanto, depois da ressurreição, Jesus não aparece mais dentro do templo, e sobe ao céu do lado de fora de Jerusalém, em vez de subir do templo ou das suas instalações. A narrativa de Lucas da ascensão e a relação de Jesus com o templo não poderia estar mais próxima do que o que encontramos em Hebreus (especificamente em Hebreus 13). Logo, o tema de Jesus como sumo sacerdote pode ser ilustrado a partir do Evangelho de Lucas, e se torna um argumento importante a favor da autoria lucana de Hebreus.

Chance erroneamente afirma que a abordagem de Lucas o separa do padrão dominante no cristianismo não lucano, que era de "associar Jesus com o culto literal apenas em um sentido negativo, retratando Jesus como substituindo o culto por ele mesmo ou por sua igreja". Para sugerir que Lucas dá a Jesus "um caráter distintamente litúrgico que não anula o culto do templo", e de que a ação de Jesus em Lucas 24.50 "oferece uma confirmação do culto", consiste em interpretar mal as provas.[638] O que Lucas está afirmando é o cumprimento do culto em Jesus.

---

[636] Ibid., p. 94.

[637] J. Green, *The Theology of the Gospel of Luke*, New Testament Theology Series, gen. ed. J. Dunn (Cambridge: Cambridge University Press, 1995), p. 860-861.

[638] J. B. Chance, *Jerusalem, the Temple, and the New Age in Luke-Acts* (Macon: Mercer University Press, 1988), p. 63. Observe o uso de ἀναβαίνω na pregação de Pedro em Atos 2.34, que tem sua importância no culto afirmada por T. F. Torrance, *Space, Time and Resurrection* (London: Oxford Univ. Press, 1976), p. 108-109. A obra de D. Farrow, *Ascension and Ecclesia*, analisa a função da ascensão no Novo Testamento e apoia a cristologia sacerdotal de Lucas.

O destaque de Lucas na santidade radical de Jesus quanto à sua ausência de pecado, inocência, e proximidade a Deus pode fazer alusão ao destaque do Antigo Testamento para a santidade cerimonial. Neyrey apresenta inúmeros exemplos a partir de cada uma dessas três categorias em Lucas-Atos para ilustrar essa ideia.[639] Talvez esta seja outra maneira de Lucas apresentar Jesus como o sumo sacerdote, como alguém que é qualificado para sua posição, bem como para o seu sacrifício pelos pecados por causa de sua santidade radical.

É só Lucas que registra a cura de dez leprosos, (Lc 17.11-19). Ele lhes diz para "ir e se mostrar para os sacerdotes". Por que Jesus diria isso? De acordo com Lucas, Jesus não os curou e então disse-lhes para ir para os sacerdotes. Quando uma pessoa era purificada da lepra, ela tinha que aparecer diante do sacerdote e ser declarada como cerimonialmente limpa antes que ela pudesse se reintegrar na sociedade. Mas quando Jesus lhes disse para se mostrar para os sacerdotes, eles ainda estavam com lepra! Em desespero, eles obedeceram, e Lucas 17.14 indica que "enquanto eles foram", eles foram curados. É claro que nove seguiram o seu caminho, mas um voltou para Jesus e agradeceu. O décimo leproso voltou e "se mostrou" a Jesus para expressar gratidão por ter sido curado. O simbolismo aqui é difícil de não aprender: o leproso limpo mostrou-se ao próprio Jesus, que na visão de Lucas se constitui no sumo sacerdote de Deus.

Podemos encontrar mais provas do destaque de Lucas no sacerdócio de Jesus na obra de Irineu (120-202 d.C.), Jerônimo (347-420 d.C.) e Agostinho (354-430 d.C.) em suas análises sobre a correlação entre os evangelhos sinóticos. Irineu estava entre os primeiros a associar os quatro seres viventes de Apocalipse 4.6-8 com os quatro evangelhos. Ele associou o boi com o evangelho de Lucas porque ele retratava a "ordem sacrificial e sacerdotal" de Jesus.[640] Irineu também observou que o evangelho de Lucas começa com o sacerdote Zacarias no templo oferecendo um sacrifício. Jerônimo aplicou o boi a Lucas pelas mesmas razões. Embora Mateus pareça destacar o reino de Cristo, Lucas, de acordo com Agostinho,

---

[639] Neyrey, *The Passion According to Luke*, p. 163-165.
[640] Irineu, "Contra os Hereges", 3.14.1.

destaca o seu sacerdócio. Ele deduz essa diferença principalmente de um estudo sobre as genealogias diferentes encontradas em Mateus e Lucas. Mateus segue a ascendência de Jesus a partir de Davi mediante Salomão, destacando assim o aspecto de rei de sua linhagem. Lucas é diferente de Mateus quanto a isso, traçando a ascendência de Jesus por meio de Natã, filho de Davi, que nunca foi rei. Portanto, Agostinho aplica o símbolo do leão em Apocalipse 4 (reino) ao Evangelho de Mateus e o símbolo do touro (sacrifício sacerdotal) ao Evangelho de Lucas.[641]

Os títulos cristológicos em Lucas-Atos

O par lexical *archēgos* e *sōtēr* como títulos para Jesus aparecem juntos no Novo Testamento somente em Atos 5.31 e Hebreus 2.10. Isso por si só é importante, mas os paralelos não param por aí. *Archēgos* aparece no Novo Testamento somente quatro vezes: Atos 3.15; 5.31; Hebreus 2.10 e 12.2. Johnston observa que existem outras concordâncias verbais concomitantes com o uso de *archēgos*, que são "comuns a Lucas e Hebreus; duas estão em Lucas, Atos e Hebreus e cinco (sem contar ἀρχήγος [*archēgos*]) em Hebreus e Atos..".[642] Jones destaca outra semelhança entre a expressão *archēgon tēs sōtērias* em Hebreus 2.10 e *archēgon tēs zōēs* em Atos 3.15, "já que, em aramaico, o mesmo termo, *ḥayye* significa tanto vida quanto salvação".[643]

Esse conceito de "pioneiro" ou "líder" também pode ser comparado com aitios, "fonte", em Hebreus 5.9, onde temos a expressão "fonte de salvação eterna". A palavra aitios só aparece cinco vezes no Novo Testamento: três vezes em Lucas, uma em Atos e uma em Hebreus.

Nas passagens de Hebreus 2.10 e 12.2 em que aparece *archēgos*, diz-se que Jesus foi "aperfeiçoado" (*teleiōsai*) e é o "consumador" (*teleiōtēn*) da nossa fé. O substantivo *teleiōsis* aparece somente duas vezes no Novo Testamento: uma em Lucas e uma em Hebreus. Hebreus 2.10 se aproxima muito das palavras de Jesus em Lucas 13.32, quando ele disse: "Hoje e amanhã, expulso demônios e curo enfermos e, no terceiro dia, terminarei"

---

[641] Veja também M. Parsons, "Who Wrote the Gospel of Luke?" *BR* 17 (2001): p. 12-21, 54-55.
[642] G. Johnston, "Christ as ARCHEGOS", *NTS* 27 (1981): p. 381-385.
[643] D. L. Jones, "The Title 'Author of Life (Leader)' in the Acts of the Apostles," *SBLSP* 33 (1994): 627-636.

(*teleioumai*). Esses usos linguísticos, exclusivos de Lucas-Atos e Hebreus, atribuídos a Jesus e empregados com o mesmo sentido (ou um sentido bem parecido) entre as duas obras, não parecem tratar de coincidência.

O uso que Lucas faz de *kurios*, "Senhor"[644], como uma referência a Deus é encontrado frequentemente em Hebreus, mas raramente nas cartas paulinas. Em Lucas, essa palavra aparece pelo menos 18 vezes somente nas narrativas de infância. O estudo importante deste tema por Rowe começa com as narrativas de nascimento em Lucas e mostra como o uso que Lucas faz de *kurios* nessas passagens "molda fundamentalmente tanto a construção da identidade de Deus quanto de Jesus na narrativa do Evangelho e na nossa percepção dele".[645] Lucas apresenta Jesus como "Senhor" em Lucas 1.43 e novamente em Lucas 2.11. Os próximos dois capítulos revelam a ambiguidade intencional de Lucas em seu uso do termo "Senhor". Para Rowe, perguntar sobre a identidade do "Senhor" é responder "Deus" e "Jesus". Ele afirma:

> No entanto, dentro dessa ambiguidade, a estrutura e o movimento da história mudam o foco a partir de *kurios ho theos* para o *kurios Christos*. A narrativa em si é a teologia: a vinda do *kurios Christos* equivale à vinda do *kurios ho theos*. A abertura do evangelho narra, nesse movimento da promessa ao cumprimento ativo, a presença do Deus de Israel na vida de Jesus.[646]

Essa ambiguidade aparece em toda a obra de Lucas e Atos, e pode ser observada na pregação em Nazaré em Lucas 4, na cura do paralítico em Lucas 5.17-26, no envio dos 70 em Lucas 10.1-24, na citação de Salmo 110.1 em Lucas 20.41-44, e no sermão de Pedro em Pentecostes em Atos 2. Guthrie comenta que o uso de *kurios* para Deus é tão frequente em Atos "sendo bem mais impressionante quando o título é dirigido

---

[644] Para um estudo sobre os livros que falam sobre esse assunto, consulte C. Rowe, *Early Narrative Christology: The Lord in the Gospel of Luke*, BZNW 139 (Berlin: Walter de Gruyter, 2006), p. 1-9.

[645] Ibid., p. 199-200.

[646] Ibid., p. 200.

inquestionavelmente para Jesus".⁶⁴⁷ Pedro, citando Joel 2.32, aplica o título a Jesus. Fletcher-Louis fala sobre uma "tradição acadêmica estabelecida que vê no uso desse título, e o interesse no seu nome uma identificação de Jesus com Javé".⁶⁴⁸ Embora isso não seja desconhecido nas cartas paulinas, a palavra "Senhor" é usada nelas principalmente como um título para Jesus e não como uma referência a Deus.⁶⁴⁹ "Por meio do desenrolar da narrativa, Lucas usa *kurios* para fazer uma declaração essencial a respeito da relação entre Jesus e o Deus de Israel: Jesus de Nazaré equivale ao movimento de Deus com tanta intensidade que é possível falar de Deus e Jesus juntos como *kurios*".⁶⁵⁰ Rowe observa que Lucas destaca "a totalidade da vida do *kurios* Jesus como a revelação em carne do *kurios ho theos*".⁶⁵¹ Com certeza, essa é uma descrição precisa de Hebreus 1.1, 2.

Em Lucas 20.41-44, Jesus cita Salmo 110.1. O uso cristológico de "Senhor" nessa passagem ("Disse o SENHOR ao meu senhor") e o uso do pronome possessivo grego *mou*, "meu", são geralmente vinculados pelos comentaristas ao primeiro uso de "Senhor" em Lucas 1.43, onde Isabel na sua canção exclama: "... que a mãe do meu Senhor venha a mim?" Conforme Rowe observa: "A cristologia do *kurios* de Lucas é formada com uma conexão íntima com as Escrituras Judaicas... Por causa disso, Salmo 110.1 constitui-se no *Ausgangspunkt* (ponto inicial) para a construção da identidade do *kurios* na história mais ampla, à medida que Lucas desenvolve o potencial teológico e a importância teológica de forma narrativa que se encontra inerente nesse jogo de palavras".⁶⁵² Essa importância teológica da passagem para o autor de Hebreus é bem conhecida.

O uso do título "Filho de Deus" com relação a Jesus em Lucas-Atos e Hebreus merece um estudo contínuo. Os estudos de Lucas confirmam

---

⁶⁴⁷ D. Guthrie, *New Testament Theology* (Downers Grove: InterVarsity, 1981), p. 294.
⁶⁴⁸ Fletcher-Louis, *Luke-Acts: Angels, Christology and Soteriology*, 21. Fletcher-Louis acrescenta: "Dada a obra recente de Fossum, e outros sobre a especulação do nome de Deus, esse material lucano pede uma consideração maior no contexto de uma tradição judaica bem específica".
⁶⁴⁹ Para o uso dessa palavra em Paulo, veja Rowe, *Early Narrative Christology*, p. 221-226.
⁶⁵⁰ Ibid., p. 217-218.
⁶⁵¹ Ibid., p. 218.
⁶⁵² Ibid., p. 175-176.

que este título possui um peso significativo em Lucas-Atos.[653] Ele também possui uma importância teológica grande em Hebreus, já que Jesus é descrito como o "Filho" no prólogo, antes que qualquer outro título seja empregado. O desenvolvimento teológico de Jesus tanto como "Filho" como "sumo sacerdote" é fundamental para o argumento de Hebreus. Na verdade, o tema da filiação é tão importante para Hebreus como o sumo sacerdócio.

Um estudo mais profundo sobre os títulos cristológicos em Lucas-Atos e Hebreus é necessário, mas existem semelhanças suficientes a serem demonstradas para que exista uma comparação positiva para nossos propósitos de identificação de autoria, e as provas que acabamos de trazer apoiam nossa proposta de autoria lucana de Hebreus.

Resumo da comparação cristológica entre Lucas-Atos e Hebreus

Enfim, existe um substrato cristológico comum por trás de Lucas-Atos e Hebreus. Nas duas obras encontramos um destaque na humanidade de Cristo, na sua obra que foi finalizada, e o seu estado atual de glória. O conceito de Jesus como grande Sumo Sacerdote, tão proeminente em Hebreus, é mais destacado em Lucas-Atos do que em qualquer outro livro do Novo Testamento. Seguindo esse raciocínio, Jervell comenta: "o Messias de Lucas-Atos equivale ao Messias mais judaico no Novo Testamento".[654]

A escatologia em Lucas-Atos e Hebreus

Debaixo do ponto de vista da escatologia, Lucas-Atos e Hebreus também possuem muita coisa em comum. A comparação entre o panorama escatológico de Lucas-Atos e de Hebreus é complicada pelas questões debatidas relativas a esses três livros. Fitzmyer afirma que a escatologia de Lucas

---

[653] P. ex., veja a análise em Green, *The Theology of the Gospel of Luke*, p. 26-27, 55-67; e Neyrey, *The Passion According to Luke*, p. 166-179.
[654] Jervell, *The Theology of the Acts of the Apostles*, p. 13, 121.

consiste atualmente no aspecto mais difícil e mais controvertido da teologia de Lucas.[655] A questão principal gira em torno de se a declaração de Conzelmann é correta de que Lucas não esperava um eschaton iminente, apresentando, em vez disso, uma versão "modificada" com relação aos outros escritores sinóticos (isto é, uma *parousia* atrasada). Conzelmann supõe que a igreja cristã primitiva vivia com a esperança da volta iminente de Cristo, mas, visto que isso não aconteceu, surgiu uma crise. Lucas escreveu para diminuir essa crise teológica produzindo uma reinterpretação abrangente sobre a visão da igreja primitiva.

Embora esteja além do escopo desta obra apresentar uma análise abrangente sobre essas questões, a tese de Conzelmann foi questionada e precisa ser modificada substancialmente.[656] Fitzmyer retrata com precisão o panorama escatológico lucano como (1) em harmonia com os outros escritores sinóticos na sua crença de uma vinda iminente de Cristo, (2) reflexo da tensão entre o "já" e o "ainda não", onde o presente é uma época de cumprimento escatológico (escatologia realizada) e ainda existe uma consumação na Segunda Vinda de Cristo, e (3) um desejo da parte de Lucas para mudar o destaque do *eschaton* para o *sēmeron* para mostrar que a conduta cristã atual seja orientada pelos temas escatológicos.[657] Esses fatores devem ser considerados quando se compara a escatologia lucana com a de Hebreus.

Escatologia é um assunto tão difícil em Hebreus como em Lucas-Atos devido o debate sobre um suposto dualismo platônico no coração do livro. Existe, sem dúvida, um dualismo que permeia Hebreus. A questão crucial é se este dualismo deve ser considerado como pensamento platônico mediado por Filo de Alexandria, ou se é mais bem contabilizado sob a rubrica de judaísmo apocalíptico mediado pelas Escrituras e pelo culto

---

[655] Fitzmyer, *The Gospel According to Luke (I-IX)*, 1.231.

[656] Veja, por exemplo, Fitzmyer, *Luke I-IX*, 1.231-234; Franklin, *Christ the Lord*, p. 9-47; e E. E. Ellis, *Eschatology in Luke*, FBBS 30 (Philadelphia: Fortress, 1972). Gaventa observa o fracasso da tese de Conzelmann porque ele observou a teologia de Lucas somente nas suas mudanças redacionais de suas fontes, "uma gafe metodológica de primeira classe". B. Gaventa, "Towards a Theology of Acts: Reading and ReReading," *Int* 42 (1988): p. 146-157. Veja também Marshall, *Fundamentos da narrativa teológica de São Lucas*, p. 18-20; e J. T. Carroll, *Response to the End of History: Eschatology and Situation in Luke-Acts*, SBLDS 92 (Atlanta: Scholars Press, 1988).

[657] J. Fitzmyer, *The Acts of the Apostles: A New Translation with Introduction and Commentary*, AB (New York: Doubleday, 1998), p. 231. Veja também Ellis, *Eschatology in Luke*.

do Antigo Testamento. Mais uma vez, inúmeros livros e artigos foram escritos sobre este assunto, e está além do nosso escopo mergulhar dentro dessa questão de forma mais ampla. Basta dizer que a suposta dependência de Hebreus de Filo tem sido severamente abalada nos últimos anos, e parece melhor aceitar o fundo apocalíptico do Antigo Testamento como a explicação mais adequada.[658]

Até que ponto Lucas-Atos e Hebreus são parecidos com relação à escatologia? Jones afirma que

> para provar a existência do que podemos chamar uma semelhança familiar em comum entre Lucas e Hebreus, não é suficiente apontar para correspondências gerais e específicas: também é necessário mostrar, o tanto quanto possível, que os dois escritos se destacam juntos em contraste com todas as outras famílias de escritos no Novo Testamento.[659]

Jones dedica metade do seu artigo para analisar as semelhanças escatológicas entre Lucas-Atos e Hebreus e como eles diferem dos outros livros do Novo Testamento, especialmente de Marcos, do *corpus* paulino e dos escritos joaninos. O argumento é profundo e não precisa ser exposto aqui. A diferença principal é que existe menos destaque na *parousia* em Lucas-Atos e Hebreus do que em Marcos, Paulo ou João. Isso não se constitui em uma contradição entre os escritores do Novo Testamento; em vez disso, isso simplesmente ilustra os destaques diferentes em seus escritos.

Essa mudança de destaque fica clara em Lucas 22.69, quando se compara com o relato paralelo em Marcos 14.63. Marcos encerra sua versão com uma referência à *parousia*. Entretanto, Lucas omite qualquer

---

[658] Estão entre os livros importantes R. Williamson, *Philo and the Epistle to the Hebrews* (Leiden: Brill, 1970); C. K. Barrett, "Eschatology of the Epistle to the Hebrews", em *The Background of the New Testament and its Eschatology: C. H. Dodd Festschrift*, ed. W. D. Davies e D. Daube (Cambridge: Cambridge University Press, 1956), p. 363-393; L. D. Hurst, "Eschatology and 'Platonism' in the Epistle to the Hebrews," *SBLSP* (Chico, CA: Scholars Press, 1984); L. D. Hurst, *The Epistle to the Hebrews: Its Background of Thought* (New York: Cambridge University Press, 1990). M. Isaacs, *Sacred Space: An Approach to the Theology of the Epistle to the Hebrews*, JSNTSup 73 (Sheffield: Sheffield Academic Press, 1992), p. 55, apoiou a conclusão de Williamson.

[659] Jones, "The Epistle to the Hebrews and the Lucan Writings", p. 129.

referência sobre ela e termina com a frase: "Desde agora, estará sentado o Filho do homem à direita do Todo-Poderoso Deus". Logo, Lucas coloca seu destaque na exaltação de Cristo à direita de Deus. Conforme Franklin destaca, o destaque de Lucas nessa passagem não é controlado por um desejo de expressar um atraso na *parousia*, mas pelo desejo de destacar a crença no presente juntamente com a esperança futura.[660]

A tese de Jones de que há uma "semelhança familiar" nas questões escatológicas entre Lucas-Atos e Hebreus em comparação com o restante dos escritores do Novo Testamento tem sido confirmada por outros especialistas em Novo Testamento. Por exemplo, John Drury escreve:

> [...] Lucas e Hebreus estão fundamentalmente em concordância. A profecia e o cumprimento fazem sentido da relação entre o "agora" do cristão e o "futuro" do judeu nos seus dois esquemas. Em Hebreus, as regras cúlticas antigas são cumpridas no sacerdócio eterno e celestial de Cristo, o olhar sincero para o futuro dos personagens históricos antigos na perfeição da existência cristã. A vida terrena de Jesus se constitui na plenitude do tempo, o "pouquinho de tempo" que vincula essas épocas separadas pela sua vinda, tanto como cumprimento quanto como pioneiro. O cristão fiel se coloca entre esse centro e o final. Em Hebreus como em Lucas, o fogo da expectativa escatológica primitiva se esfriou... porque a igreja encontrou força suficiente para ir levando o presente.[661]

De modo parecido, Goppelt situa sua análise de Lucas e Hebreus no mesmo capítulo por causa de seus destaques teológicos semelhantes quando comparados ao restante do Novo Testamento. Em todos os aspectos, Hebreus traz uma interpretação do evangelho que não se baseia nem em Paulo, nem em João. Essa carta foi escrita para a uma comunidade que se encontra em uma longa jornada; eles estavam se cansando diante

---

[660] Franklin, *Christ the Lord*, p. 28.
[661] J. Drury, *Tradition and Design in Luke's Gospel: a Study in Early Christian Historiography* (Atlanta: John Knox, 1976), p. 21.

da pressão de uma sociedade hostil. Deste modo, Hebreus mostra grande afinidade com Lucas-Atos no Novo Testamento.[662]

Goppelt ressalta que Lucas e Hebreus dão menos destaque à *parousia* do que os outros escritores do Novo Testamento. Eles se concentram mais na escatologia individual, em manter o destaque na exaltação de Cristo sobre a sua *parousia*. Nas palavras de Goppelt: "Isso indicava: a expectativa passou a ser permeável a uma escatologia individual".[663]

Franklin resume o foco escatológico de Lucas na exaltação de Cristo:

> Ele escreve para abordar as ambiguidades na vida dos leitores que eram causadas pelas dúvidas, perseguições e decepções. Nessa situação, ele os convoca para fazer um ato de fé no senhorio presente de Jesus, na realidade transcendental presente do reino. Suas esperanças são retiradas deste mundo; eles descansam na fé naquilo que não se vê.[664]

Uma comparação desta declaração com a análise que Goppelt faz de Hebreus revela a grande afinidade que Lucas-Atos e Hebreus possuem:

> A comunidade para a qual o autor se dirigiu era comparável ao povo de Israel durante a peregrinação pelo deserto. Como Israel naquela época, naquele instante a comunidade também estava arriscada a sucumbir à fadiga (3.12s); ela se decepcionou com o caminho para a terra prometida que tinha se tornado tão longo e árduo. Sem a simbologia, isso significava: a comunidade tinha se desanimado com o fato de que a revelação prometida da glória não surgira de forma visível e, em vez disso, eles passavam por uma aflição após a outra (3.7ss; 6.12; 10.36ss; 12.4-11). Esse senso de desânimo produziu um resultado típico da segunda geração. Os cristãos

---

[662] L. Goppelt, *Theology of the New Testament*, ed. J. Roloff, trad. J. Alsup, (Grand Rapids: Eerdmans, 1982), 2.265-266.
[663] Ibid., p. 288.
[664] Franklin, *Christ the Lord*, p. 47.

começaram a vacilar na sua luta de levar a vida pela fé (2.13; 12.4) e voltaram a se moldar a vida com os padrões do mundo (13.13s).[665]

Pode-se também examinar a alteração de Lucas das palavras da sua citação de Joel 2.28 em Atos 2.17. Onde a LXX diz *meta tauta* (lit. "depois dessas coisas"), Lucas inseriu *en tais eschatais hēmerais* ("nos últimos dias"). A única outra passagem onde essa expressão aparece é na LXX de Isaías 2.1-3 (observe que a expressão não aparece na referência da passagem de Isaías, Mq 4.1-3), e a passagem de Isaías é importante para a interpretação que Lucas faz do Pentecostes. O autor de Hebreus emprega uma expressão parecida no texto grego de Hebreus 1.2.

As perspectivas escatológicas de Lucas e Hebreus são bem parecidas, e os textos parecem revelar um cenário semelhante e uma mesma necessidade por parte dos destinatários. Essa similaridade teológica, particularmente naquilo que esses livros se destacam diante dos outros escritores do Novo Testamento, apresenta outro argumento a favor da autoria lucana de Hebreus.

Profecia/promessa e cumprimento em Lucas-Atos e Hebreus

Geralmente se reconhece que o tema da profecia e do cumprimento possui uma função importante na teologia lucana.[666] Ao contrário do que diz

---

[665] Goppelt, *Theology*, 2.242.

[666] Veja, por exemplo, T. R. Carruth, "The Jesus-as-Prophet Motif in Luke-Acts," (tese de doutorado, Baylor University, 1973); Talbert, *Reading Luke*, p. 234-240; id., *Acts* (Atlanta: John Knox, 1984), p. 91-103; Fitzmyer, *Acts*, p. 287-301; R. Karris, *What Are They Saying about Luke and Acts? A Theology of the Faithful God* (New York: Paulist, 1979). Os esforços mais recentes sintetizam e avaliam o estado dos estudos acadêmicos sobre este assunto: Bock, *Proclamation from Prophecy and Pattern;* M. Strauss, *The Davidic Messiah in Luke-Acts: The Promise and its Fulfi llment in Lukan Christology*, JSNTSup 110 (Sheffield: Sheffield Academic Press, 1995); A. Hastings, *Prophet and Witness in Jerusalem: A Study in the Teaching of St. Luke* (Baltimore: Helicon, 1958); P. G. Voss, *Die Christologie der lukanischen Schriften in Grundzügen* (Paris/Brugge: Brouwer, 1965), p. 155-170; G. R. Greene, "The Portrayal of Jesus as Prophet in Luke-Acts" (tese de doutorado, Southern Baptist Theological Seminary, 1975); P. S. Minear, *To Heal and to Reveal: The Prophetic Vocation According to Luke* (New York: Seabury, 1976); A. George, *Études sur l'oeuvre de Luc* (Paris: Gabalda, 1978), p. 79-84; D. Hill, *New Testament Prophecy* (London: Marshall, Morgan & Scott, 1979), p. 48-49. Cf. D. Moessner, *Lord of the Banquet: The Literary and Theological Significance of the Lukan Travel Narrative* (Minneapolis: Fortress, 1989), porque esse tema, da forma que é desenvolvido na

Conzelmann, Lucas diferencia duas eras históricas de salvação: o tempo da profecia e o tempo do cumprimento. O tempo do cumprimento é dividido entre o tempo de Jesus e o tempo do seu testemunho, e o último pode ser diferenciado entre o tempo das testemunhas e o tempo depois dele, inclusive a geração de Lucas (Lc 1.1-4).[667] Lucas apresenta Jesus como o profeta definitivo de Deus que se levanta na longa linhagem de profetas como o auge do tratamento de Deus com seu povo. Entretanto, ele apresenta a tradição de um modo que destaca a função de Jesus como profeta caracterizando seu ensino como a "Palavra" ou a "Palavra de Deus", mesmo quando isso não é especificado nas suas fontes.[668] Esse tema teológico, que permeia Lucas-Atos, também é característico da carta aos Hebreus.

Em uma digressão sobre o cumprimento da profecia em Lucas-Atos no final do seu comentário, Talbert afirma que em Lucas, a profecia cumprida vem de três tipos de fonte: (1) das Escrituras judaicas, (2) de um profeta vivo (Zacarias, Simeão, etc.), e (3) de seres celestiais (anjos e o Jesus ressuscitado).[669] No seu prólogo, Lucas se refere aos "acontecimentos" que ele está para narrar como tendo sido "cumpridos". Fitzmyer reconhece que eles "pertencem a um passado e a um presente que não são relacionados ao que Deus prometeu no Antigo Testamento".[670]

As narrativas de infância (Lc 1 e 2) funcionam no plano geral de Lucas para demonstrar a continuidade da história da salvação. O ministério de Jesus está baseado firmemente e surge das Escrituras do Antigo Testamento e da história de Israel. A narrativa da tentação no capítulo 4 é apresentada por Lucas de modo a traçar um paralelo entre Jesus e o profeta Moisés do Antigo Testamento.[671] A pregação de Jesus de Nazaré

---

narrativa da viagem de Lucas. Veja também S. van den Eynde, "Children of the Promise: On the *diathēkē* Promise to Abraham in Luke 1.72 and Acts 3.25", em *The Unity of Luke-Acts* (Leuven: Leuven University Press, 1999), p. 469-482.

[667] F. Bovon, *Luke 1: A Commentary on the Gospel of Luke 1.1-9.50*, trad. C. Thomas, Her (Minneapolis: Fortress, 2002), p. 11.

[668] Veja L. O'Reilly, *Word and Sign in the Acts of the Apostles: A Study in Lukan Theology*, Analecta Gregoriana 243 (Rome: Editrice Pontificia Universita Gregoriana, 1987), p. 36.

[669] Talbert, *Reading Luke*, p. 234-240.

[670] Fitzmyer, *Luke I-IX*, p. 289.

[671] Ibid., p. 136.

no capítulo 4 funciona como o início de sua função profética.[672] Jesus tinha em mente o papel de profeta escatológico esperado de longa data com sua declaração: "Hoje se cumpriu esta Escritura em vossos ouvidos" (Lc 4.21). O ministério público de Jesus que foi inaugurado nessa passagem é lançado somente como Lucas como molde do chamado e do destino do profeta escatológico.

A chegada de Jesus em Jerusalém (e os acontecimentos que levaram à sua prisão e crucificação) é narrada por Lucas de maneira a destacar os temas seguintes:

1. A rejeição e a morte de Jesus são descritas em termos do martírio dos profetas do Antigo Testamento.
2. O catalisador que levou ao plano de se matar Jesus foi que ele assumira um papel de profeta e ultrapassou as barreiras de interpretação da Torá criadas pelo judaísmo oficial.
3. Jesus não é retratado somente como um profeta, mas como o profeta definitivo.
4. Jesus foi rejeitado como todos os profetas de Deus.
5. Em Lucas 24, a função profética de Jesus é destacada pelo fato de que ele é visto não somente como o objeto da profecia, mas como profeta com todos os direitos, que cumpre a Palavra de Deus.[673]

O esquema da profecia e do cumprimento continua em Atos com o destaque na promessa abraâmica no discurso de Estevão em Atos 7.[674] Além disso, em Atos, Lucas identifica Jesus com três figuras das expectativas messiânicas judaicas, descritos nas categorias proféticas: o Messias-Servo, o Profeta semelhante a Moisés (At 3.22; 7.37) e o Elias que volta (proe-

---

[672] Crump observa: "É claro que Lucas apresenta Jesus como olhando a si mesmo como *o* profeta definitivo, desde o início do seu ministério terreno". Ele acrescenta: "Por causa disso, isso também indica que Lucas apresenta Jesus como o Profeta definitivo desde o princípio do seu ministério". D. Crump, *Jesus the Intercessor: Prayer and Christology in Luke-Acts*, Biblical Studies Library (Grand Rapids: Baker, 1992), p. 139. Com certeza, essa é a ideia exata do autor aos Hebreus em 1.1-2.

[673] Carruth, "The Jesus-as-Prophet Motif in Luke-Acts", p. 254-55.

[674] N. Dahl, "The Story of Abraham in Luke-Acts", *Studies in Luke-Acts*, ed. L. E. Keck e J. L. Martyn (New York: Abingdon, 1966), p. 139-158.

minente na linguagem e nos detalhes da narrativa da ascensão).[675] Com base nisso, fica bem claro que o tema da profecia e do cumprimento possui uma função especial para Lucas.

Mais recentemente, David Moessner analisou de forma abrangente o vínculo de Jesus com o Profeta semelhante a Moisés na estrutura e na teologia da narrativa da viagem de Lucas.[676] Ele sugere que, nessa narrativa, a fala de Jesus se parece com a de Moises, e que a jornada de Jesus rumo a Jerusalém recapitula a jornada de Israel no deserto da forma apresentada em Deuteronômio. Do mesmo modo que Carruth, Moessner acredita que Lucas retrata Jesus em seu ministério público como um profeta escatológico em Lucas 4.16-30. Ele afirma com base em Lucas 9.1-50 que Jesus surge no ministério da Galileia tendo como destino Jerusalém como o Profeta semelhante a Moisés.[677] Em Lucas 10.1, o envio dos 70 é comparável a Números 11.16, onde Moisés comissiona os 70 anciãos. Jesus via sua morte como outro êxodo em Lucas 9.31.

A viagem de Jesus a Jerusalém é precedida imediatamente da transfiguração no monte (Lc 9.28-36). Ele é retratado por Lucas nessa passagem como o profeta semelhante a Moisés (Dt 18.15-19). Dentre os três sinóticos, a versão de Lucas da declaração celestial (v. 35) é a única que combina com o vocabulário e a ordem das palavras da LXX de Deuteronômio 18.15b. Moessner escreve:

> Logo, como todo Israel, que há séculos testemunhara a revelação autoritativa da voz divina mediante Moisés, naquela ocasião os três discípulos no monte, representando os Doze e, por extensão, as doze tribos de Israel, testemunham a revelação definitiva da voz de Deus mediante Jesus, o Filho Escolhido

---

[675] Carruth, "The Jesus-as-Prophet Motif in Luke-Acts", p. 293.

[676] Moessner, *Lord of the Banquet*. O propósito da narrativa da viagem em Lucas tem sido entendido de várias formas. Para um resumo relacionando as propostas com a devida bibliografia, veja D. Pao, *Acts and the Isaianic New Exodus* (Grand Rapids: Baker, 2002), p. 2-5, que foi publicado anteriormente no ano 2000 por Mohr (Paul Siebeck) como o volume 130 em WUNT, série 2.

[677] Moessner, *Lord of the Banquet*, p. 56. Os paralelos proféticos de Moisés em Deuteronômio com Jesus em Lucas 9.1-5 são definidos nas páginas 60 a 70.

de Deus. Do mesmo modo que Moisés, Jesus é chamado para mediar a voz de Deus.[678]

A noção de Jesus como o profeta definitivo de Deus é destacada na narrativa da viagem de Lucas, que consiste na "história da viagem de salvação do Novo Êxodo profetizado por Moisés para o povo da aliança do Horebe como cumprimento das promessas a Abraão e seus descendentes".[679] As palavras de Moisés em Deuteronômio 1.1 na LXX são incrivelmente parecidas com as palavras de Jesus em Lucas 24.44.

Em Atos, Lucas continua a história narrando a "jornada do povo de Deus, cujos líderes imitam seu Profeta Messias ao proclamar as notícias felizes do reino de Deus". A seção mais longa de viagens de Atos (19.21-28.31) possui muitas semelhanças com a narrativa da viagem do evangelho de Lucas.[680]

O estudo importante de David Pao sobre o tema do Novo Êxodo de Isaías em Atos ilustra a função básica que Isaías desempenha na estrutura narrativa de Lucas-Atos.[681] Pao demonstra que a citação prolongada de Isaías 40.3-5 no início do ministério de Jesus serve como introdução do restante da narrativa lucana. Ele percebe que se vê ou uma alusão, ou uma citação clara de Isaías em todas as declarações preparatórias na narrativa de Lucas-Atos: Lucas 4.16-30; Lucas 24.44-49; Atos 1.8; 13.46-47; e 28.25-28.[682] As referências em Atos ao cristianismo como o "caminho" também se constituem em exemplo do Novo Êxodo de Isaías na narrativa teológica de Lucas. O livro de Pao explica esse conceito e esse uso das Escrituras, bem como a importância do tema do "êxodo" para Lucas.

É claro que Lucas-Atos foi elaborado deliberadamente em um tema de viagem, começando com Jesus como o profeta escatológico de Deus e prosseguindo com o povo de Deus que estendem a viagem da salvação (por meio de Paulo) até os confins da terra, Roma. A visão que Lucas tem

---

[678] Ibid., p. 61.
[679] Ibid., 290.
[680] Ibid., 296-97.
[681] Veja Pao, *Acts and the Isaianic New Exodus*.
[682] Ibid., p. 109.

de Moisés (como e vê em seu retrato de Jesus como o Profeta semelhante a Moisés em Lc 9.1-50 e At 7) confirma que a profecia em Deuteronômio 18.15-16 é "claramente um dos temas dominantes na cristologia de Lucas".[683] De fato, a referência ao tema do Êxodo em passagens estratégicas em Lucas revela sua tentativa teológica para comparar a obra de redenção que Moisés fez por Israel com a obra de redenção que Jesus fez em Jerusalém.[684]

Voltando a Hebreus, será que o tema de profecia-cumprimento possui uma função proeminente na estrutura conceitual do autor? Será que a elaboração teológica da carta pode ser descrita de algum modo como uma "viagem" parecida com a que encontramos em Lucas-Atos? Por fim, será que o autor de Hebreus aborda o tema do Profeta semelhante a Moisés de maneira parecida com Lucas-Atos? Descobriremos que todas essas perguntas podem ser respondidas afirmativamente.

O tema profecia-cumprimento possui uma função básica em Hebreus desde o início do livro. O prólogo (1.1-4) afirma que Deus falou nos dias antigos pelos profetas, mas agora ele fala por seu Filho. Nessa passagem, Jesus é apresentado como a revelação definitiva de Deus, o profeta definitivo mediante o qual Deus falou decisivamente. Isso pode ser comparado ao prólogo de Lucas, onde os acontecimentos a serem narrados são descritos como se cumprindo.[685]

O prólogo de Hebreus revela que o conceito que o autor tem da história da revelação é longitudinal: as formas antigas e iniciais da abordagem de Deus foram substituídas por Jesus como a abordagem definitiva de Deus. Para o escritor de Hebreus, tanto a continuidade quanto a descontinuidade são fatores a serem reconhecidos no processo da história da

---

[683] M. R. D'Angelo, *Moses in the Letter to the Hebrews*, SBLDS 42 (Missoula, MT: Scholars Press, 1979), p. 3. Dodd observa que a referência clara a Deuteronômio 18.15 só aparece em Atos, C. H. Dodd, *According to the Scriptures: The Substructure of New Testament Theology* (London: Nisbet & Co., 1957), p. 55. Veja também R. Nixon, *The Exodus in the New Testament* (London: Tyndale, 1963); e J. Reynolds, "A Comparative Study of the Exodus Motif in the Epistle to the Hebrews", (tese de doutorado, Southwestern Baptist Theological Seminary, 1976), p. 243, que observa que Atos é mais parecido com Hebreus nessa questão do que qualquer outro livro do Novo Testamento. Recentemente, a obra de K. Schiffner, *Lukas liest Exodus: Eine Untersuchung zur Aufnahme ersttestamentlicher Befreiungsgeschichte im lukanischen Werk als Schrift-Lektüre*, BWA(N)T (Stuttgart: W. Kihlhammer, 2008), aborda esse assunto com uma profundidade maior. Veja esp. as páginas 217-414.

[684] Como é afirmado por P. Walker, *Jesus and the Holy City: New Testament Perspectives* (Grand Rapids: Eerdmans, 1996), p. 79-80.

[685] Fitzmyer, *Luke I-IX*, p. 293.

revelação. Logo, esse prólogo afirma teologicamente o que Lucas narra historicamente em seu Evangelho.

Hughes demonstrou mediante uma análise literária cuidadosa do texto como o prólogo de Hebreus funciona de forma preparatória. O escritor faz um contraste entre Jesus e os anjos (1.5-2.4), entre Jesus e Moisés (3.1-6), e entre Jesus e o sacerdócio de Arão (4.14-5.10; 7.1-28); é o tema da nova revelação que serve como o modelo que orienta como desenvolver o argumento.[686]

A relação entre o velho e o novo serve como um tema importante em Hebreus, o que acontece também com Lucas-Atos. Franklin observou que Lucas vê as instituições e os acontecimentos reveladores do passado como tendo sido superados pelo novo gesto de Deus em Cristo. Isso invalida para Lucas qualquer tentativa de se manter o que é antigo.[687] Em Lucas, Jesus é colocado acima do Israel antigo; em Atos, é a igreja como o novo povo de Deus que exibe tanto os elementos de continuidade quanto os de descontinuidade do povo de Deus com relação à ordem antiga, e toda a trama é estabelecida no tema da "viagem".

Esse tema, que, com certeza, não é estranho ao restante do Novo Testamento, encontra seu foco maior em Lucas-Atos e Hebreus, e, por isso, se chega a uma maior semelhança conceitual entre os dois livros.

Para ilustrar o tema da "viagem" em Hebreus, é preciso somente se lembrar do livro de Käsemann intitulado *The Wandering People of God* (O povo peregrino de Deus), que, para a nossa investigação poderia ser alterado para "O povo viajante de Deus". O tema pode ser visto claramente em Hebreus 3.7-4.13 e 10.19-13.21. Quanto ao segundo contexto citado, Käsemann analisa os verbos de ação que ilustram esse tema.[688] O auge dessa viagem é apresentado em Hebreus 13.13-14, onde os leitores são exortados a "sair a ele, fora do arraial, levando o seu vitupério. Na verdade, não temos aqui cidade permanente, mas buscamos a que há de vir". Enquanto Atos retrata em uma estrutura narrativa o povo (os cristãos) do "profeta

---

[686] G. Hughes, *Hebrews and Hermeneutics*, SNTSMS 36 (Cambridge: Cambridge University Press, 1979), p. 6.
[687] Franklin, *Christ the Lord*, p. 44.
[688] E. Käsemann, *The Wandering People of God: an Investigation of the Letter to the Hebrews*, trad. da 2ª edição alemã para o inglês por R. Harrisville e I. Sandberg (Minneapolis: Augsburg, 1984), p. 23.

semelhante a Moisés" viajando em meio à perseguição, o autor de Hebreus retrata em uma estrutura exortativa os mesmos cristãos na mesma viagem como sendo desafiados a "prosseguir" até o final dessa viagem. O tema da viagem se encaixa muito bem em Lucas-Atos e Hebreus.[689]

Além disso, a noção do sofrimento enquanto percorre o caminho é fundamental em Lucas-Atos como, por exemplo, em Atos 14.22b: "através de muitas tribulações, nos importa entrar no reino de Deus". Esse tema também é importante em Hebreus com declarações como essa: "na vossa luta contra o pecado, ainda não tendes resistido até ao sangue" (Hb 12.4) e "saiamos a ele, fora do arraial, levando o seu vitupério (Hb 13.13).

Por fim, a função de Moisés em Hebreus pode ser comparada com seu papel em Lucas-Atos. Moisés é uma figura importante na explicação da cristologia em Lucas, João, Paulo e Hebreus. D'Angelo afirma que o retrato paulino e o retrato joanino de Moises na estrutura de suas cristologias se opõem ao de Lucas, cuja abordagem é bem diferente.[690] Com base no uso que Hebreus faz de Êxodo 25.40 como um texto básico para esse argumento, e que Lucas o cita de modo parecido como um ponto fundamental (At 7.44), podemos ver que a função de Moisés em Lucas-Atos e em Hebreus é bem parecida.

A importância de Êxodo 25.40 para o princípio exegético dos capítulos 8 e 9 de Hebreus é bem conhecida. O uso de *tupos* (tipo) nesta seção, bem como a sua função no argumento teológico geral é semelhantemente fundamental. Essa passagem e o "tipo" são vinculados por Lucas em Atos 7.44 e ilustram sua afinidade teológica.[691]

Existem muitas semelhanças entre Atos 7 e Hebreus 11 quanto à carreira de Moisés, que já foram mencionadas e que também ilustram a similaridade contextual entre Lucas-Atos e Hebreus. Tanto Êxodo 2.11-15 quanto 25.40 são citados nesses dois capítulos. Para Lucas e para o

---

[689] "Hebreus equivale à reafirmação cristã clássica do tema da viagem do Antigo Testamento". D. Farrow, *Ascension and Ecclesia on the Significance of the Doctrine of the Ascension for Ecclesiology and Christian Cosmology* (Grand Rapids: Eerdmans, 1999), p. 33.

[690] D'Angelo, *Moses in the Letter to the Hebrews*, p. 3-10.

[691] J. Héring, *The Epistle to the Hebrews* (London: Epworth, 1979), p. 66-70. Cf. D'Angelo, *Moses in the Letter to the Hebrews*, p. 257, para a visão rival de que a função e o papel do "tipo" e do tabernáculo são diferentes em Hebreus e Lucas-Atos.

autor de Hebreus, Jesus é o profeta semelhante a Moisés, bem como o arquiteto de um tabernáculo melhor do que aquele que foi construído de acordo com o *tupos* concedido a Moisés no monte. Edvin Larsson conclui um estudo sobre a crítica do templo e dos capítulos 6 e 7 de Atos com a seguinte declaração: "Todo esse padrão de promessa e cumprimento em Hebreus forma uma ilustração poderosa dessa linha de pensamento do discurso de Estevão".[692]

O conceito de "promessa" em Hebreus surge do uso frequente do grupo semântico da palavra *epaggelia*[693] (14 vezes), e é relacionado à análise anterior. Essa palavra não aparece nem em Mateus, nem em Marcos. Só ocorre uma vez em Lucas, oito vezes em Atos e 24 vezes nas cartas de Paulo. Karris indica que os escritos de Lucas revelam seu grande interesse na fidelidade do Deus que tanto faz quanto cumpre as promessas.[694] Lucas parece interessado em responder à pergunta: "Será que Deus foi fiel às promessas que fez a Israel?". A resposta de Lucas consiste em uma afirmação positiva sem argumentar, mas ele usa a prova dos esquemas proféticos para conduzir a essa conclusão. Isto é exatamente o que encontramos em Hebreus.

Hebreus e Paulo parecem divergir na interpretação da palavra "promessa". Paulo cita Gênesis 15.6 como a referência principal para a promessa aos descendentes de Abraão, enquanto Hebreus se refere a Gênesis 22. A fé de Abraão foi creditada por ele como justiça antes de sua circuncisão (Gn 17). Quando ele se tornou pai de todos os judeus que creem, ele também se tornou pai de todos os gentios que creem sem ter sido circuncidados. Esse é o foco de Romanos 4, especialmente nos versículos 10-11 e de Gálatas 3; essa é a razão da sua referência a Gênesis 15 em vez de Gênesis 22.

Paulo dá um foco gentio à promessa feita a Abraão em Romanos 4. No entanto, em Hebreus, não se encontra nenhuma interpretação gentia com relação à promessa feita a Abraão. Na verdade, os gentios nem mesmo

---

[692] E. Larsson, "Temple Criticism and the Jewish Heritage," *NTS* 39 (1993): p. 394.

[693] Para uma análise do uso da palavra ἐπαγγελία em Hebreus, veja P. Ellingworth, *Commentary on Hebrews*, NIGTC (Grand Rapids: Eerdmans, 1993), p. 238-239; e W. Kurz, "Promise and Fulfillment in Hellenistic Jewish Narratives and in Luke and Acts," em *Unity of Luke-Acts,* p. 147-170.

[694] Karris, *What Are They Saying about Luke and Acts?*

são mencionados em Hebreus. Paulo mostra pouco interesse na "terra prometida" de Israel. Os textos relacionados à descendência de Abraão são espiritualizados por Paulo para se referir tanto aos gentios quanto aos judeus. Hebreus faz praticamente o contrário. O autor espiritualiza as passagens sobre a terra, e nunca faz referência aos gentios nas passagens sobre a descendência de Abraão.[695]

Após estudar todas as passagens em Lucas-Atos referentes a Abraão, Brawley conclui que essas passagens trazem uma chave para o entendimento da caracterização que Lucas faz a respeito de Deus.[696] Lucas começa com as narrativas de infância, onde tanto o anúncio de Gabriel (1.32-22) quanto a resposta de Maria (1.37) referem-se a Gênesis 18.14, que proclama o poder de Deus para cumprir suas promessas. Gênesis 22.18, possivelmente a condição *sine qua non* da promessa de Deus a Abraão, é citada em Atos 3.25; 13.28-29; 16.19-31; e 19.1-10.[697] De modo parecido, esse conceito é fundamental tanto para Paulo quanto para Hebreus.

Argumentos adicionais

Lucas-Atos, Hebreus e Qumran

Antes da descoberta dos rolos de Qumran, o conjunto de escritos judaicos mais próximos cronologicamente do Novo Testamento era o da literatura rabínica que foi escrita desde os séculos 3 a 6 d.C. Há alguns anos, Bruce Metzger estudou as fórmulas usadas para apresentar as citações do Antigo Testamento tanto na Mishná (as mais antigas do corpus rabínico) quanto no Novo Testamento. Posteriormente, Fitzmyer estudou as fórmulas usadas para apresentar as citações do Antigo Testamento nos Manuscritos do mar Morto e os comparou com as descobertas de Metzger

---

[695] Essas e outras questões relacionadas aos ângulos diferentes de Paulo e de Hebreus são analisadas de forma brilhante em C. P. Anderson, "Who Are the Heirs of the New Age in the Epistle to the Hebrews?" em *Apocalyptic and the New Testament: Essays in Honor of J. Louis Martyn*, JSNTSup 24, ed. J. Marcus e M. Soards (Sheffield: Sheffield Academic Press, 1989), p. 255-277.

[696] R. Brawley, "Abrahamic Covenant Traditions and the Characterization of God in Luke-Acts", em *The Unity of Luke-Acts*, p. 109-132.

[697] Veja o artigo excelente de S. van de Eynde, "Children of the Promise: on the *diathekē*-promise to Abraham in Luke 1.72 and Acts 3.25", em *The Unity of Luke-Acts*, p. 469-482.

e do Novo Testamento. Surpreendentemente, nenhuma das fórmulas encontradas na lista de Metzger correspondia às da lista de Fitzmyer. O uso do Novo Testamento se aproximou mais dos Manuscritos do Mar Morto do que da Mishná.[698]

Uma área interessante de comparação é a semelhança de ideias entre Lucas-Atos, Hebreus e os escritos de Qumran.[699] Em um adendo ao comentário de Atos de Munck, Albright e Mann ilustram a convergência de ideias entre algumas partes de Atos e Qumran.[700] M. de Jonge e A. S. van der Woude apontam que 11Q Melquisedeque associa as expressões [hmbsr] e [hmsyh] no contexto de Isaías 52.7 e Isaías 61.1-2, e que tanto Lucas 4.18-30 quanto Atos 10.36-38 representam associações semelhantes.[701] Além disso, os três primeiros capítulos de Hebreus têm a possibilidade de ter um cenário de Qumran quando se compara a 11Q Melquisedeque. J. de Waard conclui que a semelhança entre Atos, Hebreus e Qumran era tão grande que deve ter havido alguma conexão entre esses escritos.[702]

Hebreus destaca Cristo como fazendo parte da tribo de Judá, em vez de retratá-lo como um messias sacerdotal da linhagem de Levi. Quem sabe uma explicação possível para isso seja de que os destinatários de Hebreus estavam sendo influenciados pela seita de Qumran, e o escritor foi levado a refutar a noção de Qumran de que o messias aarônico (levítico) era mais importante que o Messias de Israel.[703] Propor o sumo sacerdócio de Cristo segundo a ordem de Melquisedeque em vez da ordem de Aarão não faz tanto sentido se não se entende o argumento como uma polêmica contra alguém que reivindicava superioridade para a linhagem levítica. Entretanto, se o foco principal do autor de Hebreus estava na filiação de

---

[698] J. Fitzmyer, "The Usage of Explicit Old Testament Quotations in Qumran Literature and in the New Testament", em *Essays on the Semitic Background of the New Testament* (Missoula, MT: Scholars Press,1974), p. 3-58; também veja id., *Responses to 101 Questions on the Dead Sea Scrolls* (New York: Paulist, 1992), p. 105-106.

[699] Os Manuscritos do Mar Morto são datados de meados do século 2 a.C. até o ano 68 d.C.

[700] J. Munck, *The Acts of the Apostles*, AB 31 (New York: Doubleday, 1967), p. 264-267.

[701] M. de Jonge e A. S. van der Woude, "11Q Melchizedek and the New Testament," *NTS* 12 (1966): p. 301-326. Veja também C. A. Evans e J. Sanders, *Luke and Scripture: the Function of Sacred Tradition in Luke-Acts* (Minneapolis: Fortress, 1993), p. 61-63.

[702] J. de Waard, *A Comparative Study of the Old Testament Text in the Dead Sea Scrolls and in the New Testament* (Leiden: Brill, 1965), p. 82.

[703] F. C. Fensham, "Hebrews and Qumran," *Neot* 5 (1971): p. 9-21.

Cristo e a sua relação com o Pai (com o tema do sumo sacerdócio apoiando isso), então a necessidade de interpretar a análise como polêmica é reduzida de forma significativa.

Qumran destacou essas coisas como banhos rituais, anjos como salvadores, dois messias, e que a linhagem araônica era superior às outras. Lucas-Atos e Hebreus aludem a muitas dessas ideias. Recentemente, George Brooke fez uma comparação positiva entre Lucas-Atos e com o texto da halacá 4QMMT, publicado oficialmente em 1994. Ele observou várias semelhanças, inclusive o destaque que os dois colocam em Jerusalém e no templo.[704]

Não estou partindo do princípio de nenhum vínculo histórico entre Lucas-Atos, Hebreus e a comunidade de Qumran. Apesar de haver algumas similaridades, elas são superadas pelas diferenças.[705] Os destinatários de Hebreus não faziam parte da comunidade de Qumran, mas podem ter sido influenciados de algum modo por alguns dos seus ensinos, o que pode explicar as semelhanças.[706] Brevard Childs propõe de forma importante que as diferenças teológicas básicas na perspectiva entre uma comunidade fechada e orientada cerimonialmente como Qumran, e o chamado para uma igreja aberta e centrada cristologicamente como a de Hebreus, continua sendo óbvia até mesmo para o leitor casual.[707] Pode-se dizer a mesma coisa a respeito da igreja de Atos. Hebreus apresenta Melquisedeque exclusivamente como uma figura sacerdotal, enquanto na comunidade de Qumran ele funcionava mais como uma figura escatológica do juízo vindouro, de acordo com 11QMelquisedeque.[708] Apesar de

---

[704] G. Brooke, "Luke-Acts and the Qumran Scrolls: The Case of MMT," em *Luke's Literary Achievement: Collected Essays*, ed. C. M. Tuckett, JSNTSup 116 (Sheffield: Sheffield Academic Press, 1995), p. 72-90.

[705] Para exemplos disso, veja Fitzmyer, *Responses to 101 Questions on the Dead Sea Scrolls*, p. 102-104.

[706] F. F. Bruce, "To the Hebrews or to the Essenes?" *NTS* 9 (1962-63): p. 217-232. Ellis observa que o vínculo entre Hebreus e Qumran "não é improvável", mas as tradições de Hebreus encontram seu paralelo mais próximo com os outros documentos do Novo Testamento. E. Ellis, *The Making of the New Testament Documents,* Biblical Interpretation Series 39, ed. R. A. Culpepper e R. Rendtorff (Leiden: Brill, 1999), p. 286-287.

[707] B. Childs, *The New Testament as Canon: An Introduction* (London: SCM, 1984), p. 411.

[708] Veja a análise em M. Isaacs, "Hebrews", em *Early Christian Thought in its Jewish Context*, ed. J. Barclay e J. Sweet (Cambridge: Cambridge University Press, 1996), p. 153.

haver semelhanças, a comunidade de Qumran via Melquisedeque de uma maneira completamente diferente do autor de Hebreus.

Issacs explica a diferença entre o argumento utilizado pelo autor de Hebreus e o da comunidade de Qumran com relação ao templo e aos sacerdotes. Hebreus demonstra a superioridade do sacerdócio de Jesus sobre o de Arão. Ela afirma então:

> Esse argumento é bem mais subversivo que a alegação de Qumran que quem servia como sumo sacerdote no templo, por desconsiderar a regra da primogenitura, tinham perdido seu direito a serem herdeiros verdadeiros de Zadoque, ou, para esses efeitos, quaisquer críticas farisaicas de seu desempenho dos rituais prescritos. Por fim, para Hebreus não é somente o sacerdócio levítico que é inadequado; até mesmo Melquisedeque não consiste em um modelo definitivo para Jesus, já que ele lembra Jesus, o filho de Deus (7.3) em vez de vice-versa. A lógica do argumento do nosso autor é que não existe mais nenhuma serventia para um sacerdócio no presente, seja aaraônico ou de outra linhagem![709]

A avaliação convincente de Charles Anderson é digna de consideração. Hebreus "se encaixa bem no padrão sectário judaico", que Shaye Cohen descreve como uma característica comum do sectarismo judaico: a controvérsia sobre o templo, e particularmente a sua impureza e sua ilegitimidade sacerdotal. Entretanto, Anderson observa a diferença entre Hebreus e sectarianismo judaico: "Embora Hebreus fale sobre a ineficácia em vez da impureza, o templo, o sacerdócio e o ritual do templo legitimado debaixo da velha aliança se constituía na antítese do templo, do sacerdócio e das atividades de cultos novos e verdadeiros".[710]

---

[709] Isaacs, "Hebrews", p. 154.

[710] Anderson, "Who are the Heirs of the New Age in the Epistle to the Hebrews", p. 277. Veja também S. J. D. Cohen, "The Significance of Yavneh: Pharisees, Rabbis, and the End of Jewish Sectarianism", *HUCA* 55 (1984): p. 27-53.

Essa diferenciação entre a ineficácia (Hebreus) e a impureza (sectarismo judaico) é digna de consideração.

Angelologia

Lucas registra mais casos de atividade angelical do que qualquer outro escritor do Novo Testamento, e Hebreus é o livro do Novo Testamento mais interessado em seu *status* teológico.[711] Observe a discussão dos anjos em Hebreus 1.5-14, onde eles são descritos como tendo adorado na natividade. Entre os escritores do Evangelho, só Lucas registra este evento. Lucas traz nada menos que 23 referências claras aos anjos em seu Evangelho e 21 referências em Atos. No Evangelho de Lucas, a atividade angelical é mencionada ao longo dos dois primeiros capítulos (em 14 versículos), 9.26; 12.8-9; 15.10; 20.36; 22.43; e 24.4-7. Em Atos, observe 5.19; 6.15; 7.30, 35, 38, 53; 8. 26; 10.3, 7, 22; 11.13; 12.7-11, 15, 23; 23.8-9; e 27.23. A atividade angelical é citada em Hebreus em 1.5-14; 2.2, 5-9, 16; 12.22, 23; e 13.2.

Fletcher-Louis demonstrou a interação de Lucas com a tradição judaica sobre o tema da humanidade angelomórfica. Em Lucas 24, Lucas fez uso de "uma categoria angelomórfica judaica como parceira de diálogo, insistindo que Jesus é mais humano do que um anjo... A humanidade plena do Jesus ressuscitado teria sido mais problemática para um leitor judeu do que propriamente a sua divindade completa".[712] É claro que o autor de Hebreus tem um grande interesse em comparar Jesus com os anjos em Hebreus 1, e esta comparação possui uma clara motivação teológica. Nosso propósito aqui não é mergulhar na questão complicada de saber se os autores do Novo Testamento fazem uso ou não de categorias angelomórficas em suas formulações cristológicas, mas mostrar o passado judaico dos escritos de Lucas nesta área. Fletcher-Louis podia se referir a

---

[711] J. Green, por exemplo, comenta: "A narrativa de Lucas não está propriamente preocupada com a angelologia por si só, mas representa os anjos em sua função subordinada como aqueles que servem ao propósito divino" (*The Theology of the Gospel of Luke*, p. 40). Isso se trata de uma espécie de subestimação do interesse teológico de Lucas pelos anjos, mas está essencialmente correto no que afirma. Isso equivale à perspectiva teológica do autor de Hebreus.

[712] Fletcher-Louis, *Luke-Acts: Angels, Christology and Soteriology*, p. 249.

Lucas-Atos como sendo "conscientemente construído, tanto cristológica quanto soteriologicamente, em interação consciente com as tradições judaicas do angelomorfismo humano".[713] Ele também afirma que seu trabalho "trouxe evidências substanciais para apoiar um Lucas-Atos judaico", e que "várias passagens que lidam com o angelical só podem fazer sentido em um contexto especificamente judeu (Filho do homem, *passim*; Lc 20.2 7-40; 24.36ss; At 23.8-9)".[714] Fletcher-Louis conclui: "Do ponto de vista do interesse de Lucas pelos anjos, vale a pena notar que aqui temos uma pequena, mas importante peça de evidência corroborativa para um Lucas-Atos judaico".[715]

A Narrativa da Tentação de Lucas (Lc 4.1-13) e Hebreus

Lucas coloca seu relato da tentação de Jesus dentro do contexto do Antigo Testamento dos testes de Israel no deserto. Os paralelos e contrastes que Lucas traça entre a fidelidade de Jesus em meio aos juízos e o fracasso de Israel são óbvios. Temos como exemplo: (1) a liderança divina (Lc 4.1; Dt 8.2), (2) a correlação entre 40 dias na narrativa de Lucas e os 40 anos das andanças de Israel, (3) a afirmação de que Jesus é filho de Deus (Lc 4.3,9) faz um paralelo com Israel como filho de Deus (Êx 40.22, 23), e (4) os textos bíblicos citados por Jesus durante a sua tentação claramente derivam da tentação de Israel no deserto.[716]

O significado da fidelidade de Jesus em contraste com a infidelidade de Israel durante a época das andanças no deserto é uma parte proeminente do argumento dos Hebreus. Jesus é chamado de sumo sacerdote "fiel" em Hebreus 2.17, e em 3.2 o autor diz sobre Ele: "o qual é fiel àquele que o constituiu, como também o era Moisés em toda a casa de Deus". Em 3.6 se diz que "Jesus é fiel como filho." Em seguida, vem a longa seção sobre as andanças no deserto e a infidelidade de Israel (3.7- 4.13).

---

[713] Ibid., p. 32.
[714] Ibid., p. 253.
[715] Ibid., p. 19.
[716] Veja a análise em Green, *The Theology of the Gospel of Luke*, p. 26-28.

Hebreus e o Discurso de Atos 13 na Pisídia

Uma comparação entre o discurso de Paulo na sinagoga de Antioquia da Pisídia em Atos 13.14-41[717] com Hebreus revela uma série de paralelos. Em primeiro lugar, a expressão "palavra de exortação" (At 13.15) é usada em Hebreus 13.22 para descrever o gênero literário da carta. Swetnam aponta que esta palavra foi usada para descrever uma "homilia" ou sermão no culto da sinagoga judaica.[718] Essas são as duas únicas ocorrências dessa expressão no Novo Testamento.

Em segundo luar, a referência a Israel passando 40 anos no deserto (At 13.18) também aparece em Hebreus 3.17 e no discurso de Estevão em Atos 7.36. Em quarto lugar, a citação de Salmo 2.7 (At 13.33) também aparece em Hebreus 1.5 e 5.5, mas não aparece mais em nenhum lugar do Novo Testamento. Existe uma proximidade maior nessa passagem do que a simples citação. A correlação entre 2 Samuel 7.11-14 e Salmo 2.7 encontra uma expressão clara em Lucas-Atos e Hebreus no Novo Testamento.[719] Lovestam afirma que as citações de Salmo 2.7 em Atos 13.32-33 e Hebreus 1.5; 5.5 são "de interesse especial a investigação atual, especialmente pelo fato de que os escritos de Lucas e Hebreus possuem pontos de contato claros um com o outro".[720]

A obra de Lovestam destaca o fato de que a aliança davídica é importante para Lucas, e que ela foi cumprida, mas ele deixa de mencionar a integração que Lucas fez entre as mesmas categorias cristológicas ao lidar com os gentios (At 13) e as que ele usou com os destinatários judeus (At 2).[721]

---

[717] Veja E. Lovestam, *Son and Saviour: A Study of Acts 13.32-37*, Coniectanea Neotestamentica 18.5-87 (Lund: C. W. K. Gleerup, 1961), e Bock, *Proclamation from Prophecy and Pattern*, para uma análise complete de Atos 13.14-41.

[718] J. Swetnam, "On the Literary Genre of the 'Epistle' to the Hebrews," *NovT* 11 (1969): p. 268.

[719] Lovestam, *Son and Saviour*, p. 12-14, 26-27, 39-40.

[720] Ibid., p. 26-27.

[721] Um fato observado por G. Herrick, "Isaiah 55.3 in Acts 13.34: Luke's Polemic for Equality of Gentile Participation in Davidic Promise", (tese de doutorado, Dallas Theological Seminary, 1999), p. 55-56. Herrick concorda com Goldsmith ("Acts 13.33-37: a Pesher on II Samuel 7") que Lucas entendia e usava conscientemente Isaías 55.3 em Atos 13 (p. 57). Ele também observa com razão uma diferença fundamental entre Lucas-Atos e a visão do Antigo Testamento e do período interbíblico a respeito da esperança davídica: ela é oferecida tanto a judeus quanto a gentios. Ele observa de modo persuasivo que existem muitos textos no Antigo Testamento que universalizam a bênção gentia, mas só existe um texto davídico que faz isso - Isaías 55.3 (p. 517).

Em quinto lugar, a fórmula de citação incomum *en hetero legei*, "também dito em outra passagem", aparece em Hebreus 5.6, mas não aparece em nenhum outro lugar do Novo Testamento.

Essas semelhanças são aumentadas pelo fato de que o escritor aos Hebreus quis descrever sua obra como "palavra de exortação", uma expressão que é usada possivelmente no sentido de uma homilia na sinagoga, e que Lucas descreve o discurso de Paulo na sinagoga com essa mesma expressão.

Seguindo esse raciocínio, os comentários de J. Swetnam podem servir para apoiar a defesa da autoria lucana de Hebreus:

> L. Zunz, em seu estudo clássico (*Die gottesdienstlichen Vortrage der Juden, historisch entwickelt*), diz que algumas homilias eram chamadas *brkwt wnhmwt*. Ora, *nht* é uma raiz cujas formas são traduzidas por *paraklesis* na Septuaginta. Será que é mera coincidência ou existe alguma interconexão intrínseca? P. Billerbeck diz que a homilia na sinagoga era identificada de forma adequada como *kerygma*. Essa declaração parece ter se originado no relato de Lucas sobre a pregação de Jesus na sinagoga, porque é a palavra usada em Lucas 4.44 para descrever essa atividade. O termo também é usado a respeito da pregação de Paulo na sinagoga em Atos 9.20. O conflito aparente na terminologia entre *paraklesis* e *kerugma* pode ser explicável com base em uma distinção entre tipos de homilia: o termo *kerugma* pode ser usado para indicar uma homilia que proclama formalmente e o termo *paraklesis* pode ser usado com relação a uma homilia que consola formalmente. É válido observar que tanto Hebreus quanto a homilia pregada em Antioquia da Pisídia destacam o perdão dos pecados, e que a palavra *kerygma* (*kerussein*) não está presente em Hebreus.[722]

Se Lucas for o autor de Hebreus e seus leitores forem judeus cristãos (ex-sacerdotes), então ele se dirigiu a eles com uma "palavra de exortação"

---

[722] Swetnam, "On the Literary Genre of the 'Epistle' to the Hebrews", p. 267-268.

do mesmo modo que Paulo se dirigiu a sinagoga de Antioquia da Pisídia. Como companheiro de viagens de Paulo por muitos anos, Lucas deve ter ouvido Paulo pregar em sinagogas em várias ocasiões. Quem sabe ele foi influenciado por esse método de abordagem e sentiu que seus leitores teriam uma reação melhor a ela do que com o uso de qualquer outro método. Robinson destacou que o tema de ficar firme no Senhor encontrado em Atos (e especificamente na pregação de Paulo em 13.14-41) se constitui "muito no assunto de Hebreus".[723]

Hebreus 6.1-2 e Atos

Em Hebreus 6.1-2, existe uma correspondência de pensamento e de linguagem considerável a todo o livro de Atos. Os paralelos observados são os seguintes:[724]

- arrependimento das obras mortas – Hebreus 9.14; Atos 2.3; 3.19; 14.15-17; 17.30
- fé em Deus – Atos 14.15-17; 15.9
- batismo – Atos *passim*
- imposição de mãos – Atos 8.14-17
- ressurreição dos mortos – Atos 17.18-31
- juízo eterno – Atos 17.31; 24.25

Somente em Hebreus e em Atos o batismo e a imposição de mãos são mencionados como fazendo parte do rito da iniciação cristã (At 2.38; Hebreus 6.2). Observe como o arrependimento e a fé são diferenciados de forma clara em Hebreus 6.1-4. Isso corresponde com Atos 20.21, onde se registra que Paulo diferenciou as duas coisas com muito cuidado.

---

[723] J. A. T. Robinson, *Redating the New Testament* (London: SCM, 1976), p. 218.
[724] Jones, "The Epistle to the Hebrews and the Lucan Writings", p. 125.

O significado teológico da "casa de Israel" em Lucas-Atos e Hebreus

No Novo Testamento, o povo de Deus é frequentemente designado "casa" de Deus. A igreja é às vezes descrita como a "casa de Deus" ou o "templo de Deus" (como em 1 Co 3.16; 6.19; Ef 2.19-22; 1 Tm 3.15; 1 Pe 2.4-10; 4.17; e provavelmente Hebreus 10.21).[725]

    Um segundo uso de "casa" com o significado de "família" ou "raça" também é encontrado no Novo Testamento. Este uso é restrito aos escritos de Mateus, Lucas e Hebreus (Mt 10.6; 15 .24; Lc 1.27, 33,69; 2.4; At 2.36; 7.42, 46; Hb 3.1-6; 8.8,10; 10.21 [onde carrega um significado semelhante ao anterior, com o povo de Deus sendo a igreja]).[726] O uso de *epi* com *ton oikon* "sobre a casa" seguido pelo genitivo possessivo ocorre apenas cinco vezes no Novo Testamento, uma em Lucas e quatro vezes em Hebreus.

    Uma observação clara dessas informações é que Lucas e Hebreus se posicionam contra Paulo no uso deste conceito de "casa de Deus" como família ou raça. Em segundo lugar, Lucas e o escritor de hebreus estão bastante interessados em tal fraseologia, como se pode confirmar consultando uma concordância sobre o termo grego *oikos*, "casa", como usado com "Deus, Jacó, Davi e Israel". Terceiro, com exceção de Mateus, a expressão "casa de Israel" é restrita em todo o Novo Testamento aos escritos de Lucas e Hebreus.

O conceito teológico do sēmeron, "Hoje", em Lucas-Atos de Lucas e Hebreus

A palavra *sēmeron* (hoje) ocorre 41 vezes no Novo Testamento: oito vezes em Mateus, uma em Marcos, 20 vezes em Lucas-Atos, três vezes em Paulo, uma em Tiago, e oito vezes em Hebreus. Como no caso da palavra "casa", a maioria das ocorrências está restrita aos escritos de Mateus, Lucas e Hebreus. Este termo tem tanto uso não teológico como uso teológico no Novo Testamento. A maioria das ocorrências de *sēmeron* se enquadra na

---

[725] O. Michel, "*Oikos*," TDNT Abridged, p. 674-75.
[726] Ibid.

categoria anterior, com o significado de "hoje" (ao contrário de ontem ou amanhã). No entanto, em Lucas 4.21; Atos 13.33; Hebreus 1.5; 4 .7; e 5.5, o termo "hoje" carrega consigo implicações cristológicas e escatológicas.[727] O Salmo 2.7 é citado em três dessas passagens (At 13.33; Hb 1.5; 5 .5), e o uso deste verso é exclusivo de Lucas e Hebreus.

O uso em Lucas 4.21 é importante para nossa consideração porque Lucas usa essa declaração para mostrar que o "hoje" não era apenas para o público na presença de Jesus propriamente naquele momento, mas que se estende ao seu público (os leitores de seu Evangelho após os eventos de Lc 4).[728] As sete ocorrências desta palavra "hoje" de Hebreus 1.5-5.5 são usadas pelo autor de Hebreus exatamente da mesma forma que em Lucas 4.21 e Atos 13.35. O "hoje" de salvação de Deus está disponível (até o momento atual) com o resultado de que três vezes (3.7-8,15; 4.7) Hebreus cita Salmo 95.7-8: "Hoje, se você ouvir sua voz, não endureça seus corações". Note que é "hoje" que os pecados são perdoados (Lc 5.26) e "hoje" que os demônios são expulsos (13.32). Zaqueu é informado que "hoje" a salvação chegou à sua casa (Lc 19.9). Jesus disse ao ladrão na cruz: "Hoje você estará comigo no paraíso" (23.43).[729]

Schürmann afirma corretamente que é impreciso dizer que Lucas entendeu o *sēmeron* em Lucas 4.21 apenas historicamente. Lucas sabe que o *peplēroµtai* que o *sēmeron* cumpre é — aqui e agora — realizado na Palavra.[730] Essa semelhança conceitual, especialmente com a citação de Salmo 2.7 em três ocasiões (todos nos escritos de Lucas e Hebreus) dá mais peso à teoria.

---

[727] E. Fuchs, "σήμερον", TDNT Abridged, p.102-25. On Luke's use of the concept of "today", veja também E. Richard, ed., *New Views on Luke and Acts* (Collegeville, MN: Liturgical, 1990), p. 57.

[728] Cf. E. Schweizer, *Jesus*, trad. D. Green (Richmond: John Knox, 1971), p. 140; E. Franklin, *Christ the Lord*, 71; Marshall, *Commentary on Luke*, p. 185; D. Tiede, *Prophecy and History in Luke-Acts* (Philadelphia: Fortress, 1980); e J. Kodell, "Luke's Gospel in a Nutshell," *BTB* 13 (1983): p. 16-18. Green em *The Theology of the Gospel of Luke*, p. 94, diz que "o destaque de Lucas se encontra sobretudo na salvação no presente". Veja também D. Sweetland, "Luke the Christian", em *New Views on Luke and Acts*, ed. E. Richard (Collegeville, MN: Liturgical, 1990), p. 56-57.

[729] Cf. Sweetland, "Luke the Christian", p. 57.

[730] H. Schürmann, *Das Lukasevangelium*, HTKNT 3/1-2 (Freiburg im Breisgau: Herder, 1984), p. 233. Veja também a respeito desse assunto O'Reilly, *Word and Sign*, p. 223.

Apostasia e perseverança em Lucas-Atos e Hebreus

Moffatt ressalta que a ênfase de Hebreus na apostasia (e em se afastar dela com temor do sofrimento) é apropriadamente ilustrada nas palavras de Jesus em Lucas 12.5: "mostrarei a quem deveis temer: temei aquele que, depois de matar, tem poder para lançar no inferno. Sim, digo-vos, a esse deveis temer". Moffatt sugere que isso ilustra o espírito e a situação de Hebreus, onde o escritor adverte seus leitores, lembrando-os do "Deus vivo" e do juízo.[731]

O estudo de Stenschke sobre o conceito de uma "geração má" em Lucas-Atos também revela paralelos com Hebreus. Depois de sua transfiguração, Jesus conhece um homem cujo filho tem um espírito impuro. O homem implora a Jesus para expulsar o espírito de seu filho, observando que os discípulos não conseguiram expulsá-lo. Jesus aborda os presentes, incluindo os discípulos, como uma "geração incrédula e rebelde" (Lc 9.41, aludindo a Dt 32.5). Stenschke documenta que os discípulos estão incluídos neste veredito. Vejam, este capítulo de Deuteronômio é citado e aludido muitas vezes no Novo Testamento, especialmente por Paulo em Romanos e Hebreus. Como observa Stenschke, a ocasião para esta repreensão de Jesus não é a rejeição dele, mas o fracasso por parte dos discípulos "para acreditar e agir continuamente conforme a instrução e autoridade recebidas anteriormente e praticadas com sucesso anteriormente (Lc 9.2, 6)".[732] Não é incomum em Atos que discursos sejam concluídos com avisos severos (como nos At 7.51-53; 13.40-41; e 28: 25-27). O que Lucas registra foi pregado, e a forma como isso foi pregado (exposição, exortação, aviso) também se acha em Hebreus.[733]

Os conceitos de apostasia e perseverança são claramente significativos na teologia de Lucas.[734] Por exemplo, Schuyler Brown observa que a palavra

---

[731] J. Moffatt, *A Critical and Exegetical Commentary on the Epistle to the Hebreus*, ICC (Edinburgh: T&T Clark, 1924; reimpr., Edinburgh: T&T Clark, 1963), p. xxxvi.

[732] C. Stenschke, "The Need for Salvation", e *Witness to the Gospel*, ed. I. H. Marshall e D. Peterson (Grand Rapids: Eerdmans, 1998), p. 137-139. Isso possui uma base fundamental na interpretação das passagens de aviso em Hebreus, já que é possível ouvir uma declaração dura como essa da parte de Jesus.

[733] Veja também D. Seccombe, "The New People of God", em *Witness to the Gospel*, p. 369.

[734] Veja, por exemplo, S. Brown, *Apostasy and Perseverance in the Theology of Luke*, AnBib 36 (Rome: Pontifical Biblical Institute, 1969).

peirasmos ocorre em quatro lugares após a narrativa de tentação de Lucas 4, e está "sempre associada ao pecado, especialmente a da apostasia".[735] Além disso, o vínculo entre a palavra *peirasmos* com a disciplina divina *(paideia)* e com a luta *(agōn)*, vista de forma tão clara em Hebreus, também é encontrada em várias passagens de Lucas-Atos, conforme foi afirmado por Brown.[736]

O conceito do "caminho"

Lucas é o escritor do Novo Testamento que se refere à fé cristã como o "caminho" (At 9.2; 18.25-26; 19.1, 23; 22.4; 24.14, 22).[737] Essa terminologia é estranha para as Cartas Paulinas e para os outros textos do Novo Testamento, com a exceção de Hebreus. Swetnam sugere que o tema do "caminho" com referência ao cristianismo aparece em Hebreus 10.20.[738] Ele também aparece em Hebreus 3.10 e 9.8.

A teologia lucana da cruz

Desde a conclusão de Conzelmann de que não há uma importância soteriológica direta no sofrimento ou na morte de Jesus, de acordo com Lucas,[739] muitos especialistas em Lucas têm evitado ver a soteriologia lucana de maneira diferente.[740] Se a tese de Conzelmann fosse precisa, seria difícil,

---

[735] Ibid., p. 17.

[736] Ibid., p. 31-33. Com certeza, essas noções não estão ausentes de Paulo ou nenhum outro escritor do Novo Testamento.

[737] Veja Green, *The Theology of the Gospel of Luke*, p. 102. Brown faz uma boa análise sobre esse tema em Lucas-Atos em *Apostasy and Perseverance*, p. 131-145.

[738] Swetnam, *Jesus and Isaac*, p. 265.

[739] H. Conzelmann, *The Theology of Saint Luke* (New York: Harper & Brothers, 1960), p. 201.

[740] Veja W. Kümmel, "Current Theological Accusations Against Luke," *ANQ* 16 (1975): p. 134. Cadbury afirma que o relato da morte de Jesus é "contado" em vez de explicado. H. Cadbury, *The Making of Luke-Acts* (New York: Macmillan, 1927), p. 280. Existem duas passagens principais em Lucas-Atos que explicam uma visão da expiação: Lucas 22.19-20 e Atos 20.28. Apesar de esses versículos sugerirem que a morte de Cristo foi um sacrifício vicário, muitos especialistas não se convencem disso por duas razões: (1) Existem questões textuais relacionadas a cada um desses versículos que fazem que alguns duvidem da sua autenticidade, e (2) a questão do uso que Lucas faz das fontes faz com que alguns vejam a teologia desses textos como se não tivessem vindo de Lucas. Os estudos recentes demonstram que esses dois questionamentos não possuem uma base sólida. Por exemplo, B. Billings, *Do This in Remembrance of Me: The*

para não dizer impossível, contemplar Lucas como o autor de Hebreus. Entretanto, nos últimos anos, essa questão tem sido reavaliada, resultando em um descarte crescente da opinião de Conzelmann.[741]

Começamos observando a conclusão à qual Joel Green chegou a respeito das narrativas da paixão em todos os Evangelhos: não existe nenhum "destaque proeminente ou sempre presente nas implicações soteriológicas da cruz".[742] Essa ideia é importante. Green defende que as narrativas da paixão possuíam seu *Sitz im Leben* no contexto da celebração da Ceia do Senhor na igreja primitiva. O testemunho das palavras eucarísticas claramente destacou a morte de Jesus como redentora; o testemunho adicional claro a respeito da expiação não era necessário na narrativa da paixão. "Simplificando, a narrativa da paixão parte do princípio do destaque eucarístico sobre os efeitos soteriológicos da morte de Jesus".[743] Logo, Green sugere que os todos os escritores dos evangelhos viam a cruz como tendo importância soteriológica, mas seu foco narrativo não precisava esclarecer isso devido ao fato de já ser a prática eucarística da igreja. Minha ideia aqui é que nenhum dos quatro evangelistas apresenta um "destaque proeminente" nas implicações soteriológicas da cruz, e Lucas não devia ser isolado (como fez Conzelmann) como tendo dado pouco ou nenhum destaque em comparação com os outros.

Fuller indicou que Lucas fez tantas referências à obra expiatória de Jesus na cruz como Marcos (duas cada um). Ele acha injusto sugerir que

---

Disputed Words in the Lukan Institution Narrative (Luke 22.19b-20): An Historical-Exegetical, Theological and Sociological Analysis (London: T&T Clark, 2006), p. 177, demonstrou que a leitura textual mais longa de Lucas 22.19-20 é "genuína com quase toda a certeza" e reflete a própria construção de Lucas sem o uso de fontes. Sobre a autenticidade de Lucas 22.19b-20, veja B. Metzger, *Textual Commentary*, p. 148-150; J. Green, *The Death of Jesus: Tradition and Interpretation in the Passion Narrative*, WUNT 2/33 (Tübingen: Mohr, 1988), p. 35-41; Jeremias, *Eucharistic Words*, p. 139-159; e Marshall, *Gospel of Luke*, p. 799-807.

[741] Veja, por exemplo, C. K. Barrett, "Theologia Crucis—in Acts?" in *Theologia Crucis, Signum Crucis: Festschrift für Erich Dinkler zum 70. Geburtstag*, ed. C. Andersen e G. Klein (Tübingen: Mohr [Paul Siebeck], 1979), p. 73-84; Gaventa, "Towards a Theology of Acts: Reading and ReReading"; Neyrey, *The Passion According to Luke*; and Moessner, *Lord of the Banquet*. Neyrey diz, por exemplo: "Não, é errado dizer que Lucas não possui nenhuma soteriologia, ou nenhuma *theologia crucis*" (p. 190). Sweetland comenta que "o consenso acadêmico... descartou a posição de Conzelmann tanto quanto à soteriologia lucana como quanto à sua escatologia" (D. Sweetland, "Luke the Christian", p. 57). Para uma coleção útil de teses relacionadas a essa questão veja D. D. Sylva, ed., *Reimaging the Death of the Lukan Jesus*, in BBB 73, (Frankfurt am Main: Hain, 1990).

[742] Green, *The Death of Jesus*, p. 321.

[743] Ibid., 322.

Lucas não possuía nenhuma teologia da cruz.⁷⁴⁴, e Fitzmyer conclui que Lucas de fato possuía uma, baseado em sua exegese de Lucas 23.43,⁷⁴⁵ mas ele não vê nenhuma importância expiatória na cruz no Evangelho de Lucas. Esse parece ser o caso de Karris e Neyrey, com os dois confirmando que existe uma teologia lucana da cruz, mas parece que pensam que Lucas parte do princípio de uma salvação sem expiação.

Joel Green observa com sabedoria que, embora Lucas não tenha destacado uma teologia crucis, ele também nunca se opôs a ela. Ele comenta que

> a simples frequência em que lemos em Atos sobre a necessidade divina (δεῖ) [dei] do sofrimento de Jesus já é um aviso suficiente de que a salvação não vem *apesar* da crucificação de Jesus. Além disso, a linguagem pactual empregada em 20.28 (περιποιέυομαι) [*peripoieiomai*], "adquirir"... e 20.32; 26.18 (ἁγιάζω) [*hagiazō*], "santificar"... nos faz lembrar do registro de Lucas da sua última refeição com seus discípulos onde ele baseia sua "nova aliança" em sua própria morte (Lc 22.19-20).⁷⁴⁶

Witherington junta sua voz ao crescente número de estudiosos que veem uma teologia da cruz em Lucas-Atos: "Não é preciso dizer que Lucas não tem ou pelo menos não possui nenhuma teologia adequada da cruz, e que ele não a vincula com a salvação".⁷⁴⁷ Posteriormente, no mesmo artigo, ele diz: "Acaba ficando incorreto dizer que Lucas não afirma ou não tem um conceito claro do que a salvação no futuro equivale, ou dizer

---

⁷⁴⁴ R. H. Fuller, "Luke and the Theologica Crucis", em *Sin, Salvation, and the Spirit*, ed. D. Durken (Collegeville: MN.: Liturgical, 1979), p. 214-220.

⁷⁴⁵ Fitzmyer, *Luke the Theologian*, p. 203-233. Veja também Fitzmyer, *The Gospel According to Luke X-XXIV*, p. 1395, onde ele compara a teologia lucana de *paschein* apresentada no relato da última ceia com o que se encontra em Hebreus e 1 Pedro.

⁷⁴⁶ J. Green, "'Salvation to the End of the Earth' (Acts 13.47): God as Savior in the Acts of the Apostles", em *Witness to the Gospel*, p. 99.

⁷⁴⁷ B. Witherington, "Salvation and Health," in *Witness to the Gospel*, p. 159.

que Lucas não tem uma teologia clara da cruz ou uma compreensão de sua conexão com a salvação".[748]

A narrativa da viagem de Lucas conclui com a declaração significativa de que Jesus deve ir para Jerusalém e morrer lá para efetuar a salvação ("libertação" ou "perdão", *aphesis)* como o Profeta semelhante a Moisés de Deuteronômio.[749] Além disso, na narrativa que Lucas faz da paixão, "parece que a linguagem sacrificial, especialmente a de um sacrifício pactual, é superior, embora não precise ser necessariamente assim".[750] Que Jesus citou Isaías 53.12 (em Lc 22.37) não deve ser negligenciado. A única citação de Isaías 53 nos Evangelhos Sinóticos ocorre no discurso da Última Ceia de Lucas. Além disso, sua localização estratégica no discurso geral de Lucas é bastante significativa. O público de Lucas não poderia deixar de fazer a conexão entre o Servo Sofredor de Isaías 53 e a morte de Jesus. Como Lucas pode registrar isso e não ter uma teologia da cruz?[751] Achar do mesmo modo que Hultgren que, para Lucas, "a cruz não é considerada como o momento decisivo em que o pecado ou os pecados e suas consequências foram levados de uma vez por todas para o benefício dos outros" não parece muito convincente. [752]

Em Atos, o chamado ao sofrimento que o Profeta semelhante a Moisés cumpre agora é estendido aos apóstolos e ao povo de Deus. Especificamente, as carreiras de Estêvão e Paulo são padronizadas de acordo com a jornada de sofrimento de Jesus. Tal identificação do povo de Deus com o sofrimento de seu profeta escatológico está por trás da afirmação em Atos 14.22b: "através de muitas tribulações, nos importa entrar no reino de Deus". Mas Lucas não explica só a identificação do povo com o

---

[748] Ibid., p. 161.

[749] Moessner, *Lord of the Banquet*, p. 323-325. Veja também o seu livro "'The Christ Must Suffer,' The Church Must Suffer: Rethinking the Theology of the Cross in Luke-Acts," *SBLSP*, ed. D. Lull (Atlanta: Scholars Press, 1990), p. 165-195. "Apesar de Lucas não articular os efeitos da morte de Jesus com uma terminologia de expiação de um Marcos ou de um Paulo, ainda assim se percebe que "a libertação/o perdão de pecados" consiste na expressão característica de Lucas a respeito da ação salvadora e expiatória de Deus, e que essa formulação é criada de forma específica para o sofrimento ou a morte de Cristo". (p. 167).

[750] Ibid., p. 323.

[751] Ibid., p. 165-195. Para a importância de Isaías 53 em Lucas, consulte U. Mittmann-Richert, *Der Sühnetod des Gottesknechts: Jesaja 53 im Lukasevangelium*, WUNT 220 (Tübingen: Mohr Siebeck, 2008). Sobre Lucas 22.14-38 na Última Ceia, veja as pp. 110-161, esp. as pp. 313-315.

[752] Hultgren, *New Testament Christology*, p. 86.

sofrimento de Jesus. Ele se esforça para ressaltar (em acontecimentos como o batismo de Jesus e por comer e beber com pecadores) a solidariedade de Jesus com o povo imperfeito de Deus.[753] Este é, é claro, um tema teológico encontrado por toda a carta de Hebreus.

Além disso, a lógica do sermão de Pedro em Atos 3 depende da morte expiação de Jesus por sua força. O fato de Pedro não explicar a morte de Jesus de forma paulina de forma alguma sugere que ele (ou Lucas) não tinha uma teologia da cruz.[754]

Scott Cunningham mostrou como Lucas usa o tema da perseguição como veículo na transmissão de sua agenda teológica. Ele resume seus resultados em seis declarações:

1. A perseguição faz parte do plano de Deus.
2. A perseguição é a rejeição dos agentes de Deus por aqueles que supostamente são o povo de Deus.
3. O povo perseguido de Deus está em continuidade com os profetas de Deus. A ligação entre os profetas de Israel, Jesus, e os discípulos está presente em Atos, mas é "firmemente estabelecida" no Evangelho. O tema do profeta rejeitado "legitima Jesus como um mensageiro comissionado enviado por Deus, o que significa que sua mensagem deve ser levada a sério".
4. A perseguição é uma consequência integral de seguir Jesus.
5. A perseguição é a ocasião da perseverança do cristão.
6. A perseguição é a ocasião do triunfo divino.

Cunningham acredita que Lucas tem uma teologia da cruz na qual ele atribui significado positivo ao sofrimento em si mesmo. Lucas vê o perdão como fundamentado na morte de Jesus, de acordo com Lucas 22.19-20.

---

[753] Ibid., p. 324.
[754] Veja a análise em D. Moessner, "Jesus and the 'Wilderness Generation': The Death of the Prophet Like Moses According to Luke", em *SBLSP*, 1982, ed. K. H. Richards (Chico, Calif.: Scholars Press, 1982), p. 338-340.

A partir deste ponto tudo fica apenas a um pequeno passo de passagens de Hebreus como "na vossa luta contra o pecado, ainda não tendes resistido até ao sangue" (Hb 12.4) e "Saiamos, pois, a ele, fora do arraial" (Hb 13.13). A mesma coisa que o autor de Hebreus exorta, o autor de Lucas-Atos narra sobre a história do povo de Deus de Pentecostes até a chegada de Paulo a Roma em Atos 28.

Howard Marshall argumentou que uma teologia da cruz está presente em Lucas-Atos, embora com uma ênfase diferente da encontrada em outros lugares no Novo Testamento.[755] Dormandy observa a substituição de Lucas de *traumatizō* por *apokteinō*, que ocorre em Mateus e Marcos, como demonstrativo da vontade de Lucas de acentuar a morte de Jesus como única, e esta visão é "partilhada enfaticamente pelo escritor aos Hebreus".[756] Buckwalter observa que Lucas assume uma grande quantidade de conhecimento de seus leitores; caso contrário, a expressão "a igreja de Deus, que ele comprou com seu próprio sangue" (At 20.28) seria perigosamente confusa — como sugeriria quase um ponto de vista patripassionista — baseado apenas no conteúdo de Lucas-Atos. "Os leitores de Lucas provavelmente tinham todas as condições de entender essa declaração teológica compactada em Atos 20.28".[757] Com base nisso, é possível afirmar que a morte vicária de Jesus não representou apenas o pensamento de Paulo e Lucas, mas também o dos leitores de Lucas.[758]

Neyrey demonstrou que a obediência (Lc 22.42) e a fé (Lc 23.46) de Jesus são acontecimentos fundamentais na perspectiva lucana da soteriologia. Depois de comparar tanto Paulo quanto Hebreus com a perspectiva lucana, Neyrey conclui que "o perfil de Jesus em Romanos e em Hebreus e Lucas-Atos são notoriamente parecidos".[759]

---

[755] I. H. Marshall, "The Christology of Luke-Acts and the Pastoral Epistles", em *Crossing the Boundaries: Essays in Biblical Interpretation in Honour of Michael D. Goulder*, ed. S. Porter, P. Joyce, and D. Orton (Leiden: Brill, 1994), p. 181.

[756] R. Dormandy, "Heb. 1.1-2 and the Parable of the Wicked Husbandmen", *ExpTim* 100 (1989): p. 373.

[757] D. Buckwalter, *The Character and Purpose of Luke's Christology* (Cambridge: Cambridge University Press, 1996), p. 73.

[758] Ibid.

[759] Neyrey, *The Passion According to Luke*, p. 189-190. A avaliação negativa que Ravens faz quanto à teologia da expiação é inoportuna. Sua declaração de que "em todos os pontos Lucas se opõe ao escritor

Richard Anderson, em um artigo comparando a expiação em Lucas e Hebreus, encontra várias semelhanças, especialmente quanto à teologia da cruz. Anderson acredita como eu que Teófilo é um ex-sumo sacerdote. Essa identificação dá a indicação básica da teologia de Lucas. Lucas não desenvolve uma importância expiatória para a morte de Jesus porque ele acredita, como todos os judeus, que a ação do sumo sacerdote no Dia da Expiação traz perdão pelos pecados da nação. Lucas não quis igualar Jesus com o sumo sacerdote porque não quis ofender Teófilo. Os judeus acreditavam que a morte do sumo sacerdote também tinha uma importância expiatória. A expiação proporcionada pela cruz substituiu tanto o sumo sacerdote quanto o Dia da Expiação.[760]

Duas obras importantes que surgiram recentemente que falam sobre a *theologia crucis* de Lucas: o livro de Peter Doble intitulado *The Paradox of Salvation: Luke's Theology of the Cross* (O paradoxo da salvação: a teologia da cruz de Lucas) e o artigo de Francis Carpinelli "'Do This as My Memorial' (Luke 22.19): Lukan Soteriology of Atonement" ("'Fazei isso em memória de mim' (Lc 22.19): a soteriologia lucana da expiação"). Doble faz essa pergunta importante: "Se, de acordo com Lucas, a salvação não se achasse na cruz por si só, onde ela poderia ser encontrada?" Já que Lucas destaca o momento em que Jesus se aproxima da morte de forma maior do que os outros sinóticos, "porque um evangelista sem *theologia crucis* deveria dar tanta importância à paixão?"[761] Essas perguntas incomodam os especialistas desde Conzelmann.

O ponto central para aqueles que não enxergam uma teologia da cruz em Lucas é a ausência de Marcos 10.45 no relato de Lucas. Doble diz que isso parte do princípio da prioridade de Marcos. Se Lucas não usou Marcos, a ideia se enfraquece muito (sua ausência não pode ser classificada como uma exclusão). Doble não monta sua tese a partir do pressuposto da

---

de Hebreus" ignora ou não entende as evidências que vinculam os dois autores. D. Ravens, *Luke and the Restoration of Israel*, JSNTSup 119 (Sheffield: Sheffield Academic Press, 1995), p. 167.

[760] R. Anderson, "The Cross and Atonement from Luke to Hebrews," *EvQ* 71 (1999): p. 128-129.

[761] P. Doble, *The Paradox of Salvation: Luke's Theology of the Cross*, SNTSMS 87 (Cambridge: Cambridge University Press, 1996), p. 5-6.

prioridade de Marcos, mas a partir do caráter e do desenvolvimento da própria redação de Lucas.⁷⁶²

O foco do estudo de Doble é Lucas 23.46-47, onde o centurião no cenário da cruz se refere a Jesus como *dikaios* em vez de "Filho de Deus" (conforme fazem os outros dois sinóticos). Ao examinar o uso de *dikaios* em Lucas-Atos, Doble conclui que o uso que Lucas faz dessa palavra "pertence a uma esfera específica de discurso - a piedade e a teologia do judaísmo do século I". A tradução comum de "inocente" ignora o uso lucano e oculta a teologia da cruz de Lucas.⁷⁶³ Doble acha que o livro Sabedoria de Salomão é a base para o uso que Lucas faz de *dikaios*. O paradoxo da salvação em Lucas é que Jesus morreu segundo as Escrituras e ainda foi glorificado pela ressurreição e pela exaltação.

Doble indica que o retrato que Lucas faz de Jesus como *archēgos* (At 3.15; 5.31) consiste em um elemento essencial e sua *theologia crucis*.⁷⁶⁴ Aqueles que seguem Jesus como "líder" tem que sofrer com ele. É claro que é importante para os nossos propósitos que *archēgos* apareça somente quatro vezes no Novo Testamento: duas vezes em Atos e duas vezes em Hebreus. O tema da solidariedade de Jesus com seu povo como seu *archēgos* é tão importante em Hebreus quanto em Atos.

Doble conclui sua obra com a seguinte observação: "Lucas não escreve como Paulo nem como João, mas sua obra substancial de dois volumes apresenta uma teologia narrativa da cruz, com uma base firme nas Escrituras de Israel".⁷⁶⁵ A palavra-chave dessa observação é a palavra "narrativa". Lucas não apresenta uma explicação da morte de Jesus como Paulo porque esse não era o seu propósito. Nem mesmo os outros evangelistas explicam a morte de Jesus de forma metódica como Paulo. A reclamação que se levanta contra Lucas (de que ele não afirmou uma doutrina paulina da expiação) não tem como se sustentar à luz do que acabamos de dizer. Lucas não explicou a expiação do mesmo modo que Paulo, mas é claro

---

⁷⁶² Ibid., p. 12.
⁷⁶³ Ibid., p. 158-160.
⁷⁶⁴ Ibid., p. 231.
⁷⁶⁵ Ibid., p. 243.

que ele possui uma teologia da expiação pelo modo que ele estruturou o seu evangelho e por causa dos discursos de Atos.

Francis Carpinelli apresenta um argumento incisivo para a teologia lucana da cruz em seu estudo de Lucas 22.19.[766] Ele afirma que a teologia da cruz em Lucas-Atos é prejudicada por três fatores: o abuso na interpretação da omissão que Lucas faz de Marcos 10.45, misturando a noção da expiação dentro da redenção, e lendo Lucas 22.19 de um modo equivocado.[767] A LXX providenciou para Lucas uma fonte teológica rica sobre a expiação. O memorial estabelecido na Última Ceia tem suas raízes na teologia cúltica da LXX e é usado por Lucas para dar um sentido soteriológico para a cruz.[768]

A pesquisa de Carpinelli amplia a seleção e a análise dos dados de Jeremias de duas maneiras: em primeiro lugar, ajudado pelo computador, Carpinelli foi capaz de pesquisar os termos *eis mnēmosunon* e *eis anamnēsin* no livro *Thesaurus Linguae Graecae*[769] abrangendo desse modo uma gama mais ampla de dados que Jeremias. Em segundo lugar, Jeremias[770] não avaliou a extensão da permutabilidade entre as expressões *eis mnēmosunon* e *eis anamnēsin* em seu uso da LXX para traduzir a expressão do TM da prática cúltica judaica. Depois de uma análise linguística cuidadosa, Carpinelli conclui que Lucas 22.19 retrata Jesus como ordenando um memorial cúltico à moda da piedade judaica, onde um mediador escolhido por Deus oferece um memorial cúltico, de modo que os outros possam ter a expiação dos seus pecados. Isto se constitui, para Lucas, em um princípio interpretativo para o relacionamento de Jesus com Deus.[771] Então, Carpinelli traduz Lucas 22.19 como "Fazei isso como *meu* memorial", isto é, "como um meio de acesso cúltico permanente à consideração de Deus que eu estabeleço para vós". Ele conclui:

---

[766] Carpinelli, "'Do This as My Memorial,'" p. 74-91.
[767] Ibid., p. 74.
[768] Ibid., p. 75.
[769] CD ROM D; Irvine: University of California Irvine, TLG Project, 1992.
[770] J. Jeremias, *The Eucharistic Words of Jesus*, 3ª ed. (London: SCM, 1966), p. 237-255.
[771] Carpinelli, "'Do This as My Memorial,'", p. 75-79.

Se as expressões lucanas εἰς μνημόσυνον [*eis mnēmosunon*] (At 10.4) e εἰς ἀνάμνησιν [*eis anamnēsin*] (Lc 22.19) são funcionalmente sinônimas e estabelecem uma continuidade com a terminologia cúltica da Septuaginta, a porta está aberta para o resgate da teologia da expiação de Lucas. O seu profundo conhecimento do grego da Septuaginta permite que se chegue à consciência de sua equivalência na LXX. Além disso, ele nunca as explica para o seu leitor.[772]

Carpinelli observa a alusão de Lucas a Eclesiástico 50 ao retratar a bênção de Jesus antes de ascender aos céus (Lc 24.50-51), um gesto que o sumo sacerdote fazia depois de finalizar o sacrifício no Dia da Expiação. A força dessa referência, de acordo com Carpinelli, sugere que Lucas possui uma teologia expiatória do sangue de Jesus.[773]

Carpinelli compara Levítico 24.5-9, o memorial do pão, com Lucas 22.19. Em Levítico 24.5-9, o pão, o memorial e a aliança são associados à soteriologia cúltica da LXX. Em Êxodo 12.14, a Páscoa é ordenada por Deus como um memorial para Israel. Lucas vê claramente a Última Ceia como uma refeição pascal. "Por isso, o pão e o memorial trazem para a cena lucana da Santa Ceia a soteriologia da aliança cúltica. As palavras relacionadas ao cálice fazem uma associação com a aliança esclarecida por apresentar o símbolo expiatório principal. Deus providencia o sangue para a expiação".[774]

Carpinelli vê as palavras eucarísticas de Lucas como trazendo um significado sacrificial e expiatório para a cruz. Além disso, a omissão de Lucas de Marcos 10.45 não despreza a natureza expiatória da morte de Jesus.[775] Ele conclui:

> Ao escolher a tradição que une a expressão εἰς ἀνάμνησιν [*eis anamnēsin*] às palavras eucarísticas, nosso evangelista deixa

---

[772] Ibid., p. 80.
[773] Ibid., p. 83.
[774] Ibid., p. 87.
[775] Ibid., p. 88.

clara a piedade memorial ao redor da cruz e, portanto, direciona com vigor o entendimento do seu leitor implícito. As esmolas, o pão, o cálice, o sangue, o memorial, o sacrifício, a expiação, o sacerdócio e a aliança são fios da única trama cúltica da LXX e, bem possivelmente, em Lucas-Atos.[776]

    Enfim, as obras de Barrett, Fuller, Neyrey, Moessner, Witherington, Doble e Carpinelli impossibilitam afirmar que Lucas não possui uma *theologia crucis*. Claramente, uma razão que muitos têm chegado a essa conclusão consiste em Lucas ter omitido o texto de Marcos 10.45. Entretanto, esse argumento parte do princípio da prioridade de Marcos, um pressuposto que muitos têm questionado, especialmente nos últimos anos. À luz do estado atual dos estudos dos sinóticos e de Lucas, não se pode mais afirmar dogmaticamente que Lucas não possui uma teologia da cruz. Por causa disso, retira-se uma barreira teológica importante contra a autoria lucana de Hebreus. Com certeza, o fato de que Lucas realmente possui uma teologia da cruz não traz provas diretas da autoria lucana de Hebreus, nem mesmo o fato de Paulo e Hebreus terem uma visão parecida sobre a expiação prova que Paulo foi o autor da carta. Entretanto, isso sugere que a teologia lucana da expiação não é tão diferente da de Hebreus a ponto de impedir que se acredite que ele tenha sido o seu autor. De fato, das maneiras que observamos anteriormente, Lucas possui várias semelhanças com Hebreus, especialmente na cristologia. Além disso, as ideias de Carpinelli são bem colocadas sobre o fato de que a cena memorial no Evangelho de Lucas pode ser interpretada como unindo "fios em uma trama cúltica".[777]

    Por fim, Scaer afirmou que Lucas provavelmente usou sua tradição martirológica em sua apresentação do sofrimento e da morte de Jesus. Scaer não defende que Lucas se baseia nessa tradição, simplesmente que ele

---

[776] Ibid.
[777] Ibid.

com uma probabilidade maior adotou alguns de seus temas em sua própria apresentação.[778] Essa é mais uma prova da orientação judaica de Lucas.

O conceito de salvação em Lucas-Atos e Hebreus

Um dos temas principais de Lucas, isso se não for o seu tema principal, é a centralidade do propósito de Deus em proporcionar a salvação tanto para os judeus quanto para os gentios. O conceito de salvação é visto como o fator unificador dentro do discurso lucano.[779]

Hebreus se ocupa em demonstrar como Deus trouxe a salvação mediante seu Filho, o Sumo Sacerdote que faz uma expiação eterna pelos pecados.[780] Em Hebreus 2.3, o autor usa a expressão *tēlikautēs sōtērias* com o substantivo *sōtērias* "tão grande salvação". Compare isso com *ho logos tēs sōtērias tautēs* em Atos 13.26. A ideia lucana do evangelho geralmente é expressa como salvação, como pode ser visto em Lucas 1.69, 71, 77; Atos 2.47; 4.12. A mesma forma de expressão aparece em Hebreus: 1.14; 2.10; 5.9; 6.9; 19.28.

Terminologia sacerdotal em Lucas-Atos e Hebreus

Lucas inicia o seu Evangelho no templo com a experiência do sacerdote Zacarias. A profecia de Zacarias identifica o propósito da redenção messiânica como a capacitação do povo de Deus para adorar e servi-lo (Lc 1.74). A palavra grega latreuein (servir) aparece com uma frequência maior na LXX do que no grego secular. Ela aparece aproximadamente 90 vezes na LXX, mas somente uma vez nos profetas. Geralmente ela é associada com a adoração ou o serviço a Deus, prestado no tabernáculo e no templo pelos sacerdotes. Possui um significado bem parecido com *leiturgeō*, usado na LXX quase exclusivamente para o serviço dos sacerdotes e dos

---

[778] P. Scaer, *The Lukan Passion and the Praiseworthy Death*, New Testament Monographs 10, ed. S. Porter (Sheffield: Sheffield Phoenix Press, 2005), p. 79-89.

[779] Por exemplo, J. Green, *The Gospel of Luke*, NICNT (Grand Rapids: Eerdmans, 1997), p. 21-25. Veja também o seu livro *Theology of the Gospel of Luke*.

[780] Veja, por exemplo, Ellingworth, *Hebrews*, p. 73-74.

levitas no templo.⁷⁸¹ É interessante que somente Paulo, Lucas e Hebreus usam esse grupo de palavras no Novo Testamento. Paulo, diferentemente de Lucas e Hebreus, usa *leiturgeō* de modo não cultual, mas somente em duas passagens. Entretanto, Lucas a usa para definir o serviço sacerdotal de Zacarias em Lucas 1.23, e a usa para a igreja em um contexto cúltico em Atos 13.2. Esses dois usos se encaixam com Hebreus.

A importância de seu uso em Atos 13.2 consiste no que ela comunica sobre a perspectiva e sobre a teologia de Lucas. Já que essa palavra era usada de forma exclusiva na LXX de forma técnica para descrever o serviço sacerdotal, e já que ela não era usada para descrever a adoração ou o serviço da nação como um todo, parece que o uso de Lucas indica seu entendimento da igreja como o mesmo entendimento do autor de Hebreus.⁷⁸²

O ministério intercessor de Jesus em Lucas-Atos e Hebreus

Um dos melhores estudos sobre este assunto é o livro de David Crump intitulado *Jesus the Intercessor: Prayer and Christology in Luke-Acts* (Jesus, o intercessor: oração e cristologia em Lucas-Atos).⁷⁸³ Após estudar as informações do Novo Testamento a respeito do ministério de oração intercessora de Cristo, Crump faz a observação importante de que a vida terrena de oração de Jesus é diferenciada. Ele então comenta: "A devoção terrena de Jesus à oração demonstra ser um dos fatores que contribuem para a sua habilidade de fazer intercessão no céu. Essa relação entre a piedade terrena e a intercessão celestial também é um elemento importante da descrição que Lucas faz de Jesus."⁷⁸⁴

---

⁷⁸¹ K. Hess, "λατρεύω" e "λειτουργέω" em NIDNTT, 3.549-553.

⁷⁸² Cf. a análise de Peterson sobre o uso de Lucas em "The Worship of the New Community", em *Witness to the Gospel*, p. 387-388. Peterson não faz a conexão com Hebreus como eu, mas esse vínculo é evidente com base em sua semelhança lexical.

⁷⁸³ D. Crump, *Jesus the Intercessor: Prayer and Christology in Luke-Acts*, WUNT 49 (Tübingen: Mohr/Siebeck, 1992; Grand Rapids: Baker, 1999). Fazem parte das outras obras sobre o assunto S. Balentine, *Prayer in the Hebrew Bible: The Drama of Divine-Human Dialogue* (Minneapolis: Fortress, 1993); O. Cullmann, *Das Gebet im Neuen Testament* (Tübingen: Mohr, 1994); e P. Miller, *They Cried to the Lord: The Form and Theology of Biblical Prayer* (Minneapolis: Fortress, 1994).

⁷⁸⁴ Ibid., p. 18.

Outros vínculos entre Atos e Hebreus podem ser discernidos a partir da análise de Crump da intercessão celestial de Jesus em Atos, particularmente no que se relaciona ao discurso de Estevão (onde se diz que Jesus está "de pé" à mão direita de Deus).[785] Temos que observar a importância do vínculo entre Atos 7.55-56, Sl 110.1 e Hebreus.[786] Crump afirma que quando o autor de Hebreus se refere a Cristo como estando "assentado", ele também faz isso para destacar a finalidade da obra de Cristo.[787] No entanto, com referência à obra meditativa contínua em Hebreus 7.25, não se faz menção de Salmo 110.1. Embora tanto o autor de Hebreus quanto o autor de Salmo 110.1 expressem uma teologia da intercessão, havia "uma dificuldade inerente", de acordo com Crump, para expressar essa teologia na linguagem desse salmo. O que ele declara em seguida é importante para a nossa análise: "Quanto a isso, Hebreus não é de fato muito diferente de Lucas-Atos, porque Lucas claramente conhecia o uso tradicional de Salmo 110.1 (At 2.34), mas ele também achou inadequado para a sua expressão da teologia da intercessão".[788]

De acordo com Crump, o autor de Hebreus integra o tema da intercessão dentro da apresentação mais ampla do sumo sacerdócio de Jesus, enquanto Lucas apresenta Jesus como o profeta intercessor e escatológico. Ele diz que Jesus se levanta como o profeta definitivo de Deus, não como sacerdote, em Atos 7.[789] A visão de Crump de que não existe base nem em Lucas, nem em Atos para se propor uma teologia do sumo sacerdote dentro deles uma teologia do sumo sacerdote como em Hebreus[790] não se sustenta à luz das provas apresentadas anteriormente. Jesus intercede em seu ministério terreno e celestial como o Profeta semelhante a Moisés em Lucas-Atos; mas isso não o impede de fazer isso também em termos

---

[785] Ibid., p. 176-203. Crump lista e avalia as várias interpretações de Jesus estando "de pé" na visão de Estêvão. Ele afirma de forma convincente um significado judicial. Veja seu resumo sobre essa questão na p. 193.

[786] Veja D. M. Hay, *Glory Atos the Right Hand: Psalm 110 in Early Christianity,* SBLMS 18 (Nashville/ New York: Abingdon Press), p. 132., que vê em Atos 7.55-56 uma alusão possível a Salmo 110.1 com conotações intercessora.

[787] Crump, *Jesus the Intercessor,* p. 197.

[788] Ibid.

[789] Ibid., p. 197-198.

[790] Ibid., p. 199, 232.

sacerdotais. Crump também ignora o prólogo preparatório de Hebreus que, antes de destrinchar a teologia do sumo sacerdote que aparece no decorrer da carta, na verdade destaca o papel *profético* do Filho: "Havendo Deus, outrora, falado, muitas vezes e de muitas maneiras, aos pais, pelos profetas, nestes últimos dias, nos falou pelo [seu] Filho". Hebreus pode se concentrar nos aspectos sacerdotais do ministério de Jesus, mas essa carta só faz isso dentro do contexto mais amplo do prólogo e do seu ministério profético. Lucas e Hebreus não são tão diferentes como Crump acredita.

Na conclusão do seu capítulo sobre o ministério intercessor de Jesus no Evangelho de Lucas, as ideias úteis de Crump possuem o efeito de vincular Lucas com Hebreus, embora ele não fale disso abertamente:

> Lucas demonstra que as orações de Jesus, tanto aquilo pelo qual ele ora, quanto pelo que ele não ora, são fundamentais para decidir a questão da apostasia de um discípulo. Isso não acontecia somente durante o ministério terreno de Jesus, mas também no período subsequente da igreja [...] as suas intercessões não somente mediam a revelação do Pai, e assim o seu chamado, mas também são a chave da perseverança dos discípulos nesse chamado. Judas ilustra o destino daqueles que não são incluídos nas orações intercessoras de Cristo. As orações do Salvador que ascende ao céu equivalem a um muro que se situa entre aquele que professa a fé cristã e aquele que a ataca com inspiração diabólica, protegendo o cristão no meio da tentação... Lucas afirma que os discípulos ainda devem resistir à tentação mediante a oração, mas ele também ensina que a formação, a composição e a preservação da igreja continuam a ser fruto das orações do Jesus que ascendeu ao céu.[791]

Boa parte disso se encaixa em Hebreus, principalmente a questão da apostasia (que está além do alcance da nossa investigação). A função do sumo sacerdote que ascendeu ao céu e que intercede em Hebreus se

---

[791] Ibid., p. 175.

constitui na base doutrinária para os avisos contra a apostasia em Hebreus, seja qual for a forma pela qual a apostasia seja interpretada. Parece que Lucas e o autor de Hebreus estão escrevendo em harmonia com relação ao conceito da terminologia sacerdotal e da intercessão celestial.

O dinheiro e os bens em Lucas-Atos e Hebreus

Lucas dedica mais material para a temática dos bens do que os outros escritores dos Evangelhos. Esse tema continua em Atos, especialmente nos primeiros capítulos. Os últimos 25 anos de pesquisa sobre Lucas examinaram esse tema mais do que qualquer outra questão social.[792]

Mas o modo que Lucas trata esse tema revela que, embora esse assunto seja importante, ele consiste em uma questão secundária - ou mesmo terciária - para o seu propósito geral. Na verdade, por toda a obra de Lucas-Atos, não existe endosso para nenhuma pauta social ou política.

As referências em Hebreus com relação à generosidade passada ou atual dos destinatários (6.10) e à sua aceitação do confisco de suas propriedades - "tendo ciência de possuirdes, vós mesmos, patrimônio superior e durável" (10.34) - indica que eles eram pessoas de posses. O uso de metáforas econômicas (como em 10.35; 11.6, 26) revela o interesse do autor neste aspecto da vida cristã. Em Hebreus 13, onde o autor faz várias exortações breves, encontramos duas declarações a respeito do uso das propriedades e do dinheiro: "Seja a vossa vida sem avareza. Contentai-vos com as coisas que tendes" (13.5), e "Não negligencieis, igualmente, a prática do bem e a mútua cooperação; pois, com tais sacrifícios, Deus se compraz" (13.16. Por fim, conforme Robinson indica, a metáfora principal do autor para a salvação vem do "mundo das propriedades: chegar ou ter posse de uma herança (1.2, 4, 14; 6.12, 17; 9.15; 11.7-8; 12.17)".[793] Já indiquei a semelhança linguística entre Hebreus 13.17 e Lucas 16.2 anteriormente.

---

[792] Veja, por exemplo, L. T. Johnson, *The Literary Function of Possessions in Luke-Acts*, SBLDS 39 (Missoula, MT: Scholars Press, 1977); R. Karris, "Poor and Rich: The Lukan *Sitz im Leben*", em *Perspectives on Luke-Acts*, ed. C. Talbert (Danville, VA.: Association of Baptist Professors of Religion, 1978); W. Pilgrim, *Good News to the Poor: Wealth and Poverty in Luke-Acts* (Minneapolis: Augsburg, 1981); D. Seccombe, *Possessions and the Poor in Luke-Acts*, SNTSU B/6 (Linz: SNTSU, 1982).

[793] J. A. T. Robinson, *Redating the New Testament* (London: SCM, 1976), p. 212.

O estudo de Fletcher-Louis de Lucas 14.25-35 o levou a concluir que a inclusão dessa parábola em Lucas revela uma eclesiologia sacerdotal.[794] Na parábola, Jesus apresenta a renúncia das riquezas como critério de discipulado. Fletcher-Louis observa um subtexto levítico forte nessa passagem, em que os sacerdotes e levitas não deviam possuir terras, mas ministrar ao Senhor e ser sustentados pelos dízimos do restante da nação.[795] Se os destinatários de Hebreus forem ex-sacerdotes conforme afirmarei mais adiante, então o destaque de Lucas pode apontar nessa direção.

Parece que o autor de Hebreus possuía uma preocupação social em comum semelhante a Lucas. Do mesmo modo que essa preocupação é secundária em Lucas-Atos, de modo parecido ela não faz parte do argumento central de Hebreus, mas sua presença é sentida de modo suficiente por toda a carta. Lucas e Hebreus são novamente bem parecidas na perspectiva da questão do dinheiro e dos bens.

Hebreus e as pregações de Atos

L. O. Bristol estudou os elementos da pregação cristã primitiva identificada no livro *Apostolic Preaching and its Developments* (A pregação apostólica e a sua evolução) de Dodd e os encontrou representados nas pregações de Pedro em Atos e no livro de Hebreus, que provavelmente consiste em uma pregação escrita.[796] O autor de Hebreus tinha a mesma abordagem conceitual de Lucas com relação à pregação cristã primitiva, que apresenta novas evidências a favor da autoria lucana de Hebreus.

Entretanto, Bristol observa diferenças no uso do Antigo Testamento nas pregações de Pedro em Atos e em Hebreus. Hebreus cita várias passagens que desempenham um papel essencial no argumento que desenvolvem. Quando elas são comparadas cm o uso de Pedro do Antigo Testamento, existe um desenvolvimento duplo, de acordo com Bristol. Em primeiro

---

[794] C. Fletcher-Louis, "Jesus Inspects His Priestly War Party (Luke 24.25-35)", em *The Old Testament in the New Testament: Essays in Honor of J. L. North*, ed. S. Moyise, JSNTSup 189 (Sheffield: Sheffield Academic Press, 2000), p. 126-143.

[795] Ibid., p. 140.

[796] L. O. Bristol, "Primitive Christian Preaching and the Epistle to the Hebrews", *JBL* 68 (1949): p. 89-97.

lugar, Hebreus usa um conjunto mais amplo de passagens. Em segundo lugar, de modo diferente da pregação de Pedro, Hebreus diferencia entre as passagens do Antigo Testamento que se referem à primeira vinda do Messias e aquelas que se referem à sua segunda vinda.

Apesar disso, existe uma continuidade impressionante entre o que encontramos em Hebreus e Atos, quanto ao uso do Antigo Testamento na pregação. O primeiro aspecto consiste no conceito judaico do "tempo presente" em contraste com a "era vindoura", com o advento do Messias se constituindo na linha divisória, é claramente articulado nas pregações de Pedro, bem como em Hebreus, particularmente nos dois primeiros capítulos. O segundo é que a vida terrena de Jesus não é muito mencionada em Atos, onde o foco se concentra mais na ressurreição e na ascensão. O mesmo acontece com Hebreus. O terceiro é que, depois de comparar três propósitos para a morte de Jesus de acordo com Hebreus, Bristol compara isso com a pregação cristã primitiva em Atos e conclui com "a ideia de Jesus como Pioneiro da salvação que é comum a ambos".[797] Ele, no entanto, registra alguma disparidade. Em Hebreus, Jesus torna-se o Pioneiro através da disciplina de Seu sofrimento e morte. Em Atos, isso é realizado através da ressurreição. Bristol observa que o conceito de Jesus como Sumo Sacerdote em um santuário celestial "é completamente estranho à pregação em Atos".[798]

Será que é isso mesmo? Bristol não dá a devida consideração ao final de Lucas e ao início dos Atos, onde a ascensão é fundamental. Ele também não consegue ver na visão de Estêvão de Jesus de pé (At 7) a mesma ênfase que está em Hebreus. Embora o conceito do papel de sacerdote de Jesus não seja tão definido em Lucas-Atos como é em Hebreus, ele, como eu demonstrei, não se encontra ausente.

Em quarto lugar, o perdão dos pecados possui uma importância grande tanto em Lucas-Atos quanto em Hebreus, como pode ser demonstrado lexicalmente. Bristol ignora essa conexão crucial quando observa que, em Atos, o perdão dos pecados vem pela fé em Jesus, enquanto em

---

[797] Ibid., p. 95.
[798] Ibid.

Hebreus vem porque Jesus morreu "para se preparar para a posição sacerdotal e, como Sumo Sacerdote, pode ministrar a esse perdão".[799] A ênfase lucana no perdão dos pecados vem pela fé em Jesus precisamente *porque* Lucas acredita que esse perdão está disponível com base na morte de Jesus.

Em quinto lugar, Bristol afirma que Atos não descreve o cristianismo como uma nova aliança, da mesma forma que Hebreus. No entanto, embora a terminologia não seja usada, tudo em Atos semanticamente identifica o cristianismo como um novo pacto. Além disso, nos relatos sinóticos da Última Ceia, só em Lucas Jesus diz que o cálice é o "novo testamento" em seu sangue.

Em sexto lugar, Bristol reconhece corretamente que tanto Atos quanto Hebreus consideram a ressurreição e a exaltação como um ato, com ênfase na exaltação. Além disso, o propósito da exaltação de acordo com Atos e Hebreus é o mesmo — mostrar a aprovação de Deus a Cristo no final de sua vida terrena. Bristol tropeça novamente nas evidências quando ele afirma: "Em Atos não se leva em conta a preexistência de Cristo". Novamente, porém, agora se reconhece que a cristologia de Lucas claramente inclui a preexistência de Cristo.

Em sétimo lugar, pouco se fala sobre a *parousia* nos sermões de Pedro em Atos. Todavia, o assunto não se encontra ausente (veja At 2.34-35; 3.20-21). Da mesma forma, em Hebreus, as referências à *parousia* são incidentais e não explícitas.[800]

Bristol conclui: "Fazemos bem em ver o resumo dos ensinamentos cristãos básicos em Hebreus 6.1-2. Aqui encontramos o arrependimento e a fé no sentido de confiança em Deus, o batismo e o dom do Espírito Santo, a ressurreição e o julgamento. Tudo isso faz parte da pregação cristã primitiva em Atos".[801]

Quando se compara a citação de Pedro de Joel 2.28-32 (em At 2.16-21) com a citação de Deuteronômio 18.19 (em At 3.22-26), parece que a pregação apostólica representa uma renovação da profecia. Como Dillon aponta, nesta renovação "a voz do Cristo ressuscitado é ouvida, através

---

[799] Ibid.
[800] Ibid., p. 96.
[801] Ibid., p. 97.

do testemunho de suas testemunhas, como a voz aguardada do 'profeta semelhante a Moisés'".[802] Dillon lista cuidadosamente e analisa as palavras que Lucas adicionou à LXX da passagem de Joel em Atos 2.17-19, e as palavras alteradas da passagem de Joel *en tais eschatais hēmerais* em Atos 2.17, mostrando o esforço de Lucas para representar essa renovação da profecia através da pregação dos apóstolos. Ele conclui: "O Senhor ressuscitado (At 3.22-26) é retratado como o expoente da mensagem escatológica do arrependimento, como em Atos 26.23. Atos 26.23 explicitamente faz do Cristo ressuscitado o *orador* da mensagem profética de Paulo para as nações".[803] Para Lucas, "a pregação em Atos consiste realmente na profecia pessoal do Cristo ressuscitado. Esta, longe de se tratar de uma cristologia ausente, é a teoria lucana autêntica da salvação".[804]

Quando comparamos o uso das Escrituras de Lucas e as pregações de em Atos com o de Hebreus, encontramos um tratamento teológico semelhante. O autor de Hebreus faz uso quase constante das formas do *legei* grego, "dizer ou falar", e seu uso do tempo presente nas fórmulas de citação indica sua visão de que as Escrituras são a voz de Deus falando com a igreja nos tempos atuais. Significativamente, em duas ocasiões (Hb 2.12-13; 10: 5-7) o autor de Hebreus coloca as Escrituras do Antigo Testamento nos lábios de Jesus, indicando sua compreensão teológica de que todo o Antigo Testamento é a voz de Jesus falando à igreja. Isso é consistente com a afirmação preparatória do autor em Hebreus 1.1-2 de que Deus está agora, "nestes últimos dias", falando conosco mediante seu Filho.

A Tradição de Melquisedeque em Lucas-Atos e Hebreus

A tradição de Melquisedeque encontrada no judaísmo tardio "apresenta um paralelo interessante ao que se acha em Lucas-Atos com relação a Jesus", diz Joel Green.[805] Com certeza, a proeminência de Melquisedeque

---

[802] R. Dillon, "The Prophecy of Christ and His Witnesses According to the Discourses of Acts", NTS 32.4 (October, 1986), p. 544.
[803] Ibid., p. 546.
[804] Ibid., p. 549.
[805] J. Green, "The Death of Jesus, God's Servant," in *Reimaging the Death of the Lukan Jesus*, BBB 73 (Frankfurt am Main: Anton Hain, 1990), p. 13.

em Hebreus é bem conhecida. De acordo com o texto fragmentário da caverna 11 de Qumran, uma figura misteriosa e mediadora celestial chamada Melquisedeque equivale ao agente escatológico de Deus para trazer salvação e juízo. Questiona-se até que ponto essa figura no judaísmo tardio se relaciona com o Melquisedeque de Gênesis 14. A ideia é que nesta tradição de Melquisedeque "possuímos paralelos com a ideia que prevalece no pensamento lucano sobre as funções soteriológicas de um ser humano exaltado".[806] Lucas, como o autor de Hebreus, está envolvido em mais coisas do que a historicidade da cruz. Ele também analisa a sua importância teológica.

A nova teologia da aliança em Lucas-Atos e Hebreus

A primeira referência no Evangelho de Lucas a "aliança" aparece no cântico de Zacarias (1.72), em que ele declara que Deus "se lembrou de sua santa aliança". Dessa passagem em diante, Lucas "avança incansavelmente para os acontecimentos finais traumáticos da vida de Jesus em que se torna cada vez mais claro que no ministério de Jesus, na morte e na vida ressuscitada de Jesus, a aliança foi cumprida".[807]

A expressão "nova aliança" (*hē kainē diathēkē*) em Lucas 22.20 consiste em uma alusão direta à única ocorrência da expressão hebraica exata (*bĕrit ḥadāšâ*) encontrada somente em Jeremias 31.31 (LXX 38.31), onde o substantivo precede o adjetivo). O Benedictus de Zacarias contém uma série de citações do Antigo Testamento e alusões catalogadas versículo por versículo no livro de Raymond Brown *The Birth of the Messiah* (O nascimento do Messias).[808] O termo grego *diathēkē*, "aliança", só aparece quatro vezes nos Evangelhos, duas vezes em Lucas (no cântico de Zacarias em 1.72 e nas palavras de Jesus na Ceia do Senhor em 22.20). Só Lucas preserva as palavras de Jr 31.31-34 em Lucas 22.20 com referência à nova

---

[806] Ibid., p. 17.
[807] P. E. Leonard, "Luke's Account of the Lord's Supper Against the Background of Meals in the Ancient Semitic World and More Particularly Meals in the Gospel of Luke", (tese de doutorado, University of Manchester, 1976), p. 288.
[808] R. Brown, *The Birth of the Messiah*, ABRL (New York: Doubleday, 1993), p. 386-389.

aliança, indicando o seu interesse no conceito. Lucas faz uso da "aliança" na profecia de Zacarias (Lc 1.72) na escolha do nome e na circuncisão de João Batista, que devia "preceder o Senhor, preparando-lhe os caminhos, para dar ao seu povo conhecimento da salvação, no redimi-lo dos seus pecados" (Lc 1.76-77). Duas palavras surgem aqui que podem ser uma referência a Jeremias 31.31-34: "conhecimento" e "perdão". Já vimos a importância que o "perdão dos pecados" possui para Lucas, uma noção teológica que é para ele um resumo do propósito principal de Jesus em vir para a terra para morrer na cruz.[809] O Evangelho de Lucas termina com Jesus comissionando os discípulos para pregar "o arrependimento para o perdão dos pecados" (Lc 24.45-49). A conclusão de Wilson é importante:

> A ausência de citações diretas de Jeremias 31.31-34 no Evangelho de Lucas não exige que concluamos que a teologia da Nova Aliança não está presente. A alusão única razoável da profecia de Jeremias que se encontra em Lucas 22.20 sugere que Lucas pode ter sido mais influenciada por essa vertente da teologia do que sugere um primeiro olhar. A profecia de Zacarias demonstra uma preocupação da parte de Lucas de incorporar material ao seu Evangelho que sinalize uma nova era no trabalhar de Deus com seu povo.[810]

Estudos recentes sobre a teologia de Hebreus

Nos últimos anos, três obras surgiram sobre a teologia de Hebreus. Rissi encontra em Hebreus uma abordagem que não difere de alguns Manuscritos do Mar Morto. Os destinatários de Hebreus lidam com Deus de forma direta em um sentido místico e espiritual, que excluía toda a necessidade da expiação. Por esse motivo, o autor destaca a expiação de Cristo junto

---

[809] Por exemplo, Fitzmyer, *Luke I-IX*, p. 223, e Strelan, *Luke the Priest*, p. 134, esclarece que o arrependimento e o perdão estão no âmago do evangelho em Lucas-Atos.
[810] A. Wilson, "Luke and the New Covenant: Zechariah's Prophecy as a Test Case," *The God of Covenant: Biblical, Theological and Contemporary Perspectives*, ed. J. Grant e A. Wilson (Leicester: Apollos, 2005), p. 177.

com os temas do sumo sacerdócio e de Melquisedeque, que eram focais para os escritos da seita de Qumran.[811]

Entretanto, os estudos acadêmicos recentes permanecem firmes em sua negação de ver qualquer vínculo real entre Hebreus e os escritos de Qumran. Além disso, Lindars critica a tese de Rissi por deixar de observar o destaque estrutural do cuidado pastoral que é tão proeminente em seções importantes de Hebreus, onde o escritor confirma a seus leitores os cuidados de Cristo como seu Sumo Sacerdote. Essas passagens sugerem que os leitores estão profundamente consternados com sua convicção de pecado.[812]

Essa aparente consciência própria de pecado é um fator importante na avaliação de Lindars sobre a teologia e o propósito de Hebreus.[813] A chave para a crise que causou a escrita da carta pode ser encontrada em 13.7-16:

> As próximas palavras alertam contra "doutrinas estranhas" e "alimentos" inúteis (versículo 9). O que se quer dizer tem que ser deduzido do teor de toda a carta. Recebemos um auxílio do contraste no versículo 10, onde Hebreus afirma que "possuímos um altar do qual não têm direito de comer os que ministram no tabernáculo". Esses que ministram no tabernáculo são claramente os sacerdotes levíticos, como se descreve no capítulo 9. Isso sugere que as doutrinas estranhas consistem nos detalhes do sacrifício expiatório que são definidos nesse contexto. Sendo assim, toda a questão que é levantada consiste em uma necessidade sentida por parte dos leitores de recorrer aos costumes judaicos para lidar com essa convicção de pecado contra Deus e essa necessidade de expiação. Logo, o argumento central da carta é exatamente

---

[811] M. Rissi, *Die Theologie des Hebräerbriefes: ihre Verankerung in der Situation des Verfassers und seiner Leser* (Tübingen: Mohr, 1987), p. 3-25.
[812] Lindars, *The Theology of the Letter to the Hebrews*, p. 25.
[813] Ibid., p. 8-15.

uma defesa convincente da eficácia completa e permanente da morte de Jesus como sacrifício expiatório.[814]

Os leitores estavam deixando de ir à igreja (Hb 10.25) e estavam voltando a ir aos cultos na sinagoga para "sentir o benefício do sistema sacrificial". A razão para isso era a sua própria convicção de pecado (Hb 9.9, 14; 10.2). Já que a expiação era "cuidada constantemente" no sistema sacrificial judaico, a volta deles para a comunidade judaica oferecia uma maneira prática de lidar com sua necessidade. O propósito de Hebreus consiste em explicar aos leitores o quanto o sacrifício de Cristo não somente lidou com a vida anterior deles, mas também com os seus pecados atuais (e futuros). De acordo com Hebreus, a resposta para isso não se constitui no retorno ao sistema sacrificial judaico como um meio para lidar com os pecados atuais.[815]

A teoria de Lindars falha na sua sugestão de que o ensino cristão primitivo não deixava claro que os pecados depois do batismo são cobertos pela morte de Cristo. A pregação de Pedro e Paulo em Atos, bem como as cartas de Paulo contradizem esse aspecto da teoria de Lindars. Se a sua avaliação da necessidade dos destinatários estiver correta, o problema reside em sua imaturidade espiritual e por deixarem de receber a verdade espiritual de acordo om Hebreus 5.11-6.3; não se encontra na falta de clareza da igreja primitiva com relação à aplicação da expiação ao pecado na vida do cristão. Mas, se consideramos que os destinatários eram ex--sacerdotes, o que Lindars sugere pode ter levado a essa necessidade. Se existia algum grupo na igreja primitiva que estivesse exposto ao perigo daquilo que Lindars sugere, os sacerdotes convertidos estariam no topo da lista. A teoria de Lindars possui a vantagem de englobar em um todo unificado o núcleo doutrinário da carta, as seções exortativas e as exortações práticas de Hebreus 13.

Marie Isaacs adota uma data posterior ao ano 70 para Hebreus e conjectura que a carta foi escrita para judeus cristãos que estavam abalados

---

[814] Ibid., p. 10.
[815] Ibid., p. 12-14.

com a destruição do templo. Hebreus foi escrita para indicar que o lugar permanente de adoração com um sumo sacerdote permanente é o céu, onde Jesus, o Sumo Sacerdote pela ordem de Melquisedeque, entrou para sempre e obteve acesso para todos que o seguem. Hebreus apresenta aos leitores uma reinterpretação das Escrituras do Antigo Testamento que lidam com o espaço sagrado.[816]

De modo parecido com a proposta de Lindars que acabamos de examinar, não há nada na reconstrução da teologia e do propósito de Hebreus feita por Isaacs que impediria a autoria de Lucas (ou, nesse aspecto, que os destinatários fossem ex-sacerdotes cristãos). Não existem pessoas que seriam mais leais ao "espaço sagrado" do culto depois de se tornarem cristãos do que os ex-sacerdotes.

Lindars critica brevemente as reconstituições propostas por Spicq, Montefiore e Schmithals como especulativas, já que são baseadas em supostos vínculos com outras partes do Novo Testamento (Spicq com Estêvão; Montefiore com Apolo e os convertidos judeus em Corinto; Schmithals com os conflitos entre a igreja e a sinagoga depois do ano 70).[817] Montefiore e Schmithals falham por causa da natureza especulativa de suas reconstituições. Entretanto, o caso é bem diferente com relação a Spicq. Por algum tempo em nossa época, os especialistas identificam o vínculo entre Atos 7 e Hebreus mesmo quando não têm nenhum interesse em traçar algum vínculo com a identidade dos destinatários, como é o caso de Spicq.

Conclusão

Nas áreas da cristologia, da escatologia e da relação entre profecia e cumprimento, existe uma semelhança conceitual clara entre Lucas-Atos e Hebreus. Muitas outras áreas de semelhança foram estudadas, inclusive (mas não se limitando) quanto ao conceito da salvação, da teologia da cruz, da terminologia sacerdotal e da teologia da nova aliança. A semelhança teológica que pode ser identificada entre Lucas-Atos e Hebreus reforça

---

[816] Isaacs, *Sacred Space*, p. 15-67.
[817] Lindars, *The Theology of the Letter to the Hebrews*, p. 4-6.

sua abordagem geral conceitual com relação ao cristianismo e apresenta outra chave para a defesa da autoria de Lucas.

As evidências da similaridade entre Lucas-Atos e Hebreus não podem ser descartadas de forma sumária por comentários como os de Kendrick: "Com relação a Lucas, mesmo com toda a nobreza das duas produções inquestionáveis de sua pena, elas não apresentam indicações de uma profundidade de pensamento, ou de um conhecimento profundo do Antigo Testamento que pudesse capacitá-lo a escrever a Epístola aos Hebreus".[818] Entretanto, o comentário de A. B. Bruce, é bem ousado para os dias de hoje: Ele [Lucas] certamente não poderia ter sido o autor. O contraste gritante entre o seu relato da agonia no jardim e o que é trazido na Epístola é suficiente para resolver essa questão".[819] Sem dúvida, Moffatt tinha consciência de alguns dos paralelos citados neste capítulo, mas afirmou que só se pode concluir a respeito de uma esfera teológica comum.[820] Acho difícil pensar que essas duas comunidades teológicas tão parecidas não tenham possuído nenhum vínculo nos primeiros dias da igreja.

Godet estava disposto a dar um passo à frente de Moffatt, e afirmou que os escritos de Lucas possuíam uma correlação temporal e ideológica com Hebreus:

> Porque as analogias internas comparam o seguinte [...] Em Lucas, a transformação do sistema mosaico em obediência espiritual. Na Epístola aos Hebreus, a transformação do culto levítico em um culto espiritual. Nas duas obras, a ideia do desenvolvimento humano de Jesus forma a base da cristologia.[821]

Eagar observa que Hebreus se encaixa de forma natural como um terceiro volume da série, juntamente com Lucas-Atos:

---

[818] Veja C. Moll, "Hebrews", *Lange's Commentary on the Holy Scriptures, Critical, Doctrinal and Homiletical*, trad. e ed. A. C. Kendrick (Grand Rapids: Zondervan, sem data), p. 10.

[819] A. B. Bruce, "Hebrews, Epistle to", *A Dictionary of the Bible Dealing with its Language, Literature, and Contents Including the Biblical Theology*, ed. J. Hastings (New York: Charles Scribner's Sons, 1902), p. 338.

[820] Moffatt, *Hebrews*, lxiv.

[821] F. L. Godet, *A Commentary on the Gospel of Luke*, 4ª ed., trad. E. W. Shalders e M. D. Cusin (New York: Funk & Wagnalls, 1887), p. 548.

> Em palavra e pensamento, o autor anda nos passos de Santo Estevão. Ele segue, logicamente, a ordem e o ensino de São Paulo. Neste único livro do Novo Testamento são explicados na teoria a relação entre judaísmo e cristianismo, a doutrina do sacerdócio e do sacrifício, a convergência necessária do judaísmo em uma Igreja universal. Os textos já citados dos cânticos do Evangelho podem ilustrar esta conclusão de forma satisfatória.[822]

Goppelt conclui que a interpretação que Hebreus faz do evangelho é "completamente independente quando se compara com Paulo e João". Os cristãos abordados em Hebreus estavam ficando cansados e fracos diante da pressão de uma sociedade hostil. Neste aspecto, Hebreus possui uma afinidade maior com Lucas do que com qualquer outro documento do Novo Testamento. Goppelt também via "toda uma série de características" entre Lucas e Hebreus que concordam entre si. Ele cita a "proximidade linguística" dos livros, inclusive "termos técnicos característicos da fala da comunidade", como Cristo como *archēgos*, líderes da igreja como *hēgoumenoi*, e Jesus tendo sido aperfeiçoado (*teteleiōtai*).[823] Além disso, tanto Lucas quanto Hebreus lidam com a mesma situação da igreja "seguindo uma direção parecida". O discurso de despedida de Paulo aos presbíteros de Éfeso (At 20) e o discurso de despedida de Jesus (Lc 22) fazem lembrar Hebreus 13.7-8. Goppelt conclui que os pontos de contato que acabaram de ser mencionados "sugerem que a teologia de Hebreus e de Lucas devem ser consideradas em conjunto".[824]

Lucas era um teólogo com todas as letras e era bem capaz de escrever uma obra como a carta aos Hebreus. O maior argumento contra a autoria de Lucas sempre foi sua suposta formação gentia. Existem, na verdade, muitas provas de Lucas-Atos que apoiam a tese de que Lucas era judeu. É essa a questão que passaremos a abordar.

---

[822] Eagar, "The Authorship of the Epistle to the Hebrews", p. 112.
[823] Goppelt, *Theology*, 2.265-266.
[824] Ibid., p. 266.

CAPÍTULO 6
A identidade de Lucas e o cenário judaico de Lucas-Atos

O maior questionamento à autoria lucana de Hebreus tem sempre sido a suposição dualista de que Lucas era um gentio enquanto o autor de Hebreus era judeu. Nenhuma dessas suposições é segura, e é possível tanto que Lucas tenha sido gentio quanto que ele foi o autor de Hebreus. Acho que é altamente provável que o autor de Hebreus era judeu, e isso tem impedido muitos especialistas de considerar Lucas como candidato para a autoria dessa carta. Com que base os especialistas partem do princípio da formação gentia de Lucas? Existe alguma evidência externa ou interna que apoiaria uma criação judaica de Lucas?

A identidade de Lucas[825]

O nome "Lucas" aparece três vezes nas Epístolas Paulinas: em Filemom v. 24; Colossenses 4.14 e 2 Timóteo 4.9-11. Ele é chamado de "médico" em Colossenses 4.14. Existe uma tradição eclesiástica de longa data começando com o Cânon Muratoriano (cerca de 170-180 d.C.) que identifica o autor de Lucas-Atos como o médico Lucas. As linhas 2 a 8 desse cânon dizem:

---

[825] Uma visão abrangente da história da pesquisa sobre essa questão pode ser encontrada em J. Fitzmyer, *The Gospel According to Luke (I-IX): Introduction, Translation, and Notes*, AB 28 (Garden City: Doubleday, 1981), p. 35-62.

> O terceiro livro do Evangelho: Segundo Lucas: Esse Lucas era médico. Depois da ascensão de Cristo, quando Paulo o tinha levado com ele como alguém que é dedicado às letras, ele o escreveu a partir do relato de testemunhas oculares. Porque ele mesmo não tinha visto o Senhor pessoalmente, mas, até onde ele pôde apurar, começou desse modo seu relato com o nascimento de João.[826]

Podemos encontrar mais provas da autoria lucana de Lucas-Atos no final do século 2 no livro de Irineu "Contra os hereges": "Lucas, também, o companheiro de Paulo, colocou em livro o evangelho na forma em que foi pregado a ele".[827] O livro extrabíblico *Prólogo dos Evangelhos*, datado do final do século 2 d.C., descreve Lucas como "um sírio de Antioquia, médico de profissão, discípulo dos apóstolos, e posteriormente seguidor de Paulo até o seu martírio. Ele serviu ao Senhor sem distração, nunca se casou, nem teve filhos. Ele morreu com oitenta e quatro anos na Boécia, cheio do Espírito Santo".[828] O título *Euangelion kata Lukan* "o Evangelho segundo Lucas", aparece no final do manuscrito mais antigo de Lucas que temos à disposição, datado de 175 a 225 d.C. Eusébio resumiu a tradição a respeito de Lucas no início do século 4:

> Lucas, cuja origem era de Antioquia e que era médico de profissão, e que era bem íntimo de Paulo e conhecedor do restante dos apóstolos, nos deixou, em dois livros inspirados, provas da arte curadora espiritual que aprendeu com eles. Um desses livros é o Evangelho, que ele testifica ter escrito como aqueles que foram desde o princípio testemunhas oculares e ministros da palavra entregue a ele. Como ele diz, seguiu a todos eles desde o princípio. O outro livro é Atos dos Apóstolos, que não foi escrito de acordo com o relato de outras pessoas, mas a partir daquilo que ele mesmo presenciou. Além disso, dizem que Paulo se referiu ao evangelho de Lucas em

---

[826] K. Aland, *Synopsis Quattuor Evangeliorum Locus Parallelis Evangeliorum Apocryphorum et Patrum Adhibitis* (Stuttgart: Wurttembergische Bibelanstalt, 1964), p. 538.

[827] Irineu, *Contra os Hereges*, 3.4.1.

[828] Aland, *Synopsis Quattuor*, p. 533.

todos os lugares, como falando de algum evangelho próprio, quando usava as palavras "de acordo com o meu evangelho".[829]

Essas referências comprovam uma tradição sólida confirmando Lucas como o autor do Evangelho e de Atos.[830] Diz-se que a profissão dele era a de médico.[831] Não há referência nessas declarações a respeito da formação étnica de Lucas. Alguns partiram do princípio de que, já que Lucas era de Antioquia, ele deve ter sido um gentio. Entretanto, Josefo sugere que um judeu de Antioquia poderia ser chamado de "antioquino".[832] Parson concluiu que "até mesmo a tradição de que Lucas era de Antioquia... não impede que ele seja judeu".[833]

Nenhum dos Pais da Igreja identificou Lucas como gentio. O conhecimento de Lardner a respeito dos Pais da Igreja, refletido em seu livro *Credibility of the Gospel History* (A credibilidade da história do evangelho), publicado no século XIX, é inquestionável. Ele comentou a respeito de sua origem étnica a partir da perspectiva dos Pais da Igreja:

---

[829] Eusebius, *Church History*, 3.4. *A Select Library of Nicene and Post-Nicene Fathers of the Christian Church*, 2nd Series, ed. P. Schaff and H. Wace, trad. A. McGiffert (Oxford: Parker & Co., 1890; reimpr., Edinburgh: T&T Clark, 1997), 1.136-137.

[830] Veja I. H. Marshall, "Acts and the 'Former Treatise'", em *The Book of Acts in Its Ancient Literary Setting*, ed. B. W. Winter e A. D. Clarke (Grand Rapids: Eerdmans, 1993), 4.163-182.

[831] A linguagem médica de Lucas foi analisada por W. Hobart, *The Medical Language of St. Luke* (Dublin: Hodges, Figgis, & Co., 1882), and H. Cadbury, "Lexical Notes on Luke-Acts: II. Recent Arguments for Medical Language", *JBL* 45 (1926): 190-209. Mais recentemente, G. H. R. Horsley, *New Documents Illustrating Early Christianity: A Review of the Greek Inscriptions and Papyri Published in 1977* (Sydney: Macquarie University Ancient History Documentary Research Center, 1982), p. 19-21, e M. Hengel e A. Schwemer, *Paulus zwischen Damaskus und Antiochien*, WUNT 108 (Tübingen: Mohr-Siebeck, 1998), p. 18-22, têm demonstrado que os médicos antigos geralmente viajavam como itinerantes. Veja também, W. Marx, "Luke, the Physician, Re-examined", *ExpTim* 91 (1980): p. 168-172. B. Witherington III, *Conflict and Community in Corinth* (Grand Rapids: Eerdmans, 1995), p. 459-464, se alinha com a sugestão tradicional de que Lucas pode ter sido o médico pessoal de Paulo. Fitzmyer apresenta uma defesa excelente da tradição de que Lucas era médico, bem como um semita não circuncidado que às vezes foi companheiro de Paulo. Veja J. Fitzmyer, *The Gospel According to Luke (I-IX)*, p. 35-59, e id., *Luke the Theologian: Aspects of His Teaching* (New York: Paulist Press, 1989), p. 1-26.

[832] Josefo, *Contra Apion*, 2.39.

[833] M. Parsons, "Who Wrote the Gospel of Luke?" *BRev* 17 (2001): p. 19. Parsons também observou: "A narrativa de Atos também pode ser lida como apoiando a visão de que Lucas era judeu ou, pelo menos, profundamente interessado no judaísmo". M. Parsons, *Luke: Storyteller, Interpreter, Evangelist* (Peabody, MA: Hendrickson, 2007), p. 7.

Nenhum dos escritores [...] o chama de gentio. Algumas pessoas na época de Jerônimo, cujos nomes não conhecemos, disseram que Lucas foi um prosélito judeu [...] ninguém que eu me lembre, expressamente diz que ele foi convertido do paganismo para o cristianismo [...] Todos os nossos escritores que falam de Lucas como companheiro e discípulo dos apóstolos devem ter partido do princípio de que ele era judeu.[834]

O próprio Lardner tinha essa opinião, e considerava a questão tão fechada que até se surpreendia em ver que o assunto ainda era debatido.[835] Plummer, escrevendo mais tarde no século 19, mencionou Hoffmann, Tiele e Wittichen como especialistas que tinham o mesmo pensamento.[836] Muitos especialistas defenderam a formação judaica de Lucas, inclusive A. C. Clarke, A. Schlatter, B. S. Easton, E. Ellis, J. Drury, D. Juel, R. Denova, e J. Jervell, e ainda há outros que admitem essa possibilidade.[837]

A tradição mencionada em Eusébio que Lucas era um temente a Deus geralmente tem sido aceita, já que os tementes a Deus são mencionados em Atos.[838] Jerônimo diz que Lucas pode ter sido um prosélito do judaísmo, mas A. T. Robertson concluiu que não é provável que esse seja o caso.[839] A maioria dos especialistas até meados do século 20 acreditavam que Lucas era gentio, e um grego em vez de ser romano. Alguns têm sugerido que Lucas pode ter sido um escravo liberto. D. A. Hayes conjecturou que Lucas

---

[834] N. Lardner, *The Works of Nathaniel Lardner* (London: William Bell, 1838), 5.362-363.

[835] Ibid., 5.364; e 6.137.

[836] A. Plummer, *Gospel According to St. Luke*, 4ª ed., ICC (Edinburgh: T&T Clark, 1901), p. xix. Tiele buscou demonstrar que os hebraísmos na escrita de Lucas eram uma indicação da formação judaica de Lucas (J. N. Tiele, *Theologische Studien und Kritiken* [1858]: 4.753-55). Veja também A. Deissmann, *Light from the Ancient East* (London: Hodder, 1927), p. 438; E. C. Selwyn, *St. Luke the Prophet* (London/ New York: Macmillan, 1901), p. 37.

[837] Veja E. Ellis, *Gospel of Luke*, NCBC (Nashville: Thomas Nelson & Sons, 1966; reimpr., London: Oliphants, 1977); o restante deste capítulo e a bibliografia que se segue. W. F. Albright afirmava que Lucas era um judeu cristão em seu livro *New Horizons in Biblical Research* (London: Oxford University Press, 1966), p. 49. Ele afirmava isso com base na forma aramaica do seu nome em grego e nas expressões idiomáticas hebraicas usadas nos três poemas dos capítulos 2 e 3 de Lucas.

[838] Eusébio, *História Eclesiástica*, 3.4.6. J. Nolland, *Luke 1-9.20*, WBC 35A (Dallas: Word, 1989), p. xxii-xxiii, diz que o leitor principal de Lucas pode muito bem ser um temente a Deus. Cf. P. J. Tomson, "Gamaliel's Counsel and the Apologetic Strategy of Luke-Acts", em *The Unity of Luke-Acts*, ed. J. Verheyden, BETL 142 (Leuven/Louvain, Belgium: Leuven University Press, 1999), p. 603.

[839] A. T. Robertson, *Luke the Historian* (Nashville: B&H, 1920), p. 18.

nasceu como escravo na casa de Teófilo, um oficial rico em Antioquia. Depois de educar Lucas como médico, Teófilo o libertou, e depois veio ao cristianismo por meio de Lucas.[840]

Robertson deixou aberta a possibilidade de que Orígenes e Crisóstomo estivessem certos em aplicar a referência de 2 Coríntios 8.18; 12.18 a Lucas. Isso o faria companheiro de Tito para levar a carta aos coríntios. Alguns tem afirmado que Lucas era irmão de Tito com base de 2 Coríntios 12.18, mas isso não passa de conjectura.[841]

Existe uma tradição antiga, que vem pelo menos do século 4, que Lucas era um dos setenta que Jesus enviou.[842] Wenham afirmou que isso se baseava no uso de Lucas dessa perícope, na sua extensão, e nos "detalhes íntimos" que dão a entender que se trata de um testemunho ocular.[843] Wenham também defendeu a validade de outra tradição, que é datada do século 10 ou (provavelmente) de antes disso, que identificou Lucas como o discípulo anônimo no caminho de Emaús (Lc 24).[844] As duas teorias são interessantes e têm uma boa possibilidade de serem verdadeiras, apesar de a maioria dos especialistas nem as considerarem plausíveis. Entretanto, essas teorias, especialmente a que diz que Lucas é um dos 70, claramente consideram que Lucas era judeu.

Quanto à questão do local de nascimento de Lucas, as maiores provas apontam para Antioquia na Síria.[845] O Códice de Beza (um texto "ocidental") em Atos 11.28 tem o primeiro versículo com o pronome "nós" de

---

[840] D. A. Hayes, *The Synoptic Gospels and the Book of Acts* (New York: The Methodist Book Concern, 1919), p. 179-182, 197.

[841] Robertson, *Luke the Historian*, p. 20-21; veja, p.ex., F. Badcock, *The Pauline Epistles and the Epistle to the Hebrews in Their Historical Setting* (New York: Macmillan, 1937), p. 217.

[842] Epifânio de Chipre, *Panarion*, 51.110.

[843] J. Wenham, "The Identification of Luke", *EvQ* 63 (1991): p. 5-7.

[844] Ibid., p. 29-32. Veja Lardner, *Works*, 2.87.

[845] A tradição da igreja sugeriu Antioquia na Síria como a cidade natal de Lucas. Cf. Eusebius, *Ecclesiastical History*, 3.4.6; A. Strobel, "Lukas der Antiochener (Bemerkungen zu Act 11.28D)", *ZNW* 49 (1958): p. 131-134; R. Glover, "'Luke the Antiochene' and Acts", *NTS* 11 (1964-65): p. 97-106. A favor de Antioquia da Pisídia e Filipos, veja R. Rackham, *The Acts of the Apostles* (London: Methuen & Co., 1904; reimpr., Grand Rapids: Baker, 1978); W. Ramsay, *Luke the Physician and other Studies in the History of Religion* (London: Hodder & Stoughton, 1908; reimpr., Grand Rapids: Baker, 1956); e W. T. Whiteley, "Luke of Antioch in Pisidia", *ExpTim* 21 (1909-10): p. 164-166. W. Ramsay, *Saint Paul the Traveler and Roman Citizen* (New York: G. P. Putnam's Sons, 1904), 162-163, 302-304, afirmou que Lucas possuía um vínculo com Antioquia". S. Carpenter resumia as visões sugerindo que Lucas era de Antioquia, mas trabalhou em Filipos (S. Carpenter, *Christianity According to St. Luke* [New York: MacMillan Co., 1919], p. 20).

Atos com sua ocorrência em Antioquia: "E houve grande júbilo; e quando estávamos juntos, um deles se levantou e disse..." Essa tradição primitiva associa Lucas com Barnabé e Paulo em Antioquia. Blass afirmou que essa leitura devia ser aceita, e claramente provava que Lucas era membro da igreja de Antioquia.[846] Já vimos que Eusébio (e outros) disseram que Lucas nasceu em Antioquia. Essa tradição primitiva é confirmada por Atos. Lucas claramente exibe um interesse especial, ou até mesmo uma preferência pela igreja de Antioquia.[847] Isso faz sentido se ele nasceu em Antioquia ou morou lá por algum tempo, ou se Teófilo era de Antioquia (ou mesmo eles dois).[848]

Não sabemos quase nada sobre a educação de Lucas ou sobre a época da sua conversão. A única coisa que podemos dizer é que, se a leitura ocidental de Atos 11.28 for correta, então Lucas era cristão e era membro da igreja de Antioquia em cerca de 42 d.C.

A maioria dos especialistas em Novo Testamento tende a ver Lucas como um cristão gentio, e o único escritor gentio do Novo Testamento.[849] A base evidencial para essa conclusão consiste no domínio que Lucas tem do idioma grego, sua evitação ocasional de palavras semíticas (quando se compara com os outros sinóticos), a omissão das controvérsias de Jesus com relação ao entendimento farisaico sobre a lei, a transformação dos costumes locais da Palestina e de certos detalhes nos seus equivalentes helenistas, além de uma dedução extraída de Colossenses 4.10-14.[850] Essa

---

[846] F. Blass, *Philology of the Gospels* (London: Macmillan, 1898), p. 131.

[847] Veja A. Plummer, *A Critical and Exegetical Commentary on the Gospel According to Saint Luke*, ICC, 5ª ed. (New York: Scribner, 1922), p. xxi; Robertson, *Luke the Historian*, 22; e J. Fitzmyer, *The Acts of the Apostles: A New Translation with Introduction and Commentary*, AB (New York: Doubleday, 1998), p. 46-47.

[848] G. Sterling, *Historiography and Self-definition: Josephus, Luke-Acts and Apologetic Historiography*, NovTSup 64 (Leiden: Brill, 1992), p. 327, sugere que o interesse de Lucas em Antioquia se constitui na base da tradição em vez de ser uma prova dela (destaque nosso).

[849] Por exemplo, F. Bovon, *Luke 1: A Commentary on the Gospel of Luke 1.1-9.50*, trad. C. Thomas, Her (Minneapolis: Augsburg, 2002), p. 8, declara: "A maior probabilidade é que Lucas seja um grego de nascimento, que se voltou para o judaísmo bem cedo na vida; ele pertence a aquele círculo de simpatizantes que são chamados de "tementes a Deus".

[850] Fitzmyer, *Luke I-IX*, p. 41-42. A partir do fato de que Lucas indica a incredulidade dos saduceus na ressurreição em Atos 22, P. J. Tomson deduziu que Lucas não entendeu a Midrash de Paulo a respeito do sumo sacerdote, confirmando assim a tradição de que Lucas era gentio. P. J. Tomson, "Gamaliel's Counsel and the Apologetic Strategy of Luke-Acts", em Verheyden, *The Unity of Luke-Acts*. Dada a evidência da compreensão de Lucas do Antigo Testamento e do seu próprio uso de técnicas interpretativas judaicas, acho que essa dedução dificilmente se sustém.

evidência, embora seja reconhecidamente limitada e capaz de diferenciar interpretações, tem sido suficiente para convencer a maioria dos especialistas com relação à origem gentia de Lucas. No entanto, cada uma delas tem sido questionada nos últimos anos.

Contudo, a evidência igualmente pode dar lugar a outra interpretação. Vimos vários exemplos de Lucas-Atos que poderiam sugerir que Lucas estava escrevendo a partir de uma perspectiva judaica e principalmente para um público judeu. Será que as evidências textuais e históricas encontradas em Lucas-Atos apoiam de um modo melhor um uma formação judaica ou gentia para Lucas? Se um fundo gentio se supõe, então Lucas é romano ou grego? Se se supõe uma formação judaica, então será que ele é um judeu palestino ou um judeu helenístico? É minha proposta que Lucas era um judeu helenístico com treinamento e interesses cosmopolitanos.[851]

O que as evidências históricas e textuais revelam sobre o nome de Lucas? Ramsay descobriu nos papiros de Antioquia da Pisídia que "Lucas" e "Lúcio" eram usados intercambiavelmente para a mesma pessoa.[852] O fenômeno é semelhante ao nosso uso de nomes de animais de estimação e de formas encurtadas de nomes mais longos e formais, como "Roberto" e "Beto". "Lucas" é encontrado três vezes no corpus paulino: Colosenses 4.14: 2 Timóteo 4.11; e Filemom 24. "Lúcio" ocorre duas vezes no Novo Testamento: Atos 13.1 e Romanos 16.21. Nesta última passagem, Lúcio está junto com Jasão de Tessalônica e Sosípater de Bereia. Paulo se refere a todos eles como "parentes", isto é, como judeus (cf. Rm 9.3; 16.7, 11).

Tem-se sugerido que Lucas e o Lúcio dos Atos 13.1 podem ser a mesma pessoa. Outros disseram que talvez o Lúcio de Atos 13.1 e o de Romanos 16.21 se referiam a Lucas. Pode ser que os Lúcios dos Atos 13.1

---

[851] O argumento antigo de que o "universalismo" de Lucas se constitui em prova da sua etnicidade gentia tem demonstrado ser falacioso. Gaston disse de forma correta: "A defesa convincente de que esse chamado "universalismo" do evangelho de Lucas equivale a um mito que não foi investigado que passou de uma geração para a outra foi feita por N. Q. King". L. Gaston, *No Stone on Another: Studies in the Significance of the Fall of Jerusalem in the Synoptic Gospels*, NovTSup 23 (Leiden: Brill, 1970), 320n2.

[852] W. Ramsay, *The Bearing of Recent Discovery on the Trustworthiness of the New Testament*, 4ª ed. (London: Hodder & Stoughton, 1920), p. 370-384; cf. também Robertson, *Luke the Historian*, p. 16-17, e W. M. Calder, "Christians and Pagans in the Graeco-Roman Levant," *Classical Review* 36 (1924): p. 29-31.

e Romanos 16.21 sejam a mesma pessoa.[853] Há boas razões para sugerir que o Lúcio de Romanos 16.21 e Lucas se trate da mesma pessoa.[854]

Os nomes dos homens que se reuniram em torno de Paulo em Corinto, onde ele escreveu Romanos, são encontrados em dois lugares no Novo Testamento: Romanos 16.21 e Atos 20.4-5. Uma comparação revela dois nomes comuns a ambas as listas: Timóteo e Sópatro. Mas em Atos 20.5-6, Lucas estava presente, como indicado pelo seu uso de "nós" e "nos". "Curiosamente, um "Lúcio" é mencionado na lista de Romanos. Assim, havia simultaneamente na companhia de Paulo um "Lucas" e um "Lúcio". Parece provável que esses dois nomes se refiram à mesma pessoa. Se assim for, pode-se fazer a pergunta: Por que Paulo se refere a Lucas em três ocasiões como "Lucas" e como "Lúcio" apenas em Romanos 16.21? Paulo pode ter escolhido usar o nome mais formal de Lucas, já que Paulo era não era conhecido pessoalmente pelos cristãos em Roma. Da mesma forma, na lista de Romanos, usa-se "Sosípatro", a ortografia mais formal de "Sópatro", que ocorre em Atos 20.4. Não há menção a um "Lúcio" na lista de Atos, que é o que devemos esperar se Lucas for realmente Lúcio, e não há "Lucas" na lista de Romanos, apenas um Lúcio. Em todas as outras ocasiões em que Paulo usa o nome "Lucas", é por escrito para igrejas ou grupos que ele já havia visitado anteriormente com Lucas; assim, o nome familiar de Lucas é usado. Orígenes atesta essa identidade de Lucas e Lúcio, nos dando uma tradição bastante primitiva a seu favor. Reicke, que também identifica Lucas com Lúcio, conclui:

> Se essa hipótese for aceita, o Novo Testamento indica que Lucas, o Evangelista, era de origem judaica. Esta é a explicação mais simples do interesse, que é demonstrado pelo Evangelho

---

[853] E. C. Selwyn confirma essa possiblidade (*St. Luke the Prophet*, p. 19). H. Grócio, citado em Lardner, *Works*, 5.369.

[854] Orígenes tinha conhecimento de pessoas que identificavam o Lúcio de Romanos 16.21 com Lucas, proporcionando assim uma tradição primitiva a favor dessa interpretação. Veja o seu livro *Commentary on the Epistle to the Romans: Books 6-10,* em *Fathers of the Church*, trad. T. Scheck, vol. 103 (Washington, D.C.: Catholic University of America Press, 2001), §39. Efraém da Síria (século 4) confirma esse vínculo. B. Reicke fez essa associação em seu comentário de Lucas: *The Gospel of Luke*, trad. R. Mackenzie (Richmond: John Knox, 1964), p. 24. E. E. Ellis acha que ela é provável (*History and Interpretation in New Testament Perspective*, Biblical Interpretation Series, 54 [Leiden: Brill, 2001], p. 92). Para um argumento recente identificando Lucas com Lúcio de Cirene (At 13.1), veja Wenham, "The Identification of Luke", p. 32-41.

de Lucas e os Atos dos Apóstolos, na história redentora do Antigo Testamento, na pregação entre os judeus, e nas tradições cristãs judaicas.[855]

Calder observou que a evidência de Ramsay, embora não conclusiva, torna "altamente provável" que o nome formal de Lucas era "Lúcio" e não "Lucano" por causa da "frequência desse primeiro nome e da raridade do segundo no oriente de fala grega neste período".[856]

O questionamento principal com relação a essa identificação é encontrado na interpretação de alguns estudiosos de Colossenses 4.10-14. Alguns deduziram da lista do nome de Lucas separadamente daqueles "da circuncisão" que Lucas era um gentio. Um exame da evidência textual define uma base menos sólida. Nos versículos 10 e 11, três homens são considerados "da circuncisão". Nos versículos 12 e 13, Epafras é mencionado como sendo de Colossos. Então Lucas é mencionado em v. 14. Isso geralmente dá a entender que Lucas é diferenciado desses judeus e, portanto, se trata de um gentio. No entanto, essa interpretação tem sido contestada pelas seguintes razões: Se Lucas fosse um gentio, por que não há menção clara desse fato, como acontece com Tito em Gálatas 2 e Timóteo em Atos 16? Lucas era um companheiro próximo de Paulo, assim como Tito e Timóteo. Em segundo lugar, essa linha de pensamento é derrubada em Colossenses 4.10-14 pelos dois versículos entre eles dedicados a Epafras. Em terceiro lugar, talvez Lucas seja mencionado por último como sendo especialmente próximo de Paulo. Em quarto lugar, Paulo não está reclamando que apenas três de seus compatriotas trabalharam com ele. Em vez disso, ele está elogiando três homens que, embora judeus, o apoiaram em alguma situação crítica no passado (note o verbo aoristo "tornou-se" no v. 11). Finalmente, a suposição desses versículos de que Lucas era um gentio nunca foi feita pelos Pais da Igreja.[857]

---

[855] Reicke, *Luke*, p. 24.
[856] Calder, "Christians and Pagans in the Graeco-Roman Levant", p. 30.
[857] Veja as excelentes análises de *Works*, 5.363; Reicke, *The Gospel of Luke*, p. 10-24; e Wenham, "The Identification of Luke", p. 10-16. A avaliação de Wenham sobre as evidências é a mais completa. Ele argumenta gentilmente que não podemos deduzir uma formação gentia para Lucas a partir de Colossenses 4.11-14. Ellis afirma a mesma ideia, observando o que agora é reconhecido por todos, de que o judaísmo

Albright afirmou que não se deve deduzir a partir de Colossenses 4.10-14 que Lucas não era circuncidado.[858] Seu argumento se baseia no significado de *hoi ontes ek peritomēs*. Essa expressão geralmente é traduzida como "os que são da circuncisão" como em Gálatas 2.12, logo se refere aos judaizantes que afirmavam que a circuncisão era necessária para a salvação.

Fitzmyer questionou a interpretação de Albright em dois aspectos. O primeiro é que não faz sentido dizer que os três homens mencionados eram os únicos do grupo da circuncisão que tinham sido um consolo para Paulo. Já o segundo é que a expressão "um de vocês" no v. 12 pede o sentido mais geral de "convertidos do judaísmo" para a expressão "os que são da circuncisão".[859] Ainda que a expressão não indique propriamente "os que são da circuncisão", Wenham demonstrou de forma conclusiva que, baseado em seu uso em outras passagens, que não pode se partir do princípio que se refere a nascimento em berço cristão ou judaico. Poderia se aplicar a judeus cristãos que possuem uma mentalidade mais exigente com relação à lei.[860] Strelan também contestou a interpretação comum de Colossenses 4 de que Lucas era gentio. Ele observou o argumento de Selwyn de que Paulo não se identificaria como "alguém da circuncisão", mas ninguém poderia negar que Paulo era um judeu circuncidado; muito menos Lucas colocaria Lucas nessa categoria. Strelan sugeriu a expressão "os que são da circuncisão" se referia com uma maior probabilidade aos crentes judeus que eram severos com relação aos rituais.[861]

Não fica tão claro que Epafras era gentio, conforme Wenham afirmou de modo convincente. Não há razão para pensar que a igreja em Colossos não possuísse um núcleo costumeiro de convertidos judeus.

---

do século 1 não era de forma alguma homogêneo; vários grupos exism com diferentes abordagens com relação ao judaísmo. Essas mesmas complexidades foram trazidas para a igreja. Assim, ele sugere que Aristarco, Marcos e Jesus, o Justo (mencionados em Colossenses 4) eram cristãos judeus do tipo mais rigoroso, enquanto Lucas era um judeu helenístico mais moderado. E. Ellis, "'Those of the Circumcision' and the Early Christian Mission", *SE IV* (1968): p. 390-399.

[858] J. Munck, *The Acts of the Apostles*, rev. W. F. Albright e C. S. Mann, AB 31 (New York: Doubleday, 1967), p. 266.

[859] Fitzmyer, *Luke I-IX*, p. 44.

[860] Wenham, "The Identification of Luke", p. 13.

[861] R. Strelan, *Luke the Priest: the Authority of the Author of the Third Gospel* (Burlington, VT: Ashegate, 2009), p. 105.

A heresia colossense se tratava basicamente de uma heresia judaica e/ou pré-gnóstica de algum tipo. Será que Epafras, o primeiro missionário enviado a Colossos (Cl 1.5-7), era gentio? Já que a filosofia de Paulo era ir primeiro aos judeus, será que existe chance de ele ter escolhido um gentio para essa função?[862] Além disso, Wenham afirmou como isso também se aplica a Lucas. Quando Lucas acompanhou Paulo a Jerusalém, foi a presença de Trófimo, um gentio incircunciso, que quase fez com que Paulo fosse morto. Entretanto, não existe nenhuma indicação de que houve problema com Lucas. "É mais fácil vê-lo agindo como auxiliar de Paulo no caso de ele ser judeu de nascimento ou prosélito circuncidado do que se ele fosse somente um gentio convertido".[863]

Seria precário propor de modo dogmático uma formação gentia de Lucas com base somente no capítulo 4 de Colossenses. Se Lucas e Lúcio fossem a mesma pessoa no Novo Testamento, então a declaração sobre Lúcio em Romanos 16.21 dá certeza de que Lucas era judeu.[864] Devemos, pelo menos, escutar o alerta de Ralph Martin que duvidava de que deveríamos concluir a partir de Colossenses 4 que Lucas era gentio. Ele disse: "Existem provas consideráveis para que se defenda que ele era um judeu helenista".[865] O estudo amplo e recente do uso que Lucas faz de Isaías em Lucas-Atos o leva a concluir: "Há uma grande probabilidade de Lucas ser temente a Deus, isso se ele não for mesmo um judeu".[866]

No mínimo, Eric Franklin está certo:

> Deve-se manter em aberto a questão se Lucas era judeu. No entanto, de qualquer forma, ele deve ter sido uma pessoa que foi influenciada de modo decisivo pela fé judaica, que amou a nossa nação, que foi tocado por sua lei e cativado por suas

---

[862] Ibid., p. 15.
[863] Ibid., p. 16.
[864] Alguns afirmam que o vínculo de Lucas com Antioquia da Síria apoia a ideia de que ele era gentio. Dois fatores enfraquecem esse argumento. O primeiro é que embora se diga, de acordo com uma tradição antiga, que ele era nativo de Antioquia, nunca se diz que ele era grego, e o segundo é que a declaração de Josefo (Contra Ápion, 2.1 §39) que "nossos habitantes judeus de Antioquia são chamados de antioquinos" pode ser usada para apoiar o argumento de que Lucas era um judeu de Antioquia. Veja Fitzmyer, *Luke I-IX*, p. 45.
[865] R. Martin, *Colossians: The Church's Lord and the Christian's Liberty* (Exeter: Paternoster, 1972), p. 146.
[866] D. Pao, *Acts and the Isaianic New Exodus* (Tübingen: Mohr Siebeck, 2000), p. 25.

Escrituras, que foi levado a ver Jesus como cumprimento de suas esperanças e como uma ampliação de suas promessas.[867]

Clarke, referindo-se ao comentário de Plummer sobre Lucas ser um "gentio versátil", apoiou de modo incisivo a ideia de que Lucas deve ter sido judeu para que seja considerado o autor de Lucas-Atos:

> Acho que essa teoria do gentio versátil não é nada convincente. O grego era o idioma literário do Oriente e era conhecido por todos os judeus que tinham alguma cultura. É fácil ver que um judeu quando escreve em grego teria o hábito de usar expressões idiomáticas e construções nativas de vez em quando. É difícil conceber o caso de um grego que ficou tão saturado de expressões idiomáticas hebraicas a ponto de usá-las quando está escrevendo em sua própria língua. Portanto, se o sentido de Colossenses 4.10-14 indica que Lucas era grego, é difícil partir do princípio de que ele escreveu qualquer uma das obras atribuídas a ele.[868]

Jervell chegou a uma conclusão parecida:

> O fato de Lucas ser capaz de escrever com estilo em grego não demonstra que ele era gentio - muitos judeus tinham essa capacidade. Apesar de sua habilidade de escrever em um grego refinado, ele só faz isso de forma rara e esporádica. Na maior parte da sua obra ele apresenta o que pode ser chamado de grego bíblico, claramente influenciado pela Septuaginta, um livro judeu, escrito para os judeus e não para os gentios.

---

[867] E. Franklin, *Christ the Lord: A Study in the Purpose and Theology of Luke-Acts* (Philadelphia: Westminster, 1975), p. 79. Cf. G. Harvey, *The True Israel: Uses of the Names of Jew, Hebrew and Israel in Ancient Jewish and Early Christian Literature,* AGJU 35 (Leiden: Brill, 1996), p. 194; e Jervell, que diz claramente que Lucas é judeu. J. Jervell, *The Theology of the Acts of the Apostles* (Cambridge: Cambridge Univ. Press, 1996), p. 5, diz o mesmo.

[868] A. C. Clarke, *Acts of the Apostles* (Oxford: Clarendon, 1933), p. 393.

A formação estilística de Lucas vinha da sinagoga. Ele era um judeu cristão.[869]

Strelan afirmou recentemente que Lucas era judeu com base em dois argumentos: (1) O conhecimento e o uso de Lucas das Escrituras do Antigo Testamento, e (2) a sua autoridade em escrever de um modo tão excelente. Strelan refletiu que a autoridade de um escritor em uma comunidade pequena de cristãos no século 1 era um fator crítico, e um mestre judeu seria aceito de um modo mais fácil do que um gentio.[870] Ele afirmou que Lucas era sacerdote, "principalmente com base na questão da sua autoridade".[871] Entre outras evidências citadas por Strelan está o foco de Lucas no arrependimento e no perdão. "Parece razoável sugerir que um sacerdote, envolvido como estava no culto do Templo e suas oferendas pecaminosas, nas leis da pureza e em ensinar as pessoas a viver de acordo com as leis e mandamentos de Deus, seria atraído — e, portanto, destacaria — o aspecto do arrependimento e do perdão conforme é entendido no evangelho.[872]

Ellis fez a sugestão um tanto surpreendente de que os "parentes" a quem Paulo se refere em Romanos 16.7, 11, 21 eram seus parentes. Se o Lúcio de Romanos 16.21 é identificado com Lucas, como Ellis achava provável, então Paulo revela algo sobre sua relação familiar com Lucas, bem como sua estratégia para fazer o trabalho missionário:

> Ele utilizou contatos com seus parentes para mapear a evangelização de Tessalônica e Bereia e, após sua conversão, aceitou-os como colegas de trabalho na missão e usou suas casas-igrejas para suas congregações. Se Lucas também fosse

---

[869] Jervell, *Theology of Acts*, p. 5. Selwyn (*St. Luke the Prophet*, p. xxi), comentou: "Lucas era judeu e não há base para qualquer outra suposição". Muitos afirmam, como M. Goulder, que os semitismos nos capítulos 1 e 2 não se devem a alguma fonte hebraica ou aramaica, mas ao próprio estilo de Lucas que se inspira na Septuaginta. M Goulder, *Luke: A New Paradigm* (Sheffield: JSOT Press, 1994), p. 115.

[870] Strelan, *Luke the Priest*, p. 106.

[871] Ibid., p. 113. Essa sugestão vai muito além da esfera das evidências.

[872] Ibid., p. 135. Strelan sugeriu que Lucas também demonstra forte interesse no ensino e na interpretação bíblica, dois papéis comuns dos sacerdotes. Além disso, todas as questões e preocupações discutidas no Concílio de Jerusalém (At 15) tinham a ver com questões de pureza, que teria sido a preocupação dos sacerdotes (p. 132-133).

parente, não só colocaria para descansar a visão tradicional, mas equivocada de que Lucas era um gentio, mas também explicaria a rota da missão de Paulo para Trôade. Ele viajou para lá com a intenção de adicionar um confidente à sua equipe que estava familiarizado com a área e aparentemente já estava ministrando em Trôade (At 16.10, "nós").[873]

Outra questão a ser considerada é a sugestão ocasional de que Lucas e Silas são a mesma pessoa.[874] Antes de avaliar essa possibilidade, precisamos examinar o que sabemos sobre Silas (Silvano) no Novo Testamento. Pedro informa aos seus leitores que Silvano é o mensageiro da carta (1 Pe 5.12). A maioria dos estudiosos acredita que ele é a mesma pessoa nomeado em 1 Tessalonicenses 1.1 e 2 Tessalonicenses 1.1 como autor conjunto dessas cartas com Paulo e Timóteo. Ele também é considerado pela maioria como o mesmo Silas de Atos 15.40, a quem Paulo escolheu como parceiro para sua segunda viagem missionária.[875] Ele está presente no Concílio de Jerusalém (At 15) e é um dos "homens notáveis entre os irmãos. "Paulo fala de si mesmo e de Silas em 1 Tessalonicenses 2.6 como "apóstolos de Cristo. E. G. Selwyn disse sobre ele: "Ele pode muito bem ter sido uma dessas "testemunhas oculares e ministros da palavra" sobre quem São Lucas se baseou para o seu Evangelho (Lc 1.2); e as afinidades observáveis entre 1 Pedro e as pregações de Pedro em Atos, bem como em outras partes da narrativa de Atos 1-15, podem ser baseadas em informações que ele apresentou; ainda mais como Lucas e Silas foram por algum tempo companheiros de viagem".[876] É claro que suas responsabilidades e suas posições eram importantes.

Uma das questões interpretativas principais em 1 Pedro é o significado de 5.12. Será que Silvano era o amanuense de Pedro ou ele era o

---

[873] Ellis, *History and Interpretation in New Testament Perspective*, p. 92-93.
[874] Por exemplo, veja Selwyn, *St. Luke the Prophet*, p. 75.
[875] Por exemplo, veja as análises em *Notes on the Epistles of St. Paul* (Peabody, MA: Hendrickson, 1993); e E. G. Selwyn, *The First Epistle of St. Peter: The Greek Text with Introduction, Notes, and Essays*, 2ª ed. (London: MacMillan & Co., 1947; reimpr., Grand Rapids: Baker, 1981) p. 9-17.
[876] Selwyn, *First Peter*, p. 11-12.

portador da sua carta?[877] A maior parte dos estudos acadêmicos atuais faz esta última opção. Aceitando ou não a autoria tradicional de Pedro, ou Silvano como amanuense ou mensageiro, 1 Pedro apresenta uma notável semelhança com os escritos de Lucas (especialmente Atos) e Hebreus, como se pode demonstrar a partir de uma leitura superficial dos comentários.[878]

Selwyn representa aqueles que defendem que Silvano era mais do que um amanuense. Ele achava improvável que Pedro devesse a Silas somente o estilo de 1 Pedro, e acha que alguém que tivesse dividido a autoria com Paulo não se deixaria relegar por Pedro a um "ofício meramente literário" como amanuense. Ele também teria feito sua própria contribuição para o conteúdo, bem como para a linguagem da carta. Em outras palavras, ele "redigiu ou ajudou a redigi-la".[879]

Apesar de não ser o primeiro a propor isso, Selwyn afirmou em 1901 que Silas e Lucas eram a mesma pessoa. Isso não se defende mais atualmente, mas suas provas merecem algum exame. Selwyn afirmava que os movimentos de Silas em Atos, quando se compara com as seções que usam a palavra "nós", resultam em um fato bem impressionante: "Sempre que a palavra "nós" está presente, o nome de Silas não é mencionado; sempre que é mencionado, não se usa a palavra "nós".[880] Nunca se encontra os dois (Silas e Lucas) na mesma passagem. Isso parece acontecer tanto nas cartas de Paulo quanto em Atos.

Selwyn partiu do princípio de que os documentos-fonte com a palavra "nós" em Atos eram de Silas, um companheiro de Paulo, portanto uma testemunha ocular, e que Lucas os usou em Atos. Entretanto, Lucas

---

[877] Veja a discussão deste assunto nos comentários, especialmente J. Elliott, *First Peter*, ed. W. F. Albright e D. N. Freedman, AB 37b (New York: Doubleday, 2000), p. 123-124. O melhor tratamento global desta questão é o de E. R. Richards, "Silvanus Was Not Peter's Secretary: Theological Bias in Interpreting διά Σιλουανοῦ... ἔγραψα" *JETS* 43.3 (2000): p. 417-432. A maior parte dos especialistas nega a autoria de Pedro.

[878] Veja, por exemplo, C. Bigg, *A Critical and Exegetical Commentary on the Epistles of St. Peter and St. Jude*, 2ª ed., ICC (Edinburgh: T&T Clark, 1902), 21-22; P. Achtemeier, *1 Peter*, Her (Minneapolis: Fortress, 1996), p. 14-15; 20-21.

[879] Selwyn, *First Peter*, p. 11-12.

[880] E. C. Selwyn, *St. Luke the Prophet*, p. 84. Em meados do século 19, J. Conder conjecturou que Silas e Lucas eram a mesma pessoa, que Silas (Lucas) escreveu Hebreus, mas possivelmente morreu antes de terminar, e Paulo acrescentou as exortações ao capítulo 13. Ele afirma que, se Hebreus não foi escrita por Paulo, "tanto as evidências externas quanto as internas nos levariam a atribuir sua composição a Silas ou Lucas". J. Conder, *The Literary History of the New Testament* (London: Seeley, Burnside & Seeley, 1845), p. 466.

fez um uso bem "fragmentário" do documento, ou seja, o usando às vezes sem a palavra "nós", embora em longos períodos, começando com Atos 15.40, Silas estivesse com Paulo. A primeira seção com a palavra "nós" começa depois de Silas se juntar a Paulo, e geralmente se pensa que Lucas começa a usar esse pronome por se unir a Paulo em Macedônia (ou um pouco antes de chegar lá). Logo, a ausência de Silas nas seções onde o pronome "nós" é mencionado, aliada à sua presença onde essa palavra não é usada, levou Selwyn a propor que Lucas é Silas, que também é chamado de Silvano por Paulo e Pedro.[881]

Selwyn também concluiu que 2 Pedro foi escrito em Roma sob a direção imediata de Pedro, em sua enfermidade e velhice, e que o amanuense era Lucas. Ele chegou a essa conclusão antes de decidir que Lucas e Silas eram a mesma pessoa.[882] Com certeza, Selwyn interpretou 1 Pedro 5.2 como indicando que Pedro escreveu pela pena de Silvano, (em vez de ter enviado a carta por ele). Praticamente todos os estudiosos reconhecem que Silvano consiste em uma forma de "Silas" e, por isso, se refere ao companheiro missionário de Paulo. Além disso, as semelhanças linguísticas entre 2 Pedro e Lucas-Atos ficam mais fáceis de explicar com essa teoria.

A comparação entre as citações do Antigo Testamento em 1 Pedro e as de 2 Pedro revela um contraste notável em termos de seu número. A primeira carta contém nada menos que 36 citações; 2 Pedro contém apenas seis. Enquanto 2 Pedro cita apenas três livros do Antigo Testamento, as citações predominantes em 1 Pedro são desses livros, ou seja, Isaías (11), Salmos (8) e Provérbios (5).

Selwyn comparou a semelhança conceitual entre os escritos petrinos e Lucas. Em 2 Pedro 2.15, *misthon adikias* compara com Atos 1.18, *ek misthou tēs adikias*, referindo-se a Judas. Ele observou a correlação de Blass de Atos 20.3 com 2 Pedro 1.20 (*ginesthai gnōmēs*) "determinou", uma expressão clássica que não ocorre em nenhum outro lugar no Novo Testamento.[883] Ele encontrou outros vínculos mais suaves, como a palavra *muōpazōn* ao lado de *tuphlos* em 2 Pedro 1.9 como uma possível indicação de um diagnóstico

---

[881] Ibid., p. 41.
[882] Ibid., p. 111.
[883] Ibid., p. 160.

médico.[884] Selwyn comparou a parábola dos lavradores maus nos Sinóticos e encontrou uma "luz inesperada" para apoiar a teoria de que Lucas foi o amanuense da Carta de Pedro. Citarei todo o seu argumento:

> Marcos e Mateus deram uma pista da identificação dos "construtores" com os "lavradores maus", que fica clara pela sua ausência em Lucas. Eles se limitam a citar uma expressão da passagem introdutória em Isaías que Lucas cita: "e construíram uma torre". Obviamente o proprietário contratou seus próprios trabalhadores para construir; logo, os construtores poderiam ser rapidamente identificados com os lavradores maus no meio de Marcos e Mateus. Lucas não se limita a entender o significado dos "construtores". Para ele, os lavradores maus têm trabalhado nisso por vários anos por toda a história da igreja judaica; por outro lado, os construtores, são aqueles que são da época de Cristo que, tendo o material e o poder para construir a casa de Deus tendo Jesus como a principal pedra de esquina, o rejeitaram, pondo-se a perder. Ele expressou esse perigo de tropeçar, ou de que acontecesse algo pior; em palavras que claramente fazem lembrar a mesma passagem de Isaías 8.14, que percebemos que ele conhecia em seu vínculo com 1 Pedro 2.7 e 1 Pedro 4.17, e a qual ele também se referiu em 2 Pedro 1.10, "Por isso, irmãos, procurai, com diligência cada vez maior, confirmar a vossa vocação e eleição; porquanto, procedendo assim, não tropeçareis em tempo algum, pois desta maneira é que vos será amplamente suprida a entrada no reino eterno de nosso Senhor e Salvador Jesus Cristo". Somente quando esse fluxo de pensamento é complementado pela conexão entre Isaías 8.14; 28.15 e Salmo 118.22, passagens que são explicadas por Enoque 91.13 [...], é que temos a chave para entender passagens tão difíceis como Lucas 20.18 e 2 Pedro 1.10ss. A própria expressão "não [...]

---

[884] Ibid, p. 150.

em tempo algum" (οὐ μὴ [ou mē] com o aoristo subjuntivo) nessa última passagem nos leva de volta à mesma construção de Isaías 28.16. Esses fatos consistem na evidência mais conclusiva de que ninguém senão Lucas, o autor de Lucas, pode ser o autor de 1 e de 2 Pedro. Eles não se explicam somente por uma mera suposição de que, antes de escrever o seu Evangelho, Lucas tinha estudado as duas epístolas de forma cuidadosa. Nenhuma leitura superficial poderia ter inspirado alguém de forma tão profunda a ponto de reproduzir, em conexão com os lavradores maus, o pensamento da pedra de tropeço espiritual onde São Marcos só enxergava diante dele uma pedra de esquina.[885]

Selwyn ressaltou que, fora de 1 e 2 Pedro, o ensino de Pedro não é encontrado em nenhum outro lugar senão em Atos,[886] e concluiu: "Assim, a mão de Silvano, da qual São Pedro tão francamente alardeava em sua conclusão de que o auxiliou, é abundantemente atestada no estilo, estrutura e conteúdo de 1 Pedro. A única visão que leva em conta todos os fenômenos é que Lucas é Silas, assim como Silas é Silvano".[887]

Se essa teoria estiver correta (e logo de início se admite sua natureza conjectural), então a conexão entre Lucas e Hebreus torna-se mais forte por razões óbvias. Tanto Bigg quanto E. G. Selwyn citaram as afinidades entre Hebreus e 1 Pedro. Selwyn disse que elas são "impressionantes".[888] Ele achou que as semelhanças entre Hebreus 13 e 1 Pedro são fortes o suficiente para que se possa propor alguma relação além da tradição e circunstâncias comuns. Selwyn concluiu que é possível que Silas estivesse com o autor de Hebreus quando escreveu, explicando assim as semelhanças.[889] As várias

---

[885] Ibid., p. 196-197.
[886] Ibid., p. 166.
[887] Ibid., p. 160-61.
[888] *A Critical and Exegetical Commentary on the Epistles of St. Peter and St. Jude*, ICC, 2ª ed. (Edinburgh: T&T Clark, 1902); Selwyn, *First Peter*, p. 463. Declarações como "vós sois uma casa real... um corpo de sacerdotes" em 1 Pedro se constituiria em um paralelo ao pensamento de hebreus.
[889] Veja o quadro em Selwyn, *First Peter*, p. 465, para as semelhanças de Hebreus 13.20-21 tanto com Hebreus quanto com as cartas aos tessalonicenses.

outras semelhanças lexicais e conceituais entre a carta petrina e Hebreus seriam mais facilmente compreendidas (da mesma forma que os paralelos entre as Epístolas Pastorais com Lucas) se Silas fosse amanuense de Pedro.

Se Lucas e Silas não forem os mesmos indivíduos, como a maioria dos estudiosos acreditam, sua relação próxima no círculo paulino como revelado em Atos e sua proximidade com Pedro em Atos poderia explicar as semelhanças entre os escritos de Lucas, Hebreus e da primeira carta de Pedro. Narborough encontrou semelhanças extensas o suficiente para sugerir que o autor de Hebreus foi influenciado por 1 Pedro. Ele optou pela autoria petrina de 1 Pedro e sugere que 1 Pedro foi escrito antes de Hebreus, já que Pedro morreu durante a perseguição de Nero. Quando todas as semelhanças são tabuladas e avaliadas, revelam que 1 e 2 Pedro tem mais afinidades com [890]Lucas e Hebreus do que com qualquer outro documento. Isso possui algum interesse para nossa teoria da autoria lucana de Hebreus.[891]

Aspectos Judaicos de Lucas-Atos

Nos últimos anos, a crescente conscientização sobre os aspectos intensamente judeus dos escritos de Lucas levou a uma reavaliação de sua teologia e dos seus leitores. No entanto, muitos mencionaram "a familiaridade com os assuntos judeus" que Lucas "supõe da parte de seus leitores".[892] O paradigma predominante da suposta formação gentia de Lucas começou a ser seriamente desafiado no início da década de 1970 pelo livro *Luke and the People of God* [Lucas e o povo de Deus] (1972), de Jacob Jervell, e *Christ the Lord: A Study in the Purpose and Theology*

---

[890] F.D.V. Narborough, *A Epístola para Hebreus* (Oxford: Clarendon 1930), p. 12.

[891] Às vezes se sugere que o autor de 1 Pedro utilizou Hebreus, ou que um ambiente comum explica as semelhanças. Wolfenberg fez um exame abrangente a respeito das similaridades entre 1 Pedro e Hebreus e concluiu que a melhor solução era partir do princípio de uma autoria comum (G. Wohlenberg, "Wer hat den Hebräerbrief verfasst?" *NKZ* 24 [1913]: 742-762). Embora ache que Pedro seja o autor das duas cartas atribuídas a ele, esses estudos exemplificam o vínculo forte entre Hebreus e as cartas de Pedro. Seja Silas e Lucas a mesma pessoa ou não (e isso é bem questionável), de algum modo o alto grau de semelhança entre Lucas-Atos, Hebreus e as cartas de Pedro tem que ser explicado. Tenho minhas dúvidas de que as semelhanças possam ser explicadas somente se recorrendo a um ambiente comum.

[892] E. D. Burton, "The Purpose and Plan of the Gospel of Luke", *Biblical World* 16 (1900): p. 258.

of Luke-Acts [Cristo, o Senhor: Um Estudo no Propósito e Teologia de Lucas-Atos] (1975), de Erik Franklin, que afirmam que a compreensão tradicional do passado e do propósito de Lucas estava errada.[893] Os especialistas em Lucas sondaram esse assunto por várias décadas, e tanto o Evangelho e os Atos de Lucas são vistos por muitos hoje em dia como depondo contra uma formação judaica.[894]

Por exemplo, o livro *Images of Judaism in Luke-Acts (As Imagens do Judaísmo em Lucas-Atos)* de Joseph Tyson consiste em um estudo significativo sobre este assunto. Ele observa um "desequilíbrio notável" em que Lucas demonstra grande interesse pelos judeus que aceitaram Jesus e aqueles que não aceitaram, mas não há esse interesse com relação aos gentios, especialmente por aqueles que rejeitam o evangelho. Ele ainda afirma:

> Todas as histórias do evangelho e de Atos falam da aceitação ou da rejeição judaica da mensagem de Jesus, dos apóstolos e de Paulo. Além disso, as imagens verbais do povo, das instituições, da piedade e das práticas religiosas judaicas acrescentam cor às narrativas. O interesse pela vida religiosa judaica é notável, especialmente em Atos, e, apesar da simpatia do autor com a missão aos gentios, não existe um interesse correspondente na vida religiosa gentia. O pouco que aparece

---

[893] Veja também J. Jervell, *The Unknown Paul: Essays on Luke-Acts and Early Christian History* (Minneapolis: Augsburg, 1984), e o seu livro *Theology of the Acts of the Apostles*.

[894] Para maiores informações a respeito da judaicidade de Lucas-Atos que não é analisada de forma específica neste contexto, veja G. Lohfink, *Die Sammlung Israels: Eine Untersuchung zur lukanischen Ekklesiologie* (Munich: Kosel, 1975); e J. C. O'Neill, *The Theology of Acts in its Historical Setting* (London: SPCK, 1961), 146-165. O'Neill analisa como Lucas se baseia no judaísmo helenístico. Veja também Goulder, *Luke: A New Paradigm*, p. 116-119. A questão da atitude de Lucas com relação aos judeus recebeu um exame profundo nos últimos anos. A coleção de teses que lidam com este assunto em Tyson, 1988, onde oito especialistas apresentam suas visões favoráveis e contrárias, é bem útil neste contexto. Veja também J. Tyson, *Images of Judaism in Luke-Acts* (Columbia: University of South Carolina Press, 1992), e S. Mason, "Chief Priests, Sadducees, Pharisees and Sanhedrin in Acts", em *The Book of Acts in Its Palestinian Setting*, ed. R. Bauckham (Grand Rapids: Eerdmans, 1995), p. 115-178. J. Sanders in *The Jews in Luke-Acts* (Philadelphia: Fortress, 1987) defende a ideia de que Lucas possuía um forte viés antijudaico. Uma apresentação equilibrada se encontra na Parte III, nos seis últimos capítulos de *Literary Studies in Luke-Acts: Essays in Honor of Joseph B. Tyson*, ed. R. Thompson e T. Phillips (Macon: Mercer University Press, 1998), p. 235-344, onde Susannah Heschel, Robert Tannehill, Robert Brawley, Jack Sanders, Thomas Phillips, e Richard Thompson lidam com esse assunto.

some na insignificância quando se compara com os ricos detalhes sobre as tradições judaicas.[895]

Tyson ressalta que muitas atividades, experiências e conflitos dos personagens principais de Atos envolvem questões de observância religiosa judaica. Além disso, o conflito interno no início da igreja traz consequências para a comunidade judaica mais ampla. "Essas relações estão entre as preocupações fundamentais reveladas em Lucas-Atos."[896]

Lucas habilmente integrou componentes helenísticos e judeus em sua obra de dois volumes.[897] Embora não negue a visão helenística de Lucas-Atos, ou o interesse óbvio de Lucas na missão gentia, Jervell e outros mostraram que é possível interpretá-los como tendo sido escritos a partir de uma perspectiva judaica e para um público judeu. Maddox, contra Jervell, nega que Lucas tente associar os gentios na igreja com Israel. Houlden se pergunta se a descrição de Maddox sobre o assunto faz justiça aos aspectos positivos do retrato de Lucas do judaísmo. Ele conclui que não, e por várias razões. Em primeiro lugar, Lucas destaca o sucesso em larga escala da missão cristã dentro e ao redor de Jerusalém. "Este material não se encaixa com as condenações de Israel em outros lugares; e se a atitude dominante de Lucas em relação ao judaísmo é destacar o bem-merecido julgamento de Deus sobre ele, então é difícil entender sua introdução deliberada de episódios que apontam a mente em outra direção".[898] O fato é que Lucas não vê o julgamento sobre o judaísmo e o apoio judaico a Jesus e à nova igreja como incompatível. Em segundo lugar, Lucas retrata a expansão do ministério de Jesus e da igreja como sendo construída sobre uma fundação judaica de uma forma que é incomparável no Novo Testamento. Em terceiro lugar, Jesus e a igreja primitiva

---

[895] Tyson, *Images of Judaism in Luke-Acts*, p. 3.
[896] Ibid., p. 4. Strelan observa que, além das alusões de Lucas ao Antigo Testamento ao longo de Lucas--Atos, a escolha que Lucas faz do vocabulário em sua narrativa para descrever as reações das pessoas é bem tipicamente 'judaica'". Strelan, *Luke the Priest*, p. 112.
[897] E. Richard, "Luke: Author and Thinker", em *New Views on Luke and Acts*, ed. E. Richard (Collegeville, MN: Liturgical, 1990), p. 15-32.
[898] Houlden, "Purpose of Luke", p. 55.

"inclinam-se em uma direção judaica". Os exemplos incluem a presença no templo e o voto de nazireado de Paulo.[899]

Defendo a probabilidade de Lucas ser judeu e de escrever principalmente para um público judeu. Isso se baseia em evidências trazidas à tona por pesquisas recentes e no número de características textuais que indicam uma formação judaica tanto para o escritor quanto para os destinatários. Hebreus é considerada pela maioria dos estudiosos como tendo sido escrita por um judeu. Já que a possibilidade de o passado judeu de Lucas ter sido reconhecido na atualidade, remove-se assim um grande obstáculo para a autoria lucana.

As Narrativas de Nascimento de Lucas 1-2[900]

Lucas começa sua obra de dois volumes com um prólogo helenístico muito imponente, em seguida, mergulha o leitor em dois capítulos de acontecimentos e terminologia distintamente judaicos e às vezes minuciosamente detalhados. Não se trata somente do conhecimento de Lucas sobre esses detalhes, muitos dos quais se poderia obter da LXX, mas de que, em muitos casos, seu conhecimento vai além da LXX. Por exemplo, Lucas 1.5 reflete o conhecimento do casamento recomendado de sacerdotes com as "filhas de Arão". "Isso não se encontra na LXX e vai além de qualquer coisa no Pentateuco sobre sacerdotes. No entanto, isso faz parte da prática do século 1 dentro do judaísmo.[901] Da mesma forma, o hábito de lançar sortes para determinar qual sacerdote deve oferecer incenso (Lc 1.9) não é encontrado nas Escrituras Canônicas, mas está implícito na literatura judaica extrabíblica.[902]

---

[899] Ibid., p. 53-58. Houlden acredita que Maddox não colocou a atitude de Lucas em relação aos judeus no foco adequado.

[900] Não concordo com estudiosos do Novo Testamento que sugerem que as narrativas da infância não faziam parte originalmente do Terceiro Evangelho. Veja a crítica desta posição em Tyson, *Images of Judaism*, p. 43-45. A análise de Tyson sobre as narrativas de infância ocorre nas p. 42-55. Além disso, a natureza preparatória desses capítulos agora é geralmente reconhecida. Veja, por exemplo, D. Tiede, *Luke*, ACNT (Minneapolis: Augsburg, 1988), p. 39.

[901] Veja Str-B 2.68-71, conforme é observado por Goulder, *Luke: A New Paradigm*, p. 116.

[902] Goulder, *Luke: A New Paradigm*, p. 116. Veja E. Schürer, *History of the Jewish People in the Time of Jesus Christ,* trad. S. Taylor e P. Christie (Edinburgh: T&T Clark, 1885), 2.287, que identifica essa referência

O grego das narrativas de infância de Lucas é fortemente semita quando se compara com o resto do Evangelho. Isso foi explicado principalmente de duas maneiras. A "teoria da tradução" sugere que Lucas traduziu uma ou mais fontes hebraicas ou aramaicas. Uma variante da teoria da tradução sugere que o autor do Evangelho de Lucas teve acesso apenas à tradução grega de uma fonte hebraica original. A mais amplamente mantida "teoria da imitação" sugere que Lucas imitou o grego da Septuaginta.[903] De qualquer forma, geralmente se concorda que o grego da narrativa de infância de Lucas reflete a influência da Septuaginta e que a narrativa é característica do próprio estilo de Lucas. Por que Lucas escreveria dessa forma? As considerações teológicas podem dar uma resposta parcial a esta pergunta. Também é possível que Lucas não fosse gentio.

Não é somente o estilo, mas também é o conteúdo desses dois capítulos que vem da Septuaginta. C. K. Barrett afirmou que Lucas era um historiador na tradição grega, mas Drury propõe que Lucas era mais um historiador dentro da tradição de contar histórias do Antigo Testamento, dos livros apócrifos e de Josefo.[904] Gärtner avalia os métodos gregos e judeus da historiografia e conclui que Lucas seguiu o curso dos acontecimentos de uma perspectiva judaica, tanto em suas seções narrativas quanto em seu uso de discursos.[905]

---

da *Mishná Shekalim*, 5.1. Veja também M. Hengel, "The Geography of Palestine in Acts", em *The Book of Acts in its Palestinian Setting*, p. 42.

[903] A melhor análise sobre este assunto é C. Jung *The Original Language of the Lukan Infancy Narrative* (Londres: T&T Clark, 2004), esp. p. 210-15. Veja também S. Farris *The Hymns of Luke's Infancy Narrative: Their Origin, Meaning, and Significance*, JSNTSup 9 (Sheffield: JSOT Press, 1985), p. 31-50.

[904] C.K. Barrett, *Luke the Historian in Recent Study* (London: Epworth, 1961), p. 7-15; J. Drury, *Tradition and Design in Luke's Gospel* (Atlanta: John Knox, 1976), p. 8. A literatura sobre o tema tem aumentado significativamente nos últimos anos. Veja artigos especialmente relacionados e a bibliografia em *The Book of Acts in its Ancient Literary Setting*, ed. B. Winter and A. Clarke, vol. 1 (Grand Rapids: Eerdmans, 1993), e *The Book of Acts in its Palestinian Setting* na série de seis volumes *The Book of Acts in its First Century Setting*, ed. B. Winter (1995). L. Johnson, *A Commentary on the Gospel of Luke, SP 3 (Minneapolis: Liturgical, 1991)*, p. 5-8, afirma que Lucas se encaixa melhor na categoria da historiografia helenística. Veja também G. Sterling, *Historiography and Self-definition: Josephus, Luke-Acts and Apologetic Historiography*, NovTSup 64 (Leiden: Brill, 1992). Schreckenberg chama Lucas e Josefo de "historiadores teológicos", e observa o modo parecido em que Lucas e Josefo organizam e editam seu material de acordo com pontos de vista semelhantes. H. Schreckenberg e K. Schubert, *Jewish Historiography and Iconography in Early and Medieval Christianity, Jewish Traditions in Early Christian Literature* 2 (Assen/Maastricht: Van Gorcum; Minneapolis: Fortress, 1992), p. 45-47.

[905] B. Gärtner, *The Areopagus Speech and Natural Revelation*, trad. C. H. King, ASNU 21 (Uppsala: Gleerup, 1995), p. 26-28.

A mudança repentina do prólogo helenístico imponente para detalhes da vida judaica, incluindo características do templo e suas práticas, é notável, para dizer o mínimo. Todas as narrativas de nascimento (com seu tom distinto judeu) ficam estranhas se Lucas tiver escrito para um público gentio, mas soa bem natural se ele escreveu para um público judeu. Tanto o *Magnificat* (Lc 1.46-55) quanto o *Benedictus* (2.28-32) estão repletos de declarações e referências que fariam pouco sentido para um leitor gentio que não conhece os costumes judaicos. Coloca-se o destaque na circuncisão de Jesus, um ponto omitido pelos outros escritores do Evangelho. Só Lucas registra a apresentação do menino Jesus no templo, e a sua atividade posterior de ensino nesse lugar quando tinha doze anos.

Jerusalém e o templo em particular comandam a atenção do leitor em Lucas 1-2. O centro geográfico é Jerusalém, com o templo no centro dela (Lc 1.5-23; 2.22-39,41- 51). A atividade do templo é proeminente quando Lucas relata a queima de incenso, a circuncisão e nomeação do menino Jesus, o rito de purificação com o sacrifício que o acompanha, e a celebração da Páscoa. O foco na piedade espiritual é evidenciado por referências à obediência à lei, à oração e ao jejum. Teologicamente, Lucas se esforça para demonstrar que o Israel do primeiro século é o povo de Deus em continuidade com o Israel da lei, dos profetas e das promessas do Antigo Testamento. Observe as referências a Arão (1.5), Elias (1.17), o nazireado (1.15), Davi (1.27, 32, 69; 2.4, 11), Abraão (1.55,73), os profetas (1.70), os patriarcas (1.72), Moisés (2.22), os escribas (2.46), e, de modo não menos importante, as várias referências à esperança messiânica judaica que permeia os dois capítulos (1.32-33; 2.11,25-26, 29-32, 38).[906]

Eagar ressalta que o conteúdo desses dois capítulos não revela somente a perspectiva judaica de Lucas, mas também a semelhança na concepção e no propósito com o Livro de Hebreus. Eagar diz que o Evangelho da infância de Lucas "toca a mesma música que soa através de toda a carta aos Hebreus":

---

[906] Veja, entre muitos que apontaram essa coloração intensamente judaica, W.B. Tatum, "The Epoch of Israel: Luke I-II and the Theological Plan of Luke-Acts", *NTS* 13 (1966-67): p. 184-195.

> Por trás deste grande grupo de imagens, o poeta e artista dos Evangelistas mostra o judaísmo moribundo, despojado de seu poder profético, viúvo e abandonado; ele nos diz como, no Advento dele cuja vinda foi relatada "antes aos Pais pelos profetas", a religião rotineira eclodiu em seu *Te Deum* de alegria; ele, e ele sozinho, guardou para nós a história de como o entorno de Cristo em Seu nascimento resumiu o significado de toda revelação que tinha sido e previu toda a Revelação que deveria ser.[907]

Lucas colocou sua mensagem de salvação escatológica no cenário de Jerusalém e do templo nas narrativas da infância.[908] Chance sugere que isso pode ser uma evidência de que Lucas estava familiarizado com o pensamento judeu contemporâneo sobre este ponto e que ele o imitou.[909]

Sacerdotes em Lucas-Atos

Pode-se definir facilmente a partir dos escritos de Lucas que ele tinha um interesse definido nos assuntos sacerdotais. O seu Evangelho começa com a história do sacerdote Zacarias cumprindo seu dever no templo. Além de nos informar que Zacarias foi escolhido por sorteio (veja anteriormente), Lucas nos diz que ele era sacerdote "da ordem de Abias" (1.5), mas não dá nenhuma explicação sobre o que isso significa. Concede-se detalhes de seu serviço "de acordo com os costumes do sacerdócio" (1.9). Mesmo quando Lucas descreve Isabel, ele indica que ela é de uma família sacerdotal, que ela pertence às "filhas de Arão" (1.5). Essas declarações pressupõem muito conhecimento judeu por parte dos leitores de Lucas.[910]

---

[907] A. Eagar, "The Authorship of the Epistle to the Hebrews", *Expositor* 6 (1904): p. 111.

[908] Tyson diz que as narrativas da infância "apresentam uma forma de judaísmo centrada no templo" (*Images of Judaism*, p. 49).

[909] J. Chance, *Jerusalem, the Temple, and the New Age in Luke-Acts* (Macon: Mercer University Press, 1988), p. 56.

[910] Veja a interpretação à parte na oferta de incenso no templo em J. Green, *Luke*, NICNT (Grand Rapids: Eerdmans, 1997), 68-69.

De acordo com Lucas 22.54, Jesus é levado para a casa do sumo sacerdote durante o seu julgamento. Ele é então levado para a câmara do conselho (Lc 22.66). Esta câmara é o *sunedrion*, um lugar diferenciado dos membros do alto conselho também chamados por este nome. Os outros escritores do Evangelho não acrescentam esse detalhe. Mason sugere que Lucas sabia que os julgamentos eram realizados em uma câmara especial e não na casa do sumo sacerdote.[911] Pode-se pelo menos dizer que, mesmo se Lucas fosse gentio, ele conhecia plenamente as práticas sacerdotais judaicas e ocupou um espaço considerável para registrar uma série de detalhes que poderiam ter sido de pouco interesse para um leitor gentio.

Voltando-se para Atos, encontramos Lucas referindo-se a muitos sacerdotes que se tornaram obedientes à fé (6.7). Em 19.14, ele menciona os sete filhos do sumo sacerdote judeu Ceva e suas travessuras. Por que incluir esse material se Lucas está escrevendo somente para gentios? É algo de particular interesse que, em Atos 23.3-5, Paulo repreende o sumo sacerdote, e depois pede desculpas quando descobre que foi de fato ao sumo sacerdote que ele havia se dirigido. O livro de Atos fala de sacerdotes ou sumos sacerdotes muitas vezes: 4.1, 3, 5, 6, 36; 5.17; 6.7; 7.1; 9.1; 19.14; 22.5, 30; 23.2, 3, 4, 5, 14; 24.1; 25. 2, 15.

Jerusalém e o Templo em Lucas-Atos[912]

Lucas fala mais sobre o templo do que qualquer outro escritor no Novo Testamento. O Evangelho dele começa e termina no templo, revelando muito sobre o propósito e a teologia de Lucas.[913] A palavra "templo" ocorre

---

[911] Mason, "Chief Priests, Sadducees, Pharisees and Sanhedrin in Acts", p. 146.

[912] Entre as várias obras sobre o assunto, duas das mais significativas são M. Bachmann *Jerusalem und der Tempel: Die geographisch-theologischen Elemente in der lucanaischen Sicht des jüdischen Kultzentrums* (Stuttgart: W. Kohlhammer, 1980), e H. Ganser-Kerperin, *Das Zeugnis des Tempels: Studien zur Bedeutung des Tempelmotivs im lucanaischen Doppelwerk,* Neutestamentliche Abhandlungen 36 (Münster: Aschendorffsche Verlagsbuchhandlung, 2000). Veja também Chance, *Jerusalem, the Temple, and the New Age in Luke-Acts;* F. Weinert, "The Meaning of the Temple in Luke-Acts," BTB 11 (1981): p. 85-89; Taylor, "Luke-Acts and the Temple", em The Unity of Luke-Acts, 709-721; e C. R. Hutcheon, "'God Is With Us': The Temple in Luke-Acts", SVTQ (2000): p. 3-33.

[913] Embora todos concordem que o templo seja altamente significativo em Lucas-Atos, há menos consenso sobre como o próprio Lucas vê o templo e seu culto. A maioria pensa que Lucas vê o templo de modo positivo, ou mesmo ambivalente. Outros, como J.H. Elliott, "Temple versus Household in Lucas-Atos: a

em Lucas 1.9 e novamente em Lucas 24.53, o último versículo do último capítulo. Ocorre 14 vezes em Lucas e 24 vezes em Atos. O Evangelho de Lucas pode ser dividido em três partes principais baseadas no uso da construção "Templo/Jerusalém" de Lucas: (1) Lucas 1-2, (2) Lucas 3.1-19.27, e (3) Lucas 19.28-24.52. [914]Lucas usa uma sequência quiástica no início e no fim de seu Evangelho em relação ao templo:[915]

    "Templo"
    (Lucas 1.5)
        "Descida"
        (Gabriel para Zacarias e Maria)
        Lucas 1.9,2 6-27
            "Bênção"
            (Lucas 1.67)
            "Bênção"
            (Lucas 24.50)
        "Ascensão"
        (Lucas 24.51)
    "Templo"
    (Lucas 24.53)

Para Lucas, o templo é o lugar onde o evangelho é anunciado pela primeira vez. Ele registra que Jesus visitou o templo quatro vezes. A primeira visita foi quando ele foi trazido para lá por seus pais em cumprimento da lei judaica (Lc 1-2). A segunda visita aconteceu quando Jesus era um menino de 12 anos e conversou com os mestres nas dependências do templo. A terceira visita ocorreu no auge da tentação de Cristo, onde Lucas seguiu uma ordem diferente de Mateus e Marcos, com Satanás trazendo Jesus para o templo na terceira tentação (Lc 4.9). Em sua última visita

---

Contrast in Social Institutions", *Hervormde Teologiese Studies* 47 (1991): p. 88-90, acredita que a atitude de Lucas com relação ao templo era negativa.

[914] Do mesmo modo Elliott, "Temple versus Household in Luke-Acts", p. 88-90, e Weinert, "The Meaning of the Temple in Luke-Acts", p. 85-86.

[915] Do mesmo modo Hutcheon, "'God is With Us'", p. 3-33.

ao templo, Jesus entrou em Jerusalém no domingo de Ramos, se dirigiu imediatamente para a área do templo e o purificou, depois confrontou os líderes de Israel com a escolha de aceitá-lo ou rejeitá-lo.

Shuler observa a inclusão literária dupla relacionada ao local do templo em Lucas 1-2. Lucas abre essa seção com Zacarias no templo e fecha com a família de Jesus no templo (2.22-40). Lucas 2.37-38 é o encerramento da cena familiar no templo com o menino Jesus, e isso possui um paralelo com a cena de Jesus no templo aos 12 anos, que se dá exclusivamente no templo (Lc 2.41-51).[916] Só Lucas registra a visita de Jesus ao templo aos 12 anos. O momento dessa visita, na Páscoa, também é importante para Lucas. Farmer conjectura que Lucas inclui este relato "como um prenúncio do fim de seu ministério em Jerusalém durante a festa".[917] Hutcheon vê o fato de que deram falta de Jesus com 12 anos por três dias após a visita da família à Páscoa como "símbolo da ressurreição".[918] Ele também observa que Lucas cria uma *inclusão* ao reunir dois casais idosos, Zacarias e Isabel, e Simeão e Ana, no início e no fim da narrativa da infância, tudo dentro das dependências do templo.[919]

O livro de Atos começa com o encontro da igreja diariamente "no templo" (At 2.46). Lucas tem um "conhecimento preciso dos costumes judaicos" quando menciona a hora da oração "às três da tarde" (At 3). Essa era a hora do sacrifício da tarde, que terminava com uma oferta de incenso e a bênção sacerdotal.[920]

Paulo prega continuamente nas sinagogas judaicas até chegar a Roma. Se a citação de Paulo de Isaías 6 no final de Atos 28 é feita por Lucas para sugerir a "visão do templo" de Isaías, então Atos também forma uma

---

[916] P. Shuler, "The Rhetorical Character of Luke 1-2", em *Literary Studies in Luke-Acts: Essays in Honor of Joseph B. Tyson*, p. 187, 189. Da mesma forma, F. Fearghail observa o significado do templo em Lucas-Atos. As narrativas da infância preveem sua morte. P. Shuler, *The Introduction to Luke-Acts: A Study of the Role of Luke 1, 1-4, 44 in the Composition of Luke's Two-volume Work*, AnBib 126 (Rome: Edtrice Pontificio Istituto Biblico, 1991), p. 152.

[917] W.R. Farmer, *Maccabees, Zealots, and Josephus: An Inquiry into Jewish Nationalism in the Greco-Roman Period* (Nova Iorque: Columbia University Press, 1956), p. 140.

[918] Hutcheon, "God With Us", p.14.

[919] Ibid., p. 13.

[920] Da mesma maneira Hengel, "The Geography of Palestine in Acts", p. 42.

inclusão com o uso do conceito do templo no início e no fim.[921] Por que Lucas se sente compelido a dar tanta atenção ao templo? Sem dúvida, o templo teve um papel importante no início da história da igreja. Mas se os destinatários de Lucas eram gentios, ou se ele mesmo era um deles, como se acredita tradicionalmente, por que se coloca esse destaque na relação judaica com a igreja primitiva – especialmente a sua relação com o templo? Como Taylor observa, Lucas está profundamente interessado na validade do templo, mas ele propõe um caminho para a salvação para o povo judeu que se encontra fora dele e do seu sistema de sacrifício. As conclusões de Taylor colocariam Lucas no mesmo ambiente do autor de Hebreus.[922] Ellis reconhece que, dentre os documentos do Novo Testamento, somente Atos e Hebreus "acentuam o papel do templo de Jerusalém."[923] Da mesma forma, Craig Evans afirma: "Lucas acredita que a adoração verdadeira não pode acontecer só dentro do templo físico, mas que só pode acontecer em um templo não feito com mãos de homens".[924] Isso poderia ser interpretado ou como evidência de que Lucas era judeu, ou que ele escrevia para destinatários judeus, ou as duas coisas juntas.

Baltzer afirma que Lucas apresenta uma interpretação cristológica do templo. Em Ezequiel, a "glória de Javé" no templo é um tema importante. Durante o período interbíblico, desenvolveu-se um vínculo entre a presença divina do Senhor no templo e a presença da salvação. Essa presença divina era equivalente à "glória" na literatura rabínica. Os targuns de Ezequiel mencionam a presença divina deixando o templo e indo em direção ao Monte das Oliveiras para incentivar as pessoas para o

---

[921] Da mesma forma K. Baltzer, "The Meaning of the Temple in the Lukan Writings", *HTR* 58 (1965): 277; E. Larsson, "Crítica do Templo e a Herança Judaica", *NTS* 39 (1993): p. 394; e Hutcheon, "God With Us'", p. 4.

[922] Taylor, "Luke-Acts and the Temple", p. 709-721. Taylor parte do princípio que Lucas-Atos foram escritos depois do ano 70 d.C. e coloca a apresentação de Lucas do templo neste contexto. Eu situo Lucas-Atos juntamente com Hebreus antes de 70 d.C., mas na década de 60. De acordo com Taylor, Lucas dá a entender que o templo tinha perdido a sua importância mesmo antes de ser destruído. Os judeus cristãos não devem buscar a restauração de Jerusalém, mas devem "abraçar a disseminação da presença divina na vida e missão da igreja" (p. 721). Taylor está certo, mas Lucas fez sua obra antes da destruição do templo.

[923] E. Ellis, *Making of the New Testament Documents*, em Biblical Interpretation Series 39 (Leiden: Brill, 1999), p. 318.

[924] C. A. Evans e J. S Anders, *Luke and Scripture: The Function of Sacred Tradition in Luke-Acts* (Minneapolis: Fortress, 1993), p. 199.

arrependimento. Então Baltzer relaciona isso com a associação constante de Lucas do conceito de "glória" com Jesus (como em Lc 2.32; 19.38; 24.26). Ele observa ainda que cada uma dessas referências aparece em material exclusivo de Lucas. Para Lucas, Jesus representa a presença da salvação de Deus (Lc 2.30). Ao contrário de Marcos, Lucas acrescenta o detalhe da descida de Jesus ao Monte das Oliveiras (Lc 19.37). Para Baltzer, Jesus é a nova "presença divina" e a "glória", que no pensamento judeu estava associada ao templo. O significado a importância do templo para Lucas deve ser encontrado cristologicamente.[925]

Com base no uso que Jesus faz desta parábola em Lucas 14.24-35, Fletcher-Louis conclui que "Lucas articula uma eclesiologia sacerdotal".[926] Fletcher-Louis apresenta três exemplos sob o título "discipulado levítico". Em primeiro lugar, as palavras de Jesus em Lucas 14.26, como os comentaristas costumam notar, se referem à bênção de Moisés sobre Levi na versão LXX de Deuteronômio 33.9. Fletcher-Louis acha que é esta parábola "repleta de linguagem e tipos, o que significa que os seguidores de Jesus estão sendo reunidos em uma comunidade especificamente levítica ou sacerdotal".[927] Isso se reveste de importância, até porque o tema da igreja como templo, embora seja encontrado claramente em Paulo e Pedro, geralmente é visto como ausente da teologia lucana. Em segundo lugar, Lucas 14.33 retoma o pensamento da passagem anterior, introduzindo outro requisito para o discipulado: a vontade de renunciar à sua riqueza. Este tema também é claramente lucano.[928] Fletcher-Louis cita o "subtexto fortemente levítico" porque o Pentateuco exigia que os sacerdotes e levitas não possuíssem terras e dependessem do dízimo do povo. Lucas menciona o levita Barnabé (At 4.36-37), que vendeu uma propriedade e levou o que recebeu para os discípulos. Lucas 14.33 e Atos 4.37 estão ainda mais ligados linguisticamente pela repetição de *huparchō,* "possuir, pertencer. "Isso não só indica o conhecimento de Lucas sobre a exigência levítica da Torá, mas apresenta

---

[925] Baltzer, "The Meaning of the Temple in the Lukan Writings", p. 263-277.
[926] C. Fletcher-Louis, "Jesus Inspects His Priestly War Party (Luke 24.25-35*)*", em *The Old Testament in the New Testament: Essays in Honor of J. L. North,* ed. S. Moyise, JSNTSup 189 (Sheffield: Sheffield Academic Press, 2000), p. 134.
[927] Ibid., p. 139.
[928] Veja, por exemplo, Lucas 12.33 e 18.22.

uma prova sonora de que Lucas entendeu essa renúncia à propriedade como um chamado sacerdotal".[929] (Vimos no capítulo anterior como o autor de Hebreus compartilha com Lucas a mesma visão a respeito do dinheiro e das propriedades.) Em terceiro lugar, Lucas 14.34-35 termina a perícope com a analogia com o sal que é comum a todos os três Evangelhos Sinópticos. Entre as justificativas conceituais sugeridas para essas palavras está o uso do sal, que era adicionado a sacrifícios, uma ideia extrabíblica expressa no *Livro dos Jubileus* e em outros lugares. Fletcher-Louis sugere a possibilidade de Lucas estar usando "sal" como uma metonímia para toda a instituição do sacrifício. Se isso for verdade, estas palavras se encaixariam "no fluxo de pensamento dentro do Evangelho, bem como com a atitude cristã primitiva em relação ao templo de Jerusalém como o lugar de seu culto sacrificial dentro das dispensações da história da salvação: se o culto sacrificial deixou de cumprir sua função soteriológica pretendida, então ele está destinado à destruição".[930] Fletcher-Louis conclui que todo o contexto de Lucas 14.25-35 "é dominado por preocupações sacerdotais".[931]

Chance cita Lucas 20.17-18 como uma possível indicação de que Lucas via Jesus como o verdadeiro templo, ou pelo menos como a pedra fundamental do verdadeiro templo, a igreja. A pedra é um tipo bem comum associado com o templo no Novo Testamento. Mas, de modo mais importante, essas palavras aparecem no cenário do templo entre duas outras passagens que lidam com a destruição do templo ou da cidade. Entretanto, Chance duvida dessa associação, observando que o tipo da pedra também foi usado no Novo Testamento como uma imagem de juízo contra aqueles que rejeitam o evangelho.[932]

A profecia de Jesus sobre os sacrifícios de Jerusalém e do templo é de interesse especial para Lucas. Todas as referências claras estão no chamado "material especial" de Lucas. "Claro, aqueles que são mais interessados no destino de Jerusalém não seriam naturalmente os cristãos gentios, mas os judeus palestinos e os judeus cristãos antes do ano 70 d.C., mais uma

---

[929] Fletcher-Louis, "Jesus Inspects His Priestly War Party", p. 140-141.
[930] Ibid., p. 141-42.
[931] Ibid., p. 143.
[932] Chance, *Jerusalem, the Temple, and the New Age in Luke-Acts*, p. 44-45.

evidência do interesse judeu de Lucas. Gaston argumenta que as previsões lucanas da destruição de Jerusalém e do templo têm seu *Sitz im Leben* na pregação missionária da igreja primitiva aos crentes judeus em Jerusalém.[933] Gaston ainda afirma que o episódio com o centurião (Lc 7.6-9) e o episódio de Cornélio (At 10.28) não têm como função principal o princípio da missão gentia, mas "para envergonhar um Israel muito particularista...". Estes dois acontecimentos são sinais do surgimento escatológico da salvação para os gentios. Lucas, segundo Gaston, usa esses acontecimentos em sua narrativa para envergonhar Israel.[934]

Em Lucas 19.47-48 e 21.37-38, Lucas resume o confronto de Jesus com Israel pela última vez. Não é "sem importância" que a localização desses encontros tenha sido o templo, de acordo com Chance.[935] Lucas se concentrou conscientemente no templo de uma forma diferente de Marcos. Ao contrário de Marcos, onde Jesus entra e sai da área do templo, Lucas omite todos os indícios de que Jesus saiu da área do templo. "Em Lucas, quando Jesus entra no templo, ele nunca sai de suas dependências até o momento final da partida. "Lucas 19.47-49 e 21.37-38 servem como resumos que emolduram as cenas do templo, dando assim ao ministério do templo de Jesus um início e um fim definidos.[936]

Carpinelli acredita que a descrição da teologia lucana como história da salvação não é suficiente para integrar os vários temas narrativos cúlticos encontrados em Lucas-Atos. Uma teoria da "evolução cúltica" explica mais com menos suposições. Carpinelli observa que Lucas começa e termina o seu Evangelho com a adoração no templo. Maria é prima de uma filha de Arão. O sacerdote Zacarias define o objetivo da ação salvadora de Deus em Cristo em termos cúlticos (Lc 1.74-75). Lucas usa linguagem cúltica para interpretar a vontade de Deus de salvar os gentios (At 15.14; *laos* em At 18.10 designa Israel como a comunidade cúltica eleita). Jesus é

---

[933] Gaston, *No Stone on Another*, p. 244.

[934] Ibid., p. 314. Gaston afirma que os caps. 1 a 15 de Atos não foram escritos para os gentios, mas para os judeus cristãos. Quando se menciona os gentios, é "exclusivamente do ponto de vista de Israel" (p. 310). Para Gaston, os gentios são trazidos para Lucas-Atos não tanto por seus próprios méritos, mas para que o seu exemplo possa ensinar a Israel (p. 320).

[935] Chance, *Jerusalem, the Temple, and the New Age in Luke-Acts*, p. 61-62.

[936] Ibid, p. 62.

encontrado no templo em todas as fases de sua vida, desde o nascimento até a exaltação. Jerusalém é central para Lucas como o local de partida e de retorno contínuo. Ele retrata Paulo como um devoto do templo. O conflito em Atos é predominantemente com os principais dos sacerdotes e não com os romanos. Lucas nunca rejeita a lei de Moisés. As orações são frequentemente vinculadas à adoração no templo. Muitos sacerdotes tornaram-se cristãos (At 6.7).[937]

> Os temas cúlticos em Lucas-Atos são simbólicos, recorrentes e redacionais (portanto, evitáveis), e estão focados nos pontos altos da narrativa; se constituem em atributos de comunicação temática proposital.[938]

Carpinelli interpreta a morte de Jesus no Evangelho como a tentativa de Lucas de se centrar "na forma como Jesus se relaciona com Deus, a fim de evidenciar na morte de Jesus um ato consumado de esperança, a essência do sistema de adoração do templo. "[939] Ele até propõe que "as categorias culticas incluem as históricas".[940]

Carpinelli também sugere que Lucas continue com uma "referência circunstancial" a Eclesiástico 50 em Lucas 9.31-24.53. A interpretação expiatória que Lucas atribui ao cálice na Última Ceia mostra isso, juntamente com as palavras que Lucas aplica a Jesus ao longo desta seção. Em Lucas 22.14-23 e 24.53, Lucas apresenta Jesus como sacerdote. "O pão como memorial e o cálice como o símbolo da aliança no sangue de Jesus providenciam a base narrativa para retratar o Jesus que ascende ao céu completando a liturgia do Dia da Expiação.[941] "Do ponto de vista de Carpinelli, nada poderia ser menos "gentio" ou mais "judeu" que isso. "Hengel levanta a questão tentadora de que, ao contrário de Lucas 1.8 (onde Lucas menciona o serviço de Zacarias no momento do sacrifício

---

[937] F. Carpinelli, "Do This as My Memorial' (Luke 22.19): Lucan Soteriology of Atonement", *CBQ* 61 (1999): p. 89.
[938] Ibid.
[939] Ibid.
[940] Ibid, 90.
[941] Ibid.

no templo), em Lucas-Atos fala somente da hora fixa de oração. Hengel pergunta se poderia ser que Lucas sabia que o templo não era mais um lugar de sacrifício, mas um lugar de oração para a igreja primitiva?[942]

Logo, Lucas afirma e nega o templo. Ele afirma sua condição anterior, mas nega a posterior por causa do advento de Jesus. A atitude de Lucas parece vir de Jesus, que também a afirmou, mesmo predizendo a sua destruição.[943] Barrett resume a atitude de Lucas com relação ao templo da forma que é encontrada em Atos:

> Lucas... quer dizer ao judaísmo tanto um sim quanto um não. Nem o seu Sim nem o seu Não é tão afiado e claro como o Sim e o Não de Paulo, mas isso não quer dizer que eles não possuam nenhuma relação entre si... Com certeza, o Antigo Testamento é correto, mas deve ser bem compreendido. O judaísmo é o herdeiro do Antigo Testamento; mas, para que se cumpra, deve se tornar cristão, e, se ele não aceitar o convite para fazê-lo ele perderá a sua herança. O Antigo Testamento poderia e deve ser entendido como um livro cristão, mas o Templo estava fadado à destruição porque não poderia ser considerado como uma instituição cristã.[944]

Esta é exatamente a perspectiva que encontramos no Livro de Hebreus.

Passando da discussão do templo para a própria cidade de Jerusalém, descobre-se que Lucas atribui tanto um significado geográfico quanto teológico à cidade (cf. At 1.8, onde é definida como o local de onde a missão cristã mundial começou).[945] Lucas registra a pregação de Paulo nas sinagogas, e, quando Paulo chega a Roma, Lucas destaca em Atos

---

[942] Hengel, "The Geography of Palestine in Acts", p. 42.

[943] Essa ideia é bem desenvolvida por P. W. L. Walker, *Jesus and the Holy City* (Grand Rapids: Eerdmans, 1996), p. 68.

[944] C. K. Barrett, "Attitudes to the Temple in the Acts of the Apostles", em *Amicitae templum: Essays on the Second Temple Presented to Ernst Bammel*, ed. W. Horbury, JSNTSup 48 (Sheffield: JSOT Press, 1991), p. 366-367.

[945] Veja Walker, *Jesus and the Holy City*, p. 57-112, para uma análise excelente deste assunto. D. Bechard, "The Theological Significance of Judaea in Luke-Acts", em *The Theological Significance of Judaea in Luke-Acts*, p. 675-691, observa o uso efetivo de Lucas da geografia a serviço de sua teologia.

28 que ele veio como prisioneiro de Jerusalém. Quando Paulo chega a Roma, Lucas registra que ele chamou os líderes judeus e não os líderes da igreja cristã. Depois que alguns dos judeus creram (ainda que outros não tenham crido), Paulo cita Isaías 6 em Atos 28.26-27 e destaca que os judeus trouxeram o juízo de Deus sobre Jerusalém e sobre o templo por causa de sua teimosia. Toda a controvérsia de Paulo em Roma é vista dentro da estrutura do judaísmo.

Lampe descreve o interesse óbvio que Lucas atribui à centralidade de Jerusalém em seu Evangelho e em Atos. Por exemplo, ele escreve: "O Evangelho Gentio termina com o Senhor ordenando que os onze fiquem na cidade de Jerusalém, e as últimas palavras da história afirmam que eles estavam continuamente no Templo glorificando a Deus. Nada poderia ser menos gentio do que isso".[946]

Lampe ainda observa:

> Mas o evangelho gentio surge no coração de Jerusalém, onde um sacerdote judeu está realizando seus deveres rituais no Templo. O episódio central da narrativa de Infância de Lucas é a Apresentação: a vinda do Messias do Senhor ao Templo, a revelação que Simeão faz da salvação de Deus, e o seu testemunho dado por Ana a todos aqueles que aguardavam a redenção de Jerusalém... A parte inicial demonstra um forte interesse em Jerusalém, não de Mateus, mas de Lucas, o Gentio.[947]

Lucas ordenou mais de um terço de seu Evangelho com a estrutura de uma jornada na qual Jesus "manifestou, no semblante, a intrépida resolução de ir para Jerusalém" (Lc 9.51). Três vezes durante essa narrativa da viagem o leitor é informado da viagem e que Jerusalém é o destino (Lc 9.51; 13.22; 17.11). Além disso, Lucas frequentemente localiza cidades judaicas com referência a Jerusalém. Bechard observa que Lucas usa o termo "Judéia" não somente com um sentido topográfico, mas também com um sentido

---

[946] G. Lampe, *St. Luke and the Church of Jerusalem* (University of London: The Athlone Press, 1969), p. 3.
[947] Ibid., p. 3-4.

teológico mais amplo. Esse uso se reflete tanto no Evangelho quanto em Atos. Antes do episódio de Cornélio em Atos, Lucas usa a palavra "Judéia" para denotar a região ao redor de Jerusalém. Com o advento da nova etapa na missão apostólica depois de Cornélio, Lucas volta ao seu costume de usar o termo em um sentido teológico menos restrito.[948]

Tanto o templo quanto a cidade de Jerusalém são claramente destacados na parte inicial do Evangelho de Lucas (1.5-4.13) e na seção final (19.45-24.53). Essa proeminência do templo e da cidade tanto em Lucas quanto em Atos é uma das características exclusivas de seus escritos.

Por que Lucas dá uma importância central a Jerusalém? Sua importância histórica para o cristianismo primitivo é parte da resposta. Mas, como Johnson apontou, está em pauta mais do que uma simples lembrança histórica. A cidade e o templo são símbolos do povo de Israel. "Jerusalém, em suma, é o lugar de destaque na narrativa de Lucas sobre o Profeta e o povo."[949] Talvez seja porque Lucas era judeu.

Em Atos 1.8, Lucas diferencia Jerusalém como uma região separada do resto da Judéia (cf. Lc 5.17; At 10.39). A Mishná dividiu a Judéia em três partes: a montanha, região de Sefelá e o vale, tratando Jerusalém como um lugar separado. Isso prova o conhecimento íntimo de Lucas com a expressão rabínica.[950] Bechard, em um artigo sobre o significado teológico da Judéia em Lucas-Atos, demonstra como Lucas faz uso efetivo da geografia a serviço de sua teologia.[951] Hebreus faz isso também, como Walker indica.[952]

O significado de Jerusalém e do templo para Lucas tem sido reconhecido há algum tempo. Rosner diz que "Lucas tem uma preocupação com Jerusalém."[953] De acordo com O'Neill, em toda a obra de Lucas-Atos

---

[948] Bechard, "The Theological Significance of Judaea in Luke-Acts", p. 681-691.

[949] Johnson, *Luke*, p. 15.

[950] A. Edersheim, *Sketches of Jewish Social Life in the Days of Christ* (New York: James Pott & Co., 1881; reimpr., Grand Rapids: Eerdmans, 1990), p. 73.

[951] Bechard, "The Theological Significance of Judaea in Luke-Acts", p. 691. Para a bibliografia sobre a importância de Jerusalém para o Evangelho de Lucas, veja a p. 675n1.

[952] Walker, *Jesus and the Holy City*, p. 213-222.

[953] B. Rosner, "Acts and Biblical History", em *The Book of Acts in its Ancient Literary Setting,* eds. B. W. Winter e A. D. Clarke (Grand Rapids: Eerdmans, 1993), 1.80.

é Jerusalém que controla a história". ⁹⁵⁴ E Walker ressalta que um sexto da narrativa de Lucas-Atos está localizado no templo ou preocupado com seu destino.⁹⁵⁵

A presença do tema do êxodo em passagens estratégicas do Evangelho de Lucas revela sua tentativa de comparar a obra de redenção de Moisés em favor de Israel com a obra de redenção de Jesus. As palavras de Moisés em Deuteronômio 1.1 na LXX são notavelmente semelhantes às palavras de Jesus em Lucas 24.44. ⁹⁵⁶ Os discípulos são "levados" de Jerusalém ao Monte das Oliveiras, onde ocorre a ascensão. A ação é vista como um "sinal antecipado" de que chegará o momento em que os cristãos precisarão sair de Jerusalém. ⁹⁵⁷ Filson observa a semelhança conceitual entre a declaração de Jesus em Lucas 21.21 no Discurso Apocalíptico, "Então, os que estiverem na Judéia, fujam para os montes; os que se encontrarem dentro da cidade, retirem-se", e Hebreus 13.13-14. ⁹⁵⁸ Nessa última passagem, os leitores são exortados a sair "do arraial" como Jesus fez "levando o seu vitupério". Tanto Lucas quanto Hebreus destacam esse vínculo.

Walker diz que Lucas traça uma diferença sutil, mas que continua sendo real, entre o "povo" de Jerusalém e a "cidade" de Jerusalém. Embora Jesus tenha julgado a "cidade", ele continuou a se preocupar com o "povo" conforme se demonstra em Lucas 13 e 19. Walker então observa: "O autor de Hebreus compartilha a percepção de Lucas de que Jesus, apesar de sua crítica a Jerusalém, continuou a se preocupar com seus habitantes".⁹⁵⁹ A ideia de Walker sobre a centralidade de Jerusalém dá algumas informações sobre a abordagem de Lucas:

> Em Atos, Lucas chama a atenção para a centralidade de Jerusalém para a igreja primitiva e para o seu envolvimento

---

⁹⁵⁴ J.C. O'Neill, *The Theology of Acts in its Historical Setting* (London: SPCK, 1961), p. 72.
⁹⁵⁵ Walker, *Jesus and the Holy City*, p. 60.
⁹⁵⁶ Ibid., p. 79-80.
⁹⁵⁷ Veja J. Manek, "The New Exodus in the Book of Luke", *Novt* 2 (1957): p. 14; e P.W. L. Walker, *Jesus and the Holy City*, p. 80.
⁹⁵⁸ F. Filson, *'Yesterday,' A Study of Hebrews in the Light of Chapter 13*, SBT 4 (London: SCM, 1967), p. 64.
⁹⁵⁹ Walker, *Jesus and the Holy City*, p. 219; cf. também Chance, *Jerusalem, the Temple, and the New Age in Luke-Acts*, p. 61.

integral no evangelho, que não está indo para "todas as nações" com o propósito principal de provar algo a respeito de Jerusalém, mas para demonstrar algo a respeito da mensagem cristã que começou lá. Não é que Jerusalém deve ser vista como central para sempre na compreensão cristã; mas que o evangelho cristão não deve ser descartado como secundário. A mensagem cristã é autenticamente judaica, e a Igreja é uma herdeira legítima do judaísmo. Lucas destaca Jerusalém, não por sua importância teológica contínua no presente, mas por sua capacidade de oferecer validação pelo seu passado.[960]

O conceito lucano da relação do judaísmo com a igreja

Outro fator que apoia a formação judaica de Lucas é a maneira como ele entendeu a nação judaica e sua relação com a igreja.[961] De acordo com Vine, há um destaque judaico em Atos que indica uma situação e destinatários com uma formação fortemente judaica e onde é necessária uma resposta urgente para a questão de quem está com a verdade, os cristãos ou os judeus.[962]

A interpretação da teologia da missão de Lucas que é adotada de forma mais ampla na atualidade é que, somente depois que o povo judeu rejeitou a oferta evangélica, a porta se abriu para que os gentios fossem salvos. No entanto, à luz do texto de Atos, esta tese deve ser modificada. Lucas não descreve um povo judeu que rejeitou o evangelho *em massa*, exceto por uma pequena minoria de crentes. Em vez disso, Israel consiste em dois grupos: o arrependido e o obstinado. Lucas considerava o primeiro grupo, que consiste nos judeus que acreditavam no Messias, como o verdadeiro Israel. Por isso, "Israel", conforme o modo que esse termo é usado por Lucas,[963] refere-se ao povo de Deus que não consiste em judeus

---

[960] Walker, *Jesus and the Holy City*, p. 87.
[961] Devo muito material dessa seção a J. Jervell, *Luke and the People of God* (Minneapolis: Augsburg, 1972); id. *The Unknown Paul;* e Franklin, *Christ the Lord*.
[962] V. Vine, "The Purpose and Date of Acts", *ExpTim* 96 (1985): p. 45-48.
[963] Veja Harvey, *The True Israel*.

e gentios, mas da parcela arrependida da nação de Israel. Segundo ele, a igreja não se separou de Israel; em vez disso, a parte impenitente da nação de Israel perdeu sua posição eleita como povo de Deus, e a Igreja (tanto os judeus quanto os gentios) continuou como o verdadeiro povo de Deus. [964] Isso não leva a negar que Deus ainda tem um plano escatológico para a nação de Israel (ver Romanos 9-11), nem a sugerir uma interpretação amilenista da Igreja como o novo Israel. O que estou sugerindo é que não é verdade que a rejeição do reino por Israel foi o que abriu a porta do evangelho para os gentios.

O livro de Atos geralmente é interpretado como uma obra que retrata gentios dispostos a aceitar o evangelho prontamente, contrastando com judeus que geralmente o rejeitam. Entretanto, uma leitura cuidadosa de Atos mostra tanto judeus quanto gentios aceitando o evangelho, com a impressão deixada por Lucas de que os judeus são a maioria.[965] De acordo com as Escrituras, os gentios têm parte na salvação mediante as promessas a Israel. A missão aos judeus era um precursor necessário antes que a salvação fosse estendida aos gentios. É notável que em Atos, Lucas registra o grande sucesso da missão aos judeus, não seu fracasso. Ele relata várias vezes um cenário de conversões em massa: 2.41,47; 4.4; 5.14; 6.1,7; 9.42; 12.24; 13.43; 14.1; 17.10-12; 19.20; 21.20. Esses relatos desmentem qualquer proposta de que Israel rejeitou Cristo *em massa*. A maioria das referências aos gentios consiste nos gentios "tementes a Deus", já relacionados a Israel e ao judaísmo através da sinagoga (por exemplo, 13.43; 14.1; 17.4,12). Em Atos 10, destaca-se a piedade judaica de Cornélio. Com o passar do tempo, Lucas relata uma aceitação generalizada do evangelho pelo povo judeu, apesar da forte oposição, e ele descreve a conversão de judeus e gentios como ocorrendo simultaneamente, em vez de consecutivamente. A última descrição dos judeus em Atos revela um Israel dividido sobre o Messias (28.24-29).[966]

Parece importante para Lucas mostrar que a igreja cristã judaica faz parte do povo reconstituído de Deus. Observe seu uso da expressão

---

[964] Jervell, *Luke and the People of God*, p. 19.
[965] Ibid., p. 22.
[966] Ibid., p. 44.

"homens, irmãos", e que esta forma de tratamento não se restringe a membros da comunidade cristã judaica. Ele usa caracteristicamente esta forma ao longo de Atos como um tratamento judaico, enquanto se evita sistematicamente o uso da palavra "irmãos" para se referir aos gentios (2.29, 37; 7.2; 13.26, 38; 15.7, 13; 22.1; e 28.17).[967]

Outro interesse é o significado que Lucas atribui à eleição de Matias (At 1.15-26) para preencher a vaga criada entre os apóstolos por causa da apostasia e da morte de Judas. Lucas afirma cuidadosamente que havia uma reunião de 120 irmãos, o número mínimo de homens para que se pudesse estabelecer uma comunidade com seu próprio concílio, de acordo com a lei judaica.[968] A exegese dessa passagem e a sua explicação com relação ao restante do livro é mais difícil, e a maioria dos comentaristas discute isso somente em generalidades vagas. A pergunta deve ser feita porque os apóstolos acharam necessário eleger um décimo segundo homem para preencher a vaga criada pela perda de Judas, mas não reconheceu uma necessidade semelhante após o martírio de Tiago. Já que Jesus chamou os 12 discípulos para desempenhar uma função em particular, e como essa função não era de ser um corpo que se perpetue a si mesmo, a importância dos 12 deve ser vista principalmente com relação a seu número e não como relação a suas pessoas. Lucas encarava o número 12 como tendo um significado escatológico. Sua presença desafia Israel a aceitar sua renovação e se juntar ao povo reconstituído de Deus. Em certo sentido, os 12 devem ser entendidos como a base do Israel reformulado, bem como a base da Igreja.[969]

No discurso de Pedro que está registrado em Atos 3, o versículo 26 indica que a mensagem missionária possui outro alvo além dos judeus.[970] Assim, antes de Deus instituir a missão gentia e antes que a nação judaica

---

[967] Ibid, p. 50.
[968] I.H. Marshall *Acts*, TNTC (London: Leicester, 1960), p. 62.
[969] Cf. S. Brown, *Apostasy and Perseverance in the Theology of Luke*, AnBib 36 (Rome: Pontifical Biblical Institute, 1969), p. 94-97; Jervell, *Luke and the People of God*, p. 65; Franklin, *Christ the Lord*, p. 95-99; K. Giles, "Apostles Before and After Paul", *Churchman* 99 (1985): p. 241-256; e mais recentemente Evans e Sanders, *Luke and Scripture*, p. 154-170; A. Clark, "The Role of the Apostles", em *Witness to the Gospel*, ed. I. H. Marshall e D. Peterson (Grand Rapids: Eerdmans, 1998), p. 169-190.
[970] Jervell, *Luke and the People of God*, p. 54-55. Baseei-me muito em Jervell nos próximos parágrafos.

tivesse a chance de rejeitar a oferta evangélica, Pedro estava ciente de que Deus acolheu os gentios. O acréscimo dos gentios faz parte da restauração de Israel. Pedro diz que Deus enviou o Messias primeiro aos judeus com a intenção de alcançar os gentios através deles, e que os gentios são agregados para completar a restauração de Israel.

Por causa do sermão de Pedro, muitos judeus e prosélitos se converteram; ao passo que outros rejeitaram o evangelho. Isso geralmente indica que, depois de o evangelho ter sido rejeitado pelos judeus, ele foi pregado aos gentios, fazendo assim da missão gentia o resultado da teimosia judaica. No entanto, a rejeição parcial dos judeus não era pré-requisito para a missão gentia porque a missão aos gentios já fazia parte da comissão divina. Além disso, parece estranho que os apóstolos continuem pregando nas sinagogas judaicas depois da declaração de Paulo de que eles recorreriam aos gentios (At 13.46). Em Atos 18.6, Paulo diz pela segunda vez, "Desde agora, vou para os gentios". Por que Lucas continuaria por todo o livro de Atos a relatar conversões em massa de judeus, fazendo somente referências passageiras aos gentios convertidos? A resposta parece ser que Lucas retratou a igreja não como uma instituição totalmente nova, criada em resposta à rejeição judaica do evangelho, mas como recém-aberta aos gentios por causa do cumprimento das promessas de Deus a Israel. Em todos os lugares que Paulo pregava, os judeus se arrependiam e eram retratados como membros do verdadeiro povo de Deus.[971] Conforme Jervell explica:

> A razão para a pregação nas sinagogas é simples: o cristianismo para Lucas equivale à religião de Israel. As cenas da Sinagoga não sinalizam a transição da missão entre os judeus para a missão gentia. Esse não é o caso nem mesmo em 13.46 e 18.6. Mas a rejeição do evangelho em uma sinagoga leva à pregação em outras sinagogas... E não há uma transição

---

[971] Veja a análise completa em Jervell, *Luke and the People of God*, p. 41-59. Moessner, de modo diferente de Jervell, afirma que tanto os judeus que acreditam quanto os que não acreditam constituem o único povo de Deus. Os crentes judeus e gentios constituem juntos a Igreja e continuamente chamam o Israel incrédulo ao arrependimento. Quando Paulo chegou a Roma, alguns judeus realmente se converteram, provando que o arrependimento e a inclusão no povo de Deus ainda era uma possibilidade (D. Moessner, "Paul in Acts: Preacher of Eschatological Repentance to Israel", *NTS* 34 [1988]: p. 102-103).

única e definida da missão entre os judeus para missão entre os gentios, mas a pregação é entregue de uma forma que mostra que a missão entre os gentios está ligada à missão entre os judeus, e que os Atos não contêm nenhuma missão somente para os gentios.[972]

Considere a apresentação de Lucas dos acontecimentos referentes ao Concílio de Jerusalém em Atos 15. Tiago citou o Livro de Amós ao se referir à recente conversão de alguns gentios:

> Cumpridas estas coisas, voltarei e reedificarei o tabernáculo decaído de Davi; e, levantando-o de suas ruínas, restaurá-lo-ei. Para que os demais homens busquem o Senhor, e também todos os gentios sobre os quais tem sido invocado o meu nome, diz o Senhor, que faz estas coisas conhecidas desde séculos.

A história de Cornélio é citada como prova de que a restauração da casa decaída de Davi já ocorreu, e que os gentios estão buscando o Senhor.[973] A questão aqui é que Tiago considerou a passagem de Amós como já tendo sido cumprida (embora essa interpretação não impeça que seja cumprida escatologicamente, ou seja, durante o milênio). Tiago afirmou que a conversão dos gentios foi o cumprimento das promessas de Deus a Israel. Isso não deve ser entendido como se as promessas a Israel fossem transferidas para os gentios — excluindo Israel — mas que os gentios ganharam uma parte do que havia sido dado a Israel. Isso se encaixa na teologia de Paulo sobre Israel em Romanos 9 a 11.

A parábola que Paulo descreve sobre a oliveira em Romanos 11.16-24 ilustra a relação entre Israel e a Igreja. A oliveira equivale a uma referência a Israel, mas em nenhum lugar Paulo afirma que Israel como um todo foi deixado de lado. Em vez disso, ele aponta que "alguns dos ramos" foram "quebrados". Esses ramos representam a parte incrédula de Israel como o povo de Deus. A oliveira brava representa o mundo gentio. Os cristãos

---

[972] J. Jervell, "The Acts of the Apostles and the History of Early Christianity", *Studia Theologica* 37 (1983): p. 20.
[973] Jervell, *Luke and the People of God*, p. 51.

gentios são enxertados na boa oliveira, que representa o povo de Deus. Os cristãos gentios são enxertados naquela árvore e não são designados como uma nova árvore. Podemos deduzir a partir disso que há continuidade entre o povo de Deus que está debaixo da velha aliança e o povo de Deus que está debaixo da nova aliança. O fato de alguns ramos terem sido quebrados não indica que isso aconteceu com todos eles. Os gentios foram informados de que não têm tema para se gabar porque não substituíram Israel; em vez disso, eles foram enxertados em Israel e agora são membros do "povo de Deus. "A ideia desta parábola é que a raiz de Israel nunca foi arrancada para abrir caminho para uma nova "árvore", mas continua a dar alimento ao povo de Deus.

Portanto, é incorreto, segundo Jervell, dizer que somente depois de os judeus rejeitarem o evangelho que o caminho foi aberto aos gentios. Seria mais preciso dizer que só depois de Israel ter aceitado o evangelho é que se pode abrir o caminho para os gentios. Ao longo de Atos, tanto Pedro quanto Paulo destacam em seus discursos aos judeus a participação dos gentios na salvação, enquanto mencionam sua missão a Israel em seus discursos aos gentios.

É interessante como Lucas retrata a influência da igreja de Jerusalém na missão gentia em Atos 21.15-25. Os relatos são feitos no v. 19 para a igreja de Jerusalém na missão aos gentios. O versículo 21 menciona que Jerusalém é informada sobre a pregação de Paulo entre judeus na diáspora. A igreja de Jerusalém pode até impor atos rituais a Paulo conforme está registrado em Atos 21.23-24. Eles tomam decisões sobre como os gentios devem viver, pois mantêm o decreto apostólico (21.25).[974]

Farris observa o quanto as narrativas de infância de Lucas se encaixam no arcabouço teológico de Jervell. Lucas inseriu narrativas no início de seu Evangelho para "antecipar o tema da restauração de Israel realizado pela pregação apostólica do evangelho".[975] Maddox resume a avaliação de Jervell sobre as ideias gerais encontradas em Atos:

---

[974] Jervell, *Theology of Acts*, p. 22.
[975] S. Farris, *The Hymns of Luke's Infancy Narratives*, JSNTSup 9 (Sheffield: JSOT Press, 1985), p. 158.

Nos capítulos 1-8, se estabelece um Israel renovado, com base no arrependimento, na piedade de acordo com a Lei e na fé em Jesus. Lucas menciona repetidamente o enorme sucesso numérico da missão entre os judeus, um sucesso que deve ser entendido como contínuo enquanto a missão à diáspora está acontecendo, pois quando chegamos a 21.20 uma alta proporção da população da Judeia deve ser cristã, se quisermos levar os números a sério. Os capítulos 9 a 15 lidam com a questão dos gentios, e mostram como se permite que eles, tanto em princípio quanto na prática, se unam a Israel.[976]

Marilyn Salmon faz a pergunta fundamental: Será que Lucas se envolvia ou não em sua relação com o judaísmo? Sua conclusão é que Lucas era judeu, e ela oferece quatro razões principais. A primeira é que Lucas faz certas distinções entre grupos de judeus. Mesmo observando que essas distinções não provam que um escritor é judeu, ela se pergunta por que um estranho (gentio) estaria interessado em narrar o sucesso da missão aos judeus em Atos de modo tão amplo quanto Lucas.

Um segundo argumento para o passado judeu de Lucas é como Jesus (no Evangelho) e Paulo (em Atos) têm o cuidado de dar atenção à obediência à Torá. Jesus age de acordo com a lei em todo o Evangelho, e Paulo é apresentado em Atos como um "modelo de fariseu".

A terceira razão consiste em que o destaque dado à missão gentia em Atos geralmente dá a entender um escritor gentio se dirigindo a um público gentio. Mas "gentio" significa "não judeu" e, portanto, reflete, de acordo com Salmon, uma perspectiva judaica do mundo.

Em quarto lugar, a referência de Lucas ao cristianismo como uma *hairesis* (seita) em Atos 24.5 e 28.22 indica que ele sentia que fazia parte do povo judeu. "Se Lucas está meramente registrando fatos históricos, esta pista textual pode não ser relevante quanto a isso, mas se, ao contar o passado, ele está revelando algo de sua própria situação... em seguida,

---

[976] R. Maddox *The Purpose of Luke-Acts* (Edinburgh: T&T Clark, 1982), p. 34.

seu uso de αἵρεσις [hairesis] sugere que ele se considera alguém que faz parte do povo judeu".[977]

O significado da concepção lucana da relação entre Israel e a igreja juntamente com a posição irênica com relação aos judeus como um todo ao longo de seus escritos apoiam a defesa da origem judaica de Lucas. Estou de acordo com a avaliação de Brawley: "O padrão para se entender a visão de Lucas a respeito da relação entre o cristianismo e o judaísmo deve dar uma guinada de 180 graus. Ou seja, em vez de libertar o cristianismo gentio, Lucas o liga ao judaísmo. E em vez de rejeitar os judeus, Lucas dirige um apelo para eles".[978]

Norman Peterson identificou seis perícopes em Lucas-Atos que possuem um padrão comum e tema de confronto e rejeição. Lucas os usa como uma figura de linguagem para mostrar que o cristianismo surgiu a partir do judaísmo e é o seu sucessor legítimo.[979]

De acordo com Donaldson, Lucas exibe uma atitude mais positiva com relação às origens judaicas da igreja do que se acha em qualquer outro escritor cristão gentio do século II.[980] Embora um escritor gentio certamente pudesse ter produzido uma obra como Lucas-Atos, é mais provável que os dados confirmem que o autor era judeu.

O uso das Escrituras em Lucas-Atos

Uma área que tem recebido uma atenção generalizada nos últimos anos é a compreensão e o uso que Lucas faz das Escrituras. Embora este aspecto dos estudos lucanos esteja claramente em desenvolvimento, tornou-se evidente que Lucas possui uma compreensão incrivelmente ampla e profunda do

---

[977] M. Salmon, "Insider or Outsider? Luke's Relationship with Judaism", em *Luke-Acts and the Jewish People*, Ed. J. Tyson (Minneapolis: Augsburg, 1988), p. 79-80.

[978] R. Brawley, *Luke-Acts and the Jews: Conflict, Apology, and Conciliation*, SBLMS 33 (Atlanta: Scholars Press, 1987), p. 159. Veja também seu livro "The God of Promises and the Jews in Luke-Acts", em *Literary Studies in Luke-Acts: Essays in Honor of Joseph B. Tyson*, p. 279-296.

[979] N. Peterson, *Literary Criticism for New Testament Critics* (Philadelphia: Fortress, 1978), p. 88-91. J. Kolasny desenvolve esse conceito com destaque em Lucas 4.16-30 em "An Example of Rhetorical Criticism: Luke 4.16-30", em *New Views on Luke-Acts* (Collegeville, MN: Liturgical, 1990).

[980] T. L. Donaldson, "Moses Typology and the Sectarian Nature of Early Christian Anti-Judaism: A Study in Acts 7", *JSNT* 12 (1981): p. 44.

Antigo Testamento. Isso pode ser visto em uma série de artigos e monografias que tratam deste assunto, como Darrell Bock em [981]*Proclamation from Prophecy and Pattern: Lucan Old Testament Christology* (Proclamação a partir da profecia e do padrão: a cristologia lucana do Antigo Testamento).[982] Só nos é possível falar superficialmente sobre os destaques deste imenso campo de estudo, mas, ao fazê-lo, ficaremos na posição de avaliar o uso das Escrituras por Lucas e compará-lo com o de Hebreus.

Lucas usa amplamente o Antigo Testamento em seus dois volumes. Ao contrário de Paulo, todas as suas citações são da LXX.[983] Há nada menos que 20 citações específicas das Escrituras em Atos.[984] Também é evidente que os dois volumes de Lucas estão repletos de alusões e referências bíblicas. A história de Jesus é apresentada em Lucas-Atos como parte do plano geral de Deus, e o uso que Lucas faz das Escrituras tece essa narrativa na própria trama da história da salvação de Deus.[985] Lucas apresenta Jesus

---

[981] Ellis observou, por exemplo, que a tradição precoce que aparece em Lucas 1-2 e Atos parece às vezes ter sido mais assimilada no estilo de Lucas do que nas tradições nas cartas de Paulo. Ellis, *The Making of the New Testament Documents*, p. 141. As observações de Dupont sobre as fontes de Lucas em Atos: "A informação não é somente relatada em seu próprio estilo, em seu próprio âmago, ela geralmente reflete sua personalidade. Tudo é feito como se Lucas estivesse presente na origem não somente das versões editadas, mas até mesmo nas fontes nas quais essa versão se baseia". J. Dupont, *The Sources of Acts: The Present Position* (London: Darton, Longman and Todd, 1964), p. 166. Isso possui alguma influência em nossa investigação no uso que Lucas faz do Antigo Testamento em comparação com Hebreus.

[982] A obra de D. Bock demonstra que a abordagem guarda-chuva de Schubert quanto ao uso que Lucas faz das Escrituras como "prova da profecia" é inadequada para explicar toda a metodologia lucana. D. Bock, *Proclamation from Prophecy and Pattern*, JSNTSup 12 (Sheffield: JSOT Press, 1987). Outras obras que abrangem esse assunto são bem resumidas por D. Pao, *Acts and the Isaianic New Exodus*, p. 8-10. Veja também *Lord of the Banquet: The Literary and Theological Significance of the Lukan Travel Narrative* (Minneapolis: Fortress, 1989); C. A. Evans e J. Sanders, *Luke and Scripture*, 171n2, para outros estudos importantes até 1987; a bibliografia em C. Kimball, *Jesus' Exposition of the Old Testament in Luke's Gospel*, JSNTSup 94 (Sheffield: JSOT Press, 1994), p. 216-39 e 14n5; e J.R. Wagner, "Psalm 118 in Luke-Acts: Tracing a Narrative Thread", em *Early Christian Interpretation of the Scriptures of Israel: Investigations and Proposals*, JSNTSup 148; *Studies in Scripture in Early Judaism and Christianity*, ed. C. A. Evans e J. Sanders, vol. 5 (Sheffield: Sheffield Academic Press, 1997), p. 155 [bibliografia em 155n2].

[983] Com relação ao uso de Lucas de fórmulas de citação e como ele se baseia na LXX, veja o "Uso das fórmulas de citação do Antigo Testamento em Lucas-Atos, Hebreus e Paulo" no cap. 3.

[984] Para conhecer as passagens específicas, consulte Pao, *Acts and the Isaianic New Exodus*, p. 4.

[985] Veja J. Green, *Theology of the Gospel of Luke*, New Testament Theology Series (Cambridge: Cambridge University Press, 1995), p. 24-26. Observe também Evans e Sanders: a apresentação que Lucas faz da história de Jesus foi muito influenciada pela linguagem e pelos temas das Escrituras e pela forma como as Escrituras foram interpretadas nos círculos judaicos e cristãos de seu tempo. Evans comenta algumas páginas depois: "Lucas não faz uma cópia total, mas modifica livremente e adapta o LXX de maneira criativa". Evans e Sanders, *Luke and Scripture*, p. 83. Este último comentário é especialmente significativo na comparação do uso que Lucas faz das Escrituras com Hebreus.

como expositor das Escrituras com seu posicionamento preparatório do Sermão de Nazaré em Lucas 4 e com o seu episódio final do caminho de Emaús em Lucas 24. Enquanto Mateus e Marcos registram o fato do ensino de Jesus nas sinagogas, somente Lucas menciona especificamente o texto de Isaías em Lucas 4.

A abordagem de Lucas com relação às Escrituras é sistemática, bem pensada, organizada e coerente. A precisão cuidadosa com a qual ele anuncia o seu prólogo se estende ao seu uso das Escrituras. Ambos os termos exegéticos, bem como as técnicas que fazem lembrar os textos rabínicos e outras literaturas judaicas ocorrem em Lucas-Atos. Seu registro dos textos que Jesus empregou do Antigo Testamento se parece com a técnica exegética judaica *gezerah shavah* em Lucas 4.18-19, onde dois textos de Isaías são combinados.[986] Ellis ressalta que Atos inclui resumos de pregações, sendo que alguns seguem padrões claros de *midrash*.[987] Conforme Bock observou, não é o fato de Lucas usar essa técnica, mas a *extensão* desse uso é que é importante.[988]

A importância de Lucas 4.18-19 (Jesus lê o texto de Isaías 61.1-2 na sinagoga de Nazaré) é fundamental para que se entenda o Evangelho de Lucas. Porter afirma que esta passagem "é um exemplo claro de cumprimento profético do Antigo Testamento, tanto na visão de Lucas quanto na visão de Jesus, e que a passagem em si dá uma orientação tanto para os principais temas do Evangelho quanto para o ministério de Jesus. Em outras palavras, esta passagem usa o Antigo Testamento para destacar a missão de Jesus e, por extensão, descrever o propósito do próprio Evangelho".[989] Segundo Porter, Lucas 4.18-19 indica de forma resumida que: (1) Jesus é o Messias que proclama a salvação; (2) Jesus se identifica com seu povo

---

[986] B.J. Koet, *Five Studies on Interpretation of Scripture in Luke-Acts,* Studiorum Novi Testamenti Auxilia XIV (Leuven-Louvain, Belgium: Leuven University Press, 1989), p. 141-142. Lucas usou os textos de Isaías como uma estrutura para sua obra de dois volumes (p. 143). Veja também Pao, *Acts and the Isaianic New Exodus,* para uma análise completa sobre este assunto.

[987] Ellis, *The Making of the New Testament Documents,* 140. Veja também suas "Midrashic Features in the Speeches of Acts", em *Melanges Bibliques En Hommage Au B. Rigaux* (Gembloux: Duculot, 1970), p. 303-312. "Há em Atos uma série de afinidades com a técnica do *pesher,* que geralmente é definida quanto ao seu uso em alguns escritos de Qumran" (p. 306).

[988] Bock, *Proclamation from Prophecy and Pattern,* p. 271-272.

[989] S. Porter, "Scripture Justifies Mission: The Use of the Old Testament in Luke-Acts", *Hearing the Old Testament in the New Testament,* ed. S. Porter (Grand Rapids: Eerdmans, 2006), p. 117.

em seu sofrimento; (3) Jesus vem como o profeta escatológico definitivo de Deus; (4) Jesus vem como Rei, trazendo a mensagem da vinda do reino de Deus; (5) Jesus vem como o próprio Deus, proclamando e realizando seus propósitos; (6) O propósito de Deus é a salvação do Seu povo e o julgamento daqueles que não fazem parte dele; e (7) A mensagem de salvação vai além dos judeus, sendo oferecida também aos gentios.[990] Porter conclui corretamente que esses temas "são introduzidos, explicados e/ou desenvolvidos dentro de Lucas e Atos mediante as Escrituras... a noção do cumprimento dos textos bíblicos vistos como anunciados de modo profético é um princípio hermenêutico fundamental em Lucas-Atos".[991] Esse é exatamente o caso do autor de Hebreus.

T. L. Brodie apresenta evidências decisivas de que Lucas usou as narrativas de Elias/Eliseu (1 Reis 17- 2 Reis 9) na composição de Lucas-Atos.[992] Moessner e Blomberg demonstram a importância e a influência de Deuteronômio para Lucas.[993]

O estudo de David Pao sobre o tema do Novo Êxodo de Isaías 40-55 em Lucas-Atos revela a perspectiva que Lucas tem com relação à igreja como a herdeira verdadeira das tradições de Israel. O conhecimento complexo e a integração de citações e de conceitos que Lucas fez dessa passagem de Isaías em Atos ilustra a profunda percepção e o conhecimento bíblico de Lucas. Pao afirma em sua conclusão:

> A influência da visão de Isaías não pode se limitar a alusões e citações isoladas. Toda a preparação do Novo Êxodo de Isaías define a estrutura da narrativa de Atos, bem como os vários destaques desenvolvidos nesta estrutura.[994]

---

[990] Ibid., p. 117-119.

[991] Ibid., p. 126.

[992] T. L. Brodie, *Luke the Literary Interpreter: Luke-Acts as a Systematic Rewriting and Updating of the Elijah-Elisha Narrative* (Rome: Pontifical University of St. Thomas Aquinas, 1987). Veja também Evans e Sanders, *Luke and Scripture*, p. 70-83.

[993] Moessner, *Lord of the Banquet*; C. Blomberg, "Midrash, Chiasmus, and the Outline of Luke's Central Section", em *Gospel Perspectives III: Studies in Midrash and Historiography*, ed. R. T. France eD. Wenham (Sheffield: JSOT Press, 1983), p. 217-261.

[994] Pao, *Acts and the Isaianic New Exodus*, p. 250.

Kurz e Evans analisaram Lucas 22.14-38 a partir de ângulos diferentes. Kurz o compara tanto aos discursos de despedida greco-romanos quanto bíblicos (inclusive dos livros apócrifos), concluindo que Lucas está mais próximo dos modelos bíblicos.[995] Evans desenvolve a importância teológica de Lucas combinando duas fontes (Marcos e Q) e observa que é ainda mais impressionante que Daniel 7 e Salmo 122 também tenham sido combinados em pelo menos um midrash judeu.[996] Lucas 22.30 se baseia em Daniel 7 e em Salmo 122, e Evans acredita que o uso lucano "reflete os aspectos essenciais de sua interpretação no judaísmo primitivo. A combinação do material dominical de Lucas sugere que ele entendeu e concordou com essa interpretação".[997]

O significado do episódio de Emaús em Lucas 24 para a visão que Lucas tem das Escrituras é bem conhecido. Em Lucas 24.45, Jesus inclui os Salmos como a terceira parte das Escrituras do Antigo Testamento, depois da Lei e dos Profetas. É interessante que ele não tenha identificado essa parte como "os escritos", a designação que é comum para a terceira parte das Escrituras Judaicas, mas ele diz "os Salmos". Claro que ele está usando os Salmos como nomenclatura, incluindo essa seção das Escrituras. O interessante é o papel que este episódio desempenha como uma introdução aos primeiros capítulos de Atos, onde encontramos 13 Salmos diferentes citados um total de 15 vezes em Atos 1-5.[998]

O episódio de Emaús ilustra o quanto as Escrituras foram importantes para Jesus e para a igreja primitiva, e Lucas destaca a transmissão que Jesus fez de sua própria hermenêutica bíblica sobre si mesmo para os discípulos (Lc 24.27,32,45-46). Novamente, na última aparição de Jesus aos discípulos em Jerusalém antes de sua ascensão, Lucas menciona a transmissão aos apóstolos da autocompreensão bíblica de Jesus. Essas duas

---

[995] W. S. Kurz, "Luke 22.14-38 and Greco-Roman and Biblical Farewell Addresses", *JBL* 104 (1985): p. 251-268. Da mesma forma J. Neyrey, *The Passion According to Luke: A Redaction Study of Luke's Soteriology* (New York/Mahway: Paulist, 1985).

[996] Evans e Sanders, *Luke and Scripture*, p. 168-170.

[997] Ibid., p. 170.

[998] As citações com referências são listadas por D. Moessner, "Two Lords 'at the Right Hand'?: The Psalms and an Intertextual Reading of Peter's Pentecost Speech (Acts 2.14-36)", em *Literary Studies in Luke-Acts, Essays in Honor of Joseph B. Tyson*, p. 215.

cenas servem para elucidar o papel central que as Escrituras desempenham não só para Jesus, mas também para a vida da igreja.[999]

O uso que Lucas faz das Escrituras em Atos é tão complexo quanto seu emprego no Evangelho. Como Arnold aponta: "Além do seu uso da *imitação* em que ele conscientemente desenvolve sua narrativa nos moldes do Antigo Testamento e usa muitas citações diretas de textos do Antigo Testamento nos discursos de Atos, há também várias citações sutis usadas na caracterização de seus falantes"[1000] Lucas às vezes faz referência ao Antigo Testamento sem ter uma fórmula clara de citação. Segundo Arnold, Lucas usa essa citação tão sutil para expressar seu próprio ponto de vista ideológico.[1001]

A análise de Mark Strauss sobre o uso de Isaías 55.3 em Atos 13.34 destaca ainda o conhecimento e o uso que Lucas faz do Antigo Testamento. Ele argumenta que a citação de Isaías 55.3 possui uma função dupla em Atos: como uma demonstração da natureza eterna da aliança davídica e da sua aplicação aos ouvintes de Lucas por causa do cumprimento dessa aliança na pessoa de Cristo.[1002] Strauss afirma que isso exigiria um pouco de entendimento teológico prévio por parte dos leitores de Lucas sobre o seu uso de Isaías 55.3. A minha ideia é exemplificar a visão de Lucas sobre o seu uso do Antigo Testamento e o que isso afeta com relação ao seu público (seja judeu ou gentio).

Conforme Evans diz, Lucas faz em Atos 15.15-17 uma paráfrase da versão de Amós 9.11-12 na LXX, "enriquecida por algumas palavras de Jeremias 12.15 e de Isaías 45.21... (Lucas provavelmente sabe muito bem dessas contribuições, daí a referência plural às "palavras dos profetas"). [1003] Mais uma vez, isso demonstra o conhecimento profundo de Lucas sobre

---

[999] P. Doble, "Something Greater than Solomon: An Approach to Stephen's Speech", em *The Old Testament in the New Testament: Essays in Honour of J. L. North*, ed. S. Moyise, JSNTSup 189 (Sheffield: Sheffield Academic Press, 2000), p. 189.

[1000] B. Arnold, "Luke's Characterizing Use of the Old Testament in the Book of Acts", em *History, Literature, and Society in the Book of Acts,* ed. B. Witherington (Cambridge: Cambridge University Press, 1996), p. 302.

[1001] Ibid., p. 308.

[1002] M. Strauss, *The Davidic Messiah in Luke-Acts: The Promise and its Fulfillment in Lukan Christology*, JSNTSup 110 (Sheffield: Sheffield Academic Press, 1995), p. 166-174.

[1003] Evans e Sanders, *Luke and Scripture*, p. 170

as Escrituras do Antigo Testamento e a sua capacidade de entrelaçá-las em sua narrativa geral.

No final de Atos, Paulo cita Isaías 6.9-10. Esta citação foi usada por Jesus em sua explicação sobre o propósito das parábolas (Lc 8.10). Como Bovon sugere, Lucas está dizendo: "As Escrituras pertencem a nós, cristãos. A última palavra na minha obra vai para Paulo e para a compreensão cristã das Escrituras: As Escrituras dão testemunho definitivo sobre o endurecimento do coração de Israel".[1004] Devido ao fato de que Lucas cita somente os profetas do Antigo Testamento em Atos (com exceção de At 17.28), Bovon conclui: "Dessa maneira, Lucas se alinha com a tradição judaica sem sombra de dúvida".[1005] Como um fator de grande interesse em nossa comparação com o autor de Hebreus, Bovon observa como Lucas via o texto escrito do Antigo Testamento como a própria voz do Espírito de Deus: "Segundo Lucas, o Espírito Santo não escreveu, mas falou".[1006]

Evans conclui que as Escrituras "possuem uma função sistemática na narrativa lucana — sua presença não é superficial nem secundária".[1007] Este comentário indica a seriedade e a importância que Lucas atribui ao Antigo Testamento. Ele fez um uso profundo das Escrituras de Israel em sua narrativa e de forma alguma fica para trás quando se compara com outros escritores do Novo Testamento. A capacidade teológica de Lucas de integrar o Antigo Testamento com a pregação e o ensino apostólicos é tão complexa quanto qualquer escritor do Novo Testamento, incluindo o autor de Hebreus.

Larkin sugere que os usos de citações e de alusões de Lucas são "indicadores de contexto" na medida em que refletem uma característica baseada no contexto literário maior das citações originais do Antigo Testamento. Constitui o estilo de Lucas em suas alusões e citações do Antigo Testamento usar somente o material que faz parte do relato narrativo, em vez de citar textos como realizados inserindo-os na história como prova,

---

[1004] F. Bovon, "'Well Has the Holy Spirit Spoken to Your Fathers Through the Prophet Isaiah' (Acts 28.25)
[1005] Ibid., p. 117. Bovon observa que o método que Lucas usou para a citação das Escrituras pode estar relacionado à tradição judaica da *Regra da Comunidade de* Qumran e de 1 e 2 Macabeus.
[1006] Ibid., p. 118.
[1007] Ibid., p. 218.

à moda de Mateus. Ao fazer isso, Lucas prepara o palco para o leitor reviver os acontecimentos através de narrativas cuidadosamente construídas, integrando o material do Antigo Testamento em vez de usar citações de blocos de forma apologética (novamente como em Mateus).[1008]

O discurso de Estêvão é frequentemente lido (de forma equivocada, na minha opinião) como uma polêmica anti-templo. Peter Doble apresenta evidências que contradizem essa leitura do discurso e ilustra o uso que Lucas faz do Antigo Testamento. Doble tenta responder às perguntas sobre por que nenhuma referência a Salomão é encontrada na genealogia de Jesus (mas é encontrada na conclusão do discurso de Estêvão), e o que podemos aprender sobre o uso das Escrituras da parte de Lucas com base na referência salomônica em Atos 7.47.[1009] Doble sugere que o leitor ou os leitores de Lucas "ao ouvir a harmonia bíblica da cena de encerramento do prólogo, e da genealogia que se seguiu, teria reconhecido que Lucas imaginou o menino Jesus como descendente 'adequado' de Davi, não menos admirável do que o jovem Salomão..."[1010]

Depois de observar a importância que as Escrituras desempenham em Lucas-Atos, particularmente nos sermões registrados em Atos, Doble identifica uma das características de Lucas como

> o seu uso das escrituras como o principal intérprete do acontecimento de Jesus. A escrita de Lucas parte do princípio de que seus leitores estavam sintonizados com o mesmo tipo de sensibilidade, e que pelo menos aquela comunidade para a qual ele estava escrevendo já estava convencida de que na Torá, nos Salmos e nos Profetas (Lc 24.44) encontrariam pistas sobre o plano de salvação de Deus, proporcionado pelo próprio Jesus, para ajudá-los a entender o que realmente estava "acontecendo" na vida, morte e exaltação de Jesus. Assim, os

---

[1008] W. J. Larkin "Luke's Use of the Old Testament in Luke 22-23", (Tese de Doutorado, Universidade de Durham, 1974), p. 641-644. Veja também a discussão breve de Bock sobre o trabalho de Larkin em *Proclamation from Prophecy and Pattern*, p. 43-46.

[1009] Doble, "Something Greater", p. 181-207.

[1010] Ibid., p. 188.

sinais enigmáticos anteriores de Lucas para Teófilo sobre a visita de Jesus de 12 anos ao Templo, devem levar os leitores a esperar mais tarde um conflito estilístico semelhante em outras passagens das Escrituras.[1011]

Doble aceita a visão de que, às vezes, as citações ou as alusões ao Antigo Testamento são indicadores ou sinais que convidam o leitor a considerar todo o contexto dessa citação ou alusão. O leitor é convidado a fazer "vínculos intertextuais substanciais. "Ele sugere que uma intertextualidade semelhante está em jogo em Atos 7.46-47.[1012]

Doble acha que a referência de Estevão a Salomão ilustra o interesse de Lucas em Davi e no trono davídico. A maior parte do uso das Escrituras por Lucas nos discursos em Atos é cristológica. A referência a Salomão em Atos 7.46-47 ocorre entre duas referências das Escrituras: uma alusão a Salmo 132.5 e uma citação de Isaías 66.1-2a. O Salmo 132 tem como tema o templo e a promessa de Deus a Davi de que seu reino continuaria. O verso 12 fala da natureza condicional da promessa de Deus: "Se os teus filhos guardarem a minha aliança, e os meus testemunhos... também os seus filhos se assentarão perpetuamente no teu trono". Os dois últimos versos do salmo afirmam o que Deus faria por Davi quanto ao templo: "Ali, farei brotar a força de Davi; preparei uma lâmpada para o meu *batizado* (ungido). Cobrirei de vexame os seus inimigos; mas sobre ele florescerá a sua coroa" (Sl 132.17-18 LXX).[1013]

Imediatamente antes da referência de Lucas a Salomão se encontra uma referência a um salmo interligando o templo, Davi, e o Messias. Lembrando que um elemento importante no plano de Lucas era que Jesus ocupasse o trono de Davi (Lc 1.32), a chance de haver um vínculo nesse contexto aumenta. Além disso, Doble observa a semelhança entre Salmo 132.17-18 e o final da oração de Salomão na dedicação do templo na LXX (2 Cr 6.41-42). Os equivalentes semânticos do início do Salmo 132, "Lembra-te, SENHOR, a favor de Davi..." e o final da oração de

---

[1011] Ibid., p. 190-191.
[1012] Ibid., p. 191.
[1013] Ibid., p. 192-193.

Salomão, "Ó Senhor Deus, lembre-se de seu firme amor por seu servo Davi..." provavelmente não seria ignorado pelo leitor. Há fortes vínculos verbais entre Isaías 66.1-2a e o Salmo 132.¹⁰¹⁴

Doble sugere a partir desta análise que os leitores de Atos 7.46-47 devem se aprofundar na oração de Salomão e vê-la como o "meio termo" entre o Salmo 132 e Isaías 66. A preocupação de Lucas seria, portanto, mais com Salomão e seus sucessores do que com o templo. Estevão (e Lucas) não estariam envolvidos em uma polêmica do templo. Doble acredita que o restante não expresso do texto de Isaías

> reside essencialmente na consequência do condicional cristológico. "Isaías" sabia, como Lucas e Teófilo sabiam, que a sucessão de Davi foi interrompida no reinado de Salomão... Os leitores entram nesta fase da "consequência" de Lucas mediante uma subestrutura composta por um cântico dos degraus (Salmo 132), o relato que o cronista fez sobre a oração de Salomão e, em seguida, a reflexão ampliada de Isaías sobre essa oração.¹⁰¹⁵

Uma das ideias principais do discurso de Estevão é que os líderes religiosos judeus eram como Salomão, pois não tinham obedecido à Torá (At 7.53). Como em Salmo 132.18 e Isaías 66.5-6, Estevão fala da retribuição de Deus sobre os inimigos. Assim, de acordo com Doble, o oráculo de Isaías providenciou um contexto para uma compreensão mais profunda da visão de Estevão dos céus abertos e do Filho entronizado. As ligações verbais entre Atos 7.55-56 e Isaías são de "céu" e glória".¹⁰¹⁶

> Considerando o compromisso preparatório de Lucas com Jesus, a recepção do trono de Davi (Lc 1.32), suas referências à nuvem em Atos 1.9, à ascensão de Jesus para o céu (1.10), a Estevão vendo a *doxa* ("glória") de Deus (7.55) e ainda a sua

---

[1014] Ibid., p. 193-94.
[1015] Ibid., 198-199.
[1016] Ibid., 202-203.

identificação clara de Jesus com o Filho do Homem (7.56), não é difícil deduzir que Teófilo naturalmente "ouviria" o relato de Lucas da visão de Estevão de forma bem clara como a da entronização do Filho do homem no trono de Davi, não no trono de Deus. [1017]

Se a leitura de Doble estiver correta, então a ideia verdadeira de Estevão é que a promessa de Deus a Davi foi cumprida na exaltação de Jesus.

O significado disso é triplo. Em primeiro lugar, vemos a percepção com que Lucas usa as Escrituras em sua narrativa. Em segundo lugar, se as inferências de Doble estiverem corretas, então Lucas exibe profundo conhecimento das Escrituras e conta que seus leitores possuam esse mesmo conhecimento. Em terceiro lugar, não se pode ignorar o vínculo com o destaque teológico de Hebreus.

Como exemplo da complexidade do conhecimento e do uso que Lucas faz das Escrituras do Antigo Testamento, considere a referência intrigante ao "dedo de Deus" em Lucas 11.20. A expressão vem claramente do Antigo Testamento, não tendo paralelos na literatura greco-romana. A expressão ocorre em Êxodo 8.19 e Deuteronômio 9.10. A melhor análise dessa expressão em Lucas é a de Edward Woods. Ele afirma que os dois textos do Antigo Testamento acima são reunidos por Lucas em 11.20 como um argumento *pesher* "a fim de propor a equivalência adicional com a libertação de Êxodo *levando* a um novo Sinai..." Isso foi importante para os destinatários judeus de Lucas; ele afirmou a continuidade entre a tradição do Êxodo de Israel e Jesus. O contexto da transfiguração que precede a menção do "dedo de Deus" destaca ainda mais Jesus como o Profeta semelhante a Moisés, que é poderoso em palavras e obras. Jesus age pelo "dedo de Deus" (Êx 8.19) em Lucas 11.20.[1018]

Lucas pode assegurar ao seu público *judeu,* em particular, que o Deus que está operando de fato dentro e através de Jesus, é ninguém menos que o Deus do antigo Êxodo. A expressão "dedo de Deus" passa muito bem essa

---

[1017] Ibid., 203.
[1018] E. Woods, *The 'Finger of God' and Pneumatology in Luke-Acts,* JSNTSup 205, ed. S. Porter (Sheffield: Sheffield Academic Press, 2001), p. 60, 99-100, 243.

ideia. É um argumento *pesher*... Por essa razão, há tanto *a continuidade* do passado quanto uma *descontinuidade,* porque Jesus é o Messias prometido que agora trará um Êxodo novo e maior (Lc 9.31) por meio de sua própria morte na cruz. Isso dá a interpretação mais satisfatória do "dedo de Deus" (Lc 11.20) no nível narrativo mais amplo de Lucas-Atos.[1019]

Claramente as evidências que acabamos de apresentar, juntamente com vários outros estudos recentes sobre o uso das Escrituras por Lucas, mostraram que Lucas lida com o Antigo Testamento como um judeu. Ele possui um conhecimento complexo da LXX e o usa com maestria em sua narrativa geral. James Sanders contrasta o uso que Lucas faz das Escrituras com o de Mateus: "Deve-se vasculhar muitas vezes os targuns, os midrashim e os comentários judaicos para aprender como uma passagem das Escrituras funcionava para Mateus".[1020] Em contrapartida, o conhecimento de Lucas das Escrituras vinha da leitura cuidadosa. "Independentemente de Lucas ter sido um gentio ou um judeu reformado antes da conversão, ele conhecia certas partes das Escrituras com tanta profundidade que, se o intérprete moderno não conhecer também a Septuaginta ou o Antigo Testamento grego muito bem, com certeza ele ou ela perderá ideias importantes que Lucas queria transmitir."[1021]

Quanto ao uso das Escrituras por Lucas em sua hermenêutica geral e o que isso nos diz sobre os destinatários de Lucas, vale a pena notar a ideia saliente de Rebecca Denova: "Quando uma interpretação particular das Escrituras é oferecida como argumento, Lucas antecipa a resposta de outros judeus, não dos gentios."[1022] Denova observa ainda que o ponto de vista expresso por Lucas segue a lógica das Escrituras Judaicas:

> Na minha opinião, esse tipo de argumento sugere fortemente que a origem étnica do autor de Lucas-Atos é judaica, e que ele apresentou argumentos que eram de alguma importância

---

[1019] Ibid., p. 253-254. Destaque do autor.

[1020] Evans e Sanders, *Luke and Scripture*, p. 16.

[1021] Ibid., p. 18. Sanders também observa que, dentre os escritores do Evangelho, Lucas insiste de forma mais clara que o conhecimento do que Deus está fazendo em Cristo depende do conhecimento das Escrituras.

[1022] R. Denova, *The Things Accomplished Among Us: Prophetic Tradition in the Structural Pattern of Luke-Acts.* JSNTSup 141 (Sheffield: Sheffield Academic Press, 1977), p. 226.

para os judeus... No caso de Lucas-Atos, temos o exemplo de um autor que foi capaz de relacionar os livros de Isaías com Salmos e os Profetas Menores e de produzir uma história que demonstra possuir uma harmonia com o restante das Escrituras e com os acontecimentos contemporâneos. Em outras palavras, quando Lucas combina partes de Isaías com Salmos, ou Amós com Jeremias e o Pentateuco, ele nunca entende que eles estão "fora de contexto" com relação ao seu entendimento de que "todas as escrituras" se cumprem nos acontecimentos relativos a Jesus de Nazaré e a seus seguidores. Em outras ocasiões, ele podia criar um vínculo entre Escrituras sem citá-las, baseando-se em uma compreensão profunda de natureza narrativa. Isso sugere que Lucas sabia exatamente onde procurar os elementos de sua história. Longe de ser um "recém-convertido" gentio, esse conhecimento certamente destaca nosso autor como alguém mergulhado nas tradições bíblicas de Israel. Podemos concluir com base em uma leitura narrativa e crítica que Lucas-Atos foi escrito por um judeu para convencer outros judeus de que Jesus de Nazaré era o Messias das Escrituras e que as palavras dos profetas sobre "restauração" tinham se "cumprido".[1023]

Koet chega à mesma conclusão sobre os destinatários de Lucas: "Tenho que concluir que essa alta estima pelas Escrituras e pela sua interpretação se explica de forma mais plausível como algo importante para a comunidade para quem Lucas escreveu. Esse entendimento se espera principalmente dentro dos círculos judaicos... havia uma presença judaico-cristã significativa entre os destinatários de Lucas".[1024] Ele ainda identifica Lucas como judeu, baseado no seu uso das Escrituras e no seu

---

[1023] Ibid., p. 230-231. É interessante notar em Atos 13.1-21.14 como as citações das Escrituras se restringem às narrativas envolvendo judeus e aos discursos que se dirigem aos judeus. As Escrituras só são empregadas por alto nos discursos aos gentios.
[1024] Koet, *Five Studies*, p. 157.

interesse em práticas judaicas.¹⁰²⁵ Da mesma forma Bovon comenta: "O autor teve uma boa educação que incluía a retórica grega, bem como os métodos judaicos de exegese".¹⁰²⁶

Finalmente, como a atitude de Lucas com relação e o uso das Escrituras é comparável a do autor de Hebreus? Não se pode mais afirmar que Lucas não passa de um simples historiador que parte de uma habilidade teológica um tanto limitada.¹⁰²⁷ Em segundo lugar, Lucas demonstra possuir conhecimento do Antigo Testamento do mesmo nível do autor de Hebreus. Em terceiro lugar, o método de Lucas de usar as Escrituras (com citações diretas, alusões, "ecos", etc.) não é diferente do que se encontra em Hebreus. David Moessner recentemente demonstrou os usos teológicos e hermenêuticos que Pedro faz do Salmo 16 e Salmo 110 em seu sermão em Pentecostes.¹⁰²⁸ O Salmo 110 desempenha um papel semelhante em Hebreus, que argumenta o significado teológico do assentar do Filho à "mão direita" de Deus (cf. o uso em Atos 2, bem como Atos 7).

Partes do Salmo 118 são citadas nos Evangelhos Sinóticos (tanto a tradição dupla quanto a tripla), João, Atos, 1 Pedro e Hebreus 13.6. Nestes escritos, encontramos somente duas alusões possíveis em Paulo (Rm 8.31 e 2 Co 6.9). No uso de Lucas, a expressão da LXX *ho erchomenos* (Sl 117.26) possui um vigor messiânico se transforma em um título formal para Lucas. Ela somente é utilizada como uma designação do Messias fora dos quatro Evangelhos em Atos 19.4 e Hebreus 10.37.¹⁰²⁹ Esse salmo aparece com força na teologia de Lucas e é encontrada em citações fora dos Evangelhos somente em Atos, Hebreus e 1 Pedro.¹⁰³⁰

1025 Ibid., p. 160n46. C. Kimball também afirma que Lucas é judeu em seu livro *Jesus' Exposition*, p. 45.

1026 Bovon, *Luke 1: A Commentary on the Gospel of Luke 1.1-9.50*, p. 8. Ele acha que é provável que Lucas tenha sido grego de nascimento, mas voltou-se para o judaísmo bem no início de sua vida.

1027 Contra a surpreendente declaração feita por Black que "Lucas não aparece nas Escrituras como um especialista doutrinário, mas principalmente como historiador" (D. A. Black, "Who Wrote Hebreus?" *Faith and Mission* 18 [2001]: p. 21). Este comentário deixa de considerar os últimos 40 anos de estudos lucanos que mostraram claramente a profunda capacidade teológica de Lucas e a possibilidade, até mesmo praticamente a certeza, de que ele era judeu.

1028 Ibid., p. 215-232.

1029 Veja Bock, *Proclamation from Prophecy and Pattern*, p. 112; Wagner, "Psalm 118 in Luke-Acts", p. 161.

1030 Veja o excelente artigo de Wagner, especialmente a conclusão e, a seguir, a tabela de citações e alusões ao Salmo 118 em Lucas-Atos ("Psalm 118 in Luke-Acts", p. 174-178).

Em quarto lugar, acabamos de demonstrar que as fórmulas de citação de Lucas se aproximam mais de Hebreus em comparação com o restante dos escritores do Novo Testamento. A noção lucana da validade da Palavra como o discurso de Deus, embora seja parecida com a de todos os escritores do Novo Testamento, é tratada mais como o destaque que encontramos em Hebreus do que em qualquer outro lugar. Em quinto lugar, o "contexto duplo" (histórico e presente) do Antigo Testamento é proeminente no uso que Lucas faz das Escrituras, mas seu foco está claramente no último,[1031] como é em Hebreus com seu destaque no "hoje". Em sexto lugar, a escolha de Bock da palavra "padrão" para o título de seu livro ilustra a escrita narrativa de Lucas como o cumprimento dos padrões do Antigo Testamento que apontam para a presença da obra salvadora de Deus.[1032] Esse é um dos destaques de Hebreus. Por fim, Bock demonstrou que a cristologia de Lucas passa do conceito de Jesus como Messias para a ideia de Jesus como Senhor. "O objetivo da cristologia de Lucas é o retrato do ofício messiânico de Jesus, em última análise, quanto à posição absoluta de Jesus à direita de Deus como Senhor de todos".[1033] Bock destaca como Lucas acentua a exaltação de Jesus à direita de Deus. Trata-se também de uma construção teológica fundamental para o autor de Hebreus. Kimball conclui seu estudo sobre o uso que Lucas faz das Escrituras fazendo a seguinte observação: "A exposição cristológica lucana empregou um tema de cumprimento *pesher* e várias técnicas de *midrash* para mostrar que o Antigo Testamento encontrou seu cumprimento tipológico e profético em Jesus.[1034]

Sem diminuir o lugar único que Hebreus ocupa no Novo Testamento quanto a sua teologia rica, o seu estilo retórico e o seu uso magistral do Antigo Testamento, parece apropriado sugerir que a abordagem lucana

---

[1031] Bock, *Proclamation from Prophecy and Pattern*, p. 272. Kimball observa que a expressão "Deus de Abraão, Isaac e Jacó" foi usada para reivindicar os mesmos benefícios da aliança para a atual geração, como em Atos 3.13 e Hebreus 11.16. Kimball, *Jesus' Exposition*, p. 172.

[1032] Ibid., p. 274.

[1033] Ibid., p. 270. Kimball diz que a explicação que Lucas faz do Salmo 110 e do título *kurios* em Lucas 20.41-44 devem ser comparada a Atos 2.34-35 e Hebreus 1.13. Kimball *Jesus' Exposition*, p. 202.

[1034] Kimball *Jesus' Exposition*, 201.

das Escrituras é a que mais se aproxima do que encontramos em Hebreus do que em qualquer outro lugar do Novo Testamento.

No último parágrafo de *Luke and Scripture* (Lucas e as Escrituras), Evans resume o uso que Pedro (e Lucas) fazem de Joel em Atos 2 com palavras que vão além do escopo desse capítulo e abrangem a concepção lucana das Escrituras no plano desdobramento da salvação de Deus:

> Há muito tempo, o fogo foi visto no Sinai e a voz de Deus foi ouvida... e agora Deus falou mais uma vez. A narrativa lucana ilustra e testemunha como essas tradições proféticas passaram a ser experimentadas na comunidade cristã... mas a verdadeira questão é como a história e a experiência cristã são entendidas do ponto de vista bíblico.[1035]

Isso não quer dizer que a história cristã já esteja escrita, nem que o Antigo Testamento tenha que ser "atualizado" pelos escritores do Novo Testamento, muito menos por Lucas. A ideia é que a história de Jesus e da igreja primitiva seja contada à luz das Escrituras do Antigo Testamento. Pode-se dizer que, para Lucas, as Escrituras do Antigo Testamento são necessárias para interpretar a nova obra de salvação de Deus através de Jesus. Lucas age de duas maneiras principais em Lucas-Atos: ele interpreta as Escrituras, e conta a história do advento de Cristo e, ao mesmo tempo, o nascimento e o crescimento da igreja. Para Lucas, a ação de Deus na história no advento de Cristo não pode ser entendida fora do Antigo Testamento. Esta é, naturalmente, a abordagem do autor de Hebreus, que usou o Antigo Testamento para moldar seu discurso exortativo. Considerando como Lucas usou as Escrituras em sua narrativa, o que poderíamos esperar dele se ele escrevesse uma carta como Hebreus? Esperaremos que ele incorpore as Escrituras, da mesma maneira que encontramos em Hebreus.

[1035] Evans e Sanders, *Luke and Scripture*, p. 224.

Evidências adicionais

Já consideramos algumas propostas de Jacob Jervell com relação à abordagem que Lucas faz com relação ao judaísmo. Dois argumentos adicionais dele apoiam nossa tese.

Jervell argumenta que algumas omissões que Lucas faz do material de Marcos (ele parte do princípio da prioridade de Marcos) denunciam seu ponto de vista pró-judeu. Por exemplo, ele sugere que a omissão que Lucas faz de Marcos 7.1-23 não revela uma formação anti-judaica ou pró-gentia, como normalmente se sugere, mas o caso é bem outro. A passagem trata da pureza judaica e da contaminação, por isso se supôs que Lucas considerava isso irrelevante para seu público gentio. Jervell afirma, no entanto, que Lucas omitiu esta seção porque ele não queria retratar Jesus como crítico da Halacá rabínica. O propósito de Lucas é apresentar Jesus como um judeu leal; por isso que ele evita essa seção de Marcos.[1036] Para mim, o trabalho de Jervell consegue, pelo menos, mostrar a intenção de Lucas de apresentar Jesus e Paulo de um modo mais favorável para os leitores judeus.

Outra dica sobre a procedência judaica de Lucas-Atos é encontrada no tratamento de Lucas com relação aos samaritanos. Em nenhum lugar ele explica quem são os samaritanos como João faz em João 4.9. A introdução da "narrativa de viagem" (Lc 9.51) fica quase ininteligível sem o conhecimento prévio dos samaritanos e da relação entre o monte Gerizim e Jerusalém. Lucas espera muito de seus leitores sobre este assunto. Se seu público fosse composto por judeus cristãos, eles teriam conhecimento da situação samaritana, e não haveria necessidade de Lucas explicar isso.[1037]

Há uma característica linguística do Evangelho de Lucas que pode reforçar a sugestão da formação judaica de Lucas. No *Magnificat* de Lucas 1, há uma combinação incomum de tempos verbais nos vv. 46-47, um fenômeno que gerou uma série de explicações insatisfatórias. Randall Buth propôs uma solução que faz mais sentido a partir dos dados disponíveis.[1038]

[1036] Jervell, *Luke and the People of God*, p. 133-147.
[1037] Veja a discussão de Jervell em *Luke and the People of God*, p. 113-127.
[1038] R. Buth, "Hebrew Poetic Tenses and the Magnificat", *JSNT* 21 (1984): p. 67-83.

Há uma característica da poesia hebraica chamada "mudança de tempo verbal" em que o tempo verbal nas orações próximas são alteradas por puro efeito retórico. Nada na superfície ou na estrutura semântica do texto exige essa mudança. Além disso, essa mudança de tempo verbal não é característica do discurso grego ou semítico. A tradução dos Salmos na LXX não reproduz essa mudança de tempo verbal. Portanto, Lucas não poderia ter usado o LXX como modelo para a sua escrita do *Magnificat*. A sugestão de Buth é que o *Magnificat* consiste em um poema hebraico original, que ou Lucas ou (mais provavelmente) alguma outra pessoa traduziu cuidadosamente para o grego.

Buth resume seu estudo sobre a mudança poética do tempo verbal no hebraico com as cinco ideias seguintes:

1. Na poesia hebraica, o tempo às vezes mudará do passado completo para o presente-futuro-passado-habitual, ou vice-versa, sem uma mudança no mundo referencial.

2. Essa mudança do tempo verbal é tanto uma figura coesiva de linguagem na poesia hebraica quanto uma maneira de melhorar a beleza formal ou a qualidade estética de um poema.

3. Este fenômeno é atestado na poesia hebraica a partir de cerca de 1000 a.C.

4. Essa não parece ser uma característica natural nem do grego nem do aramaico.

5. A LXX, por evitar essa figura de linguagem, não poderia ter servido como um veículo para ensinar essa figura de linguagem poética aos leitores cristãos do grego ou a Lucas.[1039]

A combinação incomum entre o presente e o aoristo em Lucas 1.46-47 pode ser explicada de uma forma melhor pelo fenômeno da mudança do tempo verbal hebraico. Lucas era sensível o suficiente a este fenômeno para tê-lo utilizado em seu Evangelho. No entanto, seria muito incomum se Lucas tivesse sido o escritor gentio que os especialistas achavam que ele

---

[1039] Ibid., p. 73-74.

devia ser. A pergunta que deve ser feita é a seguinte: onde Lucas aprendeu esses detalhes da língua hebraica? Alguns afirmam que Lucas compôs o *Magnificat*. Se esse foi o caso, onde ele aprendeu essa sutileza da poesia hebraica se ele era um gentio? Buth acredita que outra pessoa traduziu o poema para o grego e que essa pessoa preservou a mudança poética do tempo verbal hebraico, apesar do uso normal grego e a despeito da prática usual de tradução da Septuaginta.[1040]

Lucas pode ter recebido essas informações de Maria, mãe de Jesus, por meio de entrevista pessoal. Ela poderia ter contado o incidente e a sua reação em hebraico, e Lucas verteu cuidadosamente a mudança verbal poética de seu *magnificat* em seu texto grego. De qualquer forma que se aborde o problema, Lucas usou a sua fonte e o seu método de redação para preservar uma característica textual que foge à estética do grego, mas reflete uma tradução cuidadosa de um (possível) original hebraico, fato que ilustra ainda mais seu conhecimento de características textuais judaicas, bem como a sua possível formação judaica.

De forma resumida, Buth observa:

> Os resultados deste estudo legitimam os verbos em Lucas 1.46-47 e nos dão uma sensação de apreço por eles. Os verbos gregos, embora baseados em um poema hebraico, não são necessariamente o resultado da ignorância por parte do tradutor. A explicação satisfatória não precisa ser que o tradutor não entendia hebraico ou aramaico; as pessoas que possuem o entendimento dos verbos hebraicos apresentam uma explicação melhor.[1041]

A evidência linguística questiona que alguém de origem grega tenha escrito a canção. Buth contesta que Lucas a tenha escrito por supor que Lucas era gentio. Lucas poderia ter sido um gentio que recebeu informações diretamente de Maria e que preservou o fenômeno único da mudança do verbo hebraico em sua narrativa grega. Se esse foi o caso, por que ele

---

[1040] Ibid., p. 74-75.
[1041] Ibid, p. 75.

traduziria fora da estética do grego? Acho que a melhor explicação é que Lucas tinha um passado judeu.

Buth também propôs uma solução para o problema da palavra plural *kurioi* (proprietários) encontrada em Lucas 19.33. Os intérpretes têm procurado explicar a estranheza da pluralidade dos proprietários como uma possível referência ao proprietário e sua esposa. Buth sugere, no entanto, que Lucas empregou um hebraísmo segundo o qual um único dono de um animal seria referido no plural.

No relato paralelo em Marcos 11.5, os homens não são referidos como "proprietários", mas se usa uma locução substantiva plural: "E alguns dos que ali estavam lhes disseram...". Buth afirma que, se sua sugestão estiver correta, Marcos não pode ser a fonte de Lucas:

> A alternativa seria dizer que Lucas acidentalmente expressou uma boa expressão idiomática do hebraico mishnaico a partir do plural de Marcos. Isso não é provável, já que não há razão ou motivação para chamar todos os homens de donos.[1042]

Buth sugere que Lucas aprendeu esse hebraísmo a partir de alguma fonte hebraica, mas será que é possível negar a presença dessa fonte e dizer que a expressão idiomática veio do próprio Lucas? Se assim for, seria mais uma evidência do passado e da formação judaica de Lucas.

Lucas 14.26-27 pode apresentar outra indicação do conhecimento que Lucas tinha do hebraico:

> Se alguém vem a mim e não aborrece a seu pai, e mãe, e mulher, e filhos, e irmãos, e irmãs e ainda a sua própria vida, não pode ser meu discípulo. E qualquer que não tomar a sua cruz e vier após mim não pode ser meu discípulo.

[1042] R. Buth, "Luke 19.31-34, Mishnaic Hebrew, and Bible Translation: is κύριον τον πωλον Singular?" *JBL* 104 (1985): p. 683. Nolland, no entanto, acha que Buth não apresentou uma explicação adequada. J. Nolland, *Luke 18.35-24.53*, WBC 35c (Dallas: Word, 1993), p. 925.

Se estes versículos forem traduzidos do grego para o hebraico, surge um jogo de palavras entre os verbos "aborrecer" e "tomar", que contêm as mesmas consoantes em hebraico (ś-n-' "aborrecer"," n-ś-' "tomar"). Se esse trocadilho de Lucas fosse intencional, os leitores judeus provavelmente o reconheceriam, enquanto os leitores gentios claramente não o fariam.[1043]

Outro exemplo é digno de ser mencionado. Turner ressalta que Lucas prefere usar o numeral depois do substantivo em vez de antes dele, e que este uso do adjetivo depois do substantivo reflete a ordem semita das palavras.[1044]

Robert Sloan fez uma análise profunda da teologia do Evangelho de Lucas, na qual ele defendeu o sentido preparatório do primeiro sermão de Jesus registrado em Lucas 4.16-30. Jesus começa seu sermão na sinagoga em Nazaré com uma citação de Isaías 61.1-2a e de Isaías 58.6. O profeta havia aplicado as passagens da Torá sobre o Ano Sabático e o Ano do Jubileu (Êx 21.2-6; 23.10-12; Lv 25; Dt 15.1-18; 31.9-13) aos israelitas que retornam do exílio babilônico. Jesus, por sua vez, aplica-os ao seu público israelita, que então deve ser pobre, cativo, cego e oprimido. "O uso subsequente de Jesus... desta terminologia sacerdotal... não passou despercebido nem pelos ouvintes nazarenos de Jesus nem pelos leitores judeus do evangelho de Lucas".[1045]

Sloan continua a apresentar evidências de que o conceito teológico do Ano do Jubileu está por trás de temas proeminentes no Evangelho de Lucas. Ele examina especialmente Lucas 6.20-38, a primeira metade do Sermão do Monte, e Lucas 11.4, a chamada "quinta oração" da Oração do Senhor, e conclui:

> A influência da legislação do ano do jubileu/ano sabático... sobre a mensagem e auto-compreensão de Jesus não pode ser

---

[1043] S. Lachs, "Hebrew Elements in the Gospels and Acts", *JQR* 71 (1980): p. 40-41.

[1044] N. Turner, *Syntax*, in *A Grammar of the Greek New Testament* (Edinburgh: T&T Clark, 1963), 3.349.

[1045] R. Sloan, *The Favorable Year of the Lord* (Austin: Scholars Press, 1977), 1; cf. id., "The Favorable Year of the Lord: An Abbreviation and Addenda", em *Cronos, Kairos, Christos II*, ed. J. Vardaman (Macon, GA: Mercer Univ. Press, 1998). Veja também S. Ringe, A Gospel of Liberation: An Explanation of Jubilee Motifs in the Gospel of Luke" (tese de doutorado, Union Theological Seminary, New York City, 1980), e o seu livro *Jesus, Liberation, and the Biblical Jubilee*, OBT 19 (Philadelphia: Fortress, 1985)

verificada somente na perícope de Nazaré... mas se manifesta de forma persistente, ou por que não dizer generalizada, em todo o evangelho de Lucas, e condiciona, de fato, de certa forma, a modelagem teológica e a apresentação que Lucas faz dos materiais evangélicos.[1046]

De acordo com Sloan, o Ano do Jubileu serve teologicamente para ilustrar que a salvação de Deus é tanto presente quanto futura. Cristo a inaugurou em sua primeira vinda e a consumará em sua segunda vinda.[1047] A palavra *aphesis*, que é comumente usada no Novo Testamento com o significado de "perdão", ocorre duas vezes na citação que Jesus faz de Isaías em Lucas 4.18, mas com o significado de "liberdade" ou "livre". Lucas aparentemente considerou que a palavra *aphesis* carrega um peso teológico considerável, já que, do seu total de 17 ocorrências no Novo Testamento, 10 são encontradas em Lucas-Atos. Sloan explica que o uso de Lucas representa o principal vínculo teológico e verbal com a proclamação levítica do Jubileu.[1048] A palavra aparece duas vezes em Hebreus, e curiosamente, ocorre sem qualquer adjunto adnominal em Hebreus 9.22 e em Lucas 4.18.

Todas as outras ocorrências desta palavra no Novo Testamento tipicamente acrescentam algum adjunto para completar seu significado, geralmente o *hamartiōn* genitivo, "dos pecados". Guthrie observa que o uso absoluto da palavra em Hebreus 9.22 deve ser entendido como uma referência não somente ao perdão de pecados específicos, mas à libertação ou libertação geral.[1049] De modo parecido, o escritor de Hebreus pode ter usado este termo referindo-se ao jubileu do passado como em Lucas 4.18. A palavra em si, a falta de adjuntos em Lucas 4.18 e Hebreus 9.22, e o possível pano de fundo do Ano do Jubileu em ambas as referências ligam Lucas e Hebreus.

[1046] Sloan, *The Favorable Year of the Lord*, p. 111-112.
[1047] Ibid., p. 166; veja também Sanders, *Luke and Scripture*, p. 84-92.
[1048] Ibid., p. 36-37.
[1049] D. Guthrie, *Hebrews*, TNTC (Grand Rapids: Eerdmans, 1983), p. 195.

Se Lucas fosse um grego escrevendo somente para um público gentio, seu destaque em temas do jubileu do Antigo Testamento seria considerado um tanto incomum. No entanto, se Lucas era judeu (ou pelo menos estivesse escrevendo para um público judeu), então esses fatores são explicados com uma maior facilidade. No mínimo, deve ser óbvio que Lucas conhecia muito bem o judaísmo do Antigo Testamento e revelava seu conhecimento e interesse nas Escrituras, nas tradições e nas perspectivas teológicas judaicas.

Robert Brawley interpreta as evidências de Lucas-Atos para indicar que Lucas, mais do que qualquer outro escritor no Novo Testamento, apresenta os fariseus de modo favorável. Ele conclui que parte do propósito de Lucas ao escrever a sua obra de dois volumes era encorajar os judeus a abraçar o cristianismo.[1050] Lucas trata os fariseus como representantes respeitados do judaísmo com quem um segmento considerável de seu público se identificaria.[1051] Brawley apresenta uma exegese de várias passagens relevantes e conclui que o material de Lucas é rico em admoestação persuasiva, escrito para persuadir um público judeu que ainda estava fora da igreja. Mesmo que a tese de Brawley a respeito da visão de Lucas sobre os fariseus esteja correta, apesar de sua visão sobre o propósito de Lucas não ser, sua evidência favorece destinatários judeus.[1052]

Palmer ilustra como Lucas empregou em Atos 1.1-14 uma série de elementos característicos de uma cena de despedida judaica. Embora o gênero de cenas e de discursos de despedida seja comum em escritos gregos, romanos e judeus, Palmer observa como as características judaicas são proeminentes no prólogo de Atos. Essa cena de despedida inclui uma declaração da proximidade da morte (ou partida) na narrativa ou nos lábios da pessoa importante que está para partir. Em segundo lugar, um público específico é reunido pela figura que parte. Terceiro, às vezes há uma revisão

---

[1050] R. Brawley, "The Pharisees in Luke-Acts: Luke's Address to Jews and His Irenic Purpose" (tese de doutorado, Princeton Theological Seminary, 1978); id., *Luke-Acts and the Jews: Conflict, Apology, and Conciliation*. Para acompanhar a visão oposta, consulte R. Karris, "Luke 23.47 and the Lucan view of Jesus' Death", em *Reimaging the Death of the Lukan Jesus*, Athenäums Monografien Theologie Bonner biblische Beiträge 73 (Frankfurt am Main: Anton Hain, 1990), p. 68-78.

[1051] Brawley, "The Pharisees in Luke-Acts", p. 159.

[1052] Veja também Mason, "Chief Priests, Sadducees, Pharisees and Sanhedrin in Acts", p. 115-177.

da história com intenção parenética. Em quarto lugar, a pessoa que parte pode nomear um sucessor ou transferir autoridade para outro indivíduo ou grupo. Em quinto lugar, as últimas palavras do personagem que parte são narradas, geralmente com brevidade. Palmer ilustra cada uma dessas tendências de Atos 1.1-14 e conclui que Lucas deliberadamente pautou seu relato narrativo nos moldes de uma cena de despedida judaica.[1053]

Outros exemplos da natureza judaica de Lucas-Atos podem ser citados. Em três ocasiões Lucas registra que Jesus morreu "em um madeiro". "Esta é uma maneira distintamente judaica de se referir à crucificação e ocorre somente duas outras vezes no Novo Testamento: Gálatas 3.13 e 1 Pedro 2.24.

Otto Betz analisou o uso de Isaías 28.16 ("Eis que eu assentei em Sião uma pedra, pedra já provada, pedra preciosa, angular, solidamente assentada; aquele que crer não foge") no Novo Testamento, especialmente em Hebreus.[1054] Ele reconhece seu uso por Paulo em Romanos 9.33; 10.11; 1 Coríntios 3.10-14; Efésios 2.20; e Colossenses 1.23; 2.5. Também está por trás das palavras de advertência, encorajamento e instrução de Jesus para Pedro em Mateus 16.18 e Lucas 22.31-32.[1055] Na passagem de Lucas encontramos Jesus orando por Pedro "para que sua fé não desfaleça". Aqui o ministério intercessor de Jesus destacado em Hebreus recebe um exemplo tangível na vida terrena de Jesus.

Max Wilcox enxerga a possibilidade de haver algum material tradicional rabínico nos bastidores de Lucas 24.21.[1056] Ele observa as semelhanças entre o *Pirqe de Rab Eliezer* (PRE) 48.82-86 e Lucas 24.21. Esta seção do PRE conta como "o mistério da redenção" de Israel foi passado de Abraão para José e seus irmãos. Diz-se que Asher passou para sua filha, Serah, que viveu até o tempo de Moisés. Quando soube que Moisés havia dito que "Deus certamente o visitou" (Êx 3.16) ela identificou Moisés como o

---

[1053] D.W. Palmer, "The Literary Background of Acts 1.1-14", *NTS* 33 (1987): p. 427-438.

[1054] O. Betz, "Firmness in Faith: Hebrews 11.1 and Isaiah 28.16", em *Scripture: Meaning and Method: Essays Presented to A. T. Hanson for His Seventieth Birthday,* ed. B. Thompson (North Yorkshire: Hull University Press, 1987), p. 92-113.

[1055] Ibid., p. 98-100.

[1056] M. Wilcox, "The Bones of Joseph: Hebrews 11.22", em *Scripture: Meaning and Method*, p. 114-130.

homem que libertaria Israel do Egito, pois ela tinha ouvido falar de seu pai *"pqd ypqd 'tkm"* ("Deus certamente deve visitá-lo"; Gn 50.24-25 e Êx 13.19).

Há um paralelo "marcante entre as palavras usadas por Serah para louvar Moisés como o redentor de Israel e as palavras em Lucas 24.21, onde Cleópas explica o que os discípulos haviam pensado sobre Jesus antes de sua morte:

Serah (de Moisés)	Cleópas (de Jesus)
Ele é o homem que está prestes a Redimir/libertar Israel do Egito.	Ele é o único que está prestes a Resgatar/libertar Israel.[1057]

Sem dúvida, alguns podem sugerir que Lucas simplesmente não tinha conhecimento desse paralelo e que isso não passava de parte de sua fonte. No entanto, tendo em vista o que sabemos a respeito da consciência aguçada de Lucas e do seu interesse sobre assuntos judeus, quem sabe isso seja mais uma evidência disso.

Outros exemplos de influência judaica incluem o seguinte do Livro de Atos:

16.3 Timóteo foi circuncidado por Paulo a pedido dos judeus.

18.18 Paulo raspou a cabeça por ter feito um voto judeu.[1058]

21.20 "Bem vês, irmão, quantas dezenas de milhares há entre os judeus que creram, e todos são zelosos da lei;

21.23,24 líderes judeus aconselharam Paulo a se juntar a quatro homens que haviam feito um voto e agora estavam prontos para cumprir os ritos de purificação. Ele deve pagar as despesas para mostrar ao povo de Jerusalém "que, pelo contrário, andas também, tu mesmo, guardando a lei.

28.17 Chegando a Roma, Paulo convocou "os principais dos judeus".

Se Lucas era um gentio escrevendo para destinatários gentios, é pelo menos estranho que ele tenha o costume de usar uma série de referências cronológicas que são claramente judaicas. Um exemplo é a dupla

---

[1057] Ibid., p. 119-120.
[1058] Veja a análise recente sobre isso e por que Lucas menciona isso em Atos em R. Tomes: "Why did Paul get his Hair Cut? (Acts 18.18; 21.23-24)", em *Luke's Literary Achievement: Collected Essays,* JSNTSup 116 (Sheffield: Sheffield Academic Press, 1995), p. 188-197.

referência ao tempo em Lucas 24.29: "É quase noite, e agora o dia está quase no fim. "Denaux e Van Wiele afirmam de modo convincente que essas duas referências de tempo no texto grego, bem como os equivalentes hebraicos, são expressões sinônimos e referem-se às horas da tarde entre o meio-dia e cerca de seis da tarde, e eles realmente apontam para o meio deste período, cerca de três da tarde. "A refeição em Emaús é uma refeição noturna, que acontece [*pros esperan*], ou seja, na hora nona (= três da tarde), a hora do sacrifício noturno (Nm 28,4,8; cp. 2 Esdras 3.3), com a qual o evangelho também começou (cf. Lc 1.8-23), e que é a hora da morte de Jesus três dias antes [*sic*] (Lc 23.44)".[1059] Esta interpretação da expressão de tempo duplo em Lucas 24.29 muitas vezes é mal interpretada, de acordo com Denaux e Van Wiele, porque os estudiosos ocidentais projetaram a sua própria compreensão cultural do conceito de "noite" (pôr do sol) no texto de Lucas.[1060]

As seguintes referências cronológicas judaicas são encontradas em Atos, sendo que várias delas só se acham em Lucas:

1: 12 a jornada de um sábado
2.1 ao cumprir-se o dia de Pentecostes
16.13 no dia do sábado
20.6 dias dos pães asmos
20.16 com o intuito de passar o dia de Pentecostes em Jerusalém
27.9 já passado o tempo do Dia do Jejum[1061]

Goulder descreve as referências geográficas em Lucas-Atos como "surpreendentemente precisas"[1062] Dada a ausência de mapas e a facilidade com que os erros podem surgir em histórias de segunda mão, este nível de precisão é "surpreendentemente impressionante".[1063] Jesus se retira para Betsaida (Lc 9.9-10) depois da declaração de Lucas de que Herodes, tendo

---

[1059] A. Denaux e I. Van Wiele, "The Meaning of the Double Expression of Time in Luke 24,29", em *Miracles and Imagery in Luke and John: Festschrift Ulrich Busse*, ed. J. Verheyden, G. Van Belle, e J. G. Van der Watt, Bibliotheca Ephemeridum Theologicarum Lovaniensium 218 (Leuven/Paris/Dudley, MA: Uitgeverij Peeters, 2008), p. 87.

[1060] Ibid.

[1061] Selwyn *St. Luke the Prophet*, p. 37, conclui a partir desta afirmação em 27.9 que o autor da seção "Nós" [de Lucas] era judeu.

[1062] Goulder, *Luke: A New Paradigm*, p. 117.

[1063] Ibid., p. 119.

ouvido falar de Jesus, estava tentando vê-lo. Este fato não é mencionado no texto paralelo de Marcos, mas é referido mais tarde em Marcos 6.45. Goulder deduz que Lucas sabia que Betsaida estava fora da jurisdição de Herodes e se encontrava na jurisdição de Filipe.[1064] Se essa dedução for válida, serve como mais uma indicação do conhecimento preciso de Lucas sobre a geografia e o meio político da Palestina. "Pode ter havido muito poucos membros da Igreja primitiva com uma experiência de viagem tão ampla, e o companheiro de Paulo em Atos é um deles".[1065]

O efeito cumulativo desses dados linguísticos e conceituais em Lucas-Atos contribuiu para a reavaliação do passado de Lucas. A teoria de que uma formação judaica para Lucas explica melhor os dados textuais em seus escritos, ganhou apoio nos últimos anos. Um dos caminhos mais importantes que estão sendo refletidos nos estudos do Novo Testamento é o valor de entender Lucas-Atos dentro de um contexto judaico. Lucas demonstra em sua obra de dois volumes que a igreja tem suas raízes no povo de Deus, Israel.[1066]

[1064] Ibid., p. 105.

[1065] Ibid., p. 119. Veja as evidências adicionais de Goulder que foram analisadas anteriormente em "Narrativas de Nascimento em Lucas 1-2".

[1066] Bovon e Blomberg registram sua discordância com a tendência nos estudos lucanos que afirma que Lucas destaca a continuidade sobre a descontinuidade com o judaísmo em Lucas- Atos. Bovon atribui a mudança de opinião a um desejo pós-holocausto de não ofender os judeus e um desrespeito generalizado dos principais estudos nas décadas de 1960 e 1970. F. Bovon, "Studies in Luke-Acts: Retrospect and Prospect", *HTR* 85 (1992): p. 175-196. Blomberg critica os estudos que sustentam esse ponto de vista dizendo que "eles não possuem uma análise narrativa-crítica consistente". C. Blomberg, "The Christian and the Law of Moses", in *Witness to the Gospel*, 399. Blomberg parece desconhecer o trabalho de Denova publicado em 1997, um estudo de primeira classe de Lucas-Atos dentro de uma perspectiva narrativa (ver acima em "O Uso das Escrituras em Lucas-Atos"). Finalmente, a maioria daqueles que sugerem um contexto judaico para Lucas-Atos não deixam de se preocupar com a descontinuidade que Lucas também destaca. Moessner e Tiede editaram uma série de vários volumes intitulada *Luke the Interpreter of Israel*. O título do primeiro volume mostra como é vista agora a compreensão que Lucas tem do judaísmo entre aqueles que se concentram nos estudos lucanos: D. Moessner, ed., *Jesus and the Heritage of Israel: Luke's Narrative Claim upon Israel's Heritage* (Harrisburg, PA: Trinity Press International, 1999), esp. 2-4, 49-51, 60, 66-67, 96-97, 168-170, 208, 217, 244-249, 322-324, 368. Neste volume, 17 estudiosos apresentam uma mudança radical de opinião de que Lucas é o intérprete de Israel. Há agora um consenso internacional de que Lucas afirma que Jesus é a verdadeira herança de Israel.

Lucas e seu leitor

Que implicações podemos extrair a partir das evidências que foram colhidas de Lucas-Atos? As amplas referências às práticas judaicas, às pessoas, às instituições e ao meio geral, dando-se pouca ou nenhuma explicação delas, sugerem fortemente que Lucas supõe que seus leitores possuam esse conhecimento. Por outro lado, a raridade das práticas religiosas ou instituições gentias mencionadas em Lucas-Atos também sugere que o público possa ser judeu. A apresentação de Lucas sobre Jesus com relação às expectativas messiânicas e escatológicas judaicas reflete ideias semelhantes atuais em escritos judeus do período interbíblico, e como Shellard observa: "Sua presença em Lucas, que é considerado popularmente como o mais 'gentio' dos Evangelhos, é um tanto surpreendente".[1067] A função das Escrituras em Lucas-Atos exige um leitor que possui um conhecimento íntimo das Escrituras Judaicas em grego. Lucas tende a "pensar" em termos judaicos.[1068]

Até Bock, que acredita no passado gentio de Lucas, admite:

> No entanto, o uso maciço do Antigo Testamento, o tempo gasto nas relações judaico-gentias, e as questões da disputa judaica no Evangelho de Lucas, incluindo os detalhes dados à rejeição judaica, todos sugerem que a questão da influência judaica é significativa no relato. O destaque em temas como a perseverança parece sugerir destinatários que precisam permanecer na comunidade diante da rejeição judaica, em vez de uma audiência a quem é direcionado um apelo estritamente evangélico para receber a salvação.[1069]

[1067] B. Shellard, *New Light on Luke: Its Purpose, Sources and Literary Context*, JSNTSup 215, ed. S. Porter (Londres: Sheffield Academic Press, 2002), p. 187-188.

[1068] Veja o resumo do trabalho de Denova anteriormente em "O Uso das Escrituras em Lucas-Atos".

[1069] D. Bock, "Luke", em *The Face of New Testament Studies: A Survey of Recent Research*, ed. S. McKnight e G. Osborne (Grand Rapids: Baker, 2004), p. 371.

Conclusão

Como o sal polvilhado ao longo da comida, esses vários exemplos proporcionam um sabor judeu a Lucas-Atos que não pode ser ignorado. Além disso, como Joel diz, eles não podem ser descartados somente porque os principais participantes da narrativa são judeus. O que é mais importante é o interesse de Lucas em sua judaicidade.[1070] Se Lucas fosse um gentio ou se estivesse escrevendo somente para gentios, certamente esperaríamos encontrar menos elementos judeus na narrativa. Além disso, se a avaliação da teologia de Lucas de Israel e sua relação com a Igreja apresentada acima é correta, então é óbvio que sua formação era mais judaica do que geralmente se admite. Podemos pelo menos dizer que Lucas pode ter sido judeu, e que ele estava preocupado com a história da salvação e com a nação de Israel.[1071] Para Lucas, o cristianismo é o cumprimento do judaísmo, e, em vez de rejeitar os judeus por causa de sua rejeição ao cristianismo, Lucas revela um espírito e um propósito irênico em sua obra de dois volumes.

Embora Martin Hengel favoreça a formação gentia de Lucas, ele reconhece que Lucas tem de longe o melhor conhecimento do judaísmo, do culto ao templo, sinagogas, costumes e seitas, e que ele os relata de forma precisa.[1072] Schreckenberg, embora ele acredite que Lucas seja um gentio, também afirma que "Lucas mostra um certo interesse, ou praticamente um vínculo bem forte com a cenário judaico dos acontecimentos do Novo Testamento e certamente não mostra nenhum sinal de antijudaísmo".[1073]

Podemos agora dizer que há uma quantidade significativa de evidências apontando para a judaicidade de Lucas-Atos. Mesmo que Lucas não seja judeu, ainda assim ele produziu uma obra de dois volumes que, em termos de conteúdo, linguagem e destaque, manifesta um incrível conhecimento e interesse em assuntos judeus. Diante disso, remove-se uma barreira importante contra a autoria lucana de Hebreus.

[1070] D. Juel, *Luke-Acts: The Promise of History* (Atlanta: John Knox, 1983), p. 103.
[1071] Parsons: "A narrativa de Atos também pode ser lida para apoiar a visão de que Lucas era judeu ou pelo menos profundamente interessado no judaísmo" ("Who Wrote the Gospel of Luke?", p. 20).
[1072] M. Hengel, *Zur urchristlichen Geschichtsschreibung* 59 (ET), p. 64.
[1073] H. S Chreckenberg e K. Schubert, *Jewish Historiography and Iconography in Early and Medieval Christianity*, p. 47.

Uma digressão: o judaísmo e o helenismo na igreja primitiva.

Wayne Meeks nos lembra de que os adjetivos "judeus" e "helenísticos" não ajudam muito para classificar a variedade de grupos cristãos no início da igreja. Embora isso talvez seja um pouco exagerado, é um lembrete convincente de que esta situação é o resultado de muitos fatores, não é menos importante que as fronteiras entre as variedades do judaísmo no primeiro século não eram impermeáveis. Paulo foi um "hebreu nascido de hebreus" (Fp 3.5), mas ele escreveu "somente e fluentemente em grego".[1074] Peder Borgen disse sem rodeios: "Os estudiosos não consideram mais a distinção entre o judaísmo palestino e helenístico como uma categoria básica para nossa compreensão do judaísmo".[1075]

As obras recentes de Malherbe, Betz, Kennedy, e seus alunos sobre a retórica greco-romana da época de Paulo afirmam que Paulo fez "uso reconhecível, sofisticado e original das estratégias comuns aos oradores". Dean Anderson oferece uma refutação radical desta posição.[1076] Qualquer que seja a posição de Paulo sobre a consciência ou sobre seu uso ou afastamento da retórica, ele frequentemente empregava estratégias interpretativas das Escrituras como as encontradas entre a interpretação judaica primitiva e a posterior, tanto sectária quanto rabínica. Paulo era "todas essas coisas ao mesmo tempo";[1077] Lucas, igualmente. A incrível quantidade de "difusionismo" (para usar a palavra de Meeks) no século 1 nos obriga a ser menos rígidos em nossas discussões e teorias sobre os conceitos de "judeu", "grego", "romano", "helenístico", "sectário", e uma série de outras etnias e comunidades. Nikalaus Walter demonstra a diversidade interna do judaísmo da diáspora helenística e oferece evidências claras de que o judaísmo helenístico da diáspora estabeleceu "ramos" em Jerusalém. Na época da igreja primitiva havia sinagogas em Jerusalém onde o grego era a

---

[1074] W. Meeks, "Judaism, Hellenism, and the Birth of Christianity", em *Paul Beyond the Judaism/Hellenism Divide*, ed. T. Engberg-Pedersen (Louisville: John Knox, 2001), p. 26-27.

[1075] P. Borgen, *The New Testament and Hellenistic Judaism*, ed. P. Borgen e S. Giversen (Peabody, MA: Hendrickson, 1997 [publicado originalmente pela Aarhus University Press, 1995]), p. 11.

[1076] R. D. Anderson, *Ancient Rhetorical Theory and Paul*, ed. rev. (Leuven: Peeters, 1999).

[1077] W. Meeks, "Judaism, Hellenism, and the Birth of Christianity", p. 26-27.

língua mais falada. O texto de Atos 6.9 indica que havia pelo menos duas e no máximo cinco sinagogas de "estrangeiros" da Diáspora, o que significa que havia comunidades organizadas de acordo com as nacionalidades.[1078] Isso é importante para a discussão sobre a localização dos destinatários de Hebreus e por que Hebreus foi escrita em grego. Essa permeabilidade deve informar e amenizar nossas discussões sobre assuntos como a formação étnica de Lucas, o pano de fundo de seus destinatários, o histórico do autor e dos destinatários de Hebreus, e outros assuntos relacionados.

Considere dois exemplos. Um dos principais argumentos contra um direcionamento palestino de Hebreus é que certamente o escritor teria escrito em hebraico se escrevesse para a igreja de Jerusalém. Mas esse argumento não pode mais ser mantido. Um segundo exemplo é encontrado no comentário do gramático grego J. H. Moulton que Hebreus foi escrita por alguém que não conhecia hebraico.[1079]

Um dos axiomas da Alta Crítica tem sido que os autores palestinos não podiam expressar ideias helenísticas, mas esses conceitos pertenciam a um "estágio posterior" de desenvolvimento. Isso agora foi demonstrado como uma suposição claramente falsa. Na biblioteca de Qumran, há evidências de que o LXX foi usado na Palestina do século 1, mesmo entre judeus muito rigorosos. Surpreendentemente, uma inscrição dedicando uma sinagoga judaica foi feita em grego.[1080]

O recente trabalho de Skarsaune é importante sobre este assunto. Um estudo das línguas usadas em Israel durante a época de Cristo revela que o grego koiné era comum em Israel e Jerusalém. As evidências para isso incluem o uso do grego por autores judeus, e inscrições em catacumbas datadas do primeiro ao século VI d.C. e em ossuários datados de cerca de 65

[1078] N. Walter, "Hellenistic Jews of the Diaspora Atos the Cradle of Primitive Christianity", em *The New Testament and Hellenistic Judaism*, ed. P. Borgen e S. Giversen (Aarhus, Dinamarca: Aarhus University Press, 1995), p. 11. Veja sua análise completa nas p. 37-58.

[1079] J.H. Moulton, "New Testament Greek in the Light of Modern Discovery", em *The Language of the New Testament: Classic Essays*, JSNTSup 60 (Sheffield: JSOT Press, 1991), 78-79. Esta é uma reimpressão de um artigo escrito em 1909.

[1080] Ellis, *History and Interpretation in New Testament Perspective*, p. 45.

a.C. a 135 d.C.[1081] "Não podemos diferenciar entre o judaísmo em Israel e o da diáspora, dizendo que este último era helenístico e o primeiro não".[1082]

O próximo capítulo é a minha tentativa de negociar com cautela este campo minado. Embora eu acredite que a evidência para a autoria lucana de hebreus seja substancial, fico em uma situação bem mais delicada quando se trata de minhas teorias sobre o destinatário de Lucas-Atos e os destinatários de Hebreus, e até mesmo no que diz respeito ao passado judeu para Lucas (embora com relação a este último, eu considero que as evidências apontam fortemente nesta direção). A autoria lucana de Hebreus não depende deles, nem deve ser negada com base somente no apelo ao que esperamos que deveria ter sido a defesa no século 1 com relação ao "judaísmo" ou "helenismo". Embora tenhamos aprendido muito nos últimos anos sobre o meio cultural da igreja do século 1, simplesmente ainda há muita coisa que não sabemos.

[1081] O. Skarsaune, *In the Shadow of the Temple: Jewish Influences on Early Christianity* (Downers Grove: InterVarsity, 2002), p. 40-42. Ele demonstrou que a "Palestina" não pode mais ser equiparada ao que "não é helenístico" (pp. 75-79).

[1082] Ibid, p. 75.

CAPÍTULO 7
Reconstituição histórica: a autoria lucana de Hebreus

A análise que acabamos de fazer sobre o interesse e a perspectiva judaicos de Lucas remove um argumento importante contra ele ser o autor de Hebreus, mostrando que Lucas era capaz de escrever um livro com esse caráter judeu-cristão. A maior objeção à autoria lucana é a suposição de que ele seria um gentio e que, portanto, não seria provável que tenha escrito uma obra como Hebreus. No caso de o escritor ser um gentio, ele teria um diálogo surpreendente com as Escrituras, a teologia, a tradição e a história do povo judeu. Baseado nos caps. 5 e 6 acima, a autoria lucana de Hebreus já não pode mais ser descartada somente a partir da suposição de que ele era um gentio.

Nesse momento, passo a apresentar uma teoria holística a respeito da autoria lucana de Hebreus. A proposta inclui a identificação de Teófilo como destinatário de Lucas para seu Evangelho e Atos, a datação de Lucas e Atos em uma época anterior a 70 d.C., o envolvimento de Lucas como amanuense para as Epístolas Pastorais, a procedência romana de Hebreus, a identificação dos destinatários de Hebreus como antigos sacerdotes convertidos, a localização dos destinatários em Antioquia da Síria, e uma data de escrita de Hebreus anterior ao ano 70 d.C.

O Destinatário de Lucas-Atos: Teófilo

Um grande debate tem girado em torno do tema dos destinatários da obra de dois volumes de Lucas. A maior parte dos estudos acadêmicos do Novo Testamento claramente optou por um público gentio. Mais recentemente, no entanto, surgiu uma série de obras que questiona a teoria da formação gentia de Lucas, a teoria dos destinatários gentios, ou as duas ao mesmo tempo, e propõem a probabilidade de os destinatários serem judeus.[1083] Jervell, Franklin e outros apresentaram evidências para provar a formação judaica de Lucas.[1084] Sem dúvida, os cristãos gentios leram o Evangelho de Lucas, mas suspeito que seu público principal tenha sido os judeus. Surge também toda uma série de perguntas sobre o público de Lucas. O Evangelho de Lucas foi endereçado a uma igreja ou grupo de igrejas, a um local específico, a uma audiência geral ou só para uma pessoa? Richard Bauckham propôs que todos os quatro Evangelhos foram escritos na segunda metade do século 1 para destinatários genéricos no mundo mediterrâneo. Estou propondo que esse não é o caso do Evangelho de Lucas.[1085]

Proponho que o principal destinatário do Evangelho de Lucas consiste em alguém chamado Teófilo. Os prólogos, tanto para Lucas quanto para Atos, referem-se a esse indivíduo, mas sem uma identificação mais detalhada. As teorias a respeito da sua identidade podem ser agrupadas em três vertentes. (1) Alguns consideram que o nome representa uma pessoa fictícia ou algum grupo (o nome significa "aquele que ama a Deus"). Cadbury foi um dos principais defensores dessa visão, chamando Teófilo de "destinatário imaginário"[1086] Crehan critica a escolha de Cadbury dos exemplos do século 2 para indicar que Lucas não estava escrevendo para alguém em especial. Ele aponta que o pressuposto de Cadbury a respeito

---

[1083] Parsons afirma: "Este século também testemunhou um ataque acentuado à identificação tradicional de Lucas como um gentio escrevendo para um público gentio. M. Parsons, "Who wrote the Gospel of Luke," *BBR* 17 (2001): 18.

[1084] J. Jervell, *Luke and the People of God: A New Look Atos Luke-Acts* (Minneapolis: Augsburg, 1972); E. Franklin, *Christ the Lord: A Study in the Purpose and Theology of Luke-Acts* (London: SPCK, 1975).

[1085] R. Bauckham, "For Whom Were the Gospels Written?" em *The Gospel for All Christians: Rethinking the Gospel Audiences*, ed. R. Bauckham (Grand Rapids: Eerdmans, 1998), p. 9-48. A busca pela comunidade lucana, como a de Hebreus, rendeu muitas sugestões, mas não conseguiu chegar a um consenso.

[1086] H. Cadbury, *Making of Luke-Acts* (New York: Macmillan, 1927), p. 203.

de uma data tardia para Atos (início do século 2) deixou de ser uma unanimidade entre os estudiosos, e parece "provável" que o Teófilo de Lucas tenha sido uma pessoa real.[1087] Além disso, Lucas usa o pronome de tratamento "excelentíssimo", um título honorífico que sugere referência a uma pessoa real. No Livro de Atos, este título refere-se aos oficiais romanos, o que pode ter sido o caso de Teófilo. Esta visão encontrou forte apoio dos estudiosos, que muitas vezes veem Lucas-Atos como uma apologia da tolerância do cristianismo no Império Romano. No entanto, os problemas em ver o propósito de Lucas dessa forma são difíceis de superar.[1088] Além disso, Teófilo não consiste em um nome romano, mas era comumente usado por judeus helenísticos.[1089] Strelan aponta corretamente que o uso do honorífico "excelentíssimo" não indica necessariamente que a pessoa saudada dessa maneira seja superior ao escritor".[1090] (2) Em segundo lugar, Teófilo pode ser um pseudônimo para alguém que o autor (talvez para proteção) não deseja especificar o nome. Talvez "Teófilo" fosse o nome de batismo dessa pessoa. Esta categoria de teorias é mais amplamente apoiada nos estudos atuais. Os indivíduos sugeridos para os quais Teófilo pode ter sido um pseudônimo incluem Sérgio Paulo, Gálio, Tito, Filo e Agripa II.[1091] A principal fraqueza dessas sugestões é a incerteza de que nomes de batismo tenham sido utilizados, ou mesmo de forma ampla neste momento. As opiniões diferem sobre a questão de saber se Teófilo era cristão. Alguns, como Zahn, acreditam que o uso de um título honorífico indica um não-cristão, já que não há evidências de que os cristãos usaram

---

[1087] J.H. Crehan, "The Purpose of Luke in Acts", *SE II*, Part I: *The New Testament Scriptures*, ed. F. L. Cross (Berlin: Akademie-Verlag, 1964), p. 356-358. Creech avalia a importância de Teófilo em Lucas-Atos a partir de um ângulo literário-crítico, mas conclui que uma leitura atenta do texto sugere que Teófilo era uma figura histórica. R. Creech, The Most Excellent Narratee: The Significance of Theophilus in Luke-Acts", em *With Steadfast Purpose: Essays in Honor of Henry Jack Flanders*, ed. N. Keathley (Waco, TX: Baylor Univ. Press, 1990), p. 107-126.

[1088] Cf. E. Ellis *O Evangelho de Lucas*, NCBC (Grand Rapids: Eerdmans, 1974; repr., Londres: Oliphants, 1977), 60.

[1089] H. Leon *Os judeus da Roma Antiga* (Filadélfia: JSALMOSA, 1960), 104.

[1090] R. Strelan, *Luke the Priest: The Authority of the Author of the Third Gospel* (Burlington, VT.: Ashegate, 2009), p. 108.

[1091] A sugestão de Agripa II foi feita por W.Marx em um artigo interessante, "A NewTheophilus," *EvQ* 52 (1980): p. 17'26.

títulos seculares para abordar outros cristãos. [1092] Alguns propõem que o destinatário de Lucas era um temente a Deus. [1093] No entanto, o v. 4 no prólogo de Lucas ("para que conheças a certeza das coisas de que já estás informado") parece indicar que Teófilo já era um cristão.[1094] (3) A teoria (ou o grupo de teorias) final é que Teófilo era, na verdade, o nome do leitor pretendido de Lucas. [1095] Esta teoria é a mais provável. Pelo menos dois nomes foram propostos para identificar o destinatário de Lucas-Atos. Jerônimo sugeriu que um certo Teófilo (que era oficial em Atenas e foi condenado por perjúrio pelo Areópago) pode ter sido o destinatário de Lucas. Outros propuseram que Teófilo de Antioquia (que é mencionado nos *Reconhecimentos de Clemente* e diz ter doado sua casa como local de encontro para a igreja) pode ter sido o destinatário de Lucas. Nenhum desses indivíduos viveu durante o período necessário para ser considerado como destinatário de Lucas.

Houve um terceiro indivíduo proeminente durante a primeira metade do século 1 que raramente foi visto como candidato a ser o Teófilo de Lucas, ou seja, o sumo sacerdote que serviu de 37 a 41 d.C. [14] Dado o destaque em assuntos sacerdotais em Lucas-Atos, devemos considerar que Lucas pode ter escrito seu Evangelho para um sumo sacerdote judeu

---

[1092] T. Zahn, *Introduction to the New Testament,* Trad. J. Trout et. al. (New York: Charles Scribner's Sons, 1917; reimpr., Minneapolis: Klock and Klock, 1953), 3.34.

[1093] Veja A. T. Kraabel, "The Disappearance of the 'Godfearers'", *Numen* 28 (1981): p. 113-126, e "Greeks, Jews and Lutherans in the Middle Half of Acts," *HTR* 79 (1986): p. 147-157; J. Jervell, "The Church of Jews and Godfearers", em *Luke-Acts and the Jewish People: Eight Critical Perspectives* (Minneapolis: Augsburg, 1988), p. 11-20; e J. Tyson, *Images of Judaism in Luke-Acts* (Columbia: University of South Carolina Press, 1992), p. 35-39.

[1094] Do mesmo modo *New Testament Introduction,* 4ª ed. rev. (Downers Grove: InterVarsity, 1990), p. 95-96. É certamente possível que Lucas esteja tentando obter informações confiáveis para Teófilo sobre o cristianismo, a fim de convertê-lo. O uso de καθηχέω no prólogo de Lucas é a questão principal nesse contexto. Creech força o argumento quando diz: "Somente pressupostos poderiam levar à conclusão de que Teófilo é um leitor cristão. As evidências narratológicas sugerem o contrário", e "O retrato... reconstituído por métodos narratológicos, no entanto, é o de um gentio temente a Deus sendo solicitado a considerar o cristianismo". R. Creech, "The Most Excellent Narratee", p. 121, 126.

[1095] Alguns sugeriram que Lucas não escreveu para Teófilo, mas simplesmente lhe dedicou a sua obra. Embora esta não fosse uma prática desconhecida na época, a estrutura do prólogo torna isso improvável. C. Giblin, *The Destruction of Jerusalem According to Luke's Gospel: A Historical-Typological Moral,* AnBib 107 (Rome: Biblical Institute Press, 1985), p. 8, observa de forma correta: "A mudança de pessoas de Lucas 1,1-2 ('eles para nós') com a oração principal e o seu desenvolvimento em 1,3-4 ('Eu para ti [sg.]') confirma essa especificação. A saudação respeitosa (κρατιστε) mostra ainda que Lucas não está direcionando seu trabalho "para qualquer homem na rua ou mesmo a alguém aleatório na comunidade cristã, mas para uma pessoa de riqueza, influência e educação consideráveis".

— talvez para lhe transmitir o seu conhecimento sobre Jesus e sobre a igreja primitiva, ou convertê-lo ao cristianismo.

Teófilo foi um dos cinco filhos de Anás, o sumo sacerdote mencionado no Novo Testamento junto com Caifás, genro de Anás. Anás governou de 6 a 15 d.C., e Caifás governou de 18 a 36 d.C. Todos os cinco filhos serviram como sumo sacerdotes em Jerusalém antes do ano 70. Seus nomes e anos de serviço são Eleazer (16-17 d.C.), Jonathan (36-37 d.C.), Teófilo (37-41 d.C.), Matthias (42-44 d.C.) e Anás II (3 meses em 62 d.C.).

Mesmo depois de seu reinado, Anás parece ter exercido grande autoridade, pois ele é mencionado junto com Caifás no Novo Testamento como sumo sacerdote (embora Caifás estivesse governando na época). Isso porque o cargo de sumo sacerdote era hereditário e vitalício, pelo menos aos olhos do povo. Mesmo um sumo sacerdote deposto tinha uma autoridade considerável sobre o povo.

O nome de um dos cinco filhos de Anás é interessante porque é grego e não judeu. "Teófilo" significa "aquele que ama a Deus" e é um nome helênico greco-romano. A ocorrência de nomes gregos entre os hasmoneus posteriores e entre os sacerdotes não é incomum. Por exemplo, Jasão, o sumo sacerdote, mudou seu nome anterior de "Jesus"[15] Os estudos comprovaram o aparecimento de nomes gregos entre os hasmoneus posteriores e o sacerdócio. Por causa de sua visão helenística, a aristocracia judaica frequentemente seguia a prática de ter dois nomes. O Novo Testamento revela essa prática. Se Teófilo é uma versão helenizada de algum nome judeu, qual poderia ser esse nome? Robert Eisler propõe que Teófilo também era conhecido como "Yohannan" (João) pelas seguintes razões:[1096]

Em primeiro lugar, Teófilo equivale à tradução grega do hebraico Yohannan. "Quando um nome não judeu era adotado, além de um judeu, muitas vezes possuía algum vínculo, fonológico ou semântico, com o original. É provável que nomes judeus estejam por trás de alguns dos nomes gregos e latinos em Atos.[1097]

[1096] R. Eisler, *The Enigma of the Fourth Gospel* (London: Methuen & Co., 1936), p. 39-45.
[1097] Veja H. Cadbury, *The Book of Acts in History* (New York: Harper & Brothers, 1955), p. 90.

Segundo, em Atos 4.6, o Códice de Beza apresenta "Jônatas" em vez de "João" em uma referência a membros da família do sumo sacerdote. Já que Josefo menciona Jônatas, filho de Anás, em seis passagens, esta variante em Atos 4.6 tem sido explicada como uma correção, visto que não se conhecia nenhum "João" da família do sumo sacerdote. Entretanto, essa correção seria desnecessária, já que um filho de Anás chamado "João" e outro com o nome de Alexandre são mencionados por Josefo. Este João é introduzido como *Ananiou Iōannēs*, "João (filho de) Anás", e Josefo o descreve como um comandante das forças judaicas em Gofna (onde muitos sacerdotes viviam) e Acrabeta em torno de 66 d.C. Será que esse João poderia ser filho de um Anás desconhecido? Uma resposta pode ser que um líder desconhecido provavelmente não teria sido apresentado como "João, filho de Anás", mas como "um certo João, filho de Anás". Já que Josefo nos diz que todos os filhos de Anás serviram como sumos sacerdotes (Teófilo foi deposto e não perdeu o cargo até a morte), e se "João" era o nome hebraico de Teófilo, é concebível que essas referências se apliquem à mesma pessoa.[1098] Mesmo que essa identificação esteja equivocada, isso não impediria que Lucas escrevesse para Teófilo, o ex-sumo sacerdote judeu.

Uma terceira razão para esta identificação de "João" com "Teófilo" também é extraída de Josefo. Em suas *Guerras Judaicas*, o nome Teófilo não ocorre, enquanto o nome João aparece; em suas *Antiguidades Judaicas* o nome Teófilo ocorre, mas "João, filho de Anás", não. Talvez Josefo tivesse usado o seu nome grego em um volume e o seu nome hebraico no outro. Uma situação semelhante é encontrada no Novo Testamento, onde os nomes "João Marcos", "João" e "Marcos" se referem à mesma pessoa.

Um quarto argumento, não mencionado por Eisler, pode ser apresentado em favor da possibilidade de que o nome judeu de Teófilo fosse João. Os nomes dos filhos hasmoneus eram Judas Macabeu, Jônatas, Simão, João e Eleazar. Dois desses cinco nomes correspondem a dois dos cinco filhos de Anás, ou seja, Eleazar e Jônatas. Mas na dinastia hasmoneana tanto um Jonathan quanto um João são encontrados. Teófilo pode ter recebido o

---

[1098] F.F. Bruce atesta a possibilidade dessa identificação feita por Eisler, mas acha "mais provável" que o texto se refira a Jônatas com base no texto delta. F. F. Bruce, *The Acts of the Apostles, The Greek Text with Introduction and Commentary* (Grand Rapids: Eerdmans, 1951), p. 119.

nome de João como sugerido acima, então três dos cinco filhos de Anás tinham nomes equivalentes aos filhos de Hasmon. É completamente provável que Anás tenha nomeado alguns de seus filhos seguindo a grande linhagem hasmoneia de um século e meio antes. Sabemos que a família de Anás de sacerdotes saduceus encarasse a dinastia hasmoneana como heróis da fé, e pelo menos dois dos filhos de Anás deram seus nomes. Os estudos mostram uma alta incidência de nomes hasmoneus do índice onomástico judeu palestino do século 1, bem como em Atos. Isso provavelmente é um indicativo da ampla simpatia do povo judeu, como observa Margret Williams, comprovada por sua vontade de arriscar tudo em 66 d.C. "em uma luta à moda dos macabeus pela liberdade".[1099]

Não se pode afirmar que "João" e "Jônatas" seriam nomes muito semelhantes para aparecer na mesma família; a família hasmoneana teve filhos com os dois nomes, e Jeremias 40.8 menciona os filhos de Careá – Yohannan (João) e Yonathan. Claramente Teófilo também tinha um nome hebraico, e Yohannan é uma sugestão plausível.

Se João, filho de Ananias (Anás), mencionado por Josefo como comandante das forças judaicas em 66 d.C. é o mesmo que Teófilo, que anteriormente serviu como sumo sacerdote, então podemos sugerir a possibilidade de que Lucas o conhecia e escreveu para convertê-lo ao cristianismo ou (mais provavelmente, com base no prólogo do Evangelho de Lucas) para instruí-lo como um novo cristão.

Os estudos acadêmicos conservadores tendem a situar Lucas-Atos entre 61 e 65 d.C. Além disso, o pronome de tratamento "excelentíssimo" não foi usado somente para oficiais romanos, mas também para os sacerdotes, pelo menos nos séculos 2 e 3.[1100] Aprendemos com Josefo o papel importante desempenhado pelos sacerdotes como guardiões da herança genealógica. Os sacerdotes foram responsáveis por garantir a pureza, e eles são referidos como "os homens excelentíssimos" *(hoi aristoi)*.[1101] Jeremias

---

[1099] M. Williams, "Palestinian Jewish Personal Names in Acts", em *The Book of Acts in its Palestinian Setting*, ed. R. Bauckham (Grand Rapids: Eerdmans, 1995), 4.109.

[1100] F. Foakes-Jackson e K. Lake, *The Beginnings of Christianity (New York: Macmillan, 1942;* reimpr., Grand Rapids: Baker, 1979), p. 505-508.

[1101] Josefo, *Contra Apion*, 1.30. Veja também S.Mason, "Chief Priests, Sadducees, Pharisees and Sanhedrin in Acts", em *The Book of Acts in Its Palestinian Setting*, p. 173.

observa que, mesmo depois da remoção do cargo, o sumo sacerdote manteve seu título e autoridade.[1102] Os ex-sacerdotes poderiam ser saudados como "excelentíssimo".

De acordo com Josefo, Teófilo foi deposto em 41 d.C. por Herodes Agripa I. Pode ser que Teófilo não fosse tão antagônico à nova seita cristã como Herodes queria que ele fosse, então ele o retirou do cargo em favor de alguém menos caridoso. Afinal, foi Herodes Agripa I quem matou Tiago (At 12), e Lucas pode ter preservado essa informação junto com seu relato único da morte de Herodes, principalmente por ser uma informação que interessaria a Teófilo.[1103]

Há outra evidência arqueológica interessante pode fundamentar a defesa do Teófilo de Lucas como um ex-sumo sacerdote. Barag e Flusser escreveram sobre um ossuário com a gravação de uma inscrição aramaica: *"Yehohanah/Yehohanah filha de Yehohanan/filho de Teófilo, o sumo sacerdote.*[1104]

Yehohanan foi um nome masculino popular entre os judeus durante o período do Segundo Templo. A forma feminina do nome na inscrição, Yehohanah (Johanna), refere-se à neta de Teófilo, que morreu logo depois da nomeação de seu avô como sumo sacerdote na primavera de 37 d.C. Se o Códice de Beza, que traz a leitura "Jonathan", for reconhecida em Atos 4.6, então é possível que a lista de Lucas daqueles que se opuseram aos discípulos em Jerusalém todos pertenciam à família sacerdotisa de Anás, o pai de Teófilo.[1105] Lucas também menciona "Joana, a esposa de Cusa, mordomo de Herodes" duas vezes em seu Evangelho (Lc 8.3; 24.10). Em ambos os lugares Joana ocorre como o nome do meio em uma lista de três mulheres, e em ambas as listas o nome de Maria Madalena

---

[1102] Jeremias, *Jerusalem in the Time of Jesus*, p. 157. O papel do sumo sacerdote na obtenção de expiação para o povo foi um princípio fixo da teologia judaica. Por causa disso, Josefo (*Guerra* 4.318) chamou o sumo sacerdote de "o capitão de sua salvação" (cf. Hb 2.10).

[1103] O relato da morte de Herodes está um pouco fora de sincronia com a narrativa que se desenrola em Atos. Por que Lucas incluiria esta informação, a menos que fosse de algum interesse para seu leitor? Além disso, a natureza do relato em Atos 12.20-24 é completamente judaica, outra evidência para o judaísmo de Lucas. W. Allen, *The Death of Herod: The Narrative and Theological Function of Retribution in Luke-Acts* (Atlanta: Scholars Press, 1997), aponta que o relato da morte de Herodes aparece "quase fora do lugar" na narrativa de Lucas, mas desempenha um papel fundamental na estrutura do discurso de Atos (ver esp. pp. 130-147).

[1104] D. Barag e D. Flusser, "The Ossuary of Yehohanaḥ Granddaughter of the High Priest Theophilus", *IEJ*, 36 (1986), p. 39.

[1105] Ibid., p. 43.

ocorre primeiro. Dada a propensão de Lucas para estruturas quiásticas e inclusões, a colocação do nome de Joanna no meio de ambas as listas pode ser significativa. Claro, se o destinatário do Evangelho de Lucas foi Teófilo como está sendo proposto, então a conexão é evidente, até surpreendente.

O meio político durante a década pouco antes da queda de Jerusalém em 70 d.C. é importante para nossa investigação. Ananus II, irmão de Teófilo, serviu por três meses como sumo sacerdote em 62 e desempenhou um papel de liderança durante os estágios iniciais da Guerra Judaica. Como um "sacerdote saduceu ardentemente patriótico",[1106] ele se aproveitou da instabilidade política (resultante da morte súbita do procurador romano Festo) para prender e apedrejar Tiago, irmão do Senhor e líder da igreja de Jerusalém. Agripa, querendo manter-se nas boas graças de Roma, imediatamente depôs Ananus antes de o novo procurador chegar. Ananus foi mais tarde executado pela população.[1107]

Robinson faz referência à morte de Tiago em 62 d.C. para destacar como Lucas perdeu uma oportunidade de ouro para servir seu propósito apologético, apontando que eram os judeus e não os romanos que eram os inimigos do evangelho. [1108] Robinson usa isso como um argumento contra uma data pós-70 para Atos, juntamente com a omissão de Lucas de outros acontecimentos importantes, como a Guerra Judaica. No entanto, Lucas provavelmente escreveu Atos *depois de* 62 d.C. (embora não muito tempo depois), e ele teria sabido sobre a morte de Tiago, o irmão do Senhor. Uma razão melhor para Lucas omitir a morte desse Tiago em 62, enquanto menciona a morte de Tiago, irmão de João em Atos 12, deve ser encontrada em seu destinatário, Teófilo. Como Ananus II era irmão de Teófilo, e Teófilo provavelmente já era cristão (Lc 1.4), a omissão foi por razões óbvias.

Outro interesse é que o filho de Teófilo, Matias, também serviu como sumo sacerdote de 65 a 67 anos e estava no cargo no início da Guerra Judaica em 66 d.C. Teófilo, se ainda estivesse vivo, estaria envolvido

---

[1106] B. Reicke, *The New Testament Era: The World of the Bible from 500 B.C. to A.D. 100,* trad. D. Green (Philadelphia: Fortress, 1968), 209.

[1107] Josefo, *Antiguidades*, 20.200-203.

[1108] J. A. T. Robinson, *Redating the New Testament* (London: SCM, 1976), p. 89.

profundamente nesses acontecimentos junto com sua família. Se Teófilo era o filho de Anás que Josefo mencionou (comandante das forças judaicas em Gofna e Acrabeta), então Teófilo estava profundamente envolvido na arena política da época – muito perto da data de composição de Lucas-Atos. Será que Lucas escreveu seu Evangelho e Atos para o sumo sacerdote durante os anos que antecederam a Guerra Judaica?

Alford identifica Teófilo como o sumo sacerdote em Atos 9.2 que apresentou a Paulo os documentos para perseguir cristãos em Damasco. Mais tarde, no discurso de Paulo à multidão de Jerusalém (At 22.4-5), ele se referiu novamente ao sumo sacerdote:[1109]

> E persegui este caminho até à morte, prendendo, e pondo em prisões, tanto homens como mulheres, como também o sumo sacerdote me é testemunha, e todo o conselho dos presbíteros. E, recebendo destes, cartas para os irmãos, fui a Damasco, para trazer maniatados para Jerusalém aqueles que ali estivessem, a fim de que fossem castigados.

Alford está se referindo ao sumo sacerdote "daquele dia [que apresentou os documentos], que ainda está vivo, ou seja, Teófilo".[1110] Este discurso em Jerusalém ocorreu em 58 d.C. Não é razoável para Alford sugerir essa identificação, já que Teófilo deixou esse ofício em 41 d.C. Se essas correlações estiverem corretas, então Teófilo estava vivo quando Lucas e Atos foram escritos.

Mais evidências para a identificação de Alford do sumo sacerdote a quem Paulo se refere podem ser encontradas no incidente que se segue imediatamente. No dia seguinte ao discurso de Paulo à multidão judaica, ele é levado ao conselho judeu com o sumo sacerdote presente (At 23.1-10). A declaração inicial de Paulo de que ele tinha vivido "diante de Deus em toda a boa consciência até hoje" é seguida imediatamente pelo comando do sumo sacerdote Ananias de que aqueles que estavam ao lado de Paulo

---

[1109] H. Alford, "Hebrews", em *Alford's Greek Testament: An Exegetical and Critical Commentary*, 7ª ed. (Cambridge: Rivingtons & Deighton, Bell & Co., 1877), p. 97.

[1110] Ibid., p. 245-246.

deveriam golpeá-lo na boca. Paulo retruca em v. 3, "Deus te ferirá, parede branqueada; tu estás aqui assentado para julgar-me conforme a lei, e contra a lei me mandas ferir? E os que ali estavam disseram: Injurias o sumo sacerdote de Deus? E Paulo disse: Não sabia, irmãos, que era o sumo sacerdote; porque está escrito: Não dirás mal do príncipe do teu povo". (At 23.4-5).

Comparando as declarações de Paulo em Atos 22.4-5 com 23.5, é óbvio que Paulo não sabia quem era o sumo sacerdote ou pelo menos não o reconheceu como o sumo sacerdote em 23.5; no entanto, ele *conhecia* o sumo sacerdote sobre quem ele estava falando em 22.5. A referência de Paulo em 22.5 não era para o sumo sacerdote governante na época, Ananias. A pergunta então se torna, quem era ele? A sugestão de Alford de Teófilo é tão plausível quanto qualquer outra.[1111]

Todo esse episódio de Paulo perante o conselho em Atos 23.1-10 é facilmente explicado se o leitor pretendido de Lucas se tratasse de um ex-sumo sacerdote. Além disso, a inclusão de Lucas neste incidente e a resposta submissa de Paulo ao sumo sacerdote é ainda mais notável quando consideramos quem era o sumo sacerdote neste momento. Bruce descreve este sumo sacerdote, Ananias:

> [Ele era] um político notoriamente inescrupuloso e arrebatador, [que] tinha sido nomeado Sumo Sacerdote por Herodes de Calcis em cerca de 47 d.C. Ele era, como a maioria dos sacerdotes, um saduceu. Em cerca do ano 52 d.C., ele foi enviado a Roma por Quadrato, legado da Síria, como responsável pelas revoltas na Judéia, mas foi absolvido e agora estava no auge de seu poder. Mesmo depois de sua sucessão em 58-59, ele exerceu grande autoridade. Ele foi assassinado em 66 por vingança motivada sua política a favor de Roma.[1112]

[1111] Veja a análise de Alford ("Hebreus", p. 253) sobre as várias teorias sobre o significado das palavras de Paulo em v. 5 ("Eu não sabia, irmãos, que era o sumo sacerdote"). Ele conclui que o único significado que se encaixa com suas palavras e os fatos da história foi que Paulo realmente não sabia que era o sumo sacerdote que tinha falado com ele, provavelmente por causa da visão pobre de Paulo.

[1112] Bruce, *The Acts of the Apostles*, p. 409.

A ideia de interesse aqui não é somente o relato da resposta de Paulo, mas a inclusão de Lucas deste incidente em Atos. Se o leitor pretendido de Lucas era Teófilo, um ex-sumo sacerdote, então Lucas deliberadamente apresenta Paulo não como antagônico à lei, mas fiel à sua herança judaica — embora ele fosse cristão. Isso é mais facilmente explicado na teoria de um destinatário judeu do que de um destinatário gentio. Em vez de ser uma defesa de Paulo e/ou cristianismo às autoridades romanas, seu propósito é oferecer uma defesa às autoridades judaicas, especificamente a um ex-sumo sacerdote.

Mais luz pode ser lançada sobre a formação do leitor pretendido de Lucas quando consideramos a saída de Paulo diante do conselho irritado. Reconhecendo a natureza bipartidária do conselho (saduceus e fariseus), Paulo se aproveitou da diferença teológica entre esses grupos (que os saduceus negam a ressurreição do corpo). Sua distração funcionou perfeitamente, e se diz que surgiu uma dissidência entre os fariseus e os saduceus que desviaram a atenção de Paulo.

Se Teófilo já fosse cristão no momento da escrita, então esta cena, juntamente com o destaque lucano na ressurreição ao longo de Lucas-Atos, pode ser visto como a tentativa de Lucas de verificar o que Teófilo já foi ensinado sobre a ressurreição de Cristo. Lucas fala mais das aparições do Jesus ressuscitado do que os outros escritores sinóticos; em Atos, os apóstolos são apresentados de forma proposital como testemunhas da ressurreição, e Lucas registra não somente o testemunho de Paulo a favor da ressurreição, mas também seu uso dele para conduzir uma rixa entre os fariseus e os saduceus em Jerusalém. Lucas se esforça muito para apontar em inúmeras ocasiões em Atos que Paulo está acorrentado por causa da "esperança da ressurreição" ou da "esperança de Israel" (cf. 23.6; 24.15; 25.19; 26.6-7; 26.22-23; e 28.20). Lucas menciona esse conceito em cinco dos seis últimos capítulos de Atos. Se ele está escrevendo para gentios, trata-se de um destaque estranho; no entanto, se ele está escrevendo para destinatários judeus (especificamente um ex-sacerdote saduceu) com o propósito de instrução adicional na doutrina cristã, então o destaque na ressurreição é de se esperar.

Como ele era um saduceu, seria difícil para Teófilo aceitar a ressurreição. Além disso, enquanto Paulo poderia reter alguns aspectos do sistema fariseu de crenças e ainda ser cristão, não se poderia permanecer um saduceu (negando a existência de anjos, a ressurreição e a soberania de Deus nos assuntos dos homens) e, ao mesmo tempo, ser cristão.[1113]

Ao longo de Lucas-Atos, Lucas destaca o papel dos anjos no plano geral de salvação. Eles figuram proeminentemente na narrativa de nascimento do Evangelho, e eles também estão presentes depois da ressurreição no final do Evangelho. O livro de Atos começa com anjos falando com os discípulos, e várias referências à atividade angelical aparecem por toda parte. Teófilo estava sendo doutrinado na realidade do sobrenatural através da atividade angelical.

Finalmente, imediatamente depois do incidente registrado em Atos 23.1-10, o Senhor "ficou ao lado" de Paulo e assegurou-lhe que, como havia testemunhado em Jerusalém, ele também deve testemunhar em Roma (At 23.11). O destaque na soberania de Deus e sua governança dos assuntos humanos, contra a negação dos saduceus, é narrada de forma rica. Este tema é proeminente em Atos.[1114]

Minha conclusão, então - de que o leitor de Lucas é um ex-saduceu e sumo sacerdote que havia sido convertido, mas precisava de instrução e encorajamento porque seu antigo sistema de crenças estava falido — pode ser confirmado textualmente observando o destaque lucano na (1) ressurreição, (2) na atividade angelical, (3) na atividade soberana de Deus

---

[1113] Cf. O comentário de Bruce sobre Atos 23.6: "Não podemos imaginar um saduceu se tornando cristão, a menos que ele tenha deixado de ser saduceu" (Bruce, *The Acts of the Apostles,* p. 411). Dois dos melhores estudos disponíveis sobre os saduceus são de J. Le Moyne, *Les Sadduceés* (Paris: Gabalda, 1972), e A. J. Saldarini, *Pharisees, Scribes and Sadducees in Palestinian Society: A Sociological Approach,* The Biblical Resource Series (Grand Rapids: Eerdmans, 2001). Veja também T. Hatina, Jewish Religious Backgrounds of the New Testament: Pharisees and Sadducees as Case Studies", em *Approaches to New Testament Study*, JSNTSup 120 (Sheffield: Sheffield Academic Press, 1995), p. 46-76.

[1114] Cf. o resumo de M. Powell sobre o controle que Deus tem sobre a história conforme se observa em Atos (*What are They Saying about Acts?* [New York: Paulist Press, 1991], p. 39-40). Veja também J. Squires, *The Plan of God in Luke-Acts*, SNTSMS 76 (Cambridge: Cambridge University Press, 1993) e "The 'Script' of the Scriptures in Acts: Suffering as God's 'Plan' (*boulē*) for the World for the 'Release of Sins,'" em *History, Literature and Society in the Book of Acts*, ed. B. Witherington III (Cambridge: Cambridge University Press, 1996), p. 218-250. A tese de Moessner é de que "Lucas apresenta a proclamação do Cristo ressuscitado, a sua ressurreição ou exaltação, e especialmente sua rejeição/crucificação como os três componentes críticos do cumprimento do "plano" salvador de Deus para o mundo que foi anunciado antecipadamente nas Escrituras de Israel" (p., 221). Powell também mostra que o Espírito Santo é um tema proeminente em Lucas-Atos, muito mais do que em Mateus e Marcos juntos. cf. *What Are They Saying about Luke?*, p. 108-111; id., *What Are They Saying about Acts?*, p. 50-57; J. Shelton, *Poderoso em palavras e obras: O papel do Espírito Santo em Lucas-Atos* (Ed. Carisma, 2018).

na formação do seu povo, e (4) na pessoa e o papel do Espírito Santo no plano de salvação de Deus.

Richard Anderson também afirmou que o destinatário de Lucas, Teófilo, era um ex-sumo sacerdote. Ele observa que Lucas-Atos foram estruturados à moda dos livros históricos do Antigo Testamento, mas também por obras como 1Macabeus. Esse formato seria familiar para um sumo sacerdote. Temos visto acima a semelhança de Lucas-Atos com os livros dos Macabeus, mas a teoria de Anderson sobre o propósito lucano é mais ambiciosa: "Lucas acredita que uma palavra do Sumo Sacerdote dirigida aos judeus em todo o mundo poderia interromper a oposição dos judeus da diáspora, remover divisões no judaísmo e levar à restauração final da Casa de Israel reunida".[1115]

Anderson descobriu algumas características interessantes de Lucas-Atos que fortalecem a defesa geral para o judaísmo de Lucas, a possibilidade que ele escreveu para um ex-sumo sacerdote, e a possibilidade de ele também ser o autor de Hebreus.

Entretanto, não estou convencido do propósito grandioso que Anderson afirma para Lucas-Atos (embora eu aplauda seus esforços); ele pode estar exagerando o significado de algumas das evidências. Ele acredita que o Evangelho de Lucas é pré-paulino e que uma teologia da cruz representa um estágio posterior do desenvolvimento teológico. Porém, isso colide com os fatos de que a pregação cristã primitiva, mesmo em Atos, demonstra uma teologia da cruz. Também é improvável que Lucas tenha escrito seu Evangelho tão cedo quanto Anderson acredita. Lucas e Paulo eram contemporâneos e tinham muito em comum, embora tivessem algumas diferenças de destaque. Um contexto pré-paulino para Lucas parece bem longe da realidade. Anderson também defende a ausência de

---

[1115] R. Anderson, "Theophilus: A Proposal", *EvQ* 69.3 (1997): 204. Anderson parte do princípio que Lucas via o cristianismo como parte do judaísmo. Ele também sugere que Lucas foi escrito por volta de 40-41 (assim como E.C. Selwyn), quando Teófilo ainda estava no cargo. O interesse que Lucas tinha em retratar Herodes Antipas em seu Evangelho é porque ele escreveu durante seu reinado (p. 205). Seguindo G. Wenham, *Redating Matthew, Mark and Luke: A Fresh Assault on the Synoptic Problem* (Downers Grove: InterVarsity, 1992), p. 230-237, Anderson acredita que a referência de Paulo em 2 Coríntios 8.18 seja feita a Lucas e à fama que se seguiu à publicação de seu Evangelho. Anderson acredita que Atos foi escrito em cerca de 65 a 67 d.C. O objetivo de Lucas era acabar com os rumores sobre Paulo que ameaçavam dividir Israel (At 28) definindo Jesus como um Profeta semelhante a Moisés (p. 202).

uma teologia da cruz no Evangelho de Lucas, já que Teófilo, como sumo sacerdote, teria visto a ação do sumo sacerdote no Dia da Expiação como tendo um significado de expiação para o povo. Conforme vimos acima, isso também está bem fora da realidade.

Anderson e eu vemos as informações contidas em Atos de forma diferente com relação ao destaque lucano na atividade divina. Ele acredita que este tema é desenvolvido "com cautela", tendo em vista as crenças dos sacerdotes saduceus sobre a imortalidade e a ressurreição. Porém, justamente o oposto é verdade.[1116] Lucas não estava prestes a suavizar um aspecto tão fundamental do evangelho quanto a ressurreição. Conforme foi demonstrado acima e foi amplamente reconhecido nos estudos lucanos, Lucas-Atos desenvolve poucos temas com tanta força quanto a ressurreição de Jesus. Lucas 24.20 coloca a responsabilidade pela crucificação de Jesus aos pés de "nossos principais dos sacerdotes e nossos príncipes". Todos esses pontos seriam um obstáculo para um sacerdote ou para um sumo sacerdote saduceu não convertido.

O ponto a partir do qual Anderson baseia a sua defesa para a autoria lucana de Hebreus está em sua comparação entre o Evangelho de Lucas e Hebreus. A teologia lucana se concentra no arrependimento, no sumo sacerdote e no Dia da Expiação, do mesmo modo que Hebreus.[1117] Anderson acha desnecessário identificar Lucas como o autor de Hebreus, já que, na sua opinião, Lucas está escrevendo para um sumo sacerdote, e isso explica seu foco teológico.[1118] Mesmo assim, Lucas tem muito em comum com Hebreus.

Concluímos que as evidências textuais, bem como as circunstâncias históricas, possibilitam propor Teófilo, um ex-sumo sacerdote, como o leitor pretendido por Lucas. Harnack observa que o tratamento que Lucas confere a Tiago, quando se compara com Estevão, Filipe, Barnabé e Apolo, pressupõe "que os outros quatro são desconhecidos, enquanto presume-se

---

[1116] Ibid.

[1117] A história do "bom ladrão", que só aparece em Lucas (23.39-43), fornece evidências de uma teologia lucana de arrependimento. Essa história teria sentido para o sumo sacerdote, já que ele acreditaria que o arrependimento era a chave para a salvação. Cf. R. Anderson, "A Cruz e Expiação de Lucas aHebreus", *EvQ* 71.2 (1999), 131-32.

[1118] Ibid., p. 148-149.

que ele é conhecido. Os leitores evidentemente sabiam - embora isso não seja declarado em nenhum lugar - que ele era irmão do Senhor, e que ele havia se tornado o chefe da comunidade primitiva".[1119] Isso sugere que o leitor era de origem palestina, mas não dá uma certeza. Para os propósitos de nossa teoria, se Teófilo fosse o destinatário, ele teria, sem dúvida, conhecimento de Tiago, líder da congregação cristã judaica em Jerusalém. A colocação de um destinatário que tenha vínculos com o templo e os sacerdotes explica o interesse que Lucas demonstra nesses assuntos.[1120] Spencer argumenta que os destinatários de Lucas-Atos provavelmente possuíam um certo grau de riqueza, uma dedução que ele teve do "argumento retórico e das trajetórias narrativas que envolvem benefício material" dos discursos na seção de ministério galileu do Evangelho de Lucas.[1121] Se essa interpretação for válida, certamente enquadraria Teófilo, já que ele se tratava de um ex-sumo sacerdote.

A data de Lucas- Atos

A análise acima indica que Lucas-Atos foi escrito antes da destruição de Jerusalém no ano 70 d.C. Na minha opinião, Lucas foi escrito antes de Atos e com não mais do que dois anos separando-os. Geralmente, há quatro grandes pontos de vista sobre a datação de Lucas-Atos:[1122] (1) uma data do século 2;[1123] (2) de 90 a 100 d.C. (principalmente na teoria de que

---

[1119] A. Harnack, *The Acts of the Apostles,* trad. J. R. Wilkinson (New York: Putnam's Sons), p. 122. Veja também J. Tyson, *Images of Judaism in Luke-Acts (*Columbia: University of South Carolina Press, 1992), p. 29, que segue Harnack destacando esta ideia.,

[1120] Creech observa o "amplo conhecimento de Teófilo sobre a linguagem da experiência religiosa e da religião do judaísmo", embora ele acredite que Teófilo era um temente a deus que falava grego ("The Most Excellent Narratee", p. 117, 122).

[1121] P. Spencer, *Rhetorical Texture and Narrative Trajectories of the Lukan Galilean Ministry Speeches: Hermeneutical Appropriation by Authorial Readers of Luke-Acts,* Library of New Testament Studies 341 (London: T&T Clark, 2007), p. 200.

[1122] Cf. a introdução em J. Fitzmyer, *The Gospel According to Luke X-XXIV: Introduction, Translation, and Notes,* AB 28a (Garden City: Doubleday, 1985), p. 53-57; e Robinson, *Redating.*

[1123] Por exemplo, J. Tyson, *Marcion and Luke-Acts* (Columbia: Univ. of South Carolina Press, 2006), p. 1-22; R. Pervo, *Dating Acts* (Santa Rosa, CA: Polebridge Press, 2006).

Lucas fez uso de Josefo);[1124] (3) de 70 a 80 d.C.;[1125] e (4) entre 57 e 65 d.C., geralmente de 60 a 63 d.C.[1126]

Uma questão crucial para a datação de Atos é a forma pela qual Lucas encerra o livro.[1127] Existem somente três alternativas para o modo pelo qual as coisas se resolveram: (1) o julgamento de Paulo foi descrito em outro livro, uma visão sem evidências para apoiá-lo; (2) ele era tão conhecido que não precisava ser narrado; ou (3) ele ainda não tinha ocorrido.[1128] Para mim, a terceira visão é a explicação mais provável. Mesmo que o julgamento já tivesse ocorrido, será que Lucas não teria mencionado a morte de Paulo (c. 66-67) se ela já tivesse ocorrido? Nenhum dos acontecimentos cruciais ocorridos depois de 63 d.C. são mencionados em Atos. Não se menciona o incêndio de Roma em 64 d.C., o martírio de Pedro e de Paulo, e a destruição de Jerusalém em 70 d.C. Além disso, o livro de Atos parece sugerir que a atitude de Roma com relação ao cristianismo ainda não tinha se definido. Certamente, esse não era o caso depois de 64 a.C., quando o governo romano se tornou abertamente hostil ao cristianismo.[1129]

Harold Riley deduz que Paulo chegou a Roma em ou cerca de 60 d.C. e pregou sem impedimento por dois anos. O que aconteceu depois da 62 da morte ocorreu antes da perseguição de Nero começar em 65 d.C. A conclusão de Atos está entre essas duas datas, e o Evangelho teria sido escrito "um pouco antes".[1130]

Muitas monografias nos estudos lucanos optam por uma data tardia para Lucas-Atos com pouca ou nenhuma evidência interna ou externa

---

[1124] Para argumentos contra esta visão cf. A. von Harnack, *Luke the Physician*, Trad. J. R. Wilkinson (Londres: Williams & Norgate, 1907), p. 24; A. Plummer, *Critical and Exegetical Commentary on the Gospel According to Saint Luke*, ICC, 5ª ed. (New York: Scribner, 1922), xxix.

[1125] Plummer, *Luke*, xxxi, tem argumentos a favor dessa visão.

[1126] Veja a excelente discussão sobre a história da bolsa sobre esta questão em *The Book of Acts in the Setting of Hellenistic History*, ed. C. Gempf (Tübingen: Mohr [Paul Siebeck], 1989), p. 383-387.

[1127] Veja a discussão em Crehan, "O propósito de Lucas em Atos", p. 361.

[1128] Cf. A. T. Robertson, *Luke the Historian* (Nashville: Broadman, 1920), p. 34-37. Da mesma forma, Ellis questiona se as alusões relativamente generosas às autoridades romanas em Atos poderiam ter sido escritas sem alguma qualificação depois de 64. d.C.. E. Ellis, *History and Interpretation in New Testament Perspective*, Biblical Interpretation Series 54 (Leiden: Brill, 2001), p. 35.

[1129] H. Riley, *Preface to Luke* (Macon: Mercer University Press, 1993), p. 25.

[1130] Ellis elogia a obra de J.A.T. Robinson, que data todos os livros do Novo Testamento antes de 70 d.C., observando que seu trabalho "não foi refutado por 25 anos". E. Ellis, *History and Interpretation*, p. 31.

fornecida.[1131] Isso ocorre apesar do trabalho de Harnack e Rackham sobre este assunto, o livro importante e bem pesquisado *Redating the New Testament* (Dando uma nova data para o Novo Testamento) por John A. T. Robinson, e os estudos acadêmicos de Colin Hemer. Uma citação de cada um dos dois últimos será suficiente para demonstrar essa questão.[1132]

De fato, o que se procura em vão nos estudos superiores recentes é qualquer conflito com as evidências externas ou internas para a datação de livros em particular (como se percebe nos escritos de homens como Lightfoot, Harnack e Zahn), em vez de um padrão *a priori* de desenvolvimento teológico no qual eles são então feitos para que se encaixem.[1133]

Essa defesa da data inicial pode parecer ousada beirando à precipitação no contexto atual, mas talvez seja o ambiente, em vez da evidência, que é contra ela.[1134]

A.J. Mattill, resumindo uma ideia proposta por Rackham em seu argumento para um encontro antecipado para Lucas-Atos, diz que seria inexplicável para Lucas não relatar aos seus leitores sobre o martírio de Paulo se ele soubesse disso. "Se a data posterior estiver correta, Lucas é culpado de nada menos do que um crime literário: ele desperta todo o interesse de seus leitores no destino de Paulo, e depois o deixa sem uma palavra quanto à conclusão. Certamente não é o que devemos esperar da arte literária de Lucas".[1135]

Por fim, acredito que Lucas nos deixou com uma assinatura linguística que nos informa que ele não terminou o livro de Atos abruptamente; o final é exatamente como Lucas planejou. Uma comparação do prólogo (At 1.1-4) com o último parágrafo em Atos 28.30-31 revela um quiasma léxico em três partes:

[1131] Hemer, *The Book of Acts in the Setting of Hellenistic History*, p. 365-410.
[1132] Robinson, *Redating*, p. 8.
[1133] Hemer, *The Book of Acts in the Setting of Hellenistic History*, p. 409.
[1134] A.J. Mattill, "The Date and Purpose of Luke-Acts: Rackham Reconsidered," *CBQ* 40 (1978): p. 337.
[1135]

Atos 1.1-7-
Iēsous
   didaskein
      tēs basileias tou theou
   Atos 28.30-31-
      tēn basileian tou theou
   didaskōn
Iēsou Christou

A evidência de um final planejado reforça ainda mais a visão de que Atos termina desse modo porque Lucas simplesmente tinha contado a história da igreja até o momento em que escreveu. O Evangelho de Lucas também começa e termina com um sanduíche de quiasma (ou de inclusão).

Seccombe apontou com razão a inadequação do período de 70 a 90 d.C., "para tentar dar sentido à eclesiologia de Atos":

> A destruição de Jerusalém e do seu templo facilitou as coisas para quem desejasse defender o cristianismo como o novo povo de Deus. Pergunta-se por que o autor de Atos se incomodaria com o tipo de argumento que ele propõe se ele estava escrevendo tudo o que lembrava. O fato de que sua versão de Pedro ou a sua versão de Paulo nunca darem pista disso em seus discursos (os quais Lucas é acusado de ter inventado) é extraordinário. Ele não poderia ter proposto nenhum argumento mais poderoso para o descontentamento de Deus com o judaísmo e a legitimidade de Estêvão, Paulo e o novo povo de Deus do que chamando a atenção para a destruição de Jerusalém. Seu silêncio sobre isso é tão desconcertante quanto seu silêncio sobre o martírio de Pedro e Paulo, a menos que ele tenha escrito isso antes de qualquer uma dessas coisas ter acontecido.[1136]

[1136] D. Seccombe, "The New People of God", em *Witness to the Gospel* (Grand Rapids: Eerdmans, 1998), p. 367. Note que isso também poderia ser dito facilmente a respeito da datação de Hebreus.

Seccombe oferece dois outros argumentos importantes para apoiar uma data anterior a 70 d.C. para Lucas-Atos. A quantidade de espaço dada em Atos para estabelecer a liberdade dos crentes gentios da circuncisão e da lei judaica "fala de uma época em que a circuncisão tem um nível de aprovação maior no mundo mais amplo".[1137] Em segundo lugar, a forma como Lucas representou a igreja em continuidade com a salvação de Deus na história de Israel tornando os sacerdotes, os sinédrios, os saduceus e fariseus obsoletos "presume uma situação em que igreja e sinagoga estão em profunda rivalidade com a sinagoga em franca ascensão. Essa é a situação de antes de 66, não de depois do ano 70".[1138]

A comparação de Daniel Falk das orações que os cristãos de Jerusalém fazem em Atos com o que é conhecido das orações judaicas de outras fontes levou-o a concluir que o retrato de Lucas se encaixa com o silêncio evidencial pré-70 com relação às orações diárias na sinagoga. O livro de Atos registra que reuniões de oração eram realizadas no Templo. Esse livro também confirma as evidências de que a oração judaica no período do Segundo Templo seguia dois padrões: um com base nas horas do dia (entre o nascer e o pôr do sol) e o outro com base nos sacrifícios do templo (da manhã e da tarde). O que se diz sobre a adoração judaica e cristã em Atos está mais de acordo com uma data anterior ao ano 70.[1139]

Ellis data os sinóticos até meados dos anos 60 porque eles não demonstram ter conhecimento da destruição de Jerusalém nem da fuga para Pela em 66 d.C.[1140] Em seu comentário sobre Lucas, Ellis datou Atos cerca de 70 d.C. No entanto, ele revisou esta data recentemente com base no uso da expressão "os confins da terra" em Atos 1.8. Ellis estudou seu uso em escritos clássicos e descobriu que ela se refere mais frequentemente à Espanha, mas nunca a Roma. "Tendo em vista o significado dos "confins da terra" na literatura greco-romana, a expressão em Atos 1.8 quase certamente refere-se à extensão do evangelho à Espanha, e mais especi-

---

[1137] Ibid., p. 368.
[1138] Ibid.
[1139] D. Falk, "Jewish Prayer Literature and the Jerusalem Church in Acts", em Bauckham, *The Book of Acts in Its Palestinian Setting*, p. 267-301.
[1140] Ellis, *The Making of the New Testament Documents*, p. 285.

ficamente, à cidade de Gades".[1141] Ellis conclui que Lucas sabia dos planos de Paulo de visitar a Espanha. Caso Lucas tenha escrito antes dessa visita ou durante ela, a conclusão de Atos em aberto pode ser esclarecida. Lucas não mencionou a missão para a Espanha "porque quando ele terminou seu volume, ela ainda estava em andamento".[1142] Se Lucas escreveu depois dessa visita, mas se encontrava em meio à perseguição de Nero, outras razões (talvez seu desejo de proteger Paulo ou o magistrado romano que o libertou) podem tê-lo feito concluir Atos sem mencionar a libertação da prisão de Paulo ou a subsequente missão espanhola. Se Lucas escreveu depois de 68 d.C., é mais difícil entender por que ele iria "registrar uma prévia do evangelho indo para Gades e, em seguida, não dizer mais nada sobre isso".[1143] Ellis apresenta desse modo outra prova de uma data anterior a 70 d.C. para Atos.[1144]

Portanto, as datas que parecem se encaixar mais com a maioria dos fatos seria de cerca de 61 d.C. para Lucas, e de cerca de 63 d. C. para Atos, com este último tendo sido escrito de Roma. Lucas poderia ter escrito seu Evangelho em Cesareia ou começado lá e terminado em Roma.

Lucas, o autor de Hebreus

As evidências dos Pais da Igreja indicam que Lucas foi considerado por alguns como o autor de Hebreus (veja o cap. 1). A razão disso foi a semelhança de estilo entre Lucas-Atos e Hebreus. O histórico dos estudos especializados sobre o possível envolvimento de Lucas na produção de Hebreus oferece três hipóteses: (1) Lucas traduziu para o grego um original hebraico ou aramaico escrito por Paulo, [1145] (2) Lucas foi o coautor de Hebreus com Paulo (que era a mente por trás da carta e Lucas escreveu seus pensamentos, com opiniões variadas sobre o nível

---

[1141] Ibid, p. 60.
[1142] Ibid, p. 61.
[1143] Ibid.
[1144] Veja toda a análise dele sobre a data de Atos. Ellis, *The Making of the New Testament Documents*, p. 53-63.
[1145] Clemente de Alexandria, citado por Eusébio, a partir do livro *Hypotyposes* de Clemente em *História Eclesiástica*, 6.14.

de liberdade que ele possuía neste processo), [1146] e (3) Lucas era o autor independente de Hebreus.[1147]

Poucos estudiosos modernos, se é que eles existem, defenderiam uma tradução grega de um original hebraico ou aramaico. A visão de que Lucas poderia ter ajudado Paulo a escrever Hebreus era um pouco popular no século 19, mas caiu em descrédito no século 20 por causa da crescente popularidade da hipótese anti-paulina e da combinação de duas posições convergentes: ou seja, de que Lucas-Atos foi escrito no final do primeiro século e não necessariamente por Lucas, e de que Hebreus também deveria receber uma data posterior ao ano 70.[1148]

Em Hebreus 13.23-24, há pelo menos seis pistas sobre o cenário da carta. Primeiro, o autor e os leitores são conhecidos de Timóteo, já que ele é referido como "nosso irmão". Em segundo lugar, tanto o autor quanto Timóteo estão longe dos leitores e planejam viajar para onde os leitores estão em breve. Em terceiro lugar, Timóteo aparentemente tinha sido preso ou pelo menos detido e depois liberado. Em quarto lugar, o autor provavelmente estava no mesmo local que Timóteo, mas aparentemente não foi preso. Em quinto lugar, os destinatários são exortados a cumprimentar seus líderes, implicando um local de população considerável — o suficiente para ter uma igreja com líderes. Isso pode indicar que o escritor não está se dirigindo a uma igreja inteira, mas a um grupo menor dentro da igreja. Em sexto lugar, quer o autor esteja escrevendo da Itália ou não, ele envia saudações de cristãos italianos que estão com ele.

Lindars deduz a partir de Hebreus 13.17 que houve uma rixa entre os líderes da igreja e o grupo a quem Hebreus é dirigida. Se os líderes têm que dar um relato "com tristeza", então "a ideia é que a situação é

[1146] J. L. Hug, *Introduction to the New Testament*, trans. D. Fosdick (Andover: Gould & Newman, 1836); e J. H. A. Ebrard, *Exposition of the Epistle to the Hebrews*, trad. e rev. A. C. Kendrick, *Biblical Commentary on the New Testament*, ed. H. Olshausen, 6 vols. (New York: Sheldon, Blakeman & Co., 1858).

[1147] F. Delitzsch, *Commentary on the Epistle to the Hebrews*, trad. T. L. Kingsbury, 2 vols. (Edinburgh: T&T Clark, 1872; reimpr., Grand Rapids: Eerdmans, 1952); e A. Eagar, "The Authorship of the Epistle to the Hebrews," *Expositor* 10 (1904): p. 74-80, 110-123.

[1148] Exemplos de recusas recentes em considerar a autoria lucana: P. Ellingworth, *Commentary on Hebrews*, NIGTC (Grand Rapids: Eerdmans, 1993), p. 13-14. H. Attridge, *The Epistle to the Hebrews,* Her (Philadelphia: Fortress, 1989), xlix. P. O'Brien descarta a possibilidade de autoria lucana com uma única frase: "Lucas foi proposto como candidato, mas os vínculos entre ele e Hebreus são muito pequenos para apoiar uma teoria de que ele escreveu esta última" (*The Letter to the Hebrews*, PNTC [Grand Rapids: Eerdmans, 2010], p. 6).

extremamente grave, e os líderes estão no limite para saber como lidar com isso".[1149] Lindars sugere que a razão pela qual o autor de Hebreus estava envolvido em primeiro lugar é que ele era um membro amado e respeitado da igreja. Lindars especula que os líderes escreveram ao autor de Hebreus e o pediram para intervir. Como o autor não pôde vir pessoalmente (embora esperasse poder fazer isso posteriormente), ele respondeu com a Carta aos Hebreus. Isso explica seu caráter retórico: sua intervenção foi o último recurso.[1150]

As bases estão agora estabelecidas para uma reconstituição histórica das circunstâncias em torno da escrita de Hebreus. Proponho que Lucas tenha escrito Hebreus em Roma depois da morte de Paulo e antes da destruição de Jerusalém em 70 d.C. As evidências bíblicas para esta tese podem ser deduzidas a partir de uma correlação entre as declarações nas Epístolas Pastorais e o texto de Hebreus. Preso em Roma, Paulo escreveu 2 Timóteo na prisão em torno de 66 ou 67; lá ele sugere que sua execução estava próxima. Dirigindo-se a Timóteo, ele diz: "Procura vir antes do inverno". Ou antes de Timóteo chegar ou pouco depois, Paulo foi decapitado, e Timóteo foi capturado a caminho de Roma, ou, mais provavelmente, em Roma mesmo, e provavelmente foi preso. Hebreus 13.23 diz que Timóteo "foi libertado", implicando que tinha sido preso anteriormente. A descrição de Timóteo como "nosso irmão" em Hebreus 13.23 faz referência a Paulo e estabelece um vínculo entre Timóteo e o nosso autor com o círculo paulino. Em 2 Timóteo 4.11 Paulo comenta: "Só Lucas está comigo", colocando Lucas na companhia de Paulo na hora ou perto de sua morte em Roma, em cerca do ano 66.[1151]

A probabilidade a favor de Lucas ter sido o amanuense das Epístolas Pastorais foi considerada bastante forte por muitos estudiosos. Isso é interessante porque, embora Hebreus seja bem diferente das cartas de

---

[1149] B. Lindars, *The Theology of the Letter to the Hebrews* (Cambridge: Cambridge University Press, 1991), p. 8.
[1150] Ibid.
[1151] J.F. Bleek, *Introduction to the New Testament*, 2ª ed., trad. W. Urwick (Edinburgh: T&T Clark, 1869), 2.95-96, deduz a partir de Heb 13.23, em conexão com o silêncio de Paulo sobre a prisão de Timóteo nas Epístolas Pastorais, que Hebreus foi escrita por um membro do círculo paulino depois da morte de Paulo.

Paulo, especialmente com relação ao estilo, ela guarda, no entanto, certa semelhança com as epístolas pastorais. Simcox observa:

Esta Epístola [Hebreus] tem várias palavras e expressões em comum, não com os escritos de São Paulo em geral, mas com o grupo isolado e peculiar das Epístolas Pastorais. Sendo isso definido, isso poderia, no máximo, servir até o momento para diminuir a especulação quanto à autoria da nossa Ep., como sugestão que ela foi escrita por um homem cujo relacionamento com São Paulo tenha se desenvolvido principalmente em uma época próxima ao fim da vida deste último.[1152]

Simcox observa que somos levados um passo adiante neste assunto quando notamos que,

> existem várias palavras e expressões das Epístolas Pastorais e de Hebreus que são comuns com São João, ou somente com Hebreus e São Lucas. Nosso primeiro pensamento poderia ser de que Orígenes estava certo - de que São Lucas era o autor de Hebreus com ou sem sugestões de São Paulo, e que ele pode ter sido (diante da evidência de 2 Timóteo 4.11 ninguém mais poderia ser) o amanuense, ou algo mais, das Epístolas Pastorais.[1153]

Embora Simcox rejeite a autoria lucana de Hebreus, ele notou claramente que o vocabulário de Lucas tem mais em comum com Hebreus do que qualquer outro escritor canônico, e que as Epístolas Pastorais vêm em seguida no nível de semelhança. Um exemplo dessa semelhança pode ser encontrado na aparência da expressão *di' hēn aitia*[1154], que não aparece

---

[1152] W. Simcox, *The Writers of the New Testament* (London: Hodder & Stoughton, 1902), p. 47.

[1153] Ibid.

[1154] Ibid., p. 52-53. Veja especialmente seu apêndice nas páginas 116-153, onde ele compara o vocabulário de Lucas com as epístolas paulinas e católicas posteriores, bem como com Hebreus. A evidência de uma afinidade maior para Lucas, as Epístolas Pastorais e Hebreus podem ser vistas claramente. Veja também J.B. Feuillet, "La doctrine des Épitres Pastorales et leursaffi nites avec l'oeuvre lucanienne," *RevThom* 78 (1978): p. 163-174, que fez essa comparação e a analisou de forma profunda, concluindo que as Pastorais foram redigidas por Lucas. Cf. também J.B. Feuillet, Le dialogue avec le monde non-chretien dans les epitres pastorales et l'epitre aux Hebreux. Premiere partie: les epitres pastorals", *Esprit et Vie* 98 (1988): p. 125-128, e "Le dialogue avec le monde non-chretien dans les epitres pastorales et l'epitre aux Hebreux. Deuxieme partie: l'epitre aux Hebreux," *Esprit et Vie* 98 (1988): p. 152-159, onde ele continua endossando

em nenhum lugar do Novo Testamento exceto Lucas 8.47; 2 Timóteo 1.6, 12; Tito 1.12; e Hebreus 2.11.

Considere estes quatro fatos. Em primeiro lugar, de todas as Cartas de Paulo, o maior debate a respeito de materiais não-paulinos se centraliza sobre as Pastorais. Em segundo lugar, é precisamente nestas cartas que a semelhança com Hebreus é mais pronunciada (com Romanos chegando em um segundo lugar bem próximo). Em terceiro lugar, há um nível reconhecido de similaridade estilística entre Lucas-Atos, as Epístolas Pastorais e Hebreus. Em quarto lugar, o imaginário médico, que aparece nas Pastorais, mas está em grande parte ausente no resto das Cartas Paulinas, é impressionante. [1155] Por exemplo, será que 2 Timóteo 2.15 deve ser interpretado em um sentido médico, já que a metáfora médica é claramente usada dois versículos depois? Sobre o uso de Filon do conceito de razão como um instrumento afiado que extirpa vícios da alma, Malherbe diz que a metáfora médica da Palavra como bisturi está por trás de Hebreus 4.12. [1156] Esses fatos convergem como apoio probatório para o trabalho de Lucas como amanuense das Epístolas Pastorais.

Se Lucas fosse o amanuense das Epístolas Pastorais, e se lhe fosse dada maior liberdade para a produção da carta em nome de Paulo por causa da segunda prisão de Paulo, então a semelhança entre Lucas-Atos, as Epístolas Pastorais e Hebreus apresenta um novo argumento a favor da autoria lucana de Hebreus.

Desde 1880, os estudiosos têm defendido a autoria lucana independente das Epístolas Pastorais, inclusive H. J. Holtzmann, J. D. James, Robert Scott e Stephen Wilson. Esses estudiosos têm apontado a diferença no vocabulário e no estilo que fez com que muitos desconsiderassem que

---

o argumento para a redação lucana das Epístolas Pastorais, bem como a formação helenística semelhante para as Epístolas Pastorais e Hebreus.

[1155] Veja A. Malherbe, "Medical Imagery in the Pastoral Epistles", em *Texts and Testaments: Critical Essays on the Bible and Early Church Fathers* (San Antonio: Trinity University Press, 1980), p. 19-35. Embora Malherbe não defina nenhum vínculo com Hebreus, o peso dos dados léxicais garante essa comparação. Além disso, Malherbe analisa a terminologia da saúde e da doença nas Epístolas Pastorais e o que isso nos diz sobre o autor, os leitores e a natureza do ensino da igreja. O tema da obtusidade percorre as Pastorais e pode ser comparado com o que o autor de Hebreus tem a dizer nas passagens de advertência, especialmente de 5.11 a 6.3.

[1156] Malherbe, "Medical Imagery", p. 24, 33.

as Epístolas Pastorais eram genuinamente paulinas. Eles observaram ainda as semelhanças entre as Epístolas Pastorais e Lucas-Atos e as acharam persuasivas o suficiente para defender a autoria lucana independente. [1157]

Riesner apresenta evidências inegáveis que vinculam Lucas-Atos às Epístolas Pastorais. Ele combina o seu levantamento histórico dos estudos especializados sobre este assunto com evidências que foram descobertas recentemente.[1158]

Não é o meu propósito me lançar em uma análise meticulosa sobre o problema das Epístolas Pastorais. Estou convencido de que elas são genuinamente paulinas.[1159] No entanto, deve-se explicar a diferença significativa entre esses escritos e as outras cartas com autoria reconhecida de Paulo. A proposta frequente de que Lucas foi o amanuense de Paulo durante a segunda prisão romana deste último parece ser a mais frutífera. [1160] Paulo registra em 2 Timóteo 4.11 que "somente Lucas está comigo", trazendo uma pista fundamental de que, se ele recorreu a um amanuense, Lucas seria o candidato mais provável (se não o único). É possível que a gravidade da segunda prisão romana trouxe a necessidade de se recorrer a um amanuense.[1161]

[1157] H.J. Holtzmann, *Die Pastoralbriefe* (Leipzig: Engelmann, 1880); J. D. James, *The Genuineness and Authorship of the Pastoral Epistles* (London: Longman and Green, 1906); R. Scott, *The Pauline Epistles* (Edinburgh: T&T Clark, 1909); S. Wilson, *Luke and the Pastoral Epistles* (London: SPCK, 1979).Veja a crítica desta posição em I. H. Marshall, *The Pastoral Epistles*, ICC (London and New York: T&T Clark, 1999), p. 87-88.

[1158] R. Riesner, "Once More: Luke-Acts and the Pastoral Epistles", em *History and Exegesis: New Testament Essays in Honor of Dr. E. Earle Ellis for his 80th Birthday,* ed. Sant-Won (Aaron) Son (New York: T&T Clark, 2006), p. 239-258. Riesner critica o argumento de Marshall contra a autoria lucana comum.

[1159] Cf. Marshall, *Pastoral Epistles*, p. 57-108.

[1160] H. Riley, *Preface to Luke* (Macon: Mercer University Press, 1993), p. 115-116, também defende que Lucas foi o amanuense das Epístolas Pastorais. Ele sugere que isso lançaria luz sobre 1 Timóteo 5.23, onde se pede que Timóteo "beba um pouco de vinho por causa de seu estômago e suas doenças frequentes". É frequentemente notado que este versículo interrompe o fluxo de v. 22 a 24 e, ou foi extraviado, ou foi se constitui em uma glosa. Riley sugere que é o Dr. Lucas que insere uma receita em meio à mensagem de Paulo! A escrita de Lucas como amanuense das Epístolas Pastorais, ou a sua possibilidade, é afirmada por G. Fee, *1 and 2 Timothy, Titus* (Peabody, MA: Hendrickson, 1988), p. 26; G. A. Knight, *The Pastoral Epistles*, NIGTC (Grand Rapids: Eerdmans, 1992), p. 50-52; W. D. Mounce, *Pastoral Epistles*, WBC 46 (Nashville: Thomas Nelson, 2000), p. cxxvii-cxxix; L. T. Johnson, *The First and Second Letters to Timothy*, AB 35a (New York: Doubleday, 2001), p. 89; R. Fuchs, *Unerwartete Unterschiede: Müssen wir unsere Ansichten über 'die' Pastoralbriefe revidieren?* (Wuppertal: R. Brockhaus, 2003), p. 145-149; e H. W. Neudorfer, *Der erste Brief des Paulus an Timotheus*, HTA (Wuppertal: R. Brockhaus and Giessen: Brunnen, 2004), p. 19.

[1161] O. Roller, *Das Formular der Paulinischen Briefe* (Stuttgart: W. Kohlhammer, 1933), p. 20-21.

Jeremias aceita a plausibilidade que um amanuense tenha escrito as Epístolas Pastorais, mas sentiu que Tíquico era um candidato melhor do que Lucas com base em 2 Timóteo 4.11.[1162] Se Lucas fosse o amanuense, então o uso da terceira pessoa não seria incomum por duas razões: ele não estava escrevendo em seu próprio nome, e ele era o único que estava com Paulo. Curiosamente, o aluno de Jeremias, E. Earle Ellis, achava que Lucas seria um "candidato plausível" para ser esse amanuense.[1163]

O argumento mais importante para que Lucas tenha sido amanuense das Epístolas Pastorais é o que foi apresentado por C. F. D. Moule. Ele afirma que "Lucas escreveu todas as três epístolas pastorais. Mas ele as escreveu durante a vida de Paulo, a mando de Paulo e, em parte (mas somente em parte), seguindo palavras ditadas por Paulo".[1164] Sendo assim, Lucas teria certa liberdade na composição das cartas, e, portanto, a semelhança com os escritos lucanos poderia ser explicada.[1165] Strobel concorda com a avaliação de Moule e apresenta uma comparação detalhada entre a linguagem e do estilo das Epístolas Pastorais e os de Lucas-Atos.[1166] No entanto, não está claro se ele acredita que Lucas tenha servido como amanuense de Paulo ou se ele escreveu de forma independente, fato pelo qual ele é justamente criticado por Wilson.[1167]

A contribuição de Wilson consiste em sua análise da semelhança teológica entre as Pastorais e Lucas-Atos. No entanto, sua conclusão de que Lucas posteriormente escreveu as Epístolas Pastorais para refutar a interpretação equivocada de Paulo (a maior ameaça às comunidades lucanas) é insustentável.[1168]

[1162] Jeremias, *Jerusalem in the Time of Jesus*, p. 7-8.

[1163] Ellis, *Making of the New Testament Documents*, p. 420.

[1164] C. F. D. Moule, "The Problem of the Pastoral Epistles: a Reappraisal", em *BJRL* 47 (1965): p. 434.

[1165] Os secretários tinham alguma influência no estilo e vocabulário de uma carta. Cf. O. Roller, *Formular der paulinischen Briefe* (Stuttgart: W. Kohlhammer, 1933); E. R. Richards, *The Secretary in the Letters of Paul* (Tübingen: Mohr [Paul Siebeck], 1991), p. 194-198.

[1166] A. Strobel, "Schreiben des Lukas? zum Sprachlichen Problem der Pastoralbriefe", *NTS* 15 (1969): p. 191-210.

[1167] Wilson, *Luke and the Pastorals*, p. 2.

[1168] Ibid. Veja a crítica de J.-D Kaestli a Wilson em "Luke-Acts and the Pastoral Epistles: the Thesis of a Common Authorship," em *Luke's Literary Achievement*, JSNTSup 116 (Sheffield: Sheffield Academic Press, 1995), p. 110-126. Ele rejeita a autoria paulina e também rejeita a solução que Moule propõe sobre Lucans servir de amanuense (ibid., 114-116). Ele resolve o problema sugerindo que um escritor posterior usou o

Drury também observa a proximidade entre Lucas e as Epístolas Pastorais com Hebreus em questões de teologia, bem como no vocabulário e no estilo. De particular interesse é a observação que Drury fez a respeito das preocupações éticas semelhantes expressas em Lucas, as Epístolas Pastorais e Hebreus 13. Os temas do casamento, do dinheiro, da obediência aos líderes e da hospitalidade estão presentes como temas éticos em Lucas-Atos, nas Epístolas Pastorais e em Hebreus.[1169]

O resultado de tudo isso é que há evidências lexicais, estilísticas e teológicas de que as Epístolas Pastorais são mais parecidas com Lucas-Atos e Hebreus no Novo Testamento. Uma possível correlação dessas evidências seria sugerir que Lucas é o autor independente de Lucas-Atos e Hebreus e que ele também era o amanuense das Epístolas Pastorais.[1170]

A questão de Paulo ter recorrido a um secretário em sua carta é tratado de forma mais habilidosa por E. Randolph Richards e Michael Prior.[1171] Este assunto é importante para a autoria de Hebreus, especialmente para aqueles que, como Orígenes, querem sugerir a autoria paulina, mas com algum auxílio mediador. Vimos que, desde os tempos dos Pais da Igreja, aqueles que sugerem a autoria paulina muitas vezes recorrem à sugestão de que Lucas não passava de um tradutor, redator, secretário ou coautor.

Richards disse que é bastante improvável que a referência de Paulo a outros pelo nome tenha a única intenção de indicar seu papel ativo na composição da carta. As evidências não apoiam uma prática de incluir saudações de pessoas como gentileza. "O que constitui um papel ativo é mais discutível. Os coautores aparentemente não são contribuintes completos em um nível igual com Paulo. Por outro lado, eles devem ter tido

---

livro de Atos para obter informações pessoais encontradas em 2 Timóteo. Cf. também a crítica de Marshall a Wilson em "The Christology of Acts and the Pastoral Epistles," em *Crossing the Boundaries: Essays in Biblical Interpretation in Honour of Michael D. Goulder*, ed. S. Porter, P. Joyce, e D. Orton (Leiden/New York: Brill, 1994), p. 167-182.

[1169] J. Drury, *Tradition and Design in Luke's Gospel: A Study in Early Christian Historiography* (Atlanta: John Knox, 1976), p. 18-21.

[1170] Relembre as evidências de F. Delitzsch para a autoria lucana de hebreus nas metáforas médicas em três grupos de versículos na epístola: 4.12-13; 5.11-14; e 12.11-13. F. Delitzsch, *Commentary on the Epistle to the Hebrews,* trad. T. L. Kingsbury, 2 vols. (Edinburgh: T&T Clark, 1872; reimpr., Grand Rapids: Eerdmans, 1952), p. 415.

[1171] Richards, *The Secretary in the Letters of Paul*; M. Prior, *Paul the Letter Writer and the Second Letter to Timothy,* JSNTSup 23 (Sheffield: JSOT Press, 1989).

alguma participação na escrita da carta.[1172] Richards observa que uma análise dos verbos no singular em contraste com as conjugações plurais em 2 Coríntios revela que o uso de "nós" não se trata somente de uma figura de linguagem. Ele pode indicar a inclusão de Timóteo.[1173]

Quanto ao papel dos *sunergoi* (colegas de trabalho) nas Epístolas Paulinas, Josefo usou o mesmo termo para descrever os assistentes literários que o ajudaram a escrever sua Guerra *Judaica*. Estes *sunergoi* foram assistentes que o ajudaram a traduzir seu trabalho, e sua assistência se estendeu além da mera tradução. Isso levanta a questão se Paulo tinha as mesmas conotações em mente quando descreve alguns de seus colegas como *sunergoi*. Infelizmente, não há evidências que sugiram que o termo foi frequentemente usado para assistentes de secretariado.[1174]

Um problema relacionado são os prólogos anti-marcionitas. No prólogo do Evangelho de Lucas, a descrição de Lucas não é clara. Regul afirma que esse prólogo dá a entender que Lucas era assistente literário de Paulo e, por causa disso, o cargo de secretário de Lucas deve ser considerado.[1175]

De acordo com Richards, no entanto, a importância desse testemunho é questionável. Com referência a 2 Timóteo 4.13, ele sugere que Paulo guardava cadernos. Harry G teoriza que a primeira coleção de Carta de Paulo estava em forma de códice (com base na teoria de que um secretário geralmente guardava cópias de cartas e essas cópias eram frequentemente códices). Se esse fosse o caso, a primeira carta de Paulo surgiu de suas cópias pessoais e não de ter a carta devolvida pelos destinatários. Essa coleção poderia facilmente ter caído nas mãos de Lucas na morte de Paulo (2 Tm 4.11).[1176]

[1172] Isso recebe o apoio de E. Ellis, *Prophecy and Hermeneutic in Early Christianity* (Grand Rapids: Baker Books, 1993), C. K. Barrett, *A Commentary on the First Epistle to the Corinthians* (Peabody, MA: Hendrickson, 1968), e H. A. W. Meyer, *Critical and Exegetical Handbook to the Epistles to the Corinthians* (New York: Funk & Wagnalls, 1884), p. 154. Veja p. 154nn113, p. 114, 115.

[1173] Richards, *The Secretary in the Letters of Paul*, p. 156. Observe a análise em Prior, *Paul the Letter Writer*, p. 45, já que Timóteo é nomeado como coautor com Paulo em 2 Coríntios, Filipenses, Colossenses e Filemom, e com Paulo e Silas em 1 e 2 Tessalonicenses. Seu papel em algumas cartas paulinas foi "bastante importante".

[1174] Ibid., p. 158.

[1175] J. Regul, *Die Antimarcionitischen Evangelienprologue, Vetus Latina*, n° 6 (Freiburg im Breisgau: Herder, 1969), p. 198-202.

[1176] Richards, *The Secretary in the Letters of Paul*, p. 165n169. Veja também as pp. 3-7. Ellis observa que era o costume na antiguidade guardar cópias de cartas, e que Paulo manteve cópias de suas epístolas para

Paulo nunca fala diretamente de como suas cartas foram escritas. Por que Tertius, que nunca aparece como membro da banda paulina, é usado como secretário aqui? Pode não ser coincidência que ele esteja acostumado a escrever romanos, a carta mais longa de Paulo, aquela com as características orais mais fortes, e uma que contém uma alta frequência de retórica oratória. Se este for o caso, então serviria como mais uma evidência contra a autoria paulina de Hebreus por temas literários.[1177]

Richards conclui que as evidências indicam que Paulo frequentemente usava um secretário, embora não esteja claro o que esse secretário fazia.[1178] Prior acha que as diferenças entre as Epístolas Pastorais e as outras Cartas de Paulo se devem ao fato de Paulo escrever as Epístolas Pastorais sem o auxílio de um secretário. No entanto, essa possibilidade não se encaixa com as várias evidências do estilo lucano nas Epístolas Pastorais.[1179]

Alan Eagar sugere que os argumentos a favor da autoria paulina de Hebreus possuem a mesma força para justificar a autoria de Lucas. Além disso, as objeções que tornam a hipótese paulina improvável não se aplicam à hipótese lucana (anonimato, considerações estilísticas, etc.). Ele conclui:

> Como todos esses argumentos a favor da autoria paulina de uma epístola podem muito bem ser aplicados a S. Lucas, eles acabam se constituindo em argumentos para a autoria lucana, já que não são afetados, no seu caso, pelas objeções que impossibilitam aplicá-los a S. Paulo.[1180]

Ele afirma que, nas passagens onde Paulo seria provavelmente influenciado por Lucas, ele mostraria os traços mais fortes das peculiaridades lucanas. Nas passagens em que Lucas estava trabalhando com documentos (ou com documentos que não foram escritos em grego), a individualidade de seu estilo seria mais evidente. A partir das evidências no Novo

---

consulta posterior e, por causa da possibilidade de perda ou dano no seu transporte. Ellis, *History and Interpretation in New Testament Perspective*, p. 69.

[1177] Richards, *The Secretary in the Letters of Paul*, p. 169-71 e na análise.
[1178] Ibid., p. 189.
[1179] Prior, *Paul the Letter Writer*, p. 45, 50.
[1180] A. Eagar, "The Authorship of the Epistle to the Hebrews," *Expositor* 10 (1904): p. 74-80, 110-123.

Testamento, Eagar afirma que a presença de Lucas teve alguma influência estilística sobre Paulo quando escreveu Colossenses, 2 Coríntios e as Epístolas Pastorais. Ele observa que em algumas partes de Lucas-Atos, onde podemos esperar que a individualidade de seu estilo seja a mais forte, há muitos verbos na voz ativa. Da mesma forma, quando Paulo diz ter tido Lucas em sua companhia no momento da escrita, nestas Epístolas Paulinas há uma maior porcentagem de verbos na voz ativa. Ele conclui que o uso da voz ativa nas Cartas Paulinas "provavelmente teve a influência de S. Lucas; e, como as palavras desta classe são mais numerosas em Hebreus do que em qualquer documento paulino, esta dedução é obviamente de algum valor na determinação da autoria de nossa Epístola".[1181]

Os estudiosos tradicionalmente se concentraram sobre a influência de Paulo sobre Lucas. À luz da mudança de opinião nos últimos anos com relação a Lucas como um teólogo completo, talvez tenha chegado a hora de considerar a influência lucana sobre Paulo (especialmente se a autoria lucana de Hebreus estiver correta).[1182]

J.A.T. Robinson descreve o autor de Hebreus desta forma:

> O manto do Apóstolo [Paulo] repousou em parte sobre o próprio escritor. Ele pode dirigir-se a seus leitores com uma autoridade pastoral superior à de seus próprios líderes e com uma consciência livre do envolvimento local (Hb 13.17s.), e ainda sem nenhuma reivindicação pessoal à égide apostólica. Não pode ter havido muitos homens como esses por perto.[1183]

Lucas era um dos poucos homens que poderia ser descrito com precisão por estas palavras. Ele já era autor de um Evangelho e da única história da igreja cristã desde sua criação até o confinamento de Paulo

---

[1181] Ibid, p.78.

[1182] D. Seccombe escreve: "Lucas e Paulo parecem concordar em ver um vínculo entre a volta da nação de Israel para Cristo e a Parousia. (At 3.19s; Rm 11.12, 15). Ao lermos Atos e Romanos 11 lado a lado, nos ocorrem muitas semelhanças sugestivas. O interessante é que Atos parece mais primitivo, estabelecendo o impulso de onde Paulo criou sua extraordinária teologia para o destino dos judeus e dos gentios" ("The New People of God", p. 370-371). Observe as implicações deste comentário para a datação de Atos e das cartas paulinas.

[1183] Robinson, *Redating*, p. 219-220.

em Roma (Atos). Este escritor era conhecido e amado por muitas igrejas que havia visitado com Paulo. Além disso, pode-se partir com relativa segurança do princípio de que o autor, até certo ponto, conhecia as cartas de Paulo, considerando a semelhança lexical observada acima. Quem mais do que Lucas teria tanto conhecimento delas?

Os fatores acima podem ser reunidos em uma teoria da autoria lucana de Hebreus da seguinte maneira: Lucas ainda estava em Roma quando Paulo foi martirizado. Timóteo chegou, foi preso, e mais tarde foi solto. Ambos eram conhecidos pelos cristãos em Antioquia, o destino que proponho para a carta. Finalmente, Hebreus 13.24 diz: "Aqueles que são da Itália cumprimentam você. "Este versículo é naturalmente entendido como significa que alguns cristãos agora na Itália enviam saudações para um grupo que vive em outro lugar. Embora seja verdade que "aqueles que são da Itália" poderiam significar expatriados italianos, parece mais natural entender essa referência de outra forma. A expressão em grego (*hoi apo tēs Italias*) pode ser traduzida de qualquer uma das três maneiras: "eles que estão na Itália", "eles que são da Itália", ou "eles que estão longe da Itália". Há uma expressão semelhante em Atos 17.13 —*hoi apo tēs Thessalonikēs Ioudaioi*, que em contexto claramente se refere às pessoas que vivem em Tessalônica. Assim, temos boas razões para traduzir a expressão de Hebreus como "aqueles que estão na Itália".

Em uma tese recente, Mosser analisa esta expressão e conclui, com base no uso do século 1, que o significado "aqueles que estão na Itália" é mais provável. Mosser observa, com base no uso de *apo* em Hebreus 13.24 e Atos 18.2 ("Áquila, que recentemente veio da Itália), que essas não são expressões *gramaticalmente* paralelas. Em Atos 18.2, a expressão preposicional *apo tēs Italias* modifica um particípio (*elēluthota*, "tendo vindo"), enquanto em Hebreus 13.24 modifica um artigo pronominal. Em Atos a expressão preposicional funciona como adjunto adverbial; em Hebreus funciona como adjunto adnominal. O uso adverbial em Atos 18.2 "requer a força da separação por causa do particípio... Esse movimento não está implícito no pronome de Hebreus 13.24b. Este fato neutraliza o esforço para usar Atos 18.2 como evidência para uma leitura particular de Hebreus 13.24.[1184]

[1184] C. Mosser, "No Lasting City: Rome, Jerusalem and the Place of Hebrews in the History of Earliest 'Christianity'", (tese de doutorado, St. Mary's College, University of St. Andrews, 2004), p. 147.

É interessante notar que os Pais da Igreja interpretaram uniformemente esta expressão em Hebreus 13.24 para significar que o autor estava escrevendo da Itália para um destino *fora da* Itália, e esta foi a interpretação predominante até o século XVIII.[1185] As passagens de Mateus 24.17; Lucas 11.13; Atos 17.13; e Colossenses 4.16 servem como exemplo deste uso de *apo*. Quando usada nesse sentido, a preposição *apo* recebe o significado de "domiciliado em".[1186] Koester reconhece esse uso em João 11.1 onde Lázaro é "de Betânia", e ainda estava em Betânia, e Atos 10.23, onde os cristãos "de Jope" ainda estavam em Jope. Fazendo uso do[1187] *Thesaurus Linguae Graecae*, Mosser pesquisou todos os usos do *hoi apo* grego "aqueles de" até o século VII d.C. Ele descobriu, com relação às cartas, "a tendência é que os autores identificam com a preposição "de" o lugar onde se encontram no momento da composição".[1188] Isso possui ramificações importantes para Hebreus 13.24 e para a teoria a respeito dos destinatários romanos. Parece que a maioria dos comentaristas modernos tendem a favorecer a interpretação de Hebreus 13.24 que localiza o autor fora de Roma e envia saudações de cristãos italianos para destinatários localizados na Itália, provavelmente em Roma. Essa perspectiva se motiva principalmente por causa da maior aceitação da teoria dos destinatários romanos por todo o século passado, em vez da redação de 13.24. No entanto, a interpretação alternativa parece ter a vantagem, sob o ponto de vista linguístico.[1189]

Ruth Hoppin aponta o problema que se desenvolve quando aceitamos a tradução de que "eles que estão longe da Itália". Por que o autor,

---

[1185] Muitos manuscritos, já no início do século V, tem como acréscimo uma inscrição afirmando que a carta foi escrita em Roma.

[1186] Do mesmo modo J. Moffatt, *Critical and Exegetical Commentary on the Epistle to the Hebrews*, ICC (Edinburgh: T&T Clark, 1924; reimpr., Edinburgh: T&T Clark, 1963), p. 246, que cita evidências do Papiro i.81 de Oxirrinco como exemplo.

[1187] R.C. Koester, *Hebrews*, AB 36 (Nova York: Doubleday, 2001), p. 581.

[1188] Mosser, "No Lasting City", p. 146.

[1189] Veja a discussão em Delitzsch, *Hebrews*, 2.406-407, e, mais recentemente, Mosser, "No Lasting City", p. 136-58, que demonstrou que a expressão preposicional grega é usada da mesma forma em outras saudações epistolares que localizam as pessoas no local nomeado, não longe daquele lugar. Ele ainda demonstrou que as assinaturas do manuscrito com base nesta expressão são interpretadas de forma adequada "para indicar o lugar *a partir do qual* a epístola foi escrita. Aqui vemos intuições escribais sobre a maneira "natural" de entender o idioma grego" (p. 157). H. Windisch, *Der Hebräerbrief*, 2ª ed., HNT 14 (Tübingen: Mohr, 1931), p. 127, interpretou Heb 13.24 como indicando uma procedência italiana e, assim, forneceu uma razão suficiente contra um destino romano.

ao escrever a Roma, enviaria saudações somente de cristãos italianos expatriados, e não de todos os cristãos em sua companhia ou em sua cidade no momento da escrita? Uma possível resposta é que se tratasse de uma referência aos cristãos judeus que foram expulsos de Roma sob a perseguição de Cláudio por volta do ano 49, mas que se reagruparam no lugar onde o autor se encontra. No entanto, muitos judeus retornaram a Roma depois da morte de Cláudio em 54 d.C. Parece estranho para o autor ignorar outros cristãos em sua cidade e mencionar somente este grupo se ele estivesse de fato escrevendo para Roma de um local diferente fora da Itália.[1190]

Lucas nos informa em seu prólogo ao Evangelho que ele não era testemunha ocular dos acontecimentos na vida de Cristo, mas que ele verificou cuidadosamente o relato e o apresentou em ordem lógica. Assim, Lucas parece ser um cristão de "segunda geração", se nos permitem usar este termo de uma forma bastante frouxa. A interessante referência pessoal em Hebreus 2.3 faz lembrar o prólogo de Lucas, "Como escaparemos nós, se não atentarmos para uma tão grande salvação, a qual, começando a ser anunciada pelo Senhor, foi-nos depois confirmada pelos que a ouviram". Essa caracterização do autor de Hebreus apresenta uma equivalência semântica com o prólogo de Lucas. Nas duas passagens, os autores não reivindicam nenhuma condição de testemunha ocular dos acontecimentos da vida ou da morte de Jesus. [1191] A expressão "começando a ser falada", "faz

---

[1190] R. Hoppin, *Priscilla: Author of the Epistle to the Hebrews* (New York: Exposition Press, 1969), p. 103. Os Pais da Igreja interpretaram uniformemente Hebreus 13.24 como indicando que o autor estava na Itália no momento da escrita. A. Nairne traduziu esse versículo da seguinte forma: "Aqueles que estão na Itália e enviam suas saudações junto com as minhas da Itália". Aqueles que defendem Roma como o lugar da composição incluem H. Braun, *An die Hebräer,* HNT 14 (Tübingen: Mohr/Siebeck, 1984), p. 2; F. F. Bruce, *The Epistle to the Hebrews*, NICNT, ed. rev. (Grand Rapids: Eerdmans, 1990), p. 14; E. Gräßer, "Der Hebräerbrief 1938-1963", *TRu* 30 (1964): p. 138-236; H. Hegermann, *Der Brief an die Hebräer,* THKNT 16 (Berlin: Evangelische Verlangsanstalt, 1988), p. 11 (não restrito a Roma, mas se referindo à Itália em geral); F. Laub, *Bekenntnis und Auslegung: die paränetische Funktion der Christologie im Hebräerbrief* (Regensburg: F. Pustet, 1980), 18; A. Strobel, *Der Brief an die Hebräer: übersetzt und erklärt*, 13ª ed. (Göttingen: Vandenhoeck & Ruprecht, 1991), 13; P. Vielhauer, *Geschichte der urchristlichen Literatur: Einleitung in das Neue Testament, die Apokryphen und die Apostolischen Vater* (Berlin; New York: Walter de Gruyter, 1978), p. 25.Veja H. Attridge, *Hebrews*, 410n79, para uma lista de lugares onde a expressão é usada idiomaticamente para indicar o local de origem em vez de indicar distância.

[1191] A passagem de Hebreus 2.3 torna duplamente difícil defender a autoria paulina, pois ele provavelmente nunca teria se referido a si mesmo dessa forma. Em outras ocasiões, Paulo fala de si mesmo como aquele que viu o Senhor, e reivindica autoridade apostólica com base nisso. Nem o escritor de Hebreus nem Lucas reivindicam autoridade apostólica. Pelo contrário, eles repudiam essa afirmação, como pode ser visto de Lucas 1.1-4 e Hebreus 2.3-4.

lembrar Atos 1.1, onde Lucas introduz seu segundo volume com "Escrevi o primeiro livro, ó Teófilo, relatando todas as coisas que Jesus começou a fazer e a ensinar". Além disso, o uso da palavra "primeiro", *archēn*, em Hebreus 2.3 paralelamente ao pensamento declarado no prólogo de Lucas "do mesmo modo que as testemunhas oculares originais (*archēs*) e os servos da palavra nos entregaram".

Drury observou que Lucas e Hebreus compartilham "uma visão subjacente e claramente articulada da história".[1192] Lemos em Hebreus 2.3 claramente que o escritor de Hebreus (e de Lucas também) reconheceu que um lapso de tempo os separou da origem do cristianismo. Drury continua: "A vida da Igreja está ligada ao seu Senhor pelas testemunhas oculares apostólicas e pela providência do Espírito Santo com Deus sobre todos; Lucas e Hebreus possuem uma harmonia profunda". [1193]

O que lemos em Hebreus 2.2-4 reflete o que lemos em Atos a respeito da igreja primitiva: os sinais, maravilhas, milagres e dons do Espírito são todos mencionados e ilustrados ao longo de Atos. Podemos dizer que Hebreus 2.2-4 é um bom resumo da obra de dois volumes de Lucas; o versículo 2 resume o Evangelho de Lucas, enquanto os vv. 3-5 resumem o livro de Atos.[1194]

Quando se junta os dados de Hebreus que se relacionam de algum modo com a autoria — o estilo de escrita, a profundidade teológica, o rigor e os meandros do argumento — com a semelhança léxica, estilística e teológica entre Lucas-Atos e Hebreus, torna-se evidente que o autor tem o perfil de Lucas. Há uma certa formação acadêmica que Lucas manifesta em sua obra de dois volumes. O autor de Hebreus também possuía uma formação acadêmica. Hengel faz esta observação em discutir a forma como os escritores sinópticos lidam com suas citações de Salmo 110.1. Ele observa que tanto Mateus quanto Marcos mudam a última linha de Salmo 110.1 sob a influência de Salmo 8.7 (Mc 12.36; Mt 22.44); somente

---

[1192] Drury, *Tradition and Design in Luke's Gospel*, p. 21.
[1193] Ibid.
[1194] Isso foi observado e argumentado por T. Jelonek, "Streszczenie dziel Lukaszowych w liscie do Hebrajezykow", *Analecta Cracoviensia* 13 (1981): p. 143-151. Mais tarde, ele sugeriu que Lucas foi o autor de Hebreus ("Chrystologia listu do Hebrajezykow," *Analecta Cracoviensia* 17 (1985): 253-57) e que escreveu em nome de Paulo. Jelonek considera Hebreus uma continuação do discurso de Estêvão em Atos 7.

Lucas (Lc 20.42-43) corrige essa mudança (assim como o texto bizantino e a versão em latim antigo de Marcos e Lucas). Em seguida, Hengel comenta: "Como acontece com o autor de Hebreus, o traço de uma cultura mais refinada - pode-se dizer também a formação 'acadêmica' do autor Lucas- é evidenciado nesse 'detalhe' filológico-histórico". [1195] Da mesma forma, Trotter conclui que Hebreus "parece ter sido escrita por alguém treinado na retórica clássica e que usou o grego com a fluência de um falante e escritor nativo".[1196] Krodel ressalta que Lucas nunca diz tudo de uma vez, mas expande e desdobra temas anteriores no desenrolar de cada episódio". [1197] Este também é o estilo do autor de Hebreus.

A obra dos estudiosos lucanos em todo o mundo (por meio da Sociedade de Literatura Bíblica e outros grupos e indivíduos) produziu ao longo dos últimos 35 anos evidências indiscutíveis de que o autor de Lucas-Atos era uma pessoa de notável habilidade literária e retórica. No passado, os estudiosos muitas vezes minimizavam a complexidade literária de Lucas-Atos,[1198] mas agora o autor de Lucas-Atos é visto pela maioria como um escritor de imensas habilidades e dons. Não vejo como é possível manter por mais tempo que o autor de Lucas-Atos é de alguma forma "inferior" ou "incapaz" de ter escrito uma obra como Hebreus. Esse fator, juntamente com a forma como uma teoria da autoria lucana pode ser historicamente reconstruída a partir dos textos, oferece evidências impressionantes que apontam para a possibilidade de Lucas ser o autor de Hebreus.

Os destinatários de Hebreus

A questão relacionada aos destinatários de Hebreus, bem como as outras questões de procedência, gerou considerável discussão.[1199] Em nenhum lugar

---

[1195] M. Hengel, *Studies in Early Christology* (Edinburgh: T&T Clark, 1995), p. 171-172.
[1196] A. Trotter, *Interpreting the Epistle to the Hebrews* (Grand Rapids: Baker, 1997), p. 184.
[1197] G. A. Krodel, *Acts*, ACNT (Minneapolis: Augsburg, 1986), p. 281.
[1198] C. Mount, *Pauline Christianity: Luke-Acts and the Legacy of Paul* (Leiden/Boston: Brill, 2002), p. 67.
[1199] Para um levantamento das várias teorias, consulte Guthrie, *New Testament Introduction*, p. 682-701, e Ellingworth, *Hebrews*, p. 21-29. Lindars, *The Theology of the Letter to the Hebrews*, p. 8-15, afirmou que a crise que deu início à escrita de Hebreus pode ser deduzida de 13.7-16, onde se resume os seus aspectos práticos. "A ideia em questão é uma necessidade sentida por parte dos leitores de recorrer aos costumes

a evidência interna da carta em si localiza os leitores, e assim o melhor que se pode fazer é peneirar as evidências e ver onde elas levam. Parece-me que a melhor solução foi oferecida pela primeira vez em 1923 por J. V. Brown quando ele sugeriu que os leitores eram um grupo de ex-sacerdotes judeus mencionados em Atos 6.7 que haviam se tornado cristãos. Esta teoria foi mais tarde argumentada por Spicq em seu trabalho sobre Hebreus.[1200] Com exceção do comentário de Hughes sobre Hebreus, esta sugestão não recebeu a consideração que merece nos círculos de estudo do Novo Testamento.[1201]

Brown não só defendeu os sacerdotes como os beneficiários de Hebreus, mas também atribuiu parte da escrita a Lucas como colaborador de Paulo. Ele sugeriu que Paulo era o "esquematizador principal, o planejador e o compilador" da carta, mas que Lucas a editou. A teoria de Brown sobre o autor e os destinatários de Hebreus é a mais próxima da minha.[1202]

Brown logo foi seguido em sua sugestão sobre os destinatários por Bornhauser em 1932, Clarkson em 1947, Ketter em 1950, Spicq em 1952, Braun e Sandegren em 1955, e depois Rissi em 1987. Spicq revisou sua teoria em 1958-59 e sugeriu que os sacerdotes tinham sido influenciados

---

judaicos a fim de entender seu senso de pecado contra Deus e a necessidade de expiação" (p. 10). Os leitores de Hebreus perderam a confiança no poder da morte de Cristo para lidar com sua consciência do pecado. Eles se voltaram para a comunidade judaica, causando atrito e divisão na igreja (p. 12). A reconstituição de Lindars propõe a teoria de que os destinatários seriam ex-sacerdotes judeus. A carta nunca traça nenhuma distinção entre judeus e gentios.

[1200] Spicq, *L'Épître aux Hébreux* (Paris: Librairie Lecoffre, 1952-1953), 1.226-231; Cf. J. V. Brown, "The Authorship and Circumstances of Hebrews-Again!" *BSac* 80 (1923): p. 505-538; M. E. Clarkson, "The Antecedents of the High Priest Theme in Hebrews", *AThR* 29 (1947): 89-95; e C. Sandegren, "The Addressees of the Epistle to the Hebrews," *EvQ* 27 (1955): p. 221-224.Todos eles se posicionam a favor dos ex-sacerdotes judeus como os prováveis destinatários. Spicq mais tarde alterou sua visão ("*L'Épître* aux Hébreux, Apollos, Jean-Baptiste, les Hellenistes et Qumran," *Revue de Qumran* 1 (1959): 365-390) para sugerir que os sacerdotes eram membros da comunidade de Qumran. Veja também Yadin, Kosmala, Danielou, e mais recentemente, B. Pixner, "The Jerusalem Essenes, Barnabas and the Letter to the Hebrews", em *Qumranica Mogilanensia*, ed. Z. Kapera (Krakow: Enigma Press, 1992), 6.167-178.

[1201] P. E. Hughes, *A Commentary on the Epistle to the Hebrews* (Grand Rapids: Eerdmans, 1977), p.10-15. Lindars chamou de reconstituição especulativa que "esforça a credulidade". Lindars, *The Theology of the Letter to the Hebrews*, p. 4. A crítica de R. Brown e J. P.Meier à proposta de Spicq é baseada na sugestão de Spicq de que os sacerdotes convertidos permaneceram em Jerusalém. R. Brown e J. P.Meier, *Antioch and Rome: New Testament Cradles of Catholic Christianity (*New York: Paulist Press, 1983), p. 143. O apelo à Bíblia grega (em vez do hebraico) e ao tabernáculo (em vez do templo) como argumentos contra os antigos sacerdotes serem os destinatários não se constitui em um obstáculo sério, conforme já se demonstrou. Guthrie é mais otimista quando diz que essa visão deve continuar se tratando de uma conjectura, mesmo sendo uma conjectura que merece uma "consideração cuidadosa" (*New Testament Introduction*, p. 691).

[1202] Brown, "The Authorship and Circumstances of Hebrews—Again!" p. 533-536.

pela comunidade de Qumran. Spicq também seguiu Brown ao notar uma semelhança entre Hebreus e o discurso de Estevão em Atos 7. Ele propõe que partes do livro de Hebreus contra as especulações corânicas, e ele conclui que Hebreus foram escritos para sacerdotes judeus que eram essênios-cristãos, sendo que alguns deles tinham sido membros da comunidade de Qumran.

Esta teoria da influência de Qumran sobre os destinatários de Hebreus foi elaborada por Jean Danielou e Yigael Yadin. Danielou acreditava que sacerdotes convertidos eram os destinatários mais prováveis. Ele cria que João Batista tinha sido influenciado pelas tendências dos essênios, e ele aceitou a ideia de Cullman de que o discurso de Estevão contém pontos semelhantes ao Documento de Damasco, um manuscrito essênio.

Yadin afirmou que Hebreus foi escrita para um grupo de judeus que pertencia à seita Qumran e que depois da conversão ao cristianismo continuaram a manter algumas de suas opiniões.[1203] Hughes favoreceu a visão de que os beneficiários eram ex-sacerdotes, mas ele achou desnecessário afirmar que eles tinham sido ex-membros de Qumran. Ele chamou essa visão de "a melhor teoria que já foi proposta para explicar o surgimento... de Hebreus".[1204]

A conexão de Qumran tem sido exagerada, e tudo o que precisa ser dito é que os leitores, se fossem ex-sacerdotes, podem ter sido influenciados por algumas visões desta seita do judaísmo. No entanto, uma leitura cuidadosa da carta não parece indicar muita influência, na minha opinião.[1205]

A sugestão de que os destinatários eram ex-sacerdotes sem necessariamente possuir algum vínculo com Qumran tem muitas evidências para apoiá-la, e merece ser reconsiderada como uma das melhores soluções para a questão em geral. Ela parece ter um maior poder explicativo do que

---

[1203] Y. Yadin, "Os Pergaminhos do Mar Morto e a Epístola para Hebreus", em *Aspectos dos Pergaminhos do Mar Morto* Ed. C. Rabin e Y. Yadin (Jerusalém, Magnes, 1958), p. 38. Veja também H. Braun, *Qumran und das Neue Testament* (Tübingen, Mohr [P. Seibeck] 1966), 1.153-54.

[1204] Hughes *Hebreus*, p. 14.

[1205] Veja a excelente análise sobre a história da pesquisa de Hebreus e Qumran em P. E. Hughes, "The Epistle to the Hebrews", em *New Testament Criticism and Interpretation*, ed. D. A. Black e D. S. Dockery (Grand Rapids: Zondervan, 1991), p. 351-353. Consulte também G. W. Buchanan, "The Present State of Scholarship on Hebrews", em *Christianity, Judaism and other Graeco-Roman Cults*, ed. J. Neusner (Leiden: Brill, 1975), p. 308-309.

qualquer outra teoria. Josefo menciona que havia 20.000 sacerdotes, enquanto Jeremias diz que havia 7.200 sacerdotes ligados ao templo somente em Jerusalém. Com a perseguição em Jerusalém na época do martírio de Estevão (At 8.1), esses sacerdotes judeus, sem dúvida, teriam sido forçados a sair de Jerusalém junto com os cristãos. A questão é para onde eles teriam ido. [1206]Lucas não nos diz o que aconteceu com os antigos sacerdotes mencionados em Atos 6.7, provavelmente por preocupação com sua segurança. Talvez seja por isso que os destinatários nunca são identificados na carta, embora fique claro que o autor sabia de suas circunstâncias. O fato de que as relações judaico-romanas terem ficado tensas a ponto de se iniciar uma guerra consiste em uma boa razão para se proteger os ex-sacerdotes que provavelmente seriam vistos pelo governo romano como possíveis líderes na causa judaica.[1207]

Supondo que Atos tenha sido escrito em cerca de 63 d.C., os acontecimentos narrados em Atos 6.7 ("Crescia a palavra de Deus, e, em Jerusalém, se multiplicava o número dos discípulos; também muitíssimos sacerdotes obedeciam a fé") teria começado cerca de 30 anos antes. Onde esses sacerdotes poderiam ter ido? Um dos lugares mais prováveis (e mais seguros) seria Antioquia na Síria. Pode ter havido um fluxo constante de sacerdotes convertidos deixando Jerusalém sob perseguição, e provavelmente alguns iriam para Antioquia. Todos os três verbos em Atos 6.7 estão no tempo imperfeito, indicando ação ao longo de todo um período. [1208] C.B. Williams traduziu este versículo para trazer à tona a força do tempo imperfeito:

[1206] Jeremias, *Jerusalem in the Time of Jesus*, p. 198-207.

[1207] Este fato, juntamente com as evidências de que Hebreus não ter sido escrita para uma igreja inteira, mas para um grupo menor dentro de uma igreja local, contribui significativamente para a razão pela qual ela não contém nenhuma saudação e por que a identidade do autor e dos destinatários seria ocultada em um tempo relativamente curto.

[1208] Embora os sacerdotes judeus exilados provavelmente não teriam se mudado para Roma, J.V. Brown e J.P. Meier (*Antioch and Rome*, p. 154) sugeriram tanto quando disseram que na comunidade cristã em Roma pode ter havido "elementos dessa herança levítica" referenciados em Atos 6.7. Brown criticou a teoria de Spicq sobre a suposição de que os sacerdotes convertidos ficaram em Jerusalém. No entanto, Spicq não afirma que eles *permaneceram* em Jerusalém, mas que foram forçados pela perseguição a se mudar para algum lugar como Cesareia, Antioquia ou Éfeso (*Hébreux*, 1.227). Brown está mais aberto a essa teoria se os sacerdotes forem situados em outro lugar além de Jerusalém, como Roma. Um destino romano para Hebreus funciona muito bem para a autoria lucana, quer os destinatários fossem ex-sacerdotes ou não.

Assim, a mensagem de Deus continuou a se espalhar, e o número de discípulos em Jerusalém continuou a crescer rapidamente; um grande número de sacerdotes continuou a se render à fé.[1209]

O uso de *polus te ochlos* (grande multidão) torna provável que várias centenas, talvez até mesmo milhares de sacerdotes fizessem parte desse grupo. Como Spicq aponta, Hebreus aborda pensamentos, atitudes e pontos de vista sacerdotais.[1210]

Um dos temas preeminentes de Hebreus é o sacerdócio de Cristo. Sera que esse tema não seria de grande interesse para os ex-sacerdotes? Em uma ocasião, os leitores são exortados a continuar (de forma figurativa) seus deveres sacerdotais. Em Hebreus 10.19-22, os leitores são orientados a "entrar no santuário" com seu coração "purificado da má consciência" e seu corpo "lavado com água pura". Esta é uma linguagem sacerdotal e seria imediatamente entendida e apreciada pelos antigos sacerdotes, mas não seria de grande aplicação para os leigos.

Aparentemente, os principais destinatários não eram a igreja como um todo, mas um grupo dentro dela, como se pode deduzir de Hebreus 5.12. Eles foram abordados separadamente de seus líderes, como pode ser deduzido a partir de Hebreus 13.24. De acordo com a obra abrangente de Downey sobre Antioquia, vários grupos de cristãos provavelmente se encontravam em Antioquia, reunindo-se em lugares diferentes. Podemos presumir que, pelo menos em algumas ocasiões, os cristãos judeus e cristãos gentios se encontravam separadamente. Os judeus ortodoxos provavelmente ainda observavam a lei e não comiam com gentios. Uma dica disso é registrada em Gálatas 2.11-12, onde Pedro come com os gentios até que uma delegação de Tiago e da igreja de Jerusalém chegou a Antioquia. Pedro então se separou dos cristãos gentios por medo da delegação de Jerusalém. Downey sugere ainda que a história subsequente dos cristãos

---

[1209] C.B. Williams, *The New Testament: A Private Translation in the Language of the People* (Chicago: Moody, 1955).
[1210] Spicq, *Hébreux*, 1.226.

de Antioquia torna provável que houvesse uma série de congregações e que elas seguiam práticas e ensinamentos diferentes.[1211]

Quando se leva em conta esse passado e essas declarações em Hebreus, é fácil entender que esses ex-sacerdotes, que agora faziam parte da igreja em Antioquia, poderiam ter encontrado razões para permanecer separados do resto da igreja. [1212]Essa atitude poderia ter desencadeado a exortação em 10.24-25: "Consideremo-nos também uns aos outros, para nos estimularmos ao amor e às boas obras. Não deixemos de congregar-nos, como é costume de alguns; antes, façamos admoestações e tanto mais quanto vedes que o Dia se aproxima".

Dentre aqueles que seguem J. V. Brown e defendem que os destinatários de Hebreus eram ex-sacerdotes, Spicq apresentou a defesa mais eficaz. Os comentaristas de Hebreus frequentemente o citam como tendo essa visão, mas a interação com suas evidências é rara. Uma exceção é Ellingworth, que analisa seis dos 12 argumentos de Spicq em favor dos sacerdotes e apresenta uma breve refutação.[1213] Já que o trabalho de Spicq foi produzido há mais de 50 anos e ainda não foi traduzido do francês, parece prudente apresentar novamente essa defesa e agregá-la a outros argumentos nesta seção a favor de os destinatários de Hebreus serem ex-sacerdotes.[1214]

[1211] G. Downey, *A History of Antioch in Syria* (Princeton: Princeton University Press, 1961), p. 277-278. Veja também E. P. Sanders, *Judaism: Practice and Belief, 63 BCE–66 CE* (London: SCM; Philadelphia: Trinity Press International, 1992), p. 350-351. W. A. Meeks e R. L. Wilken, *Jews and Christians in Antioch in the First Four Centuries of the Common Era*, SBLSBS 13 (Missoula, MT: Scholars Press, 1978); I. Levinskaya, "Antioch", em *The Book of Acts in its Diaspora Setting*, ed. B. Winter (Grand Rapids: Eerdmans, 1996), 5.127-135.

[1212] Não se contou o motivo pelo qual o grupo abordado em Hebreus não estava se reunindo na igreja com regularidade. Sabemos que, historicamente, nos dois séculos anteriores à revolta dos macabeus, muitos sacerdotes (especialmente os do alto escalão) tornaram-se abertos à influência helenística no afã de alcançar a cidadania helenística em Jerusalém. Veja a discussão em "Hellenistic Jews of the Diaspora Atos the Cradle of Primitive Christianity", em *The New Testament and Hellenistic Judaism*, ed. P. Borgen e S. Giversen (Aarhus, Denmark: Aarhus University Press, 1995), p. 41. Na época da igreja primitiva, as famílias dos sacerdotes saduceus eram muito mais helenistas do que as famílias dos fariseus. Se os destinatários de Hebreus eram ex-sacerdotes que haviam se mudado para Antioquia, talvez houvesse alguma forma de conflito de uns grupos com os outros na igreja dessa cidade. No caso de a maioria dos líderes da igreja ter passado a ser gentia, esse poderia ser um fator plausível.

[1213] Ellingworth, *Hebreus*, p. 27.

[1214] Os argumentos de Spicq podem ser encontrados em *Hébreux*, 2.226-31.

Spicq começa com a observação de que a profundidade da análise em Hebreus exige um ouvinte interessado e capaz de entendê-la. Ele exagera em sua exposição quando diz que "somente os sacerdotes tinham inteligência suficiente" para alguém escrever para eles desta forma, mas a sua proposta de que a carta se dirige a pensamentos, atitudes e pontos de vista sacerdotais é válida. [1215]

Spicq então passa a listar 12 argumentos a favor de sua opinião. Em primeiro lugar, os destinatários se converteram pela pregação dos primeiros discípulos do Senhor (Hb 2.3). Eles entraram na igreja nessa mesma época (At 6.7) e foram cristãos por muito tempo (Hb 5.12; 10.32). O segundo argumento é que eles podem ter conhecido os judeus romanos que viviam em Jerusalém na época do Pentecostes que se converteram (At 2.10) e que, depois de voltar para Roma, adicionariam suas saudações aos do autor em Hebreus 13.24.[1216]

Em terceiro lugar, foram fortalecidos na fé pelo Espírito Santo através da obra de Estevão (Hb 2.4; At 6.8). Spicq apresenta o quarto argumento de que eles deveriam ter sido mestres (Hb 5.12), e isso é proporcional ao papel de ensino que os sacerdotes tinham, conforme nos indica o Antigo Testamento (Ag 2.11; Zc 7.8; Ml 2.7) assim como o Novo Testamento.[1217]

Sandegren defende a mesma ideia, observando que uma igreja inteira não seria exortada a ser mestre. Ele especula, como Spicq, que está sendo abordado um pequeno grupo dentro da igreja maior. Sandegren ainda encaixa Hebreus 13.2, "Não negligencieis a hospitalidade", com 10.34, "aceitastes com alegria o espólio dos vossos bens", e conclui que mesmo que os destinatários tenham perdido vários bens por causa da perseguição, eles ainda possuíam as suas próprias casas. Ele ressalta que, de acordo com a lei de Moisés, não se podia tirar as casas dos sacerdotes (cf. Lv 25.29-34). Este argumento poderia ser mais aplicável se os destinatários estivessem em Jerusalém em vez de Antioquia. Também pode-se argumentar que Sandegren ignora a possibilidade de que eles possam ter perdido suas casas

---

[1215] Ibid., p. 226.
[1216] Ibid., p. 227. Note que Spicq não acredita que os destinatários estavam em Roma.
[1217] Ibid., p. 228.

em alguma perseguição anterior (em Jerusalém, por exemplo) e tinham passado a ter casas novamente em um novo local como Antioquia.[1218]

Em quinto lugar, o particípio presente *anistatai* (surgindo) em Hebreus 7.15 faz referência a Atos 20.17-18, 28, e poderia ter uma conotação hierárquica. Essa linguagem dificilmente teria sido aplicada aos cristãos comuns, mas seria adequada para sacerdotes que tinham a autoridade necessária para dar conselhos e intervir de forma eficaz. Em sexto lugar, os sacerdotes em Jerusalém prestaram serviço em meio à glória da adoração do templo. Como cristãos, eles perderam seus privilégios materiais e espirituais como filhos de Levi. Eles foram separados do templo e foram forçados a desistir de seu ministério. Eles foram reduzidos ao status de pessoas comuns e foram perseguidos como membros de uma seita odiada. Tendo perdido o ânimo (Hb 12.12-13; 13.5-6), eles foram tentados a retornar ao judaísmo (Hb 3.12-14; 6: 4-6; 10.39). O escritor de Hebreus tenta transpor o aspecto material e visual da adoração ao templo para o domínio da consciência, destacando a natureza espiritual e interior do cristianismo. Para ele, a perda de bens materiais leva à aquisição de riqueza espiritual. Apesar de terem sido afastados dos símbolos de adoração, eles receberam a realidade da adoração, ou seja, o acesso à presença de Deus. Spicq explica:

> Para esses sacerdotes judeus convertidos, que foram banidos do Templo e excomungados de sua nação, Hebreus trouxeram de volta à mente o seu privilégio exclusivo: a confissão de Cristo como seu Sumo Sacerdote... e propôs a oferta permanente de um sacrifício completamente espiritual... Por terem sido libertos da Lei, eles obtiveram graça; tendo sido miseráveis na terra, eles decidiram entrar na Jerusalém celestial. Nesta cidade do Deus vivo, a liturgia nunca acaba.[1219]

O sétimo argumento afirma que os sacerdotes judeus foram autorizados pela lei mosaica a comer uma parte do sacrifício. Como os

---

[1218] Sandegren, "The Addressees of the Epistle to the Hebrews", p. 222.
[1219] Spicq, *Hébreux*, 2.228-229.

cristãos foram excluídos da adoração do templo, eles perderam esse direito. Contudo, eles tinham um privilégio superior: a participação espiritual no sacrifício de Cristo, do qual seus antigos irmãos sacerdotes foram excluídos (Hb 13.10). A redação aqui não contrasta os cristãos com os judeus, mas se refere a duas categorias de sacerdotes: aqueles que seguiram a Moisés e aqueles que seguiram a Cristo. A tentação desses sacerdotes convertidos era ter inveja daqueles que ainda serviam no templo.[1220]

Em oitavo lugar, a conclusão da seção doutrinária (Hb 10.18), declarou abertamente que desde que o sacrifício de Cristo tinha tirado os pecados e trazido perdão, logo o ritual de sacrifício não era mais necessário. Os cristãos judeus geralmente não seriam abordados de forma tão sumária e agressiva. O autor está essencialmente dizendo que esses sacerdotes convertidos não têm mais nenhuma razão para praticar seu sacerdócio, já que o sacerdócio de Jesus cuidou de tudo isso.

Vemos como nono argumento que, devido ao fato de ele se dirigir a sacerdotes descendentes de Levi, o autor toma "precauções psicológicas" e usa manobras doutrinárias para denunciar a insensatez de tentar perpetuar seu sacerdócio. Em um esforço para mostrar consideração por seus sentimentos, ele não ataca diretamente o sacerdócio do templo a fim de validar o sacerdócio de Jesus. Em vez disso, ele aborda o assunto a partir do sacerdócio de Melquisedeque como uma ordem sacerdotal que precedeu e substituiu a ordem levítica, e que tipifica o sacerdócio de Cristo. Esta é a essência do argumento em Hebreus 7.[1221]

Em décimo lugar, a descrição clara do que os destinatários corriam o risco de fazer em Hebreus 6.6 ("de novo, estão crucificando para si mesmos o Filho de Deus e expondo-o à ignomínia") e 10.29 ("calcou aos pés o Filho de Deus, e profanou o sangue da aliança com o qual foi santificado, e ultrajou o Espírito da graça") se compreende da melhor forma no contexto dos leitores que participaram da morte de Jesus. Os Evangelhos deixam claro que os sacerdotes - especialmente os principais dos sacerdotes - estavam envolvidos no plano da morte de Jesus. A ideia de

---

[1220] Ibid., p. 229.
[1221] Ibid., p. 230.

crucificar Jesus novamente e mostrar desprezo por Ele foi usada pelo autor para motivar esses sacerdotes convertidos a permanecerem fiéis a Jesus.

Apresenta-se como o décimo primeiro argumento que, embora os destinatários de Hebreus tenham passado por perseguição, inclusive perdendo seus bens (Hb 10.34), Spicq diz que eles parecem ser "ricos", já que tinham o suficiente para exercer uma hospitalidade generosa (13.1-2), tinham sido tentados pela ganância (13.5-6), e foram chamados a multiplicar seus atos de bondade (13.16). Usar o termo "rico", como Spicq faz, certamente está além das evidências do livro, mas a sugestão de que eles ainda tinham meios - e talvez mais do que a maioria - é justificável. A maioria dos sacerdotes era composta de saduceus (At 5.17), que tendiam a ser ricos proprietários de terras. Eles também eram, de acordo com Atos, adversários amargos da igreja de Jerusalém. Sua raiva seria dirigida especialmente àqueles de seu próprio partido que se tornaram traidores por sua lealdade a Jesus. A referência do autor ao exemplo de Moisés que desistiu das riquezas do Egito para suportar a reprovação de Cristo (Hb 11.24) seria apropriada para essas circunstâncias.[1222]

Em décimo segundo lugar, o título tradicional dado ao livro, "Aos Hebreus" (*pros Ebraious*; que surgiu a partir de cerca de 200 d.C.), sugere um grupo homogêneo. Eles viveram dias terríveis juntos, passando pelas mesmas dificuldades. O comentário de Brevard Childs de que o título interpreta a carta como abordando o problema das duas alianças certamente apoiaria a teoria de Spicq, já que esta questão seria de suma importância para os antigos sacerdotes. Ele observa que Hebreus apresenta uma declaração preparatória da relação teológica entre os dois pactos, que não recebe o seu conteúdo do cenário histórico do século 1, mas das próprias Escrituras. Se o autor tivesse escrito antes de 70, ou mesmo durante a Guerra Judaica, a melhor maneira de proceder não seria uma abordagem histórica, mas uma abordagem bíblica, que é exatamente o que o autor de Hebreus faz.[1223]

[1222] Ibid., p. 230-231.
[1223] Ibid., p. 231; B. Childs, *New Testament as Canon: An Introduction* (Londres: SCM, 1984), p. 415.

Esses doze argumentos não possuem o mesmo peso. Alguns são mais substanciais que outros. Mas dado o conteúdo e o tom de Hebreus, deve-se admitir que a teoria dos sacerdotes convertidos pode explicar uma quantidade significativa das evidências textuais.

Spicq oferece outro argumento para sacerdotes convertidos a partir de uma comparação entre Hebreus e Ezequiel:

> Ambos denunciam o coração endurecido e a recusa de se ouvir a Palavra de Deus (Ez 2.4-8, 3.9?, 4[sic-3].26-27, 12.2,25), as mãos e os joelhos fracos (7.17), e a culpa dos antepassados (16; 20.27ss). Anunciam, sobretudo, a celebração de uma aliança eterna (16.8, 60, 62; 34.25; 37.26), vinculado à restauração do culto e a um novo sacerdócio (11.16; 37.28; 41.15ss). É Deus quem revela a arquitetura do novo santuário (40.1ss). Os pecados são manchas que Deus purifica (37.23). O Messias é o pastor das ovelhas (34), etc.[1224]

Ezequiel é um sacerdote e faz com que essas semelhanças sejam notáveis.

A análise de Horbury sobre o sumo sacerdócio em Hebreus apresenta pelo menos duas provas adicionais de que os destinatários eram ex-sacerdotes. A primeira é que ele observa que o sumo sacerdote é chamado de "apóstolo" dos anciãos e sacerdotes, *sheluhenu*, "nosso emissário", em *Yoma* 1.5, que se compara a Hebreus 3.1b (considerai o apóstolo e sumo sacerdote de nossa confissão, Jesus"). Ele ainda afirma: "Quando Hebreus fala sobre sacerdócio não se destaca totalmente dos verdadeiros debates históricos do período da Primeira Revolta. O dízimo pertence ao sacerdote (7.5), e curiosamente em 62 d.C., os levitas reclamavam disso. Os capítulos 7 e 8 refletem a política sacerdotal restaurada por um tempo durante a Primeira Revolta".[1225] Este é um argumento a favor de uma data pré-70, sendo igualmente a favor dos sacerdotes como destinatários.

Se os destinatários de Hebreus eram sacerdotes convertidos, o que poderemos dizer a respeito do seu local? Uma sugestão lógica que também

---

[1224] Spicq, *Hébreux*, 2.226.
[1225] W. Horbury, "The Aaronic Priesthood in the Epistle to the Hebrews", *JSNT* 19 (1983): p. 65, 67.

pode ser apoiada com evidências bíblicas, especialmente se o autor de Hebreus é Lucas, é Antioquia na Síria. Sabemos por Josefo que os judeus eram numerosos em Antioquia, desfrutando de direitos iguais como cidadãos.[1226] Além disso, com algumas exceções, Antioquia não possuía o mesmo nível de perseguição aos judeus de outras cidades. No entanto, no terceiro ano do reinado de Calígula (40 d.C.), houve uma explosão de violência anti-judaica. Existem poucos detalhes disponíveis sobre este período, e não há como determinar o alcance dessa violência. Quando Cláudio ordenou o fim dos pogroms no Egito em 41 d.C., uma cópia de sua proclamação foi enviada para Antioquia. Isso poderia ser interpretado como uma prova de que uma situação semelhante existia em Antioquia como no Egito. [1227] Mesmo em 66 d.C., com o início da Guerra Judaica, em um momento em que as relações entre judeus e não-judeus se tornaram violentas em toda a região da Síria, Josefo nos informa que somente Antioquia, Sidon e Apamea se recusaram a matar ou prender um único judeu.[1228] Provavelmente uma das poucas cidades de qualquer tamanho em 67 d.C. com uma população cristã (tanto judia quanto gentio) que poderia ter sido descrita como uma cidade que ainda não resistiu até o sangue (Hb 12.4) teria sido Antioquia.

Lemos em Hebreus 6.10 a menção de que os destinatários tinham ministrado aos santos. A oferta de Jerusalém dada pela igreja de Antioquia (At 11.27-30) pode ter sido o referencial de Hebreus 6.10. De interesse histórico é a menção de Josefo a respeito da recusa de Antíoco em permitir a guarda do sábado em Antioquia de 67 a 69.[1229] A passagem de Hebreus 4.1-10 fala do descanso do sábado na era vindoura, um assunto de interesse para os judeus de Antioquia naquela época. Outra ideia interessante é a afirmação em Hebreus 13.12-14 de que "não temos aqui cidade permanente, mas buscamos a que há de vir". Essa declaração era bem adequada para sacerdotes judeus exilados em Antioquia, muitos dos quais, sem dúvida,

---

[1226] Josefo, *Guerras* 7.43. Isso foi por causa da proximidade da Síria com a Judéia.
[1227] Levinskaya, *The Book of Acts in its Diaspora Setting*, p. 132; Downey, *History of Antioch*, p. 192-193; Meeks e Wilken, *Judeus e cristãos*, p. 4; Brown e Meier, *Antioch and Rome*, p. 28-44.
[1228] Josefo, *Guerras*, II, p. 462-463.
[1229] Josefo, *Antiguidades* XII, p. 120.

ansiavam por Jerusalém e precisavam ser lembrados de que não era o foco correto buscar essa cidade amada.

A advertência de Hebreus 6.1-6 pode ter sido dada para combater a pressão sobre esses sacerdotes para retornar ao judaísmo e defender sua nação do perigo iminente dos romanos. A crise da Guerra Judaica, como um vórtice poderoso, atraiu sectários de todos os tipos para defender sua pátria. Até alguns de Qumran, uma seita estrita e isolacionista, morreram em Massada enquanto ressurgiam contra o exército romano. O mesmo tipo de pressão deve ter sido exercido sobre muitos cristãos judeus. A possibilidade de que alguns de seus compatriotas tentassem coagi-los para retornar ao judaísmo parece natural sob as circunstâncias. Esses fatores sugerem Antioquia como um local possível para os destinatários de Hebreus.

Temos como evidências mais importantes a favor de Antioquia que Lucas é associado tanto pelas Escrituras quanto pela tradição com Antioquia na Síria (ver "A Identidade de Lucas" no cap. 6). De acordo com o prólogo anti-marcionita do Evangelho de Lucas (d.C. 160-180), Lucas era um sírio de Antioquia. Eusébio menciona "Lucas que nasceu em Antioquia, médico de profissão. "Embora a exatidão dessas tradições não possa ser definida de modo inquestionável, sua origem nos serve de ponto de partida para alguma base factual. Em Antioquia também havia uma escola de medicina onde Lucas pode ter recebido seu treinamento.

As Escrituras apresentam alguma base para essas tradições que dizem que Lucas está intimamente ligado com Antioquia. O seu interesse em Antioquia está longe de ser corriqueiro, como se pode observar a partir das declarações em seu Evangelho e em Atos. Por exemplo, em Lucas 4.25-27, Jesus lembra aos seus ouvintes que havia alguns na Síria que foram ajudados pelos primeiros profetas de Israel. Em Lucas 6.17, a Fenícia é mencionada como a casa de algumas pessoas que ouviram Jesus pregar o Sermão no Monte.

Embora a Síria não seja mencionada em Atos 2.9-11 na tabela de nações que têm expatriados em Jerusalém em Pentecostes, ela fica bem no centro geográfico de todas as nações listadas, e é incomum que a Síria seja deixada de fora. Em Atos 6.5, Lucas aponta que um dos sete helenistas que foi apontado como diácono pela igreja em Jerusalém era de Antioquia. Talvez, de modo mais importante, Lucas considere Antioquia o ponto de partida para a missão gentia, e há várias referências a ela em Atos 11.20-13.16. [1230] Atos 13.1 é um texto fundamental nesse particular, porque lista cinco líderes da igreja primitiva em Antioquia. Já que nenhuma lista equivalente é dada para qualquer outra igreja missionária em Atos, isso parece apontar para o destaque dado por Lucas à igreja de Antioquia.

Nesta lista de nomes aparece Manaém, o irmão adotivo de Herodes. Glover destaca material sobre Herodes que é exclusivo do Evangelho de Lucas, e sugere que esse conhecimento que Lucas tinha de Manaém na igreja de Antioquia consistiu na fonte de boa parte dessas informações[1231]. Ele pelo menos parece ter um conhecimento e um interesse especial nos assuntos dos cristãos de Antioquia, [1232]e isso aumenta a possibilidade de que Lucas escreveu Hebreus e que ele a endereçou aos cristãos judeus (ex-sacerdotes) de lá. Glover expressa curiosidade sobre o motivo pelo qual Lucas deveria estar tão interessado em Antioquia, mas não oferece nenhuma explicação de como o cristianismo chegou a Alexandria, uma cidade igualmente importante. Dods também considera Antioquia uma possível localização dos destinatários: [1233]"Certamente eles exigiram alguma exposição, do modo que é dada na Epístola, a respeito da relação entre o judaísmo e o cristianismo."[1234] Rendall sugere Antioquia como um destino provável para Hebreus, observando que "só existiam igrejas cristãs emergentes, fundadas pelos primeiros missionários do evangelho, bem simpáticas ao judaísmo, cheias de interesse na adoração mosaica, e se orgulhando do nome de Hebreus; que, no entanto, falavam a língua grega, usavam a versão grega das Escrituras e contavam entre seus membros convertidos pessoas que, como o autor, combinavam as maiores vantagens da cultura

---

[1230] B. Reicke, *The Gospel of Luke*, trad. R. Mackenzie (Richmond: John Knox, 1964), p. 14-16.
[1231] R. Glover, "'Luke the Antiochene' and Acts", *NTS* 11 (1964-65): p.101.[152]
[1232] cf. Harnack, *Luke the Physician*, p. 20-23.
[1233] Glover, "'Luke the Antiochene' and Acts", p. 102. Veja também o argumento de Franklin de que Lucas-Atos pode ter sido escrito em Roma para a igreja de Antioquia. E. Franklin, *Luke: Interpreter of Paul, Critic of Matthew*, JSNTSup 92 (Sheffield: JSOT Press, 1994), p. 388.
[1234] M. Dods, "Epistle to the Hebrews", em *The Expositor's Greek Testament*, ed. W. R. Nicoll (Grand Rapids: Eerdmans, 1974), 4.223.

grega com o estudo cuidadoso do Antigo Testamento e especialmente a respeito da lei sacrificial".[1235]

Quanto ao título, "Hebreus", sabemos que não fazia parte do texto original, mas se trata de um acréscimo posterior.[1236] Geralmente se interpreta que os copistas, seja por causa do conteúdo ou da tradição, consideraram a carta como sendo dirigida aos judeus cristãos. O fato de que essa palavra no início do cristianismo se referia a "judeus cristãos ritualmente rigorosos... com um profundo apego às leis cerimoniais e ao templo de Jerusalém"[1237], certamente se encaixaria na situação dos sacerdotes convertidos. O título tem sido frequentemente visto como indicando que os destinatários se achavam na Palestina.[1238]

A Data de Hebreus

Como todo o restante que trata sobre o cenário desta carta, a data também não é clara. Nem as evidências internas do texto nem os dados históricos externos apresentam informações suficientes para um compromisso dogmático com qualquer uma das teorias que foram propostas, embora uma data entre 60 e 100 d.C. seja bastante provável.[1239] Até recentemente, a data

---

[1235] F. Rendall, *The Epistle to the Hebrews* (London: Macmillan, 1888), p. 69. H. MacNeille, *The Christology of the Epistle to the Hebrews* (Chicago: Chicago University Press, 1914), p. 16, observa: "Não há nada incongruente em supor que a igreja em Antioquia seja a destinatária da carta". E. Perdelwitz vê Hebreus como escrita para Roma e Antioquia. E. Perdelwitz, "Das literarische Problem des Hebräerbriefes", *ZNW* (1910): p. 59, 105.

[1236] Alguns dizem que o título *Pros Hebraious* poderia ter sido acidentalmente ou deliberadamente alterado por um copista de seu original *Pros Hieraious*. Esta última forma seria o adjetivo verbal "para os homens sacerdotais", mas tal forma até agora não foi encontrada. A semelhança entre os dois títulos pode ser vista facilmente, e a confusão de duas letras no início da palavra é um tipo de erro conhecido na cópia das Escrituras. No entanto, mesmo se tratando de uma explicação plausível, deve permanecer no campo da conjectura. J.V. Brown, "The Authorship and Circumstances of Hebrews, Again!", p. 538. Quanto à evidência dos manuscritos a favor de Hebreus, consulte F. W. Beare, "The Text of the Epistle to the Hebrews in $\mathfrak{P}^{46}$," *JBL* 63 (1944): p. 379-396, e especialmente C. Spicq, *Hébreux*, 1.412-432.

[1237] Ellis, *Making of the New Testament Documents*, p. 288.

[1238] Ibid. Ellis acredita que ela foi endereçada a "várias congregações" de cristãos judeus rigorosos na Palestina. À luz dos estudos recentes do judaísmo helenístico/da diáspora e do judaísmo palestino, se fortalece a defesa de um destino palestino.

[1239] Attridge, *Hebrews*, p. 9. Uma data do início do século II foi recentemente defendida por P. Eisenbaum, "Localizando hebreus dentro da paisagem literária das origens cristãs", em *Hebraicos: Métodos Contemporâneos*, ed. G. Gelardini (Leiden: Brill, 2005), p. 213-237. Ela sugere três razões para sua visão: (1) Hebreus 2.3 indica alguma distância entre o tempo de Jesus e o público do autor; (2) Hebreus evidenciam o conhecimento

mais tardia possível era de 96 d.C., já que Hebreus é citada por Clemente de Roma em sua carta aos coríntios (tradicionalmente datado de 96 d.C.). No entanto, tanto o uso de Hebreus por Clemente quanto a data tradicional para sua carta têm sido questionados.[1240] Attridge provavelmente esteja certo ao dizer que a redação em 1 Clemente é um "sinal certo de ter se baseado em Hebreus",[1241] mas a data tradicional para a carta de Clemente agora é considerada suspeita por muitos e não pode ser usado como uma base forte para que se bata o martelo a respeito da data de Hebreus.

Houve três grandes pontos de vista com relação à datação de Hebreus: dois deles datam o livro antes da destruição de Jerusalém no ano 70 d.C. (pré-64 e 67-69) e o terceiro no final do reinado de Domiciano (96 d.C.). Essas visões dependem de cinco questões primárias: (1) o suposto autor (se for Paulo, então uma data depois de 67 d.C. é impossível), (2) a localização dos destinatários, (3) a interpretação das provas internas, (4) a correlação entre os dados internos e os externos (se houve um endereçamento romano, será que a perseguição mencionada na carta aconteceu durante Nero ou Domiciano?), e (5) fatores teológicos.[1242]

---

de um ou mais dos Evangelhos escritos; (3) A afinidade de Hebreus com alguns escritos do século 2 (pp. 224-231). É claro que cada um desses pontos pode ser facilmente respondido. Hebreus 2.3 não especifica quanto tempo pode ter transcorrido entre Jesus e a geração do autor. É impossível dizer. Eisenbaum assume uma data tardia para os Evangelhos canônicos quando há amplas evidências de que todos os três Evangelhos Sinópticos foram escritos antes de 70 d.C. As diferenças entre Hebreus e a literatura cristã do século II são maiores do que as semelhanças. Sua declaração, "não há praticamente nenhuma evidência fixando Hebreus no século 1", é notável dada a evidência geral.

[1240] Veja a análise em H. Attridge, *Hebrews*, 6-9; W. L. Lane, *Hebrews 1-8*, lxii-lxvi; W. L. Lane, "Social Perspectives on Roman Christianity during the Formative Years from Nero to Nerva: Romans, Hebrews, 1 Clement", em *Judaism and Christianity in First-Century Rome,* ed. K. P. Donfried e P. Richardson (Grand Rapids: Eerdmans, 1998), p. 196-244; e P. Ellingworth, *Hebrews*, p. 29-33. A questão a respeito da datação de 1 Clemente foi reaberta por L. L. Welborn, "On the Date of First Clement", *Br* 24 (1984): p. 34-54. J.A.T. Robinson situa 1 Clemente por volta do ano 70, em grande parte por se basear em G. Edmundson, *The Church in Rome in the First Century* (London: Longmans, Green & Co., 1913). Veja D. A. Carson, D. Moo, e L. Morris *An Introduction to the New Testament* (Grand Rapids: Zondervan, 1992), 398n22. O uso que 1 Clemente faz de Hebreus é o argumento decisivo para a tese de K. Aland de que Hebreus deve ser datada de cerca de 70 d.C. K. Aland, "Corpus Paulinum bei den Kirchenvatern de Zweiten Jahrhunderts", em *Kerygma und Logos* (Göttingen: F. S.C. Andresen, 1979), p. 44. E. Ellis também aceita uma data anterior a 70 para 1 Clemente. E. Ellis *The Making of the New Testament Documents*.

[1241] H. Attridge, *Hebrews*, p. 7.

[1242] Não entrarei em todos os argumentos pró e contra sobre essas várias opiniões, uma vez que são amplamente declaradas na literatura relevante. Além das obras listadas acima, veja também o livro *Redating* de Robinson, p. 200-220 e Guthrie, *New Testament Introduction*, 701-705. O artigo "Jerusalem in Hebrews 13.9-14 and the Dating of the Epistle," de P. Walker em *TynBul* 45 (1994): p. 39-71, é um argumento incisivo para uma data anterior ao ano 70. O artigo de Porter de uma perspectiva linguística sobre o uso e o

Se Lucas escreveu Hebreus em Roma, então provavelmente essa carta foi escrita por volta de 67 d.C. Como membro do círculo paulino, é altamente improvável que Lucas tenha escrito em uma data tardia como a última década do primeiro século. Se as tradições em torno de sua morte forem precisas, ele teria morrido em meados da década de 80 d.C. Aceito a interpretação tradicional das evidências bíblicas que indicam que Lucas era um membro do círculo paulino e um dos companheiros de viagem de Paulo. Já que Lucas é mencionado em 2 Timóteo como estando com Paulo perto da hora de sua morte, podemos partir do princípio de que ele estava lá quando Paulo morreu. Os estudos acadêmicos sobre Paulo não situam a morte de Paulo depois do ano de 67 d.C.

A evidência de uma data pré-70 é maior que a da época do imperador Domiciano.[1243] O conselho de Porter é sábio sobre o perigo de usar o tempo presente nas passagens referentes ao culto do templo como argumento para uma data pré-70.[1244] Mas o argumento mais importante a favor de uma data anterior para Hebreus é o silêncio tumular com relação à queda de Jerusalém e ao templo em 70 d.C. Embora sejam concomitantes, o uso do tempo presente e a falta de referência à destruição de Jerusalém se constituem em questões distintas.

Aqueles que colocam a data de Hebreus para depois de 70 d.C. enfrentam a tarefa monumental de explicar o silêncio dessa carta com relação a um acontecimento tão importante. Como poderia o autor ter deixado de usar o único argumento absolutamente irrefutável em sua tentativa de

---

abuso do tempo presente em Hebreus deve ser reconhecido por todos nós que preferimos uma data antes de 70. S. Porter, The Date of the Composition of Hebrews and Use of Present Tense-Form", em *Crossing the Boundaries: Essays in Biblical Interpretation in Honour of Michael D. Goulder*, ed. S. Porter, P. Joyce, e D. Orton (Leiden: Brill, 1994), p. 295-313. Com relação a como um ou mais desses cinco fatores se interligam na questão da data, considere o seguinte exemplo em Salevao que propôs uma data no último quarto do primeiro século: "Hebreus reflete uma época em que a separação entre o cristianismo e o judaísmo se tornou irrevogável. Hebreus era de fato uma legitimação teológica calculada da separação do judaísmo de uma comunidade particular do Novo Testamento". I. Salevao, *Legitimation in the Letter to the Hebrews: The Construction and Maintenance of a Symbolic Universe*, JSNTSup 219, ed. S. Porter (New York: Sheffield Academic Press, 2002), p. 108.

[1243] Ellis criticou a teoria domiciana com base nas evidências de que a perseguição de Domiciano não foi generalizada o suficiente para justificar os comentários feitos nos documentos do Novo Testamento. Ellis, *History and Interpretation in New Testament Perspective*, p. 35.

[1244] Porter, "The Date of the Composition of Hebrews and Use of Present Tense-Form", p. 295-313.

mostrar a natureza passageira do culto ao templo e do sistema levítico? Barton resume o problema:

> Se o templo de Jerusalém tivesse sido destruído décadas antes, como as hipóteses em consideração supõem, o fato teria sido bem conhecido, e o emprego da linguagem que implicava que seu culto ainda estava acontecendo teria tornado a Epístola ridícula aos olhos de seus primeiros leitores. Negar-se a se pautar por essa que é a mais tangível e definida de todas as pistas que existem para determinar a data de Hebreus, é jogar fora a chave do problema e abrir a porta para especulações e equívocos infrutíferos.[1245]

Robinson certamente está certo em afirmar que, embora o argumento do silêncio não prove nada, cria um pressuposto muito forte neste caso, que coloca o ônus da prova sobre aqueles que defendem uma data posterior ao ano 70.[1246]

Nairne defende uma data imediatamente anterior ao ano 70. Com o início da Guerra Judaica, pode muito bem ter havido uma onda de nacionalismo patriótico que varreu a Palestina e o judaísmo da diáspora. Isso teria tentado os judeus cristãos a retornar ao judaísmo e à estabilidade do culto judeu. Moule concorda com a avaliação de Nairne:[1247]

> Nesse momento não é somente o medo da perseguição e de ser chamado de traidores, mas também o anseio humano pela estabilidade ordenada de um sistema antigo, com símbolos objetivos e tangíveis, que afastam os homens do pioneirismo ousado exigido pela fé cristã dos caminhos bem desgastados dos costumes mais antigos. É exatamente a essa tentação que a

---

[1245] G. A. Barton, "The Date of the Epistle to the Hebrews", *JBL* 57 (1938): p. 200; Veja também Robinson, *Redating*, p. 200-220, neste ponto.
[1246] Robinson, *Redating*, p. 205.
[1247] A. Nairne, *The Epistle to the Hebrews*, CGTSC, Ed. R. J. Parry (London: Cambridge University Press, 1922).

Epístola se refere, e é assim, eu acho, que se torna claramente inteligível.[1248]

Nairne sugere que uma data para Hebreus que se situa durante a época da Guerra Judaica explica a linguagem usada na carta sobre a segunda vinda de Cristo. Do mesmo modo que o Evangelho de S. Lucas, esta Epístola encontrou naqueles dias de medo uma interpretação dessa "vinda".[1249]

Um novo argumento a favor de uma data na década de 60 pode ser deduzido a partir da forma como Hebreus sugere que o dízimo pertence ao sacerdote (7.5). O argumento de que o dízimo pertencia aos sacerdotes e não a todos os filhos de Levi foi aparentemente muito debatido neste momento. Josefo observa que as famílias sacerdotais durante o reinado de Félix (c. 52-60 d.C.) e Albino (c. 62-64 d.C.) abusaram dessa prática, provocando assim a ira dos levitas, já que a sua reivindicação de compartilhar os dízimos passou despercebida.[1250] Em 62 d.C., os levitas exigiram um reconhecimento maior com relação aos sacerdotes, neste assunto, como diz Josefo.[1251]

Horbury observa que o método que o escritor de Hebreus emprega para analisar essas questões coloca este livro dentro dos debates históricos que ocorreram durante o período da Primeira Revolta (66-70) e, assim, apresenta outro argumento a favor de uma data próxima do ano 67.[1252] Quanto à relação da igreja com o judaísmo, deve-se perguntar se o que encontramos em Hebreus sugere que a separação entre os dois já havia acontecido, ou se a separação ainda estava em andamento. Anderson sugere que as "suposições" sobre o povo e a lei em Hebreus colocam a carta em um "estágio inicial do processo" de afastamento.[1253]

[1248] C.F.B. Moule, "Santuário e Sacrifício", *JTS* 1 NS, n.1 (1950): p.37.
[1249] Nairne, *Hebrews*, p. 30.
[1250] Josefo, *Antiguidades*, 20.181.
[1251] Ibid., 20.216-218; Veja também Horbury, "The Aaronic Priesthood in the Epistle to the Hebrews", p. 67-68.
[1252] Ibid.
[1253] C. P. Anderson, "Who are the Heirs of the New Age in Hebrews?" em *Apocalyptic and the New Testament: Essays in Honor of J. Louis Martyn*, ed. J. Marcus e M. Soards, JSNTSup 24 (Sheffield: Sheffield

Aqueles que desejam situar Hebreus depois do ano 70 também precisam refutar o argumento incisivo de Peter Walker para uma data anterior. Ele sugere que uma data de antes do ano 70 não é somente indicada pela análise que o autor faz sobre o templo, mas também por causa de sua análise sobre a Jerusalém terrena e o seu significado.[1254] Ele argumenta que a principal pista para se datar a carta é a questão do templo de Jerusalém: ele ainda estava de pé quando Hebreus foi escrita? Ele encara o uso dos tempos verbais no presente de forma literal e vê isso como evidência para uma data anterior ao ano 70, mas seu artigo não se trata simplesmente de uma reformulação dos argumentos para uma data anterior a 70 com base no uso do verbo no presente. Seu propósito é "chamar a atenção para outros fatores que apoiam essa interpretação simples [do uso do tempo presente]".[1255]

Ele lista e discute cinco fatores. O primeiro, que recorre a Hebreus 10.39, pergunta o que tentou os leitores a "recuar"? A resposta vem depois (13.9-14); os leitores são chamados a participar da "vergonha" que Jesus experimentou. Esta vergonha era o que eles esperavam de seus companheiros judeus. Walker acredita que isso favorece uma data antes de 70 d.C. por duas razões: (1) depois de 70 d.C., quando o judaísmo tinha sido "desonrado", o medo de incorrer em desgraça diante dos compatriotas seria menos preocupante; (2) se a causa da vergonha era sua atitude negativa com relação ao templo, todo o judaísmo foi forçado depois de 70 d.C. a desenvolver uma "atitude espiritualizada com relação ao papel do templo".[1256]

O segundo fator enuncia que Hebreus dá a impressão de que os leitores não estão enlutados com a perda de Jerusalém e do templo, mas são "tentados" [por sua presença e domínio no judaísmo]. "Essa linguagem faz muito mais sentido se a alternativa judaica, baseada no templo, fosse um sistema viável e estabelecido".

O terceiro fator consiste no fato de que o grande cuidado que o autor toma para transmitir sua mensagem tem uma chance maior de refletir

---

Academic Press, 1989), p. 273.
[1254] Walker, "Jerusalem in Hebrews 13.9-14 and the Dating of the Epistle", p. 40.
[1255] Ibid., p. 58.
[1256] Ibid., p. 59-60.

uma data anterior a 70, onde "o confronto iminente entre Jerusalém e Roma teria causado uma grande sensibilidade sobre o Templo e se tratava de uma época em que visões negativas como Hebreus teriam sido vistas como quase traiçoeiras".[1257]

O quarto é que o sentimento de expectativa poderia estar presente por causa da crença de que em breve haveria um "juízo de Deus" que afetaria Jerusalém. Walker cita o comentário de F. F. Bruce que segue esse raciocínio:

> Temos evidências de que as relações de Deus com Israel, que começaram com um período probatório de quarenta anos, teriam um arremate no final por um período probatório de duração semelhante; e (se esta epístola foi escrita pouco antes do ano 70), já tinham se passado quase quarenta anos desde que Jesus realizou seu "êxodo" em Jerusalém. Daí a urgência do presente apelo aos leitores para que prestem atenção "no dia que se chama Hoje".[1258]

Walker observa que Hebreus 8.13 descreve a antiga aliança como obsoleta e prestes a desaparecer. O desaparecimento da antiga aliança deve estar ligado ao lócus contemporâneo do ritual do tabernáculo que, é claro, era o templo. Por isso, o autor de Hebreus está, de forma profética, anunciando que o templo logo será destruído. Ele sugere que essa interpretação pode lançar uma nova luz sobre passagens como 10.25 ("tanto mais quanto vedes que o Dia se aproxima" e 10.37 ("ainda dentro de pouco tempo, aquele que vem virá e não tardará;") e 12.27 ("a remoção dessas coisas abaladas").[1259]

O quinto fator reside no fato de que o destaque do capítulo 11 sobre a necessidade de fé sugere uma data anterior ao ano 70. Menos fé

[1257] Ibid, p. 60.
[1258] Bruce, *Hebrews,* p. 65, citado em Walker, "Jerusalem in Hebrews 13.9-14 and the Dating of the Epistle", p. 62-63.
[1259] Walker, "Jerusalem in Hebrews 13.9-14", p. 63-64.

teria sido necessária para fazer o que o autor sugeriu se o templo tivesse sido destruído.[1260]

Walker conclui que Hebreus 13.14 ("Na verdade, não temos aqui cidade permanente, mas buscamos a que há de vir") é muito semelhante às palavras de Jesus no discurso apocalíptico lucano: "Então, os que estiverem na Judéia, fujam para os montes; os que se encontrarem dentro da cidade, retirem-se; e os que estiverem nos campos, não entrem nela" (Lc 21.21). "A conexão histórica e literária entre Hebreus e Lucas nesta questão não pode ser analisada nesse contexto, mas o paralelo é sugestivo. O autor de Hebreus está dizendo algo essencialmente semelhante".[1261]

Embora Lane localize os destinatários em Roma, sua data para a carta se situa durante ou pouco antes do início da Guerra Judaica. Ele propõe a data para Hebreus entre 64 d.C. (depois do incêndio de Roma) e 68 d.C. (antes do suicídio de Nero em junho daquele ano).[1262]

As evidências históricas e textuais sustentam uma data antes da destruição de Jerusalém em 70 d.C., possivelmente em torno de 67 d.C. [1263] As referências a Lucas em 2 Timóteo, a "aqueles que são da Itália" em Hebreus 13.24, e a Timóteo tanto em 2 Timóteo quanto em Hebreus 13 podem ser facilmente explicadas por essa data.

Por exemplo, Ellis aceita uma data anterior ao ano 70 para Hebreus teorizando que Timóteo respondeu ao apelo de Paulo (2 Tm 1.17) para vir a Roma. Timóteo chegou no outono de 67 e provavelmente foi preso. A libertação de Timóteo (Hb 13.23) provavelmente teria ocorrido depois da morte de Nero em junho de 68. Ellis situa 1 Clemente em 69-70, e isso sugere que o autor tenha tido acesso a uma cópia de Hebreus ou sua igreja a tinha copiado e essa cópia estava disponível em Roma. Isso explica o uso que Clemente faz de Hebreus em sua carta. Além disso, a linguagem nos capítulos 8 e 9 de Hebreus sobre a superioridade do novo pacto é, de acordo

---

[1260] Ibid, p. 65.
[1261] Ibid. Veja sua análise em *Jesus and the Holy City*, p. 227-234.
[1262] Lane, "Social Perspectives on Roman Christianity", p. 215.
[1263] Esta data também foi defendida por Spicq, *Hébreux*, 1.257-61, e Robinson, *Redating*, p. 215, entre muitos outros. Veja Lindars, *Theology of Hebrews*, p. 19-21, que acredita que uma data que venha depois de 65-70 não é justificada pelas provas.

com Ellis, "inconcebível" depois do ano 70 d.C. "Igualmente inconcebível" é não haver nenhuma referência aos acontecimentos de 70 d.C.[1264]

As tradições pré-formadas de Hebreus (37% da carta) também favorecem uma data antes de 70 d.C., segundo Ellis. São principalmente exposições do Antigo Testamento usando técnicas do Midrash e padrões que estão ausentes da literatura cristã (como Barnabé, 2 Clemente, e outros) datadas depois de 70 d.C.[1265]

Digressão sobre a data de composição de Hebreus e sobre o uso do tempo verbal do presente

Muitos estudiosos, inclusive Hughes, Westcott e Robinson, recorrem ao tempo verbal do presente em Hebreus para apoiar uma data anterior ao ano 70.[1266] Mesmo em trabalhos mais recentes sobre Hebreus, os escritores muitas vezes exibem pouco ou nenhum conhecimento do estado atual da análise sobre o aspecto verbal no grego.[1267] Como observa Porter, supõe-se que o uso de um determinado tempo verbal indica alguma referência a uma esfera temporal particular. A lista de exemplos de Hughes inclui verbos e expressões verbais que não estão no modo indicativo que são, segundo muitos gramáticos, isentos de referência temporal, já que não consideram o tempo como uma das principais categorias semânticas ligadas a formas verbais que não pertencem ao indicativo.[1268]

Porter lamenta o fracasso dos comentaristas recentes de Hebreus em especificar o significado do tempo presente grego, já que ele pode ter sido usado em uma variedade de contextos temporais. Ele identifica três modelos do presente usados no grego de Hebreus:

[1264] Ellis, *The Making of the New Testament Documents*, p. 285-288.
[1265] Ibid., p. 286.
[1266] Hughes *Hebrews*, p. 30; B.F. Westcott, *The Epistle to the Hebrews* (London: Macmillan, 1892; reimpr., Grand Rapids: Eerdmans, 1977), p. xlii-xliii; e Robinson, *Redating*, p. 300.
[1267] Uma exceção é Carson, Moo, e Morris, *An Introduction to the New Testament*, p. 399. Eles fazem uma referência ao trabalho de Porter neste campo.
[1268] S. Porter, "The Date of the Composition of Hebrews and Use of Present Tense-Form", p. 296-297.

O *primeiro* modelo mantém critérios temporais para avaliar o uso da forma atual, mas observa que um desses usos é o presente histórico e o outro é o presente atemporal. Porter critica a afirmação de Lane de que o presente atemporal não está claro. Ele também observa a declaração de Lane sobre o particípio aoristo em Hebreus 1.3 contradiz seus comentários sobre o tempo presente. Um *segundo* modelo é representado por F. F. Bruce, que diz em referência a Hebreus 9.6-9 que o tempo presente poderia ser explicado como um "presente literário". Porter analisa os problemas com este modelo. O *terceiro* modelo usa autores da época (geralmente Josefo) para mostrar que eles escreveram sobre aspectos dos rituais do templo no tempo presente, mesmo que estivessem escrevendo depois do ano 70. Porter observa dois problemas com este modelo: (1) não se define nenhuma função do tempo verbal, somente a suposição de que há alguma categoria semântica subjacente que possibilita o seu uso; (2) não há coerência na aplicação porque não se apresentam critérios explícitos para justificar esse uso.[1269]

Porter aborda esse problema na perspectiva de sua teoria verbal aspectual. Os comentaristas de Hebreus erram porque usam gramáticas ultrapassadas que igualam o tempo de modo geral ao tempo verbal. Porter define aspecto verbal como um aspecto uma categoria semântica usada para descrever as oposições significativas no sistema verbal grego que expressam gramaticalmente como um escritor percebe um processo ou um acontecimento.[1270] Ele acredita que o grego não gramaticaliza a referência temporal em suas formas verbais. Em vez disso, a linguagem usa outros meios para estabelecer as relações de tempo e de referência.[1271]

O tipo de discurso parece ser a categoria mais significativa para estabelecer referência temporal. A distinção crucial é entre a narrativa e a

---

[1269] Ibid., p. 300-302.
[1270] S. Porter, "The Date of the Composition of Hebrews and Use of Present Tense-Form", p. 304.
[1271] Ibid., p. 312.

descrição. O tempo aoristo serve como o tempo padrão na narrativa, e o tempo presente é usado em material descritivo ou expositivo.

A questão importante com relação a Hebreus não é se Josefo ou outros usaram o tempo presente para se referir a acontecimentos passados. É óbvio que isso aconteceu. A questão importante é se esse é ou não é o caso de Hebreus. Porter conclui: "Com base no trabalho mais recente na gramática grega e na linguística, não se pode começar com os tempos de verbos individuais para se definir alguma referência fora do texto." Por causa disso, a conjugação do tempo presente não pode ser usada de modo exclusivo para estabelecer a data de Hebreus.

Conclusão

Fiz a defesa de que Lucas, o companheiro de viagem de Paulo, foi o autor do Evangelho e de Atos, e que a tradição da igreja primitiva lhe atribuiu essa autoria. Ele escreveu os dois livros enquanto estava com Paulo em sua primeira prisão romana por volta de 60 a 63 d.C. Ele pode ter escrito a maior parte ou todo o Evangelho de Lucas antes de chegar a Roma com Paulo. A evidência de uma data anterior ao ano 70 para Lucas-Atos é forte, e em equilíbrio, mais persuasiva do que teorias posteriores a essa data. Lucas escreveu para um único destinatário, Teófilo, um ex-sumo sacerdote judeu que havia sido deposto por Herodes Agripa em 41 d.C.

Lucas serviu como amanuense de Paulo para as Epístolas Pastorais, que foram escritas em Roma durante a segunda prisão romana de Paulo. Devido à natureza da prisão de Paulo, Lucas teve maior liberdade na composição da carta, explicando as suas semelhanças estilísticas com Lucas-Atos. Depois da morte de Paulo, Lucas permaneceu em Roma, onde escreveu a carta aos Hebreus por volta de 67 a 68 d.C. A passagem de Hebreus 13.24 é melhor interpretada como "Aqueles que estão comigo na Itália..." Essa interpretação foi a opinião unânime dos Pais da Igreja, mesmo quando a autoria paulina foi negada.

Os destinatários de Hebreus eram ex-sacerdotes que haviam se convertido ao cristianismo e tinham se mudado para a Antioquia da Síria, onde faziam parte da igreja. Atos 6.7 nos informa que "muitíssimos sacerdotes obedeciam à fé". "Não se fala mais sobre eles em Atos ou no restante do Novo Testamento. Com base no perfil dos destinatários de Hebreus, várias razões foram dadas confirmando a proposta de que esses antigos sacerdotes seriam os mais prováveis. Sua localização na igreja de Antioquia é uma teoria razoável, devido à sua importância na história inicial da igreja, à conexão de Lucas e Paulo com essa cidade, e ao que sabemos sobre ela a partir de Atos. Com uma congregação mista de judeus e gentios e uma grande e influente população judaica, Antioquia poderia proporcionar o tipo de matriz social/teológica que Hebreus aborda.

CONCLUSÃO

Voltando para a analogia do tribunal que fiz na introdução, eu ofereço os seguintes argumentos finais. Com base em todas as evidências, concluo que o próprio Lucas (de modo independente) escreveu a Carta aos Hebreus de Roma por volta de 67 d.C. Podemos reconstituir historicamente as circunstâncias da escrita: cerca de cinco a sete anos antes, o Evangelho de Lucas e Atos foram endereçados a Teófilo, um ex-sumo sacerdote judeu em Jerusalém de 37 a 41 d.C. Ele foi deposto por Herodes Agripa por razões desconhecidas. O Evangelho de Lucas foi escrito em cerca de 60-61 d.C., e Atos em cerca de 62-63 d.C., enquanto Lucas estava em Roma durante a primeira prisão romana de Paulo.

Lucas escreveu Hebreus em Roma, logo depois da morte de Paulo e endereçou-a a um grupo de ex-sacerdotes judeus (At 6.7) que haviam se mudado para Antioquia na Síria. Reuni evidências de Hebreus e das Epístolas Pastorais para apoiar uma data de composição de cerca de 67 d.C., durante os tempos turbulentos da Guerra Judaica.

O capítulo 1 apresenta evidências patrísticas iniciais de que alguns durante esse tempo acreditavam que Hebreus era a tradução de Lucas do documento hebraico original de Paulo ou que Hebreus era obra de Lucas como um autor independente. Sua visão foi baseada principalmente em semelhanças linguísticas entre Hebreus e escritos de Lucas, além da associação de Lucas com Paulo. Claramente Lucas era considerado capaz de escrever Hebreus. Nenhum dos Pais da Igreja afirmou que Lucas não poderia ter escrito Hebreus porque ele era gentio, ou até mesmo que ele era um gentio. A leitura mais razoável das evidências é que os primeiros pais consideraram Lucas judeu. Em seguida, o capítulo 1 passa a delinear a história dos estudos acadêmicos sobre a autoria lucana. Afirmo que as evidências linguísticas observadas por Delitzsch e colhidas por Alexandre não receberam a consideração devida dos estudiosos do século XX, resultando em uma rejeição extremamente tácita da hipótese lucana.

O capítulo 2 considera as evidências a favor e contra Paulo, Barnabé e Apolo como autores possíveis de Hebreus. Como não existem escritos de Barnabé e de Apolo com os quais se pode comparar Hebreus, simplesmente não é possível fazer uma comparação linguística como acontece com os escritos de Paulo. Além disso, durante a era patrística, somente Tertuliano propôs que Barnabé foi o autor, e Lutero foi o primeiro a sugerir Apolo. Algumas evidências externas apontam para a autoria de Paulo, e algumas semelhanças no vocabulário entre Hebreus e as cartas de Paulo apoiam isso. No entanto, os primeiros Pais da Igreja também observaram diferenças estilísticas significativas. A maioria dos estudiosos do Novo Testamento hoje rejeita a autoria paulina de Hebreus.

O capítulo 3 apresenta a evidência mais significativa para a autoria lucana de Hebreus: o argumento linguístico. Tanto o vocabulário quanto o estilo de Hebreus são mais parecidos com Lucas-Atos do que com qualquer outro livro do Novo Testamento. Apresentei vários exemplos de vocabulário e semelhanças estilísticas que até então não foram reveladas. Sob o título "textual e linguístico", três categorias comparativas de evidências revelam uma semelhança próxima com Hebreus: os prólogos, paralelos linguísticos e semânticos entre os Atos 7 e Hebreus 11, e a semelhança no uso dos quiasmas e do paralelismo como um quadro abrangente para todos os discursos de Lucas-Atos e Hebreus. Lucas era tão retoricamente capaz de ser escritor como o autor de Hebreus.

O capítulo 4 demonstra uma significativa semelhança de propósito entre Lucas-Atos e Hebreus. O destaque lucano no conceito da "Palavra" e do "ouvir a Palavra" em Atos se compara bem ao que encontramos em Hebreus. Hebreus - especialmente as passagens de advertência - parecem ter um propósito semelhante ao de Lucas-Atos. A preocupação pastoral de Lucas revelada em sua obra de dois volumes é bem conhecida; o autor de Hebreus apresenta uma preocupação pastoral semelhante. Embora

Lucas tenha escrito Lucas-Atos como uma narrativa, ele escreveu com um propósito pastoral; esse propósito também é evidente em Hebreus.

O capítulo 5 compara a visão teológica de Lucas-Atos e Hebreus e encontra um vínculo essencial, especialmente na cristologia, na escatologia e no cumprimento profético. Várias outras áreas de similaridade teológica também conectam Lucas-Atos com Hebreus. Lucas claramente apresentou Jesus como o Sumo Sacerdote, especialmente em seu Evangelho. Este é um dos elos mais importantes com Hebreus. Teologicamente, Hebreus é mais parecida com os escritos de Lucas no Novo Testamento. A evidência linguística, estilística e teológica leva claramente à conclusão de que Lucas foi o autor de Hebreus.

A maior objeção à autoria lucana de Hebreus é o suposto passado e mentalidade gentios de Lucas. Assim, o capítulo 6 considera cuidadosamente sua obra de dois volumes e encontra vários exemplos de pensamento e interesse distintamente judeu. Nosso exame de Lucas-Atos mostra que Lucas era capaz de escrever facilmente um tratado como Hebreus. Como às vezes foi sugerido, Lucas pode ter sido um prosélito para o judaísmo, mas as evidências parecem sugerir que Lucas era judeu de nascimento. Além disso, o uso do Antigo Testamento por Lucas demonstra suas habilidades hermenêuticas e exegéticas. A forma como o Antigo Testamento é usado em Lucas-Atos também se encaixa no uso dele em Hebreus. O uso do Antigo Testamento por Lucas se entrelaça em uma estrutura narrativa. Quando comparamos as citações do Antigo Testamento (inclusive a fórmula de citação) utilizadas em Lucas-Atos com Hebreus (um exemplo de discurso exortativo dado diretamente pelo autor a seus leitores), as semelhanças são notáveis.

O estado atual dos estudos lucanos sobre a questão da possível formação judaica de Lucas torna impossível argumentar contra a autoria lucana de Hebreus com base na teoria "gentia" por mais tempo. No meio de uma enxurrada de teorias sobre a autoria de Hebreus nos últimos dois séculos, a teoria lucana recebeu muitas recomendações.

Enquanto examinava um comentário sobre Atos de um dos meus pregadores favoritos de tempos idos, G. Campbell Morgan, eu corri através de uma passagem que eu tinha marcado anos antes, mas tinha esquecido. Em um comentário sobre a prisão de dois anos de Paulo em Cesareia (At

24), Morgan brevemente indicou sua concordância com a sugestão de que foi durante este tempo que Hebreus foi escrito. Em uma breve declaração sobre a autoria de Hebreus, Morgan escreveu:

> Minha própria convicção é que Lucas era o escritor, mas que ele escreveu o que Paulo tinha ensinado. Possivelmente durante esses dois anos Paulo conversou novamente com Lucas sobre as coisas que Lucas o tinha ouvido ensinar tantas vezes nas sinagogas das cidades gentias; e então Lucas escreveu o pensamento de Paulo nesta forma de carta hebraica... Se nos lembrarmos da oposição hebraica naquela época... veremos que ele argumenta exatamente o que ele alegou antes de Félix, que a religião do "Caminho" equivalia ao cumprimento do ideal hebraico.[1272]

Embora eu ache que as circunstâncias eram diferentes, acredito que o venerável pregador britânico estava certo sobre a autoria lucana de Hebreus.

O efeito cumulativo das evidências que levam a Lucas é substancial. Se a história dos candidatos à autoria for reduzida para incluir somente aqueles que são escritores do Novo Testamento, então as evidências apontam para Lucas. Tendo avaliado as pistas disponíveis nesta defesa de atribuição de autoria, concluo que foi o médico missionário que escreveu Hebreus, em Roma, com a ajuda do Espírito Santo.

[1272] G. C. Morgan, *The Acts of the Apostles* (Revell: editora não identificada, 1924), p. 506.

BIBLIOGRAFIA SELECIONADA

Alexander, Loveday. *The Preface to Luke's Gospel: Literary Convention and Social Context in Luke 1.1-4 and Acts 1.1.* SNTSMS 78. Cambridge: Cambridge University Press, 1993.

Alexander, William. *The Leading Ideas of the Gospels.* 3ª ed. London: Macmillan, 1892.

Alford, Henry. "Prolegomena and Hebrews". Vol. 4 de *Alford's Greek Testament: An Exegetical and Critical Commentary.* 5ª ed. Cambridge: Deighton, Bell, & Co., 1875; reimpressão, Grand Rapids: Guardian Press, 1976.

Allen, David L. "An Argument for the Lukan Authorship of Hebrews". Tese de doutorado, University of Texas Atos Arlington, 1987.

_____. "The Purposes of Luke-Acts and Hebrews Compared: An Argument for the Lukan Authorship of Hebrews". Em *The Church Atos the Dawn of the 21st Century.* Editado por P. Patterson, J. Pretlove, e L. Pantoja. Dallas: Criswell Publications, 1989.

_____. "The Discourse Structure of Philemon: A Study in Textlinguistics". In *Scribes and Scriptures: New Testament Essays in Honor of J. Harold Greenlee.* Editado por David A. Black. Winona Lake: Eisenbrauns, 1992.

_____. "The Lukan Authorship of Hebrews: A Proposal". *JOTT* 8 (1996): p. 1-22.

_____. "The Authorship of Hebrews: The Case for Luke". *Faith and Mission* 17.2 (2001): p. 27-40.

Andersen, Francis. "Style & Authorship". Em *The Tyndale Lecture 1976*, Vol. 21, No. 2. Australia: Tyndale Fellowship for Biblical Studies, 1976.

Anderson, C. P. "The Epistle to the Hebrews and the Pauline Letter Collection". *HTR* 59 (1966): p. 429-438.

Anderson, R. Dean, *Ancient Rhetorical Theory and Paul*. ed. rev. Leuven: Peeters, 1999.

_____. "The Theoretical Justification for Application of Rhetorical Categories to Pauline Epistolary Literature", Em *Rhetoric and the New Testament*. Editado por Stanley Porter e Thomas Olbricht. Sheffield: Sheffield Academic Press, 1993.

Anderson, Richard, "The Cross and Atonement from Luke to Hebrews". *EvQ* 71.2 (1999): p. 127-149.

_____. "Theophilus: A Proposal". *EvQ* 69.3 (1997): p. 195-215.

Attridge, Harold. *The Epistle to the Hebrews*. Her. Philadelphia: Fortress, 1989.

_____. "The Epistle to the Hebrews and the Scrolls". Em *When Judaism and Christianity Began: Essays in Memory of Anthony J. Saldarini*, vol. 2. Editado por A. J. Avery-Peck, D. Harrington, and J. Neusner. JSJSup 85. Leiden: Brill, 2004.

_____. "Parenesis in a Homily (πρός παπακλησέως): The Possible Location of, and Socialization in, the 'Epistle to the Hebrews'".*Semeia* 50 (1990): p. 210-226.

Barrett, C. K. "Attitudes to the Temple in the Acts of the Apostles". Em *Templum Amicitae: Essays on the Second Temple Presented to Ernst Bammel*. Editado por W. Horbury. JSNTSup 48. Sheffield: JSOT Press, 1991.

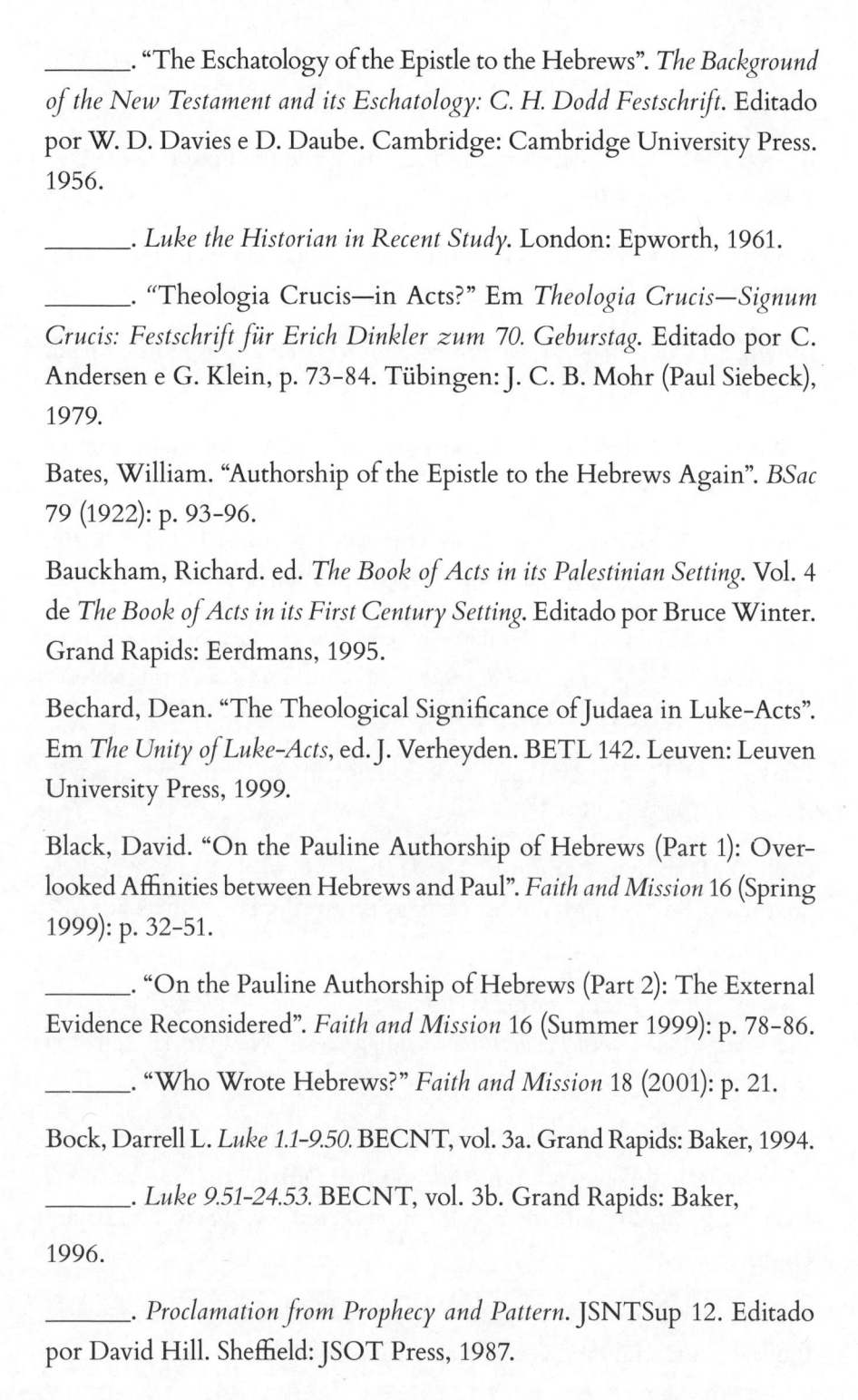

_____. "The Eschatology of the Epistle to the Hebrews". *The Background of the New Testament and its Eschatology: C. H. Dodd Festschrift*. Editado por W. D. Davies e D. Daube. Cambridge: Cambridge University Press. 1956.

_____. *Luke the Historian in Recent Study*. London: Epworth, 1961.

_____. "Theologia Crucis—in Acts?" Em *Theologia Crucis—Signum Crucis: Festschrift für Erich Dinkler zum 70. Geburstag*. Editado por C. Andersen e G. Klein, p. 73-84. Tübingen: J. C. B. Mohr (Paul Siebeck), 1979.

Bates, William. "Authorship of the Epistle to the Hebrews Again". *BSac* 79 (1922): p. 93-96.

Bauckham, Richard. ed. *The Book of Acts in its Palestinian Setting*. Vol. 4 de *The Book of Acts in its First Century Setting*. Editado por Bruce Winter. Grand Rapids: Eerdmans, 1995.

Bechard, Dean. "The Theological Significance of Judaea in Luke-Acts". Em *The Unity of Luke-Acts*, ed. J. Verheyden. BETL 142. Leuven: Leuven University Press, 1999.

Black, David. "On the Pauline Authorship of Hebrews (Part 1): Overlooked Affinities between Hebrews and Paul". *Faith and Mission* 16 (Spring 1999): p. 32-51.

_____. "On the Pauline Authorship of Hebrews (Part 2): The External Evidence Reconsidered". *Faith and Mission* 16 (Summer 1999): p. 78-86.

_____. "Who Wrote Hebrews?" *Faith and Mission* 18 (2001): p. 21.

Bock, Darrell L. *Luke 1.1-9.50*. BECNT, vol. 3a. Grand Rapids: Baker, 1994.

_____. *Luke 9.51-24.53*. BECNT, vol. 3b. Grand Rapids: Baker, 1996.

_____. *Proclamation from Prophecy and Pattern*. JSNTSup 12. Editado por David Hill. Sheffield: JSOT Press, 1987.

Bovon, Francois. *Luke the Theologian: Fifty-five Years of Research (1950-2005)*. 2ª ed. Waco: Baylor University Press, 2006.

Bristol, L. O. "Primitive Christian Preaching and the Epistle to the Hebrews". *JBL* 68 (1949): p. 89-97.

Brown, J. Vallance. "The Authorship and Circumstances of Hebrews—Again!" *BSac* 80 (1923): p. 505-538.

Brown, Schuyler. *Apostasy and Perseverance in the Theology of Luke*. AnBib 36. Rome: Pontifical Biblical Institute, 1969.

Calvino, João. *Hebreus - Série Comentários Bíblicos*. São José dos Campos-SP: Ed. Fiel, 2012.

Carpinelli, Francis Giordano, "'Do This as My Memorial' (Luke 22.19): Lucan Soteriology of Atonement". *CBQ* 61 (1999): p. 74-91.

Carson, D.A. e H. G. M. Williamson, eds. *It is Written: Scripture Citing Scripture: Essays in Honor of Barnabas Lindars, SSF*. Cambridge; New York: Cambridge University Press, 1988.

Clarkson, M. E. "The Antecedents of the High Priest Theme in Hebrews". *AThR* 29 (1947): p. 89-95.

Collison, Franklyn. "Linguistic Usages in the Gospel of Luke". Tese de doutorado, Southern Methodist University. Ann Arbor: University Microfilms International, 1977.

Cowles, Henry. *The Epistle to the Hebrews; with Notes, Critical, Explanatory and Practical, Designed for both Pastors and People*. New York: Appleton & Co., 1878.

Creech, Robert. "The Most Excellent Narratee: The Significance of Theophilus in Luke-Acts". Em *With Steadfast Purpose: Essays in Honor of Henry Jack Flanders*. Editado por Naymond Keathley. Waco, TX: Baylor University, 1990.

Crump, David. *Jesus the Intercessor: Prayer and Christology in Luke-Acts*. Biblical Studies Library. Grand Rapids: Baker, 1992.

Cunningham, Scott Smith. *Through Many Tribulations: The Theology of Persecution in Luke-Acts*. JSNTSup 142. Editado por Stanley Porter. Sheffield: Sheffield Academic, 1997.

Dahms, John. "The First Readers of Hebrews". *JETS* 20 (1977): p. 365-375.

De Young, James. "A Grammatical Approach to Hebrews". Tese de doutorado, Dallas Theological Seminary, 1973.

Delitzsch, Franz. *Commentary on the Epistle to the Hebrews*. Tradução de Thomas L. Kingsbury. 2 vols. Grand Rapids: Eerdmans, 1871, reimpressão de 1952.

Denova, Rebecca. *The Things Accomplished Among Us: Prophetic Tradition in the Structural Pattern of Luke-Acts*. JSNTSup 141. Sheffield: Sheffield Academic, 1997.

Derrett, J. Duncan. "The Lucan Christ and Jerusalem: τελειοῦμαι (Luke 13.32)". *ZNW* 75 (1984): p. 36-43.

Dillon, Richard. *From Eye-Witness to Ministers of the Word: Tradition and Composition in Luke 24*. AnBib 82. Rome: Biblical Institute Press, 1978.

Doble, Peter. *The Paradox of Salvation: Luke's Theology of the Cross*. SNTSMS 87. Cambridge: Cambridge University Press, 1996.

Dods, Marcus. "The Epistle to the Hebrews". *Expositor's Greek New Testament*, vol. 4. Editado por Robertson Nicoll. Grand Rapids: Eerdmans, 1974.

Drury, John. *Tradition and Design in Luke's Gospel: A Study in Early Christian Historiography*. Atlanta: John Knox, 1976.

Eagar, Alexander. "The Authorship of the Epistle to the Hebrews". *Expositor* (6th series) 10 (1904): p. 74-80, 110-123.

Ebrard, J. H. A. *Exposition of the Epistle to the Hebrews*. Tradução e revisão de A. C. Kendrick. Biblical Commentary on the New Testament. Editado por Hermann Olshausen. 6 vols. New York: Sheldon, Blakeman & Co., 1858.

Ellingworth, Paul. *Commentary on Hebrews.* NIGTC. Grand Rapids: Eerdmans, 1993.

Ellis, E. Earle. *Eschatology in Luke.* Facet Books. Biblical Series 30. Philadelphia: Fortress, 1972.

_____. *The Gospel of Luke.* NCBC. London: Oliphants, reimpresso em 1977.

_____. *History and Interpretation in New Testament Perspective.* Biblical Interpretation Series, vol. 54. Editado por R. Alan Culpepper and Rolf Rendtorff. Leiden: Brill, 2001.

_____. *The Making of the New Testament Documents.* Biblical Interpretation Series, vol. 39. Editado por R. Alan Culpepper e Rolf Rendtorff. Leiden: Brill, 1999.

Evans, Craig A. e James Sanders. *Luke and Scripture: The Function of Sacred Tradition in Luke-Acts.* Minneapolis: Fortress, 1993.

Fitzmyer, J. A. *The Gospel According to Luke (I-IX): Introduction, Translation, and Notes.* AB 28. Garden City: Doubleday, 1981.

_____. *The Gospel According to Luke (X-XXIV): Introduction, Translation, and Notes.* AB 28a. Garden City: Doubleday, 1985.

Ford, J. M. "The Mother of Jesus and the Authorship of the Epistle to the Hebrews". *TBT* 82 (1976): 683-694.

Ford, R. C. "St. Luke and Lucius of Cyrene". *ExpTim* 32 (1920-1921): 219-220.

Franklin, Eric. *Christ the Lord. A Study in the Purpose and Theology of Luke-Acts.* London: SPCK, 1975.

_____. *Luke: Interpreter of Paul, Critic of Matthew.* JSNTSup 92. Sheffield: JSOT Press, 1994.

Gardiner, F. "The Language of the Epistle to the Hebrews as Bearing upon its Authorship". *JBL* 7 (1887): p. 1-27.

Glover, Richard. "'Luke the Antiochene' and Acts". *NTS* 11 (1964-1965): p. 97-106.

Godet, F. *A Commentary on the Gospel of Luke*. 4ª ed. Tradução de E. W. Shalders e M. D. Cusin. 2 vols. em um. New York: Funk & Wagnalls, 1887.

Goppelt, Leonard. *Theology of the New Testament*. Editado por Jürgen Roloff. Tradução de John Alsup. 2 vols. Grand Rapids: Eerdmans, 1982.

Green, Joel. "The Death of Jesus, God's Servant". Em *Reimaging the Death of the Lukan Jesus*. Editado por D. D. Sylva. BBB 73. Frankfurt am Main: Anton Hain, 1990.

_____. "'Salvation to the End of the Earth' (Acts 13.47): God as Savior in the Acts of the Apostles". Em *Witness to the Gospel: The Theology of Acts*. Editado por I. H. Marshall e David Peterson. Grand Rapids: Eerdmans, 1998.

_____. *The Theology of the Gospel of Luke*. New Testament Theology Series. Editado por James Dunn. Cambridge: Cambridge University Press, 1995.

Guthrie, George. "The Case for Apollos as the Author of Hebrews". *Faith and Mission* 18 (2002): p. 41-56.

_____. *The Structure of Hebrews: A Text-Linguistic Analysis*. Leiden: E. J. Brill, 1994.

Harnack, Adolph von. *Luke the Physician*. Tradução de J. R. Wilkinson. London: Williams & Norgate, 1907.

_____. "Probabilia über die Addresse und den Verfasser des Hebräerbriefs". *ZNW* 1 (1900): p. 16-41.

Hemer, Colin. *The Book of Acts in the Setting of Hellenistic History*. WUNT 49. Editado por Conrad Gempf. Tübingen: J. C. B. Mohr (Paul Siebeck), 1989.

Hobart, William K. *The Medical Language of St. Luke: A Proof from Internal Evidence that 'The Gospel According to St. Luke' and 'The Acts of* the Apostles' Were Written by the Same Person, and that the Writer Was a Medical Man*. Dublin: Hodges, Figgis, 1882;

reprint, Grand Rapids: Baker, 1954.

Hoppin, Ruth. *Priscilla: Author of the Epistle to the Hebrews*. New York: Exposition Press, 1969.

Horbury, W. "The Aaronic Priesthood in the Epistle to the Hebrews". *JSNT* 19 (1983): 43-71.

Hughes, Graham. *Hebrews and Hermeneutics*. SNTSMS 36. Cambridge: Cambridge University Press, 1979.

Hurst, Lincoln. *The Epistle to the Hebrews: Its Background of Thought*. SNTSMS 65. New York: Cambridge University Press, 1990.

_____. "Eschatology and 'Platonism' in the Epistle to the Hebrews". SBLSP. Editado por Kent H. Richards. California: Scholars Press, 1984.

Jervell, J. *Luke and the People of God: A New Look Atos Luke-Acts*. Minneapolis: Augsburg, 1972.

_____. *The Theology of the Acts of the Apostles*. Cambridge: Cambridge University Press, 1996.

_____. *The Unknown Paul: Essays on Luke-Acts and Early Christian History*. Minneapolis: Augsburg, 1984.

Jones, C. P. M. "The Epistle to the Hebrews and the Lucan Writings". Em *Studies in the Gospels: Essays in Memory of R. H. Lightfoot*. Editado por D. E. Nineham. Oxford, Basil Blackwell, 1955.

Lane, William. *Hebrews 1-8*. WBC. Dallas: Word, 1991.

_____. *Hebrews 9-13*. WBC. Dallas: Word, 1991.

_____. "Hebrews: A Sermon in Search of a Setting". *SwJT* 28 (1985): p. 13-18.

Leonard, William. *Authorship of the Epistle to the Hebrews*. Rome: Vatican Polyglot Press, 1939.

Lindars, Barnabas. *The Theology of the Letter to the Hebrews*. Cambridge: Cambridge University Press, 1991.

Linnemann, Eta. "A Call for a Retrial in the Case of the Epistle to the Hebrews". Tradução de David Lanier. Em *Faith and Mission* 19/2 (2002): p. 19-59.

Maddox, Robert. *The Purpose of Luke-Acts*. Edinburgh: T&T Clark, 1982.

Manson, William. *The Epistle to the Hebrews: an Historical and Theological Reconsideration*. London: Hodder & Stoughton, 1951.

Marshall, I. H. *Fundamentos da narrativa teológica de São Lucas*. Ed. Carisma, 2019.

Mekkattukunnel, Andrews George. *The Priestly Blessing of the Risen Christ: An Exegetico-Theological Analysis of Luke 24, 50-53*. European University Studies Series 23, vol. 714. Bern: Peter Lang, 2001.

Moessner, David. "'The Christ Must Suffer', The Church Must Suffer: Rethinking the Theology of the Cross in Luke-Acts". SBLSP. Editado por David Lull. Atlanta: Scholars Press, 1990.

_____. "Jesus and the 'Wilderness Generation': The Death of the Prophet Like Moses According to Luke". Em SBLSP. Editado por K. H. Richards. Chico, CA: Scholars Press, 1982.

_____. *Lord of the Banquet: The Literary and Theological Significance of the Lukan Travel Narrative*. Minneapolis: Fortress, 1989.

_____. "Paul in Acts: Preacher of Eschatological Repentance to Israel". *NTS* 34 (1988): p. 96-104.

_____. "The 'Script' of the Scriptures in Acts". Em *History, Literature, and Society in the Book of Acts*. Editado por Ben Witherington III. Cambridge: Cambridge University Press, 1996.

_____. "Two Lords 'at the Right Hand'?: The Psalms and an Intertextual Reading of Peter's Pentecost Speech (Acts 2.14-36)". Em *Literary Studies in Luke-Acts: Essays in Honor of Joseph B. Tyson*. Editado por Richard Thompson e Thomas Phillips. Macon: Mercer University Press, 1998.

_____, ed. *Jesus and the Heritage of Israel: Luke's Narrative Claim upon Israel's Heritage*. Vol. 1 in *Luke the Interpreter of Israel*. Editado por David Moessner e David Tiede. Harrisburg, Penn.: Trinity Press International, 1999.

Neeley, Linda Lloyd. "A Discourse Analysis of Hebrews". *OPTAT* 3-4 (1987): p. 1-146.

Nolland . John. *Luke*. WBC, vol. 35. 3 vols. Dallas: Word, 1989-1993.

O'Reilly, L. *Word and Sign in the Acts of the Apostles: A Study in Lukan Theology*. Analecta Gregoriana 243. Rome: Editrice Pontificia Universita Gregoriana, 1987.

Parsons, M . C. *The Departure of Jesus in Luke-Acts: The Ascension Narratives in Context*. JSNTSup 21. London: Sheffield Academic, 1987.

Reicke, Bo. *The Gospel of Luke*. Tradução de R. Mackenzie. Richmond: John Knox, 1964.

Rissi, Mathias. *Die Theologie des Hebräerbriefes: ihre Verankerung in der Situation des Verfassers und seiner Leser*. Tübingen: Mohr, 1987.

Robertson, A. T. *Luke the Historian in the Light of Research*. Nashville: Broadman, 1920.

Robinson, John A. T. *Redating the New Testament*. London: SCM, 1976.

Salmon, Marilyn. "Insider or Outsider? Luke's Relationship with Judaism". Em *Luke-Acts and the Jewish People*. Editado por Joseph Tyson. Minneapolis: Augsburg, 1988.

Sandegren, C. "The Addresses of the Epistle to the Hebrews". *EvQ* 27 (1955): p. 221-224.

Spicq, C. *L'Épître aux Hébreux*. 2 vols. Paris: Librairie Lecoffre, 1952-1953.

Stempvoort, P. A. "The Interpretation of the Ascension in Luke and Acts". *NTS* 5 (1958-59): p. 30-42.

Talbert, C . H. *Literary Patterns, Theological Themes and the Genre of Luke-Acts*. SBLMS 20. Missoula: Scholars Press, 1974.

_____. *Reading Luke*. New York: Crossroads, 1983.

Thayer, J. H. "Authorship and Canonicity of the Epistle to the Hebrews". *BSac* 24 (1867): p. 681-722.

Tiede, David. *Prophecy and History in Luke-Acts*. Philadelphia: Fortress, 1980.

Tyson, Joseph. *The Death of Jesus in Luke-Acts*. Columbia: University of South Carolina Press, 1986.

_____. *Images of Judaism in Luke-Acts*. Columbia: University of South Carolina Press, 1992.

_____. *Luke-Acts and the Jewish People: Eight Critical Perspectives*. Minneapolis: Augsburg, 1988.

van Unnik, W. C. "The 'Book of Acts' the Confirmation of the Gospel". *NTS* 4 (1960): p. 26-59.

Walker, Peter. "Jerusalem in Hebrews 13.9-14 and the Dating of the Epistle". *TynBul* 45 (1994): p. 39-71.

_____. *Jesus and the Holy City: New Testament Perspectives*. Grand Rapids: Eerdmans, 1996.

Wallis, Ethel. "Thematic Parallelism and Prominence in Luke-Acts". *NOT* 75 (1979): p. 2-6.

Wenham, John. "The Identification of Luke". *EvQ* 63 (1991): p. 3-44.

_____. *Redating Matthew, Mark and Luke: A Fresh Assault on the Synoptic Problem*. Downers Grove, IL: InterVarsity, 1992.

Westcott, B. F. *The Epistle to the Hebrews*. Grand Rapids: Eerdmans, reimpresso em 1955.

Wolfe, Kenneth. "The Chiastic Structure of Luke-Acts and Some Implications for Worship". *SwJT* 22 (1989): p. 60-71.

Créditos

Direção Executiva: *Luciana Cunha*

Direção Editorial: *Renato Cunha*

Tradução: *Maurício Bezerra*

Revisão: *Jéssica Gasparini e Vinicius Santos*

Capa: *Anderson Junqueira*

Diagramação: *Marina Avila*

Composição Gráfica

Fonte: *Cardo*
Papel: *70g/m²*

Edição

Ano: *2022*
Primeira edição
Impresso no Brasil pela gráfica Viena

carisma
EDITORA